本书是教育部人文社会科学重点研究基地重大项目“西方马克思主义对人的存在方式的研究”（项目批准号：11JJD710001）的最终成果。

国家出版基金项目
NATIONAL PUBLICATION FOUNDATION

西方马克思主义对人的存在方式的研究

陈学明 等 ◎著

天津出版传媒集团 百花文艺出版社
天津出版传媒集团 天津人民出版社

图书在版编目（CIP）数据

西方马克思主义对人的存在方式的研究 / 陈学明等著. -- 天津：百花文艺出版社 ：天津人民出版社，2019.11

ISBN 978－7－5306－7816－9

Ⅰ.①西… Ⅱ.①陈… Ⅲ.①西方马克思主义－人学－研究 Ⅳ.①B089.1②C912.1

中国版本图书馆 CIP 数据核字(2019)第 264904 号

西方马克思主义对人的存在方式的研究

XIFANG MAKESIZHUYI DUI REN DE CUNZAIFANGSHI DE YANJIU

陈学明等著

策划编辑：王 康

责任编辑：魏 青 郑 玥 王佳欢

装帧设计：郭亚红

出版发行：百花文艺出版社 天津人民出版社

地址：天津市和平区西康路 35 号 邮编：300051

电话传真：+86-22-23332651(发行部)
+86-22-23332446(发行部)
+86-22-23332656(总编部)
+86-22-23332478(邮购部)

主页：http://www.baihuawenyi.com

印刷：河北鹏润印刷有限公司

开本：710 毫米×1000 毫米 1/16

字数：500 千字

印数：1－3,000

印张：36.75

插页：6

版次：2019 年 11 月第 1 版

印次：2019 年 11 月第 1 次印刷

定价：142.00 元

如有印装质量问题，请与河北鹏润印刷有限公司联系调换

地址：河北省沧州市肃宁县尚村镇工业园区河北鹏润印刷有限公司

电话：(0317)7587755 邮编：062350

目录 contents

导　论

从20世纪中期开始，人类选择了一种以“消费主义”为主要标志的存在方式，这种存在方式开始流行于西方世界，后来在东方世界也逐渐被接受。

这种存在方式是人所需要的存在方式吗？人处在这种存在方式下真的非常幸福吗？人能否按照这种存在方式继续生活下去？这种存在方式会把人带到哪里？我们究竟是否需要换一种活法，寻求一种新的存在方式？人究竟如何美好地活在这个世界上？人对美好生活的追求的必然性与现实性何在？世界上一些有识之士以各种形式、从各个角度对这一系列问题展开了思考。

在对这种存在方式做出探讨的所有思想家中，一些号称“西方马克思主义”的思想家特别引人注目。他们对存在方式的研究历时数十载，尽管其中不乏错误与谬见，但总的来说属不易之论。在西方马克思主义的理论体系中，关于存在方式的理论显然是不可忽视的一个部分。随着沉湎于这种存在方式之中的人们开始逐渐觉醒，走出这种存在方式，满足人对真正美好生活的需求，开创新的人类文明的需求越来越强烈地呈现于前。西方马克思主义关于人的存在方式的理论的现实意义也不断地显现出来了，人们越来越关注西方马克思主义这一方面的理论也在情理之中。让我们在这里走近西方马克思主义的这一理论，对其做一番考察，特别是探究一下这一理论为我们提供了什么样的启示。

一、当今人究竟处于怎样的存在状态下？

当今人究竟生活在什么状态下，这种状态有着怎样的特征，这正是西方马克思主义理论家首先所要探讨的。

卢卡奇用“物化”两字来概括生活在资本主义社会中的人的存在方式。这就是说，在资本主义社会中，人的最基本的存在状态仅仅是作为一种“物”而存在着，人与他人之间的关联也就是一种“物”与另一种“物”之间的关系。卢卡奇在论述“物化”这种人的存在状态时，着重剖析了人的劳动的“物化”。劳动明明应当是人自己的活动，而现在却成了与自己相对立的东西，人自己非但不能控制它，反而受其控制，这就是“劳动的物化”。人活在世上最基本的活动，亦即最基本的存在状态是劳动，现在劳动这种人类最基本的活动、存在状态也不属于自身了，而是成了“通过异于人的自律性来控制人的东西”。卢卡奇还进一步用“劳动的抽象”来概括人的劳动的“物化”，也就是说，在他看来，在资本主义社会中，人的劳动的“物化”用哲学的语言表述就是使“具体的劳动”变成“抽象的劳动”，“抽象劳动”构成了现实的原则。

卢卡奇认为，贯穿于人类劳动“物化”“抽象化”的是人的劳动越来越朝着“合理化”的方向发展。他围绕“合理化”展开论述，不仅对在资本主义条件下人类劳动的特征的分析，而且对资本主义条件下人的存在状态的分析都引向了深入。卢卡奇认为，合理化原则就是“可计算性”。卢卡奇用“孤立化”“原子化”来概括“根据计算，即可计算性来加以调节的合理化原则”对劳动者所带来的割裂。“孤立化”“原子化”是卢卡奇所描述的在商品形式所支配的社会中人们的基本存在状态。在卢卡奇看来，最严重的是这种以“孤立化”“原子化”为主要标志的“物化”的人的生存方式还渗透进了人的意识，形成了人的“物化”意识。卢卡奇在论述“物化”意识时强调，停留于“直接性”（immediacy）是其主要特征。他进而提出，“物化”意识停留于“直接性”的过程也是丧失“总体性”的过程。

在西方马克思主义中研究人的存在状态的最有影响的人是马尔库塞，他的代表作《单向度的人》集中探讨了当今人的存在状态。马尔库塞认为，现代人都成了“单向度的人”（One - Dimensional Man），他用“单向度”来概括现代人的生存境遇。他所说的“单向度”主要包含以下五层含义：

第一，在消费领域，人被“虚假的需求”所操纵，人成了整齐划一的消费机器。马尔库塞强调，人具有各种各样的需求，这些需求的满足就是人的幸福。但追求物质享受并不是人的主要需求，从而物质需求的满足并不能给人幸福。人与动物不同，他非但不满足于锦衣玉食，而且还力图摆脱物的束缚，追求更高尚的东西。现代人之所以在精神上感到莫大的痛苦，主要原因在于"单向地"把追求物质享受作为自己的第一需要，因此把自己降低为一般的动物。

第二，在生产领域，人的劳动以分工和专业化为基础，人成了千篇一律的整个生产体系的一颗螺丝钉。马尔库塞接受了马克思在《1844 年经济学哲学手稿》中把人的自由自觉的活动——劳动作为人的本质的思想。他认为，人的真正的幸福就在于其本质的实现，而本质的实现主要表现为其劳动成为一种自由自觉的活动，即成为一种消遣活动。在他看来，现代人在劳动中非但没有实现自身，反而这种劳动掉转头来成了反对他自身的、不属于他的活动，而其主要体现在人在劳动中成了"单向度的"、千篇一律的整个生产体系的一颗螺丝钉。

第三，在思想领域，人的思想受统治者所控制，人的思维都是"单向度的肯定性思维"。马尔库塞认为，就思想领域而言，现代工业社会的统治者已成功地把人的思想变成"单向度的思想"。人们接受了现代工业社会的统治者的灌输，就意味着他的思维已成了"单向度的肯定性思维"。这是现代人思维方式的"深刻变化"，这些变化有助于使思想和目标同现行制度的要求相协调，有助于把它们包容在制度之内，有助于拒斥那些与制度格格不入的东西。

第四，在文化领域，人所享用的是通俗文化而不是高层文化，人成为清一色的麻木不仁者。在马尔库塞看来，现代工业社会的统治者通过消灭高层文化中对立的、异己的和超越性的因素来消灭文化和社会现实之间的对立。本来，这些对立的、异己的和超越性的因素借助于高层文化而构成现实的"另一种向度"，现在"另一种向度"不存在了，只剩下与现实相融合的"一种向度"了。人们在这种文化的熏陶下，都昏昏欲睡、麻木不仁，他们不再去想象"另一种生活方式"。

第五，在政治领域，人受新的统治形式所控制，人都被"一体化"进现行的社会制度。在所有这些"一体化"中，马尔库塞最注重的是作为蓝领工人的人与现代的社会制度之间的"一体化"，即被现代的社会制度所"同化"。马尔库塞认为，工人阶级与现代的社会制度的"一体化"是全面的、整体的，不仅包括生产、精神、心理，也包括利益，而其最终的结果就是工人阶级由资本主义社会的否定力量变成了肯定力量。在现代工业社会中，工人阶级的生存方式是与所在的社会相融合为主要特征的。

列斐伏尔认为，人的主要存在方式体现于人的日常生活，他着重批判分析了当今人的日常生活的异化。列斐伏尔主张，现代日常生活最根本的、主导的异化特征，不是一种技术理性的本质统一性统治，即法兰克福学派所突显的理性化或“强制同一化”，而是语言符号的虚假自指性或者说语言的拜物教统治问题，是语言技术疏异日常生活过程并控制日常生活过程所导致的现实的碎片化。在列斐伏尔眼里，作为马克思的社会关系异化逻辑（商品拜物教）的替代物，当代社会“语言异化”（符号拜物教）现象，一是指由于世界终极意义基础的消失与价值标准、真理标准的消失，也就是世界意义的普遍虚无化，语言取代神性、理性与人性，成为新的“普照之光”；二是日常生活意义之根的消失与人们之间沟通的可能性的丧失，由于技术控制理性化扩张导致了日常生活被殖民化过程，其中的一部分内容包括对符号领域的重构，这也就是列斐伏尔所说的现代日常生活的“符号拜物教”转向，即语言成为不断增长的官僚统治与技术控制过程的主体；三是符号图像化的资本社会关系接替马克思的抽象物化力量而成为日常生活的主导统治形态。列斐伏尔称之为“书写语言”对口语的统治，或者说是欧洲根深蒂固的逻各斯中心主义——在历史上其先后表现为古代神学形而上学、近代专制主义、现代城市化与技术体系——对日常生活的统治，他名之为“恐怖主义社会”。

弗洛姆认为，人的存在方式主要有两种：一种是“存在”（to be），另一种是“占有”（to have）。人类在日常生活中，总是在这两种方式中取其一而为之，或者取向“占有”，或者取向“存在”，而现代人的存在方式是“占有”而不是“存在”。在他看来，在重视“占有”的现代社会中，人的神圣而不可剥夺的权利是在生活中不断地捞取、占有和获利。人的自我的塑造和构建必须依赖占有，没有占有物人就无法生活。财富成为证明拥有者力量的象征，至于财富是如何获得则不是一个重要的问题。财富与义务之间是没有任何关系的，财富的获取正当性无须进行道德的考量。只有在不触犯法律的前提下，人拥有无限而绝对的权利去获取和支配财富。弗洛姆认为，占有观念实质上是源于私有制的。在这种生存方式中，人们唯一信奉的就是据物为己有，并且一旦占有就可以永远将其保存下去。这种生存方式最大的特点就在于对分享的排斥，主体一旦获得了占有物，则在使用过程中无须再付出自己的能动性和创造性。在这种方式中，占有的一切皆为死物，人与占有物之间的关系是僵化的。乍看起来似乎人拥有一切，但是实际上却是一无所有，因为人所有的、所占有的和所统治的对象都是生命过程中的暂时瞬间。人所有的和人本身都变成了物的关系。从另一个角度来看，人所拥有的物也占有了人自身。这是因为人的存在是以物的存在为依据的，要证明自己的实力必须尽可能多地占有。这种重视占有的生存方式，导致了人的异化，主体和对象之间没有任何生命力，更不要说创造性。在一个重视占有的社会中，即便是一个一无所有的人也迷恋自己的占有物，因为他毕竟还拥有一些东西，虽然这些东西在常人看来不名一文。在占有的基础上，人们还要想尽一切办法使自己所占有的东西增殖，以便从中获取更多的利润。按照弗洛姆的分析，人们不但可以把有形的事物作为占有对象，如金钱、财富、艺术品等，而且可以将无形的东西纳入占有的范围，如友谊、爱情、健康。人们不仅对物采取占有的态度，而且对人、对情感、对思想也持这种方式。

莱斯则提出，“人不是在生产领域而只是在于消费活动寻求满足”系现代社会人的存在方式的最主要的特征。他在其著名的《满足的极限》一书中批判了现代工业社会把满足等同于无休止的物质消费的观念。他指出，现代工业社会正在把人们引向这样一种生活方式：人们居住在城市的多层高楼中，其能源供应、食品和其他必需品乃至废物的处理都依赖于庞大而复杂的体系。与此同时，人们又误认为不断增长的消费似乎可以补偿其他生活领域，特别是劳动领域遭受的挫折，因此人们便疯狂地追求消费以宣泄劳动中的不满，从而导致把消费与满足和幸福等同起来。换句话说，只用消费的数量来作为衡量自己幸福的尺度。莱斯指出，把消费与满足和幸福等同起来，正是现代工业社会处于异化之中的明证。“人与自然控制与服从的辩证法”是莱斯构建人的存在方式问题的逻辑基础，体现了人与自然内在统一原则。在莱斯那里，控制自然的人本身被其内在心理所奴役。他认为，对自然和人的控制在社会统治阶级的引导下，内化为个人的心理过程；它是自我毁灭的，因为消费和行为的强制性特征破坏了人的自由。因此，继控制自然的意识形态批判之后，莱斯反求人内在的人欲向度，通过分析需求结构本身、需求与商品内在关联以及需求与幸福的关系，进而廓清消费主义状态下人何以遭遇异化的存在问题。莱斯批判“高集约度市场布局”预设了一种不断提高消费水平的生活方式，并将此作为个体的最高价值标准。这种经济形式通过曲解需求本性以及需求与满足间的内在关联，将主体的社会与经济行为定位于依赖高消费的生活方式。实际上，这只不过是对在生产领域所遭遇到异化存在的补偿。

二、人处于这样的存在状态下真的很幸福吗？

鉴于当今世界上许多人都陶醉于这种只是在消费领域寻求满足，崇尚“占有”，以“物化”“单向度”为主要标志的存在方式，这些西方马克思主义理论家不仅概括了当今人类究竟生活在什么样的状态，这种生态状态究竟具有怎样的特征，而且在此基础上着重揭示了人们生活在这样的状态下是不是真的十分幸福，这样的生活究竟是不是人真的应当过的生活。

马尔库塞认为，人处于“单向度”状态，从表面上看，人的生活是十分舒适的。人们清一色地拥有自己的高级住宅、小汽车，还有吃的和穿的东西，这当然是够幸福的了。但事实上，所有这些幸福都是建立在痛苦基础上的。“结果是不幸之中的欣慰。”①关键在于，这里所满足的只是一种虚假的需要，从而这种满足也只是一种虚假的满足。“现行的大多数需要，诸如休息、娱乐、按广告来处世和消费、爱人之所爱与恨人之所恨，都属于虚假的需要这一范畴。”②在这种情况下，“人们似乎活在他们的商品之中；他们的灵魂困在他们的小轿车、高清晰度的传真装置、错层式家庭以及厨房设备之中”③。这就是说，人们提出现代工业社会的要求并实现自己的需求，人就失去了自己的本性，成了现代工业社会的附属品。在马尔库塞看来，这就是人同社会的一体化、一致化。“这种一致化的过程并非虚构而确是现实。然而这种现实

①② ［美］马尔库塞：《单向度的人》，刘继译，上海译文出版社，2014年，第6页。
③ 同上，第9页。

又构成了异化的更高阶段,后者已经完成变成客观的事实;异化了的主体被其异化了的存在所吞没。”①马尔库塞强调,正是在这种人成为“单向度”的人的过程中,人和物的关系完全颠倒了,人们好像是为了他们的商品而生活。不是产品为了满足人的需要而生产,而是人为了使产品得到消费而存在。人拜倒在物面前,把物作为自己的灵魂,这就意味着忘却、失去了自己的灵魂。失去灵魂的人还有什么幸福可言?马尔库塞强调,人在发达工业社会里,无论是从其成为“消费机器”而言,还是就其充当“劳动机器”来说,都说明人在与物的关系上实际上已处于从属的地位,人已成了物的奴隶,但这是一种特殊的奴隶,即是一种“受抬举的奴隶”。他这样说道:“发达工业文明的奴隶是受到抬举的奴隶,但他们毕竟还是奴隶。”②他认为,是否是奴隶“既不是由服从也不是由工作难度来决定的”,“而是取决于人作为一种单纯的工具以及人沦为物的状况”。显然,在发达工业社会里,“人作为一种工具、一种物而存在”,所以无疑这是“奴隶状态的纯粹形式”。③他还提出,严重的是,生活在现代工业社会中的人明明十分痛苦,却感觉不到痛苦的存在;明明有病,却还自以为非常正常。他说:“至于说到一个病态社会的公民,尽管他的举止态度在这种社会里是正常的、适当的和健康的,我们还是禁不住要问:难道这样的个人就没有病吗?难道这种状况不要求对什么是精神健康持有异议吗?”④在他看来,关键在于,现代工业社会中的人已经“进入这样的状况:他有病,并且把自己的病当作健康,而不是使这个自我感到健康和正常的他还注意到自己患有这种疾病”⑤。他强调的是,明明有病,却感觉不到自己有病,竟然还自以为十分健康,这只能说明病得严重。

莱斯也强调,生活在现代资本主义下的人们的幸福是虚假的。现存资本主义制度鼓励享乐主义的生活方式,试图在消费与幸福之间建立某种必然性联结,将消费过程中个体需求的满足作为自身幸福的源泉。资本主义这种虚假的幸福观,鼓励个体将幸福标准等价于消费商品欲望的满足程度,

---

① [美]马尔库塞:《单向度的人》,刘继译,上海译文出版社,2014年,第11页。

② 同上,第29~30页。

③ 同上,第30页。

④⑤ [美]马尔库塞:《当代工业社会的攻击性》,载任立编译:《工业社会和新左派》,商务印书馆,1982年,第3页。

遵从量的标准而非质的标准作为衡量个体满足的依据，把消费选择自由作为生产中异化存在的补偿。然而异化的人并无幸福可言，这种异化消费的结果必然是一种异化的幸福观。他具体对此做出了以下四点分析：

第一，商品流变特性与需求碎片化特征无法使个体获得满足与幸福。他深刻指出，商品特性依据个体需求、感官经验、对象种类而被重新划分，需求碎片化为更小的组成部分，并依据市场信息重新组合、集聚、形成新的形式。只是这是一种临时的、易变的、不稳定形式，居于流动、重组中的需求碎片化，阻碍个体形成需求连贯目标，从而使个体无法有效判定适合自身的特定商品。

第二，个人无法在商品消费与满足和幸福直接建立有效连接。莱斯抨击现代文化传媒传达一种将商品消费与幸福联系起来的错误观念，以日渐消弭的原始性日常生活背景作为激发人们消费欲望的导引，进而将消费欲望的实现与幸福形象紧密关联起来。

第三，以幸福模糊性特征推动个体从消费中寻找满足具有不合理性。异化消费直接的问题在于将商品消费作为个人唯一的需求。莱斯强调满足与幸福的这种模糊性特征激发个体从商品消费中寻找存在感。他批判当下消费主义存在就是在个体的幸福满足感与商品消费之间进行了一种实验，个体自身的需求与感觉是“实验对象”，而市场便成为个体寻找幸福感源泉的“实验室”。然而由于个体时间的相对有限性和产品信息的不充分特点，人们盲目追求消费商品的数量而牺牲了对其他需求的体验，也将阻碍个体关注质的需求和产品自身结构与特质。①

第四，消费主义导致生态失衡危及人类未来幸福。莱斯认为，科学技术普遍应用于商品生产带来的主要副作用在于对环境危害的风险，而现有科技水平无法对潜在危机做出有效评估。他指出，就长期的风险评估而言，目前尚且无法确定高生产、高消费的生活模式对于环境的潜在危害程度，并且针对复杂的生产与消费形式，个体与社会无法提供合理、健全的有效管控生态危机的解决方案，这也为科学技术在商品生产与消费过程中埋下的潜在

① See Leiss W, *The Limits to Satisfaction*, University of Toronto Press, 1976, p. 18, p. 90.

风险,带来不确定性。

哈贝马斯则提出,现代人的存在状态所带来的一个严重后果就是使人的生活世界“殖民化”。他认为,正是在人的社会存在当中自行异化出了否定性的因素,即人们的经济和政治“体制”(System)与人的“生活世界”相异化,并反过来造成对“生活世界”的殖民化。哈贝马斯通过描绘经济和政治的“局部体制”对原先整体性、系统性社会的分化、脱离、反制过程,也就是承接了西方马克思主义,特别是法兰克福学派社会批判理论的“异化”叙事,给出了一种具有哈氏特色的“异化”模式。经济和政治这两个原先的局部体制,本来在理想的设定中是为人的以交往为基础的社会生活进行服务和保障的功能性存在:前者的主要功能是进行马克思所谓的物质生活的生产,包括在资本主义形式下的商品生产和流通,但这要受生活世界的符号生产的成就导引,而不是马克思式物质生产的单向制约作用;后者的功能就是以政治的权威对人的社会行为进行协调,以某种替代手段降低交往的复杂性,在近似形式上落实理想的交往目标。但是随着这两个局部体制的复杂性逐步发展增强,它们愈来愈有了相对的自主性,愈来愈不再受到交往的规范制约,生活世界和体制原本在功能上的区分和彼此在互相联系、互为前提意义上的制约,逐步变为分离、分裂。在分化的基础上,体制更进一步发生了哈贝马斯所谓的对生活世界的“殖民化”,即不仅是停留在一般异化观点所谈论的反制水平上,不只是颠倒了支配与从属的相互地位,“殖民化”的提法所揭示的是体制对生活世界的深层入侵,是异化之后一种反向的“同化”。体制不是停留在二元分割形态上的控制,而是将生活世界也纳入其中作为自己的一部分,按照自己的面目加以改造,改变了后者原先的内容性质,体制吸收、兼并了生活世界,“局部”的体制成为唯一的、整个的体制。这种改变、吸收的基本方法就在于抓住人与人发生联系的媒介,用体制所依据目的合理性的尺度,特别是目的合理性在现代资本主义当中的发达形式,取代了生活世界的交往结构。[①] 这种体制对生活世界、对交往的殖民化就会造成深刻的危机,威胁人和社会的存在。他进一步强调,一旦人的生活世界被“殖民

① See Habermas, Jiirgen, *The Theory of Communicative Action*, Vol. 2, Beacon Press, 1987, p. 171.

化”了,就意味着人处于深深的痛苦之中而不能自拔。

鲍德里亚认为,现代人的存在状态的最大特征在于,消费不再是建立在需求和享受基础之上的,而是建立在符号和编码的基础之上。在消费社会中,“被消费的东西,永远不是物品,而是关系本身”①。而这是对人的最大程度上的奴役与统治。既然消费不再是物的某种功能性的获取,那么物品的存在形式在消费中势必会发生变化。它不再是以单独的形式存在,而是以“全套”或“整套”的形式组成,从而组成某种意义。“很少有物会在其没有反映背景的情况下单独地提供出来。消费者和物的关系因而出现了变化:他不会再从特别用途上去看这个物,而是从它的全部意义上去看全套的物。”②它代表的不再是某种功能或需求,而是“另一种完全不同的东西——可以是社会逻辑。也可以是欲望逻辑——那些逻辑把它们当成了既无意识且变幻莫定的含义范畴”③。这代表着,当我们拥有这个物的时候,就等于拥有了这个物品所代表着的整体,拥有了物品背后的某种特殊的符号价值。比如:社会地位、品味等等。“人们从来不消费物的本身(使用价值)——人们总是把物(从广义的角度)用来当作能够突出你的符号,或让你加入视为理想的团体,或参考一个地位更高的团体来摆脱本团体。”④消费的深层逻辑是符号和编码,其最终实现的是标识人们的社会差异。在消费社会里,人们可能通过某一种消费,比如对奢侈的设备、食物,舒适的居住环境,基本的家具设备、女士专用化妆品、清洁用品、日常食物以及求知欲等的消费,尤其是对奢侈的设备、奢侈品和求知欲的消费,将自己确定为 A 群体(上层阶级),这也意味着同时完成了自己与非 A 群体的分割,实现了社会阶层的划分。消费的魅力与功效就在于“不仅在心理上保障了主人对某种东西的拥有,而且还发挥了一种社会学的功能,将拥有者纳入到一个以相同的方式来拥有个人所组成的阶级之中去,个人行为的符号成为社会凝聚的符号”⑤。人们通过消费

---

① [法]尚·布希亚:《物体系》,林志明译,上海人民出版社,2001 年,第 224 页。(尚·布希亚即鲍德里亚,只是译法不同,下文中波德里亚也是这种情况。)

② [法]让·波德里亚:《消费社会》,刘成富等译,南京大学出版社,2000 年,第 3 ~4 页。

③ 同上,前言第 2 页。

④ 同上,第 47 页。

⑤ [法]让·鲍德里亚:《符号政治经济学批判》,夏莹译,南京大学出版社,2009 年,第 28 页。

符号,来完成对自己身份、地位的界定,实现对社会的编码。这种编码的本质特征就是差异性,社会通过符号来编码,并最终根据消费的差异将社会划分为不同的社会等级。“物并不存在于对需要的满足之中,而是存在于象征性的劳动之中,存在于一种‘生产’之中。这种生产包含了证明与生产的双重含义——物不仅被生产出来,同时还作为证明被生产出来。”①在符号的作用下,物质提供的不是某种功能性,而是“社会价值持续而有形的证明”。人们正是在消费而不是在生产中,完成了对资本主义社会关系的建构和强化。在生产社会中,人的本质和人的现实关系都被商品或货币所掩盖。那么到了消费社会,人的现实性和合理性,则只能存在于符号的编码之中,受符号或价值所控制。在进行消费的时候,人的理性选择能力完全被符号的编码的控制和诱导所替代,不仅仅是物品,包括人的现实性与人的价值,都被湮没在符号或价值之下,人被消费所奴役,并最终丧失了自己的主体性地位。

三、人这样的存在状态是如何形成的?

这些西方马克思主义的代表人物不仅揭示了当今人们生活在以物为中心,从属于物的存在状态下,分析了在这种存在状态下人表面上十分舒适而实际上充满了痛苦,并且在此基础上进一步追溯了人何以处于这样的存在状态,即这样的存在状态究竟是如何形成的。在这里,他们把矛头直指资本主义的制度。

在西方马克思主义内部对人的存在方式的研究,发端于卢卡奇。与此同时,卢卡奇在西方马克思主义内部也开创了把资本主义制度下人的存在方式、生活方式的研究与生产方式的研究结合在一起的先河。也就是说,卢卡奇在西方马克思主义内部最先把资本主义制度下人的存在方式归因于资本主义的生产方式。卢卡奇强调,要真正认识当今人究竟处于什么样的存在状态,必须紧紧地把握当今商品范畴已成为整个社会的普遍范畴,商品的光芒已照射到社会的每个角落这一社会存在的“根本”。他这样说道:“在人

① [法]让·鲍德里亚:《符号政治经济学批判》,夏莹译,南京大学出版社,2009 年,第 13 页。

类的这一发展阶段上"，"没有一个问题不最终追溯到商品这个问题，没有一个问题的解答不能在商品结构之谜的解答中找到"。在这种情况下，只有"在商品关系的结构中"才能"发现资本主义社会一切对象性形式和与此相适应的一切主体性形式的原形"。[①] 他这里所说的"主体性形式的原形"指的就是人的存在状态。他所强调的是，只有把人置于当今社会的"商品关系的结构中"才能把人的存在状态揭示出来。卢卡奇根据马克思关于资本主义的理论，特别是马克思在《资本论》中对商品拜物教的分析，强调资本主义社会的主要特征就是"商品交换及其结构性后果"对"整个外部的和内部的社会生活"产生"决定性的影响"，"商品交换"完全构成"社会进行新陈代谢"的"支配形式"。在这样一个社会中，生产本身是为了交换价值而不是为了使用价值，即生产的目的不在于满足人的需要，而在于使一些人拥有更多的钱。在这一基础上，商品形式渗透到社会生活的所有方面，并按照自己的形象，即"商品的形象"来改造这些方面，使社会生活的所有方面都商品化，都进入交换领域。他认为，一旦是为了"使一些人的腰包装得更满"而进行生产，就会"对所有生活形式"产生决定性的影响。当然这种影响主要表现在使人的存在状态发生了根本性的变化。这就是使人形成以"物化"为主要标志的存在状态。

卢卡奇反复强调的是，"商品只有在成为整个社会的普遍范畴时"，商品的那种本质才会暴露无遗。而与此同时，在"商品关系"的基点上所形成的人的"物化"的存在状态"才对社会的客观发展和人对社会的态度有决定性的意义"。[②]

高兹也揭示了资本主义生产方式与人类存在异化之间的内在关系。他认为，资本主义生产方式作为历史发展的产物，规定了人基本的存在方式和存在关系。他从存在主义现象学和马克思主义历史唯物主义的立场出发，运用马克思的政治经济学批判的方法对资本主义展开全面的生态批判，这种批判既是对资本主义生产方式的批判，也是对资本主义生活方式的批判。他强调，在资本逻辑的支配下，资本主义不能保证生产服从于需要，无法推

① [匈]卢卡奇：《历史与阶级意识》，杜章智、任立、燕宏远译，商务印书馆，1992年，第143页。
② 同上，第146页。

动质的需要的扩张。同样,科学被军事化,教育、医疗被工业化,文化被商业污染,人的创造性也要屈从于利润的生产。在这样的语境中,高兹深刻地认识到:一方面,资本推动的人类社会发展已触及环境和自然资源的底线;另一方面,与资本同谋的制度、技术、教育、医疗等早已使人类基本的生存能力衰退,进而能够多次摧毁人类,人类社会的发展已触及了社会的底线。他指出,与资本主义生产方式同步诞生的经济理性以"计算与核算"、效率至上、越多越好为原则。于是,"足够"这一范畴就不像在传统社会中那样只是一个文化的范畴,而变成了主要是经济的范畴。在高兹看来,马克思对资本主义生产方式的批判范式就当代而言,它的更新形式就是对资本主义的经济理性批判。在马克思和恩格斯那里,作为资本主义特征的经济合理性要扫除所有从经济的观点看来是不合理的价值和目标。① 按照马克思的观点,经济理性的危害,一方面使人与人之间的关系变成金钱关系,另一方面使人与自然之间的关系变成工具关系,而核心的问题是使劳动者失去人性。

哈维认为,当今人类正面临着日益严重的贫富分化与精神虚无的生存困境,这一困境的形成与城市空间被侵袭密切相关,而城市空间被侵袭显然是"空间资本化"的结果。哈维指出,21 世纪的城市成为维系人们生存的主要场所,以及人类生活方式和质量的空间表征。然而在资本化的时代,资本拜物教笼罩着整个社会场域,城市空间的变革也必然被资本逻辑所操纵,城市所追求的是利润的最大化和财富的无限增殖,这必将造就资本化的城市空间景观和都市生活。他深刻地揭示了人的存在方式的恶化与城市空间的资本化之间的双向互动的关系。他说,综观城市发展历程,自资本诞生以来,城市化实质上一直具有为资本增殖利润的功效,只不过随着资本创新的空间转向,城市化转变为资本掠夺性积累的快捷方式。哈维把它称之为"空间修复",即资本通过内在的空间重组和地理扩展来吸收过剩资本,解决资本主义危机而得以生存下来的特殊方法。他鲜明地指出:"如果没有内在于地理扩张、空间重组和不平衡地理发展的多种可能性,资本主义很早以前就不能发挥其政治经济系统的功能了。"②这意味着,城市空间与资本实现了相

① See André Gorz, *Critique of Economic Reason*, London and New York Verso, 1989, p. 19.

② [美]大卫·哈维:《希望的空间》,胡大平译,南京大学出版社,2006 年,第 23 页。

互依存,城市空间的变革与资本创新逻辑走上了同一轨迹,整个城市空间的设计与创造完全以市场为导向,以追求最大利润为目的,造就了“城市空间的资本化,资本的城市空间化”。他进一步指出,城市是人们所生活的世界,人们的生活方式与城市化密不可分,城市空间变革就是“规划”日常生活的过程。20世纪70年代以后,随着资本生产方式从福特主义向灵活积累的转变,都市消费习惯和生活方式也随之更迅速地变化。城市空间创造了自身特有的效果,到处充斥着意象性的、即时性的和符号化的消费景观,人们被各种眼花缭乱的商品所围绕,被各种文化噱头所刺激,所享受的一个个瞬间安逸变成了个体的存在方式。哈维断言:“这意味着不只是扔掉生产出来的商品(造成巨大的一次性废品的问题),而且也意味着可以扔掉价值观、生活方式、稳定的关系、对事物的依恋、建筑物、场所、民族、已接受的行为和存在方式。这些都是即刻的和有形的方式,‘更大的社会里加速的推进’以这些方式去冲击‘个人普遍的日常体验’。”①

内格里指出,当资本主义实现全球化,我们看到的世界就是一个资本的世界。资本为自己创造了一个适合它存在和发展的世界。这意味着,这个世界并非是适合人存在和发展的世界。基于此,他强调,欲知当今人的存在方式,必须置于资本全球化这一背景下才能正确地加以认识。他的基本观点是,这个世界之所以成了不适合人存在和发展的世界,主要原因在于资本为自己创造了一个适合它存在和发展的世界。他指出,当社会发展进入“帝国”时期,即资本主义的最新发展阶段,非物质劳动成为社会生产劳动的主要形式,非物质劳动成为人的主要存在方式,它规定着人的本质。但是在“帝国”即资本主义最新发展时期,人通过非物质劳动并没有成其为人和表现为人,没有因此获得更好的生存和发展。相反,人却成为生产的主体性,最终实现的是资本的增殖和发展。内格里借用福柯的“生命政治框架”认为,从生命政治视角来看,非物质劳动可以被置换为生命政治劳动。生命政治生产不再是商品的生产,而是主体性的生产。然而这一主体性是与资本的价值增殖机制相一致的主体性,而不是与无产阶级的自我价值增殖机制相一致的

① [美]戴维·哈维:《后现代的状况:对文化变迁之缘起的探究》,阎嘉译,商务印书馆,2013年,第357页。(大卫·哈维与戴维·哈维为同一人,只是译法不同。)

主体性。与非物质劳动联系在一起的是“共同性”。而当“共同性”处于资本的社会生产关系中,“共同性”实现的是资本的增殖,它相对于人的存在与发展来说就是外在的、有害的、腐化的。而当“共同性”处于人的社会生产关系中,共同性实现的就是人的发展,那它就是有利的、生成性的。在内格里看来,当今资本主义社会所发生的正是前者而不是后者。内格里认为,在资本主义条件下的非物质劳动体现了资本主义社会生产异化的发展和深化,资本不仅剥夺劳动产品,而且还剥夺劳动过程本身,如剥夺协作,这是剥削生命政治劳动力的核心要素。因为生命政治生产日益具有的自主性,使得资本日益外化。资本为了剥夺生命政治劳动之间的协作,就对生命政治劳动自主生产出来的“共同性”进行占有。劳动者在创造“共同性”的过程中获得了部分自主性,但是“共同性”却被资本所占有,被社会制度所腐化。

四、为什么说让人处于这样的存在状态已成了统治的一种新形式?

西方马克思主义理论家对当今人的存在方式的研究,贯穿着对当代资本主义的批判。他们不仅论证了当今人的这种以“占有”为主要特征的、人从属于物的存在方式是由资本主义制度造成的,而且在此基础上进一步揭示出让人处于这样的存在状态实际上已成了资本主义统治的一种新形式。也就是说,当今的资本主义制度主要是依靠让人处于这样的存在状态来维持自己的统治的。

马尔库塞的《单向度的人》一书第一章的标题就是“控制的新形式”。马尔库塞的宗旨不仅是要揭示生活在现代工业社会中的人的生活方式是“单向度”以及人在“单向度”下究竟过的是一种什么样的生活,而且更要说明使人处于“单向度”状态是现代工业社会控制人的一种新的形式。在他看来,具体地说,现代工业社会主要是借助于以下新的形式来控制人的:第一,制造虚假的需求,通过控制人的需求来控制人。马尔库塞明确地指出,在当代工业社会,“把个人束缚于社会的机制已经改变,而社会控制就是在它所产生的需要中得以稳定的”①。这就是说,社会控制主要是借助于它所制造出来的需要来实现的,社会控制之所以如此稳定主要是由于它制造出了一系列新的需求,人们都把注意力集中于为实现这些新的需求而努力奋斗。现代工业社会为了使其统治能继续下去,就实行“强迫性”消费,而“强迫”人们消费的主要手段就是制造“虚假的需求”。现代工业社会推行高生产、高消费的措施是维系资本主义制度生存和发展的主要途径。刺激消费当然是资本主义经济持续增长的动力,但刺激消费对资本主义更大的效应则是实现了资本主义意识形态操控的需要。第二,弘扬技术理性,通过把科学技术合理性变成政治合理性来控制人。马尔库塞提出,在现代工业社会里,科学技术实际上成了统治者手中的新的控制工具,利用科学技术来实现对人的统治是现代工业社会的又一个新的控制方式。马尔库塞强调的是,尽管从近代以来科学技术从来都是被统治者用来控制人的手段,但是只有到了现代,技术统治才成了一种主要的统治手段。他认为,借助于科学技术来控制人到了现代工业社会已经起着不可替代的作用,它对人的控制如此有效,以至于个人的抗议几乎已变得不可能,原先那些代表新的人的生存方式的历史力量完全消失。第三,渗入人的心理,通过改变人的本能结构来控制人。马尔库塞认为,现代工业社会控制人的最厉害的手段就是把控制渗入人的心理,让人的心理自觉不自觉地服从统治者的统治。他说:“在现代的富裕社会里,在人的自由的现有的存在形式和能达到的可能性之间存在着某种矛盾,所以,如果社会想要避免发生过分的不快,它就必须使个人进行有效的合作。这样,人的心理就不自觉地和自觉地接受和屈从于制度的控制和操纵。”②他的意思是,在现代工业社会中现实的自由和可能的自由之间存在着极大的反差。在这种情况下,人们会意识到这种反差从而产生对现实的不满,为了使人们根本意识不到这种反差,现代工业社会就想方设法去改变人的心理,让人“不自觉地和自觉地接受和屈从于制度的控制和操纵”。

高兹认为,支配现代丰裕社会即现代资本主义社会的主导性逻辑已不

---

① [美]马尔库塞:《单向度的人》,刘继译,上海译文出版社,2014年,第9页。

② [美]马尔库塞:《当代工业社会的攻击性》,载任立编译:《工业社会和新左派》,商务印书馆,1982年,第4页。

是生产逻辑，而是消费逻辑。而使消费逻辑占有支配地位，即让人们都接受消费主义的生活方式，正是现代资本主义社会能使自己的统治得以稳固的主要奥秘之所在。他指出，在丰裕社会的新政治经济条件下，个体在理论上从自然必然性中解脱出来了，具有了为创造性的人性的目的而进行活动和生产的可能性，而不再仅仅追求自然必然性的人性目的。① 但是当下的垄断资本主义却通过匪夷所思的消费意识形态逻辑阻止了将生产从属于创造性活动，甚至泯灭了所有创造性活动，最终永远地将消费从属于生产过程。马克思的预言一语成谶，他说垄断资本主义发现自己面临的是这样一个问题，即为了客体而将主体塑造为被市场化的，不是调整供给满足需求，而是使需求调整满足供给。②高兹认为，经济理性的铺展使得社会的所有方面都被支配着，极大地延伸了资本对私人生活的一切方面和各个领域的侵略，经济理性成为个体所接触的一切信息里的至高的主人。所以经济理性暴露了垄断资本主义的真实面目：作为需要以生产为目的的生产，以积累为目的的积累的社会体制，它也是需要建构一个强制消费的社会体制。以同样肯定的口吻，他认为资本主义需要的是被动的消费者，这种被动人格的主动特征在消费的意识形态氛围下，被压制到极小化，而在这样的个体人格基础上，体制可以随心所欲地强加给个体任何目的，赋予体制所需要他具有的任何欲望和意愿。透过高兹对作为经济理性批判的总体性背景的消费社会的政治经济学批判性分析，我们可发现，资本主义社会制造的消费意识形态完成了对主体的谋杀。正是通过对需求和满足进行合法性的华丽包装，更深的社会的一级政治的目的论问题被压抑了。消费不折不扣的是一种极为隐蔽的资本主义政治行为。③

“消费社会”或消费时代的全面到来，这是鲍德里亚对资本主义社会的新诊断。此处鲍德里亚所提到的“消费”，已经完全不同于生产社会里的“消费”。在生产社会，消费还是作为生产和再生产的环节之一而存在，生产决定着消费。但是到了消费社会，与生产社会里的产品分配不足相比，到处是被堆积着的、显而易见的过剩的产品。在现代社会中，人们生产出来的产品

①② See André Gorz, *Strategy for Labour*: *A radical proposa*, Beacon Press, 1967, p. 70.

③ 参见张一兵：《反鲍德里亚：一个后现代学术神话的祛序》，商务印书馆，2009 年，第 95 页。

已经变得极其“丰盛”，甚至就连弗洛伊德所提到的自然性欲在今天都沦为了被消费的对象。在这种情况下，现代社会就成了消费社会，推行消费成了现代社会得以存在的支柱。鲍德里亚指出，受政治经济学的影响，人们往往将消费视作对某种需要的满足。在他看来，“需要”是由主体自发所产生的，认为个人的需要都是自己进行选择的，因为你清楚地知道自己需要什么。鲍德里亚将这种把“需要”理解为“已经存在于人的内心之中了”的认知，看作一种基于人类学的神话。“我们相信一种真实的主体，被需求所驱动，将真实的物作为其需求获得满足的源泉。这完全是一种拙劣的形而上学。”①在他来看来，正是这种神奇的人类学偏见，对需要和满足进行了合法性的华丽包装，从而掩盖了“需要”得以产生的现实的社会和政治根源。鲍德里亚认为，这是人类理性的僭越和狡计。他强调，实际上，正是现代社会为了维护其统治，即出于其政治和社会的原因，才推行消费主义的生活方式，使这个社会成了一个消费社会。他否认在现代社会里还存在着那种可以进行自由选择的需要和消费。他指出，在消费社会里，单个的需要并不存在，所有的需要都被抽象为一个体系，以适应消费的需要，也就是说“需要”是被体系作为一种生产力而再生产出来的。

在消费社会里，需求不再是对某一物品的需求，而是对差异性的需求，它被一般等价原则和一般的整合所操纵。所有的本能在需求中都被合理化了、被赋予了某种目的。就像奴隶被喂饱肚子，不是因为奴隶填饱肚子的生存需要，而是因为那个体系需要奴隶劳动。如果体系可以不供养人，人们可能就连面包也不会生产了。这也就意味着，与生产社会不同，消费的对象不再是物质性的产品，它们只是被用来享受或花费的，以满足人的某种需要，而不是真正的“消费”。他还指出，在现代消费社会中，消费是没有止境的，它置身于一个庞大的系统之中。在生产社会中，消费往往被看作对某种需要的满足，满足人的内心需求。那么当这一需要被满足的时候，也就意味着消费的结束。但是在消费社会里，因为消费是为了维护这一社会的需要，所以消费也是没有止境的。

---

① [法]让·鲍德里亚:《符号政治经济学批判》,夏莹译,南京大学出版社,2009年,第60页。

列斐伏尔看到,在全球化的时代,资本主义依靠空间维持了生产关系的再生产,以此繁衍自身。他进一步指出,他对“城市的”与“城市化”这两个专业术语的使用已远远超出城市的基本范畴。城市化是对现代性空间化和对日常生活的战略性“规划”的概括性比喻。而正是这一切,才使得资本主义得以延续、得以成功地再生产其基本的生产关系,这也是为什么他会转而关注空间和生产关系再生产之间的关联。① 深谙马克思主义思想的列斐伏尔看到,在都市化的进程中,国家官僚主义开始按照生产关系的再生产的要求来对空间进行管理和分割。这种生产已经不是传统意义上的体现于物的生产,而是“发生在每一个人的眼皮底下,并在每一项社会活动中完成,其中包括那些表面上最无关紧要的活动(休闲、日常生活、居住与住宅、空间的利用)”②,而因其琐碎、重复的表象,总体、社会运行的总过程被掩盖了。在城市中,各种商品信息和人都被同时性地汇聚与离散开来,而列斐伏尔要做的就是,冲破这个纷繁复杂的矛盾表象,把握社会发展的总体性。在他看来,资本主义为什么幸存而没有灭亡,就在于资本主义对空间的占有,“通过占有空间,通过生产空间”③,资本主义得以不断获得生命力。资本主义的“生产”更是一个不断地超越地理空间限制,而实现空间的“自我生产”过程。

赖希把人的需求分为自然的需求和社会的需求,前者是先天的、与生俱来的,而后者是后天形成的,是社会加于人的。在他看来,人的本真性的存在状态是与满足人的自然的需求联系在一起,而一旦人放弃自然的需求只是追求社会的需求,那就说明他的存在状态已经是非本真的,不是出于人的本性的存在状态。他还指出,使人放弃自然的需求而满足于社会的需求正是现代独裁主义社会维持其独裁统治的最主要的手段。这里关键在于,独裁主义社会需要独裁主义的心理基础,也就是说,只有这个社会的普遍的人格是独裁主义的而不是民主主义的,这个社会的独裁统治才能得以维持。这种“独裁主义的性格结构”使外在的必然性或极权主义意识形态化,强使人服务于

---

① 参见[美]苏贾:《后现代地理学:重申批判社会理论中的空间》,王文斌译,商务印书馆,2004年,第76页。

② [法]亨利·勒菲弗:《空间与政治》,李春译,上海人民出版社,2008年,第5页。

③ Henri Lefebvre, *The Survival of Capitalism*, *Reproduction of the Relations of Production*, Allison & Busby, 1978, p.21.

一定的社会经济制度。它使人通过受制于内心的权威服从于外在的、有形的、僵死的权威。它是人性中的一种非理性的、神秘的、毁灭性的力量。问题在于，这种“独裁主义的性格结构”又是如何形成的？这正是赖希研究的重点。他认为，这是由现代社会对人的自然需求的压抑，特别是性压抑带来的。当人的自然需求长期得不到实现，爱的心理能就要转移为破坏的心理，就会形成一种“独裁主义”的心理机制。在他看来，性压抑、“独裁主义的性格结构”、独裁主义统治这三者之间存在着必然的内在联系。他问道：统治阶级肆无忌惮地奴役人、压迫人，是靠手中的权力、军队、监狱这些镇压工具，还是靠创造“剩余价值”这种剥削手段呢？他认为都不是。在他看来，靠的是“通过压抑自然本能创造出为保护自己所需要的那种性格结构”，对自然需求的压抑，让人生活在非本真的状态之下，实际上就是独裁统治者用于维护自己统治的主要支柱。他论证说，希特勒法西斯主义政权之所以要推行禁欲主义，就是为了创造“独裁主义的性格结构”。希特勒和其他法西斯主义头子提倡女人服从男人，强行剥夺女人的性和经济的独立性，采取强硬手段反对控制生育、堕胎，鼓吹把德国姑娘、妇女从犹太人的“肉欲魔掌”中解放出来，对所有这些行为都不能就事论事地分析，而必须放到他们维护独裁主义统治这一总的背景下加以观察。在希特勒统治下的德国，有那么多的人甘于受法西斯主义的独裁统治，有那么多的人愿意充当炮灰和奴隶，与在那里普遍实施性压抑密切相关。他说，我们必须明确，奴隶就是由性压抑所带来的，“社会和个人的性经济学已经确认了这样一个事实：对青少年的性生活的压抑是产生被奴役的下属与经济上的奴隶的关键因素”①。就这样，他用特有的方式把对自然需求的压抑视为统治阶级用于维护自己专制统治的主要支柱。

五、人如何才能摆脱这样的存在状态走向新的生活？

这些西方马克思主义理论家研究的重点显然在于揭示当今人的存在状态的特征以及造成这种存在状态的根源，但他们并没有停留在“破”上面，对

① ［美］威廉·赖希：《性革命——走向自我调节的性格结构》，纽约，1962年，第XⅥ页。

如何“立”，即对当今人如何才能摆脱这样的存在状态走向新的生活进行了探讨。尽管后者与前者比较起来显得比较零碎、肤浅，可其中也不乏富有启发性的见解。

我们还是从马尔库塞讲起。马尔库塞坚信：“一种人类真正能够决定自己的生存的生活方式是可以找到的。”①在马尔库塞看来，实际上现在的先进工业社会完全拥有建设一种新的人的存在方式的条件，但只是“现有制度和终日在维护这个制度的集团”在阻碍着人们走向这样一种新的人的存在方式。他甚至还认为，为这种新的人的存在方式、新的社会构想一种模式也并不是什么困难的事。他认为，为了摆脱现在这样的存在状态，下面这些事是必须做的：

第一，取消愚蠢的消费，用真实的需要取代虚假的需要。马尔库塞指出：“一切解放都有赖于对奴役状态的觉悟，而这种觉悟的出现却往往被占主导地位的需要和满足所阻碍，这些需要和满足在很大程度上已成为个人自己的需要和满足。发展的过程往往是用另一种制度取代预定的制度；而最可取的目标是用真实的需要代替虚假的需要，抛弃抑制性的满足。”②他把取消愚蠢的消费，“用真实的需要取代虚假的需要”，作为人建立新的存在方式，获得解放的第一要义。

第二，改变科学技术的社会功能，“人道主义地”使用科学技术。尽管马尔库塞对在现代工业社会中科学技术履行消极的社会功能、科学技术成了统治人的工具提出了尖锐的批评，但他并不认为科学技术具有“原罪”，科学技术履行消极的社会功能是由科学技术本身的性质所决定的。基于此，他提出了“新科技观”，认为面对科学技术，人是可以做出选择的，科学技术完全有可能在新的历史条件下成为一种解放的手段。他提出了“人道主义地”使用科学技术的设想，并把此作为人走出“单向度”的生活方式，真正获得解放的重要途径。

第三，反对过度生产，重新确立生产目的。马尔库塞认为，无论是消除虚假的需要还是合理地使用科学技术，都涉及如何组织生产的问题。如果

---

① ［美］马尔库塞、卡尔·帕泊尔：《革命与改良》（内部出版），外文出版局，1979 年，第 56 页。

② ［美］马尔库塞：《单向度的人》，刘继译，上海译文出版社，2014 年，第 8 页。

像在现代工业社会那样，一味地扩大生产，把生产的过程单纯地理解为增加物质财富的过程，而且是多多益善，那么就不可能消除虚假的需求和合理地使用科学技术，当然也不可能创建人的存在方式。那种"为生产而生产""为发展而发展"，实际上是"癌细胞的疯狂裂变和扩散"，将会使现代文明陷入"过度生产"和"过度发展"的危机，并最终使人类成为其牺牲品。马尔库塞紧紧地把反对过度生产、重新确立生产目的与创建人的新的存在方式，走向新的文明联系在一起。

第四，进行心理结构的革命，把生本能从破坏本能的优势中解放出来。马尔库塞注重心理结构、本能结构的革命，他把建立人的新的存在方式最后落脚于改变人的心理结构、本能结构。他说："社会渗入心理有多深，心理的健康和正常在多大程度上已不再是个人的事情，而是社会的事情了。社会和个人之间的和谐关系可能会有所进展，如果社会创造条件使自由、和平和幸福的现有可能性化为现实的话，就是说，如果创造条件把性欲、生活本能从破坏本能的优势中解放出来的话。"[①]马尔库塞在这里把生本能从破坏本能的优势中解放出来，等同于"使自由、和平和幸福的现有可能性化为现实"，并强调这是建立新型的社会和个人之间的关系、人的新的存在方式的主要前提。他认为，不但"可以在个人的本能结构里找到彻底毁灭全球这场游戏的根子"，也可以在个人的本能结构里找到人遭受苦难的根源之所在，从而强调建立人的新的存在方式，创造新的人类文明应当从改变人的本能结构、进行本能结构的革命入手。

尽管是马尔库塞的学生，但莱斯并不像他的老师那样全面地去探讨如何创建人的新的存在方式，而主要紧紧地抓住改变消费主义这一点来展开对新的存在方式的论述。他强调，人类走向新的存在方式的关键就是从生产领域而不是消费领域寻找满足。他赞同马克思以劳动解放实现人的解放的观点并开创性地提出了"从生产领域而不是消费领域寻找满足"，主张人应该全面发展各种劳动能力，最终以劳动解放实现人的解放与全面发展。莱斯的劳动解放论是实现自然解放的基础，也是克服人的异化生存、实现人

① [美]马尔库塞：《当代工业社会的攻击性》，载任立编译：《工业社会和新左派》，商务印书馆，1982年，第6页。

性解放的根本路径。

从某种意义上,莱斯的劳动解放观既不是一般意义上增强人征服或改造自然的能力,也不是提高科学技术发展创新水平,而是首先对控制自然的观念重新释义。这种控制自然不止于对外在自然的控制,而是指向人性本身,对“人性的逐步自我理解和自我训导”,即“将人欲望的非理性和破坏性方面置于控制之下”。[①] 可以发现,莱斯更偏向于从人自身的内在维度展开对控制自然观念重新解读,试图从伦理与道德的层面重新还原、复归控制自然的本原之意。莱斯的劳动解放观是在批判异化消费中树立起来的。莱斯指出,当前我们所面临的现实社会具有这样的特征:“复杂的大规模技术,较高的能源需求,生产和人口都很集中,职能越来越专业化,商品的花色品种越来越多。”[②]正是这种高度结构化的社会组织形式使人变成了一种异化的存在,并且所带来的消极后果随着社会繁荣而加剧。

为从根本上解决这一问题,莱斯指出了两条道路:一是现有社会结构不变并继续鼓励维持高消费生活方式,但这将导致更为严重的社会后果。因为人们在消费领域需求期望水平的提高,而满足人们需求的水平又在缩小,社会的不平等必然导致社会冲突的增加。“要在这种条件下维持上述理想,就必然需要采取更富压制性的和集权主义的政治统治方式,而这种统治是由特权的少数代理人所操纵的。”[③]二是采取“开放态度”,鼓励人们直接参与满足需求创造性活动。莱斯明确指出:“在当今社会,满足的可能性将主要是生产活动而不是消费的组织功能。”[④]他认为,结合现代工业社会整体发展水平,目前已经具备了寻找替代消费主义生活方式的条件与手段。他主张在人们没有对现有体制完全丧失信心之前积极创造一种良好的社会环境,“在这种环境中人们将受到鼓励去更直接地参与各项与满足需要有关的活动”[⑤]。莱斯认为,交往的社会并不是以商品为中介形式的交往,而是鼓励人们直接参与生产活动进而发展创造性的劳动能力。

---

① [加]威廉·莱斯:《自然的控制》,岳长龄、李建华译,重庆出版社,1993 年,第 168 页。

② [加]本·阿格尔:《西方马克思主义概论》,慎之等译,中国人民大学出版社,1991 年,第 482 页。

③⑤ 同上,第 483 页。

④ Leiss W., *The Limits to Satisfaction*, University of Toronto Press, 1976, p. 18, p. 90, p. 106.

高兹则把创建人的新的存在方式寄托于摆脱经济理性。由于高兹主要把“越多越好”视为经济理性的原则,从而他认为“逃避经济合理性”的控制就是摆脱“越多越好”的原则。他强调,必须打断“更多”与“更好”之间的联结,使“更好”与“更少”结合在一起。他认为,只要我们生产更多的耐用品以及更多的不破坏环境的东西,或者生产更多的但每个人都可以得到的东西,那么工作与消费得越少,但生活得却更好,这是可能的。高兹认为,只有挣脱掉经济理性的禁锢,才能为现代人开辟出一个足够大的自由空间。在这一空间中,人们发现这是一个价值不能被量化的领域,发现这才是生活自主的领域。以经济为目的所进行的劳动大大减少之时,自主的行为有可能在社会中占据支配地位。应当把经济理性从闲暇时间中驱逐出去。这样,闲暇将不再只是剩余或补偿,而是必不可少的生活时间和生活的原因。要使闲暇压倒劳动的同时,使自由时间压倒非自由时间。让这种自由时间成为一切普遍价值的承担者,即让创造性、欢乐、美感和游戏战胜劳动中各种效率、谋利的价值。高兹提出,当劳动降低到从属的地位,而自由的时间成为一切普遍价值的承担者之时,就出现了“一个可能的其他社会的远景”。他说:“这个未来社会不再是一个以劳动为基础的社会。”①

那么超越经济理性是不是仅仅意味着让闲暇时间压倒劳动的时间,使社会不再以劳动为基础呢?高兹认为,并非如此。高兹所论述的超越经济理性的更重要的一个内容就是使劳动本身也成为一种自主性的行为,即不仅要把经济理性从闲暇时间中驱逐出去,也要让经济理性在劳动时间中无立足之地;不仅要在劳动之外寻求个人的自由发展,而且也要在劳动之内寻求个人的自由发展。他认为,这里至关重要的是不能使劳动仅仅成为挣工资的手段,如果是这样,劳动必然失去其意义、动力和目标。实际上,人们为取得报酬的劳动所要达到的不是其为自己所选择的目标,而是根据付给他们工资的人所制定的程序和时间表。他说:“存在着一种普遍性的混淆,这就是‘劳动’(work)与‘工作’(job)或‘就业’(employment)之间的混淆,‘劳动的权利’和‘挣钱的权利’以及‘得到收入的权利’之间的混淆。”②在他看

① [法]高兹:《经济理性批判》,伦敦,1989年,第212页。

② 同上,第221页。

来，现在人们普遍把挣钱的权利等同于劳动的权利，实际上你有权挣钱并不表示你已真正获得了劳动的权利，而在劳动领域超越经济理性就是让人们不仅获得挣钱的权利，而且真正获得劳动的权利。高兹认为，一般来说，劳动有三个层面:劳动过程的组织，与所生产的产品的关系，劳动的内容，即行为的性质和劳动所要求的人的才能。他强调，应该使劳动者在这三个层面上都能获得权利，从而都具有自主性。具体地说就是:这种劳动应是劳动者自己组织的，这种劳动是对自我确定的目的的自由追求，这种劳动应达到劳动者个人的目的。

莱斯和高兹在西方马克思主义内部都是属于"生态学马克思主义"派别的，而马尔库塞在一定意义上也是个"生态学马克思主义"者，所以他们构建人的新的存在方式的思路大致相同，即都是向消费主义宣战，沿着劳动解放的方向努力奋斗。下面我们再看看西方马克思主义内部几位非"生态学马克思主义"者从各个角度对创建人的新的存在方式的构想。

列斐伏尔概括出了一项克服日常异化的"三位一体"的总体性文化革命行动纲领。其中最著名的口号就是，在经济平台上，"技术要为日常生活服务";在政治平台上，"废除国家与实行自治";在文化平台上，"让日常生活成为一种艺术品"，包括性意识的革命、城市的改革以及对节日的再发现。从此，每天的生活将不再是一个单调乏味的世界，而包括"欲望的格调""口语""满足""诗意创造""娱乐"等。在列斐伏尔看来，这种乌托邦主义并非另外一种末世学，因为他对"新生活"的筹划是立足于现有的技术能力，立足于对日常生活异化的一种深思熟虑的、辩证的和社会学的分析，而不是高高在上地对日常生活的理性技术规划。列斐伏尔所说的"文化革命"，首先是指艺术与日常生活的创造性融合，是一种全新的充满生机活力的生活风格，创造一种不是制度的而是生活风格的文化;其次作为艺术和艺术价值的复兴，它主要具有实践的而不是"文化的"目标，即没有纯粹的"文化的"目标，而是使文化走向经验，走向对日常生活的变革。具体来说，列斐伏尔理想中的总体性日常生活文化革命乌托邦，将包括如下三大方向的革命:一是身体革命或"性意识的变革与革命";二是空间革命，即"都市变革与革命";三是克服日常生活和节日间的冲突，使节日重见天日并受到推崇，使其与都市生活相融洽,这是革命计划的最后结果。

内格里认为,作为资本主义发展的最新劳动形式并具备了霸权地位的非物质劳动,成为资本主义经济发展的主要驱动力。从生命政治视角来看,非物质劳动也是生命政治劳动,它是主体性的生产。然而主体性的生产是与资本的价值增殖机制相一致。这意味着人的发展是由资本所规定的,那么社会塑造出来的全新的主体,即社会个人就具有了资本属性。而当社会个人表现为财富创造的宏大基石时,社会个人就取代了机器,表现为新固定资本的形式。此时,人本身已成为新的固定资本,在物质上同直接劳动相对立而存在。基于此,内格里强调,创建人的新的存在方式的关键在于,使非物质劳动不与资本的增殖机制相一致,不使从事非物质劳动的人成为新的固定资本。他强调,非物质劳动者在创造共同性的过程中获得了部分自主性,但是共同性却被资本所占有,被社会制度所腐化。我们需要做的是重新占有共同性,实现无产阶级的自我价值增殖,而不是资本的价值增殖。

哈维强调,从根本上看,以资本积累为原则的城市空间重组与再造的过程,就是资本主义生产关系再生产的过程。这预示着,要想建构一个充满希望的、理想的城市空间,实现人的自由全面发展,首要前提是要超越资本逻辑。他号召开展一场反对把城市空间资本化的运动。这里关键的是要唤醒人们的城市权利意识,从根源上对抗城市空间的资本化过程,摆脱被资本奴役的命运,恢复人自身的完整性在城市空间中的位置。他强烈地反对当今资本主义社会的统治者所倡导的"空间修复",认为资本正依赖"空间修复"既为资本积累开辟了空间道路,也为替代资本创造了条件。他指出,在这个世界上,由于"空间修复"所采用的"破坏性生产"对城市景观和日常生活所造就的巨大冲击,人们已经感受到资本化城市空间的粗暴与压抑,已经进行反资本化的抗争,城市权利意识开始觉醒,反资本的替代性方案在这个过程中已经存在,希望与光明依稀可见。他还指出,反资本的城市化并非简单的空间结构的颠倒或设计的矫正,它涉及从城市化过程所创造的张力中寻求未来新的可能性。他希望通过建构希望的城市空间来恢复人的完整性。

霍耐特提出的人走向新的存在方式的主要途径是"追求承认,拒绝蔑视"。他响亮地提出了"为承认而斗争"的行动口号。在他看来,承认斗争的主要目标就是个体的自我实现，这也是霍耐特所构想的创建人的新的存在方式的主要途径。霍耐特认为，在个体自我实现过程中，“非强制性”或“自由”并非仅仅意味着外部强制或影响的不在场，必须同时意味着心理封闭、压抑与内心恐惧的缺席。他提出，当然，这两种意义上的自由不能仅仅理解为通过他人尊重而获得的与自身能力和特质相对应的信任。霍耐特还指出，自由的自我实现前提就依赖于主体自身不能控制的共同体，因为主体只有依靠互动伙伴的帮助才能获得这个前提。这样不难看出，爱、法权、团结这三种承认形式，就构成保障外部自由与内部自由实现的主体间性条件。霍耐特在区分个体自主三层含义——意志自由、行为自决、人格自主——基础上，提出了人格自主的主体间性构想。为了避免陷入心理分析或语言哲学的唯心主义方案中去，霍耐特试图在人格自主的主体间性构想框架中，逐步改变个体主体的心理前提。

在西方马克思主义的代表人物中，真正明确地把人的新的存在方式与共产主义联系在一起，强调创建新的存在方式与走向共产主义的同一性的则是巴迪欧。巴迪欧将共产主义的设想规定为三个序列，第一个序列开始于 1791 年法国大革命，结束于 1871 年巴黎公社，这一阶段主要确立了共产主义观念和平等思想。第二个序列是从 1917 年俄国十月革命到 1966 年中国的“文化大革命”，这一阶段主要是寻找实现共产主义设想的实践策略。苏联式的社会主义正是这一阶段的产物。我们现在正处于第三个序列，就是要重新发明共产主义，重新复活共产主义理念，将共产主义看作柏拉图的理念来恢复其名誉，也就是齐泽克所说的“从头开始”。巴迪欧强调“共产主义设想”能够在哲学的帮助之下形成一种新的存在形态，从而能够产生新的政治实验，其批判对象就是当下的资本主义秩序。进一步来说，他想借此设想恢复人的主体地位并试图改变集体行动的秩序。因为在巴迪欧眼里，共产主义原则是永恒的，它不是人们所想象的乌托邦，也不是空洞的说教，而是各种社会反抗形式中体现出来的观念模式，因为这种观念模式具有很强的行动价值和实践意义。共产主义假设需要做的是与民主决裂，但实质上要实现的就是真正意义上的人的自由平等。当巴迪欧以变革和批判的方式评价资本主义下人的存在方式时，也表明了他想借共产主义这一设想恢复人的主体地位,恢复人的本真性的存在方式。

六、西方马克思主义存在方式理论给予的启示

西方马克思主义理论家对人的存在方式的研究是一笔宝贵的理论财富。创建新的人的存在方式,走向新的人类文明,正成为整个人类刻不容缓的头等大事。人类在创建自己新的存在方式和新的人类文明的过程中理应重视这笔宝贵的理论财富。西方马克思主义关于人的存在方式的理论起码能够给予我们下述启示:

(一)西方马克思主义关于人的存在方式的理论使我们知道,我们实际上处于被物所支配、从属于商品的存在状态下

西方马克思主义关于人的存在方式的理论的主旨是,告诉人们究竟处于什么样的存在状态下。卢卡奇用"物化"来表述在商品形式占支配地位的社会中的人的存在状态。他说,人与人之间的关系变成了一种物与物的关系,这种物与物的关系获得了"幽灵般的对象性"。当今人不是生活在这种冷冰冰的物与物之间的关系吗?马尔库塞用"单向度"来概括现代人的生存境遇,他所说的"单向度"的主要含义就是人被"虚假的需求"所操纵,人成了整齐划一的消费机器。弗洛姆则把现代人的存在方式用"占有"加以概括,他引用马克思在《1844 年经济学哲学手稿》中的一段话来具体描述这种"轻存在、重占有"的存在方式:"你的存在越微不足道,你表现你的生命越少,那你占有的也就越多,你的生命异化的程度也就越大。国民经济学把从你那里夺取的那一部分生命和人性,全用货币和财富补偿给你。"莱斯认为,现代人的存在方式的主要特征是不在"生产领域"而一味地在"消费领域"寻找满足。高兹提出现代人正沉浸在"经济理性"之中,把"计算与核算"的原则、"效率至上"的原则、"越多越好"的原则作为自己生活的准则。赖希批评现代人放弃本真的"自然需求",而致力于追求非本真的"社会需求",正因为如此,实际上现代人的生活是由社会所强加的非人的生活。哈贝马斯强调,现代人随着其交往行为日益变得不合理和遭到扭曲,人的生活世界已经被"殖民化"了。在萨特看来,现代人生活在个人与他人、社会的尖锐对立之中,人

的自由遭遇了限制或加上了锁链。内格里提出在现代社会里“非物质劳动”已成为人的主要存在方式,但“非物质劳动”却与资本的价值增殖机制相一致。哈维认为,随着城市空间的日益“资本化”,当今人类正面临着日益严重的贫富分化与精神虚无的生存困境。鲍德里亚认为,被抽象的符号和编码所统治,正是当代人的存在状态。霍耐特提出拒绝承认,即承认的被否定与剥夺,招致蔑视,即人的完整性、荣誉或尊严的不断受伤害,是现代人的主要生存境遇。

西方马克思主义理论家对当今人的存在状态的揭示确实是帖清醒剂。他们对当今人的存在方式的描述尽管有着不同的表述方式,但共同的地方都是认为当今人已完全被物、商品所支配,人实际上成了商品的奴隶,相应地又成了劳动的工具。或者说,人成了消费机器和劳动机器。他们在考察人的存在状态时都紧紧地抓住消费和劳动这两点做文章,即人在从事这两项重要的活动时究竟有没有自我实现?马克思在《1844年经济学哲学手稿》中曾有过如下生动的描述:“人(工人)只有在运用自己的动物机能——吃、喝、性行为,至多还有居住、修饰等等的时候,才觉得自己是自由活动,而在运用人的机能时,却觉得自己不过是动物。动物的东西成为人的东西,而人的东西成为动物的东西。”①在马克思看来,资本主义社会的罪恶在于造成了这样的颠倒:吃、喝等明明是动物的功能,可人却完全专心致志地享受,把此当作人独有的功能来对待;而劳动明明是只属于人的功能,可人却偏偏不加重视,只是把此作为一种手段,实际上已把此视为动物的功能了。这些西方马克思主义的理论家把马克思的这一思想在新的形势下用自己的语言和方式做出了进一步的阐发。对于把自己的生活活动作为自己意识和意志的对象的人来说,知道自己究竟生活在何种状态下,确立自己在宇宙中的位置,探索自己能够也应当通往的方向,比什么都重要。可惜的是,当今许多人实际上对自己究竟处于什么样的存在状态根本没有清醒的认识,甚至缺少去认识的自觉性。在这种情况下,看一看西方马克思主义理论家对我们的存在状态的描述,是很有意义的。

---

① 《马克思恩格斯全集》(第42卷),人民出版社,1979年,第94页。

(二)西方马克思主义关于人的存在方式的理论使我们知道,我们生活在这样的存在状态下表面上很幸福,其实十分痛苦

其实,对当今一些人来说,对自己目前受消费主义等支配并不是完全不知道,问题在于,他们并没有感到这样生活有什么不好,而是陶醉于这样的生活方式。西方马克思主义关于人的存在方式的理论可贵之处在于,不仅揭示了我们究竟处于什么样的存在状态下,而且进一步分析了我们生活在这样的存在状态下究竟是不是真的十分幸福,分析了这样的存在方式究竟是不是我们作为人应有的生活方式。

卢卡奇在论述"物化"这种存在状态时,是把这种存在状态与人的"被计算"和"加以合理化",以及人的"孤立化""原子化"联系在一起的,他要说明的是,这是一种"人不成其为人"的痛苦的存在方式。马尔库塞明确人在"单向度"境遇下过的是"不幸之中的欣慰生活",即表面上是"欣慰的"实质上是"不幸的"。在他看来,关键在于,这种存在状态把应当是"整体的、全面发展"的人变成"片面的、单向度发展"的人,而当人陷入片面发展,那人即使意识不到自己的痛苦,可实质上是十分痛苦的。弗洛姆在说明现代人的存在方式是"占有"时着重论述了这种存在方式对人来说意味着什么,即意味着人重新把自己降格为一般的动物。莱斯提出,只是在"消费领域寻找满足"人的存在方式,实质上是鼓励个体将幸福标准等价于消费商品欲望的满足程度,遵从量的标准而非质的标准作为衡量个体的满足依据,这种幸福显然是"虚假的"。赖希形象地描述了人一旦放弃"自然需求"而完全受"社会需求"所控制,即放弃本真的存在方式,那种受压抑的痛苦境遇。哈贝马斯强调"生活世界殖民化"、交往行为"不合理"的人的存在方式,实质上是人严重异化的生活方式。哈维对在城市空间被资本化的环境下人的生存境遇的描述时,重点也放在揭示这种生存境遇实质上是生存困境。所有这些西方马克思主义理论家都强调在当今人的这种存在状态下,人其实是十分痛苦的。这显然对陶醉于这种存在状态的一些人来说,是一种提醒。难怪西方一些人看了西方马克思主义理论家对当今人的存在状态实质上是痛苦的分析后"拍案而起",连声说:我们原来过的是这样的日子。

判断一种生活方式是幸福的还是痛苦的,必须有一个用以衡量的标准。

这些西方马克思主义理论家是把对人的存在方式的研究与“衡量标准”的探讨联系在一起的。在他们看来,这一“衡量标准”就是人本身,确切地说就是人的本质。凡是有利于实现人的本质的生活方式就是幸福的;反之,凡是阻碍人的本质的实现,甚至扭曲人的本质的生活方式就是痛苦的。这样,他们在研究人的存在方式的同时,致力于对人的本质的探讨。这些西方马克思主义理论家大多是“人本主义”思想家,他们都强调人有独特的区别于一切动物的本质,人活在世界上的意义就在于实现这一本质,使这一本质现实化。他们都高扬人的本质。至于人的本质究竟是什么,总体来说,他们一是强调人的本质的“全面性”,二是在“全面性”本质中尤其突出人的劳动,即把劳动视为人的本质之所在。而在强调人的本质的“全面性”,尤其是强调人的本质是劳动的同时,他们特别反对把人的本质归结为单纯的对物质的需求,即把人说成仅是充满着物质欲望的人。这样,他们就用这样的标准来衡量当今人的存在状态的好坏,即不断地追问当今人的这种存在状态能够体现人的全面发展吗?能够实现人的整体的人性吗?当今这种人的存在状态能够促使人的劳动的本质得以实现吗?能够使劳动成为一种自由自觉的活动,从而从中获取无穷的享受吗?必须指出,他们这种对人的本质的理解,在一定程度上接受的是马克思的相关理论,所以他们对当今人的存在状态是幸福还是痛苦所做的分析的积极意义,是马克思理论本身的积极意义。

(三)西方马克思主义关于人的存在方式的理论使我们知道,这样的“非人的”存在状态根源于资本主义制度,特别是根源于资本逻辑

这些西方马克思主义理论家不仅探讨了当今人的存在方式,而且进一步分析了这样的存在方式的原因。在分析这样的存在方式形成的原因时,他们的观点不尽一致,甚至存在着冲突。关键在于如何看待资本主义制度与这样的存在方式之间的关系,有一些西方马克思主义理论家显然力图回避资本主义制度对这样的存在方式的根源性,但更多的西方马克思主义理论家则强调正是资本主义制度,特别是资本逻辑造就了当今人的这样的存在方式,他们把对当今人的存在方式的批判与对资本主义制度的批判紧紧地结合在一起。

在这方面,卢卡奇是个典型。他不仅用“物化”来概括当今人的存在状态,而且强调这种“物化”只有在资本主义的商品形式占支配地位的条件下才能形成。卢卡奇论述了商品范畴成为整个社会的普遍范畴、社会生活的所有方面都成为交换领域,对人的存在方式所带来的结果。综观进入市场经济时代以后当今人类的存在状态,会越发感到卢卡奇当年对在商品形式占支配地位的社会中人的存在方式的揭示的深刻性和尖锐性。高兹强调的是支配当今资本主义“丰裕社会”的既是消费逻辑,又是生产逻辑,资本主义的生活方式是与资本主义的生产方式紧紧地联系在一起的,推崇利润至上的生产方式,必然会形成“把消费得多等同于消费得好”的生活方式,“经济理性”支配资本主义生产方式的同时,也必然贯穿于资本主义的生活方式。在内格里看来,“非物质劳动”之所以非但没有使人获得更多的“共同性”、更多的自由和解放,反而使人陷入更深的痛苦与不幸,根本的原因就在于“非物质劳动”受资本逻辑的控制,这种“非物质劳动”是在资本主义进入“帝国”时期的“非物质劳动”。哈维在揭示“空间生产”盛行、城市空间被侵袭的时期的人的存在困境时,把矛头直指资本逻辑,强调所有这些对人的存在的威胁都是由于城市空间“资本化”所带来的。这些西方马克思主义理论家都透过物对人的统治进一步揭示人对人的统治。这显然是马克思主义分析人的存在状态的基本方法。

一些人似乎也觉察到了以消费主义为核心的那种存在方式的弊端,似乎也滋生了要加以改变的意念。当然,要加以改变,前提是正确地找到滋生这种存在方式的原因。但是一涉及这种存在方式产生的根源,一些人就不敢于直面生产关系,只想在观念形态里“兜圈子”,把这种存在方式的形成竟然说成是某种价值观念出了问题。这样,似乎只要改变了某种观念,在“道德”领域里展开一场变革,这种存在方式也就能随之改变了。这些人了解了西方马克思主义理论家对当今人的存在方式的根源的分析,应当是有所触动的。这些西方马克思主义理论家清楚地告诉我们,消费主义的生活方式产生于唯利润至上的生产方式,这种利润至上的生产方式不改变,崇尚消费得越多越好的生活方式也就不可能改变。

众所周知,马克思为共产主义的实现所确定的物质条件是“生产力高度发达”、能满足所有人的需要。当代西方主流学者无法理解这一条件的真实含义,反驳说资源有限、欲望无穷,因而生产力永远不能达到满足所有人的需要的水平。这显然是把需要和欲望即贪婪的人为需要当成了一回事。西方资本主义的"福利国家"政策在一定程度上消除了发达国家的经济危机,特别是商业危机,但带来的后果是所谓的消费社会。由于需要的满足是有限度的,在生产力高度发达的情况下,生产仍然会达到饱和状态。这显然是不符合资本的逐利需要的。为了维持资本的逐利需要的满足,就必须人为制造需要。这必然把整个社会变为"消费社会"。

(四)西方马克思主义关于人的存在方式的理论使我们知道,现代资本主义社会新的统治方式就是让人处于当今这样的存在状态

这些西方马克思主义理论家在揭示当今那种以"占有"为主要特征的人的生活方式,根源于资本主义以利润至上为特征的生产方式的过程中,还把制造和推行这样的生活方式,即让人成为"单向度"的人,说成是当今资本主义对人的一种新的统治方式。他们把当今资本主义的批判归结为其制造和推行这样的生活方式,让人处于这样的存在状态。正是这一点,构成了他们关于人的存在方式的理论最吸引人之处。

明确地提出使人处于当今这样的存在方式是现代资本主义社会的统治者对人实施统治的新形式的是马尔库塞。他实际上已向世人告示,现代资本主义社会对人的统治,已经不是依靠拥有强大的国家机器,也不是制造剩余价值的经济手段,而是对人的生活方式的控制。用他的话来说,就是"利用可怕的生产复制千篇一律的意识、生活方式和个体行为的行为","使得顺从于这种缺乏人性的方式的人把这种顺从的虚伪概念当作'幸福'的概念来接受,把受到支配的生活当作舒适的甚至好的生活方式来接受"。马尔库塞如此,其他西方马克思主义理论家也是如此。无论是弗洛姆、莱斯、高兹、列斐伏尔,还是哈维,他们都把对现代资本主义社会中实施消费主义,提高到推行一种新的存在方式、实施一种新的统治方式的高度来论述。弗洛姆强调,现代资本主义社会如此"稳固"是与这一社会普遍地不是把"存在"而是把"占有"作为自己的存在方式密切不可分的。莱斯认为,现代资本主义社会最"成功"的地方就是使人不是在"生产领域"而是在"消费领域"寻找满足,这一社会让人只是在"消费领域"获取满足的过程也就是紧紧地支配人

的过程。高兹通过考察资本主义“丰裕社会”中工人阶级的状态，来论证工人阶级“安于”这一社会的统治源自于接受了这一社会的统治者强加给他们的那种把“好”与“多”联系在一起的生活方式。列斐伏尔提出，当资本主义社会把异化深入到人的日常生活领域，人的日常生活也无时无处不处于异化状态之时，这个社会的统治才真正是稳固的。

这些西方马克思主义理论家对现代资本主义社会何以能够借助于制造和推行这种人的存在方式来实施自己新的统治的分析，既是独到的，又是深刻的。在他们看来，通过制造和推行这种人的存在方式来实施统治，实质上是对人的意识、对人的心理、对人的本能结构的统治。这种统治方式的一个重要特征就是可以控制人的意识、心理和本能结构。接受了这种人的存在状态，就是接受了制造和推行这种人的存在方式的社会的统治者的意识形态，把统治者的意识形态变成自己的意识形态。一旦把统治者的意识形态变成自己的意识形态，就会按照统治者的要求来实现自己。这些西方马克思主义理论家在这里特别强调，生活在现代资本主义社会中的人会把痛苦的生活当作幸福的生活来领悟，把不幸的境遇当作舒适的境遇来接受。这方面，数马尔库塞、赖希、弗洛姆等的分析所产生的影响力最深远。

（五）西方马克思主义关于人的存在方式的理论使我们知道，人类还是有希望走出当今这种人的存在方式，创建真正“属人的”存在状态

我们不否认，有些西方马克思主义理论家面对人当今这种“非人”的存在方式，表现出了强烈的悲观主义色彩。他们揭示了当今人的这种存在状态的“反人性”，但往往又认为人走向这样一种状态是不可逆转的。但须知，大部分的西方马克思主义理论家并不持这种态度，而是表现出了一定的乐观主义态度。他们不但分析了当今人的存在方式的危害性，而且进一步探讨了改变这种存在状态的可能性和现实性，他们为改变这种存在状态提出了许多的途径和方案，并且为新的人的存在状态提出了种种设想。他们的关于人的存在方式的理论的最大的积极意义也正是体现在这里。

是不是对改变目前这种人的存在方式持有信心，全部取决于对形成这种人的存在方式的原因的分析。倘若把原因归结为现代性的理念，归结于科学、知识、理性等，那么与这些理念联系在一起的这种人的存在方式是不

可改变的。但如果强调当今这种人的存在方式根源于资本主义的生产方式、资本逻辑,那么就认为当今这种人的存在方式是完全有可能加以改变的。一些西方马克思主义理论家深受后现代主义影响,或者说他们本身也就是后现代主义者。在他们眼里,当今这种人的存在方式是现代性逻辑发展的必然产物,是人们信奉理性、科学的必然结果。所以只要人们还拥抱现代性,追求理性与科学,那么就必然会生活在这样的状态之下。而大部分的西方马克思主义理论家,他们在分析当今这种人的存在方式的根源时,往往追溯到资本主义的生产方式,特别是追溯到资本逻辑,这样他们就顺理成章地认为,只要改变了资本主义的生产方式,限制了资本逻辑,当今这种人的存在方式就可得以改变,新的人的存在方式就可形成。本书介绍的西方马克思主义理论家大多是属于这种类型。他们也不否认现代科学技术对形成当今这种人的存在方式所起的作用,但他们不是笼统地谈论科学技术的作用,而是提出对科学技术的使用有一个"合乎人性地使用"和"违背人性地使用"的区别,认为只有后者才会导致当今这种人的存在状态。马尔库塞就是如此,他一方面强烈地批判正是现代科学技术的广泛使用,导致人成为"单向度的人";而另一方面又提出了他的"新科技观",认为只要"人道主义地"使用科学技术,现代科学技术的广泛使用非但不会引向当今这种人的存在方式,而且还会创建新的人的存在方式。

对理性在造成现代人处于现在这样的生活方式中的作用的分析,他们更是反对笼统地论述理性的作用,而是强调只有当理性成为科技理性、工具理性、经济理性时才会履行这样的作用,当理性是价值理性、生态理性时,理性只能是"属人的"生活方式的"原动力"。对此,高兹的论述特别清楚明白,他的宗旨就是要把"经济理性"与"生态理性"严格地区别开来,强调正是由于"经济理性"的盛行,才导致当代人不顾一切地向自然界索取,以满足自己的消费得"越多越好"的生活方式,但当不是让"经济理性"而是让"生态理性"占据统治地位,那么人们自然会放弃消费得"越多越好",只重视消费的"量"的生活方式,转而推崇"适可而止",讲究消费的"质"的生活方式。资本主义在物质条件方面已经达到自己的极限。原因是众所周知的:无限的欲望确实需要无限的资源,而地球上的资源是有限的。资本在满足人的需要之后的扩张必然导致生态灾难，最终则是人类的毁灭。要资本还是要人类？这是到达自己界限的资本迫使我们回答的尖锐问题。

难能可贵的是，这些西方马克思主义理论家在展望未来人的新的存在方式时，又能把马克思对于未来社会主义、共产主义社会的设想联系在一起，借鉴了许多马克思对未来社会主义、共产主义所提出的种种特征的分析。马克思在《1857—1858 年经济学手稿》中指出，前资本主义生产方式、资本主义生产方式、共产主义生产方式构成人类生产方式的三大序列，并因而决定了人的存在的三种状态，即人对人的依赖、以物的依赖性为基础的人的独立性、建立在个人全面发展和他们共同的社会生产能力成为他们的社会财富这一基础上的自由个性。他们特别推崇马克思在这里关于三种人的存在方式的区分，认为当今人的存在方式实质上就是马克思所说的人的第二种存在方式，即“以物的依赖性为基础的人的独立性”，而要创建的人的新的存在方式，就是马克思所说的第三种人的存在方式，即“建立在个人全面发展和他们共同的社会生产能力成为他们的社会财富这一基础上的自由个性”。弗洛姆把第二种人的存在方式简单地概括为“占有”，而把第三种人的存在方式又简单地表述为“存在”。正因为他们把新的人的存在方式与马克思所描述的社会主义、共产主义联系在一起，所以在他们看来，为创建新的人的存在方式而努力就是为实现共产主义而奋斗。巴迪欧就明确地提出“共产主义的设想是人的真正的存在方式”。确实，对于马克思来说，重要的是从物的依赖性到自由个性或经济人向社会人的过渡。对资本和劳动关系的研究，就是为了找到过渡的条件。马克思的“政治经济学批判”就是这种研究的成果。它向我们展现了资本主义社会中人的存在状况，以及由这种存在状况所决定的共产主义革命的性质。

上面我们从五个方面分析了西方马克思主义关于人的存在方式的理论对我们的启示。还可讲下去，但主要的就是这些。最后必须指出，西方马克思主义关于人的存在方式的理论并不都是真知灼见，实际上其中也充满了偏见和错误。只是由于我们在这里把注意力集中于从他们的理论中吸取启示，从而并没有对他们的理论的是非曲直做出全面的评判。这件事，我们将在另一部著作中去做。

第一章 “物化”笼罩着一切

——卢卡奇对商品形式占支配地位的社会中人的存在状态的分析

国内学术界对西方马克思主义已经进行了长达三十多年的研究。无疑,西方马克思主义已成了我国的一门“显学”。但十分遗憾,综观我国学术界对西方马克思主义的连篇累牍的研究,很少有人把注意力集中于西方马克思主义关于人的存在方式的理论,或者说,很少有人从人的存在方式的角度对西方马克思主义加以探讨。而实际上,在整个西方马克思主义理论体系中,最具创意的恰恰就是其关于人的存在方式的理论,更值得指出的是,这一理论随着时代的演变,随着人日益面临严重的存在危机,越来越显示出不可估量的现实意义。

卢卡奇是西方马克思主义的开创者,他的《历史与阶级意识》一书被奉为西方马克思主义的“圣经”。他的这一著作,开创了“西方马克思主义”思潮,同时也为以后的西方马克思主义代表人物对人的存在方式的研究奠定了基础。我们在这里就以这一著作为主要依据,着重剖析卢卡奇对商品形式占支配地位的社会中,即在一切都成为商品的条件下人的存在方式的批判。

一、在“商品关系”的基点上形成了人的“物化”的存在状态

《历史与阶级意识》是一部论文集,收集于其中的每一篇论文都涉及对人的存在方式的研究,但对人的存在方式做出真正全面论述的是书中篇幅最长的一篇论文,即《物化和无产阶级意识》。在这篇论文一开头,卢卡奇引

用了马克思在《〈黑格尔法哲学批判〉导言》中下述名言作为"题记"："所谓彻底，就是抓住事物的根本。而人的根本就是人本身。"①通读整篇论文可以知晓，卢卡奇在这里之所以要把马克思的这段名言首先鲜明地呈现在读者面前，是有深刻用意的。卢卡奇除了要表明研究人本身，特别是研究人的存在状态，就是抓住了这个世界最根本的问题之外，还要进一步说明，要真正认识当今人究竟处于什么样的存在状态，必须紧紧地把握当今商品范畴已成为整个社会的普遍范畴，商品的光芒已照射到社会的每个角落这一社会存在的"根本"。他这样说道："在人类的这一发展阶段上"，"没有一个问题不最终追溯到商品这个问题，没有一个问题的解答不能在商品结构之谜的解答中找到"。在这种情况下，只有"在商品关系的结构中"才能"发现资本主义社会一切对象性形式和与此相适应的一切主体性形式的原形"。② 他这里所说的"主体性形式的原形"指的就是人的存在状态。他所强调的是，只有把人置于当今社会的"商品关系的结构中"，才能把人的存在状态揭示出来。

卢卡奇根据马克思关于资本主义的理论，特别是马克思在《资本论》中对商品拜物教的分析，强调资本主义社会的主要特征就是"商品交换及其结构性后果"对"整个外部的和内部的社会生活"产生"决定性的影响"，"商品交换"完全构成"社会进行新陈代谢"的"支配形式"。在这样一个社会中，生产本身是为了交换价值而不是为了使用价值，即生产的目的不在于满足人的需要，而在于使一些人拥有更多的钱。在这一基础上，商品形式渗透到社会生活的所有方面，并按照自己的形象，即"商品的形象"来改造这些方面，使社会生活的所有方面都商品化，都进入交换领域。

卢卡奇还根据马克思关于资本主义的理论，特别是马克思在《资本论》中对商品拜物教的分析，进一步强调，"商品形式向整个社会的真正统治形式"的这种转化，"只有在资本主义社会中才出现"。③ 在前资本主义社会中，尽管也有商品交换，但由于这种商品交换没有成为"普遍范畴"，从而它对社会生活的影响也非常有限。他这样说道："一个商品形式占支配地位、对所

---

① 《马克思恩格斯文集》(第一卷)，人民出版社，2009 年，第 11 页。

② ［匈］卢卡奇：《历史与阶级意识》，杜章智、任立、燕宏远译，商务印书馆，1992 年，第 143 页。

③ 同上，第 146 页。

有生活形式都有决定性影响的社会和一个商品形式只是短暂出现的社会之间的区别是一种质的区别。""商品拜物教问题是我们这个时代,即现代资本主义的一个特有的问题。"[①]在卢卡奇看来,资本主义社会与前资本主义社会之所有具有这种质的区别,关键还在于生产的目的不同。他引用马克思在《资本论》第三卷中的一段话来说明一点:"产品进行交换的数量比例,起初完全是偶然的。它们之所以取得商品形式,是因为它们是可以交换的东西,也就是说,是同一个第三者的表现。继续不断的交换和比较经常的为交换而进行的再生产,日益消除这种偶然性。但是,这首先不是为了生产者和消费者,而是为了二者之间的中介人,即把货币价格加以比较并把差额装入腰包的商人。"[②]在卢卡奇看来,全部问题就源自于生产不是为了消费者也不是为了生产者,而是为了使一些人的腰包装得更满。

一旦是为了"使一些人的腰包装得更满"而进行生产,就会"对所有生活形式"产生决定性的影响。当然这种影响主要表现在使人的存在状态发生了根本性的变化。那么人的存在状态究竟发生了什么变化呢?处于商品形式占支配地位之下的人的存在状态究竟是如何的呢?这正是卢卡奇所倾心关注和着重研究的。

卢卡奇用"物化"(reification)这一概念来说明商品形式成为最基本的社会形式后的人的存在状态。对"物化"的具体含义,在他看来,马克思在《资本论》第一卷中已表述得十分清楚。他主要是指马克思下述一段话:

> 可见,商品形式的奥秘不过在于:商品形式在人们面前把人们本身劳动的社会性质反映成劳动产品本身的物的性质,反映成这些物的天然的社会属性,从而把生产者同总劳动的社会关系反映成存在于生产者之外的物与物之间的社会关系。由于这种转换,劳动产品成了商品,成了可感觉而又超感觉的物或社会的物……这只是人们自己的一定的社会关系,但它在人们面前采取了物与物的关系的虚幻形式。[③]

① [匈]卢卡奇:《历史与阶级意识》,杜章智、任立、燕宏远译,商务印书馆,1992年,第144页。
② 《马克思恩格斯全集》(第25卷)(上),人民出版社,1974年,第368~369页。
③ 《马克思恩格斯全集》(第23卷),人民出版社,1972年,第88~89页。

按照卢卡奇的解释，马克思在这里所描述的“物化”最贴切地说明了生活在资本主义社会中的人的存在状态。这里最关键的是“人与人之间的关系获得物的性质，并从而获得一种‘幽灵般的对象性’，这种对象性以其严格的、仿佛十全十美和合理的自律性掩盖着它的基本本质，即人与人之间的关系的所有痕迹”①。这就是说，所谓“物化”最基本的含义就是人与人之间的关系变成了一种物与物的关系，这种物与物的关系获得了“幽灵般的对象性”，具有“严格的、仿佛十全十美和合理的自律性”，而正是这一“幽灵般的对象性”和“严格的、仿佛十全十美和合理的自律性”，把人与人之间的本来属性掩盖掉了。这就是说，在资本主义社会中，人的最基本的存在状态仅仅是作为一种“物”而存在着，人与他人之间的关联也就是一种“物”与另一种“物”之间的关系。“物化”笼罩着一切。

卢卡奇反复强调的是，“商品只有在成为整个社会的普遍范畴时”，商品的那种本质才会暴露无遗，而与此同时，在“商品关系”的基点上所形成的人的“物化”的存在状态“才对社会的客观发展和人对社会的态度有决定性的意义”，当然也只有在“商品关系”的基点上，才会出现“人的意识屈从于这种物化所表现的形式”这种情形，而任何企图理解和反抗“物化”都会造成对资本主义社会来说的“灾难性后果”，并且也从而产生从“物化”这种存在状态下解放出来的强烈愿望。卢卡奇还提出，关键在于，人明明处于“物化”状态但还感觉不到“物化”，而随着商品形式越来越成为一种统治的形式，人的这种麻木性也越来越严重。在资本主义社会的早期，人们实际上还能意识到“经济关系的人的性质”，但在现代资本主义社会中，人们实际上已很难“看清这层物化的面纱”。他这样说道：“而商品形式向整个社会的真正统治形式的这种发展只有在现代资本主义中出现了。因此，毫不奇怪，在资本主义发展开始之时，经济关系的人的形式有时看得还相当清楚，但是，这一发展越继续进行，产生的形式越错综复杂和越间接，人们就越少而且越难于看清这层物化的面纱。”②

---

① ［匈］卢卡奇：《历史与阶级意识》，杜章智、任立、燕宏远译，商务印书馆，1992 年，第 143 ~ 144 页。

② 同上，第 146 页。

二、最基本的“物化”是劳动的“物化”

卢卡奇在论述“物化”这种人的存在状态时，着重剖析了人的劳动的“物化”。在他看来，普遍的商品关系对人的存在状态带来的最大影响表现在劳动上。具体地说就是“人自己的活动，作为某种客观的东西，某种不依赖于人的东西，某种通过异于人的自律性来控制人的东西，同人相对立”①。劳动明明应当是人自己的活动，而现在却成了与自己相对立的东西，人自己非但不能控制它，反而受其控制，这就是“劳动的物化”。人活在世上最基本的活动，亦即最基本的存在状态是劳动，现在劳动这种人最基本的活动、存在状态也不属于自身了，而是成了“通过异于人的自律性来控制人的东西”。卢卡奇对资本主义社会的批判，对在资本主义社会中人的存在状态的揭示之所以产生如此深远的影响，关键在于他对人的劳动这种存在状态做出了尖锐和深刻的分析。

卢卡奇认为，在资本主义社会中人的劳动的“物化”，人的劳动这种存在状态的“非人化”，既表现在“客观的方面”，又见之于“主观的方面”。他所说的“客观的方面”就是：“产生出一个由现成的物以及物与物之间关系构成的世界（即商品及其在市场上的运动的世界），它的规律虽然逐渐被人们所认识，但是即使在这种情况下还是作为无法制服的、由自身发生作用的力量同人们相对立。因此，虽然个人能为自己的利益而利用这种规律的认识，但他也不可能通过自己的活动改变现实过程本身。”②人通过自己的劳动创造了一个客观世界，这一客观世界由“物以及物与物之间的关系”构成，这一客观世界实际上就是一个不断运动变化着的商品世界，显然这一客观世界是人的劳动的产物，但现在它却“作为无法制服的、由自身发生作用的力量同人们相对立”，人尽管可以为自身的利益利用这一客观世界的规律，但却无法对这一客观世界做出改变。人正与自身创造的客观世界相对立，这就是人在资本主义社会中表现在劳动上的第一个方面的真实的存在状态。他所

---

①② ［匈］卢卡奇：《历史与阶级意识》，杜章智、任立、燕宏远译，商务印书馆，1992年，第147页。

说的“主观的方面”则是:“人的活动同人自身相对地被客观化,变成一种商品,这种商品服从社会的自然规律的异于人的客观性,它正如变为商品的任何消费品一样,必然不依赖于人而进行自己的活动。”[①]卢卡奇在论述人的劳动的“物化”的“主观的方面”时,特地注明“在商品经济充分发展的地方”[②]。他的意思是说,一旦商品经济占了主导地位,那么不仅是人的劳动所创造的客观世界,而且连人自身的劳动本身也不属于劳动者了。具体地说,人自身的劳动变成了商品,它“如变为商品的任何消费品一样”,完全不受人所控制,而是反过来控制人。人正与自己的活动相对立,这则是人在资本主义社会中表现在劳动上的第二个方面的真实的存在状态。为了论述这种“第二个方面的存在状态”,即表现在“主观方面的人的劳动的物化”,要比“第一个方面的存在状态”,即表现在“客观方面的人的劳动的物化”更具有根源性。他转引了马克思在《资本论》中下述一段话加以说明:“因此,资本主义时代的特点是,对工人本身来说,劳动力是归他所有的一种商品的形式……另一方面,正是从这时起,劳动产品的商品形式才普遍化。”[③]这就是说,资本主义社会的特征是,劳动力仅仅是作为一种商品形式归劳动者所有,由此劳动产品也就成了一种商品形式而“普遍化”。无论是劳动力还是劳动产品,只要具有了商品形式,即作为一种商品而存在,那么实际上它们都已不属于劳动者了。当然,劳动力成为商品是劳动产品成为商品的前提和条件。

卢卡奇还进一步用“劳动的抽象”来概括人的劳动的“物化”。也就是说,在他看来,在资本主义社会中,人的劳动的“物化”用哲学的语言表述就是使“具体的劳动”变成“抽象的劳动”,“抽象的劳动”构成了现实的原则。如果从人的存在状态的变化来看,那么这一变化就是劳动这种存在状态从具体的变为抽象的。与在论述劳动的“物化”时他从“客观的方面”和“主观的方面”分别加以说明相一致,他也从“客观的方面”和“主观的方面”分别剖析人类劳动的抽象性。他说:“商品形式的普遍性在主观方面和客观方面

---

① [匈]卢卡奇:《历史与阶级意识》,杜章智、任立、燕宏远译,商务印书馆,1992年,第147~148页。

② 同上,第147页。

③ 《马克思恩格斯全集》(第23卷),人民出版社,1972年,第193页注41。

都制约着在商品中对象化的人类劳动的抽象。”[1]至于“商品形式的普遍性”“在客观方面”是如何制约着“人类劳动的抽象”的,他是这样论述的:“在客观方面,只是由于质上不同的对象——就它们自然首先获得自己作为商品的对象性这一方面而言——被理解为形式相同的,商品形式作为相同性的形式,即质上不同的对象的可交换性形式才是可能的。在这方面,质上不同的对象的形式相同性原则只能依据它们作为抽象的(即形式相同的)人类劳动的产物的本质来创立。”[2]卢卡奇在这里说的是,借助于商品形式的普遍性,在性质上各不相同的对象按照形式相同的原则被转变为可相互交换的商品。这些在性质上各不相同的对象具有形式上的相同性,而之所以能够做到这一点,它们实际上是作为“抽象的、形式上相同的人类劳动的产物”而被制造出来的。也就是说,这一结果只能通过在主观方面把人的劳动变成形式相同的抽象劳动才能达到。这样,卢卡奇又从“在客观方面”制约着“人类劳动的抽象”进一步追溯到“主观方面”制约着“人类劳动的抽象”:

> 在主观方面,抽象人类劳动的这种形式相同性不仅是商品关系中各种不同对象所归结为的共同因素,而且成为支配商品实际生产过程的现实原则……在这里只要确定,抽象的、相同的、可比较的劳动,即按照社会必要劳动时间可以越来越精确测量的劳动,同时作为资本主义生产的产物和前提的资本主义分工的劳动,只是在自己发展过程中产生的;因此,它只是在这种发展过程中才成为一个这样的社会范畴,这个社会范畴对这样形成的社会的客体和主体的对象性形式,对主体同自然界关系的对象性形式,对人相互之间在这种社会中可能有的关系的对象性形式,有决定性的影响。[3]

卢卡奇在这里不仅指出了“商品形式的普遍性”“在主观方面”对人的劳动所带来的结果就是使这种劳动成为“抽象的、相同的、可比较的劳动”,成为“按照社会必要劳动时间可以越来越精确测量的劳动”,而且揭示了这种

---

①② [匈]卢卡奇:《历史与阶级意识》,杜章智、任立、燕宏远译,商务印书馆,1992年,第148页。
③ 同上,第148~149页。

人类劳动的抽象性已经成为“现实原则”和“社会范畴”，即成为支配整个社会的生产和其他方面的普遍的、现实的原则。他在这里具体地指出了“人类劳动的抽象性”，即把人的具体劳动变为可以计算的抽象劳动所产生的以下三个方面的影响：形成了社会的客体与主体的对象性形式，即破坏了客体与主体之间的统一，使两者相对立；形成了主体与自然界关系的对象性形式，即自然界对人来说本来是伙伴，现在变成了对立物；形成了人相互之间关系的对象性形式，即人与人之间原本是和谐的，如今人与人之间成了一种对抗的关系。卢卡奇所分析的人类劳动抽象化所带来的这三个方面的消极影响具有极强的针对性。

三、贯穿于劳动“物化”的是劳动越来越“合理化”

卢卡奇认为，贯穿于人类劳动“物化”“抽象化”的是人的劳动越来越朝着“合理化”的方向发展。可以说，他围绕“合理化”展开论述，不仅对在资本主义条件下人类劳动的特征的分析，而且对资本主义条件下人的存在状态的分析都引向了深入。“合理化”不仅是资本主义条件下人类劳动的主要特征，而且也是资本主义条件下人的存在状态的重要标志。他这样说道：“如果我们纵观劳动过程从手工业经过协作、手工工场到机器工业的发展所走过的道路，那么就可以看出合理化不断增加是工人的质的特性，即人的个体的特性越来越被消除。”①在他看来，随着资本主义工业的发展，合理化也在不断增加，蕴含于整个资本主义发展过程的是合理化原则的日益强化，而伴随这一过程的则是劳动者的个性的不断消失。对于合理化的具体内容他从以下两个方面加以揭示：

其一，“劳动过程越来越被分解为一些抽象合理的局部操作，以至于工人同作为整体的产品的联系被切断，他的工作也被简化为一种机械重复的专门职能”②。卢卡奇在这里讲得十分清楚，劳动的合理化首先是“劳动过程的合理化”，而所谓“劳动过程的合理化”指的是人的劳动越来越“被分解为

①② [匈]卢卡奇：《历史与阶级意识》，杜章智、任立、燕宏远译，商务印书馆，1992年，第149页。

一些抽象合理的局部操作”,人在劳动中所从事的一些机械的、重复的动作,劳动者的劳动与作为整体的劳动产品不再具有直接的联系。

其二,“在这种合理化中,而且也由于这种合理化,社会必要劳动时间,即合理计算的基础,最初是作为仅仅从经验上可以把握的、平均的劳动时间,后来是由于劳动过程的机械化和合理化越来越加强而作为可以按客观计算的劳动定额(它以现成的和独立的客观性同工人相对立),都被提出来了”①。卢卡奇所说的第二个方面的合理化是由第一个方面的合理化,即“劳动过程的合理化”带来的,它指的是社会必要劳动时间,“可以按客观计算的劳动定额”被提出来,对劳动定额进行合理的计算。劳动定额一旦进行这样的计算,那它就“以现成的和独立的客观性同工人相对立”。卢卡奇认为,严重的是,“这种合理的机械化一直推行到工人的‘灵魂’里:甚至他的心理特性也同他的整个人格相分离,同这种人格相对立地被客观化,以便能够被结合到合理的专门系统里去,并在这里归入计算的概念”②。当这种合理性浸透到人的心理世界,人的心理世界也开始注重“计算”,也“被结合到合理的专门系统里去”,也已同“他的整个人格相分离”而“被客观化”,那确实如卢卡奇所说的问题变得十分严重。

卢卡奇认为,合理化原则就是“可计算性”。他指出:“对我们来说,最重要的是在这里起作用的原则:根据计算、即可计算性来加以调节的合理化原则。”③如果要真正搞清楚“合理化”究竟给人类带来了什么,必须进一步追溯“可计算性”,即“一切依赖于计算”所造成的后果。他主要分析了以下两个方面的后果:

其一,劳动产品被分割。“劳动过程的可计算性要求破坏产品本身的有机的、不合理的、始终由质所决定的统一。”④在他看来,关键在于,既然对所应达到的结果必须预先做出越来越精确的计算,那么只有通过“把任何一个整体最准确地分解为它的各个组成部分”,通过把注意力集中于研究那些“局部的规律”,才能实现所谓的“合理化”。与对整个产品进行有机生产的“生产方式”决裂,既是“可计算性”的前提,也是其必然结果。“没有专门

①②③④ [匈]卢卡奇:《历史与阶级意识》,杜章智、任立、燕宏远译,商务印书馆,1992 年,第149 页。

化,合理化是不可思议的。”①在这种情况下,“统一的产品不再是劳动过程的对象”,即作为劳动过程的对象和产物的劳动产品,必然被割裂而不具有统一性。劳动过程已变成合理化的“局部系统的客观组合”,而这种“局部系统的统一性”则纯粹是由计算所决定的,从而局部系统之间即使存在着某种联系,但这种联系显然是偶然的而不具有必然性。卢卡奇的基本判断是:劳动过程的可计算性必然破坏劳动产品的有机统一性。他的原话是这样的:“对劳动过程的合理—计算的分析,消除了相互联系起来的和在产品中结合成统一体的各种局部操作的有机必然性。”②

其二,劳动主体被分割。“生产的客体被分成许多部分这种情况,必然意味着它的主体也被分成许多部分。由于劳动过程的合理化,工人的人的性质和特点与这些抽象的局部规律按照预先合理的估计起作用相对立,越来越表现为只是错误的源泉。”③对劳动过程进行计算,实际上是对劳动者的劳动进行计算,这实质上也是对作为人的“劳动者”进行计算。而这样一“计算”,劳动者作为人的性质与特点被割裂,对劳动者劳动的这种计算显然是与劳动者的那些作为人的性质与特点是相对立的。在卢卡奇看来,这正是造成在商品形式占支配地位的社会一切错误和罪恶的根源之所在。其直接后果是:“人无论在客观上还是在他对劳动过程的态度上都不表现为是这个过程的真正的主人,而是作为机械化的一部分被结合到某一机械系统里去。他发现这一机械系统是现成的、完全不依赖于他而运行的,他不管愿意与否必然必须服从于它的规律。”④卢卡奇的这段话告诉人们,对劳动者的劳动进行计算所带来的后果就是使劳动者不再成为劳动过程的主人,劳动者仅仅作为一种劳动工具在运作,仅仅作为“机械化的一部分”被纳入“某一机械系统里去”。这一“机械系统”完全独立于劳动者,不管劳动者是否愿意,劳动者除了服从它没有其他选择。按照卢卡奇的分析,这里最关键的是,劳动者被实在地抽象为纯粹的量。

在“根据计算、即可计算性来加以调节的合理化原则”所造成的这两个

①②③ [匈]卢卡奇:《历史与阶级意识》,杜章智、任立、燕宏远译,商务印书馆,1992 年,第150 页。

④ 同上,第 150 ~ 151 页。

方面的后果中，卢卡奇特别关注第二个方面的后果，即劳动者本身被割裂。他说，伴随那种“科学—机械地被分割开来的和专门化的劳动”的是，“劳动主体必然相应地被合理地分割开来”。[①]他特别强调这种“分割”的“合理性”，即从“可计算性”来看完全是“合理”的。对此，他又从两个方面加以说明：

其一，劳动者的“机械化的局部劳动，即他们的劳动力同其整个人格相对立的客观化变成持续的和难以克服的日常现实”，“以至于人格在这里也只能作为旁观者，无所作为地看着他自己的现存孤立的分子，被加到异己的系统中去”。[②]卢卡奇在这里说的是，在“可计算性来加以调节的合理化原则”的支配下，劳动者的劳动力同其自己的整个人格相对立这一点已经作为“常态”被“客观化”了。在这种情况下，劳动者的“人格”只能眼睁睁地看着自己作为“现存孤立的分子”被一体化到“异己的系统中去”。

其二，“生产过程被机械化地分成各个部分”，必然“切断了那些在生产是‘有机’时把劳动的各种个别主体结合成一个共同体的联系”。[③]卢卡奇在这里指出，生产本来是一个“有机”的过程，而当生产是“有机”时，参与生产的各种个别主体必然会“结合成一个共同体”，而如今生产已不再是“有机”的了，生产过程已被“机械化”地分割开来了，这样也就必然“切断”了原先把各种个别主体借助生产“结合成一个共同体”的联系。卢卡奇强调指出：在这一方面，“生产的机械化”把劳动者“变成孤立的原子”，“他们不再直接—有机地通过他们的劳动成果属于一个整体，相反，他们的联系越来越仅仅由他们所结合进去的机械过程的抽象规律来中介”。[④]

四、“原子化”“孤立化”是劳动“合理化”的主要标志

卢卡奇用“孤立化”“原子化”来概括“根据计算、即可计算性来加以调节的合理化原则”对劳动者所带来的割裂。“孤立化”“原子化”是卢卡奇所描述的在商品形式所支配的社会中人们的基本存在状态。

在阐述“孤立化”“原子化”究竟是一种什么样的存在状态的过程中，卢

①②③④ ［匈］卢卡奇：《历史与阶级意识》，杜章智、任立、燕宏远译，商务印书馆，1992 年，第 152 页。

卡奇深刻地提出了“把时间降到空间的水平上”的著名命题。他说：“随着劳动过程越来越合理化和机械化，工人的活动越来越多地失去自己的主动性，变成了一种直观的态度，从而越来越失去意志。”①他所说的“直观的态度”首先是指“把空间和时间看成是共同的东西，把时间降到空间的水平上”②。为了说明“把时间降到空间的水平上”这种“直观的态度”的具体含义，他特地引述了马克思在《哲学的贫困》一书的相关论述。马克思说，“由于人隶属于机器”，形成了这样一种局面：“劳动把人置于次要地位；钟摆成了两个工人相对活动的精确的尺度，就象它是两个机车的速度的尺度一样。所以不应该说，某人的一个工时和另一个人的一个工时是等值的，更确切的说法是，某人在这一小时中和那个人在同一小时中是等值的。时间就是一切，人不算什么；人至多不过是时间的体现。现在已经不用再谈质量了。只有数量决定一切：时对时，天对天……”③按照马克思的论述，在这样一种境况下，“时间就失去了它的质的、可变的、流动的性质”，“它凝固成一个精确划定界限的、在量上可测定的、由在量上可测定的一些‘物’充满的连续体”，亦即“凝固成一个空间”。④而一当“把时间降到空间的水平上”，劳动者必然被抽象为他身上所装载着的一定的劳动时间。除此之外，什么也不是。劳动主体“在这种抽象的、变成物理空间的时间里”，必然“相应地被合理地分割开来”，即被合理地“孤立化”“原子化”。⑤ 劳动主体被抽象化、量化的过程也就是被“孤立化”“原子化”的过程。

卢卡奇强调，“孤立化”“原子化”成为人的最基本的存在方式，是商品形式占支配地位的资本主义社会所特有的。他认为，“这样产生的孤立化、原子化”“只是一种表面现象”，它是资本主义商品形式占支配地位的资本主义生产方式的反映。⑥ “个人的原子化只是以下事实在意识上的反映：资本主义

---

①②④ ［匈］卢卡奇：《历史与阶级意识》，杜章智、任立、燕宏远译，商务印书馆，1992 年，第 151 页。

③ 《马克思恩格斯全集》（第 4 卷），人民出版社，1965 年，第 96 ~ 97 页。

⑤ ［匈］卢卡奇：《历史与阶级意识》，杜章智、任立、燕宏远译，商务印书馆，1992 年，第 151 ~ 152 页。

⑥ 参见［匈］卢卡奇：《历史与阶级意识》，杜章智、任立、燕宏远译，商务印书馆，1992 年，第 153 页。

生产的‘自然规律’遍及社会生活的所有表现；在人类历史上第一次使整个社会（至少按照趋势）隶属于一个统一的经济过程；社会所有成员的命运都由一些统一的规律来决定。”①他的意思是说，当整个社会都受商品经济所控制，一切都成为商品，社会的所有成员的命运也受制于这种商品经济之时，人就会呈“原子化”状态。他在这里反复强调的是，人的呈“原子化”状态看上去是一种“表面现象”，但实际上是“一种具有必然性的表面现象”。“这种表面现象是一种必然的表面现象；也就是说，个人的实践中和思想上同社会的直接接触，生活的直接的生产和再生产——在这方面，对于个人来说，所有‘物’的商品结构和它们的‘自然规律性’，却是某种现成碰到的东西，某种不可取消的已有之物——只能以孤立的商品所有者之间合理的和孤立的交换行动这种形式来进行。”②这说的是，在商品经济占统治地位的情况下，个人无论在“实践中”还是在“思想上”同社会的任何接触，个人生活的“直接的生产和再生产”本身，都不可避免地趋向于“原子化”和“孤立化”。“一切都成为商品”，“一切必须以交换的形式进行”，这是任何人必须面对的，都以“某种不可取消的已有之物”让人们接受。在这种情况下，人只能把自己也当成某种“孤立的商品”，只能在各个“孤立的个体”之间从事交换，这就是他们不可选择的生存形式。“工人必须作为他的劳动力的‘所有者’把自己想象为商品”，“他的特殊地位在于，这种劳动力是他惟一的所有物。就他的命运而言，对于整个社会结构有典型意义的是，这种自我客体化，即人的功能变为商品这一事实，最确切地揭示了商品关系已经非人化和正在非人化的性质”。③在卢卡奇看来，人的存在状态呈“孤立化”“原子化”，实际上就是劳动者的“自我客体化”，亦即“人的功能变成商品”。而这一点充分表明，“商品关系”是一种“非人的关系”，即商品关系是同人的本性完全相对立的。

卢卡奇还指出，“孤立化”“原子化”看上去只是劳动者、工人的存在状态和命运，实际上是整个社会的存在状态和命运。“工人的命运成为整个社会的普遍命运；这种命运的普遍性的确是工厂劳动过程在这个方向上发展的

①②③ ［匈］卢卡奇：《历史与阶级意识》，杜章智、任立、燕宏远译，商务印书馆，1992 年，第 154 页。

前提。”[①]卢卡奇在这里强调的是，整个社会的“孤立化”“原子化”甚至是劳动者的“孤立化”“原子化”的前提。在他看来，其理由十分简单：首先，“因为只有当‘自由的’工人产生了，他能够把他的劳动力作为‘属于’他的商品，作为他‘拥有’的物自由地放到市场上出卖时，劳动过程的合理化机械化才是可能的”[②]。这是说，只有在形成“自由的工人”的条件下，只有当工人可以把自己的劳动力当作自己所拥有的“物”放到市场上出售之时，劳动过程才能实现合理化、机械化，即劳动者才能借助于劳动呈“孤立化”“原子化”。其次，“只有在整个社会生活按此方式细分为孤立的商品交换行动时，‘自由的’工人才能产生出来；同时，他的命运也必须成为整个社会的典型的命运”[③]。这是说，要形成“自由的工人”，整个社会生活必须划分为“孤立的商品”并纳入交换的体系。卢卡奇认为，关键在于不仅要明确，当“孤立化”“原子化”成为人的主要存在状态之时，就意味着原先的那种“人的关系的自然关系”已被“合理物化的关系”所取代，而且必须知晓正是所有的资本主义生产的前提和条件在促使实现了这种取代。他这样说道：“生产者同其生产资料的分离，所有自然生产单位的解体和破坏等等，现代资本主义产生的所在经济—社会前提，都在促使以合理物化的关系取代更明显展示人的关系的自然关系。”[④]在卢卡奇看来，认识“孤立化”“原子化”是整个资本主义社会的普遍存在状态和命运，即认识“合理机械化的和可计算性的原则必须遍及生活的全部表现形式”这一点特别重要。只有认识了这一点，才能充分理解商品经济占主导地位的资本主义社会的下述现象的本质和危害性：“满足需要的各种物品不再表现为某一共同体的有机生活过程的产品，而是一方面表现为抽象的类样品，另一方面表现为孤立的客体。”[⑤]

五、“原子化”渗透进人的意识：“总体形象”的消失

在卢卡奇看来，最严重的是这种以“孤立化”“原子化”为主要标志的“物化”的人的生存方式还渗透进了人的意识，形成了人的“物化”意识。他

①②③④⑤ ［匈］卢卡奇：《历史与阶级意识》，杜章智、任立、燕宏远译，商务印书馆，1992 年，第153 页。

说:“正像资本主义制度不断地在更高的阶段上从经济方面生产和再生产一样,在资本主义发展过程中,物化结构越来越深入地、注定地、决定性地浸入人的意识里。”[①]“分工像在实行泰罗制时侵入‘心灵领域’一样,这里也侵入了‘伦理’领域。但是,对于整个社会来说,这并没有削弱作为基本范畴的物化意识结构,而是加强了它。”[②]“分工中片面的专门化越来越畸形发展,从而破坏了人的人类本性。”[③]卢卡奇对“物化”的存在方式的批判是同对“物化”意识的批判紧紧联系在一起的。

在资本主义社会中,“物化”意识的形成标志着“物化”已严重到无以复加的程度。卢卡奇这样说道:“世界上的这种表面上彻底的合理化,渗进了人的肉体和心灵的最深处,在它自己的合理性具有形式特性时达到了自己的极限。”[④]这种机械化、合理化一旦进入了“人的肉体和心灵的最深处”,在这一“最深处”也受机械化、合理化所控制了,那就说明这种机械化、合理化已“达到了自己的极限”。他还这样说道:“商品关系变为一种具有‘幽灵般的对象性’的物,这不会停止在满足需要的各种对象向商品的转化上。它在人的整个意识上留下它的印记:他的特性和能力不再同人的有机统一相联系,而是表现为人‘占有’和‘出卖’的一些‘物’,像外部世界的各种不同对象一样。根据自然规律,人们相互关系的任何形式,人使他的肉体和心灵的特性发挥出来的任何能力,越来越屈从于这种物化形式。”[⑤]卢卡奇在这里不但指出了,商品关系的“物化”必然导致人的意识的“物化”,即商品关系的“物化”必然要在人的意识上“留下它的印记”,而且揭示出人的意识一旦“物化”了,那么人的特性和能力都将成为“为人‘占有’和‘出卖’的一些‘物’”,都将“越来越屈从于这种物化形式”。

卢卡奇在论述“物化”意识时强调,停留于“直接性”(immediacy)是其主要特征。他说:“这种合理的客体化首先掩盖了一切物的——质的和物质的——直接物性。当各种使用价值都毫无例外地表现为商品时,它们就获

---

① [匈]卢卡奇:《历史与阶级意识》,杜章智、任立、燕宏远译,商务印书馆,1992年,第156页。

② 同上,第163页。

③ 同上,第162页。

④⑤ 同上,第164页。

得一种新的客观性，即一种新的物性——它仅仅在它们偶然进行交换的时代才不具有，它消灭了它们原来的、真正的物性。”[①]在卢卡奇看来，合理化的过程就是使对象失去本真的“物性”的过程、掩盖一切对象的本真的“物性”的过程，与此同时，也是使对象获得一种新的“物性”，一种曲解对象、不能反映对象的本质属性的“物性”。而“物化”意识的根本特征就在于，它只能“直接地”停留于对象所新获得的“物性”，把这种曲解、表面化的对象的“物性”误认为是对象唯一的、本真的“物性”。“物化”意识的“直接性”就在于它不可能达到对象的深层的“物性”。而“物化”意识之所以只能停留于“直接性”，关键在于它缺乏“中介”，即面对着对象，它根本没有能力通过多重“中介”让对象的结构呈现出来，并借助于这个结构让对象与我们之间的关系呈现出来。没有了“中介”，“物化”意识除了获得一些“抽象的量的规定性”之外，什么也得不到。呈现在“物化”意识中的世界只是一个“永恒的、平面的”世界。卢卡奇还强调，“物化”意识停留于“直接性”，“清楚地表现出资本主义主体行为的直观性质”。“资本主义主体行为”实际上是围绕着“合理计算”展开的，而“合理计算”的本质“最终是以认识到和计算出一定事情的必然的—有规律的过程为基础的”。显然，假如“人的行为仅限于对过程成功的可能性做出计算”，那么“经常于停留在这样一些‘规律’可能发生作用的概率计算上面”，而不企图深入到事物本身就变成是顺理成章的了。[②]卢卡奇反复强调“事实”与“现实”这两个概念是有本质区别的，平时人们所说的“事实”实际上只是事物的“现象”，而“现实”才是事物的“本质”。“物化”意识永远只能停留于“现象”而不能达到“本质”，也就是说，在“物化”意识那里，所有认识都只是关于“事实”的认识，而不是关于“现实”的认识。

卢卡奇认为，“物化”意识停留于“直接性”的过程也是丧失“总体性”的过程。行为主体丧失“总体性”，是意识“物化”的必然结果。“由于工作的专门化，任何整体景象都消失了。”[③]也就是说，处于“专门化”工作状态下的

---

① [匈]卢卡奇:《历史与阶级意识》，杜章智、任立、燕宏远译，商务印书馆，1992 年，第 154 页。

② 参见[匈]卢卡奇:《历史与阶级意识》，杜章智、任立、燕宏远译，商务印书馆，1992 年，第 161 页。

③ [匈]卢卡奇:《历史与阶级意识》，杜章智、任立、燕宏远译，商务印书馆，1992 年，第 168 页。

人们,其脑海里是不可能具有“整体景象”的。卢卡奇把“总体性”视为马克思主义方法论的核心。他明确地提出:“不是经济动机在历史解释中的首要地位,而是总体的观点,使马克思主义同资产阶级科学有决定性的区别。总体范畴,整体对各个部分的全面的、决定性的统治地位,是马克思取自黑格尔并独创性地改造成为一门全新科学的基础的方法的本质。”[①]在卢卡奇看来,具体的、总体的观点是马克思对于辩证法、对于思想史而言,最重要的贡献。与此同时,他又强调总体性是无产阶级的阶级意识的主要内容。他极端重视无产阶级的阶级意识在历史上的决定作用,而他们所说的无产阶级的阶级意识的主要内容就是把握总体性,亦即“保持对总体性的渴望”。在他看来,无产阶级的阶级意识与资产阶级以及其他阶级的阶级意识的分水岭就是能否把握总体性。而只有无产阶级产生了总体性的阶级意识,并据此为其争取自身生存、发展的权利而改变着世界的时候,历史发展才真正从自为走向自觉。卢卡奇把“物化”意识作为总体意识的对立面加以抨击。他认为,历史要求无产阶级把握总体性范畴,可实际上,无产阶级往往不具备这种意识。原因就在于无产阶级处于一个商品形式占支配的社会之中,就在于其基本的生活方式是“孤立化”“原子化”的。无产阶级一旦被这种“物化”意识占据头脑,就再也看不到社会的总体发展趋势,只能被局部的、眼前的利益牵着鼻子走。卢卡奇不但正确地分析了作为总体意识的对立面的“物化”意识的主要表现,而且还精辟地指出了这种“物化”意识的形成过程及其危害性。

卢卡奇进一步指出,“物化”意识不仅渗透于包括无产阶级在内的资本主义社会中所有人的头脑之中,而且还在理论上有多重体现。在他看来,几乎所有的资产阶级科学都是“同样陷入这种直接性之中的科学”,都“把现实的总体分割成了一些部门”,都“由于专门化而看不到整体了”。[②] 这些资产阶级科学看似在把握社会的整体,可实际上它们所能达到的只是关于这一社会的抽象的、直接的知识,根本不可能具有总体性的高度。正是资产阶级经济学“非常成功的完全的合理化,即把它运用于一种抽象的、尽可能数学

① [匈]卢卡奇:《历史与阶级意识》,杜章智、任立、燕宏远译,商务印书馆,1992 年,第 76 页。
② 同上,第 168 页。

化形式的规律系统，才形成理解这种危机的方法论上的局限性”[①]。这就是说，资产阶级经济学在把握资本主义社会的整个经济运行过程的时候，在方法论上采取了抽象的办法，从而排除掉了内容，其结果因无力穿透内容而只能停留于对资本主义世界的直观。资产阶级法学比起资产阶级经济学来，“它的看法的物化更为有意识一些”，因为它“只不过把法律看成一种形式上的计算体系，借助于此，一定行为的法律结果就可以尽可能精确地计算出来”。[②] 当然它不得不承认其无力把握内容，无力达到总体的高度。卢卡奇指出，当包括资产阶级经济学和法学在内的资产阶级的科学都不能把握资产阶级社会的“整体景象”之时，人们“希望等待能由一种综合性的科学，即由哲学来实现整体的联系”。但实践证明，人们对资产阶级哲学的这种期望是“多么的徒劳”。“要做到这一点，只有当哲学通过对问题的完全另外一种提法，通过专注于可认识事物、被认识事物的具体的、物质的总体来突破这种陷入支离破碎的形式主义限制时，才是可能的”，但显然，“资产阶级社会的哲学必然没有能力做到这一点”。[③] 他特地对此做出了解释：“这不是说，好像它没有对综合的渴望；也不是说，好像那个社会中最优秀的人物乐于接受敌视生活的存在机械论和与生活格格不入的科学形式主义。但是，在资产阶级社会的基础上，要使立场来一个根本性的变化，是不可能的。”[④]卢卡奇在这里再次强调，在商品形式占支配地位，即商品经济作为资产阶级社会的基础的情况下，要让哲学担负起认识社会的整体的使命是不可能的。

卢卡奇在论述“物化”意识如何丧失“总体景象”时强调，丧失“总体景象”的“物化”意识与人的“孤立化”“原子化”的生存方式是互为因果、相辅相成的。一方面，商品形式的占支配地位，以及相应的人的生活方式的“孤立化”“原子化”滋生了“物化”意识，使人的意识丧失“总体景象”，使人不再具有“对总体的渴望”；另一方面，这种停留于“直接性”、丧失“总体景象”的“物化”意识，也进一步强化了这种“孤立化”“原子化”的人的存在方式。

---

① ［匈］卢卡奇：《历史与阶级意识》，杜章智、任立、燕宏远译，商务印书馆，1992 年，第 170 页。

② 同上，第 172 ~ 173 页、174 页。

③ 同上，第 175 页。

④ 同上，第 175 ~ 176 页。

六、无产阶级立场与“去物化”

卢卡奇的《历史与阶级意识》一书包含着极其丰富的内容，我们在这里之所以特地在该书如此眼花缭乱、无所不至的内容中专门摘取他关于“物化”状态的若干论述，并以“人的存在状态批判”为题，单独加以剖析，是因为在我们看来，他的这些论述，太具有现实意义了。

卢卡奇所说的“商品形式占支配地位的社会”，实际上就是实施市场经济的社会。从20世纪的后半叶起，全世界在“别无选择”论的鼓噪下，沿着不同的路径都走向了市场经济。西方原先有两种经济模式，即“盎格鲁—撒克逊资本主义”和“莱茵资本主义”，前者是“完全的市场资本主义”，后者比较而言市场化并不那么彻底，在相当长一段时期内，前者呈“压倒”“降服”后者之势。而在东方，改旗易帜的那些国家和地区完全倒向了市场经济不消说，就是那些仍然是社会主义的国家和地区也大多相继选择了市场经济模式，尽管它们在市场经济前加上了“社会主义”这一限制词。卢卡奇在差不多一个世纪之前所说的商品范畴成为整个社会的普遍范畴、社会生活的所有方面都进入交换领域，在当今的世界真的完全兑现了。

问题在于，让商品形式占支配地位对人来说意味着什么？究竟给人带来了什么？无疑，市场经济作为一种配置资源的最佳方式，确实给人类带来了巨大的经济效益。自20世纪下半叶起，各个国家和地区都不约而同地选择市场经济这种经济模式，具有必然性。大家越来越认识到，市场经济是一种中性的机制，资本主义可以利用，社会主义也可以利用，当今人类社会要发展自己，必须利用这种机制。可是正当人们越来越认可市场经济，并陶醉在由市场这只“看不见的手”所带来的经济繁荣之时，实际上市场经济也正把人们引入一种新的生活状态之中。

综观进入市场经济时代以后当今人类的存在状态，我们会越发感到卢卡奇当年对在商品形式占支配地位的社会中人的存在方式的揭示的深刻性和尖锐性。卢卡奇的这一论述的现实意义就在于能使我们看清当今人的那种存在方式的实质与危害。尽管我们知道人类不可能也不应该因为市场经济使人生活在这样一种存在状态之中，存在着这样的负面效应，而放弃市场经济这种资源配置的最佳方式，“告别”市场这只给人类带来无穷财富的“看不见的手”，但是人类也不应当对与市场经济如影随形的这种人的存在方式熟视无睹，不应当为了财富的增加而就这样活下去。人类必须在维持市场经济机制的同时，切实改变目前的这种存在方式。如果这样去认识，那么卢卡奇对在商品形式占支配地位的社会中人的存在方式的揭示的意义就会清清楚楚地呈现在我们面前。

卢卡奇当年所说的一切，可以说今天就在我们身边发生着。他用“物化”来表述商品形式占支配地位的社会中的人的存在状态。他说，人与人之间的关系变成了一种物与物的关系，这种物与物的关系获得了“幽灵般的对象性”，当今人际关系不就是这样一种冷冰冰的物与物之间的关系吗？他把“物化”主要归结为人的劳动的“物化”。他说，不但劳动所创造的商品世界正“作为无法制服的、由自身发生作用的力量同人们相对立”，而且人的活动本身也“同人自身相对地被客观化，变成一种商品”，这也不正是今天人们劳动的真实状态吗？他又把劳动的“物化”与“抽象性”联系在一起。他说，人的具体劳动正变为可以计算的抽象劳动，人类劳动的抽象性已经成为“现实原则”和“社会范畴”，在当今不也正是既可从“客观方面”又可从“主观方面”看到这种“抽象性”的负面作用吗？他又把劳动的“物化”追溯到“合理性原则”和“可计算性原则”。他说，在“用可计算性来加以调节的合理化原则”的支配下，劳动者只能眼睁睁地看着自己作为“现存孤立的分子”被一体化到“异己的系统中去”，当今不也是把“合理性”和“可计算性”奉为至高无上，以致人本身也成了处处“被计算”和“加以合理化的”对象了吗？他进而把“孤立化”“原子化”概括为在商品形式所支配的社会中人们的基本的存在状态。他说，人的存在状态呈“孤立化”“原子化”，实际上就是劳动者的“自我客体化”，亦即“人的功能变成商品”，而且正成为整个社会的存在状态，走向“孤立化”和“原子化”不也正是今天人类的普遍命运吗？卢卡奇对商品形式占支配地位的社会中人的存在方式的揭示，是对我们的一种警示。它提醒我们：我们实际上也生活在这样的状态之下，而这种存在状态是一种“非人”的生活方式。

卢卡奇对在商品形式占支配地位的社会中人的“物化”的存在方式的揭露与批判，是同对这一社会中人的“物化”意识的揭露与批判紧紧联系在一起的。他认为最严重的是，“物化”的人的生存方式还渗透进了人的意识，形成了人的“物化”意识，“物化”意识使人的思维停留于“直接性”上，而“物化”意识停留于“直接性”的过程也是丧失“总体性”的过程，即使人失去了全面地、总体地认识问题的能力。在一定意义上，卢卡奇在《历史与阶级意识》一书中对当代资本主义的批判重心放在对“物化”意识的批判上。对“物化”意识的批判是该书批判的主线，而对“物化”的人的存在方式的批判则是该书批判的辅线。从认识在商品形式占支配地位的社会的人的存在方式的角度看，卢卡奇对在这一社会中人的“物化”意识的批判的启发意义在于，它告诉人们为何人明明生活于处处被“算计”、被“合理化”，日益走向“孤立化”“原子化”的“非人”状态，明明本来应是实现自身的“具体劳动”却越来越变成“抽象劳动”，无论是劳动的产品还是劳动的过程都反过来对抗自身；明明本来应是活生生的人与人之间的关系却变成了物与物之间的关系，并且这种关系获得了一种“幽灵般的对象性”，却无法认清自己的这种真实处境，甚至还把痛苦的“非人”的生活当作幸福的生活来接受。在卢卡奇看来，关键就在于人的意识也被“物化”了。随着商品形式逐渐占支配地位，一方面人的存在方式越来越“物化”了，另一方面人的意识也日益“物化”。一旦人的意识也“物化”了，那人“越来越少而且难于”认识到自己究竟处于什么样的存在状态，自己究竟过的是一种什么样的生活。综观当今社会，显然也存在着明明处于异化的状态之下却感觉不到异化的存在，把异化的生活当作幸福的生活来接受的情况，这一点与卢卡奇的时代相比，甚至有过之而无不及。卢卡奇关于商品形式占主导地位的社会中人的存在方式的理论的现实意义，不仅在于有助于人们对自己的存在状态产生“警觉”，认清这种存在状态的实质，而且还能够使人们知道何以自己长期对这种存在方式麻木不仁，从认识当下人的“物化”的存在方式进一步去觉察当下人的“物化”的意识。

当然，卢卡奇在《历史与阶级意识》一书中不仅揭露和批判了人的“物化”的存在方式和人的“物化”的意识，而且还探讨了如何“去物化”（de - reification)的问题。他对“去物化”的论述最引人注目之处是提出了“无产阶级立场”的问题。他将论述“物化”的长篇论文《物化和无产阶级意识》第三部分的标题定为“无产阶级的立场”,这是意味深长的。他认为,所有的资产阶级的社会科学和自然科学由于都渗透着“物化”的意识,或者说它们本身就都属于“物化”意识,从而不能指望依靠它们来为“去物化”指点迷津。他通过对“资产阶级思想二律背反”的揭示,来说明资产阶级的“科学”面对“物化”是无能为力的。他把希望寄托在“无产阶级立场”上。但寄托于“无产阶级立场”不等于寄托于“无产阶级”。正如有学者所指出的,这就是卢卡奇与马克思的不同之处,对于马克思来说,“无产阶级”这一主体本身就够了,或者说,无产阶级在生产过程中所处的阶级地位就够了;然而对于卢卡奇而言,却必须在“无产阶级”之后加上“立场”二字。无产阶级只有站在无产阶级的立场上,它才真正是无产阶级。立场与阶级不可分离,并且它不是阶级的补语:立场构成阶级的本质部分。[①] 在他看来,在“无产阶级的意识暂时还屈从于物化”[②]的情况下,仅仅因为这个人属于无产阶级的阵营,就认为他一定能洞见“物化”的存在方式并为改变这种存在方式而斗争,这是不现实的。而只有真正具有无产阶级立场的人,才能担当起这样的历史使命。

这种立场的确立,靠的并不是某种外在的必然性,这需要经历磨难和痛苦。当然,在他看来,要真正认识和改变这种“物化”存在方式,靠少数人具有无产阶级的立场还是不够的,必须有待于整个阶级的觉醒。他说:“随着无产阶级开始意识到自己的阶级立场,这一过程也就开始了。”[③]他还强调,关键在于,具有无产阶级立场的人不但能够认清那种“物化”的存在方式的实质,而且还会采取行动积极地去改变这种存在方式。他这样说道:“因为连无产阶级本身也只有当它采取真正实践的态度时,它才能克服物化。”[④]

卢卡奇把认识和改变那种“物化”的存在方式与“无产阶级立场”联系在一起,把持有“无产阶级立场”视为是认识和改变那种“物化”的存在方式的

---

① 参见周凡执行主编:《新马克思主义评论》(第一辑),中央编译出版社,2012 年,第 27 页。
② [匈]卢卡奇:《历史与阶级意识》,杜章智、任立、燕宏远译,商务印书馆,1992 年,第 164 页。
③ 同上,第 279 页。
④ 同上,第 301 页。

前提，对当今的人们特别具有针对性。当今人们避开“立场”来谈论问题，包括如人的存在方式这样的与人自身密切相关的问题，已成为时尚。实际上，正如卢卡奇所说的，站在什么立场上去认识这才是最重要的。任何人要真正认识“物化”的存在方式，并想对此有所作为，就要如卢卡奇所说的那样，首先应当端正自己的立场，看看自己是不是真正站在无产阶级立场上。

第二章 人过的是“不幸之中的欣慰”生活

——马尔库塞对“单向度”的人的生存境遇的剖析

20 世纪 60 年代初,法兰克福学派的主要代表人物马尔库塞,出版了《单向度的人》这一著作。这一著作告诉世人:当今人类的生存境遇的主要特征就是“单向度”,当今的人实际上都是“单向度的人”(One - Dimensional Man)。马尔库塞的这一告诫引起了当时许多人的警觉。随后在西欧和北美掀起的声势浩大的反对资本主义的生产方式和生活方式的运动,在一定意义上与这一著作所产生的影响相关。非常遗憾的是,半个多世纪过去了,马尔库塞所揭示的那种人的生存境遇非但没有得到改变,相反还愈演愈烈。正因为如此,重温马尔库塞的这一著作,重新审视马尔库塞对人的“单向度”的揭示,有着重大的现实意义。

一、“单向度”是当今人类生存境遇的主要特征

马尔库塞认为,现代人都成了“单向度的人”,并用“单向度”来概括现代人的生存境遇。他所说的“单向度”主要包含以下五层含义:

(一)在消费领域,人被“虚假的需求”所操纵,人成了整齐划一的消费机器

马尔库塞强调,人具有各种各样的需求,这些需求的满足就是人的幸福。但追求物质享受并不是人的主要需求,因此物质需求的满足并不能给人足够的幸福。人与动物不同,他非但不满足于锦衣玉食,而且还力图摆脱物的束缚,追求更高尚的东西。现代人之所以在精神上感到莫大的痛苦,主

要原因在于“单向地”把追求物质享受作为自己的第一需要，因此把自己降低为一般的动物。

现代工业社会推行高生产、高消费的政策，它为了使生产和整个社会制度连续下去，必须使产品得到消费。生产得越多，就要求消费得越多。那么它怎样使它生产的产品得以消费呢？马尔库塞揭露说，它主要通过制造“虚假的需求”，以实现“强迫性的消费”。所谓“虚假的需求”，“是为了特定的社会利益从外部强加在个人身上的那些需求”，这些需求“使艰辛、侵略、痛苦和非正义永恒化”。[①]“现行的大多数需要，诸如休息、娱乐、按广告宣传来处世和消费、爱和恨别人之所爱和所恨，都属于虚假的需要这一范畴之列。”[②]

这个社会动用一切宣传机器，促使我们相信自己需要这些产品。当人们有了双喇叭收音机后，就刺激人们去购买四喇叭的；有了四喇叭之后，又引诱人们去占有六喇叭的；有了六喇叭之后，还会想出新的花样，使人们去追求更新型的。马尔库塞这样概括道，对于晚期资本主义来说，这变成了它的最必要的装置之一。一再唤起新的需要使人们去购买最新的商品，并使他们相信他们实际上需要这些商品，相信这些商品将满足他们的需要，结果是把自己完全交给了商品世界的拜物教，并在这方面再生产着资本主义制度甚至它的需要。

在马尔库塞看来，当人们都把这种“虚假的需要”作为自己的真实需要，即人们都把无止境地满足自己的物欲作为自己的生活方式以后，人们实际上都成了消费动物，从而他们之间的区别也不存在了。他指出，这个社会的“系统”“不仅先验地决定着装备的产品，而且决定着为产品服务和扩大产品的实施过程”，“在这一社会中，生产机构趋向于变成极权性的，它不仅决定着社会需要的职业、技能和态度，而且还决定着个人的需要和愿望”，“因此，它消除了私人与公众、个人需要与社会需要之间的对立”。[③] 社会的需要成功地变成了个人的需要，个人都公众化了，都成了一个个消费动物，人的个性完全被泯灭了。

马尔库塞反复地强调了当今资本主义社会把社会的需要变成个人的需

①② ［美］马尔库塞：《单向度的人》，刘继译，上海译文出版社，2014 年，第 6 页。

③ 同上，导言第 6 页。

要的“有效性”。他这样说道：

> 在当代社会最高度发达的地区，把社会需要移植成个人需要是如此有效，以致它们之间的差别似乎纯粹是理论上的事情。人们当真能对作为新闻与娱乐工具的大众传播媒介和作为灌输与操纵力量的大众传播媒介作出区分吗？当真能对制造公害的汽车和提供方便的汽车作出区分吗？当真能对实用建筑的恐怖与舒适作出区分吗？当真能对为保卫国防和为公司营利的手段作出区分吗？当真能对提高生育率方面的私人乐趣和商业上、政治上的功用作出区分吗？[①]

马尔库塞接连提出这一系列的问题旨在说明，笼罩在消费主义下的当代人实际上已无法分清“真实的需要”和“虚假的需要”了。他认为，当今人们实际上都已成了一种“固定接收器”，他们是作为这样一种东西进入“当前的社会的”。这样，他们不可能“发现和满足”“真实的需要”，“已有的和可能的、已满足和未满足的需要之间的对立”在他们那里已“消去”。[②]

在马尔库塞看来，处于现代工业社会中的人们的消费都是“强迫性”的，一种强制性的力量在迫使他们去追求这种“虚假的需要”。他说：“这样的需要具有社会的内容和功能，它们取决于个人所无法控制的外力”，“这些需要的发展和满足是受外界支配的”。在这种情况下，“无论这些需要有多少可能变成个人自己的需要，并由他的生存条件所重复和增强；无论个人怎样与这些需要相一致并感觉到自己从中得到满足”，这些需要“始终是要求压制的势力占统治地位的社会的产物”。[③] 关键还在于，这些由社会所强加于人的“虚假的需要”竟然成了一种“无条件要求满足的需要”“生命攸关的需要”，它们竟然以“人的物质水平上的衣、食、住”的形式出现，这样它们竟然又成了“实现包括粗俗需要和高尚需要在内的一切需要的先决条件”。[④]

他特别强调，现代工业社会中的人们面对这种“强迫性的消费”和“虚假

---

① ［美］马尔库塞：《单向度的人》，刘继译，上海译文出版社，2014 年，第 9 页。

② 同上，第 8 ~ 9 页。

③④ 同上，第 6 页。

的需要”，除了接受之外，几乎是别无选择的。他认为：“发达工业社会的显著特征是它有效地窒息那些要求自由的需要。”①尽管发达工业社会也常常打着“自由”的旗号，但这里的“自由”实际上只是实施强制性的一种“工具”。他这样说道：“在抑制性总体的统治之下，自由可以成为一个强有力的统治工具。决定人类自由程度的决定性因素，不是可供选择的范围，而是个人能够选择的是什么和实际选择的是什么。”“如果商品和服务设施维护对艰辛和恐惧的生活所进行的社会控制的话，就是说，如果它们维护异化的话，那么，在大量的商品和服务设施中所进行的自由选择并不意味着自由。何况个人自发地重复所强加的需要并不说明他的意志自由，而只能证明控制的有效性。”②

他指出，现代工业社会所满足的人们的需要是这样一些“需要”：“对于过度的生产和消费压倒一切的需要；对于实际上已不再必要的使人麻木的工作的需要，对于抚慰和延长这一麻木不仁状态的缓和方式的需要；对于维持欺骗性自由的需要。”在满足这些需要的过程中从表面上看也有着“自由”，但这些“自由”充其量是“垄断价格中的自由竞争，审查制度下的自由出版，以及商标和圈套之间的自由选择”③。

马尔库塞认为，通过制造“虚假的需要”来使人成为“单向度的”“消费动物”在当今工业社会中成了这样一个“既成的事实”：“人们在无知和失望中所接受的事实，同时也是为了个人幸福、为了使所有以痛苦为其满足之代价的人的利益而必须加以消除的事实。”④

（二）在生产领域，人的劳动以分工和专业化为基础，人成了千篇一律的整个生产体系的一颗螺丝钉

马尔库塞接受了马克思在《1844年经济学哲学手稿》中把人的自由自觉的活动——劳动作为人的本质的思想。他认为，人的真正的幸福就在于其本质的实现，而本质的实现主要表现为其劳动成为一种自由自觉的活动，即成为一种消遣活动。基于这种认识，他指出，判断一个社会是否美好，生活在这一社会中的人们是否幸福，主要不是看这一社会物质生活资料是否充

---

①②③ ［美］马尔库塞：《单向度的人》，刘继译，上海译文出版社，2014年，第8页。

④ 同上，第6页。

裕,而主要看生活在这一社会中的人们所从事的劳动是痛苦的异化劳动还是给人带来快感的消遣活动。

他用以说明现代工业社会是“单向度的社会”、生活在现代工业社会中的人们是“单向度的人”的一个内容就是对劳动的考察。在他看来,现代人在劳动中非但没有实现自身,反而这种劳动掉转头来成了反对他自身的、不属于他的活动。而其主要体现在,人在劳动中成了“单向度的”、千篇一律的整个生产体系中的一颗“螺丝钉”。

马尔库塞认为,关键在于,在现代工业社会中,随着劳动的机械化、自动化程度的提高,人在劳动中越来越丧失了自己的自主性和创造性,人在劳动中只是从事一些单调无聊的、翻来覆去的动作,也就是说,只是作为一部机器的零件,一种工具在起作用。他说,现代资本主义社会的生产过程“使整个的人——肉体和灵魂——都成了一部机器,或者甚至只是一部机器的一部分,不是积极的,就是消极的;不是生产性的,就是接受性的,在他的工作时间和业余时间里为这一制度效力”,“技术上的劳动分工使人本身只起着一部分操作功能,而这一部分功能则受着资本主义过程的协调性的协调。这一剥削的技术结构织成了一张巨大的人的机器的网,而这些机器生产和维持着一个富裕社会”。[①] 现代工业社会中的劳动,从表面上看,按按电钮,抄抄数字,是非常轻松的,可实际上,由于这种劳动只是履行一种预设的功能,劳动者完全屈从于机器,从而人都成了“单向度的劳动机器”。

马尔库塞还借助于弗洛伊德的精神分析学提出,人成为“单向度的劳动机器”的过程,实际上就是劳动远离“快乐原则”而服从于“操作原则”的过程,是人内在的“力比多”转移到“对社会有利的操作”上去的过程。他这样说道:

> 操作原则是一个不断发展的、进取的对抗性社会的原则。它的前提是,在长期的发展中,统治将变得越来越合理,因为对社会劳动的控制现在正以更大的规模、更好的条件再生出社会来……对极大多数人

① [美]马尔库塞:《反革命和造反》,载任立编译:《工业社会和新左派》,商务印书馆,1982年,第90页。

> 来说，满足的规模和方式受制于其自己的劳动。然而他们却是在为某种设施而劳动，并对这种设施无法进行控制，这是一种个体若想生存就必须屈从于它的独立的力量。而且劳动分工越专门，他们的劳动越异化……人们并不在过自己的生活，而只是在履行某种事先确立的功能。虽然他们在工作，却不能满足自己的需要和发挥自己的作用。他们是在异化中工作。现在，工作变成了一般工作，因而导致了对力比多的约束：占据极大部分个体生活时间的劳动时间是痛苦的时间，因为异化劳动是对满足的反动，对快乐原则的否定。力比多被转到对社会有用的操作上去，在这些操作中，个体从事着同自己的机能和需要根本不协调的活动。①

他还说道：“在操作原则统治下，人的身心都成了异化劳动的工具，而只有当人的身心抛弃了人类有机体原先具有并追求的力比多的主—客体自由时，才会成为这样的工具。”②

在马尔库塞看来，人成为“单向度的劳动机器”与现代工业社会中科学技术的迅猛发展密切相关，更是由现代工业社会中那种所谓现代管理理念所造成的。建立在传统生产方式之上的管理手段是比较粗放的，这种管理手段主要依靠人的自觉性和创造性来提高生产效率；而现代的如福特制、泰勒制这样的管理手段所注重的是分工和专业化，实际上是着眼于把人变成“单向度的劳动机器”，即通过使人成为整个生产体系的一颗“螺丝钉”来提高生产效率。在这种状态下，作为劳动主体的人都成了毫无生气、毫无创造性的被支配的对象。活生生的人成了机器的延伸工具，产品越来越精致复杂，而制造产品的人却越来越简单钝化，简单钝化到只是一种工具。

（三）在思想领域，人的思想受统治者所控制，人的思维都是“单向度的肯定性思维”

马尔库塞认为，就思想领域而言，现代工业社会的统治者已成功地把人的思想变成“单向度的思想”。他说：“单向度的思想是由政策的制定者及其

---

① ［美］马尔库塞：《爱欲与文明》，黄勇、薛民译，上海译文出版社，1987 年，第 28 ~ 29 页。

② 同上，第 29 页。

新闻信息的提供者来系统推进的。它们的话语领域充满着自我生效的假设,这些被垄断的假设不断重复,最后变成令人昏昏欲睡的定义和命令。"[①]他举例说,现代工业社会的政策制定者及其新闻信息的提供者不断地宣传"在'自由世界'里运转或赖以运转的制度是'自由的'",而"其他那些超越这一模式的自由方式不是被定义为无政府主义、共产主义,就是被定义为宣传",久而久之,人们就会接受这种灌输,真的相信唯有西方的制度才是自由的。这实际上是为思想设定界限,"思想的运动被停止在表现为理性自身的界限的障碍面前"。[②] 在马尔库塞看来,人们接受了现代工业社会的统治者的灌输,就意味着他的思维已成了"单向度的肯定性思维"。这是现代人思维方式的"深刻变化"。"这些变化有助于使思想和目标同现行制度的要求相协调,有助于把它们包容在制度之内,有助于拒斥那些与制度格格不入的东西。"[③]对于一个人的思想向度逐渐被社会封闭的社会来说,"思想的自我限制就显出更重要的意义"[④]。

在马尔库塞看来,现代工业社会中所流行的实证哲学和语言分析哲学就是典型的"单向度的肯定性思维"方式,于是他在批判"单向度的肯定性思维"时把矛头直指实证哲学和语言分析哲学。他指出,现代人的思维方式之所以是"单向度的肯定性的",就是实证主义"所起的作用",实证主义"否定理性的超越因素","因而是社会所需要的行为在学术上的对应物"。[⑤]他指出,实证主义以及与其紧密相连的语言分析哲学在现代工业社会中逐渐占统治地位的过程,也就是肯定性思维逐渐战胜否定性思维的过程。关键在于,语言分析哲学强调哲学的功能主要在于"治疗",即所谓"治疗思想和言语所染上的令人混淆的形而上学观念症"[⑥],而实际上,"把批判性思维改造成肯定性思维的做法大多产生于对普遍概念的治疗性处理之中"[⑦]。他认为,当代工业社会中所流行的实证主义的主要任务就是"反对形而上学观念","它既为形式逻辑的精确性观念所驱使。又为经验描述的精确性观念

①③⑤ [美]马尔库塞:《单向度的人》,刘继译,上海译文出版社,2014年,第13页。
②④ 同上,第14页。
⑥ 同上,第144页。
⑦ 同上,第155页。

所驱使”,它或者通过逻辑和数学分析来达到这种精确性,或者通过对日常语言的分析来达到这种精确性,而逻辑、数学分析以及日常语言分析这“两极”“同样都排斥或贬低那些超越流行合法性原则的思想和言语成分”。[①]“因为,清除容许思想和言语的不精确性、模糊性甚至矛盾性存在的专有地盘,正是保护正常话语领域免受不良思想严重影响的最有效方式。”[②]马尔库塞强调的是,语言是思想的直接现实,对语言的清洗实际上与对大脑的清洗是一回事,即让人们无批判地直接接受既定事实,而让人们无批判地直接接受既定事实就意味着使人们丧失掉否定性思维,使人们不能对现实的社会环境做出合理的审视和批判。随着哲学成为某种顺从和附庸的东西,人的思维也成为某种顺从和附庸的东西;而随着人的思维成为某种顺从和附庸的东西,整个人也成为某种顺从和附庸的东西。

(四)在文化领域,人所享用的是通俗文化而不是高层文化,人成为清一色的麻木不仁者

在马尔库塞看来,高层文化是表达人的理想的文化,是高于现实、对现实持批判态度的文化。“高层文化过去总是与社会现实相矛盾的。”[③]高层文化的伟大之处就在于它传播着“人道主义的理想”“人格的完满”“个人的悲欢”。尽管高层文化曾经是一种“前技术文化”,但它所表述的“仍然为另一种向度所遮蔽、破坏和拒斥的秩序”,“此种向度指控和否定商业秩序,与商业秩序形成不可调和的对立”。[④]

他在高度赞赏高层文化的基础上,痛心疾首地指出,在现代工业社会里,“高层文化为现实所拒斥,现实超过了它的文化”。“技术合理性的进步”正在“清除‘高层文化’中的对立性因素超越性因素”。[⑤]随着文化在“当代工业社会发达地区”呈“俗化趋势”,人们“背弃了高尚的高层文化所维护的期望,践踏了高尚的高层文化所维护的真理”。[⑥]现代工业社会的统治者“通过消灭高层文化中对立的、异己的和超越性的因素”“来消灭文化和社会现实之间的对立”。本来,这些“对立的、异己的和超越性的因素”“借助于高层文

①② [美]马尔库塞:《单向度的人》,刘继译,上海译文出版社,2014年,第156页。
③⑤⑥ 同上,第49页。
④ 同上,第51页。

化而构成现实的另一种向度”，现在这“另一种向度”不存在了，只剩下与现实相融合的“一种向度”了。“双向度文化的清除，不是通过否定和拒斥各种‘文化价值’，而是通过把它们全部纳入既定秩序，并大规模地复制和展示它们。”①他还指出，文化成了单向度的通俗文化，也就意味着文化完全商业化了。“如果大众传播媒介能把艺术、政治、宗教、哲学同商业和谐地乃至天衣无缝地融合在一起的话，它们就将使这些文化领域具备一个共同特征——商品形式。”②

马尔库塞着重以艺术为例加以说明。他说：“艺术无论仪式化与否，都包含着否定的合理性。在其先进地位上，艺术是‘大拒绝’——对现存事物的抗议。它那些使人和物出场、吟唱、发声与述说的方式，是拒绝、破坏和重新创造其实际存在的方式。”③他还说：“艺术只有作为否定力量才能拥有这种魔力。只有当形象是活生生的并拒斥既定秩序时，它才能讲述自己的语言。”④他认为，在发达工业社会里，艺术发生了严重的异化。“不断发展的技术现实不仅使某些艺术‘风格’失去其合法性，而且还使艺术的要旨失去其合法性。”⑤“现在，活跃在艺术异化中的艺术与日常秩序间的重大裂隙，被发达技术社会逐渐弥合了。随着裂隙的弥合，‘大拒绝’转而遭到了拒绝；‘其他向度’被占优势的事态所同化，异化作品被纳入了这个社会，并作为对占优势的事态进行粉饰和心理分析的部分知识而流传。这样，它们就变成了商品——被出售、给人安慰或使人兴奋。”⑥“发自心灵的音乐也是推销术的音乐。起作用的是交换价值，而不是真实的价值。”⑦马尔库塞强调，高雅艺术被大众艺术所取代带给人的直接影响是使人失去目标和追求，人在大众艺术的熏陶下，都昏昏欲睡，麻木不仁。他们不再去想象“另一种生活方式”，“而是想象同一生活方式的不同类型或畸形，这是对既定秩序的肯定而不是否定”。⑧理想屈从于现实，理想被现实所征服、所同一，“单向度的艺术”造就了“单向度的人”。他说，环顾当今的工业社会，“文化中心变成了商业中心、市

---

①②⑦ [美]马尔库塞：《单向度的人》，刘继译，上海译文出版社，2014 年，第 50 页。
③ 同上，第 55 页。
④⑤ 同上，第 54 页。
⑥ 同上，第 55 ~ 56 页。
⑧ 同上，第 51 ~ 52 页。

政中心或政府中心的配件”,“差不多人人都可以随时获得优雅的艺术享受,只要扭动收音机的旋钮或者步入他所熟悉的杂货产店就能实现这一点”,“但在这种传播过程中,人们却成了改造他们内容的文化机器的零件”。[①]

(五)在政治领域,人受新的统治形式所控制,人都被“一体化”进现行的社会制度

马尔库塞认为,现代工业社会在政治上的最大特征就是革命和动乱因素被逐渐消解和控制,各种对立和矛盾逐步趋于一致或同化。他说:“在这个社会中,传统的症结遭到了清除与隔离,引起动乱的因素也得到控制。”[②]社会出现了“一体化”趋势,而这种“一体化”是全方位的:“在作为促进性、支持性有时甚至是控制性力量的政府干预下,国民经济按照大公司的需要进行集中;这种经济与军事联盟、货币整顿、技术援助和发展规划的世界性体系相协调;蓝领工人和白蓝工人、企业中的领导与劳工、不同社会阶层的闲暇活动及愿望逐渐同化;学业成绩与国家培养目标之间的预定和谐得到促进;公众舆论的共同性侵入私人事务;私人卧室向大众传播敞开。”[③]马尔库塞认为,所有这些“一体化”带来的结果是:“萧条得到控制,冲突得到稳定。”[④]

在马尔库塞看来,正是在这种“一体化”的大环境下,党派之间的斗争变得不那么明显,党派之间的合作则越来越成为普遍的事实。“外交政策上的两党合作跨越了竞争性的集团利益;两党合作扩展到国内政策方面,各大党的政纲变得越来越难以分别,甚至在其伪善程度和陈腐气味方面也是如此。对立派别之间的这种一致取决于社会变化的种种可能性,其中对立派别的一致包容了制度所依赖的那些阶层,就是说,包容了其存在曾经表现为整个制度的对立面的那些阶级。”[⑤]不同党派之间“一体化”了,工会与公司之间也“一体化”了。“工会几乎与公司没有区别可言。”[⑥]当工会和公司“都在尽力为更大的导弹合同而四处奔走并把其他国防工业也拉入这一行列的时

① [美]马尔库塞:《单向度的人》,刘继译,上海译文出版社,2014年,第57页。

②③⑤ 同上,第18页。

④ 同上,第20页。

⑥ 同上,第19页。

候”,也就是说,当工会与公司一起进行类似的“联合游说活动”之时,工会已没有办法去说服在导弹生产线上的工人相信他们的利益是与公司的利益不一致的。马尔库塞认为,不同党派之间,以及工会与公司之间的这种“一体化”,“证明了资本主义一体化的深度与广度”。①

当然,在所有这些“一体化”中,马尔库塞最注重的是人,特别是作为蓝领工人的人与现代的社会制度之间的“一体化”,即他们被现代的社会制度所“同化”。他这样说道:“同化的趋势进而表现在职业的层次中。在重要的工业机构里,‘蓝领’工作队伍朝着与‘白领’成分有关的方向转化,非生产性工人的数量增加。”②他对正被“一体化”进现行社会制度的工人阶级的生存状况做出了精彩的描述:“在自动化最为成功的地区,某种技术共同体似乎使工作中的人类原子一体化起来。机器似乎在给操作者灌输着一种使人昏昏沉沉的节奏。”③工人与机器“共摇摆”,“它们摇摆着人这一工具——不仅是他的身体,还有他的大脑甚至灵魂”。④“劳动性质和生产工具的这些变化改变了劳动者的态度和意识”,“需要、愿望、生活标准、闲暇活动及政见的同化,导源于工厂自身中,物质生产过程中的一体化”。⑤“在工作中形成机械共同体的技术组织,同样地也使工人与工厂形成更为紧密的依存关系”,“在一些技术最发达的企业中,工人们甚至夸耀他们在企业中得到的既定利益”。⑥

马尔库塞认为,工人阶级与现代的社会制度的“一体化”是全面的、整体的,不仅包括生产、精神、心理,也包括利益,而其最终的结果就是工人阶级由资本主义社会的否定力量变成了肯定力量。“新的技术工作世界因而强行削弱了工人阶级的否定地位:工人阶级似乎不再与既定的社会相矛盾。”⑦马尔库塞认为,在现代工业社会中,工人阶级的生存方式是与所在的社会相融合为主要特征的。沦为单纯的“物”与“工具”的人,特别是工人阶级不再具有否定性与批判性的锋芒,而与这个社会的占支配地位的资产阶级相“一

① [美]马尔库塞:《单向度的人》,刘继译,上海译文出版社,2014 年,第 19 页。
② 同上,第 25 页。
③④ 同上,第 24 页。
⑤ 同上,第 27 页。
⑥ 同上,第 28 页。
⑦ 同上,第 29 页。

体化”了。

二、人在“单向度”境遇下过的是“不幸之中的欣慰生活”

那么人在“单向度”的生存境遇下究竟生活得如何呢？人会很幸福吗？这是人所需要的那种生活吗？这正是马尔库塞所着重论述的。

（一）人过的是“不幸之中的欣慰”生活

马尔库塞认为，人处于“单向度”状态，从表面上看，人的生活是十分舒适的。人们清一色地拥有自己的高级住宅、小汽车，还有吃的和穿的东西，这当然是够幸福的了。但事实上，所有这些幸福都是建立在痛苦基础上的。“结果是不幸之中的欣慰。”①关键在于，如前所述，这里所满足的只是一种虚假的需要，从而这种满足也只是一种虚假的满足。“现行的大多数需要，诸如休息、娱乐、按广告宣传来处世和消费、爱和恨别人之所爱和所恨，都属于虚假的需要这一范畴之列。”②在这种情况下，“人们似乎活在他们的商品之中；他们的灵魂困在他们的小轿车、高清晰度的传真装置、错层式家庭以及厨房设备之中”③。这就是说，人们把现代工业社会的要求提出并实现自己的需求，人就失去了自己的本性，成了现代工业社会的附属品。在马尔库塞看来，这就是人同社会的一体化、一致化。“这种一致化的过程并非虚构而确是现实。然而这种现实又构成了异化的更高阶段，后者已经完成变成客观的事实；异化了的主体被其异化了的存在所吞没。”④马尔库塞强调，正是在这种人成为“单向度”的人的过程中，人和物的关系完全颠倒了，人们好像是为了他们的商品而生活。不是产品为了满足人的需要而生产，而是人为了使产品得到消费而存在。人拜倒在物面前，把物作为自己的灵魂，这就意味着忘却、失去了自己的灵魂。失去灵魂的人还有什么幸福可言？

（二）人只不过是“受到抬举的奴隶”

马尔库塞强调，人在发达工业社会里，无论是从其成为“消费机器”而

---

①② ［美］马尔库塞：《单向度的人》，刘继译，上海译文出版社，2014 年，第 6 页。

③ 同上，第 9 页。

④ 同上，第 11 页。

言,还是就其充当"劳动机器"来说,都说明人在与物的关系上实际上已处于从属的地位,人已成了物的奴隶,但这是一种特殊的奴隶,即是一种"受抬举的奴隶"。他这样说道:"发达工业文明的奴隶是受到抬举的奴隶,但他们毕竟还是奴隶。"[①]他认为,是否是奴隶"既不是由服从也不是由工作难度来决定的","而是取决于人作为一种单纯的工具以及人沦为物的状况"。显然,在发达工业社会里,"人作为一种工具、一种物而存在",所以无疑这是"奴隶状态的纯粹形式"。[②] 在马尔库塞看来,从表面上看,在现代工业社会里,人,特别是无产阶级与整个社会相融合了,但实际上这并不单意味着无产阶级获得了真正的解放从而可以与资产阶级平起平坐了,而是意味着由于实施机械化劳动,工人的劳动强度有所降低,物质生活水平有所提高,工人与工厂、商品的依存关系也强化了,工人越来越作为一种工具、一种物而存在。在这种情况下,如果工人这种"物""被赋予了生命且能够挑选它的物质食粮和精神食粮",如果工人这种"物""并未感到它是作为物而存在",如果工人这种"物""是一个漂亮、干净的物",那么这并不说明工人这种"物"不再是"物",不再是"奴隶",而只能说明工人作为物而存在的这种"生存方式""还没有废除",即依然作为一种"物"、作为"奴隶"而存在着。

(三)整个的人都成了"一个管理对象"

马尔库塞提出,对于现代工业社会中大多数居民来说,"资本产生的主要的不是物质的贫困,而是物质需要的受控制的满足"。"整个的人——他的智慧和感觉——都变成了一个管理对象,并被用来不但是生产和再生产这一制度的目的,而且也生产和再生产这一制度的价值和希望,及其思想意识的天堂。"[③]由于整个的人成了"一个管理对象",从而整个的人,包括肉体和精神都变成了一部机器,或者甚至只是一部机器的一部分,这部机器"不是积极的,就是消极的;不是生产性的,就是接受性的,在他的工作时间和业务时间里为这一制度效力"。他强调说:"技术上的劳动分工使人本身只是

① [美]马尔库塞:《单向度的人》,刘继译,上海译文出版社,2014年,第29~30页。
② 同上,第30页。
③ [美]马尔库塞:《反革命和造反》,载任立编译:《工业社会和新左派》,商务印书馆,1982年,第90页。

起着一部分操作功能,而这一部分功能则受着资本主义过程的协调器协调。这一剥削的技术结构织成了一张巨大的人的机器的网,而这些机器生产和维持着一个富裕社会。”①他认为,人一旦成了“一个管理对象”,那么人就彻底丧失了尊严。“在技术面纱的背后,在民主政治的面纱背后,显现出了现实:全面的奴役,人的尊严在作预先规定的自由选择时沦丧。”②人成为“一个管理对象”的过程,当然也是“商品化”的过程。在这种情况下,“真和假,善和恶都赤裸裸地成了政治经济学的范畴:它们规定了人和物的价值”,“商品的形式成了无所不包的”。③

(四)人有病,“并且把自己的病当作健康”

马尔库塞认为,严重的是,生活在现代工业社会中的人明明十分痛苦,却感觉不到痛苦的存在;明明有病,却还自以为非常正常。他说:“至于说到一个病态社会的公民,尽管他的举止态度在这种社会里是正常的、适当的和健康的,我们还是禁不住要问:难道这样的个人就没有病吗?难道这种状况不要求对什么是精神健康持有异议吗?”④在他看来,关键在于对什么是“健康”和“有病”,“正常”和“反常”有一个正确的认识。“或许医生明白什么叫‘正常功能’。当有机体不受干扰,并和生理和心理结构协调地工作时,它的功能就是正常的。”“粗看起来,正常的一般定义和医生给它下的定义并无差异。精神(灵魂和肉体)的正常功能可以使个人的活动和他是一个孩子,是一个成人,是父亲或母亲,是未婚的或已婚的身份相符,可以使他的活动和他的工作、职业和地位相称。”⑤马尔库塞不同意一般的医生仅仅从生理或心理的角度来判断一个人是否是“正常”的。他强调,必须从“社会”的角度来加以判断。他强调,“正常”这一概念的“定义”“包含了属于一种全新范围的因素,即社会范围的因素”,“从社会更本质的意义上来看,它主要是作为正常的一个因素,而不是外界影响的一个因素”,“因此,‘正常’的基本含义

①② [美]马尔库塞:《反革命和造反》,载任立编译:《工业社会和新左派》,商务印书馆,1982年,第90页。

③ 同上,第91页。

④ [美]马尔库塞:《当代工业社会的攻击性》,载任立编译:《工业社会和新左派》,商务印书馆,1982年,第3页。

⑤ 同上,第1页、2页。

主要指的是社会方面和结构方面的,而不是个人方面的”。[①] 他认为,从“社会”的角度来判断生活在现代工业社会中的人就不难看到,他们大多是不正常的,也就是说是有病的。在他看来,当人们“所从事的工作从本质上来说是‘单调的’、无聊的,而且是多余的时候”,当“获得成功和发财致富要求他们具有肆无忌惮,冷酷无情和不断攻击的特性,并把这种特性再生产出来”的时候,他们实际上就是不正常的、有病的。他说,他的宗旨就是要说明现代工业社会的种种行径“造成了由‘富裕社会’的正常功能所表现出来的综合病症”[②]。他进一步指出,关键在于,现代工业社会中的人已“进入这样的状况:他有病,并且把自己的病当作健康,而不是使这个自我感到健康和正常的他还注意到自己患有这种疾病”[③]。他强调的是,明明有病,却感觉不到自己有病,竟然还自以为十分健康,这只能说明病得严重。

(五)“个人变得更富攻击性”

马尔库塞认为,在现代工业社会里,人已完全被这个社会所“一体化”,处于麻木状态。但与此同时他又强调,麻木的仅仅是爱的情感,而另一极的恨的情感非但没有麻木,反而愈加严重。他根据弗洛伊德的理论指出,人的本能由爱本能和攻击本能两部分组成。这两种本能的能量总和不变,总能量在两者之间分配,此消彼长。在现代工业社会里,人的爱本能是受压抑的,所以两种本能的平衡不断地朝着有利于攻击本能的方向转化。人的攻击本能居于爱本能之上而占了优势。在这种情况下,人们为了使自己的攻击本能得以发泄,就不断地挑起争端,憎恨、攻击他人,从而成了“攻击”型的人。他这样说道:“当这种劳动成为多余的,无意义的,不必要的,同时它对于维持生计却又是必要的,这时,挫折失败成了这个社会的实际生产力的一个组成部分,而且把攻击积累起来。当攻击深入到社会结构中时,公民们的心理结构就要加以适应;个人变得更富攻击性。”[④]他还指出:“攻击性的社会可用性属于文明的历史结构。”这就是说,攻击性自人类文明社会开创时起

---

① [美]马尔库塞:《当代工业社会的攻击性》,载任立编译:《工业社会和新左派》,商务印书馆,1982年,第2页。

② 同上,第1页。

③ 同上,第3页。

④ 同上,第12页。

就一直发挥着作用。但是他认为，现代工业社会中人的攻击性与传统社会中人的攻击性有着重大区别：“最主要的区别称之为工艺的攻击和满足。”在现代工业社会里，人的攻击主要不是通过“人本身”而是“由十分自动化的机械产生的”，“这时，不是由人而是由客体来破坏目标”。[①] 借助于“工艺”来实施攻击，一方面使得攻击以“更猛的暴力，更快的速度和更大的范围”进行，“攻击变得越工艺化，它就越不能满足和抚慰原始的冲动，它就越强烈地要求重复，强化和升级”；[②]另一方面“随之而来的是个人责任、良心、过失感和内疚的削弱”，因为“我不是作为(道德上和体力上)行为的人干了这件事情的，而是机器干的”。[③]他指出，正因为生活在现代工业社会中的人大多都是这种“攻击本能”占上风的人，所以“我们在实际上可以说，这个社会具有一种自杀的倾向，而且我们可以在个人的本能结构里找到彻底毁灭全球这场游戏的根子”[④]。

(六)人的自由充其量只是“自由选择主人”的自由

马尔库塞认为，现代工业社会的一个最显著的特征就是：“它有效地窒息那些要求自由的需要”，即“要求从尚可忍受的、有好处的和舒适的情况中摆脱出来的需要”。[⑤] 在“窒息”这些需求的同时，它又“容忍和宽恕富裕社会的破坏力量和抑制功能”。这一社会强行和助长那些“对于过度生产和消费的压倒一切的需要；对于实际上已不再必要的使人麻木的工作的需要；对于抚慰和延长这一麻木不仁状态的缓和方式的需要”，特别是强行和助长“对于维持欺骗性自由的需要”，“这些自由是垄断价格中的自由竞争，审查制度下的自由出版，以及商标和圈套之间的自由选择”。[⑥]在他看来，如果说这一社会是在维持着对自由的需要的话，那么它只是维持“欺骗性自由的需要”。之所以说是“欺骗性的自由”，是因为这种“自由”只是“垄断价格中的自由竞争”“审查制度下的自由出版”“商标和圈套之间的自由选择”。他认为，在现代工业社会里，自由实际上已成为“一个强有力的统治工具”[⑦]。

---

①③　[美]马尔库塞：《当代工业社会的攻击性》，载任立编译：《工业社会和新左派》，商务印书馆，1982 年，第 13 页。

②　同上，第 14 页。

④　同上，第 17 页。

⑤⑥⑦　[美]马尔库塞：《单向度的人》，刘继译，上海译文出版社，2014 年，第 8 页。

“决定人类自由程度的决定性因素，不是可供选择的范围，而是个人能够选择什么和实际选择的是什么。”他的意思是说，判断一个社会中人是否具有自由以及自由的程度，主要是看这一社会中人“能够选择什么和实际选择的是什么”。只要看一看现代工业社会中的人“能够选择什么和实际选择的是什么”，就可知道他们的自由实际上是虚假的、无效的。就拿现代工业社会中的自由选举来说，一看就知道这实际上是一场“自由选择主人”的“游戏”，而“自由选择主人并没有使主人和奴隶归于消失”①，自由选举的结果是：主人还是主人，奴隶还是奴隶。自由选举的实质是如此，其他形式的“自由”的实质也是如此。他说：“如果商品和服务设施维护对艰辛和恐惧的生活所进行的社会控制的话，就是说，如果它们维护异化的话，那么，在大量的商品和服务中所进行的自由选择并不意味着自由。何况个人自发地重复所强加的需要并不说明他的意志自由，而只能证明控制的有效性。”②他认为，现代工业社会是一个高度有效的社会，人们想在这一社会中获取真正的自由是不可想象的。“抑制性的社会管理愈是合理、愈是有效、愈是技术性强、愈是全面，受管理的个人用以打破奴隶状态并获得自由的手段与方法就愈是不可想象。”“人们自己既然已经是颇有成效的统治的对象，又怎能创造自由的条件呢？”③

（七）十足的疯狂“成了生活的基础”

马尔库塞认为，人处于“单向度”状态实际上已变得十分疯狂，即疯狂的消费、疯狂的浪费，而且这种疯狂构成了其生活的基础。他说，马克斯·韦伯“没有能够活着看到”“成熟的资本主义如何在它理性的效率之中有计划地消灭成百万人，有计划地毁灭人类劳动这个进一步繁荣的源泉”，特别是“没有看到”“十足的疯狂如何成了生活的源泉——不仅仅是生活持续的基础，而且是更为舒适的生活的基础”。④ 这就是说，生活在现代工业社会中的人的生活得以持续下去不仅是建立在“疯狂”的基础之上的，而且这种“疯

①② [美]马尔库塞：《单向度的人》，刘继译，上海译文出版社，2014 年，第 8 页。

③ 同上，第 7 页。

④ [美]马尔库塞：《马克斯·韦伯著作中的工业化与资本主义》，载《现代文明与人的困境——马尔库塞文集》，李小兵等译，上海三联书店，1989 年，第 101 页。

狂”也成了生活过得舒适的根基。他进一步指出，马克斯·韦伯“没有能够活着看到”“‘富裕的社会’面对着它的边界之外的不人道的惨剧和有计划的残忍，如何浪费它的不可想象的技术的、物质的和精神的力量，并且为了永久流通的目的而滥用它的力量”。[①] 在他看来，由于人们在疯狂地消费、疯狂地浪费，从而消耗了这一社会的难以想象的“技术的、物质的和精神的”资源，这实际上是对这些资源的“不人道的惨剧和有计划的残忍”。正是这种“十足的疯狂”构成了生活在现代工业社会中的人们的“物质命运”，而这种“物质命运”又使他们日益依赖于当代资本主义。“群众的物质命运对于日益增长的、科层式地组织起来的私人资本主义组织的连续的和准确的运行的依赖，不断地加强着，关于废除它们的可能性的思想，已经越来越成为空想。”[②]“疯狂的人”“对一个无所不包的体制的总体依赖，成了‘所有秩序的基础’，以致这个体制本身不再受到追问了”，它“成了一种被征服状态的黏合剂”。[③]人一旦变得“疯狂”，是不会思考这样的生活究竟是合理还是不合理的，这种被“征服”“奴役”的境地“不能再被意识到了”。

三、使人处于“单向度”状态是一种“控制的新形式”

马尔库塞的《单向度的人》一书第一章的标题就是“控制的新形式”。马尔库塞的宗旨不仅是要揭示生活在现代工业社会中的人的生活方式是“单向度”，以及人在“单向度”下究竟过的是一种什么样的生活，而且更要说明使人处于“单向度”状态是现代工业社会控制人的一种新的形式。那么具体地说，现代工业社会究竟是如何借助于新的形式来控制人的呢?

(一)制造虚假的需求，通过控制人的需求来控制人

马尔库塞明确地指出，在当代工业社会，“把个人束缚于社会的机制已经改变，而社会控制就是在它所产生的需要中得以稳定的”[④]。这就是说，社

---

① [美]马尔库塞:《马克斯·韦伯著作中的工业化与资本主义》，载《现代文明与人的困境——马尔库塞文集》，李小兵等译，上海三联书店，1989年，第101页。

②③ 同上，第100页。

④ [美]马尔库塞:《单向度的人》，刘继译，上海译文出版社，2014年，第9页。

会控制主要是借助于它所制造出来的需要来实现的，社会控制之所以如此稳定主要是由于它制造出了一系列新的需求，人们都把注意力集中于为实现这些新的需求而努力奋斗。

现代工业社会为了使其统治能继续下去，就实行“强迫性”消费，而“强迫”人们消费的主要手段就是制造“虚假的需求”。现代工业社会推行高生产、高消费的措施是维系资本主义制度生存和发展的主要途径。刺激消费当然是资本主义经济持续增长的动力，但刺激消费对资本主义更大的效应则是实现了资本主义意识形态操控的需要。

马尔库塞这样说道：“在劳动生产率这样增长和商品不断越来越充裕的基础上，开始了一种对人们的意识和下意识的操纵和摆布，这已经成为近代资本主义最必不缺少的控制机构之一。新的需要被一次又一次地渲染起来，煽动人们去购买最新的商品，使他们相信自己确实需要它们，而这种需要可以从这些商品中得到满足。这样造成的结果就是：人们完全拜倒在商品拜物教之前了，而这样就把资本主义制度按照他们的需要来改造了一番。这些商品非买不可，因为别人都买了，因为对这些商品的需要的的确确被刺激和渲染起来了。”①

马尔库塞在这里讲得非常清楚，为了不断刺激人们的消费，现代工业社会就必须不断制造“虚假的需求”，通过国家的教育、报纸、杂志、电影、电视以及现代化的广告手段，操纵大众的爱好和需求，从而使“工人和他的老板享受同样的电视节目”“打字员打扮得同她的雇主的女儿一样漂亮”“黑人也拥有凯迪拉克轿车”，这“表明现存制度下的各种人在多大程度上分享着用以维持这种制度的需要和满足”。② 由此产生了一个不费力的、快乐的、满足和舒适的图像。在这一图像下，对个人来说，满足了他的“虚假的需求”；而对社会来说，实现了对人的操控。

马尔库塞强调，从表面上看，是“生产机构”在把商品和服务设施强加给人们，但实际上，“生产机构”“所生产的商品和服务设施‘出售’或强加给人

① [美]马尔库塞、卡尔·帕泊尔：《革命与改良》（内部出版），外文出版局，1979 年，第 54 页。
② [美]马尔库塞：《单向度的人》，刘继译，上海译文出版社，2014 年，第 9 页。

们的是整个社会制度”①,即现代工业社会的社会制度在制造“虚假和需求”和实施“强迫性的消费”。他说道:“公共运输和通信工具,衣、食、住的各种商品,令人着迷的新闻娱乐产品,这一切带来了固定的态度和习惯,以及使消费者比较愉快地与生产者、进而与社会整体相联结的思想和情绪上的反应。在这一过程中,产品起着思想灌输和操纵作用。”②在马尔库塞看来,直接呈现于前的是“产品”“起着思想灌输和操纵作用”,而实际上“产品”背后的是“社会制度”,真正在进行思想灌输和操纵的是“社会制度”。

马尔库塞指出,当我们知道了现代工业社会是借助于制造“虚假的需求”来实现其控制这一点以后,我们就能够理解这一社会何以如此不顾一切地要征服自然,生产这么多超出人们合理需求的产品。他说:“发达工业社会诸种被束缚的可能性是:生产力的更大规模上发展,扩大对自然的征服,进一步满足日益增长的人群的需要,并创造新的需要和才能。”③马尔库塞认为,正是发达工业社会的制度驱使人们在消费主义的大路上飞奔,这一社会逐渐成了一个极权主义的社会。“在大众消费过度发达的地区,受管理的生活成为全体的美好生活,为了保卫这种生活,对立面联合了起来。这就是纯粹的统治形式。”④人们都把这种消费主义的生活当作“美好的生活”,为了保卫这种生活,原先相互对立的各种力量都联合了起来,共同支撑倡导这种生活的现代工业社会。

(二)弘扬技术理性,通过把科学技术合理性变成政治合理性来控制人

马尔库塞提出,在现代工业社会里,科学技术实际上成了统治者手中的新的控制工具,利用科学技术来实现对人的统治是现代工业社会的又一新的控制方式。

他这样说道:“现行的社会控制形式在新的意义上是技术的形式。不错,在整个近代,具有生产性和破坏性的国家机器的技术结构及效率,一直是使人们服从既定的社会分工的主要手段。而且,这种结合往往伴随着更为明显的强制形式:生产的丧失,法庭、警察、武装力量的管辖。情况现在依然如此。

①② [美]马尔库塞:《单向度的人》,刘继译,上海译文出版社,2014 年,第 11 页。
③ 同上,第 213 页。
④ 同上,第 213 ~214 页。

但是在当代,技术的控制看来真正体现了有益于整个社会集团和社会利益的理性,以致一切矛盾似乎都是不合理的,一切对抗似乎都是不可能的。"①

马尔库塞在这里强调的是,尽管从近代以来科学技术从来都是被统治者用来作为控制人的手段,但是只有到了现代,技术统治才成了一种主要的统治手段。紧接着上述一段话,他又说道:"毫不奇怪,在工业文明的最发达地区,社会控制已经被潜化到这样的地步,甚至连个人的抗议也在根本上受到影响。在思想上和情感上拒绝'随大流',会显得神经过敏而又软弱无力。这就是下述政治事件在社会心理上的反映:在工业社会前一阶段似乎代表新的生存方式之可能性的那些历史力量正在消失。"②他认为,借助于科学技术来控制人到了现代工业社会已经起着不可替代的作用,它对人的控制如此有效,以至于个人的抗议已经几乎变得不可能,原先那些代表新的人的生存方式的历史力量完全消失。

科学技术的直接效应是提高生产力。马尔库塞认为,依靠科学技术来实现对人的控制与借助于生产来实现对人的控制是一致的。他说道:"把个体从曾为缺乏和不成熟所辩护的各种压制中解放出来的现实可能性越大,想维持这些压制并使之合理化,以免现存的统治秩序被瓦解的要求就越强。文明不得不抵御自由世界的幽灵。如果社会不能用它日益提高的生产来减少压抑,(因为否则就有可能打乱现存的等级秩序)那么生产就必然会与个体相对抗;它本身成了一种普遍的控制工具。极权主义笼罩着后期工业文明,生产被统治利益所支配,因而其潜能也被抑制和转移。人们被迫进入一种内部和外部的持久的戒备状态。统治的合理性发展到了有可能动摇基础的地步;因此必须比以往任何时候更加有力地重申这种合理性。"③马尔库塞认为,在现代工业社会里,科学技术以及与此相联系的生产力是不可能用来减少对人的压抑服务的,这样它就必然"被统治利益所支配",从而必然反过来与人相对抗,成为"一种普遍的控制工具"。这样,极权主义就"笼罩着后期工业文明"。

① [美]马尔库塞:《单向度的人》,刘继译,上海译文出版社,2014年,第9~10页。
② 同上,第10页。
③ [美]马尔库塞:《爱欲与文明》,黄勇、薛民译,上海译文出版社,1987年,第66页。

马尔库塞认为，现代工业社会借助科学技术来实现控制人的主要途径是把科学技术的合理性变成了政治的合理性。“对技术的服从成了对统治本身的服从；形式的技术合理性转变成了物质的政治合理性。”①“技术的合理性展示出它的政治特性，这时它变成了更有效统治的得力工具，并创造出了一个真正极权主义领域。”②马尔库塞认为，关键在于，现代工业社会的统治者成功地用科学技术的合理性来证明自己，特别是用科学技术发展所带来的人们物质生活的提高来证明这一制度的合法性，维系和巩固这一制度的生存和发展。科学技术按照效率的标准而不是人性的标准设计了一个世界，塑造了言语、行为、精神文化和物质文化的整个领域，现代工业社会的统治者成功地将科学技术的这种特性介入到资本主义制度的体系之中。“统治不仅通过技术而且作为技术来自我巩固和扩大，而作为技术就为扩展统治权提供足够合法性。”③“政治权力的运用突出地表现为它对机械加工进程和国家机器技术组织的操纵。发达工业社会和发展中工业社会的政府，只有当它们能够成功地动员、组织和利用工业文明现有的技术、科学和机械生产率时，才能维持并巩固自己。”④

在马尔库塞看来，发达工业社会所实施的所谓“科学管理”鲜明地体现了科学技术的合理性变成了政治的合理性。“在发达资本主义社会，技术合理性在生产机构中得到了具体化（尽管对它的使用是不合理的）。这不仅适用于机械化的工厂、工具和资源开发，也适用于按‘科学经营’方式来安排的、适应并管理着机械加工进程的劳动方式。”⑤现代工业社会的统治者以“符合”科学的方法把劳动者固定于机械化生产的流水线上，使劳动者进一步依附于机器设备。“机器在物质力量上超过个人以及任何特定群体这一无情的事实，使得机器成为任何以机械加工进程的结构为其基本结构的社会中最有效的政治工具。”⑥在这种情况下，劳动者都被纳入“由受到管理的人

① ［美］马尔库塞：《马克斯·韦伯著作中的工业化与资本主义》，载《现代文明与人的困境——马尔库塞文集》，李小兵等译，上海三联书店，1989 年，第 104 页。

② ［美］马尔库塞：《单向度的人》，刘继译，上海译文出版社，2014 年，第 17 页。

③ 同上，第 126 页。

④⑥ 同上，第 5 页。

⑤ 同上，第 21 页。

们所组成的技术共同体之中”，“某种技术共同体似乎在使工作中的人类原子一体化起来”，“机器似乎在给操作者灌输着一种使人昏昏沉沉的节奏”。①

（三）渗入人的心理，通过改变人的本能结构来控制人

马尔库塞认为，现代工业社会控制人的最厉害的手段就是把控制渗入人的心理，让人的心理自觉不自觉地服从统治者的统治。他说：“在现代的富裕社会里，在人的自由的现有的存在形式和能达到的可能性之间存在着某种矛盾，所以，如果社会想要避免发生过分的不快，它就必须使个人进行有效的合作。这样，人的心理就不自觉地和自觉地接受和屈从于制度的控制和操纵。”②他的意思是，在现代工业社会中现实的自由和可能的自由之间存在着极大的反差。在这种情况下，人们会意识到这种反差从而产生对现实的不满，为了使人们根本意识不到这种反差。现代工业社会就想方设法去改变人的心理，让人“不自觉地和自觉地接受和屈从于制度的控制和操纵”。

他特地指出，现代工业社会之所以要对人的心理进行有效的操纵和对人的本能实施严格的控制，不是出于这一社会的统治者要推行一项“有计划的政策”，即不是这一社会的统治者精心策划的结果，“并不是阴谋的结果”③，而是由于这一社会发展到这一阶段，出现了这样做的必然性，无形中存在着一种“力量”，这种“力量”驱使现代工业社会去操纵和控制人的心理与本能。“它们反映了现存的生产、分配和消费机器的要求——经济的，技术的，政治的和社会的要求，人民依附于这部机器，为了保证这部机器的不断运转，同时也是为了保证产生这部机器的组织的那些社会关系的不断运转，这些要求就必须得到实现。”④马尔库塞在这里指出，为了确保现代工业社会的“机器”正常运转，就必须让人们“依附于这部机器”，而为了让人们“依附于这部机器”，就必须实施有效的心理和本能操纵。

马尔库塞认为，“先进工业社会里对心理的系统操纵和控制”是有着明确的“客观目标”的。这一“客观目标”是“使个人和社会强加于他的生活方

① ［美］马尔库塞：《单向度的人》，刘继译，上海译文出版社，2014 年，第 24 页。

② ［美］马尔库塞：《当代工业社会的攻击性》，载［美］H. 马尔库塞等著：《工业社会和新左派》，任立编译，商务印书馆，1982 年，第 4 页。

③ 同上，第 5 页。

④ 同上，第 4 ~ 5 页。

式相妥协”[1]。他强调，让人趋向于社会强加给他的生活方式这一“客观目标”要高于“为了某些意图，为了政治目标和利益而进行的任何控制”[2]。为了让人们安于社会强加给他们的那种生活方式，就必须“让社会的需要和政治的需要变为个人的本能需要”。

他进一步指出，让社会的需要和政治的需要变为人的心理需要和本能需要这件事，“不是由某个当局操纵的”，“相反，控制分散在全社会，（在不同程度上）是由邻里，由‘社会地位相同的人组成的团体’，由宣传工具，由集团和政府来进行的”。[3] 他认为，在观察现代工业社会对人的心理操纵时，最重要的是要知道究竟是谁在实施这种操纵。他说道：“有效的控制主要是通过经济，特别是通过社会学和心理学来实现的；控制作为工业—社会学和工业—心理学，或者说得婉转一点，作为‘人的关系的科学’，成了统治势力手中的不可缺少的工具。”[4]

那么现代工业社会究竟是如何通过操纵人的心理结构来控制人的呢？马尔库塞对此做出了详尽的论述。他高度评价弗洛伊德的心理结构理论，认为弗洛伊德的精神分析学最有价值之处就是他的哲学思想，即在这一种新意义上“提出了一种‘人’的理论”[5]。他接受弗洛伊德把人的心理结构分成意识和无意识两大部分的思想，并认为无意识由于受“快乐原则”所支配并与生俱来，从而它更能体现人的存在。他也接受弗洛伊德把爱欲视为无意识的主要成分的理论，认为人的“本质”实际上就是爱欲。他认为，现代工业社会对人的心理结构的操纵首先表现在对人的爱欲的压抑，现代工业社会让“商品原则”进入两性领域，把性自由用来获取利益，这实际上是在压抑爱欲。

他又根据弗洛伊德的理论，作为人的本质的“爱欲”不是纯粹的“性欲”，它是多形态的，爱欲的满足主要是通过作为消遣性的活动的“劳动”来实现的。他认为，现代工业社会对人的心理结构的操纵表现在使劳动的“非爱欲化”上，现代工业社会使劳动变成痛苦的异化劳动。

---

①② ［美］马尔库塞：《当代工业社会的攻击性》，载［美］H. 马尔库塞等著：《工业社会和新左派》，任立编译，商务印书馆，1982 年，第 5 页。

③ 同上，第 5 ~ 6 页。

④ 同上，第 6 页。

⑤ ［美］马尔库塞：《爱欲与文明》，黄勇、薛民译，上海译文出版社，1987 年，第 3 页。

如前所述，马尔库塞根据弗洛伊德的理论，认为构成人的“无意识”的主要内容除了爱的本能之外还有“攻击本能”，能量总和不变，两者此消彼长。他认为，现代工业社会对人的心理结构的操纵主要体现为通过压抑人的爱欲，让人的能量都转移为“攻击本能”，使人成为“攻击型”的人。

人的“攻击本能”本来是没有固定的攻击目标的，如果真的让其无拘无束地发泄，人也可在这一过程中获得某种满足。马尔库塞认为，现代工业社会操纵人的心理结构最严重的就是“别有用心地利用了”人的“攻击本能”，转移它的攻击目标，使它指向现代工业社会的统治者所希望指向的目标。具体地说，一是指向自然，用以破坏自然，“使攻击本能进入生活本能的领域，使大自然越来越屈从于商业组织”①；二是指向国外，用以对外侵略和扩张，把人们的攻击冲动变成狂热的扩张主义情结，结果是造成了“人们在心理上对战争习以为常”，“人们很快地熟悉了战争的死亡数，就像他们早已对其他‘数字’（营业额、交通事故伤亡数和失业人数）十分熟悉一样”；②三是指向国内的“持不同政见者”，作以镇压威胁这个制度的反对派，造成反对派面临的是被动员起来的整个社会的憎恨。

马尔库塞强调，现代工业社会对人的心理、本能的这种操纵是强有力的，它看上去是“不合理的”，但却具有“不合理中的合理性”③。它“变成了一种生活方式”④。我们看到，现代工业社会的统治就是建立在这种生活方式的基础之上。

四、人走出这种“单向度”的生存境遇的途径

马尔库塞认为，生活在现代工业社会中的人们不能安于这种“单向度”的生存境遇，而应当积极地寻找走出这种境遇的途径。他不但深刻地揭示了当今的人是如何一步一步地走向“单向度”的，而且也探讨了怎样走出这

---

① ［美］马尔库塞：《当代工业社会的攻击性》，载［美］H. 马尔库塞等著：《工业社会和新左派》，任立编译，商务印书馆，1982 年，第 16 页。

② 同上，第 10 页。

③ ［美］马尔库塞：《单向度的人》，刘继译，上海译文出版社，2014 年，第 9 页。

④ 同上，第 11 ~ 12 页。

种境遇，尽管后者与前者比较起来显得比较单薄与肤浅。

马尔库塞坚信："一种人类真正能够决定自己的生存的生活方式是可以找到的。"[①]他在一次接受他人的采访时这样说道："另一种选择在我看来一向是非常简单的问题，今天依然如此。今天青年人所要求的是一个没有战争、没有剥削、没有压迫、没有贫穷也没有浪费的社会。现在先进的工业社会拥有实际上建设这样一个社会所必需的一切技术、科学和自然条件。妨碍这个解放的就是现有制度和终日在维护这个制度的集团，他们使用越来越狂暴的手段来达到这个目的。那个取而代之的模式在我看来不是那样难下一个界说的。至于怎样具体实现，那又是另外一个问题了。"[②]马尔库塞在这里明确指出，实际上现在的先进工业社会完全拥有建设一种新的人的存在方式的条件，但只是"现有制度和终日在维护这个制度的集团"在阻碍着人们走向这样一种新的人的存在方式。他甚至还认为，为这种新的人的存在方式，新的社会构想一种模式也并不是什么困难的事。

那么人的新的存在方式究竟是如何的？究竟怎样去创立这样一种人的新的存在方式呢？马尔库塞对此做出了初步的探讨，提出了很多的设想，其中主要的有：

（一）取消愚蠢的消费，用真实的需要取代虚假的需要

马尔库塞指出："一切解放都有赖于对奴役状态的觉悟，而这种觉悟的出现却往往被占主导地位的需要和满足所阻碍，这些需要和满足在很大程度上已成为个人自己的需要和满足。发展的过程往往是用另一种制度取代预定的制度；而最可取的目标是用真实的需要代替虚假的需要，抛弃抑制性的满足。"[③]在马尔库塞看来，人要获得解放，关键在于人自身必须认识到自己处于奴役状态，即对这种奴役状态有所觉悟。但如人正被虚假的需要所驱使，正陶醉于那种"抑制性的满足"，那就根本不可能觉悟到自己实际上处于奴役状态的。在这种情况下，关键就在于要设法"用真实的需要取代虚假的需要"。这样，他把取消愚蠢的消费，"用真实的需要取代虚假的需要"，作为人建立新的存在方式，获得解放的第一要义。

---

①② ［美］马尔库塞、卡尔·帕泊尔：《革命与改良》（内部出版），外文出版局，1979 年，第 56 页。

③ ［美］马尔库塞：《单向度的人》，刘继译，上海译文出版社，2014 年，第 8 页。

他这样向人们提出询问："如果每个个人都满足于由管理所提供的商品和服务设施而获得的幸福的话，他们为什么还要为不同商品和服务设施的不同生产而坚持不同的制度呢？如果每个个人预先受到制约，以致令人满意的商品也包括思想、感情和愿望的话，他们为什么还要希望独立地思考、体验和想象呢？"[①]马尔库塞在这里告诉人们，当人们"都满足于由管理所提供的商品和服务设施而获得的幸福"的时候，是不可能再去追求另一种存在方式、另一种社会制度的；当人们被"预先制约"，把思想、感情和愿望也作为商品来消遣的时候，是不可能再去独立地思考的。

马尔库塞指出，综观当今的发达工业社会，正是那些被压抑的人的需要才是人的真实的需要，这种真实的需要在性质上既表现为一种严格的生物学意义上的需要，也体现了真实的人性。他强调："只有那些无条件地要求满足的需要，才是生命攸关的需要——在可达到的物质水平上的衣、食、住。对这些需要的满足，是实现包括粗俗需要和高尚需要在内的一切需要的先决条件。"[②]在论述什么是人的需要时，他强调了"需要"的历史性。他说："人类的需求，除生物性的需求外，其强度、满足程度乃至特征，总是受先决条件制约的。对某种事情是做还是不做，是赞赏还是破坏，是拥有还是拒斥，其可能性是否会成为一种需要，都取决于这样做对现代的社会制度和利益是否可取和必要。在这个意义上，人类的需要是历史性的需要。"[③]他还说："我已反复强调过人的需要的历史性。在超出动物的水准上，一个自由而合理的社会中的生活必需品，也不同于一个不合理不自由社会中的生活必需品，不同于该社会为了该社会而生产的生活必需品。"[④]

现代工业社会的统治者有时也强调"用真实的需要取代虚假的需要"，但他们往往把此归结为改变绝对贫困和相对贫困，归结为把需要从"一个较低的水平提高到较高的水平"，但马尔库塞坚决不同意这种看法。他说："马克思主义的理论本来认为贫困意味着痛苦，意味着没有得到满足的生活需要，主要是物质需要。当这一概念不能反映先进工业国工人阶级的状况时，

---

① ［美］马尔库塞：《单向度的人》，刘继译，上海译文出版社，2014 年，第 44 页。

②③ 同上，第 6 页。

④ 同上，第 202 页。

又用相对贫困对它作了新的解释，相对贫困就是相对于现有的社会财富而言，是文明的贫困。这一解释确实可以欺骗人，说明仍旧应该向社会主义过渡，即说明在现有的需要范围内生活可以得到改善。但是社会主义革命的性质既不是单纯地扩大满足现有范围内的需要，也不是把需要从一个较低的水平提高到较高的水平，而是要同这种范围决裂，是质的飞跃。革命就是文化的和物质的需要和追求的剧烈改变；意识的和感性的，劳动过程的和业余时间的需要和追求的剧烈改变。”①马尔库塞在这里讲得十分清楚，“用真实的需要取代虚假的需要”是对现有的需要的革命、现有的需要的“剧烈改变”，是现有的需要的“质的飞跃”。

他认为，当真正实现了“用真实的需要取代虚假的需要”之时，社会主义社会也就基本建成了。他说：“社会主义必须增加物质和服务的数量，以消灭贫困；但社会主义的生产又必须改变定在的性质，即需要和满足本身的性质。到那时，道德的、心理的、美学的和智慧的能力可能成为物质生产本身的基本因素。”②他还提出，当那时人真正按照真实的需要生活时，生活成了目的本身，而“作为目的本身的生活本质上不同于作为手段的生活”③。

（二）改变科学技术的社会功能，“人道主义地”使用科学技术

尽管马尔库塞对在现代工业社会中科学技术履行消极的社会功能，科学技术成了统治人的工具提出了尖锐的批评，但他并不认为科学技术具有“原罪”，科学技术履行消极的社会功能是由科学技术本身的性质所决定的。他强调，科学技术执行意识形态职能，变成统治工具与科学技术本身没有必然的联系。

基于此，他提出了“新科技观”，认为面对科学技术人是可以做出选择的，科学技术完全有可能在新的历史条件下成为一种解放的手段。他提出了“人道主义地”使用科学技术的设想，并把此作为人走出“单向度”的生活方式，真正获得解放的重要途径。哈贝马斯曾经因为马尔库塞提出“新科技观”，

① ［美］马尔库塞：《反革命和造反》，载［美］H. 马尔库塞等著：《工业社会和新左派》，任立编译，商务印书馆，1982 年，第 92 页。

② 同上，第 82 页。

③ ［美］马尔库塞：《单向度的人》，刘继译，上海译文出版社，2014 年，第 16 页。

强调人面对科学技术是可以做出选择的,从而批评他的理论是“不彻底的”。

他强调必须“辩证地”看待技术的进步,应当正视技术的进步所带来的人类的“福音”。他说:

> 技术的进步本身对于维持现存社会确是必要的,但它也助长了人的另一些需要和机能,而这些需要和机能则是同作为现存社会制度和劳动组织相对立的。随着自动化的提高,社会产品的价值越来越不受必要劳动时间的约束。因而,社会对生产劳动的实际需要降低了,取而代之的必然是非生产性劳动。人们实际从事的工作越来越变得多余、无所谓和毫无意义了。虽然在全面管制下,那些非生产性活动可以得到维持甚至扩大,但它们的增长似乎有一个最高的极限,这就是生产劳动所创造的剩余价值必须足以承担非生产性工作的费用。劳动似乎将不可避免地进一步减少,而且由于这种必不可免的情况,社会制度必须提供不必花费劳动的职业;必须发展超越市场经济、甚至与市场经济相冲突的需要。①

马尔库塞在这里提出,技术进步一个重要方面的正面效应就是减少了生产性劳动,增加了非生产性劳动,相应地滋生了一系列人的新需求和功能,而这些新的需要与功能与现行的社会制度和劳动组织是相冲突的。他认为,正因为技术的进步有这样一种效应,从而它完全可以用来为创造人的新的存在方式服务。

他还这样说道:

> “进步”并不是一个中立的术语;它是有特定的前进目标的,这些目标是根据改善人类的处境的种种可能性来确定的。发达工业社会已接近于这样一个阶段,那时它的继续进步将会要求从根本上破坏现行的进步方向与组织。当物质生产(包括必要的服务设施)的自动化程度使

① [美]马尔库塞:《爱欲与文明》,黄勇、薛民译,上海译文出版社,1987年,第9页。

所有基本的生活必需都能得到满足，而必要劳动时间又降低到最低限度时，这一阶段就来到了。由此出发，技术进步就会超出必需的领域，在这个领域中它曾作为统治和剥削的工具并因而限制了它的合理性。到那时，在为自然和社会的和解而进步的斗争中，技术将服从于使人的才能得以自由发挥的任务。①

在马尔库塞看来，现代工业社会已接近于达到要从根本上改变“技术进步的方向”的阶段，技术作为统治和剥削的工具马上会过去，取而代之的是“服从于使人的才能得以自由发挥的任务”。

他提出，科学技术既然能用来效劳于对人的统治，那么它也有可能服务于人的解放。他说：

我力图要指出的是，依照其自身的方法和概念，科学已经规划和创立起这样一个领域，即对自然的统治依然同对人的统治相联结的领域——它们的联结对于作为一个整体的领域而言是必不可免的。科学地加以理解和控制的自然，再现于生产和毁灭的技术机构中，这些技术机构在维系并改善各个个人生活的同时，又使他们服从于机构的控制者。于是，合理的统治集团与该社会融为一体。如果情况果真如此，那么，在也许有助于上述必然联结的进步方向上的变化就会影响到科学的结构——科学的筹划。它那没有丧失合理特征的假说，将在一种根本不同的经验环境（一个和平的世界）中得到发展；随之而来的是，科学将获得根本不同的自然概念，并确认根本不同的事实。②

马尔库塞在这里尽管揭示了当今“科学已经规划和创立起”一个“对自然的统治依然同对人的统治相联结的领域”，但是他强调，只要改变一下科学发展的方向，科学将在一种“根本不同的经验环境中得到发展”，并创造出“根本不同的事实”。这段话曾被哈贝马斯转引，用以作为证明马尔库塞理

① ［美］马尔库塞：《单向度的人》，刘继译，上海译文出版社，2014 年，第 15 页。

② 同上，第 141 页。

论“不彻底”的依据。

马尔库塞强调，如果能够真正做到“人道主义地”使用科学技术，那么这个时候“技术转变同时就是政治转变”，而“政治变革只是到了将改变技术进步方向即发展一种新技术时，才能转化为社会的质的变革”。[①] 这一变革的结果就是开创出一种新的人类文明。他说，“如果技术是为实存斗争的和解而设计和运用的，这样的质变就会是向文明的更高阶段过渡”，“技术进步的这种新方向将是既定方向的突变，即不仅是现行(科学和技术)合理性的量的渐进，而且更确切地说是流行合理性的突变，是理论理性和实践理性新观念的突现”。[②]

(三)反对过度生产，重新确立生产目的

马尔库塞认为，无论是消除虚假的需要还是合理地使用科学技术，都涉及如何组织生产的问题。如果像在现代工业社会那样，一味地扩大生产，把生产的过程单纯地理解为增加物质财富的过程，而且是多多益善，那么就不可能消除虚假的需求和合理地使用科学技术，当然也不可能创建人的存在方式。那种表面上“为生产而生产”“为发展而发展”，实际上是“癌细胞的疯狂裂变和扩散”，将会使现代文明陷入“过度生产”和“过度发展”的危机，并最终使人类成为其牺牲品。马尔库塞紧紧地把反对过度生产，重新确立生产目的与创建人的新的存在方式，走向新的文明联系在一起。

在马尔库塞看来，如果说以前的革命主要是发展生产力，那么现在的革命则是要反对过度生产。他说道：

> 对发达过度的国家来说，这种机缘就是消除这样一些条件，在这些条件下，人的劳动是一种自我推进的力量，它使人对生产设施的屈从以及与之相伴的过时的生存斗争方式持久存在下去。消除这些生存斗争方式一如既往地是政治活动的任务。但在目前的情况下却存在着一个重要差别。以前的革命导致了生产力的更大规模、更为合理的发展，但今天在过度发达的社会里，革命将逆转这股潮流，它将消除过度的发

①② [美]马尔库塞：《单向度的人》，刘继译，上海译文出版社，2014 年，第 191 页。

展，消除其压抑的合理性。①

他的意思是，在当今的过度发达的工业社会里，不顾一切地驱使人们去生产，只是为了维持“过时的生存斗争方式”以及与之相关的过度发达的这一社会制度，而如果想消除这种“过时的生存斗争方式”，就只能是反对过度的生产，所以革命的宗旨发生了变化，从旨在发展生产力变成反对过度生产。

马尔库塞强调，反对过度生产，反对当今的这种生产方式，实际上是让生产不是与“操作原则”而是与“快乐原则”联系在一起。他说：

正是劳动以外的领域规定着自由和实现。正是根据这个领域对人类生存所作的规定构成了对操作原则的否定。这种否定取消了统治的合理性，从而有意识地取消了这种合理性规定的世界的现实性，并根据满足的合理性重新规定这个世界。虽然进步方向的这样一个历史转折只是在操作原则的成就和潜能的基础上才可能发生，它还是完全地改变了人类生存……超出了操作原则，它的生产率和它的文化准则一样也失效了。于是生存斗争获得了新的基础和新的目标，它成了步调一致的斗争，它反对给人的机能的自由消遣加任何压制、反对苦役、反对疾病和死亡。而且，虽然伴随操作原则的统治还有一种相应的对本能原动力的控制，生存斗争的重新定向仍将导致这种原动力发生重要的变化。②

……

生产率这个词本身也就带着压抑和对压抑庸俗赞美的意思，因为它所表达的是对休闲、放纵和伸手的愤愤不平的诽谤，是对身心的低级要求的征服，是外倾的理性对本能的制服。因此效率与压抑紧密相联：提高劳动生产率成了斯达汉诺夫主义的神圣不可侵犯的理想。这种对生产率的看法具有历史的局限性，而这也恰恰就是操作原则的历史局

① ［美］马尔库塞：《爱欲与文明》，黄勇、薛民译，上海译文出版社，1987年，第6页。

② 同上，第113～114页。

> 限性。超出这个范围,生产率就有了另外一个内容,与快乐原则建立了另外一种关系……一旦摆脱了这种奴役状况,生产率就会失去其压抑性力量,从而促进个体需要的自由发展。这种进步方向发生的变化不啻是完全重新组织作为进步前提的社会劳动。①

马尔库塞在这里不但论述了把生产、生产率不是与操作原则,而是与快乐原则联系在一起的必然性和必要性,而且描绘了这样做带来的美好前景。

马尔库塞认为,重新确立生产目的就是要使生产为人的真实需要服务。所谓"真实需要"就是真正符合人的本性的需要。他特别强调了人的需要的"全面性",即不能把人的需要单纯地归结为对物质的需要,而是一种整体的需要。他认为,人的需要与动物有本质性的区别,这一区别就在于人的需要的全面性,也就是说,人的需要不会如动物那样只是具有自身肉体的需要。正因为人的需要是全面的,所以人的生产也应当是全面的,强调要按照人的全面发展的需要来组织生产。他说:"个人在资本主义的学校中成长起来。他们的能力和他们的世界的高度强化和分化是与这种发展的社会束缚相一致的。就不自由已经体现在需要和不只是需要的满足而言,他们首先必须被解放出来——不是通过教育法,即命令成人的道德更新的法令,而是通过包括由社会控制生产手段、重新使生产力面向社会的需要,缩短工作时间和个人有效地参与整个经济的和政治的过程才能实现。"②马尔库塞在这里提出了"重新使生产力面向社会的需要"等要求。

马尔库塞强调,反对过度生产的过程也是从压抑性的富裕中解脱出来的过程。那种一味地扩大生产尽管也给人带来了富裕,但这种富裕显然是"压抑性的富裕",而只有反对过度生产,才能摆脱压抑性的富裕。他说:

> 今天,自由和奴役的结合是理所当然了,它已成为进步的一种手段。繁荣越来越成为自动化生产的前提和副产品。这种自动化生产一

① [美]马尔库塞:《爱欲与文明》,黄勇、薛民译,上海译文出版社,1987年,第112页。

② [美]马尔库塞:《论快乐主义》,载《现代文明与人的困境——马尔库塞文集》,李小兵等译,上海三联书店,1989年,第355页。

方面在内外层空间寻找消费和破坏的新出路，另一方面却又不愿进入国内外的贫困地区。人类的自由形象由于反对自由和攻击、生产和破坏这种结合而被歪曲了，它成了颠覆这种进步的计划。要解放追求和平与安宁的本能需要，要解放“非社会性的”、自主的爱欲，首先就必须从压抑性的富裕中解放出来，即必须扭转进步的方向。[①]

他还认为，要通过消除过度生产使人从压抑性的富裕中解放出来，就必须反对把解放等同于享受较高的物质生活标准。他说：

显然，认为解放取决于较高生活标准的论点有助于证明永久压抑的合理性。根据汽车、电视机、飞机、牵引机等来限定生活标准乃是对操作原则本身的规定。不受这种原则支配的生活则须以其他标准来衡量，如基本人类需要的普遍满足，摆脱一切外部和内在的、“理性的”和本能的负罪感和恐惧感。“真正的文明不在于煤气、蒸汽和转盘，而在于消除原罪的痕迹”，这就是不受操作原则支配的进步的定义。[②]

马尔库塞还特地申明，通过反对过度生产使人从压抑性的富裕中解放出来，创建一种人的存在方式，并不意味着要让人重新回到贫乏的状态中去。他说：“富裕生产的放弃决不意味着赞成一种纯粹的、简述的、自然的状态，相反，它标志着（并有助于人）人类发展到一个以技术社会成就为基础的更高的阶段。”[③]“从富裕社会中解放出来，并不意味着又回到健康而强壮的贫穷、道德纯洁和单纯愚钝的状况去。相反，根除有利可图的浪费，将增加可供分配的社会财富；持久动员的结果，将减少克制个人自身去寻求满足的社会需要——那些在个人满足方面所作的克制如今在对适应、实力和规律的狂热崇拜中找到了它们的补偿。”[④]他还这样询问当代人：“没有这种乏味

---

① ［美］马尔库塞：《爱欲与文明》，黄勇、薛民译，上海译文出版社，1987 年，第 3 页。
② 同上，第 110 ~ 111 页。
③ 同上，第 6 页。
④ ［美］马尔库塞：《单向度的人》，刘继译，上海译文出版社，2014 年，第 203 页。

无聊的、汲人骨髓的、无止无境的劳动,难道人就不能养活自己了?难道少一点浪费,少一点官僚机关,少一点矫揉造作,而不能多一点时间,多一点自由?这一百年之久的问题已不再是一个抽象的、不现实的问题;而是一个已危险地成了一个具体的、现实的、具有颠覆性意义的问题。”①

(四)进行心理结构的革命,把生活本能从破坏本能的优势中解放出来

马尔库塞注重心理结构、本能结构的革命,他把建立人的新的存在方式最后落脚于改变人的心理结构、本能结构。他说:“社会渗入心理有多深,心理的健康和正常在多大程度上已不再是个人的事情,而是社会的事情了。社会和个人之间的和谐关系可能会有所进展,如果社会创造条件使自由、和平和幸福的现有可能性化为现实的话,就是说,如果创造条件把性欲、生活本能从破坏本能的优势中解放出来的话。”②马尔库塞在这里把创造条件将生活本能从破坏本能的优势中解放出来,等同于“使自由、和平和幸福的现有可能性化为现实”,并强调这是建立新型的社会和个人之间的关系、人的新的存在方式的主要前提。他认为,不但“可以在个人的本能结构里找到彻底毁灭全球这场游戏的根子”,也可以在个人的本能结构里找到人遭受苦难的根源之所在,从而强调建立人的新的存在方式,创造新的人类文明应当从改变人的本能结构、进行本能结构的革命入手。

在他看来,鉴于当今人的本能结构普遍是破坏本能相对于生活本能、爱欲占了上风,所以进行本能结构的革命关键在于重新使生活本能、爱欲在本能结构中确立优势地位。这样,他把进行本能结构革命的问题归结为如何解放生活本能、爱欲的问题。

他通过重新解释弗洛伊德的精神分析学得出结论,即爱欲是人的本质。他说:“弗洛伊德理论发展到最后也成了这种哲学原动力的一部分。他的元心理学企图对存在的本质做出规定,认为这种本质就是爱欲。”③与此同时,他又赞同马克思关于人的解放就是人的本质的解放,人的幸福就是人的本

---

① [美]马尔库塞:《反革命和造反》,载任立编译:《工业社会和新左派》,商务印书馆,1982 年,第 97 ~ 98 页。

② [美]马尔库塞:《当代工业社会的攻击性》,载任立编译:《工业社会和新左派》,商务印书馆,1982 年,第 6 页。

③ [美]马尔库塞:《爱欲与文明》,黄勇、薛民译,上海译文出版社,1987 年,第 89 页。

质的实现的思想。这样,既然人的解放就是人的本质的解放,人的本质就是人的爱欲,那么解放人就是解放人的爱欲。他认为,由于爱欲是人的本质,所以现代工业社会对爱欲的压抑就会使人陷于无限的痛苦之中。在这种情况下,为了恢复人的本质,使人从痛苦的深渊中解放出来,就应当解放爱欲,把人类本质不断遭受歪曲的这个过程颠倒过来。随着人类爱欲的解放,一种真正“属人的”生活方式也就形成了,相应地,人能真正享受到本质得以实现的痛快。

马尔库塞所说的解放爱欲包括了争取“性自由”“性开放”的成分,但绝不能把他的解放爱欲简单地理解为放纵性欲。在他看来,解放爱欲之所以不等于放纵性欲,是因为把爱欲作为人的本质并不等于把性欲作为人的本质。爱欲与性欲虽然有联系,却是两个不同的概念。他说:“弗洛伊德在后期著作中引入爱欲这一词肯定是出于某些不同的理由。因为爱欲作为生命本能,指的是一种较大的生物本能,而不是一个较大的性欲范围。”①由于他把爱欲与性欲区分开来,所以他甚至把爱欲的解放说成是实现“性欲的自我升华”,即把性欲升华为爱欲。他说,“性欲的自我升华”,“这个词意味着,在特定条件下,性欲可以创造高度文明的人类关系,而不是屈从于现存文明对本能的压抑性组织”。② 他的《爱欲与文明》一书有一章题为“性欲转变为爱欲”,专门论述如何将性欲“自我升华”为爱欲。

在马尔库塞看来,在人的所有爱欲活动中,劳动是最基本的爱欲活动,劳动比起人的其他爱欲活动来,更加体现了追求快乐的本性,劳动为大规模地发泄爱欲构成的冲动提供了机会。真正有意义的劳动是人的器官的自由消遣,按照它的本来面目,它应当是一种使人真正享受到爱欲发泄的欢乐。他说:“弗洛伊德不只是把力比多与重要的生命需要的满足相联系,而且还与人类获得满足的联合努力,即与工作过程相联系。”③他还说:“如果快乐确实就在工作行为中,而不是游离于工作之外,那么,这样的快乐就必定来自活动着的肉体器官和肉体本身,它使爱欲区活跃起来,或者就整个肉体爱欲

---

① [美]马尔库塞:《爱欲与文明》,黄勇、薛民译,上海译文出版社,1987年,第150页。

② 同上,第149页。

③ 同上,第156页。

化,换言之,它必定是力比多快乐。”①

这样,马尔库塞又把爱欲的解放归结为劳动的解放。当然他所说的作为实现爱欲满足的劳动并不是通常所看到的那种异化劳动,而是一种消遣性的活动,一种“爱欲化”的活动。他把实现劳动的解放,使劳动成为消遣活动紧紧地与创建新的人类文明联系在一起。他说:“被推向极端的人的劳动力的物化,将通过割断把个人与机器(使人自身的劳动成为其奴役的机械系统)联结起来的链环而砸碎这种物化形式。必然性领域的完全自动化,将打开自由的时间向度,在这一向度中,人的私人生活和社会生活得以形成。这将是朝向一种新文明的历史性超越。”②在马尔库塞看来,只要改变那种把个人与机器捆绑在一起,使人依附于机器的劳动方式,就有望形成人的新的生活,走向新的人类文明。他还说:“在一种真正人道的文明中,人类生存将是消遣,而不是苦役,人将在表演中而不是在需要中生活。”③马尔库塞向人类提出了“苦役(劳动)变为消遣,压抑性生产变表演”④的要求。在他看来,当真正做到了这一点,人的劳动解放了,相应的爱欲也满足了,随之人的本能结构也改变了,紧跟着人的新的存在方式也形成了。

---

① [美]马尔库塞:《爱欲与文明》,黄勇、薛民译,上海译文出版社,1987 年,第 161 ~ 162 页。

② [美]马尔库塞:《单向度的人》,刘继译,上海译文出版社,2014 年,第 33 页。

③ [美]马尔库塞:《爱欲与文明》,黄勇、薛民译,上海译文出版社,1987 年,第 137 页。

④ 同上,第 141 页。

第三章　让人的日常生活成为艺术品

——列斐伏尔对人类生存异化状态的研究

西方马克思主义究竟为何重视日常生活批判，到底如何看待日常生活？这方面，法国哲学家亨利·列斐伏尔，作为20世纪蔚为壮观的日常生活批判哲学转向的奠基人，是我们的一个极其重要的榜样。如果列斐伏尔能够作为西方马克思主义主要理论家之一，而和卢卡奇、布洛赫、阿多诺及马尔库塞等哲学大师们相提并论从而彪炳史册，这在相当程度上归功于他的洋洋大作《日常生活批判》三部曲。[①] 在某种意义上，其一生就是不断地为日常生活批判哲学进行呐喊、辩护的一生。从主题上说，这项辩护与批判工作由三个不同视角所组成：第一是呼吁，历史上的那些被高高在上、颐指气使的思想家与哲学家们所"遗忘的"日常生活需要关注与批判；第二是指出当今社会已经被密不透风、完美无缺的消费体制所套牢与侵蚀的日常生活需要透视与批判；第三是强调眼前被千奇百怪、异彩纷呈的意识形态国家机器与专家技术体制空间、符号体系所精心规划与制造的日常生活需要重构与批判。[②]

---

① See Cf. Henri Lefebvre, *Critique de la vie quotidienne, TomI: Introduction*, Grasset, 2nd edn, L'Arche, 1958; *Critique de la vie quotidienne, TomII: Fondement d'une sociologie de la quotidiennete*, L'Arche, 1962; *Critique de la vie quotidienne, TomIII: De La modernite au modernisme (Pour une metaphilosophie du quotidian)*, L'Arche, 1981. 其英译本分别参见 Henri Lefebvre, *Critique of Everyday Life, VolI, Introduction*, Translated by John Moore, Preface by Michel Trebtish, Verso, London, New York, 1991; *Critique of Everyday Life, VolII: Fondation of a sociology of everyday life*, Translated by John Moore, Preface by Michel Trebtish, Verso, London, New York, 2002; *Critique of Everyday Life, Vol. III, From Modernity to Modernism (Towards a Metaphilosophy of Daily Life)*, Translated by Gregory Elliott, Preface by Michel Trebitsch, Verso, London, New York, 2005。

② See Cf. Henri Lefebvre, *Critique of Everyday Life, VolumeIII*, Verso, London, New York, 2005, p. 41.

但具体而言,列斐伏尔的日常生活批判集中于现代社会人的生存异化状态的批判。这种日常生活异化批判按照其思想演变过程,大致上可以分为三阶段:第一阶段是20世纪三四十年代针对法西斯主义兴起而形成的关于神秘化的民族主义与个人主义意识批判,并因此提出了集黑格尔、马克思与尼采三位于一体的"总体人辩证法"思想;第二阶段是针对二战之后法国辉煌发展三十年(1945年至1975年)的日常生活异化现实,提出的消费社会批判与日常生活革命口号;第三阶段是他晚年针对全球化资本主义兴起、都市社会到来,提出的空间生产、都市革命与日常生活的节奏分析思想。

一、从日常生活的神秘化批判到总体人的辩证想象

(一)被神秘化的意识:法西斯主义与日常生活批判的开端

列斐伏尔的异化理论及其对日常生活批判思想的最初表述都集中表现于他与古特曼合著的《被神秘化的意识》①一书,其被称作"法国版本的《历史与阶级意识》"②。

作为该书的一个组成部分,其中《神秘化:关于日常生活批判的笔记》一文系列斐伏尔与古特曼二人合作的早期作品,最早发表于《前哨》杂志(1933年第2期)。③ 该文是未来的、著名的《被神秘化的意识》(1936)④一书的准备,更是列斐伏尔长达半个多世纪的日常生活批判哲学研究的开始。《被神秘化的意识》一书首次指出,"本真的"马克思主义就是"发现了一种日常生活的批判认识论"⑤。该书是作为"五论唯物主义哲学"系列之一而出版的。

---

①④ Henri Lefebvre, Norbert Guterman, *La Conscience mystifiee*, Gallimard, 1936; Le Sycomore, 1979; Syllepse, 1999.

② R. Jacoby, *Dialectic of Defeat*: *Contours of Western Marxism*, Cambridge University Press, 1981, p.109.

③ Henri Lefebvre and Norbert Guterman, Mystification: Notes for a Critique of Everyday Life, *Avant Poste*, 1933, pp.91 – 107; in Henri Lefebvre: *key writings*, edited by Stuart Elden, Elizabeth Lebas, and Eleonore Kofman, Continuum, 2003, pp.71 – 83; 中译文《神秘化:关于日常生活批判的笔记(1933)》,郭小磊译,刘怀玉校,载张一兵主编:《社会批判理论纪事》(第一辑),中央编译出版社,2006年,第157 ~ 175页。

⑤ Cf. Henri Lefebvre, *Critique of Everyday Life*, Vol. 1, Introduction pp. xiv – xv, Translated by John Moore, Preface by Michel Trebtish, Verso, London, New York, 1991.

列斐伏尔与古特曼在《被神秘化的意识》一书开头曾列出了这个计划系列著作的名单:《被神秘化的意识》《私人的意识》《日常生活批判》《意识形态的科学》《唯物主义与文化》,但这个计划并没有兑现。

在列斐伏尔他们看来,“神秘化的”或“困惑的”最典型的例证就是所有革命的条件都已经具备了,而革命却不能发生,这主要归因于统治阶级的意识形态,也正是葛兰西所说的文化霸权。“神秘化”于是与英语中的“虚假意识”和“意识形态霸权”等术语具有高度的接近性与相似性。当然更准确的理解是,它是一种虚假的本真性。这就是对私人的本能与本真的意识的不假思索的认可与迷信。① 当时列斐伏尔与古特曼所主要批判的“被神秘化的意识”(即卢卡奇意义上的“物化意识”或葛兰西意义上的“文化霸权”,以及阿多诺所说的“同一性”逻辑),一方面是对“个人的本真性”的迷信——正因为个人的被封闭与原子化,才导致了所谓个人的“本真性”直观与神秘体验;另一方面则是对民族国家主义的“本真性”的迷信,于是才有了臭名昭著的法西斯主义瘟疫的猖獗一时。

他们当时就想对“异化”这个概念作出“过度的诠释”,即试图超越黑格尔与马克思对异化的原初理解。当然,列斐伏尔对黑格尔和马克思异化概念的创造性阐述的基础却是他与古特曼合作编著的三本马克思、黑格尔与列宁著作选集。这三本文选可被看作他们合著的《被神秘化的意识》一书的准备性研究成果。这也是列斐伏尔能够登上法国思想舞台,引起法国学术界瞩目的第一块基石。

对于早期列斐伏尔来说,拜物教、异化和神秘化是意义相近的关键性概念系列。早在1933年,他与古特曼合写的《神秘化:关于日常生活批判的笔记》一文便指出:

> 首先是……拜物教,直接借自于马克思,用来描述人与其劳动产品之间的冲突,在这样一个劳动过程之中劳动产品不再视为劳动的结果而与其生活相脱离。从这种状态中派生出异化,即人与人和人与自身

---

① See Rob Shields, Lefebvre, *Love and Struggle*, *Spatial Dialectics*, Routledge, London and New York, 1999, p.47.

的疏异性与距离性。在这个历史阶段，当一个社会变成了流动不居的，当如果不将整体社会体系与异化停滞不前状态瓦解掉，社会便不能发生变化时，人们的意识便被神秘化了。“苦恼意识”的真正根源……就在于人类的欲望从一种舒适的绝对精神之中被投射到一个不可能实现的追求之中。①

而在1936年出版的《黑格尔著作导读》一书中，这些思想进一步清楚地被表达为：异化只有到意识超出了它的理解范围之外才能会发生。因为人们总想着超越其局限性，他们的认知欲望会升华为一种虚幻的形态，诸如魔法，可以解释的神秘。直接按照马克思与黑格尔的看法，欲望会物化和异化为其创造者的对立物。②由于人的知识面的狭隘性，世界才变得神秘难解。而马克思的总体性辩证法，并不期望一个全知全能的绝对真理，而是出于解除神秘化的认知局限性的需要。这就是异化在黑格尔那里只是最终要回归自身的一种意识的暂物化、对象化环节，对于马克思来说则是资本主义社会不堪忍受的外在的异己的颠倒压迫的力量，而在列斐伏尔这里，异化则表现为让人麻木不仁、不觉得痛苦不堪的意识自我欺骗或神秘化。列斐伏尔的“神秘化”是对马克思的“虚假的意识”概念的一次重新富有力量的再造。这就是萨特所说的“坏的信仰”（mauvais foi）③，也就是“自欺”。劳动异化批判与绝对精神异化批判到列斐伏尔这里变成了意识被神秘化的日常生活意识形态批判。在马克思那里，异化表现为个人在劳动过程中的类本质的消失，即物的存在对人的存在的压迫；而在列斐伏尔看来，异化作为被神秘化的意识表现为个体的生存被抽象的社会关系所吞没，也就是海德格尔所说的，个人自愿沉沦于日常的无名状态，自愿成为常人而回避自己的真实生存处境。用阿

---

① Henri Lefebvre, *key writings*, edited by Stuart Elden, Elizabeth Lebas, and Eleonore Kofman, Continuum, 2003, pp. 82 – 83. Also see Rob Shields, Lefebvre, *Love and Struggle*, *Spatial Dialectics*, Routledge, London and New York, 1999, p. 45.

② 转引自 Rob Shields, Lefebvre, *Love and Struggle*, *Spatial Dialectics*, Routledge, London and New York, 1999, pp. 45 – 46。

③ 转引自 Rob Shields, Lefebvre, *Love and Struggle*, *Spatial Dialectics*, Routledge, London and New York, 1999, p. 46，并参见［法］萨特：《存在与虚无》关于“自我欺骗”一章，陈宣良等译，生活·读书·新知三联书店，1987年，第82～112页。

多诺的话来说,列斐伏尔所批判的意识被神秘化,也就是个人日常生活存在的异化状态其实就是现代社会强制性的“同一性”与同质化的体制与逻辑。列斐伏尔的个人日常生活生存分析与青年马克思的哲学方法论的区别还是非常明显的。也就是说,在列斐伏尔这里,不仅马克思的异化理论的批判对象从生产过程转向了日常生活,而且异化批判的主体也从类变成了个体,也就是从古典人本主义转向了个体主义的新人本主义,甚至是存在主义。

列斐伏尔认为,在马克思主义中具有核心意义的异化理论的方法论意义主要体现在,马克思将它从黑格尔式的抽象思辨方法改造成为一种现实批判方法,并主要被运用于政治经济学批判,这导致了马克思对资本的深入分析和对资本异化的日常生活表现形式即商品拜物教的批判。列斐伏尔认为,这种异化理论批判可以运用到马克思所没有运用过的新的领域,诸如列斐伏尔毕生从事的研究事业与课题领域,即日常生活的神秘化现象:“在这个成千上万次的重复的活动基础之上(政治的、技术的与社会行动。像今天的买与卖活动),耸立着风俗、意识形态解释、文化与生活风格,但对这些风格的唯物主义分析推进却甚少。”①

当时列斐伏尔把批判矛头对准法西斯主义,认为法西斯主义的实质与其说是资本主义的变形,不如说是“对革命的一种神秘化”②。法西斯主义自称是革命,它的非现实性将自身伪装成为一种最高现实,而将真实的现实变成非现实。这就是一种颠倒异化与神秘化(请我们想一下卢卡奇的《理性的毁灭》一书对法西斯主义的非理性主义实质的批判)。因此,从这种政治神秘化的极端例证出发,列斐伏尔他们认为,根本任务在于运用唯物主义认识方法分析这种神秘化的社会现实。神秘化是资产阶级思想的特殊形式,甚至是这种思维方式的普遍法则。在第一篇文章中,他们抨击了个人主义的神秘性。个人主义意识不能在个人内部的自我意识中得到解释与批判,而必须从社会角度进行批判反思。资产阶级从来都是不假思索地将个人意识、个人财

---

① [法]列斐伏尔、古特曼:《马克思著作导读》,1934 年,第 72 页;转引自 Rob Shields, Lefebvre, *Love and Struggle*, *Spatial Dialectics*, Routledge, London and New York, 1999, p.37。

② Lefebvre, H., *Critique of Everyday Life*, Vol. I, Translated by John Moore, Verso, London, New York, 1991, p. xvi.

富看作无可怀疑的“理所应当”。这就是一种意识自足性的神秘化。在资产阶级意识形态中，个人一旦意识到还有别人与异化的存在，便陷入了极端痛苦之中。个人主义意识严重妨碍了资产阶级将世界作为一个整体实在来理解。现实由于资产阶级生活价值的吞没而仅仅成为一种价值。资产阶级生活之所以是异化的，不仅仅因为它是被碎片化的，而且是伪造出来的。正是因为伪造或人为的，所以神秘化才成为可能。而在此后的《被神秘化的意识》一书中，列斐伏尔与古特曼重新制定与拓宽了神秘化概念的框架，确定了资产阶级意识形态批判的前提，将神秘化意识恢复原状成为当务之急。如何促成神秘意识的原状复归？他们的答案是从描绘人们的平淡无奇的日常生活开始。①

在列斐伏尔他们看来，“神秘化的”或“困惑的”最典型的例证就是所有革命的条件都已经具备了而革命却不能发生，这主要归因于统治阶级的意识形态，也正是葛兰西的文化霸权。“神秘化”于是与英语中的“虚假意识”和“意识形态霸权”等术语具有高度的接近性与相似性。当然更准确合适的理解是它是一种虚假的本真性。这就是对私人的本能与本真的一种不假思索的认可与迷信。② 当时列斐伏尔与古特曼主要批判的“被神秘化的意识”（即卢卡奇意义上的“物化意识”或葛兰西意义上的“文化霸权”，以及阿多诺所说的“同一性”逻辑），一个是对“个人的本真性”的迷信，正因为个人的被封闭与原子化，才导致了所谓个人的“本真性”直观与神秘体验；另外一个则是对民族国家主义的“本真性”的迷信，于是才有了臭名昭著的法西斯主义瘟疫的猖獗一时。

（二）《日常生活批判导言》对“被神秘化的意识”的进一步批判

列斐伏尔的“日常生活批判”这个著名术语，近说是模仿马克思的“政治经济学批判”的用法，远说则是对康德的“纯粹理性批判”“实践理性批判”“判断力批判”的模仿与反驳。在《日常生活批判导言》的第三章“作为日常

---

① 转引自 Lefebvre, H., *Critique of Everyday Life*, Vol. I, Translated by John Moore, Verso, London, New York, 1991, p. xvi。

② See Rob Shields, Lefebvre, *Love and Struggle*, *Spatial Dialectics*, Routledge, London and New York, 1999, p. 47.

生活批判性知识的马克思主义”的开头，列斐伏尔便以康德的《纯粹理性批判》一书第一版序言中一段著名文字为题语：“我们的时代在特别程度上是一个批判的时代，一切都必须受到批判……因为只有受得起自由和公开的考验的东西，理性才给予真诚的尊敬。”①但是列斐伏尔认为，康德始终只是满足于他的**纯粹的理性批判**，而只是偶然地转向**人的批判**高度。康德虽然批判了形而上学与思辨哲学，却未能找到其产生的基础。列斐伏尔很不客气地质问道：“为什么有些人老是热衷于求索那个感觉与意识领域背后的‘看不见的’世界？我们暂且将这些形而上学家的伪善放在一边。我们并不怀疑其动机的真诚。”②列斐伏尔这里的兴趣显而易见，不是要恢复德国古典哲学的辩证理性批判传统，而是想要颠覆德国古典哲学传统，甚至要通过超越包括马克思主义在内的对日常生活持漠视态度的近现代理性主义批判传统，从而开辟一条走向日常生活批判的道路。列斐伏尔认为，我们不可能在严格意义上的马克思主义理论领域内或基础上建立起日常生活批判理论，而必须求助于和存在主义的结合，或者说必须在所谓的“存在主义—马克思主义”交互性视野中解决问题。

列斐伏尔其实是将马克思的政治经济学批判理论视野中的商品拜物教与劳动异化理论改造成为一门激进的、革命的、理想的日常生活批判理论。他说，马克思主义通过改变现实的方法来理解现实，在改变日常生活的基础上对社会的日常生活进行描述与分析。它描述与分析工人阶级自身的日常生活。这就是使他们与其生产资料相脱离的与资本家的雇佣劳动关系，与其劳动条件之间的异化关系。工人的实际的日常生活是被赋予的商品化日常生活，一种痛苦的日常生活。“马克思主义作为一个整体，实际上是一种日常生活批判的知识。”（Marxism as a whole, really is a critical knowledge of everyday life/Le marxisme, dans son ensemble, est donc bien une connaissance critique de quotidienne.）马克思主义并不满足于仅仅揭露与批判这种现实，这种社会生活细枝末节之中的实际生活。马克思主义通过一种合理化的综

① ［德］康德：《纯粹理性批判》，蓝公武译，商务印书馆，1982 年，第 3 页。

② Lefebvre, H., *Critique of Everyday Life*, Vol. I, Translated by John Moore, Verso, London, New York, 1991, p. 138。

合过程从个人上升到社会,从个人的高度上升到社会的与民族国家的高度。反之亦然。这种渗透贯穿于个人日常生活之中的辩证方法是如此的不同寻常,它是如此具有绝对必要性,以至于可以将马克思主义概括成为一种**日常生活批判理论**。① 列斐伏尔这里向我们列出了以下三个范畴或问题框架,显然这是马克思的政治经济学范畴批判方法的一种翻版,是将马克思的商品拜物教批判理论,特别是异化劳动的四大命题改造成为一种日常生活神秘化意识批判理论。

1. 个体性批判或者对自由主义与存在主义的“本真性”自我意识的批判(核心主题:“私人的”意识)

列斐伏尔针对古典自由主义与存在主义所津津乐道的“个体存在”及其意识而指出,私人意识不是一种天性,而是现代社会化发展所导致的一种封闭孤独异化的生活幻觉。使人成为一种社会的人类的存在的特殊因素,并不是与生俱来的自然属性、生物特性与自然生活,而是他的工作、他的社会活动、他在整个社会中的地位,特别是按照一定的通行的社会组织起来的劳动方式而限制与规定他的存在物。涂尔干认为,劳动分工是个人化的基础。马克思主义则回答说,劳动的局部化仅仅为人的个性形成提供了**否定性的**基础。② 在今天的社会生产关系中,个人受外部影响而形成一种“内向的”私人的意识。个人与其丰富的具体的生活条件相脱离而形成了一种独立的、纯粹内向的、自足的私人意识。这种私人的意识,作为思想的与文学的虚构,实际上是一种**被剥夺了实际生活内容**与现存生活条件的抽象意识形态,一种被异化了的实际生活的抽象颠倒的反映。这种异化的生活往往被一分为二或变成矛盾对立的两极:工作与休息、公共生活与私人生活、公共场合与私人场合、偶然的与内部的秘密、幸运与命运、理想的与真实的、奇异的与平常的。与努力改变这个外部世界的社会实践要求相反,私人意识往往缩回到内心世界之中,并且越往回缩便越显得是“个人的”“自己的”。意识观

---

① See Lefebvre, H., *Critique of Everyday Life*, Vol. I, Translated by John Moore, Verso, London, New York, 1991, p. 148; also see Lefebvre, H., *Critique de la vie quotidienne*, *TomI*: *Introduction*, Grasset, 2nd edn, L' Arche, 1947/1958, p. 161.

② See Lefebvre, H., *Critique of Everyday Life*, Vol. I, Translated by John Moore, Verso, London, New York, 1991, pp. 148 – 149.

念思想看起来似乎是“个人的”“私人的”财产。比如这是“他的”妻子、儿子,“他的”钱。因此,**每个人就“是”他自己的存在**,而没有更多的内容。巴尔扎克的《人间喜剧》所塑造的人物形象一方面是形式上人性化,因此是不断地加剧上升的孤独化;另一方面则是越来越被卷入到他的物质追求之中而客观化。这种人格的双重性正好回应了资产阶级社会的二重性。

列斐伏尔的结论是:正是资本主义条件下个人生活与其社会生产条件、社会生活条件的分离,这种个体与社会、内部与外部、私人与公共领域的机械二分与严重分裂,造成今天我们仍然在日常生活的矛盾深处苦苦挣扎。一方面使我们每个人成为人,另一方面使我们成为“非人”。**我们一定要淘汰“私人意识”**①。日常生活批判的首要任务就是要揭穿这种“本真的”“独立的”私人意识的“天经地义”的虚假外观。

2. 对神秘化的批判(核心主题:“被神秘化”的意识)

列斐伏尔深刻地看到,私人意识的存在并不全是一种自我幻觉,而是有其强大的社会基础,马克思主义无法取消私人生活与私人意识,每个人都必须过自己的私人生活。一个人不仅在日常生活中必须作为个体而存在,而且在其经济与政治生活中也必须作为个体而存在。我们已经注意到,**无产阶级不可能完全逃脱私人意识的陷阱**。是的,我们都会同意他的工作永远是集体的,而这种活动也在不断地强化他对社会与社会活动作为一个整体的意识。但不要忘记了,工人的工作甚至是工厂里的工作也是普遍地被局部化了或碎片化、肢解化了。最为确凿无疑的集体性工作是流水作业线工作,也是最让人精疲力竭的。**工人们之间的交往恰恰是工作之余而不是生产过程之中**,不是在工厂里而是在咖啡馆、电影院、体育场进行的。这就使得工人阶级社会关系的发生似乎是**以一个小资产阶级的私人身份来进行的**。虽然现代生产的物质条件倾向于形成一种社会性的与人类的意识,其第一个阶段是阶级意识。但这种形态并不是不可避免的,阶级意识不能自发地形成,而必须通过长期的斗争,也必须通过组织化才能在日常生活之中发生作用。无产阶级并不具有一种现成的本质或意识,而只有将人性作为

---

① Lefebvre, H., *Critique of Everyday Life*, Vol. I, Translated by John Moore, Verso, London, New York, 1991, p. 150.

一个整体,只有作为一种总体的社会活动才成为可能。[①]

更为重要的原因在于,资产阶级也经常将个人主义作为一种阶级思想武器来利用,以便麻醉无产阶级的阶级意识,作为一种组织日常生活的实际方式而起着现实作用。颇有些自相矛盾的是,资产阶级是一个"个人主义者"的阶级。他的社会原子论将社会理解为由原子个人所构成的乌合之众。用后来罗兰·巴特的话来说:"资产阶级作为一件经济性事实,可以毫无困难地命名:资产阶级公开地承认。在成为一项政治事实时,资产阶级作自我认知时出现了障碍:议会中并没有'资产阶级党'。作为一种意识形态的事实它完全消失了:资产阶级在由现实过渡到呈现时,从经济人到心理人时,失去了自己的名字……**资产阶级被定义为不要被命名的社会阶级**。"[②]

在现代世界中,意识形态的神秘化以私人意识为先决条件并以此为标志。个人是一种被剥夺了人类的真实性因而也被剥夺了真理的存在。他从他的具体的人类与社会的现实中被隔离出来,被祛除了实践的历史的与社会整体的意识。由于与社会相隔绝,个人反过来求诸内心世界,试图在内心世界构造一个堡垒以求得平安。私人意识与被神秘化的意识携手而行,彼此相互强化,深入到真实的生活根源处而不仅仅在思想中发挥作用。[③] 总之,正像巴特所精辟描述的那样,这种资产阶级的私人意识形态是日常生活中的一种"匿名专制体制":

> 中产阶级的匿名特性,在当有人从中产阶级原本的文化过渡到它衍生的、粗俗化的与应用的形式时,到外称的大众哲学时,会变得更加明显,它支援着日常生活、公民仪式、世俗的典礼,简而言之即是一个中产阶级中未写出的相互关系规范……整个法国都被笼罩在这匿名的意识形态中;我们的报纸媒体、我们的电影、我们的戏剧、我们的通俗书刊

---

① See Lefebvre, H., *Critique of Everyday Life*, Vol. I, Translated by John Moore, Verso, London, New York, 1991, p. 151.

② [法]罗兰·巴特:《神话——大众文化诠释》,许蔷蔷、许绮玲译,上海人民出版社,1999年,第198页。

③ See Lefebvre, H., *Critique of Everyday Life*, Vol. I, Translated by John Moore, Verso, London, New York, 1991, p. 153.

杂志文化、我们的仪式、我们的司法、我们的外交、我们的对话、我们对天气的评论、一宗谋杀案审判、一场感人的婚礼、我们梦想的烹调、我们穿着的礼服，日常生活的所有事物，都依赖于中产阶级所有令我们拥有在人类与世界间关系的表现……中产阶级越宣扬它的表现，就变得越自然化。①

3. 自由的批判（核心主题：人支配自然的和自身本质的权力）

该批判主题也正是马克思主义历史观的“终极关怀”或最高问题，也是资产阶级日常生活意识形态中最具有欺骗性与神秘性的一个问题。在这里，我们看到了一段令人失望的、失败的思想记录，因为列斐伏尔又陷入了在青年马克思类本质自由观与成熟马克思的自由王国论、以存在主义的个体为出发点的自由观与马克思主义的社会决定论的自由观之间的来回摇摆与矛盾之中。列斐伏尔首先发问道：“自由是由什么构成的？”1793 年的宪法或《人权宣言》说过，自由是属于人的至高无上的权利，任何其他权利都不能伤害这种权利，也可将这种自由理解为一种“己所不欲、勿施于人”的权利关系。一个人行使自己的权利是以不能伤害他的权利为先决条件的！马克思一针见血地说，这种自由权利其实是社会条件对个人的自由限制的权利，是社会对原子的单子的个人限制的权利。人权其实就是私有财产权不受侵犯的权利，所以资产阶级的自由权利是狭隘的与可怜的。从这个角度来规定的自由其实是完全“否定性的”。这样说来，一个人为了防止妨碍其他人的自由而可能什么事也做不成。这种自由观不能表明资产阶级的软弱而只能说明其伪善！而马克思的自由观则是既具体的而又辩证的。对于马克思来说，自由王国建立在将人的权利作为目的本身而不断发展的过程基础之上，这种自由开端建立于人对自然的征服利用的权利基础之上。没有现成可用的自由。不能形而上学地规定一种“要么全有要么全无”的“绝对自由”与“绝对必然性”，它只能通过社会化的个人而获得。对于权利来说，或更确切地说，构成

① ［法］罗兰·巴特：《神话——大众文化诠释》，许蔷蔷、许绮玲译，上海人民出版社，1999 年，第 200 ~ 201 页。

自由的权利总和属于一个社会中人们集体的合作,而不是孤立的个人。①

总之,首先自由与权利不是天赋而是赢得的。其次自由是通过它所属于的社会集团而获得的。最后自由与其说是单个的权利不如说是复数的总和综合而成。不存在孤立的经济或政治的自由。自由是全面的整体,是多方面的统一。这里没有形而上学的二难推理——要么是绝对自由要么是一无所获。

这里,列斐伏尔似乎又完全摆脱了存在主义个人选择式的自由观或生命哲学所说的自由意志的充分实现的观点,而按照经典马克思主义的历史决定论观点的解释,只要人类还没有掌握与认识统治他的自然与历史规律,人便不可能掌握自己的命运,便不可能摆脱神秘的异化的力量的外部统治,也就是说不可能获得全面彻底的真正自由。人们只有通过认识理解自然与人自身的本质,才能统治自然与自我的本性。就迄今为止自然还未被认识这一点而言,自然还处于盲目状态。人必须作为一个整体的方式才能占有自己的本质。这种本质不是形而上学的,而是一系列可以化为社会的理性的作为社会统治自然权利结果的东西的要求。请注意,正是在这里,列斐伏尔还严格地模仿着马克思《资本论》中关于"自由王国只有建立在必然王国的基础上,才能繁荣起来"②的口气,非常乐观与自信地写道:

> 越来越多的人已经正在减少那些用于满足自己需求的劳动时间;而在过去大众只能服从于上等阶级,自由则是属于物质生产领域之外的东西。在我们的时代,特别是在我们的这个时代,那些将创造性的休闲活动仅仅局限于压迫者身上的条件已经消失。这是一个复杂的辩证法:一方面需要正在变得更加广泛和多样化,但另一方面,由于生产力本身也在增长,需要的这种延长便表现出它们的人性化,便意味着用来满足直接需求的工作时间的普遍地缩短,以及富裕和休闲的双重普及化。③

① See Lefebvre, H., *Critique of Everyday Life*, Vol. I, Translated by John Moore, Verso, London, New York, 1991, pp. 171 – 172.

② 《马克思恩格斯全集》(第25卷)(下),人民出版社,1975年,第927页。

③ Lefebvre, H., *Critique of Everyday Life*, Vol. I, Translated by John Moore, Verso, London, New York, 1991, pp. 174 – 175.

看来，列斐伏尔这个时候确实仍然是一位过于乐观的古典浪漫主义思想家。所不同的是，列斐伏尔毕竟将自由王国同现代日常生活中所突出的休闲消费问题联系在一起（尽管第一卷还尚未展开这些重要问题），这已经相当异质于马克思更为古典的“人的自由全面发展”的理想。

（三）《辩证唯物主义》：从日常生活异化批判到总体人的辩证法

按照列斐伏尔自己的说法，他所编著的《马克思著作导读》一书中的那个“马克思”的核心概念是“商品拜物教批判”；他与古特曼合著的《被神秘化的意识》一书则提出了“现代人的异化的全方位视野”这个重要概念；而《辩证唯物主义》一书则阐述了从经济拜物教中解放出来的“总体的人的概念”①。也就是说，《被神秘化的意识》一书的核心概念是马克思与黑格尔的“异化”，《辩证唯物主义》一书的核心则是马克思的“总体的人”概念或“总体的人”的辩证法。② 换言之，异化是列斐伏尔日常生活批判的方法论概念，而“总体的人”则是其日常生活批判理论的基础及其哲学政治理想。③

列斐伏尔的“总体的人”的社会理想既来自于马克思，但又不同于马克思，而是具有明显的存在主义的“本真生存”理想色彩：人类异化的结束将使人回复到人，即所有人类因素的统一。这种十足的自然主义同人道主义是一致的。它将创造人，又保护了发展取得的全部财富。人类集体的这种结构将不会结束历史，而只是结束人类的史前史。终结处理是不好的野兽般的自然历史。这种结构开创了真正的人类时期。掌握了自己命运的人最终还将试图解决纯属于人类自己的问题，即幸福问题、知识问题、爱情问题和

---

① 转引自 Lefebvre, H., *Critique of Everyday Life*, Vol. I, Translated by John Moore, Verso, London, New York, 1991, p. xv。

② 列斐伏尔于《日常生活批判导言》第二版文后注中进一步解释说：“在《日常生活批判导言》前我们已经在其他著作中分别重点阐述了马克思的这些基本哲学范畴。如与古特曼合著的《马克思著作导读》中突出了‘商品拜物教’这个概念，在《辩证唯物主义》一书中突出了马克思的总体的人的思想，而在《被神秘化的意识》一书中我则突出了异化即神秘化概念的重要性。”（Lefebvre, H., *Critique of Everyday Life*, Vol. I, Translated by John Moore, Verso, London, New York, 1991, p. 270.）

③ 马丁·杰伊非常准确地指出：早年列斐伏尔的思想核心乃是“对黑格尔的总体性概念的一种存在主义批判”。M. Jay, *Marxism and Totality: Adventures of a Conception*, University of California Press, 1984, p. 337.

死亡问题。[①] 所以马克思哲学视野中需要**历史地**解决的问题，在列斐伏尔这里转换成为一种**永恒的**日常生活的“终极关怀”问题。

在列斐伏尔看来，人类的希望只有一个，这就是实现“总体的人”的理想，“在这种人道主义中，最高的权力机关不是社会，而是总体的人。总体的人是自由集体中的自由的个人。它是在差别无穷的各种可能性的个性中充分发展的个性”[②]。

记得马尔库塞在《单向度的人》一书的最后曾经引用瓦尔特·本雅明的话：“仅仅是为了那些绝望的人们的缘故，希望才给了我们。”列斐伏尔显然没有这么悲观，他在《辩证唯物主义》一书最后和本雅明几乎同时说过这样一句话：“对于希望真正解决问题的人来说，可以走的路只有一条，即努力把握总体内容。”[③]但他在此前又说，人的史前史的这种结局不是命定的，它既不是从马克思的“经济必然性命运”中得出的，也不是从黑格尔的神秘的历史目的论中得出来的，更不是苏联或法西斯主义的“社会的”指令所导致的，而是发自于艺术的自由创造本性，或马克思所说的艺术的“永恒的价值与魅力”(《政治经济学批判导言》语)。因为艺术始终包含着一种趋向，一种走向总体行动的努力。这就是说，**“总体的人”的主要形式是一种艺术——这是一种在日常生活艺术化过程中实现人类的自我解放的“艺术乌托邦”**。这就是超现实主义通过艺术方式来实现的政治理想，也正是马尔库塞著名的“审美形式”：

> 艺术的政治潜能在于艺术本身，即在审美形式本身……所谓“审美形式”是指把一种既定的内容(即现实的或历史的、个体的或社会的事实)变形为一种自足整体……有了审美形式，艺术作品就摆脱了现实的

---

① See Lefebvre, H., *Critique of Everyday Life*, Vol. I, Translated by John Moore, Verso, London, New York, 1991, pp. 198 – 199.

② Lefebvre, H., *Critique of Everyday Life*, Vol. I, Translated by John Moore, Verso, London, New York, 1991, p. 199.

③ Ibid., pp. 200 – 201.

> 无穷尽的过程,获得了它本身的意味和真理。①
>
> ……
>
> 在音乐中,一个部分的感官音素趋于成为意识内容的共同广延,即节奏、运动、情感、色情、灵性。在绘画中则有视觉因素。消失了时代的社会结构对于我们已经没有实际的意义了,但它的艺术仍然有一种无法替代的价值。人们能够在最神圣神秘的诗篇中,找到被称为神圣的、超人的总体行为。人类在异化中总是为实现一体化所作努力,希望在一个外部信仰中找到人类的协调一致、慰藉与安全,人们在宗教礼仪和道德中寻找人类与集体的一致。在某些令人恍惚的宗教礼仪中,人类达到了与宇宙的一致。在这种时刻里,人的意识不禁自露,其强烈程度只有花了长期禁欲的代价才能达到。但是,这些冲动并没有真正解决问题。过了这一段恍惚之后,人类又重新处于不幸之中,感到更为沉重、更为失望,感到成了人类之外的生物了。在所有这种尝试中,只有艺术才为我们留下最巨大的价值。②

"总体的人"的思想极有效地继续着这些尝试。它包括过去最高的价值,尤其是艺术,因为艺术是摆脱异化特性的生产劳动,是生产者和产品、个人与社会、自然生物与人类的统一体。"总之,总体行动将既是高度个体化的,同时在基本能量上又具有共同的广延性。它既是高度清晰的又是高度自发的,它虽然融合在自然界节律中,但又是唯一的存在。"③这正是列斐伏尔的总体性辩证法的基本视野。

由此可见,对于列斐伏尔来说,"总体的人"作为一种解放的艺术形式,是尼采式的"酒神精神"和马克思的"人的自由全面发展"思想的融合。这种

① [美]马尔库塞:《审美之维——马尔库塞美学论著集》,李小兵译,生活·读书·新知三联书店,1989年,第203、211页。

② [法]列斐伏尔:《人类的产生》,载复旦大学哲学系现代西方哲学研究室编译:《西方学者论〈1844年经济学—哲学手稿〉》,复旦大学出版社,1983年,第199页。

③ 复旦大学哲学系现代西方哲学研究室编译:《西方学者论〈1844年经济学—哲学手稿〉》,复旦大学出版社,1983年,第200页。

倾向一再出现在列斐伏尔的著作中。[①] 于是马克思的“总体的人”或“人的自由全面发展”的理想，不再是一种建立在经济必然王国高度发展基础上的未来社会形态，而变成了超越当下日常生活矛盾与冲突的永恒艺术理想瞬间，是与历史与生活具体内容无关的永恒形式。黑格尔与青年马克思的人类历史的自我异化及其扬弃的“最终理想”在列斐伏尔这里变成了与日常生活融为一体的“永恒轮回”。这就是说，人类生活的异化、矛盾与问题不可能随着所谓“史前史的结束”而获得“最终的”“一次性”的解决，人类的生活本是一个矛盾着的辩证总体，是尼采所说的痛苦与快乐不断地永恒地产生与解决的轮回过程。总体性的辩证法不再是线性的或否定之否定的周期历史过程，而是生与死、压抑与抗争、矛盾与和解的永恒轮回过程。

二、现代日常生活的符号拜物教现象批判

（一）结构主义、技术体制与符号消费

如果说20世纪三四十年代以来，法国的存在主义与马克思主义相互间错综复杂、难解难分的对峙融合关系，[②]是造就列斐伏尔前期日常生活批判概念最重要的思想氛围；那么自60年代以降，异军崛起的结构主义与存在主义的马克思主义之间的明显争执（包括萨特与列维-施特劳斯之间的争论以及列斐伏尔对阿尔都塞、施特劳斯的理论讨伐或政治责难）与自觉沟通（如

① See Lefebvre, H., *Critique of Everyday Life*, Vol. I, Translated by John Moore, Verso, London, New York, 1991, p. 202；而在《空间的生产》一书的结尾处列斐伏尔更明确地指出：马克思的《1844年经济学哲学手稿》中的“总体的人”的革命道路与尼采的“超人”的英雄道路正在后现代的“空间的十字路口上相遇”。Lefebvre, H., *The Production of Space*, Translated by Donald Nicholson-Smith, Blackwell Ltd., 1991, pp. 399 - 400。

② 关于法国的马克思主义与存在主义的关系演变趋势，按照波斯特的概括，经历了这样几个阶段，第一是20世纪三四十年代的平行发展或并行存在阶段，甚至存在主义表现得比马克思主义还“进步”一些；第二是1944—1948年法共与法国马克思主义（以列斐伏尔等人为代表）抨击存在主义（以萨特为代表）与存在主义反击阶段；第三是1950—1956年存在主义（以萨特为代表）主动转向马克思主义的阶段；第四是1956—1968年被存在主义化的马克思主义者（Existentialized Marxists）（以争鸣集团为代表）与马克思主义化的存在主义者（以萨特为代表）从对立走向互相融合、从而终于形成法国的“存在主义的马克思主义”（Existential Marxism）的阶段。具体内容参见Poster M., *Existential Marxism in Postwar Frence: From Satre to Althusser*, Princeton University Press, 1975, p. 105, p. 109, p. 161, p. 209。

施特劳斯，特别是阿尔都塞对马克思和弗洛伊德、索绪尔的互文性解释尝试），则是形成列斐伏尔中后期日常生活批判思想的直接而关键的语境。[①]继存在主义在二战后法国思想界大获全胜之后，结构主义浪潮接踵而至，荡涤着20世纪60年代初巴黎的知识界。正是这一时期，结构主义代表人物的最重要著作，如列维-施特劳斯的《野性的思维》（1962）、阿尔都塞的《保卫马克思》（1965）、福柯的《词与物》（1966）、拉康的《文集》（1966）、巴特的《流行体系》（1967）如雨后春笋般竞相问世。这不可能不对列斐伏尔产生深刻而强烈的影响。

受结构主义的影响，《日常生活批判》第二卷（1961）、《现代世界中的日常生活》（1968）及其他60年代的重要著作，[②]明显地散发着一股“语言分析”气息。在这些著作中，“列斐伏尔试图把信息理论、语言学、控制论、博弈理论以及结构主义合并在一起以揭示它们的意识形态特征。在这些倾向中，语言是一种新的认知准则，它抛弃了陈旧的实体与主体概念”。这使得他摆脱了青年马克思的哲学人本主义，乃至于整个马克思主义的生产方式决定论（亦即所谓技术决定论），以及萨特的存在主义个体本体论等形而上学“实体”思想残余影响。[③] 在此过程中，列斐伏尔自觉地保持了这样一种立场，即既与萨特的《辩证理性批判》一书的意识本体论、社会本体论即新人本主义哲学相区别，也与结构主义的无主体哲学话语作划界。他不再承认自我意识与主体人的活动的终极本体论意义，但又强调人作为社会的原施动者与主体地位还是不能动摇的，认为结构主义取消历史与人的主体性是错误的，而始终坚守着日常生活作为主体性与历史性批判参考系的这个理论

---

① 关于法国的马克思主义与存在主义的关系问题，特别是列斐伏尔与结构主义的关系问题，可参见 Poster M., *Existential Marxism in Postwar Frence: From Satre to Althusser*, Princeton University Press, 1975；［美］马克·波斯特：《战后法国存在主义的马克思主义》，张金鹏、陈硕译，南京大学出版社，2015年，第八章“存在主义的马克思主义与结构主义”；［美］伊·库兹韦尔：《结构主义时代——从莱维－斯特劳斯到福科》（Edith Kurzweil, *The age of structuralism*, Columbia University Press, 1980.），尹大贻译，上海译文出版社，1988年，第三章“昂利·列斐伏尔：反结构主义的马克思主义”。（莱维－斯特劳斯即列维－斯特劳斯，只是译法不同。）

② 特别是《语言与社会》（1966）和《立场：反对技术官僚制度》（1967）这两部著作。

③ See Poster M., *Existential Marxism in Postwar Frence: From Satre to Althusser*, Princeton University Press, 1975, p.250, p.254.

底线。当然,正像列斐伏尔对存在主义经常采取“公开批判”而“暗中挪用”的两手策略一样,对于结构主义,他也同样采取了这种方式。一方面,列氏是“在阿尔都塞和列维-施特劳斯提出结构主义之后最早对它提出批评的人之一,也是最激烈的批评人之一”①。他在以上著作中,或以隐蔽不点名的方式,或者以公开的论战的方式批评施特劳斯将社会现实语言学化、拉康将主体移心化结构化欲望化、阿尔都塞将马克思的经济结构隐喻化为语言结构这些非历史无主体的做法。列斐伏尔反对结构主义的还原论,即它对历史的逃避,它们对语言的社会现实行动环境的拒绝。语言学家与结构主义者,如他所见,是沆瀣一气的,他们共同表明了一种“价值中立式”的科学家立场,而拒绝善恶是非标准。因此,列斐伏尔称他们是“技术官僚论者”(technocrats)。② 另一方面,“列斐伏尔的黑格尔主义丝毫不在意地保持其结构主义色彩,甚至当他在《语言与社会》中攻击结构主义是以保守主义为基础时也是如此。他开始肯定这些概念。他承认,索绪尔的结构理论有其真实性。但是这种理论把书写语言学转变成为实证的东西,而且像尼采一样,把价值输入到物质事物之中去。从语言学的角度来看,这种概念不可避免地将意义放在所指上。这种观点与马克思相矛盾。马克思于《资本论》中企图在现实即现实的关系中把握能指与所指的关系”。他认为,结构主义的罪过不在于重视共时性结构或偏爱语言而忽略现实与历史。要知道,“结构有限度的而结构主义则没有限度的”③。

正像阿多诺(《否定的辩证法》)是通过深刻地挪用与误读海德格尔的存在哲学,而达到对资本主义无孔不入的物化体制统治(即启蒙的辩证法现象)的批判一样,列斐伏尔则是靠深刻地挪用与误读结构主义而达到他所谓的“消费受控制的科层制社会”的批判。正如库兹维尔所说的,列斐伏尔始

---

① [美]伊·库兹韦尔:《结构主义时代——从莱维-斯特劳斯到福科》,尹大贻译,上海译文出版社,1988 年,第 47 页、68 页等处。列斐伏尔在整个 20 世纪 60 年代一直在不断地批判结构主义,参见其所著论文集《超越结构主义》(1971)(*Au-delà du structuralisme* Paris, 1971)。

② See Poster M., *Existential Marxism in Postwar Frence: From Satre to Althusser*, Princeton University Press,1975, p. 250.

③ [美]伊·库兹韦尔:《结构主义时代——从莱维-斯特劳斯到福科》,尹大贻译,上海译文出版社,1988 年,第 47 页、68 页等处。

终保持着对马克思的历史观的信念以及一种主体的生存概念，并一直努力去统一协调人道主义与辩证唯物主义的关系。这种人道主义是其反对结构主义的理论基础。[①] 在列斐伏尔看来，结构主义是一种脱离现实事物的抽象的结构分类与形式分析方法。当结构主义在分析社会结构时，他们却抛开实际而复杂的日常生活问题。结构主义对社会状况的诊断及其描述是建立在对社会行动者的动机与意向的忽略和简化的基础之上的。法国结构主义跟踪社会范畴之间的联系以描述出社会与经济体系或结构之间的联系，用一种语言学的模式来将社会抽象成为一个能指的符号系统而置社会具体的历史与生活于不顾，最终将社会视为自成意义系统的隐喻象征结构。在他们笔下，亲属制度、神话、经济制度、政治结构、文化等都无非是一种独立的语言符号结构。但正如波斯特所说的，当结构主义宣称亲属制度、语言与认识论都是无主体的结构时，他们并没有看到主体的异化，主体失去对阶级冲突的直接或间接的控制，而只是将这种无主体的异化状态视为既定的永恒的自然状态。从这些所谓事实的发现再到理论上主张主体缺席的必然性，结构主义这样做的结果其实是一种特殊的意识形态神秘化，即使这样的结果并非他们有意而为的。[②]

在列斐伏尔看来，结构主义将抽象的社会结构放在如此优先的位置上，而将社会现象放在这种结构中加以分析，这样做是很成问题的。这些结构被置于社会成员赖以发生关系的日常生活领域之外，而变成一种物化的固定的僵死的“结构”。就此而言，结构主义无非是技术官僚思想对知识场域的一种灌输。结构主义所谓的“人”和“人道主义”的“危机”首先是一种现实的与历史的危机，它是由于不受制约的官僚体制的增长的资本主义社会所引起的，它意味着机器、技术、研究不再将人放在第一位。在一个物比人重要的社会里，汽车因为符号结构便会决定着人们的生活方式。结构主义不去分析为什么会出现人与物颠倒这种异化现象，反倒去挖空心思地论证

---

① 参见[美]伊·库兹韦尔:《结构主义时代——从莱维-斯特劳斯到福科》，尹大贻译，上海译文出版社，1988 年，第 47 ~48 页。

② See Poster M., *Existential Marxism in Postwar Frence*: *From Satre to Althusser*, Princeton University Press, 1975, p. 254; Lefebvre, *Love and Struggle*, *Spatial Dialectics*, by Rob Shields, Routledge, London and New York, 1999, p. 121.

这种资本主义社会贬低人的现象的合法性正当性。结构主义不是去理论地分析历史的日常化问题,而是去促进日常化合法化,因为毕竟结构主义关心的不是批评物的结构的功能问题而是物的秩序问题。但由于它忘记了人的生活主体角色,这使得结构主义关于社会与语言的结构阐述表现为人们毫无活力或生活可言。实际上,结构主义对主体人的贬黜就是将一种新的异化形式即消费异化与技术异化合法化了。于是反人道主义的福柯、施特劳斯和阿尔都塞反映了一种新的情景,其中的工人阶级再也看不出有什么历史方向与历史使命,而布尔乔亚的自我不再是自主与自我意识的,而是被铺天盖地的消费商业广告所吞没与殖民地化。"这些思想家是技术官僚,一种将世界归于冷分类的知识官僚。"①

总之,结构主义是对它的时代,即大众消费的官僚科层制度化的时代的一种表达,一种异化甚至扩展蔓延到从前无法管辖的日常生活领域的现象的表达。与其说是一种意义系统的结构化语言学,不如说是语言的重要意义在于成为一种统治管理的工具,尤其是一种高度神秘化的工具。

与结构主义技术官僚式的符号语言学相反,真正的语言是一种作品、一种集体的诗性的作品,人们运用这些意义表达自身的情感而不是成为符号统治的奴隶。诗性实践概念的核心是人类表达的事件,它表现为决定是否为本真表达与沟通的标准。由此出发,列斐伏尔认为,语言是一种人文精神现象,一种诗性创作,是处于一定的社会历史状况中的人对意义的创造和拥有。在这一点上,他与海德格尔一样共同认为,语言乃是人的本真的精神家园。语言是主体的一种实质性的表现。与海德格尔关于语言要么是本真的要么是非本真的观点相一致,列斐伏尔将口头语(la parole)视为,在一个完全民主的情况下人人平等表达思想的理想原型。从这种立场出发,他把信息沟通的进化过程看作结构对理想模式的毁坏过程。② 由于现代传播技术与媒体的发展,导致了"原初"的意义与世界本真统一的"黄金时代"的终结;

---

① Lefebvre, *Love and Struggle*, *Spatial Dialectics*, by Rob Shields, Routledge, London and New York, 1999, p. 122.

② See Poster M., *Existential Marxism in Postwar Frence*: *From Satre to Althusser*, Princeton University Press, 1975, pp. 250 – 251.

而现代社会的能指与所指的二元分裂,意义消失与现实的萎缩,其源头则是现代资本主义商品经济的发展。“对于列斐伏尔,如同对于马克思来说,商品是一种交换与沟通的形式,尽管是一种特别贫乏的形式,但由于它借助于价格与货币的机制,所以商品在交换互动过程中既脱离了它们的内容(凝固于其中的劳动)也脱离了它们的所指(它们用来满足的需要)。买卖双方只看价格:这是一种陷于纯粹的悬浮状态的能指外观。马克思的商品拜物教理论因此被列斐伏尔用一种语言学的方式加以改写。”①从这个角度来看,结构主义无非是列斐伏尔所说的晚期资本主义即消费受控制的官僚社会的意识形态——“符号拜物教”。或如约翰·费克特所说,结构主义符号学是“对新资本主义文化的永远不会停止的能指实践的一种理论补充……即一种将符号作为永恒的社会存在本体论来接受的实证主义”②。

(二)现代主义文学批判、日常生活批判与符号拜物教批判

《现代世界中的日常生活》一书的“语言学分析”倾向的更加深远的发生语境是肇始于20世纪初叶的现代主义运动。现代主义的背景与19世纪后期以来的复杂科学、相对论等的出现相关,与哲学和文化中对人的存在的根基与本源的重新追求联系在一起,也与对历史与神话的重新发现有关。20世纪伊始的文学与哲学上的“语言学转向”既是现代主义诞生的基本标志,也是其基本特征之一。哲学上的语言学转向是和维特根斯坦与索绪尔的名字联系在一起的,而文学中的语言学走向则是和乔伊斯等超现实主义者的名字联系在一起的。列斐伏尔赞成的是超现实主义文学(如乔伊斯、布赖东、马拉美、苏波等)意义上的语言学转向——诗性语言的复兴,反对的却是由索绪尔所开创的结构主义运动——语言技术化与符号化统治,即语言的现实基础消失之后意义世界“零度化”的状态。简言之,列斐伏尔的现代日常生活批判思想,一方面的支持背景是乔伊斯的《尤利西斯》之中带有人文精神炼金术式的语言学转向,另一方面其批判对象则是自索绪尔开始的结构主义符号学式的科学主义化语言学转向。可以说,正是乔伊斯与尼采这

---

① Poster M., *Existential Marxism in Postwar Frence*: *From Satre to Althusser*, Princeton University Press, 1975, p.251.

② Cf. John Fekett, *The Critical Twilight*, Routledge and Kegan Paul, 1977, p.197.

种人文倾向的语言学革命导致了列氏对日常生活本质的重新认识与确立，也就是突出强调语言的日常生活世界和人的生命世界之根源。

本来，现代主义运动的本质就是“对意义结构的普遍关心”，这有助于解释一切现代主义艺术何以对自身媒介本质的强调；“在文学方面，这就是指语言本身，也指文学风格和形式”。在语言学领域则是1913年前后发生的著名的语言学转向：语言不是在描述或反映世界，而被认为是在塑造世界。费迪南德·德·索绪尔的《普遍语言学教程》指出了语言符号与外部对象之间为何是任意而非固定本质的关系，而意义则是在语言本身的体系之内相应地创造出来。“这正好是亚当模型的颠倒。亚当模型将名称赋予预先就存在的事物，而索绪尔的观点则认为，我们只有给事物创造了名称才拥有了事物。”①

索绪尔的名言是“语言是形式而不是实质”。他的语言学之宗旨在于研究语言体系的形式规律，或人们日常说话中的结构性因素。他将语言和言语区别开来：语言是所有可能语言用法之系统性总体，而言语是个别而具体的说话行为；语言是一个不受时空限制的体系，而言语则是属于此时此地的；语言是自成一体的种种规则（语音、语素、语法和句法等方面的规则），而言语是这些规则的实际运用。索氏所关心的是语言而不是言语。索氏不仅将语言二分为普遍规则的语言与具体用法的言用，而且将语言二分为能指与所指。能指是与人所发出的特定的声音相联系的图像，而所指是与之相应的概念或观念。他的一个重要主张是，符号中的能指与所指的关系是任意的。换言之，人们用什么符号来指称某物是任意的。同一个所指完全可能由不同的能指来表示：一方面，语言的意义不是由外在于语言的现实——如上帝、自然与理性相联系的现实——来决定的，而是语言本身的能指与所指的关系之任意性产生的；另一方面，能指与所指的关系在约定俗成中形成之后便失去了其任意性，而成了起决定作用的结构性因素从而决定着说话者个人。索氏语言学的第三个轴心原理是整体与部分的关系。单个的孤立的符号仍然没有意义，一个符号只有在同其他的符号之间的关系中才是有

① ［美］迈克尔·莱文森编：《现代主义》，田智译，辽宁教育出版社，2002年，第21页、23页等处。

意义的。索氏的语言学说到底是对不同的符号之间关系的结构的分析。语言即一个由相互差异的各种声音所构成的体系。语言的意义就取决于不同符号或能指之间的差异。语言是一个以发音上差异为基础的自相不同的词语链。语言是一个自我指称的,即以自我为参考系、自相依赖的和自相区别的符号体系,而意义的秘密就在于该体系本身所含有的差异或结构。① "我们可以说语言的特点就在于差异、区别和对立,这些在别的理论体系中未必总是一个意思的概念在语言中却合在一起成为一个意思。索绪尔的思路也许可以归纳如下:语言不是一种客观存在,不是一个实体,而是一种价值。"②

一位学者曾以鲍德里亚的符号政治经济学批判为例证而这样不无道理地写道:"索绪尔对于当代马克思主义的重要启示是:能指不是简单地代表了所指,而是表达了所指,从而在一定程度上产生了所指。两者关系的这种倾斜,使得从唯物史观描述生产系统成为可能,从而将符号学和经济学融合在一个概念体系中。"索绪尔的现代主义意义在于,他使哲学从物质实体世界的观念走向了关系主义范式,正像现代物理学从物质运动规律的古典形态中走向了能量与电子理论形态。或如怀特海于《科学与现代世界》一书中所指出的,20 世纪初科学的新发现其实都是从根本上转变观察问题角度的结果。物理学发现,如果用单个的物质单位及其运动规律去解释电与电磁学现象,将十分困难。解决方法似乎是要把问题颠倒过来看:不再把物质看作首要的,不再去界定物质的运动规律,而是把能量本身,即电能作为首要的因素,从电磁力的角度来解释物质。这种视角的转变导致了新的科学发现:"电子不是传统意义上的绝对实体;它是力场的产物,是关系系统的节点,像音位一样,这种关节点并不能独立地存在于关系之外。"③这就是说,哲学上的"语言学转向",是与现代物理学的能量化电子化转向既同时代也具有同构性,特别是与高度发达资本主义市场经济,以及全球化网络化信息化体系的外在逻辑具有"家族相似性":

① 参见夏光:《后结构主义思潮与后现代社会理论》,社会科学文献出版社,2003 年,第 82 ~ 84 页。

② [美]弗雷德里克·詹姆逊:《语言的牢笼》,钱佼汝、李自修译,百花洲文艺出版社,1995 年,第 29 页。

③ [美]卡勒:《索绪尔》,张景智译,中国社会科学出版社,1992 年,第 111 页、121 页等处。

> 用语言作为模式或以语言为比喻的更为深层的理由必须在是否具有科学性或是否代表科技进步这些问题以外的其他地方去寻找。实际上,它就在当今所谓先进国家的社会生活的具体性质之中。这些国家给我们展现了这样一幅世界图像:在那里,真正的自然已经不复存在,而各种各样的信息却达到了饱和的程度;这个世界的错综复杂的商品网络本身就可以看成是一个典型的符号系统。因此,在把语言学当作一种方法与把我们今天的文化比作一场有规律的、虚妄的噩梦之间存在着非常和谐的关系。①

用列斐伏尔的话来说,结构主义的出现有赖于当代生活世界的某些方面的深刻变化,而绝非空穴来风。一是由于发达工业化社会难以遏止的官僚制度化剧增趋势,即社会统治者不再是某个人格化的个人而是隐蔽的无脸的体制结构;二是由于历史意识的瓦解,即一种未来命运不再掌握在人们手中的、前途未卜之感,所以结构主义理论出现在一个由无施动者即无主体的结构所组成的社会里,我们对此不必大惊小怪的。②

20 世纪初自然科学革命的原因是近代的"物质"与"绝对时空"的"消失",语言学转向的根源则是语言的现实所指物的消失(列斐伏尔称之曰语言的"参照物的消失",下文专论),而文学的现代主义则始于人类精神家园的消失或"上帝之死"。"当人类不再自发地转向上帝或超验世界而生活的时候,或者用叶芝的话说,当人们藉以登上更高现实的梯子被抽去时,艺术家也必须直面一个平面的、无法解释的世界。这甚至可以从现代艺术的形式结构中表现出来。在精神的运动不再是垂直的而只是水平方向的地方,艺术中的高潮因素一般也被拉平、压扁。"现代主义文学的突出特征就是"意

---

① [美]弗雷德里克·詹姆逊:《语言的牢笼》,钱佼汝、李自修译,百花洲文艺出版社,1995 年,第 4 页。

② See Cf. Henri Lefebvre, Claude Levi-Strass, on le nuovel eleatisme, *L' Homme et societe*, 1 - 2, 1966; also see Poster M., *Existential Marxism in Postwar Frence*: *From Satre to Althusser*, Princeton University Press, 1975, pp. 317 ~ 318.

义的平面化"①。

首先,"所有的各个平面被压平到绘画的平面上。远的与近的都被推到一起。这样,在某些现代文学作品中,时间,而不是空间,被压平到一个平面上。过去与现在都被表现为同时发生在同一个时间平面上。詹姆斯·乔伊斯的《尤利西斯》,T. S. 艾略特的《荒原》和依兹拉·庞德的《诗章》就是这样的例子"。

其次,更为重要的是"高潮的平面化",这种手法在绘画与文学中都被采用。亚里士多德的《诗学》发源的古典艺术传统告诉我们,一出戏剧或任何其他文学作品,都必须有开头、中场与结尾。但如果我们把这种古典的亚里士多德的信条应用于类似于乔伊斯的《尤利西斯》这样的现代作品,应用于类似于这部"充满着力量而又单调乏味、优美而又污秽、喜剧性而又哀婉、情节发展总是水平方向、从未朝着任何危机上升、根本看不到一点传统意义上的高潮的影子的现代作品",那么会怎么样呢?要知道,问题就在于乔伊斯并非是一个弱智者,而是语言与生活观察的天才。事实上,他是一个对其材料有着非凡控制能力的艺术家,因而混乱只能归于他的材料即生活本身的混乱。实际上,乔伊斯向我们展现的是屡见不鲜的生活中的琐事真事,同他的作品相比,其他故事倒是虚构的。

最后,现代艺术的平面化过程的最后一个,也是最重要的一个方面,是"价值观念的平面化"。所有这些都是与西方艺术的伟大传统背道而驰的。西方艺术传统是对崇高与平庸的事物严格区分的。现代主义则不仅废除了崇高与平庸的严格区分,而且也废除了美与丑的界限。西方艺术中贬低价值或使价值平面化的做法,并不等于说是道德观上的虚无主义,而是艺术转向了被我们所拒绝的真实性的一面。

正是因为以上的思想背景,列斐伏尔才会主张,现代日常生活最根本的主导的异化特征,不是一种技术理性的本质统一性统治,即法兰克福学派所突显的理性化或"强制同一化",而是语言符号的虚假自指性或者说语言的拜物教统治问题,是语言技术疏异日常生活过程并控制日常生活过程所导

---

① 以下相关内容参见[美]威廉·巴雷特:《非理性的人——存在主义哲学研究》,杨照明、艾平译,商务印书馆,1995 年,第 49 页、50 页、51 页、56 页、57 页等处。

致的现实的碎片化。所以中期列斐伏尔的现代性批判既没有局限于存在主义的本真性生存状态的直观与回归,也没有简单地趋同于法兰克福学派工具理性批判基础上的美学辩证想象,最终还是落实到一种语言学转向的批判,即把现代社会首先批判地想象为一种“语言现象”,一种符号体系,而不是工具理性整体。只不过结构主义是一种简单的“弑父”行为,是想痛快淋漓地解除形而上学的“应该”与彼岸世界的神秘魔咒,用技术语言对世界进行编码,使之成为“零度”状态的、透明的、“符号—物”体系;而列斐伏尔仍然想在日常生活的语言积淀层与艺术瞬间美感中寻找新的精神家园,拯救那个“应该”的“真实”的世界！这不是非历史的形而上学解构方法,也不是现代性的理性重建方案,而是他所津津乐道的“回溯—前进”方法,[①]也就是通过貌似回归到本真的“源头”与“起点”的批判道路而超越现代性历史地平线。这种有法国特色的社会批判理论使得列斐伏尔处于从西方马克思主义的现代性批判走向后现代式空间、符号、身体批判的“中间过渡”位置上。

在列斐伏尔眼里,作为马克思的社会关系异化逻辑(商品拜物教)的替代物,当代社会“语言异化”(符号拜物教)现象,一是指由于世界终极意义基础的消失与价值标准、真理标准的消失,也就是世界意义的普遍虚无化,语言取代神性、理性与人性,成为新的“普照之光”。韦伯曾经从人的基本行为类型与结构角度将现代化过程本质地界定为一个世界的“脱魔化”,即工具理性化过程,而列斐伏尔则从语言学角度将其界定为语言的“现实指涉物(也可译‘参照物’)的消失(衰微)”[②]过程。列斐伏尔试图借助于古老而美好的黄金时代(La Belle epoque)的想象与传说来证实他所说的“参考系的衰微”现象——绝对的意义的核心瓦解了。牛顿的绝对时间与空间以及绘画中的透视线都消失了,马克思的生产关系隐遁起来了,观念理想“非实体化”

---

① 参见列斐伏尔《农村社会学问题》(1949)、《农村社会学透视》(1953)及《农村与城市》(1970),并参见[法]萨特《辩证理性批判》(上),林骧华、徐和谨、陈伟丰译,安徽文艺出版社,1997年,第47页注1。

② Chute des referentiels/The decline of referentials,这又是一个不太好翻译的重要概念术语,chute在法文中确有黄昏、迟暮,衰落、堕落之意,而referentiel则是指参考系、参照物、相关物。英译文的对应词referential也是指“对……有关的”“作为参考的”。看来译成“参考系的衰落”而与韦伯式的“世界的脱魔化(祛魅化)”过程、海德格尔式的“弃神”现象可以对应起来的。

了。从此,语言便不断地从“实践的—可感知参考系”中脱离出来,而导致沟通趋于一种无意义的与荒谬的方向。这个过程起初萌发于文艺复兴时期,是与商品经济相伴而生的。伴随着一种商品经济的主导,“能指链”便失去了与“所指”的关系,而屈从于某种奇怪的社会无意识形态。在这样一种语境中,事物便获得了一种自足性的存在。在前现代社会,语言是文化整体的一个组成部分,是相对稳定的内在统一的但具有多重角度与意义的符号体系。然而伴随着文化的支离破碎以及交换价值对使用价值的支配,语言与符号逐渐脱离它们所指涉对象。由于发生了能指即指称符号与所指即被指称的对象之间的根本分裂,这就加速了意义的普遍危机。世界只剩下了一张飘浮不定的、毫无意义的“能指”这样的“股票”,[①]而与真实的对象或劳动与交往活动没有任何关系。自由漂浮的符码,脱离开其生存的社会氛围,似乎获得了一种让现实变形的自动力量。[②] 于是语言反过来成了现实的最高本质,一种能够自我复制语言的元语言;语言学成了一种新形而上学,一种新柏拉图主义。

二是指日常生活意义之根的消失与人们之间沟通的可能性的丧失,列氏名之曰“零度状态”[③]。由于技术控制理性化扩张导致了日常生活被殖民化过程,其中的一部分内容包括对符号领域的重构,也就是列斐伏尔所说的

---

① See Lefebvre, H., *Everyday Life in the Modern World*, Translated by Sacha Rabinovitch, Transaction Publishers, New Brunswick(USA) and London(UK), p. 119.

② See Gardiner M. E., *Critique of Everyday Life*, Routledge and New York, 2000, p. 92.

③ “零度”是巴特《写作的零度》(载[法]巴特:《符号学原理》,李幼蒸译,生活·读书·新知三联书店,1986 年)中的重要概念。这个概念的提出,针对的是萨特在《什么是文学》(参见《萨特文学论文集》,施康强等译,安徽文艺出版社,1998 年)认为通过文学的方式实现革命的想法。巴特认为,萨特的这一思想实际上是一种意识形态的表现,为了消除这种意识形态,巴特提出了“零度的写作”。詹姆逊在谈到巴特的零度概念时认为:“这一解决办法就是从作品中强制性地消除文学‘符号’,也就是采用一种‘白描’的写作手法,接近一种文学语言的‘零度’;在这一状态中,我们觉察不到作者和读者的存在,严格的中性和简述的风格充满了对文学实践中固有的缺点的宽恕。在我看来,这种状况无异于社会生活中一种绝对的孤独,其中一种毫不含糊的政治观点可以把我们和压制性的社会制度联系在一起的一切(包括自身内部的和外部的)都受到压抑。”(参见[美]弗雷德里克·詹姆逊:《语言的牢笼》,钱佼汝、李自修译,百花洲文艺出版社,1995 年,第 132 ~ 133 页)也就是说,通过“零度”的方式只能实现与政治意识形态的共谋。必须强调,巴特的“零度”是类似于韦伯的“价值中立”式的无批判立场,而列斐伏尔的“零度”则是一种批判与讽刺概念立场,即批判当代日常生活的冷漠无感情的荒漠化状态。

现代日常生活的“符号拜物教”转向，即语言成为不断增长的官僚统治与技术控制过程的主体。现代社会内部的持续不断的沟通，是以电子方式的储存、再生产与传送这样的中介来进行的，因此从日常的社会性中抽象出来。在前现代社会，聆听是文化的主导性意义，现在大体上被纯粹视觉刺激（诸如书写语言、电视与摄影等）所取代。于是生动的口语中的那些具有丰富音调和个性化的嗓音被书写（还有电脑）技术所取代，它们不像口头语言那样活泼，而是固定、僵硬、匿名的和无语境化的。列斐伏尔虽然不简单地抵制书写技术所推进的文化与科学进步，但他同样坚持认为，书写已经成为理性化的管理监视与技术权利实施的帮凶。在此情形下，多面化的符号逐渐被符码所接替，这种符码把符号意域简化为一种单义的意义方向，并表达一种固定的思想观念。用巴赫金的话来说，世界的内在“复调式”对话，被一种“单调的”语言交流所取代。

随之而来的是，意义丰富、生动活泼的语言表达过程蜕化堕落成为一种单调的宣传过程。在这些光怪陆离、纷纷攘攘的媒体与广告工业的淹没下，每个人都显得有些不知所措，只能消极处之。符号的泛滥一时，取代个人的能动，也取代了人们对社会的参与。而当技术变得足够的繁荣发达时，它便很容易让广告来投资设计一种满足人的想象需要的商品，而不必反映使用价值。随着大众媒体的传播，词语便被图像所取代。这些图像、男性的阳刚性感、社会大众化等，都成为符码的形态，以便能够抚慰消费者。在他们的汽车里和电视机面前，消费者们受到了神秘的信息的狂轰滥炸而陷入了深深异化的社会关系之中。社会世界整体破碎了，变成了大量过剩的符号化次体系，就像罗兰·巴特在《流行体系》中所展示的那些高级时尚的世界，而没有相互的参照系或统一体。由于受到了国家与大公司的科层制度的整合作用，日常生活与此同时便完完全全地被肢解和碎片化了。其结果造成这样的悖论，即“因拥挤不堪而孤独，因沟通信号的泛滥反使沟通匮乏”[①]。一方面是信息量的剧增，另一方面却是越来越多的孤独感。日常生活成了语言学上的“零度点”，在这里孤零零的相互隔绝的符号使得生活徒有其表、形

① Lefebvre, H., *Everyday Life in the Modern World*, Translated by Sacha Rabinovitch, Transaction Publishers, New Brunswick and London, 1994, p. 185.

同虚设，颇像一座被抛置一旁、从而遥不可及的冰山。[1] "一种孤独而凄厉的尖叫声正从来自日常生活腹地的深处和洞穴中升起，最受限制的和最专业化的日常性正蜷缩成一团，川流不息的沟通以及穿梭往来的信息传递却导致了难以忍受的孤独。"[2]

三是指符号图像化的资本社会关系接替马克思的抽象物化力量而成为日常生活的主导统治形态，列斐伏尔称之曰"书写语言"对口语的统治；或者说是欧洲根深蒂固的逻各斯中心主义——在历史上其先后表现为古代神学形而上学、近代专制主义、现代城市化与技术体系——对日常生活的统治，他名之曰"恐怖主义社会"[3]。和法兰克福学派一样，列斐伏尔认为新资本主义对日常生活的统治不仅表现在物质生产与消费领域，而且更隐性地存在于对人们的精神文化心理无孔不入的控制过程中。这便是列斐伏尔所说的（类似于马尔库塞的无可反抗的"单向度社会"与福柯的"规训社会"）"恐怖主义"社会：有形的、局部的、外部的、直接物质统治被隐形的、内在的、无孔不入的抽象统治所取代，外在的压抑被自我压抑所取代。

我们在这里仅限于分析列斐伏尔的"指涉物/参考系的消失"概念。说到这个关键词，我们就不得不再次回到列斐伏尔日常生活批判理论的20世纪现代文学语境。这正是《现代世界中的日常生活》一书开头的内容，也是我们始终未能有机会加以分析的文本。[4] 这段文本证明，列斐伏尔在该书中所阐述的日常生活的二重性思想确实来自于爱尔兰著名作家乔伊斯的超现实主义巨作《尤利西斯》。这部小说一方面描述了一位凡夫俗子[一个叫布卢姆（Bloom）的人]发生在一天二十四小时（20世纪第一年的6月16日）之内琐碎无奇、令人窒息的日常生活情境，另一方面旨在揭示日常生活的深处荡漾着一股强有力的激流，即与宇宙生命起源融为一体的、生生不息的尼采式的永恒轮回。在乔伊斯的语言炼金术中，日常生活的卑微与神奇、瞬间与

---

① See Poster M., *Existential Marxism in Postwar Frence: From Satre to Althusser*, Princeton University Press, 1975, pp. 251 - 252.

②③ Lefebvre, H., *Everyday Life in the Modern World*, Translated by Sacha Rabinovitch, Transaction Publishers, New Brunswick (USA) and London (UK), 1994, p. 125.

④ See Lefebvre, H., *Everyday Life in the Modern World*, Translated by Sacha Rabinovitch, Transaction Publishers, New Brunswick (USA) and London (UK), 1994, pp. 1 - 11.

永恒浑然一体，凡夫、英雄与天神三位一体，日常生活、人类历史与宇宙融为一体，真像是苏联作家艾特马托夫的小说《一天长于一百年》（又名“断头台”）所描述的：“时间性——叙述的时间，流动着、连续地、缓缓地，充满着惊奇和悲叹、争吵和沉默，丰富、单调和变化，冗长乏味而又销魂夺魄——这就是赫拉克利特式的流动，它将宇宙（客体）与主体吞没到并统一到它的连续过程之中。单个一天的日子便将世界的与文明的历史囊括于其中。”在这里，“时、天、月、年、时代和世纪交织在一起；重复、回忆、复活既是神秘和幻想的范畴，也是被藏匿在可见物中的现实范畴；尤利西斯就是布卢姆，布卢姆又扮演着尤利西斯和奥德塞；日常性和史诗就像是‘永恒的轮回’（Perpetual Recurrence）视野中的‘同一者与他者’（Same and Other）一样融为一体。作为神秘主义者或形而上学者——因为他是一名诗人——乔伊斯向偶然性发起了挑战；以日常生活为中介，乔伊斯从相对走向了绝对”①。

如果说乔伊斯的功劳在于首先用“文学的方式”发现了日常生活的丰富性与二重性，法国作家、诺贝尔文学奖获得者克劳德·西蒙的小说《弗兰德公路》则让列斐伏尔深切感受到了现代日常生活的无目的性、虚无性与荒谬性。正是从西蒙这里，列氏提炼出一个关键性的日常生活批判概念——“指涉物或现实参考系的消失”。

从表面上看，《弗兰德公路》和《尤利西斯》之间有某种相似性：“在这两本书中，短时段的时间膨胀了，梦与回忆再造出一种普遍的日常生活；在两本书中我们都发现永恒的三角关系：妻子、丈夫与情人；象征和双关语连篇累牍”。在西蒙那里有布拉姆（Blum），而在乔伊斯那里则有布卢姆（Bloom）。但根本的不同点在于，在西蒙这里可没有乔伊斯所熟悉的生于斯长于斯的都柏林，而是令人恐怖的第一次世界大战的荒凉战场。“在这里我们找不到熟知的、事先安排好的参照物（referential）；这个地方是一片荒凉之地，一种由于战争而荒凉下来的风景……在这里只存在着固定的东西。我们从不能确定，故事在什么时刻发生，也不知叙述以什么样的时态开始；我

① Lefebvre, H., *Everyday Life in the Modern World*, Translated by Sacha Rabinovitch, Transaction Publishers, New Brunswick (USA) and London (UK), 1994, p.4, p.6.

们也无须知道。""语言成为唯一的参照系。"①在这本重要著作视线的末端，我们看到日常生活出现了，但它是以完全相反的视角展示出来的："日常生活越来越难以忍耐，越来越枯燥。"②

三、走向总体性的都市日常生活文化革命

（一）都市日常生活文化革命的内涵特征

《现代世界中的日常生活》一书其实是列斐伏尔对他的20世纪60年代研究成果的一次全面总结与整合，在此基础上才概括出了一项"三位一体"的总体性文化革命行动纲领。其中最著名的口号就是，在经济平台上，"技术要为日常生活服务"；在政治平台上，"废除国家与实行自治"；在文化平台上，"让日常生活成为一种艺术品"，包括性意识的革命、城市的改革以及对节日的再发现。从此，每天的生活将不再是一个单调乏味的世界，而包括"欲望的格调"[来自于马斯科洛（D. Mascolo）]，"口语"（la parole）（来自于语言学），"满足"[来自于夏特利（F. Chatelet）]，"诗意创造"（poesis）（来自于海德格尔），"娱乐"[来自于萨特与阿希洛斯（K. Axelos）]等。③"在列斐伏尔看来，这种乌托邦主义并非另外一种末世学，因为他对'新生活'的筹划是立足于现有的技术能力，立足于对日常生活异化的一种深思熟虑的辩证的和社会学的分析"，而不是高高在上地对日常生活的理性技术规划。④

将日常生活审美化或艺术化，这种"现代性"的乃至于"后现代性"的批判思潮，已经有近一个世纪的历史。其中，第一种倾向是主张消解艺术与日常生活之间的界限，一方面向艺术的神圣地位发起挑战，打碎艺术品在博物馆和学术界中的受尊敬地位；另一方面认为大众文化中的琐碎之物、卑微的

---

① Lefebvre, H., *Everyday Life in the Modern World*, Translated by Sacha Rabinovitch, Transaction Publishers, New Brunswick(USA) and London(UK), 1994, pp. 9–10.

② Ibid., p. 11.

③ 参见列斐伏尔：《立场》，第40页；《日常生活批判》（第二卷），第289页；《现代性导论》，第77页；转引自 Poster M., *Existential Marxism in Postwar Frence: From Satre to Althusser*, Princeton University Press, 1975, p. 255。

④ See Poster M., *Existential Marxism in Postwar Frence: From Satre to Althusser*, Princeton University Press, 1975, p. 255.

消费品均可能是艺术。它出现于第一次世界大战和20世纪20年代,主要以达达主义、先锋派及超现实主义运动为代表。第二种倾向是主张将生活转化为艺术作品,认为生活中最伟大的商品是由个人的情感与审美享受构成的。如福柯所认为的,现代人的典型形象就是一种花花公子式的“审美生存”(《什么是启蒙》语[①])。它既关注审美消费的生活,又关心如何将生活融入(并把生活塑造为)艺术的审美愉悦之整体。它比较认同大众文化消费与标新立异的生活方式。第三种倾向则将日常生活审美化斥为一种“伪美学化”,认为消费社会占统治地位的意识形态是符号与影像,所以才赋予了文化的霸权地位。西方马克思主义中的许多代表人物都持这种观点。但也有一些人尽管部分地批判了日常生活的艺术化现象的消极性,但更多的是倾向于一种日常生活的艺术化乌托邦追求。如马尔库塞的“审美维度”或“新感性”社会理想宣言(《论解放》语)和列斐伏尔的“让日常生活成为艺术”的呼唤,便是著名代表。他们是要为艺术与日常生活的更进一步整合而论辩。[②] 用情境主义国际的语言来说,“这个方案将以激进的先锋派精神融合艺术与日常生活,对生活和艺术进行双重革命”[③]。

首先,列斐伏尔说,“文化革命”作为一个概念,就是指艺术与日常生活的创造性融合,是一种全新的充满生气活力的**生活风格**。它在马克思那里是含蓄的,而在列宁与托洛茨基那里,这个概念是明确的;在中国,这个概念由毛泽东在特定语境中复活了,但他并不打算以中国革命作为圭臬。列斐伏尔所谓的“文化革命不能被想象为美学的,它不是建立于**文化基础**上的革命,也不是文化自身的目标或它的动机;我们的文化革命的目标与方向是,创造一种不是**制度的**而是**生活风格**的文化;它的基本特征是哲学精神的实现。文化的批判这个术语就是对哲学的全面认可,是对哲学的理论与实践意义的认可,是对哲学的教育的、体验的、思维的和社会的重要意义的认可。我们心中拥有的哲学,是西方从柏拉图到黑格尔的哲学;我们既不关心美国

① 参见杜小真编:《福柯集》(第二版),上海远东出版社,2003年。

② 参见[英]迈克·费瑟斯通:《消费文化与后现代主义》,刘精明译,译林出版社,2000年,第95~99页。

③ [美]斯蒂芬·贝斯特、道格拉斯·科尔纳:《后现代转向》,陈刚等译,南京大学出版社,2002年,第104页。

的实用主义也不关心东方的儒教与佛教”[1]。这就说明,我们不能将列斐伏尔的日常生活哲学批判模式,机械地照搬到具有强烈实用理性传统的中国文化语境之中。换言之,中国传统哲学从来不缺少对生活的关爱。

其次,文化革命作为艺术和艺术价值的复兴,它主要具有**实践的**而不是“文化的”目标。列氏所谓的“文化革命”没有纯粹的“文化的”目标,而是使文化走向经验,走向对日常生活的变革。这不同于列斐伏尔所批判的那些陈列于博物馆中的现代性的唯美主义作品——这些“小丑”们所做的只能是运用技术手段而使生活发生扭曲变形。[2] 文化革命将改变存在,而不仅仅是改变国家和财产的分配,因为我们并不把这些当作目的。“我们的目标也可以表述如下:‘让日常生活成为艺术品!让每一种技术方式都被用来改变日常生活!’”[3]从此,艺术中的“创造”一词,不再仅仅局限于艺术品的创造性,而且是指自觉的行为,自我再生产自己的条件,**适应**这些条件及其现实(身体、欲望、时间、空间),并使之成为自我创造物。这种创造或诗性活动,强调的是人的身体欲望与周围生活环境的“适应”,显然不同于马克思致力于征服自然、改造社会的那种能动的和技术主义的“实践”概念。而他对马克思哲学这一核心的修改,正是我们将要重点评介的。

(二)都市日常生活的三大文化革命方式

具体来说,列斐伏尔理想中的总体性日常生活文化革命乌托邦,将包括如下三大方向的革命:

1. 身体革命或“性意识的变革与革命”

这种革命不同于资产阶级启蒙思想家或经典马克思主义者所关心的“男人—女人”的平等关系与婚姻恋爱自由。这场变革要改变的是性别与社会之间的情感的意识形态,而不是制度性的关系。新资本主义作为一种全面压抑的社会和性恐怖主义,必须通过理论的与实践的全部可行方式加以

① Lefebvre, H., *Everyday Life in the Modern World*, Translated by Sacha Rabinovitch, Transaction Publishers, New Brunswick(USA) and London(UK), 1994, pp. 203 – 204.

② See Lefebvre, H., *Everyday Life in the Modern World*, Translated by Sacha Rabinovitch, Transaction Publishers, New Brunswick(USA) and London(UK), 1994, p. 202.

③ Lefebvre, H., *Everyday Life in the Modern World*, Translated by Sacha Rabinovitch, Transaction Publishers, New Brunswick(USA) and London(UK), 1994, p. 203.

稀释和化解。在这里,“性压抑必然不再是制度所关心的(实际上,主要与制度相关);它必须要根除;只要压抑和恐怖越来越不局限于对性行为的控制,那么控制便会愈来愈扩展到人类的整个能力与潜能领域。问题并不是要完全废除对性行为的控制;实际上,彻底的放任自流,让欲望转化成赤裸的需求,可能会导致欲望的消失与退化;欲望不能无控制地存在,虽然压抑确实建立在控制与扼杀欲望或使之扭曲的基础上。性控制应该由那些关心的人所掌握,而不是被制度所加强,即便较少地采用伦理和恐怖相结合的方法”①。性欲已经不再是一个道德问题,而成为一种独立的剩余价值来源,这就是不同于马克思的劳动价值论的“力比多的政治经济学批判”问题(李奥塔语)。问题的关键已经不再是古典资本主义社会对个人性欲的压抑控制,而是对人的身体与欲望的全方位深层次控制,性与身体作为一种微型的生命权利,已经成为现代社会控制的主要对象(请想一想计划生育、发达的医疗保健制度、形形色色的国际恐怖主义组织)。所以布迪厄强调现代性压迫与统治中最为基本的与隐性的一种类型,不是阶级的物质利益压抑与剥削,而是独立于经济体制之外的一种性别与身体象征压迫秩序,即“男性的统治”。晚年福柯的《性史》研究提出了对抗这种生命政治理论的、“自我呵护”的生命技术。所谓的性解放与色情艺术的泛滥,其实是消费体制社会对人的欲望与身体的一种更加深层次的、无孔不入的控制。所以性革命、身体革命不仅仅是一种意识观念的革命和制度革命,而必然涉及对控制现代日常生活的抽象权力空间这个独裁者的革命。

2. 空间革命即“都市变革与革命”

已如前述,列斐伏尔在带着我们穿过那重重冰冷彻骨的日常生活“零度空间”时,曾经热情洋溢地预言,他已经发现了一条金光大道,这就是欣欣向荣的都市化的日常生活。② 这种新型的日常生活将一扫工业化社会沉郁的科层制度云霭,将使现代人类走出消费社会各种隐性“次体系”的恐怖主义

---

① Lefebvre, H., *Everyday Life in the Modern World*, Translated by Sacha Rabinovitch, Transaction Publishers, New Brunswick(USA) and London(UK), 1994, p. 205.

② See Lefebvre, H., *Everyday Life in the Modern World*, Translated by Sacha Rabinovitch, Transaction Publishers, New Brunswick(USA) and London(UK), 1994, pp. 188 – 189.

统治，告别令人窒息的阴暗地狱，而走向一片阳光明媚、玲珑剔透的新天地。在这种都市化的日常生活中，人类将重新回到农业社会或古代社会节日喜庆那种快乐感觉与欢乐场面，按照自己的意愿创造出属于自己的生活空间。

但是他说，令人遗憾的是，建构都市化日常生活新空间，这种文化乌托邦及其革命性创造性的功能价值，既受到了马克思主义的忽视，也遭到了技术官僚主义者、自由主义者们的严重扭曲。马克思的工业化理论尚未看到城市化过程是不能够还原为一个经济发展过程的。而那些教条式的"经济主义"意识形态的参与者，则把都市社会看作工业生产和组织的结果；那些科层制度的理性主义的支持者们，同样把都市化社会的新经验狭隘地等同于对地域资源的配置和城区的规划。① 而事实上，"都市社会的实践化表现，既包括政治的规划（它涵盖了整个社会和全部领域），也包括经济控制"②。都市化的改革与革命，必须将重心从单一的生产重组与国家机构变革，转向对一种全新生活的创造。都市的环境包含着现代性的最为深刻综合的创造性潜能。都市化就是把传统的节日场面重新具体化为发自欲望深处的诗性实践所创造出的崭新的生活情境。③ 都市的日常生活即"创造物的创造"，"日常生活将变成为其中的每个公民与共同体各显其能的创造（诗性的而不是实践的）活动"。④

列斐伏尔强调，都市化将从革命中产生与呈现，而不是革命从都市化中出现。但都市变革能够承担起总体性社会革命的这一角色和意义。而近百年来，社会革命的角色和意义主要是由农业变革所承担的。都市社会兴起于农业社会和传统城市的废墟上。多少个世纪以来，都是农民生活和农业现实占据主导地位，它们从四面包围着与限制着城市，设置着自己的界限。但都市社会的新时代正在产生。都市革命的本质是为捍卫都市的**自由权利**

---

① See Lefebvre, H., *Everyday Life in the Modern World*, Translated by Sacha Rabinovitch, Transaction Publishers, New Brunswick(USA) and London(UK), 1994, p.189.

② Lefebvre, H., *Everyday Life in the Modern World*, Translated by Sacha Rabinovitch, Transaction Publishers, New Brunswick(USA) and London(UK), 1994, p.205.

③ See Poster M., *Existential Marxism in Postwar Frence: From Satre to Althusser*, Princeton University Press, 1975, p.256.

④ Lefebvre, H., *Everyday Life in the Modern World*, Translated by Sacha Rabinovitch, Transaction Publishers, New Brunswick(USA) and London(UK), 1994, p.135.

(而不仅仅是“居住权利”“消费权利”等具体权利)而斗争。[①] 同时都市革命将是传统节日的复活与复兴。在今天,日常生活的节日是以“城市化”的命运为转移的。

众所周知,阿伦特(包括哈贝马斯在内)等20世纪日常生活批判理论家们所建构的交往共同体,这种道德艺术乌托邦,或多或少都是以古希腊的城邦民主政治为理想原型的,列斐伏尔则明确反对这种“回到古希腊”的复古主义。“对于这些理想主义者而言,新社会将以古希腊的社会为模型,但他们忘记了,古希腊的社会依赖于奴隶制”[②],即它是一个封闭的静止的等级制度与熟人社会;都市社会则是一个开放的流动的社会。它是由形形色色的“陌生人”(齐美尔语),即“萍水相逢者”或素昧平生者(encounters)所组成,它必然废除种族隔离,并具有如下重要事实特征,即它“必须为个人和集体的聚会提供时间与地点,让来自于不同阶级、有着不同的职业和生活方式的人们,聚集在一起”[③]。而早在列斐伏尔之前一百年,现代主义先驱博德莱尔就早已经在自己的想象中,把现代城市生活中的极端瞬间转变成为一种新艺术的典型姿态,以便将现代人聚拢在一起,即“把都市中的许多孤立的个体转化为一个人民并为人的生活收复城市街道的革命抗议”[④]。

> 这种都市社会——它已不再仅仅是一种梦想——虽然并非以阶级差别的消除为基础,却是要取消因隔离而造成的对立状态;它必须容纳差异并为这些差异所规定。在城市中的并由城市来行使的时间尽管独立于自然循环,却也不屈从于理性化的绵延过程的线性划分;它将是出乎意料的时间,但它不是没有地点的时间而是支配着地点的时间,正是在这种空间中,时间产生了,正是通过这种空间,这种时间才能出现。这将是欲望的地点与时间,处于需要之上并远远超过了需要,因为在某

---

① See Lefebvre, H., *Everyday Life in the Modern World*, Translated by Sacha Rabinovitch, Transaction Publishers, New Brunswick(USA) and London(UK), 1994, p.205.

②③ Lefebvre, H., *Everyday Life in the Modern World*, Translated by Sacha Rabinovitch, Transaction Publishers, New Brunswick(USA) and London(UK), 1994, p.190.

④ [美]马歇尔·伯曼:《一切坚固的东西都烟消云散了——现代性体验》,徐大建、张辑译,商务印书馆,2003年,第214页。

种意义上，都市生活履行各种功能并且仍然是超功能的。虽然比起正常的空间性来，它将是另类时间的空间性，在这个空间中言说比书写与元语言占有优势，但城市将仍然包含着结构（空间的，形式的）；它的现实存在将被实践地界定（描述或预定），但这种形态学将规划（描述或规定）地域关系，其社会的和思维的现实性并不能还原为这种规划。在城市中，言说将整合社会现实的分散要素、功能和结构、非连续的空间、强制的时间；城市将有自己的日常生活，但日常性将被排除；恐怖，在这里比在其他地方更明显，将受到更为成功的抵抗，这种反抗，或者以暴力（总是潜在的）的方式或者以非暴力与说服的方式来进行；因为城市的本质将是对恐怖的挑战，是一种反恐怖主义的风格。城市那变动不居的自我表现和创造性（形态学的，安置的，塑形的和模铸的设置，充足的空间）将保持着**适应性**，以便它支配着强制力，并且为假装设定了界限，严格限制着对风格与艺术品、纪念碑、节日的想象，以便赋予娱乐与游戏以往昔的重要意义，有机会实现它们的潜能；都市社会包含着这种趋势，即走向节日的复活的趋势，但非常悖谬的是，这种复活将导致体验价值的复活，空间与时间体验的复活，并且这些价值将优先于商业价值。都市社会并不与大众传媒、社会交往、沟通与暗示相对立，但仅仅同那种把创造性行为颠倒成为消极被动的行为，变成孤独的、空虚的凝视，变成展示与符号的消费等现象相对立；它主张强化物质的与非物质的交换，在那里质将取代量，并赋予大众传媒以内容与实质。都市社会将不会使日常生活转化为假装，也不会满足于对日常性进行不同的思考，而是以其自身的日常性方式来改变日常性。①

由是观之，列斐伏尔的都市化革命或空间革命的"经典底色"，尽管有古希腊城邦民主生活的影子，但真正的现实化却是以生命体验——时间为根本维度的现代大都市"空间化"想象。

---

① Lefebvre, H., *Everyday Life in the Modern World*, Translated by Sacha Rabinovitch, Transaction Publishers, New Brunswick(USA) and London(UK), 1994, pp. 190 - 191.

3. 克服日常生活和节日间的冲突，使节日重见天日并受到推崇，使其与都市生活相融洽，这是革命计划的最后结果

列斐伏尔满腔热情地预言，社会转型的当务之急是需要一场非殖民化运动，是实现日常生活的转型，让人类沉睡于其中的潜能重见天日。这种理想化的日常生活的典型是节日，它是一种被现代性所遮蔽，但从来也没有完全被夺去光彩的场面。在前现代社会，以狄奥尼修斯式的狂喜为象征的节日与日常生活完全融为一体，与共同体的存在及自然界的节奏循环丝丝相扣、心心相印。它包括每个人的所有的感觉、身体与精神品质的自发的与无拘无束的全心倾注，还包括所有公社成员不分等级贵贱的平等参与。而在资本主义社会，分层与制度化达到了极点，节日成了例行公事而与日常生存相脱离，并屈从于商品化与情感的升华。以存在主义为代表的形而上学焦虑和对自然的深刻畏惧感，驱散了前工业社会节日中那种人与自然的其乐融融、天人合一的境界。在列斐伏尔看来，节日的复活标志着娱乐与日常生活冲突的和解，标志着人类异化的超越和民众庆典精神的复苏。“未来的革命将结束日常性……这种革命将不局限于经济、政治与意识形态领域，其独特的目标即消灭日常生活……”①

四、通向空间生产的思想之路

20 世纪 80 年代以来，随着全球化的扩展，资本主义国家的经济与社会制度发生了很大的变化，面对这些新的变化，马克思主义研究也涌现了许多新的热点。其中，“空间生产”问题以及与之相关的都市研究就是其中最引人注目的一股思潮之一。亨利·列斐伏尔(Henri Lefebvre)、曼纽·卡斯特(Manuel Castells)和戴维·哈维(David Havery)就分别在这一领域做出了杰出的贡献。亨利·列斐伏尔更被尊为新马克思主义城市社会学的奠基人，正是他提出了严格意义上的“空间生产”的研究视角。更有学者指出，正是列斐伏尔第一次把马克思主义工业社会的历史批判理论改造成为城市社会

① Lefebvre, H., *Everyday Life in the Modern World*, Translated by Sacha Rabinovitch, Transaction Publishers, New Brunswick(USA) and London(UK), 1994, pp. 36 – 37.

的空间批判理论，不再把城市理解为资本集聚与集中化生产的某个地方/地点，而是将其理解为资本主义生产的空间化流动与集聚的物化与载体。在他之前，理论家们通常把城市作为现代社会的一个组织部分、一个固定的实体来看待与研究的；从此之后，城市则开始作为全球化的流动着的社会关系、组织过程来想象与认识的。在此之前，城市化被看作从某中心向外扩展的一个地方性历史过程，从此之后，城市化则被想象为多极化、多样态的分化、瓦解与自由的全球化连接过程。换句话说，就是列斐伏尔是把马克思主义的城市化理论转换成为都市化的马克思主义理论，从空间分析的马克思主义化转变为马克思主义的空间化。①

但是我们都知道，在进行空间研究之前，列斐伏尔是以日常生活理论研究著称的，他自己也多次宣称日常生活批判理论是他对马克思主义社会理论的最重要贡献。这是否意味着一种理论上的断裂呢？笔者认为，他转变为一个"都市、空间与城市的思考者"②，并不意味着其理论体系的断裂，因为在他看来，"日常生活""都市""重复与差异""战略""空间"与"空间的生产"是一些"近似问题"，其母体就是马克思的社会关系生产与再生产的辩证法理论。③ 正是因为坚持着这个思想母体，所以当资本主义社会关系的生产和再生产的方式发生改变之时，列斐伏尔的思想也随之发生了变化。

（一）面向都市化与全球化的现实

在被问到为什么要关注空间研究的时候，列斐伏尔将其归因于自己地处西部家乡的影响，以及他经常回家乡观察乡村的土地和生活在受国家调控的空间规划影响下所发生的翻天覆地的变化。④ 从 20 世纪 50 年代开始关注乡村的衰败问题，到 60 年代开始进行城市研究领域的工作，面对着一个都市化迅猛发展，资本主义的生产关系和生产力高速发展的时代，列斐伏尔

---

① See Mannel Castells, *The Urban Questions: A Marxist Approach*, Translated by A. Scheridane, MIT Press, Arnold(Publishers)Ltd., 1979.

② ［法］亨利·勒菲弗：《空间与政治》，李春译，上海人民出版社，2008 年，序言第 1 页。（亨利·勒菲弗即亨利·列斐伏尔，只是译法不同。）

③ See Henri Lefebvre, *The Survival of Capitalism, Reproduction of the Relations of Production*, Allison & Busby, 1978, pp. 7 - 8.

④ 参见［美］苏贾：《后现代地理学：重申批判社会理论中的空间》，王文斌译，商务印书馆，2004 年，第 76 页。

敏锐地察觉到资本主义制度并没有随着自身的膨胀到达发展的界限,反而获得越来越多的发展。他认为这其中的原因要从都市化的进程中寻找。他认为在都市生活中,权力破坏了社会的总体性的发展,而在这个过程中,“不管在什么地方,处于中心地位的是生产关系的再生产”①。

也就是说,列斐伏尔看到,在全球化的时代,资本主义依靠空间维持了生产关系的再生产,以此繁衍自身。他进一步指出,他对“城市的”与“城市化”这两个专业术语的使用已远远超出城市的基本范畴。城市化是对现代性空间化和对日常生活的战略性“规划”的概括性比喻。而正是这一切,才使得资本主义得以延续,得以成功地再生产其基本的生产关系,这也是为什么他会转而关注空间和生产关系再生产之间的关联。② 深谙马克思主义思想的列斐伏尔看到,在都市化的进程中,国家官僚主义开始按照生产关系的再生产的要求来对空间进行管理、分割。这种生产已经不是传统意义上的体现于物的生产,而是“发生在每一个人的眼皮底下,并在每一项社会活动中完成,其中包括那些表面上最无关紧要的活动(休闲、日常生活、居住与住宅、空间的利用)”③。而因其琐碎、重复的表象,总体、社会运行的总过程被掩盖了。在城市中,各种商品信息和人都被同时性地汇聚与离散开来,而列斐伏尔要做的,就是冲破这个纷繁复杂的矛盾表象,把握社会发展的总体性。在他看来,资本主义为什么幸存而没有灭亡,就在于资本主义对空间的占有,“通过占有空间,通过生产空间”④资本主义得以不断获得生命力。资本主义的“生产”更是一个不断地超越地理空间限制,而实现的空间的“自我生产”过程。

具体而言,列斐伏尔之所以要走向空间生产之路,首先与他所看到的城市生活状况有关。他看到,随着都市化的发展,城市正在走向堕落。这种堕落表现为,原本应该属于使用价值范畴的城市和都市,因为工业化所带来的商品的普及化,在现实中不得不屈从于交换价值。而交换价值为居住(I' habiter)状态的社会生活的堕落提供了冠冕堂皇的理由。在这之中,支配性

①③ [法]亨利·勒菲弗:《空间与政治》,李春译,上海人民出版社,2008 年,第 5 页。

② 参见[美]苏贾:《后现代地理学:重申批判社会理论中的空间》,王文斌译,商务印书馆,2004 年,第 76 页。

④ Henri Lefebvre, *The Survival of Capitalism*, *Reproduction of the Relations of Production*, Allison & Busby, 1978 p.21.

的意识形态是为了居住而建设,但是在这个过程中,经济、金融理性和城市中非生产性的投资之间的冲突不断出现。列斐伏尔指出:“居住,只有在实践的名义下,才会被降低为一种可以确定的、可以独立的、可以被具体定位的功能,即住宅(I' habitat)。”[①]在资本主义的阶级社会里,空间被以“住宅”的形式分割、出售,成为一种商品。而这是与在总体性的层面上进行社会空间的生产的科学技术能力是相矛盾的。

在这里,列斐伏尔的重要贡献之一在于,他通过对都市化的分析,戳破了20世纪60年代之后笼罩在西方都市社会之上的最大的意识形态——建筑意识形态。这种意识形态的恐怖之处在于,它披着一件科学的外衣,而科学的外观往往是中性的。由建筑师和城市规划者们设计的空间,被认为是纯洁的、非政治性的。但是列斐伏尔指出,一旦涉及真实的生活,空间就不可能是中性的了。在工业化时期,建筑学已经跌入了意识形态的圈套之中了,他们的规划、设计是一个过滤器,对内容进行筛选,列斐伏尔认为这种过滤行为是十分危险的,因为它抹去了社会的要求。意识形态通过设计师的“中立”的技术,对空间进行分割,原本包含了丰厚的生活内涵的“居住”,就在这个分割的过程中成了“住宅”,由于住宅可读性很低,大量的信息在这个编码和解码的过程中被遮蔽了,意识形态的控制在这个过程中被遮蔽了。列斐伏尔指出:“建筑学的空间或者城市规划学的空间,作为空间,具有这样一个双重特征:在统一性的伪装下,是断离的、碎片化的,是受到限制的空间,也是处于隔离状态的空间。”[②]也就是说,经过分割,代表了社会统一性的总体性就此消失不见了。

因此,在资本主义社会中,空间成了一种工具性的空间。列斐伏尔指出:“这个空间(工具性空间)表面上是透明的、反射性的和反思性的,然而它没有任何的纯洁性。它本身也是根据‘生产者’的意见和利益而被生产出来的,尽管它作出了一副要公平地取代自然的样子而出现在了自然的土地上。”[③]面对都市化和全球化的发展,列斐伏尔犀利地指出,空间成为资本主

① [法]亨利·勒菲弗:《空间与政治》,李春译,上海人民出版社,2008年,第5页。
② 同上,第37页。
③ 同上,第125页。

义社会的控制工具，施行着一种隐形的、非暴力的统治。资本主义的生存就是建基于对这种看似具有包容性，但实质是工具性的，被从社会角度加以神秘化的空间性的建立。“这种空间性隐匿于幻想和意识形态厚厚的面纱中，借以逃避批判视线，并不断地生产出地理空间上的不平衡发展。”①

（二）进入都市的权利

那么既然资本主义生产关系的生产和再生产通过空间得以布展，那么马克思关于资本主义社会终会遭遇自己的界限的预言是不是就此成为痴人说梦了呢？作为一个社会理论家，列斐伏尔的可贵之处在于，他不仅仅指出了空间作为一种控制工具的恐怖，还指出人们有抗拒这种恐怖的权利。

作为一位马克思主义者，列斐伏尔对美好社会的设计，总是从无产阶级的角度出发的。列斐伏尔是这样阐述他现实中所面对的都市的，他认为在都市中，空间生产时代的到来本质上与资本主义房地产的变化有关。“建筑进入工业、银行和金融的流通领域，是过去十年中的战略目标之一。”更为重要的是，“不动产的流通，很久以来都是一个从属的、次要的部门；在不可避免地进入了‘生产—消费’这种一般性流通之后，它渐渐地变成了一个与之平行的部门”。我们看到，动产变成资本的剩余价值的主要来源，房地产也正由辅助的资本变成首要资本。在这个过程中，一种新的殖民主义出现了——列斐伏尔以一种隐喻性的口吻说道：“传统意义上的殖民地已经不存在了，然而，都市的半殖民主义已经出现了。”这种半殖民主义，不再是传统意义上的带着血与泪的殖民战争，而是发生在都市内部的冷峻无声的驱逐与隔离。直接的例子来自法国，在那里，这种半殖民主义使“农村人、大量的外国工人、属于工人阶级或者知识分子的大量法国人”受到一种“集中的剥削”，全部“处于一种被隔离的状态中”。“隔离，以及郊外的空间和贫困的空间的建立，允许对生产关系进行再生产，而这种生产关系就是阶级关系。”②在这种隔离中，出现了“一切与都市对立的因素的，就是那些在创造理性的过程中又对其加以否定和破坏的东西，也就是普遍的隔离、对社会实践的全

---

① ［美］苏贾：《后现代地理学：重申批判社会理论中的空间》，王文斌译，商务印书馆，2004年，第76页。

② ［法］亨利·勒菲弗：《空间与政治》，李春译，上海人民出版社，2008年，第70页。

部因素和方方面面所进行的分隔，以及在一个均质性的空间中，通过政治决策将一些人和另一些人的分开和重组”[①]。这样的都市，对无产阶级具有巨大的排斥性，是只属于统治阶级的都市。

而列斐伏尔所设想的都市，是拒绝资本主义的差异化生产的都市，在这样的都市空间中，人人都有进入都市的权利，都市中的每一个人都不应被驱逐。所谓进入都市的权利，相对于建筑学和城市规划学所设计的分割的空间而言，是“一种有待实现的总体性”[②]。这种权利既不是自然天成的，也不是通过契约而来的，而是“城市居民的权利，还有那些在交通、信息和交易的网络与流通中出现而结成（在社会关系的基础上）的团体的权利”[③]。列斐伏尔认为，这种权利既不是意识形态的产物，也不是出自建筑学的科学设计，这种权利真正依赖的是都市空间最核心的本质或属性：构成性空间。列斐伏尔认为，如果没有一个中心的话，人们根本无法确定都市的事实。而资本主义社会所进行的差异化的空间的生产，就是“将群体、阶级、个体从‘都市’排出，就是把它们从文明中排出，甚至是从社会中排出”。被驱逐的人被迫远离都市的中心，这是列斐伏尔所批判的。他认为，“进入都市的权利”为那些被政治中心从都市的存在中排斥、隔离的人提供了拒绝这种驱逐的合法性。

可见，在都市的中心化现实和人们去中心化的要求之间，空间的政治性色彩越来越浓烈。列斐伏尔也承认，进入都市的权利依然还是乌托邦，但是乌托邦的理想之光是否会成就现实的美好空间呢？

（三）走向空间的生产

在坚持马克思历史辩证法的基础上，列斐伏尔认为社会生产关系的再生产辩证法的进一步发展就是“空间的生产”的辩证法。他论证了资本主义的物的生产关系与生产力的极端与高度发展，最终必然是超越空间中的物的生产界限，变为“空间本身”，即生产关系本身的再生产。但是列斐伏尔虽然指出空间是资本主义社会的控制工具，他又认为同样是在空间的生产中，

---

① ［法］亨利·勒菲弗：《空间与政治》，李春译，上海人民出版社，2008 年，第 72 页。

② 同上，第 16 页。

③ 同上，第 17 页。

有着解放的希望。经典马克思主义的问题式是“资本主义的生产就是要‘用时间消灭空间的限制’”,而从列斐伏尔的“后马克思哲学”问题式看来,所谓“消灭空间的限制”其实就是“创造出新的空间”。这种新的空间,在列斐伏尔后来的论述中,是一种存在于未来的“差异性的空间”,当资本主义的抽象空间试图同质化地控制每个人及每一件事物和日常生活时,差异化的空间却在强化差异而从中摆脱出来获得自由。当抽象的空间正在无情摧毁整个自然生命世界的有机整体之时,差异性空间却在竭力恢复与重建这种自然天成的世界。

当然,那也终究是一种对未来的设想。当前的事实是,在资本主义的发展中,空间作为一种工具,它在疯狂地动产化,同时也在自我毁灭。在这种情况下,列斐伏尔为后继者们指出了未来的研究进路——走向空间政治经济学。他将马克思的批判理论与空间研究结合起来,“空间的政治经济学,在理论设计上,意味着对现实的批判”。这种研究最后的落脚点依旧是“空间的生产”。列斐伏尔勾勒了他的乌托邦——告别抹杀了多种可能性的、均质的空间,生产出差别性的空间。那统一的空间是粗暴宏大的,列斐伏尔的理论表现出一种理论的转向——走向微观的、存在论意义上的空间,关注人们的日常的、多样化的生活。

可见,列斐伏尔没有像福柯那样,面对无孔不入的微观权力控制而悲观地认定现代人已经“无可反抗”或“无家可归”,而是认为空间既是压迫的重灾区也是反抗的空隙处。正是从权力与权力范围的关键空隙处,他看到了一种“新政治”的出现。在列斐伏尔看来,在那曾经被看作一种中性的容器的空间之中,既实现了资本主义隐蔽的阶级统治,也包含着无产阶级政治斗争的可能性。列斐伏尔的独到之处在于,一方面,他看到了在全世界范围内,部门或者国家之间的关系已经具体化为了空间的关系。他论证了地理空间、经济空间和政治空间已经混合在一起,空间政治学应该取代分裂的学科分布。另一方面,他也指出,在当代社会,无产阶级所要做的应该是争取空间的生存权和独立的空间权利,而拒绝资本主义高度同质化管理的空间化过程。

这再次印证,列斐伏尔的空间理论是一种政治解放与政治批判议程。

他从阶级划分的角度去分析政治斗争的可能性，所以他会坚持马克思主义就毫不奇怪。但他不愿停留于马克思古典的过于抽象的阶级单元叙事逻辑上，而深入区域自治化的微观权力形式的分析上，深入对日常生活的微观政治的多元性分析上。他已经不再停留于马克思的出发点是“社会群体还是个体”这种传统的古典的主体政治学的方法论争论上，而是将另外一个视野，即宏观政治与微观政治结合起来与辩证统一起来。这恰恰证明列斐伏尔从日常生活研究走向空间研究并不是一种理论断裂，而是一种研究视野的转换，他依然坚持微观的日常生活意义上的空间辩证法和文化批判理论。他没有完全追随马克思的脚步，但坚持了马克思对生产关系的生产和再生产理论的应用。在当代社会，这也恰恰显示出了历史辩证法的希望所在。

五、日常生活的节奏分析

（一）节奏分析思想之由来

《空间的生产》一书曾明确地把“节奏分析”（rhythmanalyse）视为空间的生产理论的“最终完成”——“向整个身体的必然的、不可避免的回归”①。有不少学者认定，以《空间的生产》的“空间化转向”为标志，列斐伏尔晚年放弃了日常生活批判研究以及历史时间问题的关注。而实际上，正如另有学者所说：“列斐伏尔并没有用一种空间性来取代时间性分析；而是思考了空间与时间之间的关系，在此过程中重思了这两个概念。关键是要牢记，我们必须把它们放在一起来思考，而决不能把其中的一方面约化为另一方面。空间与时间是日常生活中不可或缺的左膀右臂。因此，重思空间与时间，对于理解整个研究计划具有本质意义。”总之，所谓的“空间本体论转向”只是一个神话。实际上，列斐伏尔晚年对空间与时间的重要性几乎是等量齐观的。他的思想主题除了“空间的生产”外，还有“时间节奏的分析”。②

---

① Henri Lefebvre, *The Production of Space*, Translated by Donald Nicholson - Smith, Blackwell Ltd., 1991, p.405.

② Stuart Elden, *Understanding Henri Lefebvre: Theory and the Possible*, Continuum Intl Pub Group, 2004, p.37, pp.169 - 170.

按照某些学者的看法,列斐伏尔中后期的日常生活批判,一方面坚持“外向性介入”的社会学分析立场,即直接面对资本主义社会消费异化现实;另一方面又“内向性”地关注节奏、节日、身体等文化理论问题。[①] 对于前一方面笔者此处从略,就后一方面而言,限于篇幅,这里只能简单地阐述一下列斐伏尔晚年重点研究的“节奏分析”[也可译作“韵律分析”(Rhythmanalysis)]问题。大致上说,列氏对节奏问题的关注初见于他的《日常生活批判》第二卷(1962)和《元哲学》(1965),在《空间的生产》(1974)和《日常生活批判》第三卷(1981)等著作中逐步得到了清晰地阐发,而到了他的生命最后阶段才得了系统全面的表述,这就是被称为《日常生活批判》第四卷[②]的《节奏的分析要素:节奏分析知识论导论》[③]一书,可谓中国哲学所说的那种“晚年定论”了。就此而言,我们不得不说,列斐伏尔最终还是回到了他早年过于草率地“否定过”的柏格森的重复与差异的绵延意识这个老问题上了。

1931 年,巴西哲学家罗西欧·阿尔伯托·多斯桑托斯(Lucio Alberto Pinheiro dos Santos)最早把“节奏分析”的概念及其哲学研究作为一个心理学理论原则而提出来的。他相信,可以通过节奏分析来医治因为心理压力过大而导致人的性格冷漠的疾病。后来法国科学哲学家巴什拉尔接受并进一步阐述多斯桑托斯的这种节奏分析方法,并把它视为一种基本的诗化哲学方法。列斐伏尔估计是受到巴什拉尔的影响而把节奏分析扩展成为一种日常生活的社会心理批判方法。[④]

(二)《日常生活批判》第二卷的两种时间节奏概念

其实,早在 20 世纪 20 年代,列斐伏尔由于深受超现实主义文学与普鲁斯特的意识流文学影响,就曾深入研究过时间性概念。他把近代钟表时间

---

① See Henri Lefebvre, *Henri Lefebvre: key writings*, Edited by Stuart Elden, Elizabeeh Lebas, and Eleonore Kofman, Continuum, 2003, p.69.

② Henri Lefebvre: *Rhythmanalysis Space, Time and Everyday Life*, Translated by Stuadt Elden and Gerald Moore, With an Introduction by Stuart Elden, Continuum, London New York, 2004, p. viii.

③ Henri Lefebvre: *Elements de rhythmanalyse: Introduction a la connaissance des rythmes*, Editions Syllepse, 1992.

④ See Henri Lefebvre, *Space, Difference, Everyday Life: Reading Henri Lefebvre*, Edited by Kanishka Goonewardena, Stefan Kipfer, Richard Milgrom, Christian Schmid Routledge, New York and London, 2008, pp. 147 – 148.

与生活时间相区别,并开始把自己的日常生活时间概念与马克思的历史概念区别开来。他的时间概念与其说是马克思—黑格尔式的直线性的目的论进步论概念,不如说接近于尼采式的变易与循环。列氏对近代抽象的计算时间的批判,与其对近代以来的笛卡尔式的几何学空间概念的批判,是相互补充、互为前提的。至早在《日常生活批判》第二卷,列斐伏尔便提出:“让我们再换个角度来看日常生活。这就是直接地与自然宇宙万物融为一体的轮回循环节奏。”在相当一段时间里,这种循环的时间节奏与生命的节律主宰着人类的生活:社会的人还尚未控制自然,也就是说他还没有从襁褓中脱离出来。其生活从生到死还是由一系列的循环节奏所构成。每时、每刻、每日、每周、每月、每季、每年,皆按照一种严格的规则的轮回运行。这使得万物按照宇宙的生命法则而生存,其最高级表现即尼采所曰之“大年”。城镇乡村的人们皆按照自然的法则,而非私人的生活节奏而行事的。①

列斐伏尔的节奏概念可以如下诸多的二元对立来图示:

重复与差异
机械与有机
发现与创造
循环与直线
连续与中断
异质与量化
……②

循环节奏包括四个特征。第一,无始无终性:每个循环皆由另外一个循环所派生又被其他的循环过程所吸收,循环时间不排除重复的活动,循环本身就是一个重复。不过在循环时间中重复是从属于一种更加总体性的身体

① See Henri Lefebvre, *Critique of Everyday Life*, Volume II: Fondation of a Sociology of Everyday Life, trans. John Moore, Verso, London, New York, 2002, p.47.

② Henri Lefebvre and Catherine Regulier, The Rhythmanalytical Project, in *Henri Lefebvre: key writings*, Edited by Stuart Elden, Elizabeeh Lebas, and Eleonore Kofman, Continuum, 2003, p.9.

节奏。第二,这种节奏不排除排列与计算。有一个数字居于优先地位。这就是"一打"或"十二"。第三,真正的循环往复没有一个是准确地回到出发点与自我严格复制的,没有绝对地回归与重复。第四,循环与宇宙时间一直都保持某个神秘的魔幻的主体与宗教代理者。

与之形成鲜明对照,直线性时间取代循环时间是工业社会才有的突变。直线时间既是连续的也是非连续的。但无论如何,循环时间并没有消失。它们继续存活着。绝大多数的生理生命与社会生活时间仍然处于宇宙的循环节奏之中。即使是"不夜城",也仍然在深处保留着生命的本真的时间节奏。无论工业文明如何高度发展,人们的饥饿、休息、睡眠与性欲仍然注定还是与循环的生命节奏相关联的,虽然有着强烈而顽固的生命周期。①

总之,"日常生活批判研究现代工业社会的线性时间范围内的节奏时间的持续性。它研究循环时间(一种非理性意义上的以及仍然是具体的自然),与线性时间(被掌握的理性的以及抽象的与反自然意义上的时间)之间的相互关系。它观察分析这个有缺陷的与不安宁的、但仍然未知与很可被理解的相互作用的产儿。最后,它将思考作为这样一种相互作用结果的日常生活之中的潜在可能的变形"②。借用后来安东尼·吉登斯(Anthony Giddens)的话来说,在列斐伏尔那里,日常生活一方面是现代社会的单调乏味的机模式式的有节奏的**日常生活**(everyday life),另一方面是古代社会的充满着具体而丰富意味的**每日生活**(daily life)。③

(三)日常生活批判说到底是一种"节奏分析":列斐伏尔哲学的"晚年定论"

列斐伏尔对节奏问题的研究这是他的生命最后阶段的核心事业。在他与其最后一任妻子凯瑟琳·雷居利埃(Catherine Regulier)合著的《关于节奏

---

① See Henri Lefebvre, *Critique of Everyday Life*, Volume II: Fondation of a Sociology of Everyday Life, trans. John Moore, Verso, London, New York, 2002, pp. 48 – 49.

② Henri Lefebvre, *Critique of Everyday Life*, Volume II: Fondation of a Sociology of Everyday Life, trans. John Moore, Verso, London, New York, 2002, p. 49.

③ See Anthony Giddens, *A Contemporary of Critique of Historical Materilism*, Vol. 1 Power, property and the state, The Macmillian Press Ltd, 1981, p. 154.

分析的计划》(1985)[①]与《节奏的分析要素:节奏分析知识论导论》(1992)[②]中这样指出:究竟什么是节奏? 似乎是每个人都会知道该词之义。但缘于每个人经验之不同,而答案各式各样:“节奏是生活‘体验’的一部分,但却并不意味着它是‘真知’之一部分。”[③]对它的观察与规定是有巨大的差距的。因此,节奏分析的任务就是对它们进行区别和比较。节奏是一种重复,但并非任何一种重复均可称作是节奏。节奏要求一种差异化的时间,一种质性的绵延。节奏是差异的,而不是机械的千篇一律。[④] 节奏是指社会时间实际作用于人们日常生活的方式。对节奏研究,乃是我们着手进行的日常生活研究的一部分。它是对日常生活研究某些方面的一种扩充。为了清楚地提出节奏问题,让我们再回到日常生活。对时间的切割,包括对时间的碎片化处理,这种现象好像是“科学的”描述,但却无情地牺牲掉了生活的丰富性。对日常生活的结构化研究、透明化的描述,实则是让日常生活碎片化。

现代的日常生活被抽象的同质的量化的时间体制所支配,被钟表与手表的时间所操纵。这种时间在钟表发明以后逐渐地在西方获得了主导地位。也成了资本主义日常生活最核心的技术统治力量。这种同质化的与非神圣化的时间,一旦提供了一种测量工作时间的手段,便以获胜者的姿态登上历史舞台。[⑤] 从这样一种历史时刻开始,时间便成了日常生活时间,让每天生活的其他方面均从属于工作的空间化组织:睡眠与苏醒的时间、吃饭与私人生活的时间、成人与孩子的关系、娱乐与悠闲、家庭关系,等等。不过日常生活还是被更大范围的生活节奏与宇宙的节奏所分割与充斥:白天与黑

---

① Henri Lefebvre and Catherine Regulier, The Rhythmanalytical Project, in Henri Lefebvre: key writings, Edited by Stuart Elden, Elizabeeh Lebas, and Eleonore Kofman, Continuum, 2003, pp. 191－199.

② Henri Lefebvre, *Rhythmanalysis Space*, *Time and Everyday Life*.

③ Henri Lefebvre, *Henri Lefebvre*: *key writings*, Edited by Stuart Elden, Elizabeeh Lebas, and Eleonore Kofman, Continuum, 2003, p. 190.

④ See Henri Lefebvre, *Henri Lefebvre*: *key writings*, Edited by Stuart Elden, Elizabeeh Lebas, and Eleonore Kofman, Continuum, 2003, p. 194.

⑤ 有关钟表时间制度的发明,工厂制度的建立与资本主义社会的兴起之间的内在联系,可参见[法]雅构·勒高夫:《试谈另一个中世纪——西方的时间、劳动与文化》,高苌译,商务印书馆,2014年。

夜、每月与每季,以及依旧更加专门化的生理节奏。[①] 一方面是这样一些让人觉得腻味的、精疲力竭的与单调乏味的重复;另一方面,循环的轮回,则像一次事件或某次奇遇。

列斐伏尔认为,节奏分析需要研究的理论"要素"或主要问题是:

第一,当代日常生活日益趋向以时钟刻度为标准的抽象量化时间,也就是说日常生活时间被高度标准化、同质化与碎片化了。第二,节奏分析不能仅仅以人的身体节奏为出发点,而且应当把整个自然界的多种节奏纳入其中。自然的最高的节奏(isorhythm)是一种和谐的和声(harmony)。第三,节奏分析应当包括一种生物钟学(chronobiology)。第四,音乐与舞蹈构成了节奏的核心要素。第五,节奏分析的核心问题是对时间的调控,资本主义社会日常生活的本质就是资本通过各种宏观与微观的权力机制而实现的对时间节奏、日常行为习惯的掌控。[②] 这与后来福柯和阿甘本所说的"生命政治批判"已经是别无二致了。

列斐伏尔认为,节奏分析是以如下的一系列的假设为出发点:

第一,日常时间可用两种方式测算,一方面是基本的循环节奏的保持,另一方面则是时钟所表示的量化的机械重复。第二,围绕时间与时间的使用存在着一场残酷激烈的斗争。这种斗争中有让人感觉到特别吃惊的网格化现象。所谓的自然节奏可以因为许多原因而被改变。诸如技术的、社会经济的,例如为了急剧增长的夜生活需要而不断削减传统的时间历法,周七日礼拜休息日被说成是周末夜、发烧日。第三,被量化的时间从属于这个社会的非常广泛的法律。在时间被碎片化分割化的量化时间却显然规范统一化与巨型化。像空间一样,时间也被分割成为一些点被打成包、切成块:包括各种各样的支离破碎的旅游,各种各样的工作,娱乐休闲。这里不再"有"时间去做什么事情,而只有"做"某些事情的时间。这种时间碎片化过程俨然保留着一种森严的等级制,而工作依然很大程度上是事物的本质,尽管它

---

① See Henri Lefebvre, *Henri Lefebvre: key writings*, Edited by Stuart Elden, Elizabeeh Lebas, and Eleonore Kofman, Continuum, 2003, p. 193.

② See Henri Lefebvre, *Space, Difference, Everyday Life: Reading Henri Lefebvre*, Edited by Kanishka Goonewardena, Stefan Kipfer, Richard Milgrom, Christian Schmid Routledge, New York and London, 2008, pp. 150 – 152.

被贬值。身心却没有了自己的节奏。[①]

总之,列斐伏尔的基本结论是:我们要进行节奏分析就必须从自己的身体出发。我们不妨想象一下自己的身体,它是由许多个节奏所构成的。你生活周围的自然环境皆有其节奏。每个人的身体都有其内在的节奏,却不得不从属于大尺度的时空结构。但我们的耳朵、眼睛、手臂等,绝非仅仅是登记与记录的消极工具。正如普罗泰格拉与马克思所说的,人作为一种类存在,其物质与精神的存在实际上是"万物的尺度"[②]。我们的知识不仅与身体构造相关,而且整个世界自身提供给我们的自然、大地、天空,也与我们的结构相匹配。我们并不听命于康德式的先验认知范畴,我们的知识是由我们所掌握的工具与感官所调遣。[③] 这就充分说明,列斐伏尔的日常生活节奏分析说到底是诉诸一种身体式反抗与革命,追求的是资本主义工业商业技术节奏统治之外的人人享有的特殊的、独立的生活、娱乐、休息权利,这才是他心目中的"地理节奏""城市节奏""街道节奏"与"身体节奏"[④]。如果说在青年马克思笔下,人的本质是征服利用自然而自我对象化的生产过程;那么对于列斐伏尔来说,人的本质则是人的日常生活节奏与自然的节奏的和谐一致。青年马克思仍然坚守一种根深蒂固的人类中心论、近代理性主体哲学的前见;而列斐伏尔则多少陶醉于个人的生存快乐巅峰(尼采—巴塔耶)和流连于天人合一式的"真空妙有"之中。马克思式"总体人"的解放期盼,早已被他偷梁换柱,变成尼采式的"超人"美学境界,即超越人与自然的僵硬对立的二元论认识论窠臼,而走向了挣脱一切理性羁绊的、"海阔天空我自飞"的身体化空间实践境界。我们姑且不对列氏的此种辩证法说长论短,但必须承认他的这种追求,一方面反映了西方左派找不到革命出路的现实实践的困境,另一方面也表明了辩证法批判精神所固有的韧性或无限可能性能量。

---

① See Henri Lefebvre: *Henri Lefebvre*: *key writings*, Edited by Stuart Elden, Elizabeeh Lebas, and Eleonore Kofman, Continuum, 2003, p. 191.

② 《马克思恩格斯文集》(第一卷),人民出版社,2009 年,第 162 ~ 163 页。

③ See Henri Lefebvre: *Henri Lefebvre*: *key writings*, Edited by Stuart Elden, Elizabeeh Lebas, and Eleonore Kofman, Continuum, 2003, pp. 197 – 198.

④ *Geographies of Rhythm*: *Nature*, *Place*, *Mobilities and Bodies*, Editied by Tim, Edensor, Ashgate Publishing Limited UK, 2010.

第四章　要存在，不要占有

——弗洛姆对“占有”的存在方式的批评

历史的脚步自迈进21世纪，人类思维的模式发生了重大的转向：理性的触角从观念、信仰移向了现实的世界、人间，与时代的脉搏一起震动。20世纪的两次大战，绷紧了每个人的神经，导致了物质大厦的破坏和人类无数生灵的毁灭。西方世界的迅速崛起，一方面建立了高度发达的物质文明，另一方面由于自身的矛盾引起了经济危机、破产、失业、犯罪、自杀等社会问题。科学技术像国家社会制度一样被人们建立起来，在日新月异的科学技术的帮助下，整个人类社会空前地繁荣、发达起来。然而随着科学技术日益深入地渗透到每个人的日常生活后，科学技术成为一个新的偶像被人们树立了起来。人类盲目地崇拜它、依赖它，以致人的存在价值和意义不再由人所确定，而是依赖于科学技术。科学向外界摄取得越多，自我也就越迷茫、孤独、恐惧、不安。

面对着时代和社会发展中出现的种种问题，弗洛姆认为这种物质层面上的快乐并不是真正的快乐，置身于其中的人貌似万能，实质上是被外物所控制。人们占有和消费的目的不是为了满足人性的需求，而是为了填补自我内心的空虚。在生产中人们成为机器的附属物，变为了工具，人丧失了自己的独立性和完整性，在劳动过程中只是得到一种压抑感。为了弥补内心的寂寞，人只有通过不断地占有和消费来弥补。只有在灯红酒绿中，才能看到人们尽情地欢笑，但这样的欢颜之后人的精神世界的空虚、孤独、寂寞是没有丝毫的改变。在现实世界中，人迷失了自我。人只有在酒精的麻醉、毒品的快感中寻找自己的世界。人实际上是在逃避，因为这个物质繁荣的世界无法满足人的精神需求。弗洛姆得出了自己的结论——在19世纪人类所面临的问题是“上帝死了”，而在20世纪人类所面临的问题是“人”死了，活下来的只是一种人形动物。

面对这些激烈的矛盾，弗洛姆并不是仅仅进行批判，相反他利用自己的所学提出一条解决的出路。弗洛姆将马克思的“人的全面而自由的发展”的理想与弗洛伊德的精神分析理论进行了创造性的综合，建构了自己关于人的存在方式的理论体系。面对资本主义世界各种社会冲突和矛盾，弗洛姆从人的存在状态入手进行分析。他的理论视野中的主角始终是“孤立无援的现代人”，由于当代社会中异化现象日甚一日，人类不但在肉体上遭受着痛苦，而且随着当代资本主义社会统治方式的隐蔽化，通过媒介和意识形态对人进行控制，使得人的精神世界也被扭曲。而后者导致人类的性格发生畸变，精神被撕裂。正是看到了西方社会物质繁荣，而人性却被扭曲这一现象，弗洛姆创造性地提出了关于健全社会的理论。他认为社会是否健康，不但要考察其经济发展和社会富裕程度，而且更为重要的是这个社会能否满足人的精神需求，能否促进人的全面而可持续发展。在弗洛姆关于人的存在理论中，始终跳跃着时代的节奏，他孜孜以求地探索着人类从重视占有的存在方式走向重视存在的方式的解放道路。在全面建设小康社会的今天，中国要避免重走西方发达国家只重经济发展而忽视人的需求的老路，弗洛姆关于人的存在理论可以给予很大的帮助。

一、何谓存在

存在这一概念是弗洛姆科学地理解人生活方式的核心概念。而这一概念的源头是弗洛姆对马克思的人的概念的理解。弗洛姆认为马克思主义之所以被称为新唯物主义，其新就在于，它不同于以往唯物主义仅仅是关注于物质与意识何者第一性的问题，其理论的焦点已经加入了人的因素，即“人的现实的存在状态怎么样”。空谈人的本质或者外部世界的存在是没有意义的，重要的是要关注世界对人的意义。因此，人的本质就是人的存在，而存在本身已经加入了时间因素，是一种可能性和不确定性。弗洛姆比较好地理解了马克思的原意,他认为所谓人的本质就是一种潜能,是一种生成性的、动态的存在,而不是一种现成的、静态的存在。与其他物种相比,人类的能力是有限的,为了弥补自身先天的不足,人类需要在现实的实践活动中去改造自己、完善自己。

对于外部世界的理解上,以往的哲学通常关注"存在是什么"这一问题,而这一问题实际上是一个知识论的问题。马克思所关心的则是"人是如何在历史中自己完成自己的"。马克思不再探究自然的存在,而是研究自然对于人的存在的意义。人与世界的联系是通过人的实践活动完成的,而实践本身是一个存在的概念而非知识或者本体论的概念。在实践中,主体所关心的不是如何去认识现存的世界,而是如何将一个可能的、潜在的世界变为现实。这个世界是与人的存在相关的价值世界,这样问题的重点也就不再是如何解释世界,而更重要的是如何改造外部世界。这样,马克思的哲学就从本体论哲学蜕变为了存在论哲学。恩格斯也曾这样总结马克思的这一伟大贡献:"历史破天荒第一次被安置于它的真正基础上,一个很明显而以前完全被人忽略的事实,即人们首先必须吃、喝、住、穿,就是说首先必须劳动,然后才能争取统治,从事政治、宗教和哲学等等,——这一很明显的事实在历史上的应有之义此时终于获得了承认。"①对于人类而言,存在是第一位的,是永恒的,人类只有在满足衣食住行等基本生物需求之后,才能展开别的追求。存在价值是人类追求的终极目标,也是规定人类各种行动的终极原因。人类生命的本质就是存在。马克思将存在这一主题凸显出来,表明了他对以往哲学的一种超越,马克思将这一问题提高到人类一切活动的永恒前提,从而完成了存在论的革命性变革。

在继承了马克思存在论的基本观点之后,弗洛姆进一步区分了人类的生存方式的两种不同的类型,即占有(to have)或存在(to be)。人类在日常生活中,总是在这两种方式中取其一而为之,或者取向占有,或者取向存在。而"占有"和"存在"概念并非弗洛姆首创,而是他通过在马克思的《1844 年经济学哲学手稿》对资本主义的批判中引申而来的。在书中马克思认为:

---

① 《马克思恩格斯选集》(第三卷),人民出版社,1995 年,第 335 ~ 336 页。

“私有制使我们变得如此愚蠢而片面，以致一个对象，只有当它为我们拥有的时候，也就是说，当它对我们说来作为资本而存在，或者它被我们直接占有，被我们吃、喝、穿、住等等的时候，总之，在它被我们**使用**的时候，才是**我们的**……**一切**肉体的和精神的感觉都被这**一切**感觉的单纯异化即拥有的感觉所代替。人的本质必须被归结为这种绝对的贫困，这样它才能够从自身产生出它的内部的丰富性。”①在弗洛姆看来，重占有或重存在这两种生存方式是马克思对于人的理解的核心概念。在马克思的理论体系中，人与物之间的占有关系是在私有制条件下产生的，而且人只将物当作是资本，是获利的工具。本来人与物之间有着多重丰富的联系和感觉，而在私有制中所有的一切均化为纯粹的异化关系，即占有感。在表面看起来丰富之下，只是人的本质的空虚。因而弗洛姆认为，在马克思的著作中无论是关于经济的范畴还是关于人类学历史的范畴，都始终围绕着人的这两种存在状态展开。

对于重占有和重存在这两种生存方式在马克思的原著中并没有非常具体地展开，而弗洛姆运用心理分析的方法对马克思所提出的基础概念进行进一步解读和引申，以找出重占有与重存在之间的差别。弗洛姆认为，对于概念的理解和解释必须要以实践的经验为基础，这一点也是他的理论体系较之法兰克福学派其他学者更为贴近马克思原意的地方。因此，在解释重占有和重存在两种生存方式的区别时，他的出发点就是他在心理治疗的临床中对大量个体和群体病症的具体研究案例。通过对这些第一手案例进行充分的分析之后，弗洛姆认为这两种生存方式的差别是对于活物和死物的爱之间的差别，更进一步说就是两种截然不同的生存体验，而每个人的体验强弱之间的差别在于自身的性格以及两种不同社会性格对其的影响。从以上的解读中可以发现，对弗洛姆来说，重占有或者重存在不仅仅表现为性格上的差异，更重要的是它反映了人类的存在模式和生命体验的区别；而在马克思的原著中主要强调的是经济领域的差别。就此而言弗洛姆是对马克思的概念进行了扩充。为证明自己这种扩充的合理性，弗洛姆进一步引用了马克思在《1844 年经济学哲学手稿》中的一段话：“你的存在越微不足道，你

① 《马克思恩格斯全集》（第 42 卷），人民出版社，1979 年，第 124 页。

表现你的生命越少,你的财产越多,你的外化的生命就越大,你的异化本质也积累得越多。国民经济学家把从你那里夺去的那一部分生命和人性,全用货币和财富补偿给你。”[①]弗洛姆认为,马克思这里所说的占有财产就是一种感觉,是对物的欲望以及自私自利的心理。马克思说的“财产越多”是一种存在状态,而不是指占有财富本身。

在人类思想史上,许多关注人的存在状态的哲学家,其理论的核心就是对于重占有还是重存在两种不同生存方式的抉择。马克思也不例外,在其思想体系中,人过上奢侈的生活和人处于贫穷状态两者之间仅仅是一个已经占有物而另一种则没有,但是从本质上来说两者没有区别,都是一种占有,都是罪恶。人生存的真正目的应该是去充分地实现人的存在而不是占有。从人的感觉角度来看,重占有还是重存在实质上是人对生活的两种根本不同形式的体验,是对人存在方式的终极的考量。为了维持人的存在的必备条件,人类需要通过占有一定数量的东西来满足自身需求,来获取基本满足。然而在弗洛姆所处的高度发达的资本主义社会中,有社会生产力的高度发展和财富的急剧增加,人类的欲望可以无限制地得到满足。但在占有许多东西的同时,人却没有得到幸福,这在弗洛姆看来就成为重占有的生存方式。

而相对于重占有这种生存方式,人类是可以充分发挥自己的潜能过一种完全发挥自己能力的全新的生活,进入重存在状态。在马克思笔下是这样描述这种生活方式的,即人与周遭世界发生联系的前提是人就是人,人是价值判断的出发点,以此为基础,人与人、人与自然之间的关系就是充满活力和创造性的。人与人之间是在相互信任基础上的理性的爱,人与人交往时不是依靠僵化的言语而是依靠自己行动的力量。而人在处理与自然界的关系时,也是与自然融为一体,人的生活和意志与自然的特性是相一致的。弗洛姆据此认为,存在是指人的一种生存方式,在这种方式中人不占有什么,也不希望去占有什么,他心中充满欢乐并创造性地去发挥自己的能力以及与世界融为一体。在这种存在状态下,人类与世界的联系是一种真实的状态。这种存在状态是一种无法用语言描述的内心体验。“重存在的存在

① 《马克思恩格斯全集》(第42卷),人民出版社,1979年,第135页。

方式的先决条件是：独立、自由和具有批判的理性。其主要特征就是积极主动地生存。”[①]当这种存在方式在社会中普遍出现，并成为人们主要的生活模式时，一个真正意义上的社会主义社会就出现了。因而，对于“重占有”和“重存在”的界定不但是评估人类真实存在状态的终极抽象，而且是弗洛姆眼中理想社会的愿景。

二、两种对立的生存状态的基础及实质

重占有的生存方式的基础是什么？弗洛姆简单而明了地回答这一疑问，即“是建立在私有财产、利润和强权这三大支柱之上的”[②]。在这样的生活中，人们对自己的活动不免带上了极大的偏见。在重占有的社会中，人的神圣而不可剥夺的权利是在生活中不断地捞取、占有和获利。人的自我的塑造和构建必须依赖占有，没有占有物人就无法生活。财富成为证明拥有者力量的象征，至于财富是如何获得则不是一个重要的问题。财富与义务之间是没有任何关系的，财富的获取正当性无须进行道德的考量。只有在不触犯法律的前提下，人拥有无限而绝对的权利去获取和支配财富。

在分析重占有的生活方式之前，还应该仔细区分一下功能性占有和纯粹的重占有方式。其实，无论是重占有的生活方式，还是重存在的生活方式，都必须以保证人的基本生存为条件，人要生存必须占有一定的生活资料，这是由人的自然属性所决定的。关于这一问题马克思早已清楚地说过了：“人们为了能够‘创造历史’，必须能够生活。但是为了生活，首先就需要吃喝住穿以及其他一些东西……”[③]这些吃喝住穿等就是所谓的功能性占有。功能性占有是扎根于人的生存状态之中的，因而可以称为“生存性占有”。为了维持人类的生存的占有是不会与人类的本真生存有矛盾的，而与生存发生对抗的是那种重占有的占有。而后者才是马克思和弗洛姆都着重加以批判的对象。

---

① Erich Fromm, *To Have Or To Be*? The Continuum Publishing Company, 2008, p.57.

② Ibid., p.75.

③ 《马克思恩格斯选集》(第一卷)，人民出版社，1995年，第79页。

弗洛姆认为,占有观念实质上是源于私有制的。他说:“重占有的生存方式是从私有财产派生出来的。”①在这种生存方式中,人们唯一信奉的就是据物为己有,并且一旦占有就可以永远将其保存下去。这种生存方式最大的特点就在于对分享的排斥,主体一旦获得了占有物,则在使用过程中就无须再付出自己的能动性和创造性。在这种方式中,占有的一切皆为死物,人与占有物之间的关系是僵化的。乍看起来似乎人拥有一切,但是实际上却是一无所有,因为我所有的、所占有的和所统治的对象都是生命过程中的暂时瞬间。“在重占有的生活方式中,我与我所拥有的东西之间没有活的关系。”②人所有的和人本身都变成了物的关系。从另一个角度来看,人所拥有的物也占有了人自身。这是因为人的存在是以物的存在为依据的,要证明自己的实力必须尽可能多地占有。这种重占有的生存方式,导致了人的异化,主体和对象之间是没有任何生命力,更不要说创造性。

重占有能成为一种普遍的生活方式,与这个社会的基本规范是有密切的关系的。弗洛姆在综合马克思和弗洛伊德的观点后,对重占有的生活方式提出自己独到的见解。他认为:“有效的社会规范也影响到社会成员的性格……他们的主要特征是,有要获取财产,保持它和让它增殖即赚取利润的意愿。”③在这种主流的社会规范的引导下,人们会认为重占有是唯一的生活方式选择,这一点可以从方方面面体现出来。

在一个重占有的社会中,即便是一个一无所有的人也迷恋自己的占有物,因为他毕竟还拥有一些东西,虽然这些东西在常人看来不名一文。在占有的基础上,人们还要想尽一切办法使自己所占有的东西增殖,以便从中获取更多的利润。在一个父权制的社会中,一名男性即使他再穷,他也占有着女人、孩子和牲畜。男性只需要让女性生育后代就可以占有更多的人——孩子。因为社会中流行的观念是,“最大的享受大概不在于对物的占有上,而在于对生物的占有”④。男人占统治地位的世界在人类历史上延续了五千年至七千年,虽然到今天这种制度已经开始动摇和瓦解,但是在许多国家中还是广泛存在的。从表面上看,妇女儿童的被占有地位发生了改变,似乎已

①② Erich Fromm, *To Have Or To Be*? The Continuum Publishing Company, 2008, p. 63.
③④ Ibid., p. 58.

经被解放了。但是实质上，由于全面发达的当今社会是建立在私有财产、利润和强权基础之上的，因此重占有并没有消失而是扩大其范围。按照弗洛姆的分析，人们不但可以把有形的事物作为占有对象，如金钱、财富、艺术品等，而且可以将无形的东西纳入占有的范围，如友谊、爱情、健康。人们不仅对物采取占有的态度，而且对人、对情感、对思想也持这种方式。因此从整体上而言，重占有的生活方式是无孔不入的，渗透到了日常生活的方方面面。人与人之间在交往过程中也存在占有感，如人们现在总是习惯说我的医生、我的老板、我的员工，等等。人与自己的思想、情感甚至是自我的体验之间也出现了占有关系，本来是生动活泼的东西现在异化为僵死的关系。更有甚者，人的自我本身也成为重占有的生存中的一部分，人占有自己的肉体、姓名、地位、知识、想法，等等。在重占有的状态下，人的自我意识的构建不是依靠人的自身潜力的发挥，不是通过人的富有创造性的劳动，而是通过建立在自我特征基础上的占有物来完成的。

除了占有的范围在扩充，人们的占有观和占有心态也在发生变化。这是弗洛姆对从 19 世纪以来西方社会观念进行研究的结果。他发现在第一次世界大战之前，人们为了能长期地拥有自己所占有的一切，总是将能获得的任何东西都长久保存起来。当时的流行观念是“东西越旧越好”。而经过第二次世界大战，特别是科学技术的迅速发展、经济的高速增长，为了巩固私有制，赚取更多的利润，社会观念也随之发生改变。人们购买商品是为了扔掉它，今天的口号是：“消费，别留着。”在这种思想指导下的消费是一种异化的行为，这种消费是非理性的行为。人是生活在物欲的世界中，人们不停地追求新款的汽车、时髦的衣服和新奇的电子设备。但是在获得这些不错的东西后不久，人们马上就开始厌倦，因为更新的产品在向他们招手。因此，在当今社会中，占有的模式也发生了变化，从长期的占有变成了一种暂时的占有，即“购买—暂时占有和使用—扔掉，或尽可能地做一笔有利可图的买卖，换一种更好的型号——买进新的，如此往复”①。

除了前面所提到的私有制、利润和强权这三大维护重占有生活的主要

---

① Erich Fromm, *To Have Or To Be*? The Continuum Publishing Company, 2008, p.59.

因素之外，弗洛姆认为为了使重占有成为人的一种本能反应，还有一些因素是起到了促进作用的。首要的因素，弗洛姆认为是语言。整个重占有的社会通过语言向人们灌输并强化重占有的价值理念，特别是通过对人的命名，人的姓名或是一个语言符号就成了活生生的人的等价物。它暗示着其所代表的人可以永存，而且是不会毁灭的。这样一来，生命的鲜活过程被抹杀了，生命成为僵死的实体。除了对人之外，对待其他的物的描述中也存在这一倾向，也具有欺骗性。但人在用名词叙述某个物的时候，似乎这些对象都是一成不变的实体，而实际上这些物不过是引起人们身体系统产生某种感觉的能量转变过程而已，是一个运动的结果。按照弗洛姆的说法，“社会教会了我们把身体上的感觉转变为知觉，从而能控制我们周围世界（和我们自己），以便在一定的文化环境中生存下去”①。因此，人们的永久占有某物的想法是建立在一种幻想之上的，表面看来人们拥有一切，但实际上是一无所有，人所拥有的仅仅是生命过程中的一种体验罢了。

另一个重要的因素就是人类与生俱来的求生本能，而在一个重占有的社会中，这一点被不断地突出和强化。不管人们生活得幸福还是不幸福，人们在内心深处都希望自己能肉身不死。但是现实是人终有一死，因此人们想尽一切办法来实现自己不死的愿望。如埃及法老建造金字塔，其目的就是能在死后保存他们的尸体永远不朽；在其他宗教中，如基督教和伊斯兰教中对天堂的描述实际上也是对人们不死幻想的满足。从18世纪开始，虽然宗教在逐步走向衰微，但是替代宗教幻想的信仰开始出现。例如，历史和未来成了天堂的代名词，对荣誉、名声甚至恶名的追求都意味着永生不朽的含义。对于这些东西的追求是当代社会的一种风尚，对于那些相信彼岸世界的人来说，这种追求显然已经成为一种信仰。只要能扬名于世，那么人就可以不朽，而由广告所制造的梦幻成为人们新的信仰。不仅如此，现在流行的观念认为，假如自我等于我占有的物，那只要这些物不消失，那自我就不会消亡。同样，“只要我是资本的拥有者，那么继承法的机制就会使我的生存是永恒的”②。古代的埃及人通过不朽的木乃伊来保证自己的永生，而当今

①② Erich Fromm, *To Have Or To Be*? The Continuum Publishing Company, 2008, p. 67.

的人们则通过遗嘱来使自己长存，虽然形式发生了转变，但实质都是通过占有来取得生命的永恒。

第三个有利于重占有生存方式的因素是“肛门性格”。这是弗洛姆的生存理论的重要特色，即将弗洛伊德的精神分析的知识融入到其哲学理论中来。弗洛伊德在对儿童的成长进行观察后，发现所有的孩子都存在一个纯粹消极感受期——肛门期。而这一时期的经历会导致“肛门性格”的形成。这种性格的典型特征是进行不断的存储，人为存储物品而生，存储的对象可以是财产、物品以及情感和语言。弗洛伊德的这一观点实际上是对 19 世纪资产阶级社会的尖锐批判，这种性格特征成为那个时代人道德行为的规范，从而成为人的天性。实质上，弗洛伊德是希望通过对这种性格的描述，对他所处的社会运转方式和这个社会的贪婪进行批判。而这种社会性格会影响社会中每一个成员的个人性格特征，成为决定人行为的潜在的力量。而这种社会性格特征也就成为重占有社会的最好的黏合剂。弗洛伊德得出的结论是，如果占有在个人成人后仍是性格的主导倾向的话，则这个人是病态的。而“肛门性格”在整个社会中如果占主导的话，那么这一社会就是病态社会。而弗洛姆所处的时代恰恰符合上述特征，因而也是一个不健全的社会。

那么在弗洛姆看来，理想的生存方式——重存在的生存方式的基础又是什么？回答这个问题似乎比较困难。弗洛姆认为，在一个重占有的社会中，人们从来没有体验过重存在的生存方式，所以对这种生活知之甚少。只有占有才能生存，而一无所有就意味着自我的消亡，这是重占有社会的主流观念，重存在则很难对它下一个明确定义的。但是弗洛姆并没有气馁，他通过对两种生活方式进行对比的办法，来找出这个问题的答案。

重存在的实质是一种体验，而体验是无法用语言进行描述的；而重占有，因为它涉及了物，而物是具体的、有形的，因此是可以被描述的。而用语言来定义重存在这种生活状态，展现出来的只是每个独特自我的人格面具，而人格面具本身也是一种物，物是死气沉沉的，而人则是朝气蓬勃的。究其根本，人是没有办法用语言去衡量的，因为人的存在是由许多方面体验组成的，这每一方面就像每个人的指纹一样是独一无二的，试图全面将这些独特方面说出来是徒劳的。当人将“一种体验转变为思想和语言的时候,这种体验就烟消云散了,它变得僵死干瘪,成为单纯的思想”①。人的体验是丰富多彩的,而语言本身就像是个容器,人们可以用它去容纳自己的体验和经历,但是被它所容纳的体验与体验本身已经截然不同,是两回事。

虽然对于重存在不能用语言去明确定义,但是它产生的条件和特征还是可以明确地用语言指出来的。弗洛姆认为,要形成重存在的生活方式,其首要条件是人应具备独立的、自由的批判精神。处于这种生存状态的人的最大特征就是能够积极主动地生存。而这主动性是一种发自于人内心的活动,是人在生存过程中富于创造性地运用自身的力量。这种主动性与外在的、忙忙碌碌的生存方式是有本质区别的。在主动性的活动中,人可以自我更新、自我成长,能充分地去爱,从而超越孤立的自我的桎梏,对生活充满兴趣,去不断地贡献自己的智慧和力量。在一个重占有的社会中,如何达到重存在的生活呢?弗洛姆认为,重存在的生存方式本身就是一个动态的过程,在这个过程中人们对各种层面的重占有形式的消除,那么一个全新的重存在的生存方式也就自然可以建立起来。人放弃自我中心和自私自利的想法,也就是放弃自己所占有的物,那么生存的本质也就自然而然地显现出来了。但是在一个重占有为决定大多数人的价值取向的社会中,让人们放弃自己所占有的一切是何其的困难。因为人们的安全感、满足感、幸福感是建立在占有的基础上,一旦扔掉财富的“拐杖”之后人们会感到不安和失落。其实,这一切都是这个重占有社会灌输给人的错觉,真实的情况是一旦人们抛弃对一切外在的东西的占有之后,当人能够充分地发挥自己的固有的能力时,倒下的只是重占有的生存方式,站立起来的则是一个真正意义上的人。

重存在的生活方式重视积极活动(行为)的能力,对于这一点弗洛姆进行了重点的分析。重存在是与积极主动相一致的,而消极被动则与之背道而驰。为了区分这二者,关键是必须将主动与被动的含义梳理清楚。

在现代社会中,主动性意味着人通过自己的有目的行为,而这种行为的

---

① Erich Fromm, *To Have Or To Be*? The Continuum Publishing Company, 2008, p. 72.

结果是引起被社会承认并有利于社会的变化。这样去定义主动从表面看来似乎非常合理，但是弗洛姆从中看出了问题。在这种描述中人的感受被忽视了，现代意义的主动只是注意了行为本身。从事这样的“主动”活动的人到底是出于自身对工作的兴趣，还是仅仅与其所从事活动的没有任何内在的关系的旁观者，抑或他们在活动中并没有得到满足感而只是因外在压力不得已而为之等，这一切都是无所谓的。因而弗洛姆认为，非常有必要更深层次地探讨主动的含义。他认为，必须把真正的积极主动和忙碌加以区分，换句话说，必须要区分所谓异化的主动和没有异化的主动。在所谓忙碌，也就是异化的主动之中，人的体验只是行为的结果，而行为本身由于是外在的，因而人并未感到自己是主体，而单就这个结果本身来说，又是与行为主体的人相脱离、超乎于人之上的或与人相对立的“彼岸”的东西。自我是在内在或外在的力量的驱使下进行活动，在行动中我无法体验自身的存在，而最终我能感受的活动结果又是与我相脱离的。弗洛姆使用他在临床中的强迫性神经官能症和被催眠状态下的病人为例，来证明这种假主动在重占有社会中的存在。而这种异化的主动，实际上是一种被动变种而已。

与上述忙碌相对立的是非异化的主动，在这种活动中活动的原动力来自于人自身，在整个活动过程中人可以清晰地体验到自我的主体性。这种的主动是一个创造、生产的过程，这个过程是自我力量与能力的表现过程，我、我的活动和我的活动结果联结为一体。这种活动的一个重要特点就是具有创造性。这里所谓的创造性并不是说要创造某种新的、具有独创意义的东西。那种意义的创造仅仅是少数人如艺术家和科学家才拥有的，是需要一些先天才能的。而弗洛姆所指的创造性是人所共有的，是人类活动的行为特质，也就是说它不注重行为结果，因为那是物，而注重的是行为者——人的内心体验、感受。弗洛姆用了一个日常生活中的例子来说明这一点。读者在阅读诗歌时只要能感受到作者用语言表达出来的思想情感，与之产生共鸣，那么虽然读者并没有创造任何新东西，但是他的阅读却是创造性的。因而弗洛姆总结道，在阅读过程中，人能完全融入到书的情景中去，读者通过书这个媒介能与作者进行沟通。阅读本身并不带有功利性，即通过阅读想产生某种艺术或者学术成果并不是阅读的目的。创造性意味着人的一种性格取向,弗洛姆认为每一个具有健康感情的人都具有这种性格取向。一个具有创造性的人可以将自己的全部身心融入到活动中去,赋予他所接触的一切以生命力。在给予别的人和物以生命的同时,自我的潜能也就得到了实现。“主动”和“被动”的含义完全不同:忙碌即表面上看起来的主动,只是一种忙碌,而实际上却是“被动”,是没有任何创造性的;与之对立的主动,从表面上看可以是清闲的,但实质上它是真正具有创造性的。

弗洛姆认为,对于这一点的解释马克思在《1844年经济学哲学手稿》讲得十分清楚。马克思认为所谓“自由的、有意识的活动”就是“人类的性格特征”,也就是说,“劳动就是人的活动,而人的活动就是生活”。劳动就是人类的生存方式,在劳动中人类发挥自己的创造性和活力,充分地展示自己的人性。在马克思看来,资本代表着过去,因为它是积累的产物,它是僵死的。因而劳动与资本之间的斗争,就意味着生存与占有、人与物、现在与过去的斗争。马克思的理论归宿在于,资本主义制度下人的“自身活动”受到了障碍,而在一个新社会——社会主义社会中,人的生活的各方面得到重建,人能通过劳动达到人性的复归。

除了主动性这一标志之外,更深层次地反映生存特征在于人的性格结构、人的行为的真正动机。每个人的行为似乎可以反映人的生存,但是弗洛姆认为这只是人的一个面具、一个侧面而已。真正的生存则在于人的内心之中,这是人所未察觉,也不能直观地发现的部分。这一层次就是弗洛伊德所说的无意识领域。无意识领域是受到压抑的、不合理的、幼稚的和个人的体验的综合。通常在一个社会中认为是正常的人在于这个人的行为是建立在意识之上的。但是“我们所意识到的那些动机、观念和信念是有错误的信息、偏见、非理性的热情、合理化和成见混合而成的,在这些成见当中有某些漂移不定的真理,从而使我们产生了一种(当然是错误的)可靠感,以为这种混合物是真实的”①。但这实际上是错误的观念,真正被压抑的是对实际存在的认知和对真实事物的认知,而人们往往是按照未被压抑的意识去生活。真正人的生存恰恰是应该注重真相,而反对虚幻的假象。任何扩大生存领

---

① Erich Fromm, *To Have Or To Be*? The Continuum Publishing Company, 2008, p.75.

域的努力都意味着我们对周围世界、他人以及我们自我的真实存在有了更多的了解。只有透过表面把握人的真实状况,才能达到真正意义上的生存。

弗洛姆所处的时代是资本主义高度发达,重占有生活方式现象深入到社会的方方面面。在这样一个社会中,主导的思想是重占有的生活是必然的、无法变革的,而且人性本身就是懒惰和被动,若没有物质上的刺激,整个社会将无法前进。但是弗洛姆认为事实恰恰相反,在每个人的本性中都具有重占有或重存在的因素,对于这两种生存方式人都有可能去实践。但是由于当代社会的基本特征,才使得重占有在人性中成为主导。人在内心深处是渴望与他人结合为一体的,而这种要求就是深植于人的生存条件之中,是人的行为的强大动力。当人类脱离自然界获得理性时,在人的内心深处也出现了一种孤独感。为了消除这种孤独感,人们渴望与他人结为一体,而这种内心的冲动也就成为人行动的强大动力。与外界结合的形式可以是多样的,例如劳动中联合、偶像崇拜、民族认同等。一个社会想要前进和发展,就必须要促进人的某种联合和团结。由于在每个人的人性中都有两种可能性:一种是占有倾向,它源于人要活下去的生物要求;另一种是存在的倾向,它源于人以奉献、分享和牺牲为乐,源于人的特定的生存条件,所以对两种生存方式进行抉择的可能性都是存在的。就是在一个以重占有为主导的社会中,由于社会结构和价值规范有利于重占有倾向,那么人们便去追求财富、金钱和地位等,从而重占有的生活方式也就成为社会的主流。相反,若是社会结构和价值观等是促进人重存在和共同分享一切,那么人的重存在的潜能也就可以释放,重存在的生活也就可以建立起来。因此,弗洛姆认为:“我们的决定在很大程度上是受一个社会的社会经济结构制约的,社会让我们优先做出这一选择或那一选择。”①因而要建立重存在的生活方式其条件有二,即首先社会经济结构发生根本性变革,破除私有制;然后在此基础上,人类对自我的本性进行充分认识,在两者的相互作用下,一种全新的生存方式——重存在的生活方式才能真正建立起来。

① Erich Fromm, *To Have Or To Be*? The Continuum Publishing Company, 2008, p.77.

三、以存在为主导的生存方式的实现路径

当今社会因为以重占有作为其主导价值取向,似乎已经没有摆脱困境走向重存在生活方式的希望之路。但是弗洛姆认为转变的希望还是存在的,关键在于人类如何作出正确的抉择。在这个时代,有一个幽灵在游荡,它不是共产主义或法西斯主义的幽灵,而是重占有的价值观以及随之而来的生活方式。这是一个完全机械化的社会,社会的运转听命于市场中价格的涨跌,听命于大众媒体的宣传,听命于计算机的程序。这个社会中,科学技术高度发达,物质财富到处涌流,但是人却丧失了应有的理性和主动性,人被贬为整个社会机械系统的一部分。弗洛姆对这一社会提出了疑问:“我们必须生产病态的人以达到一种健康的经济吗?或者说,我们能够利用我们的物质资源、创造发明和电子计算机服务于人的目的吗?为了具有强大的和功能健全的组织,个人必须是被动的和从属的吗?”对于这些问题,弗洛姆给出了否定的回答。他认为,存在着一条通向人的幸福是压倒一切的、能满足人的需要的重存在的社会的道路。

作为深受马克思思想影响的哲学家,弗洛姆信奉马克思的箴言,即哲学家的任务不只是解释世界,而是要改造世界。因此,他的人的存在理论不仅要批判和揭露现代社会中重占有的事实,而且要变革不合理的现存秩序。不过在弗洛姆看来,认识和批判这个重占有的社会本身就是一种变革社会的实践。这是因为意识对社会历史的发展有重大的影响,所以改造社会的前提条件就是要进行意识上的革命。而处于重占有社会中的现代人,往往没有意识到自己所处社会的实质,因而也就没有改变重占有的资本社会的自觉意识。弗洛姆关于建立新社会的工作,重要的切入点就是进行人的精神世界的变革。在这场变革过程中,人首先要意识到物质消费的不断提高并不一定就是幸福,彻底的社会革命必须与人的性格和精神的转变同时发生。之所以历史上历次革命会失败,关键在于革命的组织者忽视了阻碍变革的政治、社会和心理因素。而由于对这些因素的忽略,直接导致了自私自利之心成为主导人的力量,而像资本主义这样一个本身就是建立在利己主

义基础之上的社会又会比一个博爱的社会体系更加有利于这种心态的成长。

除此之外，在整个革命的过程中，人的价值的实现应该是革命的目标和最终诉求，而不是物质的不断丰富和满足。经济不应该成为人类生活的内容，它仅仅是人类生活的基础，在重占有的社会中恰恰是本末倒置，而对这一点的错误理解实际上也导致了苏联式社会主义建设的最终失败。因而弗洛姆认为，以往的社会变革都是不触及人的主体性本身的革命，实际上是以一种新的压迫形式代替旧的压迫形式而已。如果没有人主观的能动性的激发和改变人的心理结构，那么这场革命仅仅是一次不彻底的经济变革和政治变革而已。真正意义上的人类解放是以彻底消灭重占有的社会为前提的革命，是以有主观意识和人的潜能的充分发展为基础的革命，是从重占有意识产生的源头——日常生活中展开的革命。由此，弗洛姆认为："只有从根本上改变人的性格结构，抵制重占有的价值取向和发扬重存在的价值取向，才能避免一场精神上和经济上的灾难的降临。"[①]

弗洛姆坚信只要具备他所说的四个基本条件之后，人的性格是可以发生根本性变化，人的主体性是能够被激发出来的。第一，人必须要充分认识到自己是处于一个病态的重占有的社会之中，并且自己的生活方式本身也是不健康的。换句话说，这是人的自我意识的觉醒，是整个变革的先决条件。这场变革说到底是人的变革，不是外在强加的，而是由人的自我能动性来推动的。第二，在人的自我能动性被激发后，人必须积极地去寻找这种病态生活方式产生的原因。重占有的生活方式已经渗透到人的生活的各个角落，因此人们必须对这些现象进行具体分析，从而为从根本上克服这种病态生活找到出路。第三，弗洛姆认为虽然重占有的生活方式在当今社会已经成为人们主导的生活模式，似乎已经根深蒂固不可动摇，但是实际上人是具有无限的潜能和丰富的创造性的，所以只要人能真正地投入到变革的过程中去，那么重存在的生活方式是必定能够实现的。弗洛姆对这一点抱有充分的信心。第四，仅仅是意识到问题的存在是不够的，人必须树立一套全新

---

① Erich Fromm, *To Have Or To Be*? The Continuum Publishing Company, 2008, p. 137.

的行为规范,并且在生活中不断地去实践。只有这样人的性格会发生变革,自我能动性也就能发挥出来,新社会的建立也是指日可待了。

弗洛姆认为,他的这四个基本条件是对马克思思想的深化而已,因为在他看来马克思在其所处的时代为工人阶级解放所做的工作也可以由四个步骤构成。马克思所做的第一步就是要使工人阶级意识到自身的苦难——工人阶级是最为贫穷,异化也是最为严重的。通过向工人宣传这一思想,可以帮助工人阶级冲破蒙蔽他们、使得他们看不见自己贫苦处境的迷雾和假象。接下来的第二步,马克思是向工人们分析了他们受苦的根源,正是由于资本贪婪的本质及其造就出来的重占有的社会性格,使得工人处于全面异化的生存状态中。第三步是告诉工人阶级,这种苦难是可以消灭的,因为通过分析人们已经找出了病症的根源。最后一步,马克思向工人们宣传新的生活实践的种种原则,而在实践中身体力行这些原则就可以把人从旧社会必然造成的那种贫困状态中解放出来。从以上的对比可以看出,弗洛姆虽然强调主体意识在社会变革中的作用,但是与马克思相比他将主体的范围进行了扩充,即在马克思理论中是以工人阶级为主,而弗洛姆将所有采取重占有生存方式的人都纳入了进来。这一点的差别是与他对马克思的异化理论的改造和扩展相一致的。

通过这四部曲后,产生出来的新人应该有一些基本特征,弗洛姆大致归纳了四个方面:

第一,新人意识到为了全面地生存,必须放弃一切形式的占有。在生活的各个层面都以奉献、分享为乐,而不是把快乐源泉建立在积攒和对他人的剥削的基础上。

第二,新人应该具有安全感、对自我个性的认同感和自信心,而且这三者是以对现存自我的信念、要求与周围世界紧密联系、对世界的兴趣、爱和与其团结在一起为基础的。必须彻底地与占有欲和控制世界的欲望决裂。对人类自我充满信心,生活的意义是由人类自身,而不是其他任何人、任何物所赋予。而这种意义性是以人类彻底的独立性、充分的奉献和分享为先决条件的。正是在这一思想的指导下,每个人无论其身处何处,都能积极地参与,充分地展示自己的才华。而在这种生活态度的指导下,人生的目标就是促进自身和他人个性的充分发展。为了实现这一目标人们必须承认现实和遵守纪律。

第三，能够爱和敬畏任何形式的生命，能够意识到物、强力和任何死的东西都不是神圣的，世界上唯一令人感到敬畏的是生命和能够促进生命成长的一切。当人与周围世界的所有生物融为一体时，人就能获得一种家园感和整体感。因此，人类不应该去征服、奴役、剥削、压迫和毁坏自然界，而应该想方设法理解自然，与自然和睦相处。

第四，新人不能像其前辈那样，靠幻想和偶像生活，在重存在的社会中，人只是相信自身的力量而不需要任何幻想。人能够努力培养和发展自己爱的能力以及批判的、理性的思维能力，也能够克服自恋心理，坦然面对人的存在的有限性这一残酷的现实。不去欺骗他人，更不受他人的蒙蔽，人可以是无辜的，但不应该是幼稚的。人类可以从自己活力不断增长的过程中寻求到幸福感，无论生命在何处结束。在重存在的生活过程中，人类已经尽可能地去丰富和充实自己的生活，因而满足感的产生不在结果之中。在弗洛姆看来，当具有上述特征的新人出现后，新社会的出现也就具备了充分的条件，而新社会的建立过程本身也是塑造新人的过程。两者是相互依存、相互制约、互为因果的。而更为重要的是，新人和新社会本身不是人类发展的终级目标，而仅仅是人自身发展的一个阶段而已。如果将新人和新社会的建立当成是目标，本身就是一种重占有的思维方式，把这两者都看成是死物。而阶段的含义则是一个过程，是具有鲜活的生命力的。

总的说来，人的主体性和人类的解放是不可分割的历史的总体化过程。而弗洛姆的重存在社会的建设就是要把人的自我能动性放在社会变革的首位。从这个意义上说，弗洛姆的变革就是以经济领域、政治领域、文化领域等诸方面为突破口，而进行的一场全方位的总体革命。

四、对构建当代中国新的生活方式的启示

诚如之前所谈到的那样，弗洛姆关于人的生存方式理论对于当今中国有着非常大的现实参考意义。在他笔下着力批判的重占有社会的现象在21

世纪的中国正在程度不等地显现,人们从他理论的字里行间可以感到非常强烈的现实感。虽然在20世纪80年代,对于人的生存状态问题曾经有过一场激烈的讨论,但是从今天的角度看,由于没有深刻地经历过这一现象,所以观点之间的争论尚未能触及国人之心灵。今天,当中国人重新阅读弗洛姆的书时,对他的思想的理解一定会产生某种心理共鸣,这反过来会坚定对中国特色社会主义理论的信心。

德国诗人海涅说过:每一个时代都有它重大的课题,解决了它,人类社会就会向前推进一步。进入21世纪,人类遇到的最根本的问题不是发展问题,而是人类的生活方式问题。要想从根本上解决人类所处的世界应当如何发展的问题,改变人类现有的生活方式是一个极为重要的着力点。人类可能没有完全意识到,当今世界上普遍崇尚的市场原则和私有制成为重占有生存方式的温床,而这种病态的生活模式正将人类引向毁灭。随着新技术革命和全球化浪潮的推动,当今的中国似乎正无可避免地受这种生活方式的影响。

人类要能活下去就要依靠劳动,因此它是构成人们生存方式的首要因素。对于当今大多数中国人来说,进行生产劳动的目的只有一个:养家糊口,仅仅是为了混口饭吃。无论在哪个行业中,"混"字成为人们的口头禅。一个人可能拥有在外人看来非常体面的工作、令人艳羡的收入,但是他只是被迫地工作,不能从中找到一丝一毫的快乐。当下班时间一到,人们就像逃避瘟疫一般逃离工作场所,近年来爆发的富士康员工的系列自杀事件就是这种状态的典型代表。在高度自动化的生产线上,人已被降低为流水线上的一个部件。由于在生产管理中缺乏对人应有的尊重,并且工人无法民主参与企业的决策,所以人在生产劳动中完全是消极被动的,工作对人而言是外在的、对立的。

在劳动中人们的需要无法得到满足,于是他们转而在其他领域中寻找补偿。而在当代世界,大多数人通过选择不停地消费来填补自我内心的空虚感。现在流行的消费主义在向人们灌输这样一种思想,即只要有钱,人能够在市场中通过购买来获得满足感,从而释放自我在生产劳动中被压抑的能量。更好地工作是为了更多地消费。在中国传统中,勤俭是人们的传家宝，但是随着市场经济大潮的冲击，这一传统观念受到动摇。特别是进入21世纪之后，过度消费的风气开始在社会中蔓延开来。在消费主义的各种方式的洗脑下，人们开始追求所谓三多原则，即多买、多用、多扔。超前、超出自己的需要和购买能力地购买商品，不断地追求最新、最时髦的产品。对“多”和“奇”的需求实际上不是源自人性的需求，而是社会通过广告等媒介投射出人们内心世界中的“虚假的”需求。当今中国人的生存状态可以被概括为“痛苦中的安乐生活”。在这种生存状态下，人与物之间的关系发生了变异，商品的制造和销售不是为了人的生存服务，而是为了奴役人，人的存在仅仅是为了更多地消费，人的价值只有在不断地消费中得到体现。这样，当代的许多中国人不但在生产劳动中发生了异化，成了生产线上的机器部件，而且在日常的消费活动中人也异化了，成为永不停止的消费机器。

随着经济的不断发展，在今天中国消费的对象也在不断地拓展，两性之间的爱情也成为可以交易的物品，被许多人在各种场合买卖。最典型的就是风靡电视荧屏的征婚秀节目。在这些节目中，人们选择自己终身伴侣的先决条件不是对彼此的了解和由此产生的真挚的爱，而是基于双方的相貌、家境、收入等物质因素。这种婚姻可能带来的后果是，夫妻双方并不会真正的彼此相爱，他们是依靠共同占有金钱、社会地位、住宅和子女来维系他们的婚姻。这样的家庭实际上成为由两个自私的个人所组成的友好的占有共同体——“家庭”。而这样的家庭完全是建立在对物质占有的基础上，夫妻双方的责任意识淡漠。因此，近年来中国的离婚率呈逐年攀升的趋势，而闪婚闪离也屡见不鲜。正是由于在家庭中，人无法得到真正的爱，但是人的内心深处又对这样的感情极其渴望，所以婚外情和包二奶现象也就随之产生。总的说来，当前中国的性爱有三大敌人：一是金钱，二是道德，三是权力。如果说在传统的中国社会中，性爱主要是受道德束缚的话，那么今天它的主要威胁来自于金钱和权力。金钱可以购买性爱，权力可以占有性爱。与以前的社会相比，当今的中国人的性观念更为开放和自由，但是在表面的进步后面其实是人的性爱无法得到满足，人们渴求真爱。

不但在性爱方面，而且在更广泛的人际交往领域，也在发生急剧的变化，导致真诚的情感和相互信任成为历史。自中国的改革开放以来，传统的中国人的处世原则——人情原则受到极大的挑战。在市场经济原则的指导下,许多人在处理人际关系时比较注重实利,相互之间充满着利用和算计。“人不为己天诛地灭”这一口号,堂而皇之地成为一些人处理人际关系的指导性原则。人成为牟利的工具和手段,只有利己之心没有利他的愿望。在许多地方,人与人之间的关系变得非常冷漠甚至是紧张,特别是近年来,见死不救的情况多了,扶危济困的少了。在中国社会传统中,调节人际关系的情感原则正在被法律规范所替代,不讲情面只讲法律和规范。这一方面是社会进步的表现,即整个社会更加重视制度在调节社会关系中的作用。但是另一方面这也导致整个社会的文化氛围从“耻辱文化”向“罪感文化”转变,以前因交往不好会感到羞耻,而羞耻是一个非常严重的问题,直接影响社会对人的品行的判断。但现在羞耻感正在消退,交往的冲突处理全凭法律,注重法律讲求维护自身利益正在替代重视人情关系和讲求为他人尽义务的传统规范,在大多数情况下,人的行为是否触犯法律成为唯一的判断标准。

当今的中国人不仅个人日常生活领域出现了问题,而且整个社会的思想领域也在发生潜移默化的变化。人是有思想的动物,思想的来源很大一部分是源自人们的日常生活,而这种思想的形成本身也是受着人类的日常生活的影响。人们生存的价值观——“终极目的”是以这种思想为基础而形成的,人们日常生活中的各种活动的价值与意义,恰恰是依靠这个“终极目的”来建构和判断。那么在当今中国比较流行的价值观有哪些呢?首当其冲的可能要数消费主义了。在现在的社会中,很多人将最大限度地消费当作生活的宗旨,物质成为人生存下去的原动力,在这种思想的指引下,人成为物的奴隶。与消费主义相伴的就是享乐主义盛行。许多人通过追求感官刺激及时行乐,从而麻痹自我。人生没有较为长远的目标,得过且过,活好当下,告别崇高,成了相当大一部分人的座右铭。由此,个人主义日益成为当今中国一部分人考虑问题的出发点,一事当前首先就要强调个人利益的最大化,不仅如此,还会为了满足个人需求不惜损害他人及社会的整体利益。由于科技使人们的生活发生巨变,那么人们似乎也有理由相信科技是解决一切社会问题的灵丹妙药。科学被一部分人推上了神坛,成为一种新的偶像崇拜，在科学面前完全放弃人类的主动权。在这几大思潮的交互作用下，中国社会中有些人片面强调经济发展的速度和生产总值的增长，这样的发展虽然满足了人们的物质需求，但是由于对资本的过分依赖、对环境的过分开发，使得人并没有得到自己所期望的幸福，相反人只是感到巨大的生活压力和环境恶化带来严重污染。不仅如此，在文化领域中，快餐式的娱乐产品逐渐成为主流，这使得人们无法静下心来进行思考和反思。特别是对知识的渴求似乎已经不要人类付出过多的努力，而所有的知识都可以通过商品的形式得到。在这种社会氛围中，许多人感到自我的内心世界是空虚的、浮躁的，正在丧失自己独立的、理性的分析能力和判断能力，自我的构建完全依赖外界，依赖于对物的占有。

上述社会问题，从表面上看是孤立的问题，但是从整体上分析就会发现它们有着同构性。出现这种不正常状态的一部分原因在于这个社会中的指导思想出现了偏差，人的生存方式是一种病态的模式。在某种意义上说，中国的建设和发展离不开市场经济，而市场经济运转的支柱是资本，资本家进行投资的最大目的就是为了获利。而资本、获利和私有制恰恰是弗洛姆笔下重占有生活方式的三大支柱。全球化的时代可以被理解为一个资本的时代，资本成为时代的主旋律，资本原则在全球范围内大行其道。在资本所到的地方必然是要按照自己的原则、自己的方案来改造世界和创造世界。在资本的世界中，人的地位是无足轻重的，从早期的资本以物的形式出现，当今的金融资本以纯粹抽象的面貌示人，无论以何种形式出现，有一点没有改变，就是资本的获利原则总是要顽强地实现自身。资本在带来繁荣的同时，也带来了许多社会问题，而部分中国人只是重视前者，而忽视了后者。除此之外，某些中国人对于现代化的认识，对于理想社会的愿景存在很大偏差，是单向度的。在许多中国人看来，现代化主要体现在两个方面：一是物质生活的极度丰富，人们都能过上衣食无忧的生活；二是用现代文明彻底取代中国几千年的文化，要和中国的传统进行彻底决裂。在这种单向度的认识的指导下，这部分人认为人的存在乃是机械式的存在，只要将理性原则贯彻到人的生活的各个方面，包括人的情感生活、人的认知行为中才是现代化。而众多社会问题的解决只需要依赖理性的指引即可，对于传统不是批判性的继承,而是将其视为糟粕完全否定。为什么当下的中国社会问题层出不穷,人的生存方式也出现较大的偏差,很大程度上都是与对于这两个问题的认识出现误区有着紧密的联系。

面对如此之危机,许多有识之士已经越来越深刻地认识到重占有的生活方式中所包含的弊端。他们认为人类现在所遭遇的次贷危机、金融危机、经济危机等和人的生活方式之间有着极其重要的联系。如果不彻底地改变人类的生存方式,中国将很难有希望,世界也很难有希望。从以上的分析可以清楚地看到,这种生存方式显然是与弗洛姆理想的生存方式背道而驰的。因此,对于在当今创建何种和如何创建一种与片面的消费主义和发展主义指导下的重占有的生存方式截然不同的新型生存模式,弗洛姆的生存方式理论可以为人们提供有益的借鉴。

从对弗洛姆的重存在的生活方式理论的分析,笔者认为要解决当代中国人生活方式存在的问题可以从三个方面入手:

其一,要对生产劳动有一个全新的认识,即这不仅仅是人赖以生存的手段,更为重要的是,人的全部能力的实现都是要在这一领域中完成。因此,可以说人之所以为人,根本一点是在生产领域中潜力的发挥和人性需要的满足。为了达到这一点,生产的目的必须发生改变,阻断生产与消费之间必然的联系,不是为满足人们不良的消费欲望而生产。不但如此,因为这样的变革可以消灭人类对自然过度利用而造成的生态危机,所以这种改革能够使得人与自然之间和谐相处。而从另一方面讲,由于生产是为了满足人的真实需求的,所以人与人之间的关系也可以得到改善,新型的人际关系可以得以重建。在整个生产过程中,所有的劳动者都能够以各种方式参与到生产活动的全过程,而以这种参与感为基础,人的主动性和创造性能够被充分地调动起来,人才能做到在劳动中满足自己的符合人性的需求。因为生产过程不仅是个人生存方式中的一个极其重要的方面,而且也是会从根本上影响人们生活的方方面面,所以这一领域的改革是具有决定意义的。

其二,在消费过程中必须改变"越多、越新、越好"的购物标准。消费品的数量的增加和款式的不断更新,和人的幸福生活之间是没有必然联系的。人类生存的真正含义是要求实现人的存在,而真正的存在与过多的占有外物是没有必然联系的。其实，只有当人类从对量的追求变为质的提高时，实现人的真正意义上的存在也才能够成为人类生活的主题。另外，人的需求是全面的，不但有物质层面，而且还有精神和文化层面的需求。因此，社会不但要重视对物质生活的改善，更重要的是提高人们精神文化生活的档次。虽然人只有在解决了生存困境的前提下，才有可能去追求精神生活的满足，但是在整个社会发展的总体考虑中绝不能忽视精神文化的重要性。对人的文化需求的满足，能起到愉悦身心，补偿人们在紧张的生产劳动中产生的疲劳，而且也能够激发人的主动性和创造性。只有在各个层面得到满足后，人们才能有充沛的精力更好地投入到创造性的生产劳动中去。

最后一点也是最为重要的一点，即生活在当下的中国人必须要认识到自己生活方式中存在很大的问题。如果没有这种自觉，那么任何解决的措施都无法落到实处。因为人是有思想的动物，人的一切行为都是在一定理念的指导下产生的，当人们处于重占有的意识包围之中时，人已经将这种病态的生活方式作为一种正常的现象而被全盘接受下来。这一点其实比病态的生活方式本身还要可怕。因而要解决当下中国面临的诸多问题，首先必须进行观念上的革命。社会一定要利用各种手段如教育、传媒等，去激发人们的批判精神，使人们能清醒地认识到问题的根源在何处。通过整个社会性格的变革，来影响社会中每个个体的生活方式，而每个个体的改变反过来也会促进全社会的前进。只有这样，中国社会在发展中遇到的问题才可能有解决的途径。

第五章　从生产领域而不是消费领域寻找满足

——莱斯对消费主义生活方式的批判

现代资本主义的发展催生了消费主义的蔓延。从某种意义上,消费主义是现代西方资本主义发展的必然结果,也是保持资本主义繁荣稳定的圭臬。西方国家推行“高生产、高消费”的社会生存模式在一定程度上缓解了资本主义经济危机,为资本主义统治合法性提供了有力保障,也为人们带来极大的物质生活享受。然而“丰裕社会”也引发了人通过对物的占有并以物的形式而存在的现象,现代人的异化程度不仅没有减轻,反而彻底“丧失了人性”。作为生态学马克思主义奠基人,威廉·莱斯针对高集约度市场布局下消费主义盛行的现象,从解析商品与需求的关系路径出发,激烈地抨击了资本主义异化的“需求观”“拜物教”和“幸福观”,准确判定人的异化存在从生产领域转移到了消费领域,并断言人应从生产中而不是消费中寻找满足。鉴于当前学界偏重从生态危机根源视域解读莱斯思想的研究范式,笔者将立足于人的存在方式这一独特视角,寻找莱斯生态学马克思主义思想中所蕴含的对于现代人的生存境遇的关怀。

一、对消费主义状态下异化“需求观”的批判

对莱斯而言,消费主义创造了一种独特的社会文化,它以市场为纽带,通过控制“需要(need)、欲望(want)、内驱力(drives)或者偏好”等非理性因

素,来服从资本主义这部庞大的机器。莱斯的需求理论以人与自然控制与服从的辩证法为轴心,融合了自然与文化、理性与非理性、需要与商品关系等多重层面,横跨经济学、社会学、心理学和人类学等多学科研究领域,深刻剖析了消费主义存在状态下造成人的异化存在的直接原因与表现形式,其突出特征表现在:

第一,以人的需求问题作为批判始基,着力从需求异化向度追溯人在消费主义状态下陷入异化存在的困境。"人与自然控制与服从的辩证法"是莱斯构建人的存在方式问题的逻辑基础,体现了人与自然内在统一的原则。在莱斯那里,控制自然的人本身被其内在心理所奴役,"对自然和人的控制在社会统治阶级的引导下,内化为个人的心理过程;它是自我毁灭的,因为消费和行为的强制性特征破坏了人的自由"①。因此,继控制自然的意识形态批判之后,莱斯反求人内在的人欲向度,通过分析需求结构本身、需求与商品内在关联以及需求与幸福关系,进而廓清消费主义状态下人何以遭遇异化的存在问题。莱斯批判"高集约度市场布局",预设了一种不断提高消费水平的生活方式,并将此作为个体最高价值标准。② 这种经济形式通过曲解需求本性以及需求与满足间的内在关联,将主体的社会与经济行为定位于依赖高消费的生活方式。实际上,这只不过是对在生产领域所遭遇异化存在的补偿。个体期望的挫折与物质财富增长之间的错位,使得人们必须重新定位需求的真正内涵。莱斯立足于需求碎片化与模糊性特征,表征消费主义存在方式产生的直接原因。他认为个体需求趋于碎片化,表现为不确定、模糊与临时性特征。他批判资本主义条件下人们必须遵从市场经济的理性原则,人的需求被简单拆分为琐碎的部分,"个体身份成为每天被各种混杂信息重塑的顺从的模具"③。需求的碎片化瓦解了主体的丰富与完整,人自身、人际间关系以物的形式得以呈现。因此,个体寻找自身完整性则必须在不断的商品消费中寻找需求碎片的满足,这也直接导致了人们陷

① [加]威廉·莱斯:《自然的控制》,岳长龄、李建华译,重庆出版社,1993 年,序言第 8 页。

② 在莱斯那里,所谓高集约度市场布局是一种广义的或有限的市场经济,需求与商品构成交互作用,商品与服务交换在范围和速度上都稳定增长。参见[加]威廉·莱斯:《满足的极限》,伦敦,1978 年,第 52 页。

③ Leiss W., *The Limits to Satisfaction*, Toronto: University of Toronto Press, 1976, p. 18.

入消费主义的境遇中。可见,莱斯建构人的存在方式问题的出发点十分独特,他并未将资本主义生产方式与生产条件之间的矛盾作为批判对象,从资源供应的有限性问题来探讨消费主义对人与自然产生的双重危机,而是从主体人的需求问题出发对现代工业社会消费主义存在方式展开激烈批判。莱斯的批判路径对阿格尔"期望破灭了的辩证法"的提出具有启示意义。[①]

第二,驳斥传统需求理论的抽象原则,坚持以具体的社会经济形式作为理论分析的基本前提。在卢卡奇那里,马克思超越了康德、黑格尔与费尔巴哈,因为他看到了历史过程中的决定因素归根到底是现实生活的生产和再生产,人是社会的存在物,同时是社会历史过程的主体和客体。[②] 深受马克思主义传统影响的莱斯,也将现实的经济生活作为分析需求问题的理论前提。在莱斯看来,前现代社会是建立在以亲缘关系与等级秩序基础上的社会结构,正是基于相对稳固的社会等级秩序与统治权威的社会文化,商品流通才依据社会规范而非市场行为加以调节。同时,传统手工艺技巧偏向于将生产原料与个体目标直接关联,能够直接获得满足自身需求的产品。前工业社会交换活动十分单纯,并未混杂着"欲望与恐惧情绪"[③]。在传统社会文化统治形式下,需求的表达在特定时期会保持相对稳定性,这也为当时人们未能陷入消费主义提供了有力依据。毕竟前资本主义"对于资本的理性使用,以及理性的资本主义劳动组织形式,尚未成为决定经济活动的支配力量的状态"[④]。而现代社会摒弃了传统所奉行的特权世袭形式,经济理性原则主导全部生活,个体在直接的经济生产和需求满足中寻找稳定与权威,"主要的社会关系是个人自我兴趣的认同,以最大限度地满足自我需求为目

① 阿格尔旗帜鲜明地指出马克思主义关于工业资本主义生产领域的危机理论失去效用,危机已转移到消费领域。他批判决定论的马克思主义和法兰克福学派均脱离了政治结构,认为社会现实决定了工业繁荣也无法使消费存在得以持续存在,这必将引发重新评判现有满足需求的方式,重新回归简朴生活,从小规模生产或工艺消费中寻找快乐。

② 参见[匈]卢卡奇:《历史与阶级意识》,杜章智、任立、燕宏远译,商务印书馆,1999 年,第 71 页。

③ Leiss W., *The Limits to Satisfaction*, Toronto: University of Toronto Press, 1976, p. 18, p. 71.

④ [德]马克斯·韦伯:《新教伦理与资本主义精神》,马奇炎、陈婧译,北京大学出版社,2012 年,第 53 页。

标”[1]。在高集约度市场布局下，随着新技术发明、个性表达以及社会文化中介的变化，主体必须不断诠释自身需求，在工业社会中满足需求的形式随着商品市场交换的扩展而不断变化，同时众多商品与服务对象使个体陷入商品选择的困境。尽管莱斯从现实的社会经济形式分析前工业社会与工业社会人的生存背景的差异，然而他仍然没有脱离从社会文化视角寻找消费主义存在方式的根源。

第三，拒斥传统二元性需求理论，依托“物质—符号”需求二元结构追溯消费主义存在方式的理论依据。莱斯将传统需求理论规约为生物与文化意义、等级制度或优先权、行为主义者和批判主义三种需求结构类型。[2] 他批判传统需求理论的共性在于脱离现实社会生活以严格标准将需求进行简单的二元划分，以确定与抽象的范畴作为理论构建基础，淹没个体需求的独特特征。莱斯认为，现实需求结构无法超越具体的社会历史形式，人类的需求结构实质上就是一种物质与文化关联的二元结构，即“物质—符号”需求二元性结构，“需求的每种表达或陈述都同时与物质和符号或文化关联”[3]。莱斯的需求二元结构是物质与符号的统一体，也即物质与文化是彼此无法割裂且地位平等的统一体，主体在经文化中介的现代工业社会必然在这种二元结构范围内不断诠释自身需求。但值得注意的是，这种二元结构是连续性的客观存在，寓于社会经济制度的所有阶段，只是在高集约度市场布局下这种二元性结构更为深入。在前工业社会，这种二元结构更明显地表现为物质层面，而在工业社会则更多地表现为文化的层面。必须指出的是，在莱斯那里，商品不仅是“特性的集合体”，也是“物质—符号”二元结构形式的载体，莱斯所要批判的是在高集约度市场布局下需求与商品日益趋同，“商品

---

① Leiss W., *The Limits to Satisfaction*, Toronto: University of Toronto Press, 1976, p.18, p.4.

② 莱斯认为，生物—文化需求无法提供区分人与动物的根本依据，并未对人的需求提供独特性见解；而依据紧迫性或重要程度不同的划分，如马斯洛需求层次理论，将物质与非物质生活分离，在莱斯看来，现代工业社会物质交换无法跨越，甚至延续到更深的心理领域，只有整体需求才会体现人类活动的一般特点；行为主义或批判主义观点无法提供有效衡量客观需求的标准，莱斯特别批判了马尔库塞“真实需求”“虚假需求”，认为不断扩大商品领域的生产体系的必要性变得内在化，且人们在经验中真实感受到这种需求，主观判定需求是否真实并不具有合理性。Leiss W., *The Limits to Satisfaction*, Toronto: University of Toronto Press, 1976, p.18, p.53.

③ Leiss W., *The Limits to Satisfaction*, Toronto: University of Toronto Press, 1976, p.18, p.64.

增加造成经文化中介的需求从非物质领域(神话、传说、禁忌)转移到物质领域(物品)"[①]。人们的需求被固定在商品领域,人的需求观被扭曲为异化的需求观,将商品消费作为人的唯一需要。

第四,基于需求模糊性特征与作为"特性集合体"商品寻找需求与商品的内在关联。莱斯深刻地指出,在现代工业社会,人们在自身需求与商品消费之间建立密切而复杂的关系。高集约度市场布局下的需求具有模糊性特征,表现为需求复杂性特征随着外在社会条件而变动、满足需求的标准无法确定、连接需求与满足之间的纽带——商品,其本质及其运转模式十分模糊。莱斯把需求和满足看作一种"复杂活动的基本指标"[②],认为需求的满足本身具有不可测、非稳定性特征。需求作为潜在心理意识与满足需求的判断之间是一种不断形成、消解的动态心理过程。莱斯批判商品被理解为满足欲望的手段,作为将冲动与目标连接在一起的纽带。[③] 在莱斯看来,商品"不只是物质性的东西而是'物质—符号实体',也就是那些体现复杂信息与特征的东西"[④]。仅就早期的社会经济特点而言,消费者凭借常识即可对商品进行准确评估。而在高集约度市场布局下,消费者可以从任意商品中获得具体特点,人们丧失了对于商品特性的准确判断,陷入异化消费的状态之中。莱斯断言,在现代工业社会条件下,商品具有复杂性特征,人们偏爱"特性集合"而非商品本身,"生产者最后卖掉的是特性的集合而不是商品"[⑤]。商品并非以物的形式存在,而是被植入各种非稳定性、暂时性特征的"物质—符号"存在。因此,作为特性的集合体,同需求一样,商品也具有先天的模糊性特征。"商品自身分裂成一系列特性并失去了他们独有的'统一'"[⑥],"物体特性的分解代表了与需求碎片化的相互关系"[⑦]。

---

① Leiss W., *The Limits to Satisfaction*, Toronto: University of Toronto Press, 1976, p.18, p.66.
② Ibid., p.18, p.49.
③ See Leiss W., *The Limits to Satisfaction*, Toronto: University of Toronto Press, 1976, p.18, p.24.
④ Leiss W., *The Limits to Satisfaction*, Toronto: University of Toronto Press, 1976, p.18, p.74.
⑤⑥ Ibid., p.18, p.80.
⑦ Ibid., p.18, p.82.

二、对消费主义状态下“拜物教”的批判

针对消费主义状态下商品拜物教形式，莱斯通过批判吸收马克思的“拜物教”思想、卢卡奇“物化”理论、马尔库塞的“技术理性”原则以及萨特的“惰性实践”理论，揭示消费主义状态下人全面陷入消费异化的境遇中。

莱斯认为：“被工业化大生产和普遍商品交换所推动，当今市场经济总体趋势是，在物质产品中专门嵌入了形成人类需求特征的符号中介网（或者更准确地说，将需求完全以商品为目标）。这个过程马克思称作商品拜物教。”①在莱斯看来，马克思对“商品拜物教”的批判是20世纪西方马克思主义的理论基石，也是现代工业社会激进理论的重要组成部分和无产阶级丧失革命意识的重要理论根据。② 马克思深刻地揭示了商品的神秘性：“商品的神秘性质不是来源于商品的使用价值。这种神秘性也不是来源于价值规定的内容……商品形式的奥秘不过在于：商品形式在人们面前把人们本身劳动的社会性质反映成劳动产品本身的物的性质，反映成这些物的天然的社会属性，从而把生产者同总劳动的社会关系反映成存在于生产者之外的物与物之间的社会关系。由于这种转换，劳动产品成了商品，成了可感觉而又超感觉的物或社会的物。”③莱斯高度评价马克思发现了商品背后所隐藏的秘密，他指出，“商品拜物教”是马克思将商品类比为宗教体系，通过劳动将自身创造力表现为对象物，商品似乎独具生命力，并与需求无关，看似具有谜一般性质。然而马克思揭示商品形式并不存在这种神秘性，“决定实际人类事物的并不是非人的市场力量，而是资本的拥有者”④。莱斯批判人们被这种神秘性现象所愚弄的现象，商品拜物教其实与马尔库塞的“虚假意识”异曲同工，商品生产成为安慰自我幻觉的舞台。

莱斯高度赞扬了马克思关于拜物教的深刻分析，认为马克思揭示了资

① Leiss W., *The Limits to Satisfaction*, Toronto: University of Toronto Press, 1976, p. 18, p. 67.

② See Leiss W., *Under Technology's Thumb*, McGill-Queen's University Press, 1990, p. 57.

③ 《马克思恩格斯全集》（第44卷），人民出版社，2001年，第89页。

④ Leiss W., *Under Technology's Thumb*, McGill-Queen's University Press, 1990, p. 61.

本主义生产过程中商品的全部神秘性。莱斯认为:“工业主义拥有惊人的能力去创造具有各种新的特征的商品。可以说所有这些都是具有神秘性的。”[①]但他反对马克思从使用价值与交换价值的二元划分来解剖商品本质属性。莱斯的“物质—符号”需求二元结构完全摒弃了这种思维逻辑。在他看来,商品生产与消费行为之间有着漫长的距离,容易让人产生错觉。无论以何种目的进行的生产都必须经文化形式中介。事实是,“‘物质—符号’二元性在商品生产和消费活动之间摆动,商品交换越多,摆动频率越高”[②]。只是在早期社会,人们参与产品生产每个环节,生产与消费主体十分明晰,商品特性作为自身内在自然属性得以呈现;而在市场经济条件下,劳动分工精细,个体只从事某一部分生产活动,必须通过购买其他产品满足自身需求,生产者与消费者通过物的形式而存在,商品也便带有了某种神秘性。

相对于马克思的拜物教理论,莱斯认为卢卡奇的“物化”概念、萨特的“惰性实践”和马尔库塞的“工具理性”具有相似的意义。卢卡奇在《历史与阶级意识》中对商品形式占统治地位的人的存在方式展开深刻批判,通过对“物化”概念的考察,他揭示了商品经济高度发达的资本主义社会无产阶级何以丧失了革命的意识。在莱斯看来,卢卡奇的物化理论融合了马克思、齐美尔和韦伯思想,将商品问题作为资本主义社会最紧要的问题。卢卡奇强调商品结构本质基础是“人与人之间的关系获得物的性质”[③],吸取并利用马克思的拜物教理论、韦伯的合理化原则以及官僚政治统治批判,揭示物化作为资本主义社会普遍的命运使人成为一种非人的存在。在莱斯那里,如果说马克思是借中世纪实物交换与现代社会货币交换形式作对比,指明人与人之间的关系由个人关系转变为产品这种物之间的关系,卢卡奇物化理论则是抓住了“理性主义成为工业主义的本质特征”,准确判明工业社会人类劳动经历了理性化过程,劳动专门化、机械化、同质化、工资与时间量化等打破了劳动作为有机的整体。“生产过程机械地分解成部分破坏了个人与生

---

① Leiss W., *Under Technology's Thumb*, McGill-Queen's University Press, 1990, p. 61.

② Leiss W., *The Limits to Satisfaction*, Toronto: University of Toronto Press, 1976, p. 18, p. 67.

③ [匈]卢卡奇:《历史与阶级意识》,杜章智、任立、燕宏远译,商务印书馆,1999 年,第 149 页。

产有机化的社会连接。”[①]莱斯质疑卢卡奇对于前资本主义完全处于非物化存在状态的假设前提，并且认为对于商品经济下人的物化存在的论证尚不具充分性。但莱斯也批判这种劳动碎片化、机械化打破了原始劳动的有机与整体，而在高集约度市场布局下，劳动领域所遭遇的异化存在已经转移到了消费领域，理性主义所设定的合理化牢笼使得人性普遍异化。

同物化一样，技术理性也是人们难以逃离的普遍命运。针对马尔库塞对技术理性原则的批判，莱斯则认为技术理性“通过社会机构操控社会——在现代，政府与大公司彼此联合——没有给个体留下任何‘合理的’理由来反对这些制度的不公”[②]。而技术理性的这种统治并非来自外在强制，而是人们当下生活的合理性。莱斯认为，现代组织机构伪造技术会不断进步的假象是统治与合理性相结合的结果。[③] 事实上，卢卡奇、马尔库塞均反对通过激烈的社会政治变革来反对这种异化的人的存在方式，莱斯也同样如此。莱斯批判现代工业社会商品“拜物教”形式，在高集约度市场布局下，商品作为“物质—符号”二元结构体现了偶像崇拜、象征主义、自我陶醉与图腾崇拜，将人自身、人际间关系变成一种物的存在形式。相对于其师马尔库塞那种温和的激进派，莱斯更是一个保守的生态学马克思主义者。他主张建立一种稳态的经济制度——“较易于生存的社会”，实现劳动解放、自然解放以及人的最终解放，构建一种更加符合人性的人的存在方式。

莱斯认为，物化可以被视为“惰性实践现象的形式”[④]。商品是自我实现的机会，“使得人类行为自身外在化并以物的形式而存在”[⑤]。莱斯指出，事实上，人们必须面对的现实是，主体必然通过劳动客体化的过程认识物的惰性存在，人类存在一个“外在于自身的存在”(being - outside - itself)。某种意义上，莱斯似乎更倾向于萨特惰性实践理论的解释原则，被人类需求驱动下生产的物品，也有自发表达人类目的相关的它自己的生活，只是这种惰性实践的结果不是人的规定物，而是物体系对人的需求的设定，为人通达自由

---

① Leiss W., *Under Technology's Thumb*, McGill-Queen's University Press, 1990, p. 149.

② Ibid., p. 67.

③ See Leiss W., *Under Technology's Thumb*, McGill-Queen's University Press, 1990, pp. 67 - 68.

④ Leiss W., *Under Technology's Thumb*, McGill-Queen's University Press, 1990, p. 72.

⑤ Ibid., p. 69.

王国设置阻力，在物与物关系背后隐藏着人与人之间的内在关系。正如莱斯援引爱默生的名言："事物在掌控之中，却驾驭着人类"，寓意理性看似掌控着自然，最终却落入非理性之网中。针对消费主义状态下看似具有消费选择的主体自由，却难以逃避以商品消费满足自身需求的唯一选择。需求的碎片化、模糊性使人构成完整的主体存在成为幻想。因此，在莱斯那里，拜物教的结果就在于，"工业经济扩张，越来越多的自然环境和人的才能被卷入商品交换的轨道，卷入商品领域。万物皆有用，同样，万物皆有价"①。

尽管莱斯批判吸收了马克思拜物教思想，然而莱斯并未抓住马克思关于拜物教的理论本质，他对于卢卡奇物化思想、马尔库塞的技术理性分析甚至倒向萨特的惰性实践，只是从问题的外在形式进行解读而未抓住问题的实质。在马克思那里，拜物教问题的实质在于资本主义的生产方式，必须彻底消灭资本主义私有制才能从根本上消灭拜物教现象，才能消灭人的异化存在问题，才能实现人的根本解放，不从资本主义生产方式而仅从社会文化制度或者人的需求等角度解决拜物教问题，都只是停留在问题的现象层面。

三、对消费主义状态下虚假"幸福观"的批判

现存资本主义制度鼓励享乐主义的生活方式，试图在消费与幸福之间建立某种必然性联结，将消费过程中个体需求的满足作为自身幸福的源泉。资本主义这种虚假的幸福观，鼓励个体将幸福标准等价于消费商品欲望的满足程度，遵从量的标准而非质的标准作为衡量个体满足依据，把消费选择自由作为生产中异化存在的补偿。然而正如阿格尔所言，异化的人并无幸福可言，这种异化消费的结果必然是一种异化的幸福观。

首先，商品流变特性与需求碎片化特征无法使个体获得满足与幸福。与早期社会人们更易于获得幸福与满足感不同，现代社会提供丰裕的物质条件却无法获得同样的幸福感。针对这一矛盾，莱斯指出："不论在前现代、非市场社会还是在现代市场经济的早期阶段，都有规定个人表达相应需求

① Leiss W., *Social Communication in Advertising*, Routledge, 1990, p. 323.

种类的高度结构化的社会模式。”①在这种经济模式下，社会文化形式相对稳定，尽管个体体验经历各有不同，但在这种高度结构化社会模式下，社会整体文化形式塑造了个人对物品与需求之间相对稳定的关系；而在高集约度市场布局下，商品特性不断改变继而引发个体对商品需求种类处于流动状态，个人关于特定物品适合特定需求的判断也处于变动之中。他深刻指出，商品特性依据个体需求、感官经验、对象种类而重新划分，需求碎片化为更小的组成部分，并依据市场信息重新组合、集聚，形成新的形式，只是这是一种临时的、易变的、不稳定形式，居于流动、重组中的需求碎片化，阻碍个体形成需求连贯目标，从而使个体无法有效判定适合自身的特定商品。这也是莱斯所解释现代人陷入消费主义之中而满足感与幸福感却变得模糊的重要原因。莱斯试图从异化需求寻找虚假幸福观的直接后果仍然没有抓住问题之所在，其实异化的幸福观的真正原因在于资本主义制度本身，资本主义生产方式直接导致了异化劳动、异化需求与虚假的幸福观，因此必须彻底消灭资本主义制度，从真正确证人的本质、实现人的全面发展的创造性劳动中寻找幸福。

其次，个人无法在商品消费与满足、幸福间直接建立有效连接。莱斯抨击现代文化传媒传达一种将商品消费与幸福联系起来的错误观念，以日渐消弭的原始性日常生活背景作为激发人们消费欲望的导引，进而将消费欲望的实现与幸福形象紧密关联起来。莱斯批判文化工业将商品与业已消失的日常生活相连，其悖论恰恰在于正是工业化市场经济的扩张导致了这种结果的产生。在莱斯看来，正是“需求碎片化和不断改变的商品特性破坏了传统更稳固的幸福感”②。在前工业社会生产条件下，幸福建立在需求与商品特性直接对应的基础上，而在高集约度市场布局下，需求完全脱离与某种单一商品的特性关联。“个体消费选择只代表对复杂而变动的需求碎片化和商品特性的暂时解决。”③马尔库塞就反对将幸福与满足需求直接关联：

---

① Leiss W., *The Limits to Satisfaction*, University of Toronto Press, 1976, p. 18, p. 88.

② Ibid., p. 89.

③ Ibid., p. 90.

“人的幸福应该是个人满足以外的某种东西。”[①]莱斯同样反对从消费选择中获得成就感就判定商品特性有助于实现个体需求从而获得满足与幸福。事实上,正是这种变动不居的需求碎片化和商品特性集合形式,使得在满足与幸福之间也具有模糊性特征。正像鲍曼批判性地指出消费社会将人的需求不断置于新的诱惑下,“对满足的承诺和期许会优先于需要,且总大于既有的需要”,进而永远“保持在一种怀疑和不满足的状态中”。[②] 尽管莱斯从社会文化传统理解现代社会人难以获得幸福的原因,但他仍然局限于从需求是否与满足建立直接连接来考察幸福标准,而未理解劳动对于幸福的本质关联。

再次,以幸福模糊性特征推动个体从消费中寻找满足具有不合理性。异化消费直接的问题在于将商品消费作为个人唯一需求。莱斯强调满足与幸福的这种模糊性特征激发个体从商品消费中寻找存在感。他批判当下消费主义存在就是在个体的幸福满足感与商品消费之间进行了一种实验,个体自身的需求与感觉是“实验对象”,而市场便成为个体寻找幸福感源泉的“实验室”。然而由于个体时间的相对有限性以及产品信息不充分的特点,人们盲目追求消费商品的数量而牺牲了对其他需求的体验,也将阻碍个体关注质的需求以及产品自身的结构与特质。[③] 同时他认为,个体对对象的冷漠必然导致自身的需求琐碎与浅薄。“个体必然对想要和寻求满足需求产品的细微差别变得越来越冷漠。需求内在特点要求个体必须在无限可能的商品特性中进行广泛寻找以适应需求的碎片化。”[④]莱斯主张以质的标准而非量的标准作为消费行为的原则。在此,莱斯试图从需求问题出发解剖虚假幸福观的缘由,即将消费作为唯一需求,进而将人变成了抽象的人、片面的人,实际上并未抓住问题的实质。马克思深刻地指出,在资产阶级社会里,工人存活的目的即增殖资本:“活的劳动只是增殖已经积累起来的劳动的一种手

---

① [美]马尔库塞:《现代文明与人的困境》,李小兵等译,上海三联书店,1989 年,第 316 页。

② [英]齐格蒙特·鲍曼:《工作、消费、新穷人》,仇子明、李兰译,吉林出版集团有限责任公司,2010 年,第 67 页。

③ See Leiss W., *The Limits to Satisfaction*, University of Toronto Press, 1976, p. 18, p. 90.

④ Leiss W., *The Limits to Satisfaction*, University of Toronto Press, 1976, p. 18, p. 90.

段……资本具有独立性和个性,而活动着的个人却没有独立性和个性。"[①]因此,作为增殖资本的手段,个人只获得了生存外观,即便在"消费自由"中也无法寻找到真正的幸福感。

最后,消费主义导致生态失衡危及人类未来幸福。莱斯认为,科学技术普遍应用于商品生产带来的主要副作用在于对环境危害的风险,而现有科技水平无法对潜在危机作出有效评估。他指出,就长期的风险评估而言,目前尚且无法确定高生产、高消费的生活模式对于环境的潜在危害程度,并且针对复杂的生产与消费形式,个体与社会无法提供合理、健全的有效管控生态危机的解决方案,这也为科学技术在商品生产与消费过程中埋下的潜在风险带来不确定性。在莱斯看来,从消费中寻找需求满足幸福感这一现存实践是一种"工业社会大规模自动实验",但是这一过程却带来了危及人类未来与其他生物的环境风险。然而人们追求需求的短暂满足却掩盖了这种长期潜在的环境风险。莱斯主张放缓技术创新和生产应用速度,对于技术的应用结果对复杂的生态系统的负面作用采取审慎态度,将可能存在的技术风险降低到最低水平,而最直接的有效手段便是"在数量上和种类上大幅度减少人造物"[②]。莱斯重视技术滥用对于环境的危害,强调技术风险评估与合理管控,具有重要的借鉴意义,但是减少人造物对于缓解生态危机有效性并且在何种程度和范围内减少人造物却是值得商榷的。

四、劳动解放:从生产领域而不是消费领域寻找满足

马尔库塞将弗洛伊德的"爱欲本质论"与马克思的异化劳动思想相结合提出爱欲解放论,并将"劳动解放"看作"爱欲解放"的关键,以劳动爱欲化来克服异化劳动,使人的爱欲器官与机能充分消遣愉悦,从而澄清为何能够从劳动中获得快乐。马尔库塞的劳动解放思想是以对马克思《1844 年经济学哲学手稿》的人道主义解读为参照主张重返马克思早期异化劳动理论,以批判资本主义对人性的压抑与奴役为着力点,将异化劳动看作爱欲被压抑的

---

① 《马克思恩格斯选集》(第一卷),人民出版社,1995 年,第 287 页。

② Leiss W., *The Limits to Satisfaction*, University of Toronto Press, 1976, p. 18, p. 91.

结果并以爱欲满足状况作为衡量人性被压抑程度的标准。可以说,马尔库塞劳动解放论是建立在弗洛伊德爱欲解放思想之上,爱欲解放是劳动解放基础之下的基础,具有本体论意义。显然,莱斯与其师马尔库塞有着本质性的差异,莱斯从未在劳动背后寻找弗洛伊德主义的本能理论,他赞同马克思以劳动解放实现人的解放的观点,并开创性地提出了"从生产领域而不是消费领域寻找满足",主张人应该全面发展各种劳动能力,最终以劳动解放实现人的解放与全面发展。莱斯的劳动解放论是实现自然解放的基础,也是克服人的异化生存、实现人性解放的根本路径。

理解莱斯的劳动解放思想首先需要对"控制自然"的应有之义进行理论上的澄清,进而驳斥劳动解放就意味着增强人们控制自然的能力或科学技术水平的提高。作为传统寓意"征服""统治"含义似乎"自明"的概念,控制自然已经变作一种意识形态,成为现代工业社会的批判对象。莱斯认为,这种"意识形态"具有"揭露的和遮蔽的"以及"解释的和欺骗的"双重功能,在资本主义条件下控制自然被资产阶级伪装成一种"自然权利",这种虚假的观念掩盖了资产阶级维护自身统治的根本目的,并且遮蔽了资本主义社会固有的内在矛盾。[①] 就现代工业社会人的生存状态而言,这种"自然权利"以自由的外观掩盖了人在劳动与消费领域陷入普遍异化的命运。莱斯指出:"自由的、独立的个人被认为是在经济、政治和精神生活领域中的自然权利的主体;然而多数的个人却总是被迫把他的独立性限制在劳动过程中,同时经济权利的日益集中逐渐把政治和文化领域整合成一个统一的控制系统。"[②]在他看来,自19世纪以来资本主义内部权力平等意识形态与资本主义社会现实矛盾越发尖锐,这种虚假的意识形态被激进的工人运动和知识分子的批判所否定。[③]

其实,这种自然权利是以工人普遍异化的形式得以呈现。随着垄断资本主义取代了自由资本主义,资本主义的统治形式更加趋于间接和隐蔽,寻找自然权利的观念与资本主义制度趋于同一。莱斯认为,资产阶级社会意

① 参见[加]威廉·莱斯:《自然的控制》,岳长龄、李建华译,重庆出版社,1993年,第148页。
② [加]威廉·莱斯:《自然的控制》,岳长龄、李建华译,重庆出版社,1993年,第148页。
③ 参见[加]威廉·莱斯:《自然的控制》,岳长龄、李建华译,重庆出版社,1993年,第149页。

识形态出现了新的情况，即个体自由、个人解放只能在资本主义社会范围内寻找。事实上，资本主义国家以文化统治的形式消解了无产阶级的革命意识以及追求自由解放的激情，资本主义范围内的"自然权利"恰是真正的"自然权利"的敌对力量。卢卡奇在《历史与阶级意识》中批判资本主义商品形式下人的物化生存方式使无产阶级丧失了革命意识。莱斯延续了西方马克思主义的理论传统，对资本主义社会意识形态的统治给予了坚定批判，揭露了资本主义国家所构建的虚假的"自然权利"是以对欠发达国家的剥削与压迫为前提。同样，"控制自然"以人类共同事业为名遮蔽了资产阶级的特殊利益。它通过政府、企业等研究机构，依靠科学技术的方式发挥作用，通过文化统治形式在世界范围内建立一种具有内在同一性的生存方式，在现代工业社会这种生存方式表现为消费主义的生活方式，可以说，控制自然是"维护特殊统治集团利益的手段"①。

莱斯对控制自然意识形态批判的主旨在于使人们重新认识控制自然实质。控制自然不能简单地理解为人通过劳动对自然的征服与奴役，这种误解容易将人导向通过发展科学技术增强人征服自然的能力，事实是，"它的主旨在于伦理或道德发展而不是科学和技术革新"②。从这种意义上，莱斯的劳动解放观既不是一般意义上增强人征服或改造自然的能力，也不是提高科学技术发展的创新水平，而是首先对控制自然的观念重新释义。这种控制自然不止于对外在自然的控制而是指向人性本身，对"人性的逐步自我理解和自我训导"，即"将人欲望的非理性和破坏性方面置于控制之下"。③可以发现，莱斯更偏向于从人自身的内在维度展开对控制自然观念重新解读，试图从伦理与道德的层面重新还原、复归控制自然的本原之意。同时，在莱斯那里科学技术变革与这种伦理道德发展并不矛盾，甚至更是一种互相促进、共同制约的过程，伦理道德对科技发展与应用加以约束与限制，科学技术革新同样会促进伦理道德的反思与发展。显然，这种思想直接来自于培根的影响，培根认为科学技术与伦理道德的发展对于社会进步具有重要的意义，莱斯同样十分重视发展伦理道德规范和保证科学技术合理应用，认为任何破

---

① ［加］威廉·莱斯：《自然的控制》，岳长龄、李建华译，重庆出版社，1993 年，第 150 页。
②③　同上，第 168 页。

坏这种平衡的社会结果必然走向非理性的毁灭。莱斯批判现代工业社会科学技术成为政治统治的工具加剧了阶级矛盾和社会冲突,并且随着科技水平的提高,这种矛盾与冲突的程度也在不断加深。其实莱斯所要表达的思想在于,倘若人类将控制自然目标锁定在实现物质资源的丰富性以及社会平等与安定,那么就不能忽略技术理性的破坏性力量,而他开出的"良方"就是将人的非理性因素置于控制之下,以避免理性所取得的社会成果走向毁灭。

莱斯推崇一种批判反思的能力,主张人们应该停止赋予科学技术某种特定的社会功能,并将其看作推动社会进步的主导力量。同马尔库塞一样,莱斯更倾向于将科学技术看作一种中立因素。这似乎预示着只有当我们将科学技术理解为不承载任何社会意义的工具,科学技术才有可能成为保证社会进步的力量。莱斯将科学技术从人通过劳动作用于社会这一过程中抽离出来,其实质是对技术理性的无情批判并还原科学技术应用的价值维度,从而将科学技术与伦理道德真正结合起来。莱斯还特别指出,控制自然中隐藏的传统代际支配的影响将弱化人的劳动能力。他其实所要批判的是技术理性的原则对于人的统治,使人成为丧失主体批判能力与自觉意识的异化存在。但在技术理性原则作为社会普遍原则的现代工业社会,莱斯并不认为将宗教作为人类行为方式的道德保证能够对人的实践活动具有约束力,尽管如此,他还是主张通过发展人们的道德能力和社会制度,进而负责地利用科学技术以服务人类的利益,这种思想看似充满悖论甚至带有乌托邦色彩,却体现出一个生态学马克思主义者对社会现实不懈的批判精神与探索的勇气。

马尔库塞在《论解放》中提出科学技术也是一种解放力量,只有在特定社会中才成为统治的手段。他认为技术在社会主义条件下也会成为社会进步的重要因素,以人的自由的需要为目标重新建立技术机构,因此社会主义国家关键在于发展现代技术能力而非一种压迫性、统治的力量。马尔库塞将技术理性归于人对人统治的结果,但技术理性又决定了统治的发展成为政治统治的重要保障,同时,发达工业社会中人的自由是以资本主义统治下的自由为前提,但在解放的社会中科学技术是享受自由的重要条件。在此,技术既是一种统治手段又是实现解放的条件,看似一种理性与非理性的辩证法,但莱斯却认为马尔库塞提供了一种从资本主义向社会主义转变的可能。莱斯同样对技术持有乐观精神,他认为只有在特定的“财产关系”和“社会权力”条件下,技术应用才具有统治力量。[①] 这种控制形式体现在少数人对大多数人的统治,当人们的利益与统治集团的利益发生冲突时,这种技术就成为反对被统治阶级的有力武器,并对人们的利益与欲望进行压抑,直接表现为现代工业社会资本主义利用大众传媒等文化统治形式提供一种统一的消费主义生活模式。马尔库塞的解放是一种“非压抑性”控制自然,这种控制是反映人合理的需求、自由与独立精神。莱斯赞同马尔库塞的观点,但他没有从心理学意义上解答这个问题,而是强调控制自然的目标应是人的自由而非人的权利,并应该在独立的交往中发展一种创造生活、改变命运的能力。[②] 在莱斯那里,控制自然是人类意识发展的高级阶段,作为理性主体,人具有自我调节的能力,通过自我摧毁、压抑的方式减少欲求来协调自身与外在自然的关系,这种控制自然是以精神与自然相互作用并彼此改变作为前提,控制自然最为重要的是对自身不合理冲动的克制,“作为人类欲望的自然,当它不再主要被看作权力的来源(因此被指责加剧人类的冲动),它就会转变为幸福的源泉”[③]。

当然,重新定位控制自然的意识还应提供一种良好的社会制度环境。在这种社会制度下,“公民广泛地享有责任和权力并且所有人都被鼓励发展批判能力”[④]。莱斯主张放弃国家对市场经济的干预政策,尊重生产者的平等地位,重新评估控制自然的社会应用后果以及定位自身能力。[⑤] 莱斯没有像培根一样把改变社会的希望寄托于科学家或政治家,而是坚持这种改变必须是全体人民的改变。当然,在这种社会环境中,科学技术不再是人们满足私利的手段,它更具有中立的性质。莱斯更赞同本杰明的观点,即技术的本质不是人统治自然的能力,而是“对自然与人类之间关系的掌控”[⑥]。因此,在莱斯那里,将控制理解为“对人与自然之间关系的掌控”更具有进步的意义,因为这种控制摆脱了统治阶级对人的需求的控制,也只有重新实现对

① 参见[加]威廉·莱斯:《自然的控制》,岳长龄、李建华译,重庆出版社,1993年,第170页。

② See Leiss W., *Technological Rationality: Marcuse and His Critics*, Philosophy of the Social Sciences, 1972, p. 39.

③④⑥ [加]威廉·莱斯:《自然的控制》,岳长龄、李建华译,重庆出版社,1993年,第172页。

⑤ 参见[加]威廉·莱斯:《自然的控制》,岳长龄、李建华译,重庆出版社,1993年,第156页。

控制自然关系的再控制,人才能摆脱社会统治造成的异化的生存方式。当然,控制自然作为一种意识形态,在不同历史时期表现出其历史进步性和消极意义,莱斯主张回归到意识形态积极进步的一面。可以说,莱斯为我们提供了一种重新启蒙的可能,即重新构建控制自然的本原之意。

对莱斯来说,只有劳动解放才是实现人的解放的真正"手段"。换言之,只有实现劳动解放,才能够实现自然解放并最终达到人的解放。自然解放、劳动解放与人的解放是莱斯生态社会主义理想的有机组成部分,也是对马尔库塞解放理论的批判性继承。马尔库塞将劳动看作马克思历史唯物主义的基础,并试图将劳动爱欲化以寻找劳动解放基础之下的基础。作为一位生态学马克思主义者,莱斯显然极为重视马克思的劳动观,但莱斯并没有像马尔库塞那样从爱欲中寻找人能够从劳动中获得快乐的元心理基础,而是采用马克思社会历史观视野,结合当下消费主义社会现实批判现代工业社会扭曲人们需求与满足的关系,将商品作为满足需求的唯一方式,开创性地、最为系统地阐述了"从生产中而不是消费中寻找满足"。

莱斯的劳动解放观是在批判异化消费中树立起来的。莱斯指出,当前我们所面临的现实社会具有这样的特征:"复杂的大规模技术,较高的能源需求,生产和人口都很集中,职能越来越专业化,商品的花色品种越来越多。"①正是这种高度结构化的社会组织形式使人变成了一种异化的存在,并且所带来的消极后果随着社会繁荣而加剧。为从根本上解决这一问题,莱斯指出了两条道路:一是现有社会结构不变并继续鼓励维持高消费的生活方式,但这将导致更为严重的社会后果。因为人们在消费领域需求期望水平在提高,而满足人们需求的水平又在缩小,社会的不平等必然导致社会冲突的增加。"要在这种条件下维持上述理想,就必然需要采取更富压制性的和集权主义的政治统治方式,而这种统治是由特权的少数代理人所操纵的。"②二是采取"开放态度",鼓励人们直接参与满足需求的创造性活动。显然,莱斯更愿意从劳动入手,从根本上解决问题。在他看来,马克思、马尔库塞等生态马克思

① [加]本·阿格尔:《西方马克思主义概论》,慎之等译,中国人民大学出版社,1991年,第482页。

② 同上,第483页。

主义的思想先驱,都将个人劳动与自由时间的真正满足作为社会改造的前提。他们的基本立场在于:“人类满足的前景必须根植于创造一种运转良好的共同活动和决策的领域,使各个个人能在其中锻造出满足自己需要的手段。”[①]这就意味着在非等级制以联合劳动为基础的组织结构中,个体将拥有更多自由与自主权力决定自我需求。在莱斯看来,马克思主义传统的关注焦点在于“社会必要劳动组织方式质的差异,以及与这种劳动相关的娱乐、闲暇活动的关系”[②]。而问题的关键则是“改变表达需求和满足需求”的方式。事实上,马克思在《共产党宣言》中曾指出,“共产主义革命”与“传统所有制关系”的决裂,就在于无产阶级获取全部资本并上升为统治阶级,“用暴力消灭旧的生产关系”,消除阶级对立,“代替那存在着阶级和阶级对立的资产阶级旧社会的,将是这样一个联合体,在那里,每个人的自由发展是一切人的自由发展的条件”。[③] 这种自由发展首要的条件就是选择满足需求的方式,莱斯将这种自由活动导向生产领域。可以说,莱斯劳动解放论是对马克思主义理论的继承与发展,其哲学路向在于通过异化消费批判重返劳动解放。

莱斯明确指出:“在当今社会,满足的可能性将主要是生产活动而不是消费的组织功能。”[④]他认为,结合现代工业社会整体发展水平,目前已经具备了寻找替代消费主义生活方式的条件与手段。他主张在人们没有对现有体制完全丧失信心之前积极创造一种良好的社会环境,“在这种环境中人们将受到鼓励去更直接地参与各项与满足需要有关的活动”[⑤]。当然莱斯没有指明这些创造性活动的具体内容,他的目的只是揭示需求的满足有众多可能性,必须抵制对商品消费活动过度依赖的社会行为,鼓励低能耗、高产出的需求满足形式,及时“改变社会政策和资本投资的方向”[⑥],根据社会经济、政治、文化、技术等具体条件的不同选择不同的可替代路线。莱斯与阿格尔均认为,异化消费的症结在于人们将消费活动当作异化劳动的补偿的观点。

---

① Leiss W., *The Limits to Satisfaction*, University of Toronto Press, 1976, p. 18, p. 90, p. 105.

②④ Ibid., p. 18, p. 90, p. 106.

③ 《马克思恩格斯选集》(第一卷),人民出版社,1995 年,第 244 页。

⑤ [加]本·阿格尔:《西方马克思主义概论》,慎之等译,中国人民大学出版社,1991 年,第 483 页。

⑥ 同上,第 484 页。

莱斯主张必须克服劳动分工的专业化,他大力推崇伊万·伊利奇有关"爱交际的特性"思想。伊利奇主张建立一种"基于人与人以及人与环境之间的自主与创造性交往"的社会结构,这种社会其实是一种能够克服劳动分工专门化和进行有限商品交换行为的交往社会。他认为,人天生拥有的能力可以满足需要,"人们具有治愈、自我安慰、运动、学习、建造房屋和安葬的本能。每一种能力会满足一种需要"[①]。伊利奇思想中蕴含着极为朴素的思想,他推崇使用价值以及能动、自主的劳动,他同样意识到确实也存在人天生的劳动能力无法满足基本生活需求的现实。莱斯十分赞同伊利奇的思想,事实上,莱斯认为正是现行的生产与消费方式妨碍人们发展直接参与满足需求活动的才能,市场阻断人们通过劳动实现自我满足的机会,人的活动完全以市场为中心而展开。莱斯认为,交往的社会并不是以商品为中介形式的交往,而是鼓励人们直接参与生产活动进而发展创造性的劳动能力。

莱斯所开创的"从生产中而不是消费中寻找满足"的劳动解放思想成为生态学马克思主义理论的一个重要命题。阿格尔在莱斯的基础上进一步深化了这一理论,他激烈地批判异化消费问题,指出人们已经从生产领域的异化生存转向消费领域的异化存在,经济危机转变为生态危机成为资本主义社会最为紧迫的问题,这种危机潜在地孕育了"期望破灭的辩证法",迫使人们重新定位幸福的真正含义。阿格尔期望通过需求结构革命唤起新的满足需要的方式,主张克服异化消费需要重新回到马克思的劳动解放的道路上来,并认为"人们将从创造性的、非异化的劳动而不是从以广告为媒介的商品的无止境的消费中得到满足"[②]。在他看来,"人们在劳动中缺乏自我表达的自由"才促使人们"依附于消费行为"。他试图通过"管理消费"来改造阻碍这种创造性劳动能力发展的社会制度,并且寄托于将异化消费变为"生产性闲暇"和"创造性劳动",使人们的创造性生产劳动不再围绕着消费性生产而是以自我实现为目标。[③] 在他看来,在传统马克思主义理论中只关注生产

---

① Leiss W., *The Limits to Satisfaction*, University of Toronto Press, 1976, p. 18, p. 90, p. 107.

② [加]本·阿格尔:《西方马克思主义概论》,慎之等译,中国人民大学出版社,1991 年,第 488 页。

③ 参见[加]本·阿格尔:《西方马克思主义概论》,慎之等译,中国人民大学出版社,1991 年,第 493 ~497 页。

领域存在的劳动与自由的对立或者劳动与闲暇的二元论，然而在后工业社会这种异化发生在消费领域，他并不认为消灭异化劳动就能够获得自由，因为异化消费反而支撑着资本主义的异化生产领域，因此他试图以生态危机来促进劳动异化的解决，将构建新的需求理论作为"后正统社会主义学说"的必要部分，以阻止现代工业社会的浪费性生产与消费，主张通过"生产过程非官僚化和民主化（通过小规模技术和工人管理），或使那些阻碍非官僚化和民主化的部门自动化"①。阿格尔的这种思想是对莱斯思想的推进，他提倡一种不同于消费主义的生活方式，主张"采用一种规模小、民主组织起来的生产为特点的激进的生活方式，在这种生活方式中以广告为媒介的商品的外表就没有商品的使用价值那么重要了"②，将"创造性的劳动与闲暇生活"看作劳动解放的目标。我们可以看到，"分散化"与"非官僚化"是莱斯与阿格尔实现劳动解放的重要途径，事实上，这种观点的实质在于打破资本主义政治所实行的韦伯式的科层制模式，而转向采用舒马赫所推崇的符合生态规律的"具有人性的技术"③。尽管莱斯与阿格尔提倡重返马克思主义的理论传统，"从创造性的生产劳动中寻找满足"，但其解决的路径却是从消费领域而不是生产领域出发，即通过变革消费方式、需求结构，而不是从根本上消灭资本主义私有制来解决异化劳动与异化消费问题，其实质是一种本末倒置的解决途径。同样，以生态危机反促劳动解放，而不是推翻资本主义制度本身也只能是一种生态社会主义的乌托邦幻想。

高兹将以消费为目标的满足和以生产为目的的满足表述为"经济理性"与"生态理性"的差异。④ 高兹批判以经济理性为原则、以商品交换为目的的生产行为，认为这种生产方式以"利润""效率"的标准而不是"有品质的生活"，以"越多越好"而不是"够了就行"为衡量个人能力与幸福程度的标

---

① ［加］本·阿格尔：《西方马克思主义概论》，慎之等译，中国人民大学出版社，1991 年，第 499 页。

② 同上，第 488 页。

③ 崔文奎：《人的满足最终在于创造性的生产劳动》，《山西大学学报》（哲学社会科学版），2008 年第 1 期。

④ 参见陈学明：《人的满足最终在于生产活动而不在于消费活动——一个生态学马克思主义的重要命题》，《马克思主义与现实》，2002 年第 12 期。

准。[①] 在高兹看来,经济理性原则不仅占据了人们的生产时间,还主导了人们的闲暇时间,以经济理性为原则的资本主义生产其结果必然导致人性的自我丧失和人与人的物化关系以及人与自然的工具关系,因此从消费领域向生产领域寻找满足的过程也就是从经济理性向生态理性的转换过程。[②] 这种新的"社会—生态标准"将经济理性原则从劳动与闲暇领域驱除出去,缩减劳动时间并延长闲暇时间,以"闲暇"压倒"劳动",以时间解放的社会取代以劳动为基础的社会,以实际需要而不是消费幻想进行生产,以自主性、创造性劳动代替"薪酬劳动",不局限于产业工人的生产活动而是着眼于所有人的整个生命活动,最终建立一个劳动与非劳动性活动全面解放的"完全活动性"社会。可以说莱斯、阿格尔、高兹等生态学马克思主义者开创并加以发挥的"从生产领域而不是消费领域寻找满足",是对马克思劳动解放思想的继承和发展,可以说,是将马克思"人的本质是自由自觉的活动"以及马克思需求理论与生态学批判相结合的产物,他们所开创的劳动解放的生态学批判范式具有重要的理论价值与现实意义。

总体而言,理解莱斯的劳动解放观就必须正确理解控制自然的真正含义在于对人与自然关系的控制,这是理解自然解放、人的解放的重要因素;同时,必须了解以异化消费批判重返劳动领域,从创造性生产中寻找满足是莱斯劳动解放观的具体表达。在莱斯那里,自然解放是人性解放的前提,而解放自然的关键在于劳动解放,通过消除劳动与闲暇二元性和自然与社会的对立,在创造性的生产实践中实现"生态生存"。我们可以看到,尽管莱斯已经意识到劳动解放对于实现人的解放的重要意义,并且始终以马克思的社会历史观为核心坚持结合现代工业社会新的社会历史现实对人的异化生存状态进行批判,但他与阿格尔一样都是通过异化消费批判重新回到劳动领域,试图不触动资本主义制度本身来谈劳动解放问题,因此无法从根本上解决生态危机与人的异化生存问题。应该看到,异化消费只是异化劳动在消费领域的表现形式,消灭异化劳动是克服异化消费的前提与基础。同时,

---

① See André Gorz, *Critique of Economic Reason*, Verso Press, 1989, p. 113.

② 参见陈学明:《人的满足最终在于生产活动而不在于消费活动——一个生态学马克思主义的重要命题》,《马克思主义与现实》,2002 年第 12 期。

莱斯只是一味强调从生产领域寻找满足，却并没有揭示为什么人们能够从创造性的生产劳动中寻找满足。他既没有继续马尔库塞的爱欲解放，也没有明确地从马克思人的本质的理论出发探究根源，而是更侧重于重新解读控制自然意识形态以及分析异化消费产生的原因，因此从这个意义上来说，莱斯的劳动解放论尽管是他的生态学马克思主义思想的理论根基，但其理论阐述仍不免显得过于浅显与单薄。马克思曾指出："资产阶级，由于开拓了世界市场，使一切国家的生产和消费都成为世界性的了。"①因此，对异化消费或异化劳动的批判如果不结合对资本的批判，脱离从资本主义生产方式对人的剥削与奴役的批判，是不能从本质上揭示出最终实现劳动解放回归到对人的本质的自我确证的重要意义。同时还应该注意，为实现人与自然、社会的真正和解，马尔库塞提出爱欲解放、本能解放，通过"大拒绝"与艺术革命从根本上克服人的异化状态，相对于马尔库塞激进的总体性革命思想，莱斯的劳动解放理论明显更加保守与温和。

五、对现代人消费主义批判的理论特征

对现代人的存在方式的批判是莱斯生态学马克思主义思想的重要组成部分。通过对资本主义生产条件下人的异化需求观、拜物教、虚假幸福观的批判，莱斯深刻揭示了在现代工业社会中，人在消费领域遭遇的异化存在方式，并准确预言人们只能从生产领域而不是从消费领域寻找满足才能够从根本上克服异化消费问题。莱斯关于现代人的存在方式的批判极具特色，具有重要的理论价值与现实意义。

第一，莱斯继承了法兰克福学派的社会批判理论，并以马克思主义思想透视人的存在问题，开辟了生态学马克思主义新的理论阵地。法兰克福学派基于抽象的人本主义原则，对于现代工业社会消费主义状态下人的异化存在进行激烈批判。马尔库塞抨击现代人已经成为单向度的人，"人和物以

① 《马克思恩格斯选集》（第一卷），人民出版社，1995年，第276页。

扭曲、限制或否定其本质(实质)的形式而存在"[①]。弗洛姆将对物的占有的生存方式归因于资本主义私有制,批驳"我就是我所占有和我所消费的一切"[②]。"我就是我的占有物","我拥有它","它亦拥有我"。[③] 莱斯继承法兰克福学派的社会批判传统,从商品与需求的关系出发,以人对自然的控制与服从的辩证法为逻辑基础,从控制自然与控制人欲两重向度开辟解读人由生产异化向消费异化存在方式转变的根源。同时,莱斯以马克思主义视域透视现代工业社会人的存在,开启了生态学马克思主义研究人的存在方式的问题新的理论范式。

第二,莱斯开创性地提出需求的"物质—符号"二元结构,并将其安置于特定的社会经济关系中。莱斯的需求二元结构与鲍德里亚不同。鲍德里亚试图解释资本主义市场经济中交换价值如何中介使用价值,进而用符号逻辑取代马克思的生产逻辑。他所建立的符号政治经济学批判,代表西方马克思主义向后马克思主义的转向,开创了后现代社会批判的理论先河。在鲍德里亚那里,物与符号结构具有不平衡性,"物远不仅是一种实用的东西,它具有一种符号的社会价值,正是这种符号的交换价值才是更为根本的——使用价值常常只不过是一种对物的操持的保证"[④]。莱斯则完全脱离了这种传统的两分考察路径,将需求二元结构视为具有内在统一性的整体。这种二元结构从未分离过,保持着形式上的平等地位,它生成于社会经济所有阶段,只是每个阶段表现的形式侧重不同。正如莱斯所指出的:"人类需求系统在每种文化中都是一个物质与符号关联的坚固的统一。"[⑤]莱斯从未像鲍德里亚一般以交换价值中介使用价值,将马克思对于资本主义生产的批判作为拉康式的"镜像"。尽管他并不赞同马克思关于使用价值与交换价值的两分,但从某种意义上说,莱斯的需求二元结构是一个物与符号完整统一的整体,与鲍德里亚意义上以符号生产取代物的生产存在着明显差异。

---

① [美]马尔库塞:《单向度的人:发达工业社会意识形态研究》,刘继译,上海译文出版社,2008年,第201页。

② [美]弗洛姆:《占有或存在》,杨慧译,国际文化出版公司,1989年,第25页。

③ 同上,第68页。

④ [法]鲍德里亚:《符号政治经济学批判》,夏莹译,南京大学出版社,2009年,第2页。

⑤ Leiss W., *The Limits to Satisfaction*, University of Toronto Press, 1976, p.64.

第三,莱斯预言资本主义生产条件下人的异化存在已经由生产领域转向消费领域,凸显“资本主义生产方式的基础并未改变”①这一重要判断。马克思曾批判资本主义条件下人在生产领域所遭遇的异化存在状态,莱斯则断言这种异化存在已经由生产领域转向消费领域。尽管人的存在发生异化的领域发生了改变,然而资本主义的生产方式却从未改变。在莱斯看来,生产资料所有权与控制权仍掌握在统治阶级手中,世袭财富与权利的先天不平等、等级阶层存在权利差异。生产领域遭受的剥削与压迫仍是人们生存面临的现实存在状态。这种改变不过是通过文化统治在消费领域开辟新的维持资本主义统治合法性的新领地。这种文化统治“不会永久性地改变任何生产领域的特征;并且像‘消费社会’和‘消费者主权’这种蒙昧主义观念,暗示了消费者手中拥有重要的社会权利”②。事实上,这是一种新的统治形式,消费在大众日常生活中占有重要地位,不仅保留了生产关系基本结构,并且在大众文化领域发生了决定性改变。莱斯抨击现代工业社会“把受外界支配的需要内在化,扩大社会对于人内心生活的控制”③。消费社会这种文化统治实质上就是一种新的极权统治形式,理性同一性原则不仅支配着生产领域,也主导了消费领域。

第四,莱斯强调这种由生产异化向消费异化的转向,并非主张消费领域变得比生产领域更为重要,抑或在两个领域中异化程度的不同,而是在消费主义这种经济结构模式下探讨此种改变对表达需求与满足感、幸福感之间的关系。莱斯预言人的异化存在方式已经从生产领域转向消费领域,但基本立场却是人在生产与消费领域同时遭受着异化存在方式,这种转向并非是异化程度的减轻,而是双重压迫的开始。弗洛姆也曾说过:“消费过程异化的程度同生产过程一样。”④莱斯批判消费社会中“完全以消费领域为目标来满足需求”⑤。更为严峻的问题是,这种消费主义存在方式已经弥漫于全球的经济运作模式中,不仅发生在资本主义社会,同样产生于社会主义国家。在此,莱斯给人类敲响了警钟,提醒人们消费主义存在方式已经成为全

①②⑤ Leiss W., *The Limits to Satisfaction*, University of Toronto Press, 1976, p. 87.

③ Leiss W., *The Domination of Nature*, McGill-Queen's University Press, 1994, p. 54.

④ [美]弗洛姆:《健全的社会》,孙恺祥译,上海译文出版社,2011 年,第 106 页。

球性选择的人类整体生存模式，主张人们当从创造性的生产劳动中获得真正的满足。

第五，莱斯以需求与商品的关系为理论突破口，但不以此作为判定消费异化的理论根据。莱斯的批判模式并非内在自然与外在自然，或控制人欲与控制自然两个方面，莱斯对生态学马克思主义的重要贡献恰在于以对资本主义的生产方式、生活方式、交往方式为基本批判对象。这种批判范式对于生态学马克思主义具有重要意义，深刻影响了阿格尔、奥康纳、福斯特等生态学马克思主义者。从某种意义上说，这一批判范式具有一定的启示意义，尽管他所构建的“较易于生存社会”是一种浪漫主义的乌托邦，他的稳态经济模式、技术分散化思想在经济与技术迅猛发展的当下是如此脱离了现实的社会生活，然而他将资本主义生产方式批判作为最终落脚点，凸显其对马克思主义思想衣钵的继承。莱斯提倡通过劳动解放、自然解放、构建稳态的社会制度模式来重建人的存在方式，特别强调从创造性的生产劳动中寻找最终满足，以量的标准而非质的标准重塑合理的消费方式，对于重新审视当下沉浸于消费主义的现实社会生活中人的存在状态具有重要的启示意义。

第六章　从工作中获得解放

——高兹对基于经济理性的人的生存方式的分析

法国学者安德烈·高兹(André Gorz,1924—2007)将以资本原则为主导的资本主义生产方式的生态批判作为基础,揭示了现代人类的生存方式和生存状态,在对现代社会的解剖和批判中揭示了人类未来文明的发展方向。

高兹是最早一批对生态学问题进行政治化研究的马克思主义者。他的生态批判不仅是全面的,而且此种批判还有一个尤为显著的特点:他从生态学内部挖掘出人文的、政治的意蕴,即政治的生态学方法,这种方法展现了一种生态和谐的生存方式,并就此从人的自由与解放的角度提出了克服当代资本主义危机走向真正社会主义的途径。他的生态学马克思主义和生态学社会主义的政治规划直接影响了后来如阿兰·利比兹(Alan Lipietz)等法国调节学派的生态社会主义思想家,尤其是他对生态学的政治化理解,使得我们对当代资本主义状况下的社会主义之未来和可能性发生了新的估计和策略调整。对于政治生态学,正如利比兹所言,它是“既不同于生态主义也不同于传统马克思主义的新理论,它一方面坚持把主导型的理论层面定位在对生产和消费过程的批判性研究方面,而不是像一般的生态主义那样把理论注意力转移到自然界或环境的正义维度上面”①。在生态与哲学和政治学的结合方面,高兹的生态马克思主义的研究范式与大多数生态理论家的范式存在着明显的区别。

---

① 唐正东等:《资本主义理解史》(第四卷),江苏人民出版社,2009 年,第 316 页。

一、资本主义的生产方式与资本主义的生活方式紧密相连

高兹对人之存在境遇的思考是透过自己少年时代文化疏离的生命体验，当然更主要的还是通过存在主义哲学，将其理论的中心放在了个体解放的问题上，这正是他批判经济增长导向的当代资本主义的出发点和归宿。

当代资本主义使人类的存在方式发生了巨大的变化，在带来人类进步的同时也导致了人类存在的异化，高兹揭示了资本主义生产方式与人类存在异化之间的内在关系。资本主义生产方式作为历史发展的产物，规定了人基本的存在方式和存在关系。他认为传统的马克思主义历史唯物主义的分析范式已无法对当前的问题进行充分的批判性认识，因此从20世纪70年代初开始，高兹逐渐牢固地建立了对资本主义的政治生态学批判路径，即把生态学作为其当代资本主义批判的一个新的理论维度。高兹从存在主义现象学和马克思主义历史唯物主义的立场出发，运用马克思的政治经济学批判的方法对资本主义展开全面的生态批判。

高兹的"生态学"批判是以对"生态"与"生态学"的词源学考察为基础的，对生态学与经济学各自的研究内容之比较，从生态学的方法上来剖析资本主义生产逻辑的扩张如何影响生态学的自然科学方法逐渐占据主导地位，以致失去了其内在人文、政治因素的。所以生态学不再是一门纯粹的科学学科，它应具有单纯把它视为经济学所无法包容的含义。它属于超出经济活动和计算的领域，并不具备一个包含经济合理性的较高合理性。基于生态学的人文、政治的选择是对独裁主义的和技术法西斯主义的抵制的根源所在。既然如此，生态学就必须突破经济学的界限，探寻一种同经济理性不完全一致的生态理性。要使生态学达到这样的目的，就应重新建立起生态与政治之间的内在联系，揭示生态学和生态问题所蕴含的社会政治意义。一旦生态学完成了政治生态学的转变之后，其反对技术法西斯主义、现代资本主义的功能就将充分呈现。

所以政治生态学是一种与科学的生态学方法截然不同的方法，它立足

于一定的价值立场，是作为公民日常生活一部分的那种政治。它所确立的生态学基调是人文的、民主的、自足的，是人与自然、人与人及人与自身和谐发展的存在方式。它的根本目的是在政治上重建，一方面较少地工作和较少地消费之间的相互关系，另一方面恢复每个人享有更多的自治和更多的生存安全。因此，不能把政治生态学理解成政治学或生态学的任何一个分支，或理解成政治学与生态学的简单相加，否则必然会消除政治学与生态学两者之间的内在联系，无法洞悉政治生态学的内涵和存在论上的意义。

政治生态学的理念打破了经济理性所遵循的“更多”和“更好”原则的联系，凸显出“较少”与“更好”的范畴。当然，“较少”与“更好”这些范畴本身还需人类共同体在社会斗争的语境中赋予具体的意义。

政治生态学不是从关注实事的方面来描述生态学研究的对象是“什么”，而主要描述生态学研究的“如何”。它不再依据科学逻辑或工具理性，而是诉求于伦理与文化。政治生态学赋予生态学以实践性，使其不再是一门抽象的纯理论科学，同样又使生态学富有人文关怀和政治参与。①

在资本逻辑的支配下，资本主义不能保证生产服从于需要，无法推动质的需要的扩张。同样，科学被军事化，教育、医疗被工业化，文化被商业污染，人的创造性也要屈从于利润的生产。在这样的环境中，高兹深刻地认识到：一方面，资本推动的人类社会发展已触及环境和自然资源的底线；另一方面，与资本同谋的制度、技术、教育、医疗等早已使人类基本的生存能力衰退，进而能够多次摧毁人类，人类社会的发展已触及了社会的底线。他直指时代的危机，将这两点本质性地纳入他政治生态学的视野，因此他的政治意图不仅在于人的自我实现，而且在于人类的自救。唯有清楚这一点，我们才能理解高兹的政治生态学的存在论意义。可以说，他的“生态学”批判是对传统西方马克思主义“生态学”批判的发展。

从政治生态学批判的逻辑出发，高兹反对把当前的危机看作一种现代性自身引起的危机，而是现代化过程中的非理性动机造成的危机，并在此基

---

① See André Gorz, Political Ecology: Expertocracy versus Self - Limitation, *New Left Review* I/202, November-December, 1993.

础上反对笼统地否定现代性，主张给现代性划定界限。[①] 对此，他与哈贝马斯分享着关于现代性的共同观点。而要给现代性确立一个界限，必须考察无限制的经济理性帝国主义在当代资本主义社会中的运作情况，因为在资本主义社会中的现代化进程是与经济理性的运作紧密纠缠在一起的。

与资本主义同步诞生的经济理性以“计算与核算”、效率至上、越多越好为原则。于是“足够”这一范畴就不像在传统社会中那样只是一个文化的范畴，而变成了主要是经济的范畴。在高兹看来，马克思对资本主义生产方式的批判范式就当代而言，它的更新形式就是对资本主义的经济理性批判。在马克思和恩格斯那里，作为资本主义特征的经济合理性要扫除所有从经济的观点看来是不合理的价值和目标。[②] 按照马克思的观点，经济理性的危害，一方面使人与人之间的关系变成金钱关系，另一方面使人与自然之间的关系变成工具关系，而核心的问题是使劳动者失去人性。高兹寻求的自由之路的一个重要环节就是给被合理化的领域划界。他要证明“合理化具有存在论的和存在主义的界限，这些界限只能以伪合理化（pseudo - rationalizations）、它们自身的非合理性的方式在合理化成为它的对立物中被反对（be crossed）”[③]。

高兹从20世纪90年代以后爆发性兴起的虚拟经济中看到了经济理性无法彻底殖民化的经济领域。一方面，虚拟经济挑战了大多数经济学家对于财富问题的基本理论底线，即在有迹可循的、可计量的生产成本基础上的有形商品的交换是经济的基础。在虚拟经济交换中，生产成本不再是有迹可循和可计量的，这是一种使用价值抽象化与交换价值全面统治的新型的商品交换模式。高兹将这种新经济称为“无定型”（L'immatériel）。另一方面，基于对经济合理性本质和运行机制的分析，高兹认为知识经济绝不可能被经济理性彻底殖民化，知识经济可以创造出人的解放空间。从资本的观点看，问题是作为connaiassance的“知识”和作为savoir的“知道”都无法像在常规生产中的产品那样被精确地转化为交换价值。在知识经济中生产出来的产

① See André Gorz, *Critique of Economic Reason*, London and New York Verso, 1989, p.1.

② Ibid., p.19.

③ André Gorz, *Critique of Economic Reason*, London and New York Verso, 1989, p.2.

品没有任何一种可以按照有形商品的方式来直接相比较。作为知识财产的传播介质的物理性生产的成本通常是可以忽略的。而时间投资根据技能和生产者的熟练程度则各不相同。同样,对于生产“知道”(savoir)必须的训练则根据受训者的智力、天性和爱好而变化,不过有形产品虽然可以被抽象化或者形式化,但是知识财产的生产无法做到这一点。[①] 因为知识经济不仅仅依赖高水平的技术性技能,而且也依赖于工人的创造性和主动性,当然也包括高级技术教育。在技术性产业中,资本会寻找一切手段来将它的生产外包给新兴经济体,一般而言,这类新兴经济体一方面有着高级的技术教育,但是同时还保持着较低的生活成本,对资本而言就意味着较低的生产成本。

就“一般智力”而言,曾经重要的是知识(connaiassance)已经在现代工业的绵延序列中实际上取代了固定资本和机器。智能、创意、适应性等则成为像在机器那里一样,可以被资本所计算和掌握的特性。于是在那些产业中就存在一种相比传统制造业而言更大的自主性的可能性。[②] 高兹认为,知识经济对于资本而言所提出的问题可能更加深远。有形产品虽然单位成本可以精确测量,但是即使如此,随着20世纪消费文化的兴起,有形产品也早就落入一个无定型的价值领域里了。

倘若知识经济内在的潜力可以被掌握,那么从资本主义脱离的前所未有的机会将会出现。[③] 由于各种原因,知识经济的产品不能被经济合理性所同化。

二、支配“丰裕社会”的不是生产逻辑而是消费逻辑

丰裕与消费是高兹必须面对的两个经济现象,也是具有政治意味的主题。在传统资本主义政治经济学理论框架下,不足的生产与满足基本需求的矛盾赋予了资本主义生产方式一个自然的基础和人性的目的,至少是在

---

① See André Gorz, *L'immatériel – Connaissance*, valeur et capital, Editions Galilee, 2003, pp. 33 – 39.

② 参见高兰(Francoise Gollain)对高兹的访谈, Une Critique du Travail, pp. 236 – 237.

③ See André Gorz, *L'immatériel – Connaissance*, valeur et capital, Editions Galilee, 2003, pp. 21 – 22.

表面上或者客观上。大量的需求事实上必然需要大量产品来满足生命的再生产。资本主义生产方式客观地将维持人的自治的首要需求(衣食住行等)作为自己的目的。这个自然的基础作为一个前提内化了资本体制,在某种程度上论证了一个命题的合法性,即资本主义经济服务的是消费,它的合理性是合乎人性的。事实上,高兹认为,需求的自然基础在某种程度上掩盖了资本主义生产的复杂的内在目的。

在丰裕社会的新政治经济条件下,个体理论从自然必然性中解脱出来了,具有了为创造性的人性的目的而进行活动和生产的可能性,而不再仅仅追求自然必然性的人性目的。[①] 但是当下的垄断资本主义却通过匪夷所思的消费意识形态逻辑阻止了将生产从属于创造性活动,甚至泯灭了所有创造性活动,最终永远地将消费从属于生产过程。马克思的预言一语成谶,他说垄断资本主义发现自己面临的是这样一个问题,即为了客体而将主体塑造为被市场化的;不是调整供给满足需求,而是使需求调整满足供给。[②]

当然这个问题事实上已经被解决,因为如今的个体不仅仅在自身的私人化需求方面,而且相应地在他们对世界的感知方面都受到了资本逻辑的调节,使之适合生产的经济效益的最大化。事实上,高兹认为经济理性的铺展使得社会的所有方面都被支配着,极大地延伸了资本对私人生活的一切方面和各个领域的侵略,经济理性成为个体所接触的一切信息里的至高的主人。所以经济理性暴露了垄断资本主义的真实面目:作为需要以生产为目的的生产,以积累为目的的积累的社会体制,它也需要建构一个强制消费的社会体制。以同样肯定的口吻,他认为资本主义需要的是被动的消费者,这种被动人格的主动特征在消费的意识形态氛围下,被压制到极小化,而在这样的个体人格的基础上,体制可以随心所欲地强加给个体任何目的,赋予他体制所需要他具有的任何欲望和意愿。虽然高兹是对现代性的乐观主义者,但是对资本主义的受控消费分析到了这里,他却来到了一个交叉路口,在这个交叉路口上他看到与他擦肩而过的鲍德里亚,当然鲍德里亚给我们的理论画面更像是一个末世的愿景,晦暗且令人沮丧。

---

①② See André Gorz, *Strategy for Labour*: *A radical proposal*, Beacon Press, 1967, p. 70.

丰裕社会中主导的逻辑已经不是马克思时代的生产逻辑，而是消费逻辑。主体需求体系本身的自然性遭遇质疑和否定，主体的自然性消隐成为被建构的人造物。

然而高兹与鲍德里亚不同，他并没有极端激进地挣脱马克思主义，从外部来实现对资本主义的根本拒斥。高兹认为，主体的复活和自由的实现仍然要从资本主义的生产关系的根上去寻找。事实上，异化消费的个体在他对消费的需求中，其异化状态反映为他的消费活动是生产的中介，异化消费者同生产领域中的其他劳动者一样也被军事般的纪律作为被动的操控对象。资本主义早已在生产关系和工作条件内创造出被动的个体，它是通过将生产者与他的产品分离，甚至通过将工人同他的工作分离，将这种异己的工作变为某种预先决定的和异化的时间来实现的。①

因此，从需求的被动化开始，工人在自己的工作中失去了家园之感。工作作为创造性活动的否定，是纯粹的满足需求的手段。因此，个体的主动的和创造性的需求被肢解了，除了在非工作中、在消费中、在家庭生活中，个体无法找到自治权的领域。

所以通过高兹对作为经济理性批判的总体性背景的消费社会的政治经济学批判性分析中，我们发现，消费意识形态完成了对主体的谋杀，如果按照鲍德里亚的话来说，这是一个完美的罪行。正是通过对需求和满足进行合法性的华丽包装，更深的社会的一级政治的目的论问题被压抑了。消费不折不扣地是一种极为隐蔽的资本主义政治行为。②

对高兹而言，早期对于自由的存在主义想象仍然是他在一些关键事件和关键概念的分析上的理论底色，在受控需求和消费社会的总体性背景的分析下，他认为这实际上仍然是一种起源于生产过程中的社会关系的异化结果。按照高兹的分析，唯一无法被彻底谋杀的领域和能够引导人类在当代资本主义的自治权中重新上演"出埃及记"（Exodus）的希望所在，还是人的工作（work）及其解放。

当高兹将对资本主义的政治经济学批判深入到经济理性批判之维的时

① See André Gorz, *Strategy for Labour: A radical proposal*, Beacon Press, 1967, p. 71.

② 参见张一兵：《反鲍德里亚：一个后现代学术神话的祛序》，商务印书馆，2009 年，第 95 页。

候,显然他已触及了当代资本主义的真正实质所在。他确立了经济理性批判的存在论维度——重建工作,即资本主义经济理性在资本主义生产过程中将工作合理化为仅仅是使用价值的制作,而非工人的自愿自主活动;资本主义经济理性将有酬工作作为劳动者基本伦理和意识形态的轴心,而非构建自主性社会。因此,一方面在生产过程中破除经济理性对工作本性的压制,另一方面在社会过程中取消工作意识形态和工作至上主义伦理,就是高兹寻找"通往天堂之路"的必由之路了。

高兹从存在论的维度对现代工作的概念及其本质演变进行剖析,在此基础上对现代资本主义工作合理化进行批判。他反对泛泛地或含糊地把"工作"指认为创造性活动。如此一来,自主性的创造性的劳动就和他自主性的创造性劳动一起被归入"工作"的范畴之中,于是便会造成对工作认识的混乱。作为工业资本主义的产物,工作是为他人的、对他人具有使用价值的有酬和补偿的活动。① 有酬工作一方面能够使人获得社会存在和社会身份,使人属于社会公共领域;②另一方面也是被经济理性化的抽象领域,这种抽象意味着一种社会关系的抽象化特征。因为工作的可交换性,甚至是必然的交换性,导致了工作以及在工作中的人的抽象化,这其实也是一种主体死亡的特征之一。正是在此种意义上,高兹反对以内格特(Negt)为代表的一些学者把工作视为一种黑格尔意义上的人类本质的外化,理解为一种个人自我实现的实践活动(poiesis)的观点。

高兹认为这些理解的出发点是好的,但是最终没有跳脱出经济理性的定势,也无法以此解决当代资本主义社会"工作的危机"。当代资本主义社会的"工作"是被异化的实践活动,它不可能为走出危机提供任何积极的手段,甚至它正在侵蚀和消解着非异化的自主活动。当代资本主义"工作社会"(work - based society)是建立在现代意义的"工作"的基础上的社会,"工作的危机"也是存在论意义上的人的全面和自主的生活的危机。

高兹对现代"工作"概念的辨析,其底色明显是存在主义的人道主义的本质和方法,不过他同时也站在马克思主义的和社会主义的立场之上,揭示

---

① See André Gorz, *Capitalism*, *Socialism*, *Ecology*, Verso Press, 1994, p.53.

② See André Gorz, *Critique of Economic Reason*, Verso Press, 1989, p.13.

出了工业资本主义社会的“工作”的反人性和非主体的本质特征，同时这样一种工作并不是人类活动的唯一表现形式，从而为对“工作的危机”的剖析和出离“工作社会”奠定了存在论意义上的基础。

高兹正是出于对现代工作的上述理解，导致其与马克思、马尔库塞对如何实现劳动解放的路径存在明显的差异。马克思和马尔库塞认为，在劳动中（within the work），即劳动过程本身具有解放性；高兹则认为，应当从工作中获得解放（from the work），工作本身并不能使人赢得解放。

高兹认为，能够从工作中脱离（escape from）的文化已经存在了，即先于工作的教育时期，以及在自由时间阶段至少是潜在地存在着的。在这样的时期里，被交付给我们的时间能够被用于在经济合理性之外形成个体的自主形式。相应的，既然没有一个设想改变工作本身的现实路径，那么工作时间的缩减对个人增长和相对自治来说是必要的，但是并不是充分的条件。高兹反对传统左派把工作视为一种生产活动，作为一种经济增长活动的术语，因为这种理解无法使得工作脱离他主活动的领域。

工作的解放意味着人的真正的解放，而工作的解放对于在存在主义的隐性逻辑支撑下的高兹而言，与私人领域的解放是同一个过程。私人领域的解放对于个体解放的实现，乃至对于在经济理性的压制下自由主体的重新复活具有重要的意义，这个领域是自由和解放的土壤，主体解放的种子将在其中艰难地抽芽直到结果。实际上，高兹不仅仅考虑被经济理性所殖民的公共领域，同时在私人领域内的人与人之间关系的商品化也是他考虑的焦点。私人领域的“为自己劳动”和“自主活动”的商业化和经济理性化根本没有为解放个体提供自由时间，相反，它在更大的范围内创造了社会不平等。如那些收入体面的工作被少数的技术专家所从事，并且他们购买大部分人的时间来替他们完成家务劳动。高兹将这种现象称为社会的“南非洲化”（South－Africanisation）。按照这个逻辑发展下去的社会，就必然是一个他主（Heteronomy）的全面延伸。于是在经济理性的殖民化的意义上，高兹在某种程度上也延续了哈贝马斯的所谓公共领域的殖民化思想。对高兹而言，“为自己工作”向商品化服务领域的转化对传统工业主义的精神氛围是一个发展的噩梦。

他主性的存在不会造成一个自治的私人领域的出现，所以高兹认为私人领域中人的解放的实质和核心在于工作解放，如何能在全面控制的资本主义制度下实现工作解放。“当前的重点在于反对工作的性质、内容、必然性和各种模式，以便使自己从工作中解放出来。”[①]因此，在高兹重建工作的经济理性批判思路中，他最终要通过工作达到的是一个社会主义的目的。易言之，他试图通过批判经济理性对私人领域和自治领域的全面侵占的帝国主义逻辑重建真正的社会，这个社会就其根本而言是自治的。

但是当高兹以存在主义的人道主义关怀走向重建社会的时候，他发现社会存在一种在个体层面和私人领域中自己不曾遭遇的力量，它如此坚固以至于使高兹在某种程度上产生了个人与集体之间，或者个体与社会之间辩证法的摇摆，他有时候激烈地以个体来反对集体主义，有时候在阐述自己的社会组织理想的时候，又不得不承认社会的总体化的必然性。所以高兹虽然极力批判经济理性，但是当从个人上升到社会的时候，他无论从理论上还是从实践上，都还无法设想一个非总体化的个体自治社会。因此，在高兹那里，社会的政治规划和社会的政治经济学规划，乃至对于以个体为基础的自主社会仍然存在一种二元性，即自主与他主的二元社会（Dual Society），或者说即“必然领域”和“自由领域”的二元共存。

在高兹关于自主和他主的问题上，有学者认为，高兹的思想是极致的、激进的，通常来说是极端的，但是他最大的价值在于促使我们去找出到底因为什么以及如何极端的。从这个意义上来说，高兹是一个唤醒者，是防止我们循环思想的思想家。[②]“技术”成为高兹思考中的一个关键问题。原因在于：一方面技术成了高兹社会变革战略的阻碍，另一方面它又为他打开了政治生态学的批判领域。

在意识形态的意义上，高兹指出科学技术不是中立的，科学技术的作用是维护资本主义制度的稳定及其逻辑的顺利铺展的。[③] 所谓科学技术意识

---

① André Gorz, *Farewell to the Working Class An Essay on Post-Industrial Socialism*, Pluto Press, 1982, p. 72.

② See Jean - Baptiste deFoucauld, Gorz et le temps choisi, un débat inachevé, in Christophe Fourel, ed., André Gorz: *un penseur pour le xxle siècle*, La Decouverte, Paru en février, 2009, p. 157.

③ See André Gorz, The Division of Labour, the Harvester Press Limited, 1978, p. 165.

形态就是资产阶级意识形态，科学技术的文化和技能清楚地打上了资本主义生产关系的印记，打上了把体力劳动和脑力劳动分割开来的印记。高兹对技术的批判，不是批判技术本身，而是批判技术的资本主义的运用，尤其是资本主义技术运用所造成的社会统治和社会控制。

资本主义社会的科学技术具有双重目的：一是推动生产最大化，二是剥夺工人的技能、自治能力以及工人对整个生产过程的控制权。就第二个目的而言，这种资格丧失的过程并不是线性的。伴随着去资格(dequalifies)和碎片化的生产任务的机械化，一方面，原来控制机器的人现在为机器所控制，人失去了对生产的内容、方式和过程等所有的控制权；另一方面，压抑性的工作剥夺了工人的有价值的独创能力和创造性。

除此之外，技术的发展、自动化机器的普遍应用将工人阶级分化为三个部分：精英阶层、外围劳动力与外部劳动力。后两个部分被边缘化，他们只不过是受市场供求波动调节的劳动力的工业储备军。在生产中，负责不同生产内容，所处地位也不同，遭受资本或技术机器的奴役程度也各异。科学技术本身具有一定的阶级内容，它们在意识形态的意义上并非中立。

基于此，高兹指出，资本主义社会中的技术选择具有深刻的社会意义：生产技术就是统治技术，社会选择就是一种技术选择，技术选择也是一种社会选择。虽然技术选择是现代社会选择的一种，但一种旨在巩固资本主义生产逻辑和维护技术官僚利益的社会选择，会以修辞化、伪装化、人为中性化的技术选择而强加于社会大众。实际上，技术本身并不存在乐观与悲观之别，技术本身就是社会选择的斗争，它总是渗透着权力的密码和印记；尤其是“核技术”，它从一开始就是独裁政体下的意识形态选择。核计划的应用不仅耗能比它产生的能源要多，而且随着它的应用必然产生新的专制和不平等。只有那些掌握核理论和技术的人才能操作、监督和管理，这必然造成新的垄断和更大的能源耗竭。改变技术就是改变社会。在此意义上，高兹指出我们面临两种选择：社会主义或者技术法西斯主义。前者是政治生态学引导下的技术运用，它意味着一种人快乐生活的生存方式；后者则是资本主义生产逻辑支配下的痛苦的生存方式。

技术的迅猛发展不仅影响了人类与自然之间的交互变化，而且导致了人对现实社会的重大怀疑,造成了人类自我理解的危机。具有反讽意味的是,人类控制外部自然能力的提高往往使人类感到更加脆弱、更加无力,使自己更加暴露于无法预期的副作用和危险之中。

高兹从技术与劳动分工之间的内在关系及它们在资本主义社会中的共同作用出发,展开对劳动分工的批判。首先,先进技术在生产中的应用促进了劳动分工的发展。由于工厂中自动化机器的应用,整个生产流程被细分为无数个环节。一方面,原先工厂内部的分工生产已发展为地区内工厂间的分工生产,甚至扩展到跨国的劳动分工,即国际分工;另一方面,个人被简化为“可以忽略不计的分量”。其次,从资本的观点看,被迫劳动源于劳动分工。劳动分工扩大了资本的积累,所以资本家为追逐高额利润,必然要实施劳动分工。于是生产的专业化和决策的集权化从根本上决定了权力分散和工人自治无法实现。与劳动分工相伴而行的工业资本总是意味着专制、暴力与控制。

高兹把对资本主义的劳动分工的批判同资本主义生产目的的批判联系在一起。劳动专门化,精英阶层对科学技术的垄断,生产规模的日益扩大,其目的主要是为了让资本主义的统治永恒化。工人的劳动服从于劳动工具的统一的动作,形成一种军事化的秩序。这种秩序在工厂里周密地安排为一种完善的制度,它充分地发展了对工人的监督。资本主义的劳动分工使人进一步被分割,并将人变成畸形物,它压抑工人的多种多样的生产志趣和生产才能。①

马克思的异化理论是高兹对新资本主义条件下劳动分工进行批判分析的重要方法。虽然与传统马克思主义采取了同样的分析范式,但是高兹并不满足于既定的框架,他要求对当代资本主义条件下的工人阶级给予一个清晰的定义。高兹认为,其原因就是资本主义和科学技术的紧密结合所造成的劳动的技术性分工。劳动的技术分工相应地要求某种形式的服从、等级和专制主义。资本主义技术和劳动分工的发展都源于异化劳动和被迫劳动背景中工作屈服于异化目的。② 按照高兹对马克思的异化理论的应用,资

---

① 参见马克思:《资本论》(第一卷),人民出版社,2004年,第417~418页。

② See André Gorz, *The Division of Labour*, Harvester, 1976, p.56.

本主义劳动分工的结果就是造成人与生产工具、人与生产过程、人与产品、人与自身、人与他人等之间的分离关系，人处于异化之中，而且资本主义劳动分工加剧了这种异化程度。

但是当代的国际分工所具有的极高程度的专业化特征造成了必须具有一个高于工厂层面或者至少在工厂层面的决策权力的存在，这种决策权力的集中化却与非中心化和自治的策略根本相抵触。在生产的技术分工和工人的自治之间的矛盾方面，无限制发展的资本主义技术对人类解放和自然解放的实现产生了本质的和具有必然性的影响。当代资本主义的技术不仅支配着自然，而且支配着工人。资本逻辑由压抑人的自由升级到否定人的自由。在高兹思想的这个逻辑节点上，资本与自由之间的死结，应当而且必须由生态学方法来打开。高兹继承马克思的历史唯物主义和政治经济学批判的思想与方法，从生态学内部挖掘出一种具有政治意蕴的生态学的方法，即政治生态学的方法，它是一种生态和谐的存在方式。具体而言，这种方法必然拒绝建立在对个体和自然的支配基础上的资本主义工业技术，取而代之的是创造一种建立在“个体之间的合作以及与自然的合作”基础之上的“后工业”技术。这恰恰是高兹的生态学马克思主义范式异于北美的奥康纳和福斯特的生态马克思主义范式之处。

高兹是他的时代的思想家，他对生态、资本和技术的反思来自于其所处的历史境况。正因为他对资本主义社会中生态、资本和技术之间本质关系的反思，并从对资本主义技术运用的剖析中引出“社会”“政治”的结论，所以陆俊给予其很高评价：“他的思想已经超出法兰克福学派思想家的‘意识哲学’‘心理分析’和‘伦理批判’，在许多方面都是值得人们细加回味的。”①

三、在“丰裕社会”中的工人阶级

晚期资本主义对马克思主义的一个致命后果就是，资本主义逐渐消解着历史唯物主义运动的主体——工人阶级。而无主体的客体系统的绝对运

① 陆俊：《理想的界限》，社会科学文献出版社，1998 年，第 200 页。

动正是晚期资本主义更加深刻地堕落的根源所在。

在消费社会或丰裕社会中,生活的意义被还原和缩减为仅仅是物质享受的量的扩张。消费社会使得人的日常生活只是日复一日单调的无趣的消费活动而已。这样的生活在极限状态下,已把人还原为消费的动物。这是对人性和对人的真实生活的最深刻的戕害。

通过列斐伏尔,高兹看到了正是因为日常生活总体的解体,造成了阶级无法实现团结和统一,因而被碎片化了。所以高兹敏锐地指出,要告别工人阶级,接受新工人阶级的存在。工人阶级在消费社会条件下当然还存在,但是他的革命意识业已变成一种阶级“误解”。中产阶级如白领工人、技术工人和专业化工人逐渐融入新工人阶级当中。高兹所谓的新工人阶级实际上就是“非工人的非阶级”。与马克思根据工人阶级的阶级地位以及它所承担的社会历史使命的定义不同,“非工人的非阶级”不是一个社会主体,而是一个“自由的主体性”,这种主体性具体地表现为“非工人的非阶级”对自身价值的肯定和对自身解放的自觉。它是资本主义危机和资本主义生产关系分解的产物,这一分解过程实际上是一个起源于建立在工作的尊严、价值、社会效益和值得向往的基础上的旧社会解体之中。

科学技术的迅猛发展必然引起阶级内部构成的变化,使“无产阶级”的组成成分及劳动方式发生显著改变,但无论“阶级”构成如何变化,在任何阶级社会中基本的阶级划分应根据其在“社会经济结构”中所处的地位,及“生产资料”的占有状况来确定。从根本上看,无产阶级对于生产资料没有所有权,在社会经济结构中仍处于受剥削的地位,在工人阶级身上仍然蕴藏着革命性,他们仍然是社会革命的主体。马克思主义的阶级分析方法并没有失去其有效性和解释力。无产阶级的“阶级意识”尽管没有成熟到革命意识的程度,但这是现实社会革命条件还不具备和不成熟的表现。新技术革命因其用自动控制的机器体系代替了一般机器体系,使一部分工人摆脱了繁重的体力劳动和部分脑力劳动,成为精英阶层。但在资本主义社会中,技术精英对于生产资料仍然不具有所有权,仍受制于资本逻辑,因此它只不过是无产阶级的知识化,绝非无产阶级的消失。高兹把参与现实资本主义生产的“无产阶级”排除在革命主体之外,寄希望于“非工人的非阶级”这样一个模糊的社会力量，其结果也只能对它能够担负起革命的重任表示怀疑。马克思主义认为，任何社会变革都需要有一种革命的主体，而这种主体本身就是现存生产方式的产物，资本主义生产方式形成了“资产阶级”和“无产阶级”这两大基本阶级。即便随着社会经济和科技的发展，这两大阶级的表现形式和内在构成发生了何种程度的变化，只要形成这两大基本阶级的社会历史条件没有发生根本改变，社会主义革命的主体就依然是“无产阶级”。

高兹非常注重学校教育问题的原因在于，他认为人的基本的自治能力的破坏、削弱是由作为资本运动的同谋——教育来实现的。人的自治能力是人得以自我管理的必要先决条件。人的自治能力的破坏先于劳动分工，而这种破坏又是由学校教育来完成的。①

高兹对教育的批判直指资本主义教育的本质。教育制度是社会阶层形成和工作等级划分的发源地。在资本主义社会中，教育的职能，一方面是生产能力残缺，传播有助于资本主义发展的功利主义的知识，生产适合于生产性工作的“专门化”的人和支撑经济理性的抽象个体——“经济人”。资本积累的增殖需要局限、压制人的能力的发展，一是防止人拥有推翻资本主义制度的自决权力，二是可以提高单个生产环节的效率。但如此片面的人又不断被日新月异的技术无情淘汰，造成当初生产片面的人的资本迅速贬值，进而需要再生产能够操作先进技术的片面的人，结果导致资本有机构成的巨额增加，利润相应下降。人在这种残酷的资本及其技术的压制下痛苦地生活。由此，高兹指出，劳动力的扩大再生产具有客观必然性。另一方面，教育是一种被迫的非生产性劳动（forced unproductive labour），起到收容过剩劳动力和过滤出对于资本主义制度无益的能量和潜力的作用。教育作为资本主义社会的一个产业，它生产出成批拥有“资格证书”的劳动力，而大量的劳动力与有限的就业岗位之间形成了紧张矛盾。很多人为了逃避失业，不得不继续或重新回到学校学习，于是学校教育成了避难所和收容所。教育的功能源于社会现实，受控于社会生产方式的性质。

夺取教育的控制权是工人重新拥有自治能力的前提条件，也是工人能

① See André Gorz, *Ecology as Politics*, South End Press, 1980, p. 34.

够真正实现自我管理的必要条件，否则资本主义生产逻辑下的主体是无限度的主体。无限度主体是一个黑洞，吞噬了自然和历史之后，最终也要消耗掉自身，吞噬自身。

高兹认为，对现代医疗工业的批判是紧迫而且必要的。为什么？因为在高兹看来，如果在高度标准化和全面工具化的现代社会中，还存在个人自治（personal autonomy）的领域的话，那么恐怕只剩下我们与自己的身体、生命和死亡的关系了，而工业化的医疗却侵入了这片最后的自由领域。

在高兹的医疗政治经济学批判视野之下，资本原则主导之下的医疗使得健康成为一种幻象，医疗的本质是生产疾病，疾病的本质是消费医疗。对医疗治愈疾病的任何幻想都无一例外地落入资本主义意识形态同谋的陷阱中。此外，资本主义社会中的医疗具有阶级性，而这种阶级医疗的产生不仅在于经济的，还有社会的和文化的原因。身处于不同阶级的患者因其自身的经济地位及实力，决定了其以何种方式被治疗。医疗知识被医生、专家所垄断，医疗科学不能被充分有效地为大多数人所了解、熟知和掌握，也就无法融入人们的日常生活和工作中。于是高兹设想的医疗事业的去工业化必须依赖于超越资本逻辑的“个人自治”的实现。

高兹专注于其所处的那个时代的主要问题，目的不仅是一个站在哪一边的支持者，而是以此种方式帮助唤醒人们对于自身生存状况的危机意识。因为对他而言，“危机”也是契机。正如荷尔德林所说，“有危险的地方，拯救也在生长”。“危机”在高兹那里保留着原始的古希腊的含义，即分离、判断，所以他把危机激发新的开始的转折理解为契机，然后才有转机。这种转机恰恰是危机给予人们的意义，他关于资本主义社会中人之存在方式的生态批判，揭露出其内在矛盾，直指要害，目的就在于帮助人们意识到危机中的转机之意义。

四、新的社会主义生存方式的想象：打断“好”与“多”的连接

高兹的政治生态学批判思想最终落脚于对真正的社会和真正的人的双

重设想上。他努力地在社会主义的基地上批判当代资本主义，对高兹来说，马克思主义和社会主义必须通过对传统马克思主义和社会主义目标的自我批判实现自我更新。他所说的这种自我更新向我们新一代的马克思主义者提供了一个解读人之存在方式的生态学马克思主义的批判工具，同时也向我们敞开了一个生态社会主义的乌托邦愿景。

高兹所说的现存的和传统的社会主义主要指苏联模式的社会主义。苏联模式的社会主义奉行的也是经济理性，而不是生态理性。苏联模式的社会主义仅仅向人们提供了一幅资本主义基础特征的滑稽的放大画。唯一与资本主义不同的是实施这种积累和增长的方式，即它试图用精心规划的、中心化的、外在的整体经济控制的市场取代了自发的内在机制。社会主义的本质是使经济行为服从于社会的目的和价值，如果不朝这一方向努力，那现存的和传统的社会主义不能成为真正的社会主义。真正的社会重建的哲学前提是物质必然性与道德紧迫性的双重选择。

在批评苏联模式的社会主义的基础上，高兹将马克思的社会主义规划在当代进行了更为具体和可行的延伸，提出了一个详细的和具有现实性的生态的、后工业的和乌托邦社会主义社会的理论模型。① 高兹认为，缓解生态危机的根本解决方案是选择社会主义的道路。而对于这个社会的基本特征，他给予了极具特点的描述：分散的技术应用，“生产得更少、生活得更好”的生活方式，废除付酬劳动，促进自由时间的增长以实现个人的真正自由发展，等等。在社会主义制度下，生产的目的将不再是为了追求最大限度的利润，所以将中止奢侈品的生产，而主要是生产那些人们确实需要的耐用、易修理、易生产并且无污染的东西。由于实行这样的生产，必然带来两个结果：其一，社会劳动将被限制在生产生活所需求的东西之上，从而工作时间能同时得到缩减，这将使人们获得更多的自由时间，极大地扩展他们的自由选择行为，个人和公众将以今天难以想象的方式显现自己并使他们的生存方式多样化；其二，人们在改变相互之间的关系的同时也改变了同自然的关系，人与自然不再处于对立的状态，而是和谐相处，人们重新恢复了与自然

---

① See Mark Poster(ed.), *Harmonian Man: Selected Writings of C*, Fourier, 1971.

界的鲜活的内在关系。高兹强调,这些都是与人们新的生活方式——真正幸福的生活方式联系在一起的。

高兹还明确指出,一个真正自由解放的社会,将是一个以创造、想象来指导生产的社会,一种“较少生产、较少消费、更好生活”的社会。政治生态学的最高目标在于实现和谐,创造快乐,也就是实现人类从“劳动生产社会”向“时间解放社会”(society of liberated time)的转变。

高兹延续着他一贯的批判风格,并对未来的社会主义进行规划。他提出通过对需要的自我限制和对最新技术的网络化分散使用来脱离资本主义,他描绘了一个实际的、民主化的当前困境的解决方案。高兹的政治生态学一以贯之的特征就是其“政治性”,而非科学性。高兹反复强调的一个观念就是真正的社会的复活和真正的自然的复活,不是求助于环境专家和生态技术官僚,而是转向一种新的非消费主义的生活方式,这种生活方式的转变等同于一场文化革命。

值得注意的是,高兹尖锐地指出,马克思认为在共产主义社会,政治经济学和经济价值注定消逝,人类个体能够实现全面发展。这是历史发展的唯一可能的意义,否则就会陷入野蛮主义。与马克思主义关于社会未来走向的分析不同,高兹所勾勒的自由乌托邦只不过是几个可能的未来社会中的一个可能性而已,不是唯一的可能性。

随着时代的发展,在21世纪的一些发达资本主义国家,生态价值与同自然、社会、自己更加和谐的生活方式和经济发展方式也开始在大众心中生根,这种意识形态上潜移默化的变化是与生态政治为主题的社会运动分不开的。可以说,高兹这种曾经被视为乌托邦的社会主义设想事实上是具有变成现实的可能性的,问题在于生态社会主义观和政治生态学的结合,哲学和实践的结合,生态学马克思主义与新社会运动的结合,这种结合必然造成现实的革命性变化。也正是如此,高兹的生态学社会主义的设想并没有陷入乌托邦的浪漫主义想象。

为将其乌托邦精神与具体的自由和具体的解放真正地实现结合,高兹重点考量了自由与时间以及在资本主义社会中时间的本质意义。高兹认为,时间对于个人实现自由自主活动、对于个人的自我实现是一个必要条件。自由时间的增加是通达个体自由的根本条件。在资本逻辑主导的社会中,时间是可购买的,但时间的交换并不能创造价值。从表面上看只是单纯的时间量上的交易,实际上则是交易的时间量所蕴含的意义和内容的买卖。在交易过程中,时间的原初意义,即关乎人之存在及自由存在之实现的意义已丧失殆尽,它只不过是通过经济理性的计算和核算的量而已。可供支配的自由时间的增加实际上是以消耗大量自然资源为代价的。所以高兹的时间解放具有浓重的存在论意义。

技术的进步不可避免地提出自由时间的意义和内容的问题,甚至提出文明与社会性质的意义与内容问题。科学技术的发展是人的自由解放的"先决条件",为时间解放的社会提供动力。先进技术的现实应用能够将大量的社会必要劳动时间缩短,并转变为供人可自由支配的时间,同时还能降低资本积累的成本。自由时间的增长为"物质生产不再是人们生活的中心地位"的生存方式的出现提供保障。

时间解放的政治就是摆脱经济理性的束缚,在任何情况下,都要限制经济理性的领域,减少劳动时间,增加自主的生活时间。所以我们看到,高兹的时间解放的政治,其核心是给予人极大的积极主动权,只有人自身能使自身获得解放。在时间解放的政治中,最为重要的力量是微电子技术革命,其重要性在于它所产生的革命性的作用,而这种革命性作用不过是高兹寄予了过大的期望和幻想罢了,因为他并没有从微电子技术本身论证出能够消除生产管理的中心化和削弱资本对社会控制等的革命意义来。高兹认为,改变具有资本主义性质的技术运用首先必须建立一种新的社会制度,但他并没有考虑如何建立这样的制度,只是期望新技术的革命能够自然而然地引起社会形态的根本转变,因此他便陷入"技术变革"与"社会变革"互为前提的矛盾之中。[①] 高兹时间解放的政治与马尔库塞一样,是一种控制论的乌托邦理想,但是如果不彻底变革资本逻辑主导的社会制度,即使人们拥有再多的闲暇时间,它也只是一种假象。这些看似可由人自由支配的时间,却因为被商业和政治所支配,结果仍然是不自由的,仍然是被控制的。

---

① 参见陆俊:《理想的界限》,社会科学文献出版社,1998 年,第 201 页。

高兹的革命战略思想也是随着具体的社会条件而随之调整和改变的。在20世纪60年代,由于资本逻辑集中于生产领域,主要表现为劳动与资本之间的冲突,当时社会危机并没有蔓延开来。因此,高兹主张“自下而上的战略”,提出革命必须从劳动场所开始,进行生产领域的“革命性改革”,重新占有劳动场所中的一切权力。结构性变革是基于对权力的现实占有和切实运用中,服从权力与自治权力之间的选择。从当下社会条件着手,又具有革命的激进性,逐渐推进反资本主义的结构性改革,其主力是新工人阶级。新工人阶级是实施社会主义劳工战略的先锋和主要力量。对高兹来说,“革命性改革”能够抓住变革的契机,他设想的一个工人运动的终极序列是:工人控制—(劳动者的)自我管理—社会主义的自治。他的筹划是对现存的社会财富由某种国家机器来进行平等的分配,来应付减少的需求和工作机会。可见,工作场所的管理和自治权的争夺,是通往自治目标的最为重要的一个环节。

然而随着资本逻辑的不断扩张,社会矛盾冲突已不再局限于劳动与资本之间,而是遍及全社会。基于此种社会历史现实,高兹提出了全方位的“文化革命”战略。

“全方位”不仅指革命席卷人类社会的经济、政治、文化、教育等各个领域,而且革命的主体是一切被资本剥削、奴役、边缘化的各个阶层构成的新工人阶级。对他来说,社会主义的意义和目的在人类的社会发展中又进一步拓宽。它不仅仅是对资本主义生产关系的批判,还包含着对体现在商品、市场和竞争关系中的资本主义合理性本身的批判。① 显然,在高兹那里,“社会主义”不再提供任何现存的社会秩序,甚至不提供任何能够在短期甚至长期产生的社会模式。“作为一种体系,社会主义已死了。作为一种运动和有组织的政治力量,它行将就木。它曾经提出的所有目标过时了。唯一承受这种社会主义的社会力量消失了。”②社会主义只不过是作为对资本主义超越的参考系而存在,对其必须重新予以定义。

全方位的“文化革命”是基于某种既定的和谐的目的或者与个人的自主性和自由道德相一致的原则而进行的。在这里,高兹给予了个体以极大的

① See André Gorz, The New Agenda, *NLR I/184*, November - December, 1990.

② André Gorz, *Capitalism*, *Socialism*, *Ecology*, Verso, 1994, p. Ⅶ.

自主性和能动性，个体为了重新夺得自治权，必须实现自我管理。自我管理是自治权的核心理论。高兹与卡斯托利亚蒂斯（Castoriadis）一样，把自我管理看作解决由苏联经验建立的二元社会的手段。但与其不同，高兹还采纳了意大利马克思主义者维多里奥·佛阿（Vittorio Foa）和布鲁诺·特伦廷（Bruno Trentin）的有计划的改革和复兴现存的工会运动的自我管理的看法，并把这一思想与萨特的批判异化的存在主义的马克思主义的分析相结合。同时，高兹根据现代社会发生的新变化修正了马克思主义。他极力提倡以自我管理克服在工厂中，乃至整个社会中的异化问题，而自我管理的实现需要去除中心化。

实现自我管理的先决条件是自治能力。在他看来，自治能力的破坏和由它所引起的文化同一是与因国家导致的市民社会的摧毁有着必然联系的。随着国家公共机构活动的加强和扩张，公共机构职责的扩大促进了深一层的职业化、专门化和所有活动的颠覆，由此加速了市民社会的衰落。国家取代了市民社会，在政治层面上，他治管理取代了自我管理。

在高兹思想的这个逻辑节点上，应当彻底地变革生产目的和技术，改变生活方式就成为必要的。自我管理意味着工具能依个人和集体的需要和目的来管理。自我管理意味着创造一种建立在“个体之间的合作以及与自然的合作”基础之上的“后工业”技术。而这样的技术替代方式在根本上是“生态”的。这也是政治生态学所缊含的民主社会的应有之意。

此外，政治生态学天生就认识到自我限制的需要，它必然将为了保护自然界而进行的运动与其他支持同样根本性逻辑形式的需要结合起来。自我设限需要自足的规范进行引导，然而自足的规范深深地根植于传统的生活方式之中。随着经济合理性在现实生活中的充分展开，谋求最大利润率的目的逐渐彻底毁坏了传统的生活方式、日常文化等，而这些恰恰是孕育自足规范的沃土。恢复自足规范，实施自我设限不能建立在现存条件和社会关系之上，它是一个政治任务，更为准确地说是生态政治学（eco - politics）和生态社会谋划（eco - social project）。生态—社会政治学是自我设限的制度保障。它通过实现真正的民主，人人能够参与政治，让政治权力的规范运行确保和强化政治功能，将政治的意义转化成一种强劲的动力，以一种积极的姿态促进人类存在方式的改变。① 于是自我设限由个人选择的层面上升到了社会谋划的层面。

高兹重建社会的理想并没有把自主性的活动作为后工业社会中人的唯一存在形式,没有匮乏、没有人类之间的敌对和各种各样的强制。事实上,他认为完全自主性的社区是可能的,但完全自主性的社会是不可能的。这主要与高兹对"异化"和必然性的界定有关,他从绝对的个体主义的立场出发,认为任何形式的对个体意志的约束都是一种异化。由于社会是不可能和个体完全同一的,因而社会自身的规则肯定会有约束个体的成分存在,而这样一个约束也是一种必然性的体现。高兹认为,社会要存在就必然会有他主性的生产存在,这就是一种必然王国。

因此,无论从马克思那里还是从伊里奇那里,高兹都找到了存在论上的根据来为经济理性的必然性领域划定一个清晰的界限。在基本需要得到满足的前提下,社会财富的衡量就是依据为自主的目的、为社区的目的和为友邻服务的"愉悦性"工具的丰富程度来判定的。对社会进行二元划分,保持他主性领域的存在,这是必要的。它本身是不能被彻底地废除,同时还能为扩大自主性活动领域提供必要的产品和服务。

既然异化在技术社会无法彻底消除,那么新的解决方案必须能够保证个体在他主的、以工资劳动为基础的、要求很少的个人时间和个人投入的生产领域和以他们自身为目的的自主性的活动之间进行转换。对个体而言,在个体自主性和社会必然性之间是不存在强制性的,个体在社会必然劳动中也同样能够得到满足和自我实现。但是有一点是必须强调的,在必然性领域还是会存在一定的"异化",即高兹所说的对个体性的压制。

因此,在高兹看来,真正的社会存在于对他主性领域的承认的基础上,这样一种他主性领域与道德没有关系,只是按照一定的规则所从事的一定的必需的工作。他主领域和自主领域的分离是自主领域得到最大扩展的一

① See André Gorz, Political Ecology: Expertocracy versus Self-Limitation, *New Left Review* I/202, November – December 1993.

个基本条件。[1]

自由的乌托邦是建基于文化的恢复、生产和消费的恢复之上的。自由的乌托邦是保护生态环境的最佳选择。在高兹看来,先进的社会主义制度为生态保护提供了可能性,关键在于它置换了资本主义的以利润增长为核心的生产逻辑。真正的社会主义所实施的必然是生态理性,也只有社会主义制度才有可能实施生态理性,从而才有可能实施生态保护,真正实现人与自然、人与社会以及人与自身的和谐。社会主义并非一种替代性的秩序,[2]但是作为资本主义的对立面,新社会主义又不可以脱离资本主义获得自我之理解,社会主义作为对现代经济合理性的强制力量的抵抗者和替代者,必然产生于一种持续的政治运动中。

然而随着柏林墙的倒塌和苏东剧变,"社会主义终结论"甚嚣尘上。基于政治生态学的反思,高兹就社会主义终结论展开了批判,并从"经济的发展如何才能被导向一个社会的和生态的维度"[3]这个问题入手,他努力去建构一个"生态—社会合理性"的观念,以便限制经济理性。他的目的既是要人类的生命存在的可能性,也是要求保证生态系统不至于遭受灾难性的崩溃。

首先,高兹敏锐地指出左派关于"工作"的理论已过时,应对其进行更新,对工作再思考。高兹反复强调,对大多数工人来说在工作中获得自主是不可能的:工作任务过于专业化和受到限制,就业过于不稳定,而工作的结果、产品本身与工人的意愿没有任何关系。不仅如此,高兹指出左派的希望是将工作再组织为一种新的形式,在其中工人可以再组织自己,尽管作为这个无情的和无灵魂的等级秩序的一部分,工人已经用尽了一生的时间,左派还是潜在地假设工人能够创造一种新的工作文化。

对于高兹来说,一个具有现实主义色彩的要求就是,为了能够政治地存在,左派因此强烈地需要一个能够沟通两个方面社会条件的中介,一个社会

① See André Gorz, *Farewell to the Working Class: An Essay on Post-Industrial Socialism*, Pluto Press, 1982, pp. 103 – 104.

② See André Gorz, *Capitalism, Socialism, Ecology*, Verso Press, 1994, p. 12.

③ André Gorz, *Capitalism, Socialism, Ecology*, Verso Press, 1994, p. 33.

条件是现存的工业体制,它的薪资和工作任务;另一个社会条件是在后工业社会形态中如何回应生态要求,同时回应个人从工作中解放自身的渴望,回应他们在工作中找到自决的可能性。[①] 如果在生态—社会的逻辑上来预见的话,新的社会主义政治必须放弃在完全的意义上彻底再造社会的看法,而应努力去追求一种渐进的更好的变化。在某种意义上,这就是高兹对于他早期革命性改革的观念的更新。

对于新社会主义运动来说,既然阶级认同不能填补后工业社会的阶级空场,那么潜在的主体到底是谁呢?关于这个问题,高兹创造性地提出了这样两个观点:第一,他认为事实上存在形形色色的社会身份,可以作为抵抗经济合理性的基础;第二,新社会运动的反抗不是单一的。对于这一点,高兹指出,文化的反资本主义运动必须与后工业的无产阶级联合,特别是千百万工作在不稳定和兼职职位,或者长期失业的工人那里。对高兹来说,为劳工运动的斗争中心而哀伤是没有意义的,这种中心的丧失的确是一个经验的事实。但就劳动的冲突而言,核心的冲突处在一个更加深刻的水平线上。[②] 高兹引用了一部分研究和统计数字来显示大部分成人劳动者并不会首先把自己的身份与他们的工作相同一起来。不仅如此,大约半数人没有全职工作,于是这些人都被纳入了"不稳定和失业"的范畴,而这些人也被高兹定义为"非工人的非阶级"的典型代表。[③]

到了20世纪90年代末和21世纪初,资本主义政治经济形势的发展清除了高兹的这种相对乐观主义的看法。他认为,社会变革将会到来,但是其采取的形式也许比目前的更加糟糕,机遇已经丧失,而代替新的机遇的是即将到来的灾难,即真正的财富的创造被完全阻碍了,自然界的现状前所未有的恶化,资本主义正在自己吞噬自己,而未来世界的秩序越来越显示出似乎会成为一种技术统治的专制秩序,而这种秩序的目的是维持整个制度的统一性。

高兹所传达的信息本质上是全球范围内被资本主义剥夺的人民大众在

---

① See André Gorz, *Capitalism*, *Socialism*, *Ecology*, Verso Press, 1994, p. 134.

② Ibid., p. 159.

③ Ibid., p. 165.

增长,但是技术能够使他们在这种全球性体制之外再造他们的生活。对高兹的论点来说,关键点在于,个人必须能够追求自己的目的,反对消费文化和资本主义意识形态的他主性影响。然而在此高兹降低了国家资本主义解决方案的重要性,即比如早期高兹所提倡的"最低保障性收入"(guaranteed minimum income),取而代之的是重新回归他于20世纪70年代曾经探索过的主题:在总体性资本主义体制之外运作的地方性共同体经济的可能性。显然高兹的这种回归是基于变化了的形势,他现在意识到属于国家资本主义的解决方案之可能性的时刻可能已经过去了。

高兹后期关注的范围超出了欧洲,而且20世纪80年代以来高兹的那种相对乐观主义的残余也不见了踪影。它证实了高兹对大规模根本性变革的深刻的悲观主义,但是高兹的悲观并没有导致绝望。

政治生态学是高兹生态学马克思主义思想的核心与灵魂。它不仅是高兹建构自己生态学马克思主义范式的基本方法,也是高兹介入政治,为新工人阶级提出生态社会主义政治规划的基本方法。这种方法是与资本逻辑决然对立的,它意味着按照自足、自我设限的规范,通过非工人的非阶级发动微电子技术革命创建社会主义社会。因为在高兹看来,技术选择实际上就是一种社会选择。微电子技术革命会将大量的必要劳动时间解放出来,以供人自由支配,实现工人的自我管理,获得人的自由。高兹的革命战略不仅要在生产领域中发起变革,而且要在人类社会、生活的各个领域发起变革,是全方位的文化革命。与福斯特一样,高兹的社会规划也是生态学社会主义的。然而高兹提出的革命主体——"非工人的非阶级"是一个自由的主体性,一种非阶级、非力量,并且这一主体是模糊的。马克思主义和历史唯物主义必须与新社会运动相结合才能确立起真正的人的历史主体和客体的辩证运动。晚期资本主义对马克思主义的一个致命后果就是,资本主义逐渐消解着历史唯物主义运动的主体——工人阶级。而无主体的客体系统的绝对运动,即历史的非辩证运动,正是晚期资本主义更加深刻地堕落的根源所在。然而20世纪70年代以来,生态运动将大众重新聚合起来,形成了一股势力渐渐庞大的社会力量,并组织一种国际性的激进绿色运动,进而推动一种新的民主的、生态合理的，并且在经济上和社会上公平的生活方式。[①] 真正人类历史的主体与客体的辩证运动可能在这个基础上重新展开，而历史唯物主义与生态运动的结合造成了这样的结果：一方面，历史唯物主义给予生态学社会主义运动以激进化的理论框架；另一方面，生态政治运动与马克思主义的结合赋予了马克思主义以新的实践活力。而对高兹来说，人之存在方式生态批判思想的研究意义就在于，寻求生态政治运动与马克思主义结合的理论传统的源头，为理解生态学马克思主义与生态政治运动的当代发展提供新的理论可能性。

另外，高兹对于资本主义的生态批判是全面的，并不局限于某个领域。政治生态学不仅批判资本主义生产方式对自然生态环境的破坏，而且批判对人的生活的各个领域的侵入、毁坏，特别是批判对人的基本自治能力的剥夺。可见，高兹与其他生态学马克思主义者的研究范式存在着显著的不同。

综观高兹一生的主要思想，他一生的理论活动经历了一些转折，但是他始终思考的还是个人解放的问题。他的思想能够比较贴切地呈现出现代人在资本主义社会中的存在困境问题。实际上，与萨特一样，高兹是要将现象学从纯粹意识的水平拉到具体的生活世界中，即试图将现象学在个人和社会的现实存在中具体化。

高兹努力地在社会主义的基地上批判当代资本主义，尤其是他延续了马克思的历史唯物主义及政治经济学批判的思想和方法对资本主义展开全面的生态批判，并从生态批判的自然科学的理论基础——生态学内部挖掘出人文的、民主的与和谐的政治生态学方法，该方法确立了一种和谐的存在方式。高兹对资本所作的全面的生态批判，使我们认识到我们现在所面临的问题的复杂性和严重性。可以说，他对资本主义社会的现状分析和批判是入木三分的，在理论深度上推进了马克思主义的现代性批判理论，其中有很多值得认真思考和深入剖析的问题。对高兹而言，马克思主义和社会主义必须通过对传统马克思主义和社会主义目标的自我批判实现自我更新，高兹所说的这种自我更新向我们新一代的马克思主义者提供了一个生态学

① 参见[美]詹姆斯·奥康纳：《自然的理由：生态学马克思主义研究》，唐正东、臧佩洪译，南京大学出版社，2003 年，第 476 页。

马克思主义的批判工具和一个生态社会主义的乌托邦纲领。

当然，高兹的意义不仅仅在于他的乌托邦精神，更重要的在于他用政治生态学的方法在某种程度上对历史唯物主义实现了更新，提供了一种在后工业社会如何实践我们的生活，如何实现真正属于社会的政治的方法。他用经济理性批判的政治经济学批判成果重建马克思意义上的真正的社会和真正的人及其工作，从而他在对资本的经济理性批判与对生活和社会的政治生态学建构的基础之上，为当代社会主义运动乃至左派运动都提供了一个“具体乌托邦”的实践路径和理论蓝图。

第七章　生活幸福的核心是性欲的幸福

——赖希围绕着"性"对人的存在方式的探讨

在西方马克思主义的众多代表人物中,赖希对人的存在方式的研究特别引人注目,这不仅是因为他围绕着"性"来研究人的存在方式,而且是由于他提出了"生活幸福的核心是性欲的幸福"的命题。在他的思想影响下,西方曾经有人通过追求"性自由""性解放"来创建人的新的存在方式。

一、人的自然需求才是本真的需求

人总有自己的需求,但人的需求有自然的需求和社会的需求之分,前者是先天的、与生俱来的,而后者是后天形成的,是社会加于人的。与此相应,人的生活也有日常生活与非日常生活之别,前者是人类生活的原生态,它以本真性为特征;后者是人类生活的次生态,它以自觉性为特征。赖希的整个"性革命"理论就是论证人类满足自然的需求的重要性,呼吁人类在日常生活中享受自己的欢乐。就此而言,他的理论确有它的独到与深刻之处。

赖希在其《性革命——走向自我调节的性格结构》一书的一开头,就引用了一名叫科斯塔娅·里亚布采夫的学生日记中的一段话,来说明人类应当在生活本身中寻找生活的目的和意义。那个学生在日记中企图对别人提出的"人为什么活着"这一问题作出回答。这个学生是这样回答的:"人必须为生存而活着","这听起来似乎有些陌生,但却是大实话","对人类来说,生活的整个目的和全部意义存在于生活本身之中，存在于生存的过程之中”。[①]显然，这个学生所说的生活主要是指人的日常生活，赖希之所以要引用他的这段日记，就是为了推崇自己的观点。

赖希认为，满足人的自然的需求就是“促使人类内在方面的自我满足，并随之促使整个人性的自我满足”，这是一场“人的生物构造方面伟大革命的开端”，与此同时，又是一场有关人的生活的“所有价值标准的真正变革”，这场变革直接涉及对生活是基本肯定还是基本否定。他是这样描述人类为争取自然需求的满足的斗争的：

> 我们正在经历着一场我们的文化存在的真正革命性的变革。在这场斗争中，没有游行，没有军人，没有奖章，不敲锣打鼓，不鸣放礼炮，但充当这种战争牺牲品的人却不会比1847年或1917年的内战少。人类对其自然的生命功能的反应正从千年沉睡中苏醒过来。我们生活中的这场革命触及了我们情感的、社会的和经济的存在之根本。[②]

赖希强调，他所说的这场为实现人的自然的生命功能的斗争对人来说之所以如此重要，主要在于它满足的是人的真正的、自然的需求。人的生物的、自然的需求“创造了建立人的社会共同体的必要性”，而“由共同体创造的生产条件改变了这些基本需求（但不会毁灭它们），也创造了新的需求”。改变了的和新形成的需求转而又“进一步决定生产及其手段和与此有关的人与人之间社会经济关系的发展”。[③] 我们平常所说的所谓意识形态就是以这些生产条件为基础的，它们所维护和推动的是这些“改变了的和新形成的需求”，而对那些生物的、自然的需求或者故意抹杀，或者公然加以压抑。这样，实际上人类的行为分为两大类：一是围绕着满足“改变了的和新形成的需求”而展开的，二是旨在实现人的生物的、自然的需求。遗憾的是，当今人类却专注于前一类行为，而后一种行为往往是隐而不见了。可实际上，前者

---

① ［美］威廉·赖希：《性革命——走向自我调节的性格结构》，纽约，1962年，第2页。

② 同上，第XVIII页。

③ 同上，第XXIII～XXIV页。

对人的意义与后者相比是多么的渺小。“当星星在宇宙中运行，并且一个人可以更好地享受自然的生活时，人们却为了‘消除失业’或为了支持希特勒这样的人而相互残杀，组织起民族主义的敢死队，这是多么可笑!”①他抱憾“把对自然生命的感性纳入禁欲主义和爱国主义自我牺牲这种渺小观念的框架中”，而力主“把无足轻重的个人与整个社会一起结合进巨大的自然生命活动之中，并消除由自然生命活动在社会中不完善的发展造成的矛盾”。他认为，在忽视人的自然的需求的满足方面，马克思主义经济理论有着不可推卸的责任，“马克思主义有经济理论认识到了进步的生活进程的经济前提”，但是“它的粗糙的经济主义的机械主义观点缩短了这一进程”，“它把逐渐增长的对自发的生存欲望的增长谴责为‘心理作用’”，从而“发生了否定生活的危险变化”，“对生活的肯定被扭曲为对生活的否定”。②

在赖希看来，自从进入文明社会以来，人类从来没有真正享受过自己的自然的本能生活。“为了创造一方面是害怕权威、奴役和无限谦卑，另一方面是虐待狂残忍的群众心理基础”，人类花了数千年时间去压抑自己的自然的本能生活。而到了资本主义社会，这种压抑到了登峰造极的程度。正是在这种压抑的基础之上，“资本主义的利润经济能够保持连续两百年的辉煌”。他强调，人类的自然的本能生活是不可能随着资本主义物质财富的增加而不断得以满足的。“不管对资本主义经济规律的发现是多么辉煌，多么具有革命意义，它本身尚不能解决人类奴役和自我征服问题。”③他认为，在当今资本主义社会中人们的现实处境是：尽管到处有人，包括被压迫阶级的成员，在为“面包和自由”而战，然而绝大多数群众却在被动地忍受或者向天祷告或者为他们的压迫者争取自由。这些群众忍受着难以置信的痛苦，这是他们自己也每日每时经历到的。有人愿意只给人们面包，而不给他们生活的任何欢乐，这又进一步加强了他们的谦卑感。事实上，群众尚未具体地理解自由是或可能或将是什么。生活的一般幸福的可能性尚未形象地展现在他们面前。一旦有人试图告诉他们这些东西，以便把他们争取到自己一

① ［美］威廉·赖希：《性革命——走向自我调节的性格结构》，纽约，1962年，第XXIX页。
② 同上，第280页。
③ 同上，第XXVI页。

边，那么他们得到的便是讨厌的、可怕的、有罪的快乐，这是可以在腓力斯人的下等酒馆或夜总会的下流场所得到的快乐。他认为，在这种情况下，他提出为满足自然的需求而斗争不但是必要的而且是及时的。人们必须明白：这种自然的需求的满足完全得依靠人类自身的努力奋斗，“自然的生活需求并不需要社会的恩赐，只要社会不妨碍其满足就行了”。全部的关键在于，人类必须确立以满足自然的需求为宗旨的“科学的和合理的人生观”。当这种人生观占上风时，“它将摧毁形形色色的神的圣坛；将不再可能为了一种抽象的文化观念或‘客观精神’或形而上学‘道德’而牺牲千百万人的健康和生命力”。①

赖希进一步指出，目前人们还是认为社会的发展是由经济利益驱动的，而一当人们确立了以满足自然的需求为宗旨的“科学的和合理的人生观”②，社会的发展将主要由人的情感的冲动所决定，起码这种情感的冲动与经济利益起着同等的作用。“人类大众的感情和神秘的冲动在社会过程中至少起着与纯粹的经济利益同样大的作用。”③他预言，今后人们不会这样向自己发问：一个人是否具有一张白的、黄的、黑的或红的党员卡以证明属于这个或那个思想流派；而是会如此询问自己：一个人是否充分地肯定、支持或者捍卫新生儿、小孩、青年人、成年男女的自由的生命表现，而不管所使用的是何种意识形态或托词，不管是为了这个还是那个国家，不管是无产阶级还是资产阶级，也不管是犹太教、基督教还是佛教。他说：“这是普遍真理，而且只要有生命存在，它始终是普遍真理。如果我们想永远消除对人类劳动阶级的有组织的欺诈，如果我们想在行动中证明，我们在严肃地采取民主的理想，那么我们必须认识这一真理。”④

二、性的需求是人的主要的自然需求

如果说赖希主张满足人的自然需求，提倡人在自己的日常生活中寻找

① [美]威廉·赖希：《性革命——走向自我调节的性格结构》，纽约，1962年，第153页。

② 同上，第XVI页。

③④ 同上，第XV页。

快乐给人以启发,那么一当他进一步把人的自然需求归结为主要是性的需求,认为人只有在通过性行为才能获得真正的快乐,因具有强烈的“唯性主义”倾向而遭到人们的批评。

赖希提出了“生活幸福的核心是性欲的幸福”[①]的著名命题。他认为,人有着各种各样的自然的需求,这些自然的需求都亟待满足,而人都可以从这些自然的需求的满足中获得快感。但我们不能把这些自然的需求相提并论,它们中间唯有性的需求才是人的核心的需求,从而性的需求的满足给予人带来的快感是其他需求的满足所不能比拟的。如果说其他的需求只是人的一种生物性的需求,这些需求的满足会解除人的一种生理上的张力而使人产生一种满足感,那么人的性的需求不仅是生理的而且又是心理的,性的需求的满足会给人带来全身心的愉悦,这种愉悦绝对不会停留在感官刺激上,它是人的生理与心理交接处的高度兴奋。在他看来,倘若人的性的需求被压抑着,那么即使其他的生物性的需求都能满足,人也不会有幸福感,但假如人生活在幸福的性满足之中,那即使其他的生物性的需求无法完全满足,人也不会因无法忍受而痛苦万分。人的幸福有高级与低级之分,而高级的幸福与低级的幸福在人的性生活中都可以体验,因为性给人的快乐绝不单纯属于肉体的、感官的,更包括精神上的愉快和情感上的满足,而人的其他的生物性行为只能使人得到低级的幸福。赖希强调,人的性生活是大多数人一生中最动感情的那部分生活。人类的性行为不但是生命之源,更重要的还是幸福之源。人们肯定生活说到底就是对性生活的肯定。他这样说道:“对生活的肯定,其主观形式是对性快乐的肯定,其客观形式是劳动民主。必须使这种对生活的肯定变成主观意识和客观发展。必须为此奋斗不息。”[②]

在赖希看来,把性的需求视为人的主要的自然需求,把人的心理结构的核心归结为性的结构,在当今的性否定社会中确实是惊世骇俗的,但实际上又是十分及时和必要的。当今人类有着种种情感疾病,例如混乱思维、屈从、情感奴役、自我伤害、对领袖的盲目崇拜等,而所有这些情感疾病都与性生活的压抑相关。在这种情况下,“当我们提出有关对人的性生活社会调整

---

① [美]威廉·赖希:《性革命——走向自我调节的性格结构》,纽约,1962年,第XXVI页。

② 同上,第282页。

问题时,我们触及了情感疾病的本质”①。他还认为,性的问题不仅仅涉及个人的情感疾病,而且与整个社会的功能的失调密切相关。他这样说道:“性能是在心灵中决定人的感情与思维的性格的生物能。‘性欲’本身就是一种充沛的生命能。它的压抑不仅导致身心紊乱,而且也导致在表现在最无目的的行动、神秘主义、好战等等中的社会功能的总失调。”②基于这样一种基本判断,他提出,要把握当今的社会,特别是要把握当今社会的文化过程,最重要的是要理解人的心理结构的核心,就是性结构。“如果我们不理解心理结构的核心是性结构,而文化过程本质上就是一个有助于维护生命的性需求的过程的话,我们就不能成功地把握当今的文化过程。”③他把研究人的一般的情感功能的学科称为“政治心理学”,由于他认定“情感功能的核心是性功能”,从而又提出“政治心理学的核心就是性政治学”。④他认为自己的“性革命理论”就是一门“性政治学”。

赖希是在治疗精神病的过程中得出“生活幸福的核心是性欲的幸福”的结论的。起初他在治疗中发现,几乎所有的精神病都是由于生殖功能的紊乱,或者说没有达到性高潮引起的。无数的病例告诉他:“如果一个恢复健康的人成功地找到了一个合适的伴侣,那么他的一切神经的征兆也就消失了,他也能以一种前所未有的惊人的自在来安排其生活。他可以正常地解决其冲突,并对调节其冲动和社会联系也有了自信心。他遵循着快乐原则。他在行为、思想和感情中对生活态度的单纯化消除了许多产生冲突的根源。”⑤后来他又发现,自然的性生活的满足不仅在于决定人是精神正常还是精神失常,而且在于决定人是否获得真正的幸福。假如人不能获得恰当的性满足,那么他不是在肉体方面就是在心理方面具有失落感,从而陷入深深的痛苦之中。反之,如果一个人能享受满意的性生活,那么他会处于持久、全面、稳定的兴奋之中。他说,欲知性满足给人带来的是一种什么性质的幸福,只要看一看性压抑对人的束缚是一种什么性质的束缚就一清二楚了。在他看来,性束缚所导致的不是人的某种功能的失调和不自由,而是影响人

---

①②④ [美]威廉·赖希:《性革命——走向自我调节的性格结构》,纽约,1962年,第XXIII页。

③ 同上,第XXV页。

⑤ 同上,第8页。

的所有功能的失调和不自由。既然如此,性束缚的解除,将给人带来总体的协调与解放。他说:“只有性心理发育健全的人,才能从事自愿的活动,才能自由地对生活进行自我调节。”①

赖希还通过对十月革命以后俄国人精神面貌的变化来说明性的满足对人的重要意义。十月革命胜利以后,苏维埃政权在列宁的领导下,曾经颁布了一系列法令,取消沙皇时期旧的有关婚姻的立法,提出了给俄国人,特别是给俄国妇女“在性行为方面的完全的自主权”的“公民婚姻法”。赖希指出,这些法令尽管还是字面上的,但整个国家一片欢腾。俄国人在听到沙皇时期旧的婚姻法被取消时所表现出来的兴奋程度,远远超过了听到沙皇政权被推翻时所显示的喜悦。无论是生活在豪宅、别墅里的富裕者,还是挤在寒酸小屋中的穷人,一听到沙皇时期旧的婚姻法被取消掉,都走出自己的屋门,奔走相告,弹冠相庆。这说明了什么呢?说明对性的需求是人的最主要的需求,是人性的呼唤,一旦这方面的需求有可能得以满足,人会表现出超常的兴奋。赖希通过考察处于性解放的快乐之中的那个时期的俄国人的精神面貌得出结论:“只有那些砸碎了最沉重的枷锁并清楚地认识到必须完全重建生活的人,才能产生热情,才能积极地参与。”②赖希把性压抑视为“最沉重的枷锁”,认为俄国人民之所以如此对性解放产生热情,主要由于这一枷锁被砸碎了,既认识到了重建生活的重要性,也看到了重建生活的曙光。在他看来,俄国在婚姻问题上所发生的变革就是一场革命,其意义可与十月革命相媲美。“一个国家的领导人关心性问题这一事实本身就是一场小小的革命。”③他高度赞扬列宁的下述观点:“共产主义并不认为有必要提倡禁欲主义,而是通过一种令人满足的爱情生活,享受生活和生命力的快乐。”④赖希提出,如果所建立的政权确实是代表人民群众利益的,就要像当时的苏维埃政府那样,“首先必须肯定性快乐,并保证所有参加社会生产活动的人都能享受性快乐。人们必须感到他们在这一点上得到了充分的理解,并且为

① [美]威廉·赖希:《性革命——走向自我调节的性格结构》,纽约,1962 年,第 247 页。
② 同上,第 172 页。
③ 同上,第 175 页。
④ 同上,第 194 页。

保护性幸福和使他们能够享受性幸福而尽了一切努力”①。

在赖希看来，既然性的需求是人的主要的自然的需求，性的满足对人来说又是如此重要，那么人们应当坦诚地对待它。他认为，当务之急是破除性的神秘感，提倡对性问题采取开明的态度。性尽管伴随着人的一生，但人往往不能理解它，不能很好地研究它。在某种意义上，人类各种知识中最有用，又最不完备的是关于性的知识。他说，对于性，“首先，必须不怕难为情，不抱否定态度；其次，必须开门见山，不躲躲闪闪”②。他特别赞成围绕着性的问题展开群众性的讨论。他要求人们：“不要把有关性问题的自发讨论视为背离‘阶级斗争’而置之一旁，而应看作是建设一个自由社会的整个工作的一部分。”③他确信，绝大多数人会对他的这种呼吁作出积极的反应，而至于那些少数对他的呼吁持反对态度的人，也只能慢慢等待他们的觉悟，但无论如何不能被他们牵着鼻子走。他这样说道：

> 无论什么人想过禁欲的生活，甘愿冒心绪不宁或工作和享受生活乐趣的能力减少的危险，都悉听尊便。我们不想强迫任何人过美满的性生活。但是，任何不愿做出这种牺牲的人，当不能够再忽视性冲动的时候，都应当马上尝试过一种井然有序的、令人满意的性生活。④

三、要创建新的存在方式必须正确对待婚姻

婚姻究竟是什么？赖希指出，在律师看来，婚姻是男女两性建立在证书基础上的联合。但这一用法律语言对婚姻的表述并没有道出婚姻的实质。还是一些精神病学家对婚姻的表述是正确的，他们把婚姻说成是“男女两性基于性吸引力的感情结合”。对精神病学家来说，如果一对配偶除了一纸结

① ［美］威廉·赖希：《性革命——走向自我调节的性格结构》，纽约，1962 年，第 218 页。
② 同上，第 91 页。
③ 同上，第 275 页。
④ 同上，第 109 页。

婚证书之外，其他毫无共通之处，婚姻便不成其为婚姻。所以律师看重的是“证书”，而精神病学家看重的是性吸引力。“只有当男女两性相爱，彼此关心，生活在一起，并且将这种关系扩展为有孩子的家庭时，婚姻才是存在的。”“婚姻就是一种性关系，不论有无结婚证书。”①证书不过是双方一致同意，共同培养和完成的那种的正式肯定而已。是否存在着事实上的婚姻，是由夫妻双方感情决定的，而不是取决于有没有证书。结婚证书的作用仅仅在于“保护妇女不受男子任何不负责任行为的危害。在这方面，结婚证书起了作用，但是也仅仅是在这方面”②。赖希要人们正视“婚姻”概念的“合法（书面）内容”与“实际内容”之间的矛盾。

在赖希看来，这里最重要的是要明白人们为什么要结婚？当向人们提出这一问题时，人们总是躲躲闪闪。但实际上，人们心里是十分清楚的。“在性羞怯人们的潜意识中，一张合法的结婚证书不过是性交许可证罢了。”“每个人都知道，‘我们想要结婚’实际上意味着‘我们想要交媾’。”③从一定意义上，人们之所以想要结婚，就是为了过性生活，而且合法地过性生活。这里必须触及的核心是“让实际爱情合法化”④。这一点在“战时婚姻”时表现得特别清楚，一对情侣想在男方奔赴前线前享受一下性交媾的欢乐，于是就拥进市政厅领取结婚证书。他们想在久别之前使彼此幸福，但是不经法律许可又不敢这样做，就选择领取结婚证书。

赖希认为，现在的问题是，现行的婚姻制度千方百计地掩盖人们结婚的目的和歪曲婚姻的本质。现行的婚姻制度是一种强制性的婚姻制度，这种制度把婚姻与传宗接代联系在一起，进而又与财产的继承联系在一起。“通过把继承权与生育结合在一起，那种可恶的婚姻问题牢固地根植于性生活中了。”⑤结婚了当然要过性生活，而性生活是为了生儿育女，而生儿育女又直接涉及财产的继承问题。实际上，说到底这种婚姻制度是建立在经济利益的基础之上的，即人们出于经济的动机才去寻找配偶并与之结婚，也可以

---

① ［美］威廉·赖希：《性革命——走向自我调节的性格结构》，纽约，1962 年，第 120～121 页。
② 同上，第 121 页。
③④ 同上，第 120 页。
⑤ 同上，第 34 页。

说是出于经济的动机才与人发生性关系。“两个人之间性的融合不再是一个性的问题。”甚至还有这样的说法,“婚姻的本质是孩子,而不是性生活”。赖希指出,这种说法“从婚姻的经济方面来说是对的,从持久的性关系来说则不然”①。这是性与经济利益的结合,“因性与经济利益的结合,导致了爱情生活的彻底堕落和野蛮化”②。这种婚姻制度最主要的标志是“要求妻子在婚前保持贞洁,在婚后保持忠诚”。赖希引用一个名叫格鲁伯的德国性卫生学家的一段话,来说明这种婚姻制度是完全出于经济和政治的目的才要求妻子保持忠诚的:

> 我们必须把妇女的贞洁看作是最高的具有民族意义的善,因为它为我们真正成为自己的父亲,为我们为自己的自由辛苦劳动提供了唯一的保证。没有这个保证,就不可能有一种安全的、亲密的家庭生活,而后者乃是人民和国家繁荣的必要基础,正是出于建立家庭生活的需要,而不是出于男人的利己主义的任性,法律和伦理学才更强调女人婚前的贞洁和婚后的忠诚。女人缺少约束比男人缺少约束要招致更大的危害。③

赖希强调,这种强制性的婚姻制度自身就构成了“性生活矛盾的基础”,即人们过性生活是为了获取快乐还是为了实现某种经济利益之间的矛盾。这种婚姻制度所产生的必然结果就是对性的否定。“独裁主义的婚姻机构阻碍着人们认识性满足的重要性,它意味着对性的否定。”④试想一下,如果性行为只是被看作生育的手段的话,那么一个家庭想生五个孩子,这个家庭的夫妇之间只要发生五次或足以保证生育五个孩子的性交次数就够了,而实际上,“人性所作的安排,使人即在没有结婚证书时也感觉到性激动并想发生性交”⑤。这难道不是很荒唐吗？赖希认为,要走出这种强制性的婚姻

① [美]威廉·赖希:《性革命——走向自我调节的性格结构》,纽约,1962年,第147页。
② 同上,第35页。
③ 同上,第34页。
④ 同上,第39页。
⑤ 同上,第38页。

制度的有效途径是把性生活与生育分开，重新回到人们最本真的结婚的宗旨上来。

在批评这种强制性婚姻的过程中，赖希提出了如何正确看待婚外性生活的问题。他反对像恩格斯所指出的那样："'用妓院的眼光'看待婚外性生活。"①他认为，首先必须明确，婚外性生活是这种强制性婚姻制度的产物。当一对夫妇被禁锢在没有爱情的婚姻之中，当他们根本无法在自己的配偶那里获取真正的性快乐之时，唯一的出路就是或明或暗地在婚外寻找新的性伙伴，即在新的"红颜知己"那里获得性快感。在这一意义上，这种婚外情是对强制性婚姻制度的"补充"。② 赖希对此给予充分的理解，他指出，在强制性婚姻制度还顽强地存在的情况下，处于婚姻状态下的男女要想脱离自己的婚姻是十分困难的，即使能够脱离也要经过一个漫长而又痛苦的过程，他或她与自己的配偶过性生活已索然无味，而内心性欲望依然十分强烈，此时一遇上倾心相爱者，就好像干柴碰上烈火，与对方发生性关系是十分自然的，而且往往这种性行为能使当事者得到在婚姻内所从来也没有享受过的最大程度的满足。在赖希看来，只要强制性的婚姻制度存在着，这种"婚外情"也是永远消灭不了的。他还特别强调，不能把人们的"婚外情"与强奸、嫖娼等混为一谈。固然强奸、嫖娼的出现与"婚外情"一样都与强制性的婚姻制度有关，但是前者所发泄的是作为"次级冲动"的性冲动，与一个毫无感情的对象发生性行为，或者用金钱或者用暴力"占有"性对象，是没有什么真正的幸福可言的，而后者所实现的是处于"生物核心层"上的性冲动，它建立在"两情相悦"的基础上，当然给人以真正的享乐。他这样说道：

> 以下两种性饥饿的男人是截然不同的：一种是仅仅为了满足自己的性欲而强奸一名妇女，或是灌醉后诱奸；一种是两个独立的男女进行的性交，他们完全意识到自己的性行为，并能够享受它的快乐，他们在假期中一起度过仅仅一个甜蜜的夜晚。下面两个男人的情况也是不同的：一个男人到处寻花问柳，不负责抛弃自己的妻子和孩子；另一个男

① [美]威廉·赖希：《性革命——走向自我调节的性格结构》，纽约，1962年，第46页。

② 参见[美]威廉·赖希：《性革命——走向自我调节的性格结构》，纽约，1962年，第35页。

人有正常的性功能，无法解除不堪忍受的婚姻，在与另一个女人有了秘密的快乐的性关系（婚外情）后，却觉得原来不堪忍受的婚姻变得可以忍受了。[1]

赖希告诫处于强制性婚姻制度下的人们，当在婚姻内无法得以性满足之时，应选择去寻找“两情相悦”的“红颜知己”，而不应利用自己的金钱去“购买”性对象，更不应依靠暴力强行与人发生性关系。

赖希承认目前的婚姻关系还只能是以一夫一妻制为主导，他也无意马上解体这种一夫一妻制。但与此同时他又指出，事实上这种以一夫一妻制为形式的婚姻关系正面临解体的危险。在他看来，问题在于要探讨为什么这种以一夫一妻制为形式的婚姻关系当今正处于风雨飘摇之中？他认为，婚姻不自由是造成一夫一妻制婚姻面临解体的主要根源。由于婚姻不自由导致“并不相爱的人硬凑合在一起”，而“凑合夫妻”之间的性生活肯定是不会和谐和幸福的。他们往往出于道德或经济的原因仍维持着夫妻关系。但这样的夫妻关系是不能持久的，夫妻双方都会耐不住寂寞和痛苦而去“寻花问柳”。这样原有的夫妻关系或者名存实亡，或者干脆解体。对于性满足与一夫一妻制婚姻之间的关系，他是这样论述的：

已经表明，具有性欲满足能力的人要比那些性欲功能混乱的人更能适应一夫一妻制。但他们的恪守一夫一妻制不是由于一夫多妻（或一妻多夫）的冲动受到禁忌或出于道德主义的考虑，而取决于与同一个配偶的性和谐。但如没有合适的配偶（这在今日的性生活条件下已是司空见惯），一夫一妻倾向就转向反面，即变得不加控制地寻找合适的情人。如果这样的配偶找到了，一夫一妻制也就同时恢复了，并且随着性和谐与性满足的持续，它也能持续下去。一心想寻找情人是由于在自己的配偶那里得不到充分的欢乐，或者忽视了这种欢乐。假如夫妻关系已失去了新鲜感，或者另一个伴侣可望带来更大的欢乐，它就不可

① ［美］威廉·赖希：《性革命——走向自我调节的性格结构》，纽约，1962 年，第 202 页。

避免地瓦解。①

赖希不认为人们的性行为可以朝三暮四，像选购商品一样，“试试货色”“尝一尝”，他也认为必须有“持久的性关系”。在他看来，由于“实际婚姻是持久的性关系的原型”，所以婚姻对当今人类来说还是必需的。“没有转变成为婚姻的持久性关系，一般不会永远保持下去。”②他通过把人与一般的动物相比较来说明就人而言需要建立持久的性关系。人不同于一般的动物，人是“万物之灵”，但实际上“‘人优越于动物’在性问题上是站不住脚的”，在一定意义上“人比动物更像动物”，因为人与动物相比，“并不是性欲更弱，而是性欲更强”。③ 赖希在指出这一点以后则进一步强调，人与动物毕竟不同，人具有“崇高性”，这种“崇高性”的一个突出表现是人一直企图使自己的性行为朝着“更高的形式发展”，它不满足于像一般的动物一样“乱交”，而是企图克服在性生活上的“无政府状态”。“这一点是绝对不能忽略的，因而人必定不同于动物，而且由于人的‘崇高称呼’，必须把婚姻作为性关系的‘最高形式’保持下来。”④这种持久的性关系还有一个优点，即“必须经常寻找合适的性伙伴，这样就会腾出时间和精力去取得社会成就”⑤。那么人究竟如何来维持人所特有的这种作为持久的性关系的“原型”和“最高形式”的婚姻呢？赖希认为，“持久的性关系的社会前提应该是妇女的财政独立、社会照看和养育她的子女、没有任何经济利益的干预”⑥，而更重要的是来源于夫妇双方深厚的感情。暂时性关系可以没有感情，但持久性关系缺少感情是无论如何不行的。“最明显地表现在一小时或一夜风流上的暂时性关系，与持久关系的区别在于，缺乏对性伙伴的体贴。”在持久的性关系中，“对过去快乐的感激和与预期的性快感有关的忠诚这两种感情加在一起，便构成自然的爱

① ［美］威廉·赖希：《性革命——走向自我调节的性格结构》，纽约，1962年，第7页。
② 同上，第132页。
③ 同上，第134页。
④ 同上，第133页。
⑤ 同上，第125页。
⑥ 同上，第122页。

情关系的基本要素”[①]。赖希列出了建立持久性关系的若干前提,择其要者有:具有完全的情欲亢进能力,即体贴与性行为之间不存在差距,不压抑任何不高尚的性冲动,绝对肯定性行为和生活乐趣,具有与伙伴建立理智的伙伴关系的能力。[②] 在列出这些前提后,赖希又指出实际上在婚姻关系中满足这些条件是十分困难的,关键在于,“每一种性关系都会有或长或短的性吸引力衰退甚至冷淡时期”,总是存在着“性厌倦与对性伙伴的日益加深的体贴依恋之间的冲突”[③],而所有这些对持久的性关系构成了重大威胁。赖希认为,在这种情况下,是对夫妻双方原有的感情的重大考验。每一个人都会受到伴侣以外的新的性刺激,当两情相浓时,这些外部刺激是不起什么作用的。“如果现有的性关系是令人满意的”,来自外部的刺激所产生的情欲最初是“无关紧要的,并且能够像意识它那样成功地压制下去”,“如果这种压制是基于性机制的考虑而不是道德考虑,它显然是不那么有害的”。[④] 他的结论是:“性伙伴在性行为和体贴上愈是融洽,则性关系破裂的频度愈小,程度愈轻。”[⑤]而如果夫妻双方有一方已经出轨了,另一方也千万不能“让道德的禁律掺杂其间”,这样“冲突就较为缓和”,原有的婚姻关系可以得到补救。赖希提出夫妻之间未出轨的一方应对出轨的一方给予充分的理解,既然“人们不会想起责备一个人,不想无限期地穿同一件衣服或吃同一样食物”,那么也就没有必要去责备一个人不想与同一个人发生性关系,“重要的是不要让一般的醋劲儿转变为私人占有,而且要承认对另一个伙伴的情欲是自然和不言而喻的”。[⑥] 如果未出轨的一方能够正确处置,那么出轨的一方完全有可能回心转意,“爱情之花尚未枯萎的伙伴”会重新回到你的身边。“这时,由于对原来伙伴的负罪感,会很容易打消与另一个人发生关系的企图。”[⑦]

赖希通过对婚姻的研究提出了“使婚姻性爱化”的建议。[⑧] 他认为,如果

---

① [美]威廉·赖希:《性革命——走向自我调节的性格结构》,纽约,1962 年,第 123 页。
② 参见[美]威廉·赖希:《性革命——走向自我调节的性格结构》,纽约,1962 年,第 125 页。
③⑤ [美]威廉·赖希:《性革命——走向自我调节的性格结构》,纽约,1962 年,第 126 页。
④ 同上,第 127 页。
⑥ 同上,第 128 页。
⑦ 同上,第 130 页。
⑧ 参见[美]威廉·赖希:《性革命——走向自我调节的性格结构》,纽约,1962 年,第 149 页。

说人们之所以要去结婚是为了“让实际爱情合法化”,那么结了婚以后所要做的就是“使婚姻性爱化”。既然人们拼命要冲进婚姻这个“围城”,那么进去以后又为什么不好好地经营,从而使自己充分享受呢?大多数夫妻关系之所以不美满,是因为性欲得不到满足,那么也只有想方设法使双方的性欲得到满足才能“拯救婚姻”“拯救一夫一妻制”。事实非常清楚地摆在人们面前:“建立在满足性欲基础上的夫妻生活,的确优于性欲得不到满足的夫妻生活。”①只要人们正视这一点,人们就知道应当如何去做了。

四、要创建新的存在方式必须正确对待青少年的性权利

在赖希看来,维护青少年的性权利之所以如此重要,主要在于现存社会的一切罪恶与腐败都是由对青少年实行禁欲主义所引起的。本来青少年的自然性欲是神圣的,但现在这种自然性欲遭到严重的侵犯。社会对青少年的性压抑的严重性和残酷性超过了对社会任何一个阶层的性压抑,而对青少年性压抑所带来的危害也超过对其他任何社会阶层的压抑。他说:“权力社会极其关心抑制青少年性欲。这种抑制对于产生顺民以维持强制性婚姻和家庭是必不可少的。”②他还说,极权主义社会的特点就是“不让青少年知道他们真正的生活是什么样的”,“因而他们要么浑浑噩噩,得过且过,要么盲目服从”,“然而革命青年知道自己的需要是享受生活乐趣,所以他们有最大和最持久的热情”,“所谓‘年轻’和‘独立’,还意味着对性持肯定态度”。③他还提出,实现人的性需求的途径有许许多多,涉及其他途径可能还存在着这样或那样的争论,但触及维护青少年的性权利,人们的观点空前的一致,即都持反对态度。他说:“我所知道的学者当中,没有一个人想到,青年的性苦闷从根本上纯粹是一个社会问题,这个社会问题首先是由于要求禁欲才

---

① [美]威廉·赖希:《性革命——走向自我调节的性格结构》,纽约,1962年,第149页。
② 同上,第106页。
③ 同上,第226~227页。

引起的。”[①]他对自己发动的“性—政治运动”在维护青少年性权利方面所带来的变化十分得意。他这样说道：

> 性机制在这么多国家获得成功，是由于许多良好的教育者和能够理解人的家长认为青少年的性要求是完全自然的和合理的。尽管我们还有造成重大创伤的臭名昭著的中世纪的性法律和可怕的教养所，但由于青少年性生活的理性思考已经留下了不可磨灭的足迹。[②]

赖希认为，人一进入青春期马上面临这样一个矛盾：一方面，人到了十五岁左右，已达到了完全性成熟，因而生理上有性交的需要，而且可以怀孕生子；另一方面，在经济上和家庭结构上，又不可能为这一年龄组进行性交建立合法的关系，即婚姻关系。这一发生在进入青春期的青少年身上的矛盾又与另一对矛盾交织在一起：人们一方面说，青春期基本上已趋性成熟，另一方面又要求少男少女必须或者应该过禁欲生活。赖希提出，问题在于人们总认为这一矛盾是“本来如此”的、不可克服的。而实际上，这一矛盾只有在特定的社会里，具体地说，就是在“独裁主义”社会里才存在着。他举证说，在原始的母系社会中，青年人不知性苦闷为何物。相反，所有的研究报告，不论是传教士写的还是学者写的，也不论对“野蛮人”的“道德堕落”气愤与否，无不指出：少男少女在举行了青春期仪式以后，立即开始过性生活，有些原始民族非但不仅不阻止少男少女过性生活，而且千方百计加以鼓励，如安排住房，让少男少女一进入青春期就住进去，以便能享受性交的快乐。即使在那些实行严格的一夫一妻制的原始社会中，少男少女在从青春期开始到结婚这段时间里，也有充分的自由享受性交的快乐。赖希的结论是：“性成熟与得不到满足的矛盾实际上是不存在的”，“这只是原始社会与权力社会之间的主要区别”。[③] 基于这样的分析，赖希强调，对青少年实施性压抑是权力社会的必然产物，“青少年的性危机是权力社会制度本身危机的一部

---

① [美]威廉·赖希：《性革命——走向自我调节的性格结构》，纽约，1962 年，第 83 页。

② 同上，第XVII页。

③ 同上，第 84 页。

分。在这个范围内，从总体上看，它仍然是无法解决的”[①]。

赖希指出，在我们面前有两类青年，让我们看一看目前真正需要挽救的究竟是谁。一类青年人是在父母和师长眼里的“好”青年，他们眷恋家庭，顺从父母的要求，但父母代表保守的社会。“按照保守的标准，他是一个好学生：循规蹈矩，谦恭谨慎，毫无非分之想。”以后这一类青年会成为“好”夫妻和顺民的中坚。另一类青年人常常因“行为不轨”而与社会发生冲突，他们常常被描述为是“反社会的、造反的、傲慢的人”，是“道德不健全的人”，“虽然他们并没有做比履行性冲动的自然功能更坏的事”，但是“他们的教师，那些只适用于教‘好’学生中等及中等以下智力的教师，不知道拿他们怎么办”。[②] 在赖希看来，在这两种人中，好像后一种青年因“有严重缺陷”而需要加以拯救，但实际上真正“有严重缺陷”而需要加以拯救的是前一种青年。许多的精神病人正是产生于前一种人中。他们由于没有满足自己的性需求而缺乏精力、自信和主动。“他们像意识不到自己的呼吸或身体内其他重要活动一样意识不到自己的灵魂”，“正因为如此，他们更值得挽救”。[③]

赖希还要人们必须注意到这样一个情况：尽管保守的极权主义社会建立一套关于性交的“伦理规范”，要求青少年在婚前绝对保持贞洁，但是事实上，男女青年，特别是男青年，“完全禁欲，也就是没有的事，即便有，也仅仅是那些严重的神经病人”[④]。他用大量的调查数据来说明这一点。工人阶级的青年如此，上中层阶级的青年也是如此。在这方面没有阶级的区别，他们都在尽力满足自己的性需求。当然摄于极权主义社会的威力，他们在满足自己的性需求时往往采取一种不公开的“地下形式”，有些青年实在无法与异性进行交媾，就只好用手淫等自我满足的方式。

赖希不反对正在流行的对青少年所实施的性教育和性启蒙，但他又指出，问题在于这种性教育和性启蒙是以“性否定”为主要内容的。“我们可以很好地了解今天所实行的性启蒙的肤浅、不自然和前后不一致。值得指出的是，它总是姗姗来迟，它裹着一层神秘的外衣，并且避开问题的核心——

---

① [美]威廉·赖希：《性革命——走向自我调节的性格结构》，纽约，1962年，第119页。
②③ 同上，第87页。
④ 同上，第90页。

性快乐。”[①]他认为,为了维护青少年的性权利,必须重新审视性启蒙和性教育的内容和意义。他这样说道:

> 对于青少年来说,知道卵和精子的细胞如何造出一个活生生的新人这一“奥秘”,并不那么重要。他们更感兴趣的是他们在绝望中与之搏斗的性兴奋的“奥秘”。但是,如果青少年被真实地告知,他们现在可以进行性交,他们的烦恼和困难都起因于性欲没有得到满足,那么还有什么站得住的理由禁止他们性交呢?不让他们知道这一点,“启蒙”只会增加他们的痛苦。我们必须要承认,愚昧和性否定是与社会环境完全一致的。青少年的性无能乃是对幼儿期性欲进行干预的合乎逻辑的继续。[②]

赖希提出,一个负责任的社会应当为满足青少年的性欲望提供必要的条件,其重要性甚至超过为青少年解决吃、穿等日常生活问题。他这里主要指的是提供避孕工具和住房。在他看来,“不解决避孕和住房问题,那么不加鉴别地鼓励青少年进行性交,正像要求禁欲一样不负责任和有害”[③]。对此,他作出过精彩的描述:

> 如果说就业人口中的成年人想单独待着和不受干扰的可能性几乎不存在的话,那么没有立锥之地的青少年就更加苦不堪言了。闭口不提这一事实是在其他方面那么容易受感动的我们的性改革家所固有的特点。因为如果一个勇敢的少年或一个活泼的少女问,为什么社会在这方面也不关心他们,这些性改革家将何辞以对呢?可以预料,当被问到这一问题时,许多社会工作者都会逃之夭夭,即便他们在向青少年发表有关“性问题”的演讲时,并没有明确要求在“精神和肉体上完全成熟”之前禁欲,只是“人道地”回避性交问题。他们将宣传“责任感”,直到他们不再感到对以下记录负有责任:青少年怀着必要的“责任感”在

---

①③　[美]威廉·赖希:《性革命——走向自我调节的性格结构》,纽约,1962 年,第 118 页。

②　同上,第 117 页。

门口、树篱后面、马厩里进行性交,经常提心吊胆,怕被发现。[①]

赖希借助于方方面面的论证,竭力维护青少年的性权利,说明必须让青少年在婚前就满足性需求。问题在于,他是不是就主张青少年可以纵欲,即随心所欲地与任何对象发生性关系?好像并不完全如此。在《性革命——走向自我调节的性格结构》一书中,他意味深长地引用了列宁批评青年人在性爱问题上的"杯水主义"的一大段话。十月革命胜利以后,当时以列宁为首的苏维埃政权推出了新的"婚姻法",确保人民的婚姻自由。俄国的一些青年在享受性权利的同时,在性问题上采取了自由放任的态度。列宁针对这一情况,在与蔡特金的一次谈话中对青年人的这种态度提出了严肃的批评。赖希引用了列宁这次谈话的部分内容:

> 青年人对性生活问题的态度的转变,当然是以一种"原则"或理论为根据的。他们有许多人认为自己的态度是"革命的"和"共产主义的"。而且他们确实相信是那样的。这并没有使我们老年人感到佩服。虽然我只是一个阴郁的"禁欲主义者",青年人的、有时是老年人的所谓"新的性生活",据我看来,却往往是纯粹资产阶级的,是资产阶级的妓院的扩充。这同我们共产党人所理解的恋爱自由,毫无共同之处。你一定知道一个著名的理论,就在共产主义社会,满足性欲和爱情的需要,将像喝一杯水那样简单和平常。这种杯水主义已使我们的一部分青年人发狂了,完全发狂了。这对青年男女是个致命伤。信奉这个主义的人硬说那是马克思主义的。可是我得谢谢这样的马克思主义,它把社会的意识形态上层建筑是一切现象和变化,都直截了当地归诸社会的经济基础!问题并不是那样的简单……
>
> 要想把这些关系(指两性间的关系——引者注)本身的变化,脱离同整个意识形态的联系而直接地追溯到社会的经济基础,那是唯理论而不是马克思主义。自然,渴是要满足的。但难道正常环境下的正常

① [美]威廉·赖希:《性革命——走向自我调节的性格结构》,纽约,1962年,第117~118页。

的人会爬到街上去喝那里的脏水，或者从那沾有许多人的唇脂的脏杯子里喝水吗？最重要的还是社会的方面。喝水当然是个人的事。可是恋爱牵涉到两个人的生活，并且会产生第三个生命，一个新生命。这一情况使恋爱具有社会关系，并产生对社会的责任。①

赖希在评论列宁的这段话时，首先肯定列宁"反对从经济基础直接推论整个文化的经济主义"是正确的。人为什么要满足自己的性需求，人为什么应当享受自己的性自由？在赖希看来这是由人的本性所决定的，而如果把享受性权利、性自由视为意识形态、文化观念领域的事，那么这一观念并不直接产生于经济基础。这就是说，并不是像有些人所理解的那样，只是由于当时苏联的经济基础变化了，建立了社会主义公有制，从而性关系也随之变化。他认为，列宁并不像这些人那样从社会主义公有制直接引出苏联必须在"性"关系上作出与之相应的变化是正确的。其次，赖希又肯定了列宁对"杯水主义"的批评。他这样说道，列宁"认识到，青年人拒绝性生活的温情关系，不过是另一种形式的陈旧保守主义观点"，而且列宁"明白，建立在杯水主义理论基础上的生活，只是苦行僧禁欲思想的绝对对立面而已"，列宁"还知道，这不是人们希望的性机制调节的生活，它是一种反社会的、不能令人满足的生活"。② 赖希肯定列宁对"杯水主义"的批评说明他尽管维护青少年的性权利，但他也像列宁一样反对青年人对性爱持一种放纵、随意的态度，并不是随便什么人都可以成为自己的性伙伴。他也反对像列宁所说的那样"爬到街上去喝那里的脏水，或者从那沾有许多人的唇脂的脏杯子里喝水"。在他看来，一个妓女就是"街上的脏水"，就是"沾有许多人的唇脂的脏杯子"，青年人不能与妓女发生性关系。如果青年人放任自己，在性爱中不讲"温情"，不以感情为基础，那么这正如列宁所说的，这"不过是另一种形式的陈旧保守主义"，"只是苦行僧禁欲思想的绝对对立面而已"，"是一种反社

① ［美］威廉·赖希：《性革命——走向自我调节的性格结构》，纽约，1962 年，第 194 ~ 195 页。翻译列宁的这段话时参阅了中译本蔡特金：《列宁印象记》（1924 年 1 月），生活·读书·新知三联书店，1979 年，第 68 ~ 70 页。

② ［美］威廉·赖希：《性革命——走向自我调节的性格结构》，纽约，1962 年，第 195 页。

会的、不能令人满足的生活"。赖希在肯定列宁对杯水主义的批评以后马上又指出,"列宁确实反对没有爱的性行为",但并不意味着列宁赞成"禁欲主义","列宁从不赞成禁欲",列宁只是"指明了一种'幸福的爱情生活'的方向"。[①] 至于如何让青年过一种"幸福的爱情生活",如何让青年人的性行为建立在爱情的基础之上,赖希抱怨列宁对此没有进行详尽的论述,他对列宁"没有以积极的观点去看待将会取代青少年以前生活的东西",对此"没有提出一个纲领性的意见"[②]表示强烈不满。

五、要创建新的存在方式必须正确对待家庭

赖希认定,家庭是压抑人的性需求的主要场所,也是制造"独裁主义性格结构"的主要工具。他把家庭直接称为"制造顺从动物的工厂"。他说:"保守主义意识形态的主要温床是强制性家庭。"[③]在他看来,"家庭革命"的重要性正是由家庭在性压抑社会中所起的这种作用所决定的,而现存独裁主义社会的维护者之所以要竭力"保护这块圣地",也主要由于"家庭是现存社会秩序的主要堡垒"。

赖希在对家庭作出这样一个基本的估计的同时,反复申明家庭是特定的"经济结构的产物",他在这里所加以抨击的"家庭"主要是指建立在独裁主义经济结构基础上的家庭。他反对笼统地把家庭视为"人类社会本身的基础",或者说"人类社会的细胞",认为这是一种"保守的观点"。在他看来,如果"考虑到家庭在历史发展过程中变换的形式及其相应地变换的社会功能",如果"把家庭看作是特定的经济因素的产物",那么就不能把家庭看作"社会的基石或基础"。"当保守的性学、反动的性道德和合法秩序继续把家庭说成是社会和国家的基础时,只是就强制性家庭不可分离地从属于独裁主义国家和社会而言,才是正确的。"[④]他的意思是,只有在独裁主义社会和国家里,由于"家庭不可分离地从属于独裁主义国家和社会",从而它才成

① [美]威廉·赖希:《性革命——走向自我调节的性格结构》,纽约,1962 年,第 196 页。
② 同上,第 195 页、196 页。
③④ 同上,第 74 页。

了社会和国家的基石。

那么具体地说，在独裁主义的社会和国家中，家庭是如何履行作为"基石"的功能呢？或者说，在独裁主义的社会和国家中，家庭究竟是如何体现其"社会意义"的呢？赖希对此作了比较详细的分析。他认为，家庭的"社会意义"首先体现在"经济功能上"，这主要表现为"在资本主义时代刚开始时，家庭是人们从事经济活动的单位"；其次体现在"社会功能上"，这主要表现为"在独裁主义社会中，家庭有保护在经济和性方面被剥夺了权利的妇女及其子女的重要功能"。[①] 他进一步指出，在资本主义的早期，家庭的直接经济基础是家庭小生产，所以那时家庭主要履行这种"经济功能和社会功能"。但随着生产力的发展和工作过程的集体化，家庭的功能发生了变化。"随着妇女被越来越多地结合进生产过程，其直接的经济基础变得越来越不重要。经济的重要性失去了，代之而起的是其政治功能。"[②]保守的科学和保守的法学正是在这样的背景下强调"家庭的主要任务"是"成为独裁主义意识形态和保守结构的基础"。

> 它成了几乎每个社会成员无一例外地都要从一开始就经历的教育设施。家庭，不仅作为当局的一个机构，而且……借助于其自身的结构，把一种保守的世界观强加给儿童。它是社会的经济结构与其意识形态的上层建筑之间的桥梁。其中充满了保守的气氛，而这又给其每个成员打上了不可消除的烙印。通过其形式本身及其直接的影响，它不仅传播了对待现存社会秩序的一般态度和保守的思维方式，而且还由于它从中产生和发展的性结构，对儿童的性欲产生了直接的、保守的影响。[③]

他认为，在这样一种背景下，出现下述现象"绝不是偶然的"：青年人对家庭的态度与对现存的社会秩序的态度完全一致，即"青年人对现有社会秩

① ［美］威廉·赖希：《性革命——走向自我调节的性格结构》，纽约，1962 年，第 74 页。

② 同上，第 74～75 页。

③ 同上，第 75 页。

序的赞成抑或反对的态度与他们对待家庭的赞成抑或反对的态度成正比”。大体上,“保守的、反动的青年依赖于家庭并想保存家庭,而革命的青年对家庭持对立的、破坏性的态度,并想不同程度地消除家庭纽带”。[①]

在赖希看来,家庭成员处于这样的家庭中都是受压抑的,那么具体地说,这样的家庭又是借助于什么样的途径对其成员实施压抑,特别是性压抑的呢?赖希认为,这样的家庭主要通过以下两条途径对其成员施加影响的:

其一,通过家庭教育,用社会意识形态影响家庭成员。赖希认为,尽管上层阶级的家庭与下层中产阶级的家庭不一样,而后者又与产业工人家庭有所区别,但所有这些家庭“都笼罩在同样的性道德气氛之下”[②]。这样的家庭的基础是作为一家之长的父亲与其妻子和子女的关系。父亲是国家权威在家庭中的代表,他天然地是个典型的士级教官类型的人,即他一方面害怕上级,对上级的意见心领神会,而另一方面他又对下级趾高气扬,竭力向其灌输上级的“指令”。在这种情况下,“不管婚姻状况和家庭组织是多么可恶、沉闷、痛苦和不能忍受,在意识形态上,家庭仍必须受到家庭成员从内部和外部加以保护”[③]。正是在主要由父亲所施加的社会意识形态的影响下,“产生了广泛的家庭情感,制造了‘家庭幸福’、‘温馨的宁静的港湾’这样的口号,带来了所谓由家庭赋予儿童的那种幸福”[④]。而所有这一切所产生的主要成果就是“使家庭成员的痛苦被隐藏”。赖希特别指出,“家庭幸福”“温馨的宁静的港湾”这些自欺欺人的口号“形成了意识形态气氛的一个重要组成部分”,“它们在情感上是必要的,因为它们保证了在精神上付出很大代价的家庭状况的延续”。赖希还强调,婚姻教育和家庭教育是培养儿童的主要途径,“不仅社会气氛支配着这种对性加以否定的教育,而且这种教育由于成年人的性压抑而变得必然”[⑤]。

其二,通过家庭结构,即“父—母—孩子”这样的家庭“三角结构”影响家庭成员。赖希指出:“家庭向儿童传播社会的意识形态气氛,而其‘三角结

① [美]威廉·赖希:《性革命——走向自我调节的性格结构》,纽约,1962年,第75页。
② 同上,第75~76页。
③④ 同上,第76页。
⑤ 同上,第77页。

构’则为儿童提供了一种完全迎合社会的保守倾向的安排。”[①]如果说上面这一点是“思想教育”的话，那么这里是指“组织措施”。“凡三角结构存在的地方，儿童就会对其父母产生某种特定的、肉体上的、温柔的性关系”，这是弗洛伊德的发现，“而这个发现是理解一个人性发展的基础”。这就是说，按照弗洛伊德的这一发现，探讨一个人在成长过程中其性欲望不断被扭曲的根源必须从“俄狄浦斯情结”中去寻找，而探讨“俄狄浦斯情结”所产生的根源，又必然追溯到这种家庭“三角结构”。赖希强调，这种家庭“三角结构”的存在，决定了儿童永远处于受教育的、从属的地位，决定了“儿童的性冲动必然被父母所扼杀”。设想一下，如果一个孩子从三岁起脱离家庭“三角结构”，即不受父母影响，而与其他儿童结伴成长，尽情地与其他孩子一起玩性游戏，待他有了性能力以后，又能够毫无顾虑地与异性发生性关系，那么这个孩子长大成人以后一定是一个与众不同的人。家庭“三角结构”对孩子的影响是巨大的，即使有些儿童每天有几小时是在幼儿园度过的，也无济于事，因为“家庭对孩子的影响远远超过了幼儿园对孩子的影响”，更何况，当今许多幼儿园是按照“家庭”的模式构建的，它与家庭没有本质上的区别。家庭“三角结构”关系实际上是血缘关系。血缘关系、父母纽带是天然的，要摆脱它是非常困难的。“它使得青少年难于，有时甚至是不可能向性的和社会的现实迈出第一步。”[②]他的结论是：“父母纽带的最终消除是健康性生活的先决条件。”[③]赖希还提出，对这种家庭“三角结构”对其成员的影响的估计不能仅仅停留在“伤害个人的性生活”上，更重要的是应看到它还体现在“理智和情感功能，特别是自信心、意志力、批判能力等的削弱上”[④]。

赖希在分析以上两条家庭对其成员施加影响的主要途径以后再次强调，正是在这个过程中家庭体现了其“双重的政治功能”：第一，“通过削弱人的性欲使自己繁衍。通过坚持父权制家庭，它也保持了性压抑及其后果：性混乱、精神病、心理变态、性犯罪”。第二，“它产生了害怕权力、害怕生活的

---

① ［美］威廉·赖希：《性革命——走向自我调节的性格结构》，纽约，1962 年，第 78 页。

②③　同上，第 80 页。

④　同上，第 81 页。

奴隶,从而能使一小撮人一直有可能统治群众”。① 正是在这种意义上,可以把家庭称为“制造顺从动物的工厂”。正因为家庭履行着这样的政治功能,从而“保守主义者”一直强调“家庭担负着作为它所肯定的社会秩序的堡垒的特别重要的职务”,更令家庭在“保守的性学中受到特别的保护”。“因为它‘维护’反动意义上的‘国家和人民’,因此,对家庭的评价可以作为判断社会秩序的一般性质的标准。”②

赖希对家庭的功能,特别是对家庭对其成员所造成的性压抑进行了尖锐的抨击,并在此基础上甚至提出了“消灭家庭”的口号,但不能由此得出结论,赖希在这里是对家庭的一概否定,要从根本上取消家庭这种社会组织形式。实际上,赖希在对家庭进行批评的同时反复申明,他在这里所批评的家庭只是家庭的某种形式,即“极权主义家庭”。他在这里提出所要消灭的家庭也只是家庭的某种形式,亦即“极权主义家庭”,他无意在目前就取消家庭这种社会组织形式,而他之所以要对这种“极权主义家庭”作出批评,正是为了让人们建立另一种家庭形式,即“自然的家庭”。他在《性革命——走向自我调节的性格结构》一书的“第三版(1945 年)序言”中郑重其事地告诉读者:

> 剧烈的变革主要发生在作为社会的唯一致命的薄弱环节的家庭生活中。而这里的变革以一种混乱的状态出现。之所以呈混乱状态,是因为它们深深地动摇了渊源于古代家长制的独裁主义的家庭结构,并使之成为一种较好的、较自然的家庭组织。本书并不攻击自然的家庭关系,但反对由严格的法律、人的结构和非理性的公众意见所支持的独裁主义的家庭形式……当我谈及我们文化生活条件的革命性变革时,我主要指的是取消家庭制的独裁主义的家庭形式,而代之以自然的家庭关系。③

他在为自己发动的“性—政治运动”辩护时还这样说道:

---

①② [美]威廉·赖希:《性革命——走向自我调节的性格结构》,纽约,1962 年,第 82 页。
③ 同上,第XVIII页。

有人说性机制是要消灭家庭。还有些人在胡说什么，一旦意识到爱的能力的解放，就会出现性混乱。而群众之所以会听他们的话并且信以为真，只是因为他们穿着礼服，戴着金边眼镜，并且说起话来俨然像个长官，一副道貌岸然的样子。但他们说的是否正确则取决于其意指何物。必须消除对妇女儿童的经济征服，也必须消除他们对权威的屈服。只有这样，男人才能爱其妻子，女人才能爱其丈夫，孩子爱其父母，父母爱其子女。他们才再也没有理由相互仇恨了。因此，我们要消灭的是家庭带来的那种仇恨及其在爱的幌子下造成的动乱。[①]

赖希在这里讲得十分清楚，他所要消灭的是“家庭带来的那种仇恨及其在爱的幌子下造成的动乱”，是要消灭家庭“对妇女儿童的经济征服”，是要消除家庭成员“对权威的屈服”。在他看来，只有消灭了这样的家庭，才能实现“爱的能力的解放”，才能做到“男人才能爱其妻子，女人才能爱其丈夫，孩子爱其父母，父母爱其子女”。而当今对他的主张竭力反对的正是那些“穿着礼服，戴着金边眼镜，并且说起话来俨然像个长官，一副道貌岸然的样子”的人，这些人之所以要反对“消灭家庭”就是为了维护“极权主义家庭”，而又正由于他们那种表面的斯文又使广大人民群众相信了他们。他告诫人们必须在搞清楚这些人所说的究竟“意指何物”的基础上再决定自己的取舍。

赖希常常把“极权主义家庭”等同于“父权制家庭”，而又把“母权制家庭”作为他所说的“自然的家庭”的理想模式。这样，作为“性革命”的一项主要内容——“家庭革命”的中心环节是用“自然的家庭”取代“极权主义家庭”，在他那里又具体化为用“母权制家庭”替代“父权制家庭”。他不同意其老师弗洛伊德在弗雷泽对图腾制度研究的基础上所提出的下述观点：人类文明开始时是父权制时代，而压抑性父权制是为人类文明的发展所必需。他根据摩尔根、恩格斯和马林诺夫斯基的有关著作，断定“母权制是原始社会的家庭组织形式”。在政治上，母权制家庭的主要特征是没有统治制度；在经济上，它相当于马克思所说的原始共产主义时代。事实上，这是一个没

① ［美］威廉·赖希：《性革命——走向自我调节的性格结构》，纽约，1962 年，第 28 页。

有国家和阶级的社会，一个自由的部落，把人们联系在一起的是一个共同的母亲。在母权制社会里，青少年的性欲可以随意满足。当然，在这样一个社会里，性压抑并不具有必然性。由于没有经济压迫又没有政治统治，所以根本不需要创造一种旨在支撑这些制度的屈从的性格结构。儿童也不再为自己的欲望不能满足而受折磨，也用不到为自己的“俄狄浦斯情结”即“恋母情绪”而受惩罚，因为当时的“核心家庭的三等级”还没有出现。

赖希认为，人类的悲剧在于，这种田园牧歌式的母权制社会最终让位于恐怖的父权制社会。母权制让位于父权制是人类历史上一个具有深远意义的时代变革。与这一变革相比，无论是封建社会取代奴隶社会，还是从封建主义向资本主义的转变都显得微不足道了。他是这样具体描述从母权制家庭向父权制家庭转变给人类带来的影响的：

> 在从母权制向父权制的发展过程中，家庭除了获得经济功能以外，还获得了另一个更为重要的功能：改变每个人的身份，使之从一个自由的氏族成员转变为一个受支配的家庭成员……作为一个与氏族相对立的独立单位，通过发展，家庭不仅成为阶级关系的原始组织，而且成为在家庭内外进行社会压迫的原始组织。“家庭人”(family man)一经出现，便开始通过自己的心理结构，来繁衍社会的日益强化的家长制阶级组织。进行这种繁衍的基本机制，是把性肯定转变为性压抑，其基础是酋长握有绝对的经济大权。①

在赖希看来，在人类历史上主要存在两种家庭形式，一种是已经过去的遥远而又美好的母权制家庭，另一种是身临其境的罪恶的父权制家庭。父权制家庭同性压抑之间的联系是如此直接，同剥削的经济制度和极权主义的政治统治之间的关系又是如此密切。这使我们不能不缅怀过去，产生了对母权制家庭的神往。“性革命”“家庭革命”的根本内核就是恢复“母权制家庭”。他甚至提出，用“母权制家庭”取代“父权制家庭”是马克思的一个

① [美]威廉·赖希：《性革命——走向自我调节的性格结构》，纽约，1962年，第165页。

基本设想。马克思在《共产党宣言》等著作中，不仅提出“社会革命的主要任务之一是消灭家庭”，而且强调要建立“新的共产主义集体的家庭”。[①] 在他看来，马克思所说的“新的共产主义集体的家庭”是在高度文明的基础上对原始共产主义时期的“母权制家庭”的恢复。尽管原始氏族的“母权制家庭”与“新的共产主义集体的家庭”存在着众多的区别，前者建立在血缘关系基础上，后者则由没有血缘关系的人组成，但两者有一点完全相同：“具有趋向于性独立的性肯定倾向”。

六、要创建新的存在方式必须正确对待性道德

赖希明确地指出：“所有官方的性道德必然要否定性，即使它在与性生活的现实相搏时对性满足作了某些让步，即使统治阶级自己所享受的和推崇的是与这种官方道德相违背的性生活。”[②]赖希所说的这一段话很有针对性，一方面他指出目前所流行的由官方所制定的“性道德”都是必然要否定性的；另一方面他又饶有趣味地指出，尽管这种官方的“性道德”在现实生活中不一定行得通，尽管制定这种“性道德”的统治者本人是完全不遵守自己所推出的“性道德”的，过着与这种“性道德”相违背的性生活。

赖希还指出，所有官方的“性道德”的核心就是实施禁欲主义。他说：“严厉的道德原则的存在永远意味着：人的生物的、特别是性的需求没有得以满足。任何道德调节本身是一种性否定，说到底，社会革命的最重要的任务是确保人们充分实现自己的潜力，获得生活的满足。”[③]与此同时他又指出，这种“性道德”的禁欲主义与宗教的禁欲主义还有着很大的区别，因为它常常打着“科学”的旗号，似乎“具有理论的根据，带有必然性”。赖希对“性道德”推行禁欲主义的种种“科学”根据逐一加以驳斥。

赖希在批判“性道德”的推行者提出的实施禁欲主义的种种所谓“科学根据”的基础上，进一步指出所谓“道德”在阶级社会里并不是超阶级的，“道

---

① ［美］威廉·赖希：《性革命——走向自我调节的性格结构》，纽约，1962 年，第 166 页。

② 同上，第 41 页。

③ 同上，第 23 页。

德”总是为特定阶级的利益服务的。而当今流行的所谓“性道德”则是属于资产阶级道德,它是为资产阶级的利益服务的。他在《性革命——走向自我调节的性格结构》一书的“第二版(1936年)序言”中明确指出,当今流行的“性道德”是资产阶级道德,而“资产阶级的道德是与性欲相对立的,它创造了矛盾并导致了痛苦”,“资本主义与性压抑同革命道德与性满足一样是不可分离的”。[①] 他甚至提出,当今所流行的“性道德”是那些资产阶级的胆小鬼提出来的,这些人不能容忍人们自然性欲得以满足,自己想过满足的性生活却又无法得到,于是就制定出“性道德”来控制他人。这些人实际上是一批充满着“性饥饿感的人”。他说,“在偷窃和反对偷窃的道德律中可以找到一个明显的例子:并不挨饿的人不必偷窃因而也无需有道德法典来阻止他偷窃”,“这同一个规律也可适用于性:过着满足性生活的人无需强奸因而也不需要人民任何反对强奸的道德律”,只有那些充满着“性饥饿感的”资产阶级胆小鬼才热衷于制定“性道德”。[②]他甚至还这样说道:“有关婚姻义务和家庭权威的强制性道德乃是胆小鬼和无能之辈的道德,这些人害怕生活,不能通过爱的自然权利去享受他们借助婚姻法和警察为自己获得的东西。”[③]他的基本结论是:“压抑其性欲的人都发展了某种自己特有的道德和美学的自我保护形式。”[④]

赖希根据自己治疗精神病的实践得出结论,那些精神病人患精神病与“性道德”的束缚直接相关。他这样说道:“在本能需要与道德禁忌之间不可克服的冲突导致了疾病,使人必须按照某种在他自身之外的确立的标准行动处事,他做和想的每一件事都必须用事先为他创造的规范标准来衡量;同时他又反对这一标准。”[⑤]在他看来,当一个人无奈地必须按照在他自身之外的别人为他规定的行为准则行动处事,而他内心出于对满足自己欲望的追求又根本不认同这些行为准则之时,他必然处于剧烈的心理冲突之中,其最终结果就是患精神病。赖希强调的是,只有病态的人才与“性道德”不可分割地联系在一起,而真正健康的人根本不需要“性道德”来约束自己。“健康

①② [美]威廉·赖希:《性革命——走向自我调节的性格结构》,纽约,1962年,第XXVII页。

③ 同上,第29页。

④⑤ 同上,第6页。

的人实际上不需要什么强制性道德,他也没有任何需要用强制性的道德加以约束的冲动。"①他要人们设想一下:如果一个人"基本的生殖器需要得以满足",如果一个人过着满意的性生活,那么在他那里,"与妓女性交变得令人作呕了;任何现存杀人犯的狂想和强奸都失去了其威力和意义;强使人与自己做爱,变得稀奇古怪和不可思议了,正好像先前可能存在的勾引儿童的动机是稀奇古怪和不可思议一样"。在这种情况下,对这些人而言,还有必要制定出什么"性道德"来约束自己吗?② 他坚持这样的看法:性满足不会带来性犯罪和性混乱,从而无须用什么道德来约束;而性压抑则会带来性犯罪和性混乱,从而滋生了"性道德"。他还这样说道:"在否定性欲的社会秩序条件下,最健康的人受苦最深",因为他明明不需要用"性道德"来约束自己,可社会偏偏还把"性道德"强加于他。"性关系的混乱是由于性阻抑。这样的性欲受阻抑的人更能够适应终身婚姻,但他们的忠诚不是由于性满足而是由于道德禁忌。"③

赖希承认,一些人可能利用"性道德"来维护自己的婚姻与家庭,来使自己的性伙伴不离开自己。但与此同时他又强调,靠"性道德"来维护某种婚姻关系、两性关系是根本得不到幸福的。对此他有一段精彩的评论:

> 如果一只被皮带牵着的狗不逃走,那么没有人会仅根据这一点便认为它是忠诚的伙伴。如果一个男人与一个手脚被绑住的女人睡觉,那么明智的人不会认为他已得到了爱。除了道道地地的流氓外,没有人会欣赏用金钱或权力从一个女人那里获得的爱。正派人是不会接受非情愿的爱的。④

赖希在这里把强迫性的"性道德"比作"一根皮带",在他看来,如果一个人仅靠这根皮带来牵住一只狗,使它不逃离自己,那么没有人会认为这只狗

① [美]威廉·赖希:《性革命——走向自我调节的性格结构》,纽约,1962年,第6页。
② 参见[美]威廉·赖希:《性革命——走向自我调节的性格结构》,纽约,1962年,第7页。
③ [美]威廉·赖希:《性革命——走向自我调节的性格结构》,纽约,1962年,第7~8页。
④ 同上,第28~29页。

对其主人是忠诚的;同样,如果一个男人仅靠这根皮带来牵住一个女人的心,这就等于绑住她的手脚与她睡觉,那么也没有人会认为这个男人已从那个女人那里得到了爱,并获得了真正的性快乐。

赖希对“性道德”对人的压抑的批评是十分尖锐的,那么他是不是对“性道德”的作用加以全盘否定呢?也并非如此。他说,反动的政治势力常常强调在生物冲动与社会利益之间存在着绝对的矛盾,从而得出结论:如果“道德被放弃了”,那“动物性的冲动”就会无法无天,而这必然会带来社会混乱。在赖希看来,他们的这种担忧不无道理。问题在于,能不能由此可以进一步推论出建立强迫性的道德是必要的?从表面上看,为了消除“反社会的冲动”对社会共同体构成的威胁需要有强迫性的道德。但这仅仅是从表面上看而已。赖希认为,还必须深入地探讨一下人的这种“反社会的冲动”究竟是如何形成的?如前所述,在赖希看来,人的“反社会的冲动”是属人的“次级冲动”,当人的最深层的、本质上是“善良的、合群的”性冲动受到了压抑以后,它就会蜕变为“反社会的冲动”,这种“反社会的冲动”存在于人的“次级心理层次”。而压抑人的最深层的性冲动并使之成为“反社会的”“次级冲动”正是那种强迫性的“性道德”。赖希说:“正是借助于压抑和痛苦来实现的对自然的生物需求的道德调节,造就了必须加以控制的次级的、病态的、反社会的冲动。”①他的意思是,强迫性的“性道德”的束缚使最原始的性冲动蜕变为“反社会的冲动”,而在针对这些“反社会的冲动”这一点上,强迫性的“性道德”或许有其一定的作用。“道德主义并不是由于需要压抑那些会扰乱社会的冲动才产生的,因为它早在这些冲动形成之前就已存在了”,“强制性道德调节只是在这样的时刻才证实了自己存在的合理性:那时,社会生活确实受到了由道德调节所带来的局势的威胁。这正好像:对满足食欲需求的压抑滋生了盗窃的倾向,而这种盗窃倾向反过来又使针对此盗窃倾向的道德调节有了必要”。②赖希认为,研究强制性的“性道德”究竟有没有积极意义以及积极意义究竟有多大,首先有一个前提,就是必须“把自然的生物冲动和由某种强迫性的道德滋生出来的次级的、反社会的冲动区别开来”。

①② [美]威廉·赖希:《性革命——走向自我调节的性格结构》,纽约,1962年,第22页。

只有搞清楚了这一前提,才能对强迫性的"性道德"的积极意义给予下述"定位":其一,它的积极意义仅仅限制于对人的"次级的、反社会的冲动",而对人的最原始的生物性冲动它没有丝毫积极意义,而只有消极作用;其二,当肯定它对消除人的"次级的、反社会的冲动"对社会共同体的威胁有积极作用时必须明确,人的"次级的、反社会的冲动"对社会共同体的威胁说到底也是由它造成的,因为正是由于它对人的最原始的生物性冲动才使这些冲动蜕变为"次级的、反社会的冲动";其三,不能高估它对消除人的"次级的、反社会的冲动"对社会共同体的威胁的积极作用,它只是对这种威胁起着某种缓解作用,而要从根本上解除这种威胁还得有赖于创造条件满足人的原始的性冲动,从而堵塞最原始的生物性冲动蜕变为"次级的、反社会的冲动"的"通道"。

赖希对当今流行的"性道德"提出了如此尖锐的批评,即使对其积极作用有所肯定,但也只是在一个极小的范围内在极低的程度上加以肯定,那么这是不是意味着赖希要从根本上废弃道德呢?也不是。在他看来,要明白人类究竟还是否需要道德以及究竟需要什么样的道德必须对什么是道德作出清晰的解释。他赞同以海伦妮·施特克尔为首的德国保护母亲和性改革协会所公布的纲领中对道德的理解。

他首先赞同这一纲领所提出的"与传统的道德决裂是建立新的道德的先决条件"的下述观点:

> 改变人与人之间的关系,特别是人与人之间性的关系的第一个先决条件是与下述道德观决裂:这些道德观把自己的清规戒律既建立在所谓超自然的安排基础上,又建立在具有很大随意性的人的习俗基础上,也简单地建立在传统的水平上……不能把那些在以前的社会条件下被证明是正确的或只为统治阶级利益服务的道德法则,简单地搬过来,用作今天的道德规范。[①]

① [美]威廉·赖希:《性革命——走向自我调节的性格结构》,纽约,1962年,第54页。

他也赞同这一纲领所提出的建立新的道德的如下原则:“有利于丰富人的生活,使人的生活更加和睦,把生活从罪恶中解放出来。促进在人与人之间进行更有效的社会合作。”①

他尤其赞同这一纲领关于新的道德不能把“自然的性吸引”作为“好色”加以反对的表述:

> 我们反对把“自然的吸引”作为“好色”,作这某种卑鄙的、动物性的东西贬斥,反对从道德主义原则出发去否定“肉欲”。对我们来说,人是一种有着七情六欲的、富有情感的存在物,其肉体的和精神的主要特征是都有权追求一种健全的、向上的发展。②

他更欣赏这一纲领涉及性的道德观念的表述:

> “性交”无所谓“道德的”或“不道德的”。它产生于某种强烈的、自然的冲动,只是由于它必须在某种环境中进行,只是由于存在着对它的种种评价,它才成了“道德的”或“不道德的”。性交的一个显而易见的重要结果是生儿育女,繁殖后代,但不能仅用这一点来作为衡量性欲重要性的标志,对人来说,符合其本性、满足其需求的性生活是促使外在生活与内在生活协调和谐的前提。性交按其本性,类似于人的某种“第二生命”,它由性吸引力来定向和实现。③

从赖希对以海伦妮·施特克尔为首的德国保护母亲和性改革协会所公布的纲领的若干相关内容的赞赏中可以看出,赖希反对强迫性的“性道德”并不是从根本上取消道德,而是企图建立一种与这种强迫性的“性道德”迥然有别的新的道德。他把这种新的道德称为“性机制道德”。这种新的道德的主要内容不是建立在性否定基础上,而是以性肯定为宗旨。这不是与人性相对立,而是与人性相融合。它并不是强制性的,而是自我调节的。一般

①② [美]威廉·赖希:《性革命——走向自我调节的性格结构》,纽约,1962年,第54页。
③ 同上,第55页。

的道德都是强制性的,即是强迫人们遵守的,但这种新的道德恰恰并不含有强制性,它是由人们按照其“良心”自身加以调节的。它贵在“自我调节”。他说:

> 有两种“道德”,但只有一种道德的自我调节。只有在自然需要得到充分满足的时候,才能建立那种所有人都认为是自明的“道德”(不能强奸,不可谋杀,等等)……如果人类的性格结构能够得到所有这些源自幸福的生活的结论,那么今天人们复杂的个人生活,特别是性生活,就会得到相当简单的调节。性机制调节的本质在于避免绝对的规则或准则,而把肯定生活、享受生活的利益看作人类社会的调节者。①

赖希在这里明确地提出这种新的道德通过“自我调节”来实现肯定生活、享受生活。他还说:“性机制在追求‘道德行为’的迫切性方面一点不亚于道德调节。但性机制所追求的‘道德行为’与后者有天壤之别,它对道德有着完全不同的理解——不是把道德理解成与人性完全对立的东西,而是理解成可以把人性与文明完全统一起来的东西。性机制仅反对强制性的道德调节,但并不反对肯定生活的道德。”②赖希在这里更明确地把这种新的道德与人性联系在一起。赖希认为,这种以“自我调节”为主要特征的新的道德在一个性否定的社会结构中,是很少见的,但少见不等于不存在。他这样说道:“应当强调的是,我们并不是孑然一人地去倡导这种生活和对它的期望;相反,我们能持这样的观点地过这样的生活,是因为这些包含新道德原则的行为方式开始深入于整个人类社会过程,而这正与任何从外部强加于它的个人意志或党的口号都是全无关系的。”③

赖希提出了建立以“自我调节”而不是以“强制性调节”为主要内容的新道德的设想,但他并不认为在当下的社会里就可以用这种新道德完全取代那种强制性的道德。他说:“既然对人的重新塑造还没有达到这种程度:对

① ［美］威廉·赖希:《性革命——走向自我调节的性格结构》,纽约,1962年,第28页。
② 同上,第25页。
③ 同上,第26页。

其生物本能的性机制的调节能阻止任何导致反社会的倾向,那么尚不能取消道德调节。"[①]在他看来,由于这一重新塑造可能需要一个漫长的过程,所以只有削弱了次级的、反社会的冲动,以有利于自然的生物冲动,才谈得上取消强制性的道德调节,并用性机制取而代之。他以自己的临床经验为例说道:"我们在性格分析治疗时所观察到的过程中看到,病人只有在其自然性欲得以满足的情况下,才能消除其道德主义的调节方式。随着按其良心来进行道德的调节,病人的反社会的倾向消失不见了,由于他在生殖方面已是健康的,他也变得'有道德'了。"[②]总之,在赖希看来,现在完全取消强制的道德调节时机还不成熟,在这种情况下只能是强制的道德调节与性机制的自我调节并存。"对次级的、反社会的冲动实行道德的调节,对自然的生物需求则实行性机制的自我调节。"[③]但他又强调,在两种完全不同的道德,完全不同的调节并存的情况下,最重要的是要牢记:"社会发展的目标是不断地消除次级冲动以及伴随它们的强制性道德,完全用性机制的自我调节取而代之。"[④]

①② [美]威廉·赖希:《性革命——走向自我调节的性格结构》,纽约,1962年,第23页。
③④ 同上,第24页。

第八章　警惕生活世界的殖民化

——哈贝马斯围绕“交往”对人的存在方式的研究

哈贝马斯是法兰克福学派的第二代代表人物，是当代西方一位涉猎广泛、创作高产、理论特别具有影响力的思想家，在我们考察西方马克思主义对人的存在方式的理论探讨时，哈氏无疑是其中一个尤其需要关注的对象。当然，法兰克福学派本身发展到其第二代人物那里，已经很大程度上不再秉持一种阐释和还原马克思主义本真面目的理论立场，乃至偏离了经典的西方马克思主义的社会批判范式，哈贝马斯的情况尤其是这样：他本身的学术成长背景和思想资源，就更多的是西方传统与现当代的哲学社会科学而非马克思主义；他自身理论生涯中的许多论题，也明确持有与马克思学说相反的立场和思路，乃至声称要走出马克思，对马克思进行改造、重建；他用来当作评论和改造对象的所谓“马克思”观点，实际是有着很多流俗成见和片面曲解的，他错过了很多从马克思那里汲取启示的机会；至于他的社会政治立场，更被广泛地认为是法兰克福学派中的“右翼”，他早年在西欧激进社会思潮和运动的高潮时期就直接采取否定态度，至今仍然与其温情主义的理论品格相适应地不断为当代资本主义社会提出改良的诊疗方案。

不过，哈贝马斯对于人的存在方式的探讨，毕竟仍然在大方向上顺应了马克思主义和西方马克思主义的基本思路，他聚焦现代人的生存困境，关注其社会体制根源，抓住了“资本主义”这个造成现代社会危机的核心症结。况且，即使哈贝马斯坚持同马克思主义经典观点的对立，他也正因此而不能不把后者的思路和线索作为构建自身体系的重要参照物。哈氏同马克思的思想正相反，他对马克思的改造重建，不是简单的外在攻讦，也不是细碎地摘取某些马克思的思想材料吸收进自己的理论中,而是同马克思构成了理论内在逻辑上的正题和反题关系。哈氏自己也坚持认为,其修正和重建工作是为了"更加充分地达成"马克思主义"所确立的目标",他对交往行为理论的阐发和对历史唯物主义的重建恰好同期进行,这"并非偶然"。[①] 我们的基本判断是,哈贝马斯的理论在较多地适应西方理性主义传统和现当代哲学的主题和范式、较少地采取马克思式的革命和决裂的大前提之下,毕竟为探索人和社会的存在机制、探索现代人的生存症结和可能出路提供了有益启示,其同马克思的正反题对照关系,也有助于澄清马克思主义理论框架的若干深层逻辑,并在其自身阐发当中激活马克思的理论基地上蕴含着的若干生长点。

一、对人的存在的普遍化叙事方法

(一)哈贝马斯以人的存在的普遍共性作为关注焦点

众所周知,哈贝马斯用以描述对人的存在图景的基础性范畴,是所谓的"交往"和"交往行为",他的"交往"侧重于在语言媒介的帮助下所进行的、由人与人以内在尺度进行规范的相互作用和相互理解——简言之,哈贝马斯的这种"交往"侧重于人内部的"交流"。显然,这不同于马克思主义的唯物史观叙事中的"交往"及其政治经济学批判叙事当中具体化了的"交换",马克思主要是指人们为了满足物质生活的需要而进行和发展起来的对物质产品的交换,以及物质交换这个载体和中介所代表、所凝结着的人的活动(劳动)的交换。粗看起来,哈贝马斯之所以选取他所理解的那种"交往"作为出发点,他之所以对马克思主义的叙事角度加以反拨,这可以认为是对西方哲学主流模式的一种回归,哈贝马斯适应着西方思想长期以来对理性文化的重视、适应着西方现当代哲学的"语言转向"。同时,根据哈氏本人的陈述,这种做法还受到他本人少年时期特定经历的影响,是由于他当时的生理疾患导致的发音障碍,造成他对语言有特殊的个体感悟。[②] 但更进一步的,

① See Habermas, Jiirgen, *Communication and the Evolution of Society*, Beacon Press, 1979, p. 95.

② See Habermas, Jiirgen, *Between Naturalism and Religion*, Polity Press, 2008, p. 13.

哈贝马斯的这种选取也是内在地契合他对理论叙事的普遍性要求的。这种“普遍”对于人的存在方式来说，首先就要对人之存在、人之为人给出一个“恰到好处”的普遍界定，以语言为枢纽的交往正是满足了这样的要求，哈氏可以由这个在人的存在历程当中贯穿始终的因素出发，来建构对于人的存在的完整叙事。说“恰到好处”，是因为在哈贝马斯看来，人类通过语言来表达一定的思想内容，这是“有别于人类已经观察到的其他灵长目动物以符号为中介的相互作用”①的，这个区别性特征既排除了一切非人的存在物，又毫无遗漏地覆盖了人自古及今的一切存在形式、存在阶段。

而马克思的生产劳动则没有这个普遍性的特点和优点，马克思主义的社会劳动概念至多只适用于人的原始阶段，不适用于社会文化阶段，②它可以在生物学意义上把“人科”(hominids)从灵长目中划分出来，但却无法把握住“人”(human)所特有的生活方式。③ 选取语言因素作为判断标准本身当然并非什么新创，这是人类思想史上一派常见的观点，哈贝马斯如果单纯只是站在思想史的不同支路上去批评马克思，例如指出马克思学说中的劳动只是哈氏自己理论框架中所谓的工具行为，指出人另外还有交往行为，指出交往行为无法被还原或归结为工具行为等，那么这些至多还只是帮助读者明晰争执双方的各自立场而已，还都只是外在的。甚至我们其实可以看到，马克思的历史唯物主义叙事在强调人的实践，特别是人的物质生产劳动的区别性作用时，也对其他的界定标准是抱有悬置乃至开放态度的，只是这些方面没有成为马克思自己的理论生长点：《德意志意识形态》在断言“一当人开始生产自己的生活资料的时候……人本身就开始把自己和动物区别开来”时，也仍然在上下文中表述“可以根据意识、宗教或随便别的什么来区别人和动物”；④而《资本论》在更加具体地从物质生产活动的效率出发、从协作这种经济的社会关系出发论证人的“社会动物”属性时，也仍然对亚里士多德关于人依其本性是“政治/城邦动物”的断语抱有同情的理解。⑤ 所以在我

① Habermas, Jiirgen, *Communication and the Evolution of Society*, Beacon Press, 1979, p. 41.

② See Habermas, Jiirgen, *Communication and the Evolution of Society*, Beacon Press, 1979, p. 134.

③ Ibid., p. 135.

④ 《马克思恩格斯选集》(第一卷)，人民出版社，1995 年，第 67 页。

⑤ 参见《马克思恩格斯全集》(第 23 卷)，人民出版社，1972 年，第 268 页。

们看来，哈贝马斯和马克思的思想分歧需要从其哲学叙事的“方法”高度来把握，从“方法”在黑格尔、马克思以至于卢卡奇及其后西方马克思主义的思想线索当中被赋予的统摄性地位来考虑。

方法层面上的分歧就在于，哈氏要始终抓住人的存在的普遍性维度，而马克思的关注点则是从普遍转向了特殊。马克思在早期思想当中，包括在历史唯物主义的草创阶段，本来也是注重从某种普遍性上谈问题的。最初马克思受到旧的哲学信仰的直接影响而推崇人的某种抽象本质自不必说，而从《关于费尔巴哈提纲》到《德意志意识形态》的撰写过程中，历史唯物主义也仍然是对人的存在的普遍性叙事。马克思采用的是某种含义异常广泛的“实践”概念，包罗叙述人的一切生活或活动，《德意志意识形态》对“迄今为止的一切历史阶段”进行了概述，其笔下广义的“市民社会”也是存在于这一切历史阶段的经济存在，马克思用普遍的历史规律来阐明人的存在方式。但其后，马克思却自觉地从普遍的实践转向了物质生产这一特殊的实践形式，[1]从普遍的历史转向了对“现代社会”的特殊运动规律的阐述，即对狭义的“市民社会”进行探索，而这“应该到政治经济学中去寻求”[2]。最终，马克思的《资本论》系列文本正是采用政治经济学的理论武器来具体分析和批判“这一个”社会，即资本主义。这正如哈贝马斯所评价的那样，虽然仍符合历史唯物主义，但已经只是“局部的”（Teil－/sub－）理论了。[3] 马克思的这种转变，首先是由于实践活动本身具有内部细分结构，物质生产这一类实践活动对其他全部实践、全部生活具有优先地位；其次，也是由于马克思建构普遍性叙事的工作本身，是服务于探索人的解放出路的特定历史任务和问题意识的；最后，历史唯物主义对各个历史阶段的前后相继和内在矛盾共性的普遍性叙事，本身也已经蕴含了最近的这一个“现代社会”性质和任务的特殊性，即需要而且可以从它出发，一劳永逸地消灭既往普遍存在的阶级对立和压迫格局。

---

① 参见孙伯鍨、张一兵、陈胜云：《从“实践”转向“物质生产”的逻辑过渡——试析社会关系范畴在马克思主义哲学中的地位和意义》，《江苏社会科学》，1997年第1期。

② 《马克思恩格斯选集》（第二卷），人民出版社，1995年，第32页。

③ See Habermas, Jiirgen, *Communication and the Evolution of Society*, Beacon Press, 1979, p. 130.

(二)哈贝马斯从"交往"出发进行演绎性的推演建构

哈贝马斯关于人的存在的哲学叙事方法还带有演绎性,即他所认为的人的存在所"应当具有"的种种性质、机制、规则,是可以从他所选取的"交往"这一基础因素出发,合逻辑地推演出来的。首先,哈贝马斯从语言交往出发重述了人之作为"主体"的地位和作用。近代西方哲学经验论和唯理论关于人是否具有天赋的、先验的观念的争论,最终是达成了关于人这个主体本身具有某种先验的认知能力的合题。而哈贝马斯又借助了语言—认知论域的现代认识论和认知科学的成果,即人可以在实证层面被确证具有语言能力,而不只是在哲学预设中具有先天认识能力。并且在现代观点看来,语言能力还包含着某些更加具体的心理认知图式,从而从语言出发可以给予人的"主体"地位以更加确切和坚实的内容。其次,语言的交互性质也内在地蕴含着主体间的交互性质,这远远超出了近代哲学的单纯认识主体的设定局限,主体语言和以言行事的能力,可以承接主体的全面生活,并且从他们的语言交流规则中,可以衍生出"社会"的一般交往机制和组织规则。当然,以语言为核心的交往首先是要谈论人的交往领域的规范性、合理性,首先是从交往合理性的尺度来评价社会存在,而非马克思式的经济生产尺度。再次,人的社会存在的具体制度及其发展进步问题,也要从交往本身来看待,即将人类在语言交流理解方面的知识学习和文化积累,传统制约和开放发展的机制、规则加以推广,得出一种关于社会成员的基本制约关系。最后,人在与他人的交往当中,学习交往本身的规则,实现人自身的社会化,也在不断形成和发展着社会组织形态,人们一定的行为规则,一定的社会力量对比格局,可以通过形成传统和制度的形式,形成具有相对固定性的结构。正是这种人的社会制度结构制约着生产劳动领域的科学技术知识,有效地判断和吸收这种技术进化,为社会进化所用。

也就是说,哈贝马斯所推崇的在人的存在当中一以贯之的交往,本身蕴含着人的存在的诸历史阶段的呈现机制——交往对于人的存在的全过程而言,具有一种逻辑和历史直接合一的优先地位,这就和马克思主义的历史与逻辑的辩证统一有深刻差异。关于"演绎"的哲学方法,马克思在自我评价《资本论》时说过,他本人并不是像当时某种社会评价所说的单纯沿用"英国学派的演绎法”,他的政治经济学批判是要运用“德国辩证法”的精神来叙述。[①] 与此形成对照,哈贝马斯上述从交往的起点出发的理论建构所采用的演绎方法,则是在叙述当中排除了这种辩证法(当然哈贝马斯仍然在谈论人的存在的许多具体问题时,采用并发挥了辩证法的观点),哈氏是顺应了现代西方“社会科学”范式的勃兴,延续和极大发展了所谓的“英国学派”即古典政治经济学的做法,在实证的历史叙事当中贯穿着演绎的逻辑。正如马克思彼处评论所点明的,“演绎法”其实可以说是一种“形而上学”的方法,[②]这种演绎的理论建构方式在思想史上具有广泛而深厚的传统,并不限于政治经济学的“英国学派”。例如斯宾诺莎《伦理学》的公理体系或黑格尔《哲学全书》的正反合嵌套框架无疑都是“演绎”,而即使像霍布斯、洛克这样有着深刻经验论背景的理论家也是在进行“演绎”,他们从某种给定性质的物体、人性等基点出发,逐步建构起对自然、精神、社会的各种规定性的完整叙事。“英国学派”的政治经济学家们的新贡献,则是用一些直观地看来非常具体的因素来取代抽象的哲学范畴,例如从人口或者某种一般的生产等出发。可见,哈贝马斯的交往正是这样一种具体的、实证性的因素,即满足了历史叙事的普遍性追求,在哈贝马斯那里,交往因素对人的全部存在的这种规定,它在历史中的普遍性地位,是对以它为基础的普遍化叙事的有效性的保证。

而马克思主义的历史叙事,是继承和发展了黑格尔辩证精神的深厚历史感,是运用思维的抽象力来把握事物的典型性,把握其发展了的形态和发展的一般趋势。马克思主义不仅是如我们刚才在第一部分当中看到的,在共时层面从人的存在的普遍性转向特殊性(即从实践转向生产),而且在历史的尺度上,也是把关注的角度转向现代资本主义这个历史阶段。转向的动因,也不仅是由于从一般的历史观叙事转向政治经济学研究而带来的路径约束,相反马克思特别强调了他同早期的政治经济学家的方法对立,他不是像后者那样从某些出现在较早历史时期或者不同历史时期所共有的项目开始叙述,而是要从资本主义最发达阶段的形式出发看问题,要重点关注一个范畴所对应的事物“在深度和广度上的充分发展”,“在最发达的社会状态

① 参见《马克思恩格斯全集》(第23卷),人民出版社,1972年,第19~20页。

② 同上,第23页。

下”,“表现出它的充分的力量”,[1]市民社会正是这样的一种“迄今为止最发达的社会关系”[2]。而反过来说,马克思的历史唯物主义在其初创阶段的具有普遍概括性的叙事,把经济生活关系所构成的“市民社会”的存在性,把“市民社会”对现代人类历史中的基础性地位适用于“迄今为止的一切历史阶段”,也正是而且只能是作为事后登场的哲学反思,是用思维的抽象力所分析出和把握住的具有思维演绎性质的叙事。在这个意义上,马克思构成了资产阶级政治经济学家的反题,后者把“市民社会”这个人们的“一般关系”在资本主义历史阶段的特定表现形式,运用意识形态的想象,径直等同于“一般关系”本身,而马克思则在把握住现实历史当中,传统的基于血缘、地域等构成的前现代“共同体”(Gemeinschaft)之后,从它们的发展趋势当中,即从它们被日益整合为一个统一市场基础上的“社会”(Gesellschaft)形态出发,历史与逻辑相统一地作出叙事。

(三)哈贝马斯从实体与关系的互成性来理解人和社会

但哈贝马斯有一点可以说是契合了马克思的辩证方法,他在阐述人的存在、阐述人与人的相互作用、阐述人们的社会形式时,是从实体与关系的共现和互成性来看问题的。我们说哈贝马斯的演绎是起点或基础,但交往本身显然并不是一种实体性的范畴,哈贝马斯大力阐发的交往的“主体间性”,如果一定要从词法的分析结构上推论,蕴含的是“主体本身”某种逻辑上更加在先的地位。而且,哈贝马斯从哲学语用学角度所确立的人具有的交往能力,也的确是存在于人的“有机体”根基中的,这也体现着人的个体性。但是从能力的角度来谈人的个体实体,毕竟从哲学史的比较来看已经是一个非常弱化了的叙事版本,与近代以来西方哲学特别是德国哲学传统中的先验主体设定有重大区别。近代以来,西方哲学当中占主导的那种主体,从根本上说只是意识的代名词,而人的存在则不过是这种意识自身活动的外壳,这种存在或许是必要的,但对意识的内容而言是纯然外在的。这样,当从人的个体延展到人的活动和人的社会交往之时,实际也就只是在理论上被表述为意识的外化,是从意识本身的内容和原则上就已经可以得到

---

① 《马克思恩格斯选集》(第二卷),人民出版社,1995 年,第 20 ~ 21 页。

② 同上,第 2 页。

理解的。而哈氏自觉地批判了上述范式,他绝不认同“理论理性在世界的合理结构中重新发现其本身”或者“理性本身赋予自然和历史一种合理结构”①。在对人这一主体在个体实体的能力层面作了最必要的保留之后,个人的理性、个人的存在,是需要人们、需要人与人,在交往的历史进程当中逐步呈现的,这才是哈氏所认为的人的存在结构即社会历史的呈现和演化的真实机制。

人的主体的规定性,并非某种在永恒本性的形式上被固定下来的东西的显现,也不是某种潜在的、先定的逻辑结构的展开和激发,而是在交往当中、包括交往所必需的不断学习过程当中的现实发展,交往对个体之为个体具有一种使成性。甚至直观看来,作为交往得以进行的必要出发前提的能力,也是在这种交往中形成和发展了的,交往赋予交往主体相应的资质。哈贝马斯把亚里士多德的“人是政治/城邦动物”的界定诠释为“人类是在公共空间中生存的动物……人类从一开始就被嵌入了社会关系的公共网络之中,从而人类(human beings)逐渐有资质成为人格(persons)”②。被交往重新界定了的主体,是全然为参与交往过程而服务的,是一个功能性范畴,主体只是在交往的相互理解过程之中,才真正确定了它本身。所以正如亚里士多德哲学对整体超出部分之和的经典论述一样,至少在哈贝马斯那里,“主体间性”是要超出主体的自在本性之加和的,是要反过来生成、塑造主体的。当然,哈贝马斯又并没有采纳现代西方哲学当中颇为流行的对主体、对个体存在者(实体)的拒斥态度,不是像存在主义那样把存在本身作为绝对的出发点。哈贝马斯选用“主体间性”的话语来谈问题,本身也已经表达了这种态度,主体与主体的“交互的理解、共有的知识、彼此的信任”③,这毕竟仍然是主体与主体之间达成共识和协调,正是在主体和主体的交往之中,被理解和表达出来,被塑造和发展起来,被凝结和传承下去。在历史的层面上,哈贝马斯也因而合逻辑地推出前辈与后辈的双向制约地位,他反对克隆、基因检测等特定生物技术的干预,除了更加具体的伦理理由,除了对一

① Habermas, Jiirgen, *Postmetaphysical Thinking*, MIT Press, 1992, p. 34.

② Habermas, Jiirgen, *Between Naturalism and Religion*, Polity Press, 2008, p. 13.

③ Habermas, Jiirgen, *Communication and the Evolution of Society*, Beacon Press, 1979, p. 3.

般科技理性的意识形态化统治的警惕，也在于这种技术使得未来人类失去了表示同意的资格，失去了自主的、自由的主体地位。

如果我们回顾马克思关于个人和社会的看法，则马克思其实是哈贝马斯方法的深刻的先行者——不过需要注意，马克思主要在对市民社会的政治经济学批判当中，即主要是在哈贝马斯所谓的"局部"领域指明了两者的互成。马克思在创立唯物史观时的一些论断，一方面指出人的本质不是单个人所固有、要由一切社会关系的总和所构成，[①]另一方面又表述为现实的个人在其物质生活的生产中产生其社会关系，[②]并且高度肯定现实的个人（特别是其肉体组织）作为历史起点的地位，似乎对社会关系和个体实体何者优先莫衷一是。其实，由于马克思不是像哈贝马斯那样进行系统专著写作的思想家，他的相关表述具有分散性、论战性、高度实践性等特点，读者需要对两种表述进行总体性考察。并且，马克思在政治经济学批判当中对唯物史观原理的具体和深化阐明，可以表明马克思并不是某种关系本体论或抽象的社会本体论的拥护者，他是从个人与社会关系的共现与互成性来看问题的。马克思是在阐述共产主义要"消灭资产阶级生产关系和资产阶级本身"[③]（der bürgerlichen Produktionsverhä ltnisse und der Bourgeoisie selbst[④]）时，蕴含着阶级这种经济的"实体"和经济的生产关系之间的共现与互成。"资产阶级"是与"关系"相对而言的某种实体"本身"，但它处于这样的关系之中，即是作为这种关系的人格化，而"资产阶级关系"（der bürgerlichen Verhä ltnisse）又是由其中的实体所构成、所规定的，"资产者的关系"亦即是"资本一主义"，"bürgerlich"亦即兼具"资产者的"和"资本主义的"双重含义。"资产阶级本身"和"资产阶级的（资本主义的）关系"是相互依存的，是需要在共产主义的革命运动当中被统一地消灭的。

① 参见《马克思恩格斯选集》（第一卷），人民出版社，1995 年，第 56 页。

② 同上，第 92 页。

③ 《马克思恩格斯选集》（第一卷），人民出版社，1995 年，第 288 页。

④ *Karl Marx – Friedrich Engels – Werke*, Bd. 4, Dietz Verlag, 1959, S. 476.

二、交往和交往理性对人的存在的意义

(一)人通过属人的交往行为而自我生成

但是哈贝马斯与马克思的契合只是在于上述实体—关系共现互成的一般构型,在具体实现方案上两者是大相径庭的。哈氏自己基于交往的方案,是要求从人的纯然内部的方式来达到这种互成,构成个人和社会的自足的存在共同体——如果说黑格尔的逻辑是“从无,经过无,到无”[①]的话,那么哈贝马斯的逻辑就是“从人,经过人,到人”。而马克思经由物质利益—商品和货币交换—资本雇佣劳动的递进链条,将诸个现实的个人纳入社会关系的总体之中,资本的社会关系是一切社会关系当中占据统治地位的普照的光,资产者和工人都是作为“市民/资产阶级社会”的成员,即使工人也仍然是作为“资产阶级权利”的主体。但这种联结作用在哈贝马斯看来,仍然没有超出所谓的目的行为的界限,仍然和动物式的本能性质的驱动机制有着深厚的纠葛。此外,马克思的社会关系构成方案由于还有着生产力的巨大前提,并且认为自然力经由技术和机器的中介被不断纳入生产过程、扩充人所存在于其中的那个局部世界,这就更加与哈贝马斯的取向相悖,被哈氏批评为偏离了对纯粹的人的那个“类”的阐明。[②]

在哈贝马斯看来,人这个“类”和个体自我的生成发展的同一进程就在于通过人与人的平等的积极交往来实现彼此的主体性。以语言为媒介的巨大交往网络,将单独的人组织起来,构建了社会,在这个过程当中也就实现了主体的社会化。所谓“主体性”,应当理解为人的社会化的产物,是在参与社会的整合过程中得以形成和发展的。正是在语言之网中,个人才能成为主体,但不可能是仅仅属于自身的主体,不可能去过一种仅仅属于自己的生活,不是单独的自由存在。在参与交往的语言互动过程当中,在听者和说者的场景与视角变换当中,就不会像在纯粹的认识关系当中那样构成主动和

---

① 《马克思恩格斯选集》(第二卷),人民出版社,1995 年,第 41 页。

② See Habermas, Jiirgen, *Communication and the Evolution of Society*, Beacon Press, 1979, pp. 138 – 139.

受动各有分担的主客体关系，而是各自都作为一个主体。“主体”的真正形成和发展过程，其多个主体共同被塑造的过程，在多个具有语言和行为能力的主体在将自己融入社会、融为社会的同时，本身也获得了愈来愈丰富的个体性。没有与其他主体的关联，个人就无法实现其语言能力，不可能进而发展他的全面的交往资质，不可能具有真正社会主体、社会成员的地位，从而不可能过一种具有人的意义的生活。

哈贝马斯对人之为人的看法除了是对近代哲学的先验主体进路进行反拨，也尤其是针对着马克思主义的。在哈贝马斯看来，马克思以一个非常狭窄的视角，只着眼于直接的生产领域来阐发人与人的相互作用，例如工厂中的协作关系缔造了工人这个特定群体的联合，这种解释当然在共时和历时层面上都是“局部”的。即使我们考虑到马克思主义实际还有更加广阔的视野，还有关于市民社会当中人们以雇佣劳动为枢纽的总体社会关系图景，哈贝马斯的交往式构建也仍然构成了马克思的反题。哈贝马斯在早期还是借用思想史上既有的“相互作用”范畴来和“劳动”进行区分，其后，他除了把“劳动”略加改造，提出人对自然的“工具行为”之外，还逐步从人与人之间的丰富的“行为”范畴当中，剥离出“策略行为”和“戏剧行为”，这虽不是直接的物质劳动，但也从属于劳动范式，是进行控制或单方面的表达，而把他人当作消极的受动者和手段。相反，只有“交往行为”，即为交往而交往、把交往作为目的本身而不是作为手段的行为，才是真正人的实现。除此之外，为了交往的实现或恢复，人们进行的调适规则和解放自身的行为，作为交往行为的衍生物，也才获得意义。

除了在直接的劳动分工协作领域，马克思的历史解释的确是如哈贝马斯所评价的，是“经验主义”和“自然主义”的，即物质生活的生产过程的制约性，是无法构造性地说明其后继的其他领域生活的内容的，制约只能表现为一种对效果的检验筛选。而按照哈贝马斯“从人，经过人，到人”的叙事，人在交往当中的自我创造过程，之所以形成了一定的文化和秩序，这固然直接对个体进行着规定和制约，但正如同个体主体是为交往服务的一样，这种制约性不是简单凌驾于主体之上的，而是功能性、服务性的：文化是为了供诸参与交往的主体确定所表达的意义、达成理解沟通的背景知识，而秩序则是诸参与交往的主体自己调整自己、保证主体间的信任和协调的必要规则，[①] 并且仍然是在交往行为之中，文化和秩序得到传承、积累和更新，从特定的社会进而达成社会历史的序列。因此，从交往行为的基础出发，哈贝马斯就可以构造性地说明从诸个人到联合起来的个人，即被整合而成的社会的过程，说明社会的基本建制，说明人的存在的个体和社会方面的统一性，说明人的存在的传统与变革方面的统一性。

从而，哈贝马斯视野中的交往行为也就制约着劳动生产过程。唯物史观在突出物质生产过程对人们的社会关系、社会意识的生产和再生产的制约作用时，确立了生产力—生产关系—上层建筑的解释框架，马克思主义传统之中的若干理论发展，总是不能触动这个基本序列（例如，普列汉诺夫只是试图拓展决定链条上在生产关系“之后”环节的更加复杂的形式，特别是意识作用机制）。尽管在一定程度上，哈氏认同若干经典的历史唯物主义叙事，例如生产关系决定着劳动力和生产资料的结合方式，从而决定着财富分配，乃至决定了社会生活的整体面貌。但他又直指历史唯物主义的根基处，要“插入”这个链条，认为在一定的生产力发展状况之后，有着比生产关系更在先的社会性因素。在哈氏看来，既然从交往出发人形成了社会角色，导出了人的社会关系机制，整合出了社会，乃至形成了社会的一整套制度，那么经济生产分配等离开了交往的历史建构本身便将无法进行下去，生产关系是一定的社会形式，一定的社会成员力量的分配组合形式的“表达”，需要后者通过这种更深层的结构设定来加以实现。

（二）理性在人的交往当中的重新奠基

当哈贝马斯把物质生活领域的生产劳动重新置于从属地位时，他的“交往”也就相应地极大张扬了理性精神的地位，理性内在于人的“交往”的存在方式。不过，哈贝马斯并不是简单倒向唯心主义，不是由人自身的理性或者客观理性来为人的存在奠基、赋予人的存在以意义，不是人为自然立法或者反过来理性的狡计把人作为工具。哈贝马斯引入理性，乃至肯定理性立场是一切哲学的必备基础，他仍然是着眼于理性对人与人的交往所起的服务

① See Habermas, Jiirgen, *The Theory of Communicative Action*, Vol. 2, Beacon Press, 1987, p. 138.

保障作用。而且，并非是由理性单方面地帮助交往的建立和协调，交往也是要同相应的理性因素双向促进的。理性不是可以从交往过程中抽离出来的规则命令，理性需要直接体现在行为方式之中，哈贝马斯重视的是以"合理性"（Rationalität/rationality）来对"理性"（Verunft/reason）进行的反思，这种反思作用就是在交往之中进行，构成人的交往的自我塑造和自我完善，这里的"反思"其实不同于唯心主义语境下的"反'思'"——正如同 Reflex 在物理学语境下是光的"反'射'"一样——只是在术语上我们还沿用"反思"的习惯提法。

哈氏这样评论理性对人的实践活动的反思作用：

> 我所说的实践是一种在理性原则指导下的实践，而不是盲目的、无任何理论规范的实践。经验主义和实证主义否认理性的作用，往往将其作为与经验完全无关的甚至反经验的东西加以批判。实际上，言和行的理性历来是哲学探讨的重要主题，甚至可以说，哲学思维本身便产生于体现在认识、言说和行为中的理性，哲学的基础问题便是理性。哲学自产生以来，始终致力于用蕴含于理性中的原则来解释世界的总体，解释表现于现象多样性中的统一性。但是这里的理性不是一种神秘抽象的、虚无缥缈的、由精神虚构出来的纯思辨的东西，而是具体的，存在并体现于人的认识、言说和行为之中。①

哈贝马斯所谈的理性对实践的指导，不同于我们所熟悉的马克思主义语境中理论对实践的"指导"，他声明这是一种"规范"作用，而马克思只是满足于对"占统治地位的资产阶级理论的规范内容"进行批判，他自己的社会理论从一开始就缺乏"规范基础"。②

马克思的社会理论对人的理性所作的非规范维度的阐发，一方面是把理性作为人的思维和认识功能，将理性的预期、设计，纳入了人的生产实践；另一方面，是把人们丰富的社会意识形式看作"上层建筑"，受到经济基础的

① 章国锋：《哈贝马斯访谈录》，《外国文学评论》，2000 年第 1 期。

② See Habermas, Jiirgen, *Communication and the Evolution of Society*, Beacon Press, 1979, p. 96.

制约。在前一方面,马克思把理性作为感性活动当中的一个必要环节,这种“目的”性造成了感性活动对人之为人的特有存在方式的界定,哪怕最蹩脚的建筑师也比蜜蜂高明,①在科学技术的现代发达形式上,理性思维更是构成了生产力的现实要素,而这从哈贝马斯的视角来看,就只是作为一种“局部”理论,只在探讨人们改造、利用和征服自然的活动当中,即限于工具行为的范围内,承认了技术和与组织相关的理性知识的重要性。在后一方面,马克思对人与人的相互作用、人们的社会关系的谈论,则揭示了人与人的社会关系要以物的利益和原则为中介,人与人的社会力量结构要呈现为一定的阶级对立和阶级斗争,这在哈贝马斯看来,就是还原到了前一类活动,是用工具行为的范式标准来衡量人与人之间的交往,是策略性的,把人和人的社会交往仅仅作为了工具。

哈贝马斯的替代逻辑,首先是从颠倒“真实性”(Wahrheit/truth,即通常所谓的“真理性”)和“有效性”(Wirksamkeit/effectiveness)的关系开始的。归根结底,马克思秉持的是真实性尺度,人凭借其科学知识来对客观世界进行预测、检验和利用,“有效性”范畴被其吞噬为一个环节,是对“真实性”的一个确证和显现,这是近现代以来由工业和科学兴起所带来的合理性思维方式的一般立场。例如,我们所熟知的实践检验真理的话语就是这样认为的:“一般的说来,成功了的就是正确的,失败了的就是错误的。”②而哈贝马斯从交往这个基础出发,从这个基础本身得以成立所必须遵循的自身内在要求出发,就要改而让有效性居于首位,“真实性”范畴反过来要从属于交往的有效性,要在有效的交往当中对语句和命题的真实性加以辩护,当人们进行平等对话,就同一话语对象进行理性的探讨与论证而最终达成共识时,该话语才可被看作是真实的。实际上,近现代哲学在谈论真实性(真理性)问题时就已经存在融贯论和紧缩论的进路,而哈贝马斯从“交往”的“有效性”出发来谈,可以说是更加切合和直观的:交往和交往的有效性是等价的,有效性也就是交往之为交往的那个自足过程,当人与人进行着交往、人与人达成了某种理解和一致、人与人和谐共处时,有效性也就在其中了。

---

① 参见《马克思恩格斯全集》(第23卷),人民出版社,1972年,第202页。

② 《毛泽东文集》(第八卷),人民出版社,1999年,第320页。

有效性和交往的这种同一性，也就意味着有效性也要像交往一样，从所依托的语言符号的媒介特性当中、从各个主体的个体素质当中、从交往主体间的平等参与和相互塑造过程当中，内在地导出来。交往的“合理性”，就是促成主体与主体之间表达和理解、促成主体间达成共识的一定条件。所以哈贝马斯研究和阐述这种达成有效性的条件的学说就被称作“普遍语用学”，它要借用和改造通常学科意义上的语用学的相关概念和框架。除了上述的对“真实性”范畴的改造，普遍语用学也把进行表达时的“真诚性”(Wahrhaftigkeit/truthfulness)提升为一项基本条件加诸交往主体，这种义务的约束本身也就凸显了主体对于交往之所以成立的重要性。而当哈氏把“真实性”从符合论意义上的语词语句和客观对象的直接联系中剥离出去，需要由主体间的交往来确立时，他也把“正确性”(Richtigkeit/rightness)从满足狭义语法规则意义上的正确，改隶于人的交往范畴之下，变为满足人的交往规范。哈贝马斯由“交往”导出交往的“合理性”，导出了交往的基本“规范”原则，阐明了规范在其前提设定上同交往的有效性的内在联系，也就开辟了从交往通达人的全面的存在形式、展开社会具体图景的道路。不过，在普遍语用学的阶段，基于上述两项有效性所阐发出的规范，还只是交往的最一般条件、最抽象原则，还没有达到人的生活的某个方面的具体社会规范(例如道德或法律规范)，还只是指明了后者这种规范的理性根据。

(三)理性规范从抽象上升到具体

但哈贝马斯的哲学不像黑格尔那样有从纯粹的逻辑学范畴演绎和具体的历史哲学、法哲学的步骤划分，不像后者那样具有精神外化的显著飞跃，哈氏对交往合理性的阐发本身就已经具有了实践哲学的大致轮廓，但是我们仍然可以在哈氏理论中看到从抽象上升到具体的工作。这一具体化工作的第一个层次，是从形式上、程序上作出更加细致的规定，但并不制定出人的社会生活规范的要求内容。这种内容是要由各个社会的成员个人、各个大小层级不同的社会成员共同体从各自利益的考量出发加以主张，经由协商而最终完成加以确定，所以就规范本身而言，首先所着眼的是明确协商的程序方面的操作原则，确保各个主张者都参与商谈，确保各种可能的选项都得到考量，确保所有参与者都是运用理性来加以论证的，确保商谈能够从争议走向一致。这种协商一致性的程序原则,是为了保证所达成的规范内容及其效果,能够被所有相关者承认和尊重,能够被自愿而非强迫地接受下来。哈贝马斯用经由这种协商而达成自愿接受的程序,回应了传统和现当代哲学对于社会规范的普遍性和合法性的要求。

当然,哈氏在第一层次上的纯形式的解答还难以在经验历史当中真正实现,还没有真正脱离康德式道德律令的软弱无力,但即使在这一层面,哈贝马斯也已经超出了康德。首先,这是因为哈贝马斯即使在纯粹概念上的设定推演当中,也以诸理性参与者的不同主张取代了康德式的个体意识主体和先天的类的一致性,哈氏承认了诸个人和共同体之间的差异、矛盾乃至对抗,承认了人的社会存在所具有的多元格局,包括人的利益和人的理性都是多元化的。其次,哈氏明确了每个参与者都具有话语权利和合理性要求,对差异、矛盾乃至对抗的性质和出路表明了基本态度,这种包容和调和尽管仍然是非常理想化的,但毕竟使得理性规范的自主和自律初步接触到了现实主体的现实过程,是作为主体的共识成果,而非从孤独个体意识的独白式冥想直接跳跃到先天的道德律令设定再反过来加诸个体之上。最后,哈氏心目中的协调自律是为人际关系服务的,是作为保护装置,而康德所具体指定的律令内容,则陷入了义务的纯粹性和义务的内容所带有的经验和功利色彩的二律背反中。

在第二个层次上,哈贝马斯把规范的生成过程具体化到一定的历史语境之中。我们考察哈贝马斯的法哲学阐述,一个很显著的特点是他与黑格尔在对道德和伦理关系的看法上正好颠倒。黑格尔用道德(Moral)来指称纷繁的个体主观意识,伦理(Ethik)则是其扬弃,是带有普遍性的客观精神实体。哈贝马斯则相反,他把伦理看作多,各个不同的共同体各自拥有其不同的伦理准则,它们是存在于“一个特定生活历史或独特生活方式”的语境之下的,而道德则是一,是普遍的正义与善,它超越了具体语境,它“采用长远和全局视角”(in the long run and all things considered)并“普遍适用于所有人”(would bind all persons in the same way)。[1] 术语的错位还只是外在的,道

① Habermas, Jiirgen, *The Future of Human Nature*, Polity Press, 2003, p. 3.

德和伦理在日常德语中本是同义词，[①]黑格尔只是有意析言之，他化用了德语中的一个文化现象，即来自日耳曼和拉丁的不同语源的同义词由于典雅色彩有差异、所表达的直接性和反思性也有差别，[②]因此他用更加典雅的来自希腊语的 Ethik 来指称反思性的存在，用相对质朴的拉丁词形 Moral 来指称直接性的存在。所以更本质的差异是在于黑格尔和哈贝马斯对于道德伦理所处的整个反思运动的性质看法不同。在黑氏客观唯心主义那里，从抽象个人的道德（以及在此之前更设定了抽象法权起点）到抽象社会的伦理的运动，只是精神的自我运动。

而哈贝马斯以个体的价值算计出发，通过竞争达成伦理共识，这首先就在理论模型当中更加包含了对利益的关注，更加接近现实，为道德的历史构建提供了一个归根结底是现实的起点。其次，黑格尔以伦理作为终点将客观精神的运动急速地收尾，实际上带有着哲学家个人对普鲁士王国所居于的世界历史地位的主观偏好，并且从根本上说，是德国的落后遮蔽了当时资本主义正在世界市场基础上逐步构建起真正世界历史的进程。而哈贝马斯把伦理看作多元的复数，是对资本普照的光之下多种文化或生活方式确实长期并存局面的理论表达。最后，一定共同体范围内的伦理共识取代个体的直观道德意识，为道德的理想和现实形态对接提供了的基础。哈贝马斯也承认有道德直觉，我们可以把这种直觉看作最终完成形式的道德的“端”，直觉提供了起点，提供了可供反思的素材，提供了促使反思的动机：例如在“西方”这个特定语境下，“日常的道德直觉”就是由“宗教传统”的规范所塑造的。[③] 当宗教传统已经失去了往日的权威，哈贝马斯除了放弃对这种传统规范的全盘接受、除了革除其中的神学本体论的设定，也仍然要求现代的人们对传统的宗教性的直觉“加以合理化的重建”而形成普遍的道德。[④]

（四）客观社会制度的建构及其功能

在第三个层次上，哈贝马斯还把人们的交往规范客观化，将合理性的商

① 参见［德］黑格尔：《法哲学原理》，范扬、张企泰译，商务印书馆，1961 年，第 42 页。

② 参见［德］黑格尔：《逻辑学》（上卷），杨一之译，商务印书馆，1966 年，第 99 页。

③ See Habermas, Jiirgen, *The Inclusion of the Other*, MIT Press, 1998, p. 8.

④ Ibid., p. 348.

谈和反思的结构功能转化成一定的社会制度。哈贝马斯首先肯定了从卢卡奇到阿多诺的黑格尔主义传统,[1]黑格尔主义作为唯心主义体系要求着对客观的精神文化因素的阐发,在哈氏话语体系中,人们的语言交往本身,也已经直接构成了一种独立于诸个体的社会现实性,包括以符号形式存在着的观点文本媒介,作为理解所必需的先验知识背景的文化储备。但黑格尔的巨大历史感,经由马克思历史唯物主义的拯救和发扬,再发展到哈氏从交往来谈人的存在,这个传统更需要揭示以人们的行为为载体来"客观地"存在着的凝结物,把思想上的建构落实到人的经验历史当中,展现出其现实性和力量。这样,有别于黑格尔现象学式的精神外化形式,也有别于马克思生产关系尺度下的社会形态,哈贝马斯直接从规范出发来谈社会,谈社会的制度框架。社会之所以形成,是人们按照规范进行交往也就是逐步联合起来的,也就因而构成一定的社会集团,最终整合为一体的社会。而另一方面,交往的参与者在交往当中也就要以社会集团成员的身份,来调整自己以确保团结一致,人要用规范来调整自己,使自己社会化。社会的生产和再生产出来—社会要保持其稳定的认同—人被社会化—人要保持其社会成员的认同,这一体两面的过程就要求凭借一定的秩序,凝结为一定的结构,形成社会的制度框架。

在理论上、纸面上合理地论证出人们通过商谈建立的,普遍化的应然的道德规范还远远不是现实性,要使得道德真正转化成日常生活当中的各种具体生活方式,社会制度就要承担"去理想化"的工作。在经验的具体时空当中进行社会联系是偏离纯粹的"交往"模式的,并不是诸平等个体间无成本、无摩擦、无损耗地达成的,特别是在现代,人们已经意识到必须从自己之中得出规范导引。作为一定共同体的成员,就只能依靠实际上已经共同参与的实践来得出规范。[2] 所以哈贝马斯正是在直接实证的历史意义上,用人们的权力格局来批评和取代马克思理论中经济基础—上层建筑的划分和决定论模式,认为作为纯粹经济形式的生产关系只是资本主义自由竞争阶段的状况,在原始社会里是由亲族、进入文明社会后则是由政治统治来执行社

① See Habermas, Jiirgen, *Communication and the Evolution of Society*, Beacon Press, 1979, p. 124.

② See Habermas, Jiirgen, *The Inclusion of the Other*, MIT Press, 1998, p. 41.

会联结功能,而资本主义在其当代也发展成为组织化了的形态,政治和经济交互混合。这样,在现当代条件下,真正仍然具有现实意义的社会共同体形式和权力形式,就只能是民主代议制的集体约束力。也就是说,现当代社会从规范的尺度上而言,人的社会成员身份就是"公民",他们通过合法性的授权和认同形式形成公共意志,维持社会共识,思想当中所设定的自我组织的社会要落实为民主代议制的决策组织。

这种共识决策要采用实定法的形式规定下来,规范被进一步转译为民主社会中的一整套法律秩序,体现在法律指引下的人们的交往之中。哈贝马斯用柏拉图式的哲学语言说明,不能把法律看作道德的"摹本",道德规则和法律规则都分有着行为规范。[①] 差别在于,法律要把在关于"交往"的理想化设定中被抽象掉的环节包含在其中,法律规则使得理性规范在复杂现实当中得到近似的实施。哈贝马斯在理论上当然要肯定广大人民的主体间共有的法律传统、代替人们理解和遵守法律的主体资质,[②]但在一定程度上,狭域的立法、司法和法学研究行为其实已经是包办了诸多个人自己的道德判断任务,[③]乃至在法治框架下的整套政治制度安排都可以说是为降低复杂性而作出的。[④] 当然,这种近似实施毕竟可以起到反思作用,即横亘在规范性前提和现实复杂性之间,而对现实加以反拨,使规范性前提本身免于遭受社会现实的侵蚀。[⑤]此外,哈贝马斯并不就是把民主法治的制度化形式看作理性规范在此岸的唯一承载者,交往还可以在非正式的(现代意义上的)公共领域当中更进一步得到实现。在公共领域当中,可以比正式的民主代议制更加自由而全面地进行讨论,规范也不依赖政治强制力的推行,所以这是一个理性能够近似充分发挥的场所。同时,理性规范仍然可以作为非正式的规矩而保有反思性地位,有张力地干预着实定的规则,使得后者在继续的反思当中被更新和完善,达成更高层次的再生产。

---

① See Habermas, Jiirgen, *Between Facts and Norms*, MIT Press, 1996, p.107.

② Ibid., pp.80 – 81.

③ Ibid., p.115.

④⑤ Ibid., p.127.

三、交往尺度下现代社会的危机与出路

（一）体制对生活世界的异化与殖民化

在哈贝马斯给出的这幅协调的、具有自我纠正和完善能力的社会图景当中，又如何包含进现当代人的生存困境的呢？哈氏“从人，经过人，到人”的封闭循环既然不能像马克思那样从生产力的突破性因素寻求动力机制，就只能合逻辑地紧扣人的演化自身找答案，即认为是人的社会存在当中自行异化出了否定性的因素，即人们的经济和政治“体制”（System）与人的“生活世界”相异化，并反过来造成对“生活世界”的殖民化。关于哈贝马斯语境中的“System”范畴，汉语学界中有“系统”“体系”“体制”等多种译名。无疑，这个词在日常语言中最常用的含义就是表示系统或体系，这个术语本身进入哈氏视野也是有着社会学科中“系统论”的渊源，而且哈氏本人更是曾在“相互一致”（stand in coherent relations to one another）而“不相互矛盾”（not contradict each other）的意义上使用“system”一词，[①]这一义项的确应该译为“系统”。在这种“系统”的意义上，哈氏认为正是诸多不同的规范构成了“系统”，以及他还说过交往的“合理性结构”“在社会运动中实际起作用并且最终在制度系统（Institutionensystem）中得到体现”[②]——在其他社会学者那里，这种被整合起来的、具有结构性的社会，就可以很自然地被冠以“系统”之名，称作“社会系统”（Gesellshaftssystem）。[③]

但也正是在这里，哈贝马斯不满意这个提法，他对于上述系统性意义上的社会，又另行引入了“生活世界”的术语，而将“System”之名更多地专属于经济和政治这两个“局部”（Teilsystem/subsystem），深刻揭示了它们同社会、同生活世界的分裂和对立。例如在另一个场合，同样是实现人的“综合”（Synthesis），哈贝马斯提到马克思论域中以劳动为中介实现的就是“Sys-

① See Habermas, Jiirgen, *The Inclusion of the Other*, MIT Press, 1998, p. 55.

② Habermas, Jiirgen, *Communication and the Evolution of Society*, Beacon Press, 1979, p. 98.

③ See Habermas, Jiirgen, *Legitimationsprobleme im Spaetkapitalismus*, Suhrkamp Verlag, 1973, S. 14.

tem”，而哈氏自己运用符号达成的就要另行命名为“联系”（Zusammenhang/connection）。[1] 既然“生活世界”也是具有通常所谓的“系统性”的，它既不是诸个孤立的个体，也不是虽有一定相互作用但没有条理和秩序的杂多，不是例如政治哲学传统中和“文明社会”相对的“自然状态”，也不是例如中国古代哲学中和“文”相对的“质”——那么在这一类场合，“系统”的译名就没有凸显哈氏笔下“System”同“生活世界”的对立意味，没有反映出两者性质的重大差别——我们认为，汉语的“体制”一词可能较好地反映了这一层含义，“体制”既同一般的“系统”有来源传承关系，但又有一层意味表示其内部有一套自己的运行机制，从而可以更好地呈现哈氏语境中同“生活世界”的直接性、丰富性的脱离与对立。

哈贝马斯通过描绘经济和政治的“局部体制”对原先整体性、系统性社会的分化、脱离、反制过程，也就承接了西方马克思主义特别是法兰克福学派社会批判理论的“异化”叙事，给出了一种有哈氏特色的“异化”模式。经济和政治这两个原先的局部体制，本来在理想的设定中是为人的以交往为基础的社会生活进行服务和保障的功能性存在：前者的主要功能是进行马克思所谓的物质生活的生产，包括在资本主义形式下的商品生产和流通，但这要受生活世界的符号生产的成就导引，而不是马克思式物质生产的单向制约作用；后者的功能就是如上文所说，以政治的权威对人的社会行为进行协调，以某种替代手段降低交往的复杂性，在近似形式上落实理想的交往目标。但是随着这两个局部体制的复杂性逐步发展增强，它们愈来愈有了相对的自主性，愈来愈不再受到交往的规范制约，生活世界和体制原本在功能上的区分和彼此在互相联系、互为前提意义上的制约，逐步变为分离、分裂。

在分化的基础上，体制更进一步发生了哈贝马斯所谓的对生活世界的“殖民化”，即不仅是停留在一般异化观点所谈论的反制水平上，不只是颠倒了支配与从属的相互地位，“殖民化”的提法所揭示的是体制对生活世界的深层入侵，是异化之后一种反向的“同化”。体制不是停留在二元分割形态上的控制，而是将生活世界也纳入其中作为自己的一部分，按照自己的面目

---

① See Habermas, Jiirgen, *Erkenntnis und Interesse*, Suhrkamp Verlag, 1968, S. 44.

加以改造,改变了后者原先的内容性质,体制吸收、兼并了生活世界,"局部"的体制成为唯一的、整个的体制。这种改变、吸收的基本方法就在于抓住人与人发生联系的媒介,用体制所依据的目的合理性的尺度,特别是目的合理性在现代资本主义当中的发达形式,取代了生活世界的交往结构。在经济体制当中的目的合理性是最为基础和核心的,是进行扩张和吞噬的源头,因为目的合理性的控制方式本就是切合于物质生产的,是这个局部领域当中人与人发生联系的基本媒介,而至于行政权力的官僚化、公共文化和舆论受到的扭曲之类,都可以归结为是被经济体制的控制型的媒介方式所同化,它们是被按照经济体制的原则所导引和重新组织了。①

然而体制上述的对生活世界、对交往的殖民化会造成深刻的危机,威胁到人和社会的存在,并进而促使产生必要的变革。现代资本主义社会当中无疑存在诸多的矛盾冲突、诸多的消极弊病,引发了诸多社会思潮,但哈贝马斯从人的交往视角来看问题,只有归结到交往的规范性、合理性方面,才成其为最根本性的危机,而不是例如马克思主义所谈论的经济危机之类。交往的规范性结构所遭受的上述殖民化的变故,既是作为社会成员的诸多个人的立身危机,即威胁到了他们在社会中才能达成的个人同一性,同时,也是对社会本身的立身威胁,即伤害了社会的规范性的共识基础,使得社会制度面临崩溃。② 在这个社会面临严重危机、必须迅速扭转局面的关头,哈贝马斯也意识到了有两种选择,一是主张解决资本主义的体制问题本身、调整体制使得其与社会的整合形式相适应,一是认为对体制问题的解决办法已经会使既有的社会整合自身难保、会要求对社会整合本身加以彻底变革③——但哈氏在这里退却了,他没有遵循马克思从政治革命到社会革命的进路,没有沿袭社会批判理论传统关于社会总体危机和变革的态度,而只是寄希望于拯救社会的合理性结构,让社会力量的整合重新达成均衡。

(二)危机产生与解决之辩证法的脆弱现实性

在我们看来,哈贝马斯的这种保守结论,是与他局限于人的交往生活的

---

① See Habermas, Jiirgen, *The Theory of Communicative Action*, Vol. 2, Beacon Press, 1987, p. 171.

② See Habermas, Jiirgen, *Legitimationsprobleme im Spaetkapitalismus*, Suhrkamp Verlag, 1973, S. 12.

③ See Habermas, Jiirgen, *The Theory of Communicative Action*, Vol. 2, Beacon Press, 1987, p. 144.

历史闭环叙事分不开的,他看待人的存在和社会发展的辩证历程,看待现代社会的产生原因与特定矛盾性质,看待现代资本主义必然被扬弃的历史前途,无法达到历史唯物主义对辩证路径的深刻性与解释力。前文我们说过,马克思的历史与逻辑的辩证统一模式固然仍然是有张力的,特别是弱于对特定社会形式进行构造性说明,但是即使只是作为制约性、容纳性的说明,断定社会建制"决不能超出社会的经济结构以及由经济结构制约的社会的文化发展"①,那么从这种容纳力度的时代差别上,也已经可以得出事物发展的阶段差异性。马克思不是像"那些证明现存社会关系永存与和谐的现代经济学家的全部智慧"那样"忘记这种差别",②也不是把人类历史在现代的巨变或曰转型、把现代资本主义社会的独特性归结到某些偶然的或外部性的动因上去,而是抓住了以"机器和蒸汽"为代表的大工业对生产力的"唤出"作用。③ 相应的,资本主义的进一步发展并走向其反面、走向危机和扬弃,也就在于它"不能再支配自己用法术呼唤出来的魔鬼了"④,资本主义发展的历史辩证法有赖于大工业生产力的产生和发展,前后阶段的差异正是在于资本所规定的价值生产、分配和交换体制(及其适度改进),无法适应生产力(从根本上说远超于它的发展水平)。

哈贝马斯同社会批判理论的前辈、同马克思一样,都赞同黑格尔辩证法的内在否定性观点,都在抽象的意义上赞同"异化"与"异化的扬弃"要走同一条道路。但前者只是在青年马克思的层面上狭义地理解这种矛盾发展扬弃的内在性,只是围绕着人,乃至是纯粹属人的交往来兜圈子,而没有把人的生产实践和人化自然纳入作为历史的内部性。这样,只是由于满足哈贝马斯交往定义的实际承载者——广大"或多或少已经被启蒙了的""参与者们"⑤——是在"现代"形成的,哈氏才不得不承认了现代诞生的重大历史转折意义,"现代"一词意味着"新旧之间的显著断裂","'现代的'精神要……自己为自己提供规范性的基础"⑥,哈氏维护现代性、反对后现代主义的消解

① 《马克思恩格斯选集》(第三卷),人民出版社,1995年,第305页。
② 《马克思恩格斯选集》(第二卷),人民出版社,1995年,第3页。
③④ 《马克思恩格斯选集》(第一卷),人民出版社,1995年,第277页。
⑤ Habermas, Jiirgen, *The Inclusion of the Other*, MIT Press, 1998, p. 72.
⑥ Habermas, Jiirgen, *The Postnational Constellation*, MIT Press, 2001, p. 131.

也是在于要"坚决维护近代理性化启蒙遗产"[①]。从而哈贝马斯也就无法解释人的交往发展为何会有这种迟滞,以及为何人又在近现代以来的进一步发展当中产生了异化和殖民化、产生了弊病与危机,抽象设定的交往史观会面临和抽象设定的神学史观一样的神正论难题。退一步说,哈贝马斯也采用过类似于康德称知识"起于"而非"源于"经验的论辩术,认为欧洲资本主义的兴起同生产力发展的关系只是"跟随在后",而非由后者所决定。[②] 再退一步说,哈贝马斯可以把现代生产力从物质资料提炼为工具的合理性,特别对科学技术进行这种提取,承认工具合理性对交往合理性的异化,但不以工具本身作为对手,这种合理性的产生和发展就仍然未被说明。

所以最终,哈贝马斯只能局限于交往本身的狭隘、从贫乏领域中开辟辩证的历史路径:既然交往中产生了人对人的异化了的关系,那就应该从交往自身的发展当中扬弃异化,在不从根本上改变现代社会整合形式的条件下,只要能够重建主体之间的理解,恢复人际的互动合作,现代社会就能摆脱危机,得到拯救。这在一个最弱的意义上,就表现为哈贝马斯很乐于在一种"唯心主义"的层面上看待其交往图景——只要唯心主义能够"极为自然地"阐发人这个"类"的存在条件。[③] 由于哈贝马斯认为欧洲近代以来的历史进程"几乎穷尽了关于人类社会理想的选择可能性",所以西方现代社会的合理性碎片就是当下唯一可资利用的根据,有了它们,哈氏的理想图景就不同于"建立在无根据的想象之上"的"幻想"(Illusion),而是"蕴含着希望"的"乌托邦"(Utopie),它"体现了一个与现实完全不同的未来的向往,为开辟未来提供了精神动力"。[④] 在一个稍微现实但仍然是改良主义实践方案的形态上,哈贝马斯呼吁在当下把合理化过程落实为激进民主,用民主来牵制资本主义的经济体制和官僚统治体制对生活世界的殖民式侵犯,但不是对体制本身的"扬弃"(Aufhebung)——也就是在不消灭资本主义的货币原则的条件下,就使得"以使用价值为导向的生活世界的需求得到满足"[⑤]。

---

① [日]中冈成文:《哈贝马斯:交往行为》,王屏译,河北教育出版社,2001 年,第 145 页。

② See Habermas, Jiirgen, *Communication and the Evolution of Society*, Beacon Press, 1979, p. 146.

③ Ibid., p. 97.

④ 章国锋:《哈贝马斯访谈录》,《外国文学评论》,2000 年第 1 期。

⑤ Habermas, Jiirgen, *Strukturwandel der Öffentlichkeit*, Suhrkamp Verlag, 1990, S. 36.

在一个更具积极创造意义的形式上，哈贝马斯寄希望于新型的公共领域作为活动空间和组织载体。在这一点上，哈贝马斯对欧盟作为一个民族国家间合作乃至试图进展到取消国界的整合模式颇为欣赏。迄今为止，所谓公共领域都还只是以民族国家为单位，在其中作为一个构成因素，其和平性、平等性、多元性、广泛性等特点也是以民族国家为载体，经由民族共同体公民的主体资质和机制，依托国内的民主法治的制度渠道和保障条件来实现的——而相应的，交往遭受扭曲和殖民化的侵害也是依国别进行的。一个统合了欧洲，在各个成员国的国家机器仍然存在、欧盟本身又添加了许多约束性措施的情况下，毕竟也就有可能提供一个新的公共领域单位，赋予各国公民以一个新的更高阶的共同体形式，拓展平等个体的普遍性，更加接近交往的理想地参与他们关注的现实问题，欧盟式的整合也就为可能的行动赋予了更加丰富的合法性、有效性。例如在 2008 年欧债危机之后，哈贝马斯就身体力行地同德国哲学协会主席 J. 尼达 - 吕梅林(Julian Nida-Ruemelin)以及经济学家 P. 博芬格(Peter Bofinger)一道，联名撰文对债务共担、金融监管、社会福利等经济制度方面的具体问题出谋划策，将他关于交往协商、民主政治等的哲学话语落实为加深欧洲一体化、施行“超国家民主”的行动建议。

第九章　自由是人的基本存在方式

——萨特从人学本体论出发对人的存在方式的剖析

在现代西方思想史上，萨特是一位备受争议、褒贬不一，而且至今尚无盖棺论定的思想家，或者被奉为“人类20世纪思想发展道路上的一个高耸的里程碑”，或者被誉为“20世纪人类的良心”。综观萨特一生的文学成就和哲学成就，其中最能反映他的思想成就的当属他的哲学，在《存在与虚无》中，萨特展现的是“失去上帝”的孤独的人，而在《辩证理性批判》（以下简称《批判》）中展现的则是重新“进入历史”的“我们”。①

萨特思想的主旨和实质，就是试图抵达“对人的现象和存在的彻底理解”，从这个意义上说，萨特是一位人道主义者，他的哲学所展示的是以绝对自由为根基的人学本体论或人学辩证法，因而他对人的存在方式有着独特的存在主义的解读，而且这一解读还具有一副反马克思主义（《存在与虚无》时期）和马克思主义（《批判》时期）的“亚努斯”面相。

一、人的存在的生存论诠释

波伏瓦曾经指出，萨特思想的核心主题，就是如何理解人，如何以彻底的、不可还原或完全透明的方式追问人的存在。② 萨特试图描述人的存在，并且以不可还原的方式达到对人的存在的彻底理解。所以萨特的自由本体论所关注的不是人的“在世—存在”或生存的某一面相，而是人的存在的最

---

① See Raymond Aron, *Marxismes imaginaires*, Gallimard, Coll. Idée., 1970, pp. 44 – 45.

② 参见［法］西蒙娜·德·波伏瓦：《萨特传》，黄中晶译，百花洲文艺出版社，1996 年，第 6 页。

后条件。

萨特的思想是受到笛卡尔、康德、克尔凯郭尔、胡塞尔和海德格尔等思想的影响而形成的:笛卡尔哲学的"我思"为萨特提供了确定而明晰的出发点;康德批判哲学的"哥白尼革命"(哲学的主体性转向)为萨特哲学开启了认识世界的人类学视角;克尔凯郭尔关于人的恐惧、担忧、战栗和焦虑的生存论体验,被萨特诠释为人对自由和虚无的逃避;萨特接受了尼采的"上帝已死"宣言并试图发现其中的最终含义;通过胡塞尔现象学,萨特试图"回到事实本身"来探寻人的存在;海德格尔的此在现象学为萨特的哲学提供了"在世—存在"的生存论视角。萨特的哲学和文学著述都指向一个目标,就是思索和探寻个体性的人如何在一种无所谓希望、无所谓进步、无所谓将来的"在世—存在"中,在荒谬和虚无的现实世界面前,如何葆有他的存在和自由。

(一)人的存在就是生存

尽管萨特强调他的哲学不是一种"人类学",但是他坚持认为,如果没有人的存在,根本没有存在的现象。不仅如此,如果要理解存在的现象,就必须彻底理解人的存在,即生存(existence)。

existence 源于拉丁语 existentia,具有实在或实存之意,在传统本体论语境中具有"现成存在"的内涵。海德格尔创造性地将这一词指涉"此在(Dasein)"的存在,此在的本质(essentia)"就是去存在(zu-sein),就是生存(existenz)"[①]。由此开始,existence 便获得了"生存"的含义,并且专指人的存在,而关于人的独特性的存在的本体论反思或现象学考察也就一般性地被称之为生存论(旧译"存在主义")。

在萨特哲学中,existence 就是指人的存在(être humaine)或人的现实(réalité humaine),就是生存。萨特认为,就一般存在物来说,存在与现象是不能直接等同的,存在内在于现象,并不能完全为现象或显现所吸收或还原,因而存在超越于现象,存在的现象超越于现象的存在;但对于人本身,人的存在就是人的现象,就是人的完全显现,人的存在可以完全为人的现象所

① [德]海德格尔:《存在与时间》,陈嘉映译,商务印书馆,1996 年,第 52 页。

吸收或还原,换句话说,人是他的存在(être)和现象或显现(apparence)的完全统一,这种统一就是人的生存(exístence)。

对于哲学的生存论传统来说,人的存在不是一种为笛卡尔—黑格尔式的"我思"或"反思"所能把握的对象性的存在。尽管笛卡尔提出了"我思故我在"(cogito sum)这一著名观念,为现代哲学传统奠定了主观性的原则基础,但是在笛卡尔及其继承者(如康德式的先验哲学和黑格尔式的思辨哲学)那里,"我在"(sum)完全不经讨论。所以生存论的分析"将对 sum 的存在提出本体论的询问",而且唯有"规定了 sum 的存在,才能把握 cogitationes 的存在方式"①。对于如何把握"我在"或"人的存在"这一问题,克尔凯郭尔给出的途径是人的面临上帝的深渊般的信仰,以及这种信仰所呈现的人的主观性的生存境遇;海德格尔给出的答案是由人的向死而生而开启的人的本真性的存在状态;而萨特所给出的方法,就是以笛卡尔的"我思"为原点,通过胡塞尔的现象学还原,抵达前反思的我思,即"对不是意识的某物的意思",以此来把握"我在"或人的存在。这种前反思的我思,或者说这种超越于某物意识的纯粹意识,在萨特看来,就是"我在",就是人的原初存在,唯有回到人的原初存在,才能对 existence 作出彻底的说明和理解。

萨特认为,正因为人的存在或生存,一般存在才综合为存在物的总体,即综合为世界,因而人的存在同时也呈现为"在世—存在"。对此,萨特指出:"人是一个难以理解的东西……一方面,他失落于这个世界,到处都被世界所包围,因此他被囚禁在世界之中;另一方面他又可以综合这个世界,把它看作他的对象,他再不是处于世界之中,他是在局外。这种外在和内在的结合就构成了人。"②这种内在与外在、在世性与超越性体现在人身上的冲突,便构成了人的存在的本体论境遇。

(二)存在(生存)先于本质

萨特始终拒绝笛卡尔认识论对"我思"的反思性的把握,而接受胡塞尔现象学所开启的前反思的"我思"(cogito préreflexif);这种前反思的"我思"或意识直接面对世界,世界对这种原初意识或纯粹意识呈现其自身。以前

---

① [德]海德格尔:《存在与时间》,陈嘉映译,商务印书馆,1996 年,第 57 页。

② [法]西蒙娜·德·波伏瓦:《萨特传》,黄中晶译,百花洲文艺出版社,1996 年,第 503 页。

反思的意识或“我思”为起点，萨特开启了他的现象学本体论，试图为人的存在即生存给出本体论的一般说明。

萨特对人的存在或生存的一个基础性的本体论界定，就是将人的存在界定为“自为存在”，并与“自在存在”相区分。为了说明自在存在（être-en-soi）和自为存在（être-pour-soi）之间的关系，萨特首先区分了“存在的现象”（phénomène d'être）和“现象的存在”（être du phénomène）：所谓“现象的存在”，就是现象的无限显现序列，就是独立于人的意识的“自在存在”；所谓“存在的现象”，就是存在的无须任何中介的纯粹显现，因而它是现象学的和本体论的，它所显现的是那种所有其他显现都向着这个存在显现的那个最初的存在，即“自为存在”。

在萨特的文本中，纯粹的“自在存在”是浑然未分、无知无觉、没有原因和目的的存在，由于它脱离了意识、主观性和时间性，因而也就谈不上任何联系和变化，也无所谓过去、现在和将来，它是偶然的、荒诞的，是一种使人惶恐不安、孤独无助和厌恶恶心的存在；用萨特的话来说，这种自在存在有三个基本特点：“存在存在。存在是自在的。存在是其所是。”①“自为存在”，是一种对意识的意识，是人之所以为人的存在方式，“自为是自己规定自己存在的存在，因为它不能与自身重合”②，因而它不是它自身，毋宁说它是一种存在的缺失，是非存在或虚无；所以作为存在的意识显现，自为存在就是意识对自在的虚无化，它是“是其所不是，不是其所是”，是“自己规定自己的存在的存在”③，能够于其中展现为过去、现在和未来这三个维度的时间性存在，从而具有意向性、选择性和超越性。

人的存在是自为的存在，同时因为人有意识，而意识就是“无”，正是意识的“无”，使人摆脱了自在存在的既定性、封闭性和绝对性，始终趋向某种未来的或未知的可能性和未完成性。由此，萨特引申出“存在先于本质”这一人的存在的生存论原理，即人的本质不能根据人的现成状态来规定，相比现成的在者状态，人的存在或生存更为根本，所以作为现成状态的一般人性

① [法]萨特：《存在与虚无》，陈宣良等译，生活·读书·新知三联书店，1997 年，第 26 页。

② 同上，第 117 页。

③ 同上，第 29 页。

(humanité)是没有的,人的存在就是不断地自我更新和自我创造,人始终在形成之中,永远没有完成的那一刻。对此,萨特指出,“人除了自己认为的那样以外,什么都不是”,“人除了他自身以外,别无立法者”,[①]生存论(即旧译的“存在主义”)哲学的第一原理就是它的主观性原理。

(三)人的生存经验或在世感受

对于生存论哲学来说,诸如烦恼、厌恶、焦虑等情绪不仅是心理学的体验,而且还有本体论的维度,揭示着人的本真性的存在状态或生存境遇。对于萨特来说,人的存在和生存,是通过诸如孤独、恶心、焦虑和自欺等经验、情绪或感受而呈现出来的。萨特的诸多哲学和文学著作,都在揭示同一个主题,即人是偶然性地被抛到这个世界上的存在,为了确定人的存在及其意义,人必须进行自我选择;但世界的荒诞和虚无,注定了人生的荒诞和虚无。

(1)孤独(isolé):存在的偶然性的揭示或呈现。在《圣·勒内》中,萨特指出:“孤独是我们与所有人关系中必然的一个方面,它体现为我们适应这个世界的必然行为”,“是我们感知在我们的主观性中对他人的客观性的途径”。[②] 孤独是人的在世存在的基本感受和基本情绪,不仅指向世界,指向他人,而且指向自身。孤独这种生存经验所揭示的是人的在世存在的被抛弃感,是存在的纯粹偶然性。在萨特看来,偶然性并不是一个抽象概念,而是世界的一个真实范畴。他的短篇小说《墙》就是描述存在于荒诞世界中的孤独个体,虽然可以自由选择,但最终却逃不过命运的捉弄,从而揭示了生命的偶然性和死亡的荒诞性。

(2)恶心(nausée):存在的呈现或觉醒。恶心是此在在世的基本经验。“存在是黏滞的,它把人粘在那儿,就像蜂蜜粘在身上、衣服上那样,让人恶心得要命。”[③]在萨特那里,人命定是自由的,可以任意选择,一旦作出选择,介入世界,就难以脱身出来。而“恶心”就是被显露或被呈现的存在,是自我意识到自在存在的表现,它表明了存在的偶然性和荒诞性,所以恶心的根基

---

① [法]萨特:《存在主义是一种人道主义》,周煦良、汤永宽译,上海译文出版社,2005 年,第 6 页、31 页。

② Jean-Paul Satre, *Saint Genet, Actor & Martyr*, translated by Bernard Fretchman, Pantheon Books, 1983, p. 590, p. 502.

③ 转引自郑永慧编:《萨特精品选萃》,河北教育出版社,1990 年,第 161 页。

就是对于这个世界，尤其是对于自身的存在的虚无性和否定性的反应。萨特认为，一个人若是没有恶心的感觉，就没有意识到自己的存在，只要意识到自己的存在，就会产生恶心。所以恶心为我们揭示了一个存在着的世界。

(3)焦虑(angnoisse)：存在的自由和责任。克尔凯郭尔将焦虑描述为面对自由而生起的一种情绪，海德格尔将焦虑视为向死而生的人对虚无的一种把握，这就是“畏”，是一种无家可归、莫名恐惧的情绪。萨特则将焦虑视为人面对虚无时生起的情绪，它标志着存在和自由的开端。萨特说道：“焦虑是自由这一存在着的意识的存在方式，正是在焦虑中，自由在其存在中对自身提出问题。”[①]同时，自由也意味着责任，人既然是命定自由的，因而他“单独地做出决定，无可辩解，也毫无托辞”[②]。

(4)自欺(mauvaise foi)：存在的逃避或遮蔽。自欺是在同一个意识里所呈现的存在于不存在的统一，即为不存在而存在，或者说是放弃自己的存在和自由的一种表现，也就是萨特所说的“逃避焦虑”“逃避自由”“逃避责任”的一种存在状态。人的存在是一种自我否定的不稳定结构，是自在和自为、超越性和人为性、存在与虚无的暂时性综合，“正是这二者的对立使自欺得以产生，自欺就是为了停留在二者之间的永久分离状态”[③]。所以自欺也揭示了人的存在的沉沦状态，在这种日常生活的沉沦状态中，人也就避免了孤独、恶心、焦虑等本真的或原初的生存经验。

二、人的存在即自由

(一)存在即自由

萨特认为，自由(liberté)是人的存在与生俱来的命运，或者说，人的存在被判定给了自由，人“注定是自由的”[④]。这是萨特所给出的关于人的存在或生存的本体论规定。在萨特看来，自由并不是外界力量的馈赠，自由不是人

---

① [法]萨特：《存在与虚无》，陈宣良等译，生活·读书·新知三联书店，1997年，第60页。

② 同上，第72页。

③ 杜小真：《存在和自由的重负》，山东人民出版社，2004年，第135页。

④ [法]萨特：《七十岁自画像》，《萨特文集》(第3卷)，施康强译，中国检察出版社，1995年，第262页。

所具有的某种可有可无的属性或状态,对于人本身来说,存在就是自由,自由就是存在,存在与自由是相互从属的。存在即自由,如果说存在先于本质,那么自由也先于本质,这是生存论哲学的第一原理,即主观性原理在人的存在和自由的问题上是相通的。正如萨特所指出的:"人的自由先于人的本质并使人的本质成为可能,人的存在的本质悬置在人的自由之中。因此我们称为自由的东西是不可能区别于'人的实在'之存在的。人并不是首先存在以便后来成为自由的,人的存在和他'是自由的'这两者之间没有区别。"①

存在和自由,对于人来说,是绝对的或完全的,这是因为自由本身是绝对的,自由不可能不自由。人之所以是人,是自为存在,而不是物,不是自在存在,是因为人是自由的,不仅如此,而且自在存在的世界唯有通过自由,通过自为存在的人本身,才得以呈现为有着联系、规律和必然性的客观世界。所以自由之为自由,就在于自由在本体论上是超越于必然的(客观世界或自在存在),并且使必然(世界)成为可能的自为存在。正因此,萨特认为,从本体论上说,自由是不能被外在的必然所限制的,"自由的每时每刻的唯一限制就是它强加给自己的那些限制",自由的限制就在于它必须自由,在于它的不可限制,在于它对必然和限制的超越,因而自由是完全的、无限的或绝对的。换言之,在本体论的意义上,人是绝对自由的或完全自由的,"人不外是自由所造就的东西","人并非时而是自由时而又是奴隶,因为人要么是完全自由,要么就干脆不存在"。② 萨特的这一论断具有强烈的伦理学含义,因为他预示着一种绝对责任或完全责任的伦理学。

萨特思想所预示的以绝对自由为本体论基础的绝对责任的伦理学,可以从他的《存在与虚无》《存在主义是一种人道主义》《自由之路》和《圣热奈》等哲学以及文学著作中窥其基本轮廓。对于这种伦理学的可能性,萨特说道:这种"本体论是不能亲自表述出一些道德规条来的。它所研究的仅仅限于存在着的那些东西,而在对存在着的东西的表述里是不可能引申出律令的。然而它使人瞥见面对处境中的人的实在将要负起责任的伦理学会是

① [法]萨特:《存在与虚无》,陈宣良等译,生活·读书·新知三联书店,1997年,第55页。
② 同上,第23页。

什么”[①]。所以对人的自由的本体论揭示与对人的责任(responsabilité)的伦理学的构建是关联在一起的,这是一枚硬币的正反两面;对于人的存在和生存来说,绝对自由的不可让渡性就意味着绝对责任的不可推卸性,绝对自由的本体论必然呼唤着绝对责任的伦理学。

(二)存在即虚无

如果说自由是萨特关于人的存在或生存的本体论界定,那么自由的内在根据就是自为,就是虚无(néant),或者说,自为是存在的虚无化(néantisation)。萨特的自由本体论的核心观念是虚无,虚无是萨特“用来描述否定之实在的术语”[②],也是用来描述人的存在状态的基本术语。人的存在就是自由,自由根植于虚无或存在的虚无化之中。

对萨特来说,“虚无”不是与存在无涉的单纯的“无”,而是存在的一种特殊状态,或者说是一种“借来的存在”。存在对于虚无具有逻辑和实在的优先性,虚无作为非存在,作为存在的否定,它并不在存在之外,虚无只有在存在内部被给予,所以“存在先于虚无并且为虚无奠定了基础,因此不仅从逻辑上说存在先于虚无,而且正是由于存在,虚无才具体发挥作用”[③]。可是自在的存在不能产生虚无,由于这种存在是充实的、完全肯定的存在,同时,虚无作为非存在,又不能从其自身被给予,因而虚无只能来自于自为的存在;自为的存在“是其所不是,不是其所是”,因而是非存在,是人的意识赋予了意义的存在,因而意识是自为的存在的内在结构,使得存在的否定、虚无化和非存在化成为可能。人作为意识赋予存在以意义的自为存在,它本身就预示着虚无。所以萨特指出,人是“使虚无来到这个世界上的存在”[④]。

在萨特看来,虚无具有本体论的价值,首先,它是世界意义的起源。正因为意识对存在的否定、虚无化或非存在化,那种完全充实的、没有区别的、单纯“是其所是”的自在存在的一部分才可能被隐去或被虚空掉,使得“是其所不是,不是其所是”的各种事物显现出来,“达到自在的极度动荡。这种动

---

① 杜小真:《存在和自由的重负》,山东人民出版社,2004 年,第 135 页。

② Gary Gutting, *French Philosophy in the 20th Century*, Cambridge University Press, 2001, p. 138.

③ [法]萨特:《存在与虚无》,陈宣良等译,生活·读书·新知三联书店,1997 年,第 45 页。

④ 同上,第 55 页。

荡,即是世界"[①]。从这个意义上说,没有意识,没有人的自为存在,没有虚无化,也就没有被意识到的世界本身。其次,它是人的存在或生存的本体论规定。正因为人的存在是什么都不是的虚无,因而人可以在他的存在中作为他自身的立法者,"自己决定自己"地谋划未来,所以人是绝对自由的,人的自由是与生俱来的、无须追求的、无法逃避的和无可选择的。"自由不是一个存在:它是人的存在,也就是说是人的存在的虚无","自由和自为的存在是一回事:人的实在严格地说就他应该是其固有的虚无而言是自由的"。[②]

所以在萨特的思想中,存在、自由和虚无是同等程度的三个概念,都是用来描述人的存在或生存的本体论范畴,"存在与自由是同义语,并且和虚无相等同",人的存在、自由和虚无化过程,同时也是人的存在的不断超越过程,这是一种寓于人的存在深处的自为的自我超越,这种超越与其说是朝向某种存在的充实、实现或完满,毋宁说是任何既定存在的否定化、虚无化和非存在化。这就是萨特所描绘的关于人的存在和生存的基本本体论形象。

(三)自由即选择

如果说人的自由根植于虚无或存在的虚无化过程,那么人的自由的根本表现就是选择的无条件性,以及由此形成的绝对的选择自由。对萨特来说,无论何时何地,身处何种环境,面对何种局面,人都有"选择"的自由和空间,选择永远不受任何客观条件和客观规律的限制。这是因为"选择是可能的,而不选择却是不可能的",所谓的不选择其实就是一种特殊的选择。所以在萨特看来,"自由之为自由却是因为选择永远是无条件的"[③]。

人一旦被抛入世,就要不断地进行选择,而且只要人还活在这个世上,选择就不可能结束。任何人在任何条件下,都可以在思想上和行动上对自己面临的各种可能性加以选择;如何选择,选择什么,这是由作为主体的个人本身所决定的,但选择行动的后果也是主体个人必须面对或必须负责的。

尽管萨特认为,自由的选择是绝对性的、无条件的,但是他并不认为自由和选择是完全无拘无束的、没有任何限制的。"自由是完整的和无限的,

---

① [法]萨特:《存在与虚无》,陈宣良等译,生活·读书·新知三联书店,1997年,第787页。

② 同上,第556页、581页。

③ 同上,第614~615页。

但并不是说自由没有限制。"[①]每个人都生活在一定的环境之中,每个人的自由都只能是一定环境中的自由,并且受到环境的限制。人命定是自由的,自由表现为选择的自由,可是自由并非脱离任何限制的一种任意或任性,而是"判给人类的无期徒刑"[②],因而自由选择唯有在一定的境遇中才是可能的,脱离一定的环境或境遇,也就无所谓选择或自由。此外,"没有自由,境遇只不过是一片无声的自在的王国"[③],境遇也只有通过自由选择才能显现出来,"如此一来,我们便开始看到自由的悖论:只有在境遇中才有自由,只有通过境遇才有自由"。

不仅如此,萨特还认为,自由选择不仅要通过一定的境遇或环境才成为可能,而且还要面对和承担自由选择所带来的责任或后果。正如萨特所说的:"被判处自由徒刑的人,在他的双肩上承担了整个世界的重担;作为一种方式,他对世界、对他本人都负有责任。"[④]因为人是自由的,自从人被抛进这个世界,他就要对他所做的任何事情负全责;同时,只有勇于承担责任的人才是真正自由的人,因为唯有勇于担责,才能勇于选择,勇于行动。人的一生就是选择和行动的总和,"自由是'行动的第一条件',人的自由必须通过人的行动来体现",自由就意味着选择和行动,没有选择和行动,也就无所谓自由,因而也就丧失了人之为人的存在。

所以在萨特那里,自由意味着选择和行动,伴随选择和行动的是特定的境遇或环境限制,是不可推卸的责任。萨特对于自由和责任的绝对性的揭示,对于行动和选择的无条件性的阐明,旨在激发一种积极性的伦理学,这一伦理学"一方面指出了现实世界的偶然性和荒诞;另一方面又给苦于在荒诞之中挣扎的人们指出了一条出路:自我选择"[⑤]。

---

① ［法］萨特:《存在与虚无》,陈宣良等译,生活·读书·新知三联书店,1997年,第531页。

②③ 涂成林:《现象学的使命——从胡塞尔、海德格尔到萨特》,广东人民出版社,1998年,第275页。

④ 同上,第553页。

⑤ 柳鸣九:《萨特研究·编选者序》,中国社会科学出版社,1983年,第6~7页。

三、自由个体眼中的他人与社会

(一)自由个体眼中的他人

众所周知,萨特的现象学本体论(作为《存在与虚无》的副标题)是以前反思的我思为出发点,一方面坚持意识或“我思”不是存在,但它要求存在,否则意识将无法实现并超越与它自身的关系;另一方面认为意识必须给出存在的证明,否则存在将蜕变为不可把握的虚无缥缈的幻觉。

同样,萨特在揭示自由个体视野中的他人现象时,也是从“我思”出发来说明“存在—他人”(être-autre)现象的。他认为,一方面,我思中的“我”不是存在—他人,但要求他人的存在,否则我将无法实现并超越与我的关系;另一方面,我的存在—为他(être-pour-autrui)就是对存在—他人的直观和证明。所以“我们从我思中发现的并不仅仅是我自己,也发现了别人……当我们说‘我思’时,我们是当着别人找到我们自己的,所以我们对于别人和对我们自己同样肯定。因此,那个直接从我思中找到自己的人,也发现所有别的人,并且发现他们是自己存在的条件”①。

一方面是个体与他人的原初关系。对萨特来说,我思揭示的不是作为对象的他人,而是作为主体的他人。在原初涌现的直观中,我尽管内在地保持为我的主观性,但由于我思的超越性,因而他人不是显现为一种纯粹的对象,而是显现为一种与我相异的另一主体。在萨特那里,我对他人的“注视”(regard)被把握为我思对存在—他人的直观。在这种注视性的直观中,存在—他人是在场超越或超越在场的,“被他人注视”绝不是“眼睛注视我们,而是作为主体的他人注视我们”,“他人的注视是我的对象性的必要条件”。②所以在我和他人的原初关系中,超越的主体并不是与我的存在毫无关系的存在,而是介入到我的存在中的。只有以作为主体的自由—他人(liberté-

① [法]萨特:《存在主义是一种人道主义》,周煦良、汤永宽译,上海译文出版社,1998年,第22页。

② [法]萨特:《存在与虚无》,陈宣良等译,生活·读书·新知三联书店,1997年,第357页、348页。

autre)的超越存在为条件,我的内在关系才能得到揭示和显现,因而自由的主体—他人的超越在场是实现和超越我的对象性存在的必要条件。正如洛朗·加涅宾所说:"因为他人遇见我,我才发现我的自由的个性,我才发现我,我才因此把握住这个基本现象:他人是我全部存在的必不可少的基础;我必须通过他人才知道我是谁,甚至才意识到我存在,我活着。"①

另一方面是个体与他人关系的困境。萨特始终认为,人与人的原初关系是直接的、内在否定的存在与存在的关系。换句话说,我所面对的是超越性在场的主体—他人,而不是单纯经验性在场的对象—他人。但是人与人的关系总是面临对象性关系的困境或陷阱,即我与他人都沦为知识论水平上的对象我和对象他人,沦为反思性的经验或知识所掌控的对象或工具。萨特的诸多文学作品都是描述我与这种蜕化了的对象—他人之间关系的生存困境,如《恶心》中的洛丁根就明确宣称:"我独自一个生活着,我不同任何人交谈,永不同人交谈;我不接受任何东西,也不给予任何东西"②;如《禁闭》的加尔森所说的那句名言:"用不着铁烤架,地狱就是他人",这是对我与他人的原初关系囚禁于对象性陷阱中的典型象征。我与对象—他人之间是我与存在—他人的一种异化的或蜕变的相遇,这是一种极为平常的存在或交往方式,然而在这种异化的或蜕变的存在和交往中,我"同他人的关系搞糟了,被毒化了",人与人之间任何真正的互助和交流都变得不可能,因而"他人只能是地狱"③。

(二)自由个体眼中的社会

在萨特前期的绝对自由的人学本体论中,社会问题是被还原为他人问题,在我与他人的关系中加以考察的。以《存在与虚无》为代表,萨特是以我思或主观性原则为统摄性立场,考察我与他人的存在关系及其变异,以我与他人的关系为统摄性的分析,考察作为共在[être-avec…(mitsein)]的人与人之间的社会关系和社会结构。

---

① [法]洛朗·加涅宾:《认识萨特》,顾嘉琛译,生活·读书·新知三联书店,1988年,第78页。

② 转引自[法]洛朗·加涅宾:《认识萨特》,顾嘉琛译,生活·读书·新知三联书店,1988年,第64页。

③ 同上,第71页。

萨特始终坚持,每个人身上都具有成为真正的人,成为一个具有人的性质的人所必需的东西,这就是超越性的自由。"任何人为了能是自由的,就需要别的所有人都是自由的",正是在这种超越的主体的自由的意义上,人与人之间的平等关系才是可能的。萨特认为:"在理论上,每个人都是另外每个人的等同,而友谊关系可以存在。但这种关系被人们因愚蠢的印象、愚蠢的探究、愚蠢的野心和冲动而破坏。这样,一个人是同那些本来可能是平等的人关联着的,如果他们能改变一下自己的态度的话,但他们现在的状况是反人,实质上是使自己处于非人的状况中。"①所以萨特所要寻求的是人与人之间的原初的存在关系,或者说我与主体—他人而非对象—他人发生关联,并且在存在—他人的超越性的主体到场中实现和超越我的对象性存在。这其实是萨特的绝对自由的人学本体论所设定的生存论的人际观或社会观。但萨特的这种他人观、人际观和社会观并不意味着人与人之间关系的"预定和谐",恰恰相反,而是预示着本体论的冲突。

萨特认为,人作为绝对自由的个体,一旦在他的存在和生存中遭遇他人,就意味着他的自由遭遇了限制或加上了锁链。自由只能被自由所限制。在我与他人的关系中,我的自由为他人的自由所限制,在绝对自由的个体之间所设定的生存论的人际或社会关系中,一个人自由而他人不自由是无法接受和难以想象的,如果我不尊重他人的自由,那么我与他人之中的自由就会被摧毁。在我与存在—他人的关系中,一种是将他人当作主体,并力图占有他人,消除主体我与主体他人之间的否定性,但这是不可能的,因为"意识的多样性原则是不可超越的",如果我同化了他人的自由,那么我与他人的关系便趋于消失;另一种是将他人当作对象或客体,如此一来,我和他人在对方的眼中便丧失了自身的主体性,异化为对象性的或客体化的物,因而在这种非人的世界中,他人就是地狱。所以在萨特看来,人与人之间在生存论意义上的矛盾和冲突是无法消弭的、不可避免的;这种本体论的冲突和纷争,正是人与人之间各种历史关系形成的生存论条件。

萨特的自由本体论所展示的生存论的人际关系所蕴含的本体论冲突,

① [法]西蒙娜·德·波伏瓦:《萨特传》,黄中晶译,百花洲文艺出版社,1996年,第286页。

表明人与人之间的具体的社会关系或社会团契是历史的、暂时的，而不是一成不变的。因而对于萨特来说，各种形式的社会关系、结构或团体，其实就是个体—他人之间的生存论关系在历史上的具体表现，这些社会团体或集群的形成，有赖于人的创造性的历史实践。正是在这些社会性的团体、集体或群体中，我们发现了"与他人的共在，即我们"。从这个意义上说，萨特是通过他的他人观来考察人类历史的，来考察社会的各种团体和各种实践的，正因此，他才将《辩证理性批判》的第二卷冠以"历史中的他人"之名，并以大量篇幅谈论各种历史或社会团体的形成和变迁。

四、探索人的社会历史存在

人的存在是最为微妙而复杂的现象，它创造历史并且使历史具有主观性。萨特认为人的存在或生存与历史之间的关系是内在的，而且只有从人的存在或生存出发，各种历史现象才能赢得内在的理解；但历史并不是主观性而是一系列经验现象，历史中的主体是经验实在的自为个体，以及个体所面对的他人，是复数个体所组成的共在世界，历史是复数的自由个体与客观存在相互作用的辩证结果。

《存在与虚无》关于自为和自由的人学本体论，以及这一本体论蕴含的多元性思想，是萨特考察历史经验的本体论根据；但《存在与虚无》虽然讨论了我与他人之间的本体论和伦理学冲突，但并没有真正涉及历史现象，正如众多著名的批评者所指出的那样，萨特的自由哲学完全没有社会和历史的位置。例如，梅洛·庞迪（Maurice Merleau－Ponty）就明确批评萨特将一切社会关系都还原为"注视/被注视"，"除了通过他人的自我，社会不能进入我思的哲学"[①]。萨特的《方法问题》和《批判》就试图弥补这种不足，历史的存在作为已经被自为存在改变了的自在存在，便成为萨特后期的人学辩证法的基本内容。

---

① 转引自 Thomas R. Flynn, *Sartre and Marxist Existentialism: The Test Case of Collective Responsibility*, University of Chicago Press, 1984, p. 71。

（一）实践辩证法的本体论重建

1. 自由本体论与历史辩证法

萨特认为，辩证法作为合理性，既作为事实之间的客观联系，又作为认识这种联系的方法，必须面对直接涌现的各种经验存在；此外，作为理论的辩证经验只能是反思经验，而不是前反思的经验，反思经验可以通过辩证法加以理性的考察，而前反思经验唯有通过生存论分析才能加以本体论的考察。所以辩证经验是在本体论分析给出的生存论经验内部起作用，可以而且必须在反思性的历史经验中发现历史的必然性。

《历史理性批判》考察的对象是历史的总体，但这一总体并不是由批判给出的，相反，这个总体在被反思性的考察之前是作为实践（praxis）和理解（intelligibilité）的辩证法而存在的。萨特认为，历史中的行动唯有回溯到本体论的层次上，才具有彻底的可理解性，而彻底的可理解性就是人作为自为自由的存在，就是实践。《存在与虚无》给出了关于人的存在和生存的本体论分析，《批判》则是从这一本体论出发，说明社会实在的结构，说明历史的总体过程，因而具有辩证的可理解性。

对萨特来说，实践的历史辩证法与自由的人学本体论之间的关系是内在的：自为和自由的个体存在，就是个体的实践和行动，这是历史辩证法的非历史的本体论前提。本体论以自在、自为和自由来说明人的存在、行动与实践，辩证法则是以实践—惰性（pratico-inerte）来说明各种团体或集体所中介的历史；本体论是从意识即自为存在出发来说明人的存在与生存现象，辩证法则是揭示经过中介之后的人与物和人与人的关系变化及其历史；本体论不能引申出人的历史性，因而对历史性的理解和把握必须寻求辩证法；辩证法不能深入历史的主观性，因而必须回溯到人的存在或生存的本体论分析。

第一，作为个体化的实践，辩证法是本体论的。在萨特看来，辩证法是作为总体化的历史运动而存在的，它必须回溯到直接的被给予的经验，这就是生存论分析给出的个人的彻底的可理解性。所谓彻底的可理解性，就是个体的存在、行动和实践对于自身的完全透明性，就是个体的存在、行动和实践。整个历史领域中唯一有机的行动或实践就是个体的实践，客体具有彻底的可理解性,即个体的实践行动与他的可理解性是一回事。

第二,本体论的个体实践是历史辩证法的前提。本体论是基础的可理解性,辩证法是派生的可理解性。[①] 为此,萨特将历史的辩证法称为"被构成的辩证法"(the constituted dialectic),将个体实践的辩证法称为"构成的辩证法"(constituent dialectics)。[②] 历史辩证法唯一具体的基础就在于个体行为的辩证结构,全部的历史辩证法都依赖于个体的实践的辩证法。[③] 当个体实践通过已经被一体化的物质的中介即实践—惰性而关联成一个总体时,历史便产生了,历史的辩证法就是实践—惰性的辩证可理解性。

所以在萨特的思想中,历史辩证法,社会的历史的辩证的可理解性,并没有超出个体实践的辩证法或本体论的意义或范围。自为个体的存在或生存是历史的主观性基础,它在彻底透明的可理解的意义上,就是自由个体的行动或实践本身。人的存在是可以彻底的可理解的,社会历史却是辩证的可理解的。历史辩证法,作为蕴含着必然性的内在结构过程,它不同于实证论的机械因果决定论,历史辩证法是建立在自由个体的实践与社会历史的内在关系的基础上的,它的生存学根基就是自由的人学本体论。

2. 从自为的人到社会的人

在萨特的思想中,自由的人学本体论是理解社会历史辩证结构过程的出发点,他始终认为,一切社会历史现象唯有达到本体论的层次才是彻底的可理解的,社会在历史构成的意义上是辩证的可理解的。从这个意义上说,自由个体的自为存在于社会存在中是永恒在场的。如果个体的自为和自由存在被把握为个体的实践(praxis individuelle),那么这种具有生存论根基的实践便是社会历史存在的本体论基础。

其实,很多萨特的研究者都注意到《批判》与《存在与虚无》之间的思想关联,以致有学者认为,《批判》的思想基本上可以转换成《存在与虚无》的范

---

① See Jean-Paul Sartre, *Critique of Dialectical Reason*, *Vol*. 1. *Theory of Practical Ensembles*, trans. , Alan Sheridan Smith, ed., Jonathan Ree, Verso, 2004, p. 57.

② Ibid., p. 341.

③ See Jean-Paul Sartre, *Critique of Dialectical Reason*, *Vol*. 1. *Theory of Practical Ensembles*, trans. , Alan Sheridan Smith, ed., Jonathan Ree, Verso, 2004, p. 220.

畴来表达。[①] 尽管《批判》与《存在与虚无》的考察重点是不同的，但它们之间是相互关联的，《存在与虚无》是通过自在、自为和自由来说明人的存在或生存，《批判》则是通过个体实践与物质中介来说明社会存在，两者的关联点就是自为和自由个人的存在、行动和实践。

在萨特看来，实践对于社会历史存在具有双重优先性。一是实践在认识论上的优先性。实践是人的尺度和真理的基础，个体实践是群体共同实践的基础，与群体共同实践—惰性的不透明性相反，个体实践具有完全的透明性。"（对于由许多个体构成的统一体而言）超越作为一种严格个体模式的有机行为的不可能性就是历史理性的基本界限，也就是说，被构成的辩证理性（作为对一切共同实践的活生生的理解）必定总是与它的永恒在场而又总是被遮蔽的基础即构成性的理性相关。"[②]因而群体实践的可理解性依赖于个体实践的可理解性，这是因为历史实践的惰性领域中个体实践既被遗忘又被重新发现。二是在本体论上的优先性。一方面，实践是一切非人的客观过程的基础，"实践—惰性可以被看成一个过程……但是因为这个过程已经是消极的行为，它就要求以整个实践为前提"[③]；另一方面，对于群体性的实践—惰性来说，个体实践具有不可置疑的优先地位，是将实践从惰性的消极异化作用中解放出来的积极动因。"正是实践创造了这种团体（已融合的团体——引者注），正是实践维持这种团体并在其中引起最初的变化。"[④]

但对萨特来说，个体及其人的关系与人的社会历史关系是不同的。萨特所谓人的关系（human relations），其实是他的自由本体论所设定的自为个体之间的关系，亦即《存在与虚无》的他人观所阐述的自由个体之间的生存论关系。人的关系并不是社会历史的产物，社会历史通常也不能生产人的关系；相反，社会历史关系的可能性恰恰依赖于在历史的每一刻人的关系的永恒现实性。人们之间的社会历史关系是他们的行动或实践的辩证结果，

---

① See Joseph S. Catalano, *A Commentary on Jean-Paul Sartre's Critique of Dialectical Reason, Vol. 1. Theory of practical ensembles*, The University of Chicago Press, 1986, pp. 6 – 7.

② Jean-Paul Sartre, *Critique of Dialectical Reason, Vol. 1. Theory of Practical Ensembles*, trans., Alan Sheridan Smith, ed., Jonathan Ree, Verso, 2004, p. 678.

③ Ibid., p. 713.

④ Ibid., p. 418.

对于现实的人来说，人只能在既定的社会环境中存在，因而人的一切社会关系都是历史的，但社会历史关系是属人的，因而作为人的关系是永恒到场的。所以人的关系和历史关系是有区分的。萨特在谈及物化和异化时说道："要使物化和异化这样一些概念具有充分的意义，就必须使提问者和被提问者合而为一……如果说人的关系的物化(réification)是可能的，那是因为这些关系即使在被物化之后也同物的关系有根本的区别"，"如果人的关系是纯粹的产品，它们在本质上被物化，那么要理解它们物化的实际内容就是不可能的"。[①] 所以如果在人的关系和历史关系之间不作区分的话，那么我们既不能发现人，又不能发现历史。

(二)辩证理性的对象和方法

1. 作为理解历史之根基的辩证理性

萨特认为，人的自为自由的存在是彻底的可理解的，把握人的存在和生存的根本路径就是他在《存在与虚无》中给出的现象学本体论，而人的社会历史存在是辩证的可理解的，把握人的社会存在的就是他在《批判》中呈现的实践的或历史的辩证法。

按照萨特的理解，所谓理性(raison)，就是我们通常所说的存在与认识的关系，认识通过对现实和思想的整理从而"生产出或构造出存在的秩序来"[②]。对于萨特来说，认识对存在的把握是通过反思性的意识或我思实现的，这是理性的用武之地，但它必须以存在的直接呈现或原始涌现为本体论前提，因而辩证法作为一种理性方法，必须以人的存在或生存为其本体论前提。只是《存在与虚无》是通过自在、自为、虚无和自由来把握人的存在的生存论结构，而《方法》和《批判》则是将人的存在和生存把握为人的彻底的可理解性，把握为他的存在、行动和实践。所以在存在与认识的关系中，或者在认识所呈现的存在的秩序中，人的存在或者说人的实践始终具有主观性的优先地位，这种"主观性既非全，亦非无，它表示着客观过程的一个环节

① Jean-Paul Sartre, *The Problem of Method*, trans. Hazel E. Barnes, Methuen & Co Ltd, 1982, p. 177.

② [法]萨特:《辩证理性批判:方法问题》，徐懋庸译，商务印书馆，1963年，第3页。

(外在性的内在化环节),这个环节不断地自行消灭以便不断地自行更生"①,认识唯有从人的实践出发并返回到人的实践,才具有本体论的根基。正因此,萨特才说"认识是实践的内在环节",只不过在这里,实践概念已经具有了生存论的起源、意义和内涵。

所以理性是认识把握存在,生产和构造存在秩序的一种方式,但唯有辩证理性才是开放性的,才能容纳一种集必然性与自由于一身的经验,才能向它的本体论基础即人的存在、生存或实践开放,而理性的其他形式,诸如先验理性和分析理性都是封闭的、有限的、自我禁锢的,与具体的、现实的人的存在是相隔绝的。所谓辩证理性(raison dialectique),它的核心根基就是以主观性原则——存在主义哲学的第一原则——为基础的人的实践;而实践本身就是一种根植于人的主观性、自由和存在的辩证行动,是一种目的性的总体化谋划,是一种时间性的生存,是行动中的理解和理解中的行动。在萨特看来,实践概念和辩证法概念是相互关联和不可分割的,"辩证法本身……只是在存在的基础上作为历史和历史的理性而出现的,因为辩证法究其本身来说乃是实践的发展"②。辩证理性得以可能的根据就是人的实践,因而无法离开人本身抽象地讨论辩证法。从这个意义上说,萨特所谈论的辩证法是一种以人学为本体论的辩证法,是人学辩证法。

社会历史是辩证的可理解的,因为它本身就根植于人的主观性、存在和实践的辩证运动过程中,但它不是彻底的可理解的,因为实践性的社会历史总是遭遇惰性的物质或限制,因而不是完全透明的。要达到对社会历史的辩证的理解和把握,就要回溯到具体个人的总体化活动,各种具体、各个层次的总体化汇成一种不断生成的总体化,这就是辩证运动的历史。《批判》的目标之一就是试图呈现历史的总体化和总体化的历史。

2. 辩证理性的前进—回溯法

萨特的辩证理性抱负很大,它不只是要理解社会历史中那些符合人的实践的目的和谋划的存在,而且还要努力理解社会历史中那些反人的、反目的性的、反辩证法的惰性存在,理解那些"没有行动者的行动,没有生产者的

---

① [法]萨特:《辩证理性批判:方法问题》,徐懋庸译,商务印书馆,1963年,第4页。

② 同上,第126页。

生产,没有总体化者的总体化,反命运和内在的循环"①,将这些客观性的物质、过程和惰性重新纳入人的世界。辩证理性对社会历史的理解"既是前进的(向着客观结果)又是回溯的(追究原来的条件)",简称理解的"前进—回溯法"(the progressive-regressive method)。

我们知道,萨特是基于个体实践(具有本体论和方法论的优先性)和群体实践来理解社会历史的,而作为社会历史研究方法论的前进—回溯法还是根植于人的实践,它反映了实践的内在结构。实践的前进性表现在人的存在、行动和实践始终指向未来的未知结果,朝向某种可能性,它表现为人始终超越既定的世界,面向未来和可能性对当下的自己和世界进行规划和统筹;实践的回溯性表现为人的存在、生存和活动总是包含着对过去的物质性条件的回溯,它表现为人能够将他当下的生活,将自身和他人,将他所处的环境纳入一种客观的综合统一体之中。

其实,实践的前进—回溯结构所反映的就是人的存在和生存的超越性和在世性的双重特征。所以实践的前进性和回溯性的双重特征为我们达到对社会历史的辩证理解提供了根本方法,这就是前进—回溯法。此外,社会历史是一个具有高度复杂性的总体,因而我们在把握社会或历史的时候,就应当在诸如个体、群体、团体、中间层次和社会历史总体之间的双向互动中运用前进—回溯法,唯其如此,我们才可以既能把握个体的微观生存,也能理解社会总体的历史前进方向,才能在各个层次的前进—回溯中来回穿梭,辩证理解,最终推出社会历史的总体性的关系、结构和过程。

萨特的辩证理性方法来源于克尔凯郭尔和黑格尔的综合,他既希望达到对社会历史的各个具体事实的独特性阐明,又希望达到对总体性的社会历史的深层次理解。因而辩证理性应当"根据所考察的事实的独特性而阐明种种最深刻的结构,以便能够根据基本结构而回头规定这个独特性"②,这是一种双重运动。一方面,从事实的独特性出发去加深对社会总体结构的理解;另一方面,从得出的社会总体结构出发,重新把握特定的事实,在这种

① Jean-Paul Sartre, *Critique of Dialectical Reason*, *Vol*. 1. *Theory of Practical Ensembles*, trans., Alan Sheridan Smith, ed., Jonathan Ree, Verso, 2004, p.76.

② [法]萨特:《辩证理性批判:方法问题》,徐懋庸译,商务印书馆,1963 年,第 38 页。

循环往复的双重运动中,社会历史及其各个层面,作为“具体的总体”和“总体的具体”,都得到了更深的理解、认识和把握。

对于辩证理性的前进—回溯方法,萨特给予很高评价,他说:“我们把存在主义的研究方法规定为一种回溯—前进或分析—综合的方法;同时这也是在对象(它包含着作为有许多层的意义的整个时代)和时代(它在其总汇中包含着对象)之间的不断丰富的‘一往一来’。事实上,当对象的深刻性和特殊性被重新发现之后,它不再是处于总汇之外,它直接进入与总汇的矛盾。”①

(三)历史的总体化和总体化的历史

1. 人类实践的“形式结构条件”

萨特在《批判》的书名和提问方式上提出了一个类似于康德的问题:辩证理性如何可能?这一问题旨在运用辩证理性探索人类实践的“从简单到复杂、从抽象到具体、从构成到被构成”的“形式结构条件”②;只是萨特所给出的这一“形式结构条件”不是类似于康德的共时性的“先验形式结构”,而是类似于黑格尔的历时性的“历史生成形式”,即从“抽象”的个体实践出发,到多元的个体实践之间的相互性关联,再到能够将多元个体的实践消极统一起来的物质总体,再到实践—惰性的物质环境中人与人的相互分离的实践集合体,再到作为人与人的共同活动的群体实践,最后抵达一种可能性的总体化的历史。在《批判》中,萨特勾勒出的人类实践的“形式结构条件”大致可以区分为三个方面:作为社会历史之本体论基础的个体实践,作为人类实践所面对的既定总体的物质—惰性结构,作为个体实践与历史总体之中介的系列群体的共同实践(praxis commune)。

第一,社会历史之基础的个体实践:回溯的起点。萨特试图追问的是,一种总体化的历史如何可能?在《批判》中,个体实践构成了他回溯地讨论这一问题的起点。为了说明个体实践在总体化的历史中的地位,萨特将《批判》中的个体实践与马克思《资本论》的商品范畴相类比,指出个体实践在本体论和认识论上构成了社会历史及其彻底的可理解性的基础,尽管它不直

① [法]萨特:《辩证理性批判:方法问题》,徐懋庸译,商务印书馆,1963年,第109页。

② Jean-Paul Sartre, *Critique of Dialectical Reason*, *Vol. 1. Theory of Practical Ensembles*, trans., Alan Sheridan Smith, ed., Jonathan Ree, Verso, 2004, p. 66.

接构成历史的事实及其辩证的可理解性。历史的辩证法就是以个体实践为本体论基础,探究实践的更为复杂的辩证形式,最终达到对历史的总体的理解。全部的历史辩证法都有赖于个体的实践,因为个体实践本来就是辩证的,个体的存在、行动和实践对矛盾环节的否定和超越,是以一种未来导向的总体性的名义来规范当下的总体化进程的。

第二,实践的物质—惰性的实存:反实践(contre - praxis)的既定结构。在人类的相互性关系中,个体之间只涉及"分散的外在性关联的无限内在化",无法看到彼此的统一性;个体的实践之间如何达到统一性,使得总体化成为可能?萨特的回答是,人的实践及其物质—惰性结构。实践的物质—惰性结构一方面依赖于人的实践活动,通过人将其对象化、范畴化和总体化,这种结构性的实存才成为可能;另一方面物质—惰性的实存处于实践的辩证环节的内在性之外,因而构成反辩证法的惰性—物质结构。其中,实践—物质是被实践总体化的物质,它"以实践场域的形式使物质环境总体化",或者说,"物质环境是人类关系的最初总体化"[①],这种总体化的物质性构成了实践的第一层惰性结构,对实践本身发挥着反实践的作用;此外,处于集合体的实践中的人与物实际上也属于实践—惰性的场域,它与物质性一样,推动人的实践在惰性结构中的反转,从而转换成为反人(contre homme)的存在。

第三,系列群体的共同实践:个体实践与总体历史的中介。按照萨特的实践辩证法逻辑,历史发展的核心动力只能来自于人的实践,其中,个体实践、团体实践和群体实践构成了历史场域得以推进的各种共时性而又相互关联的实践形式。在萨特看来,这些系列群体及其所呈现的结构源于这样一个原初事实,即在任何人身上,通过一种总体化的境况并且在被总体化的对象中,自由的个体实践都能够将自身客观化为一种自由的共同实践。在本体论层次,历史依赖于每一个体的具体实践,集体或群体等系列群体的共同实践必须依托于个体实践才能发生;但在历史性层次,纯粹的个体实践是不存在的,个体的实践从事处于特定的集体、团体或群体之中,因而此类系

---

① Jean-Paul Sartre, *Critique of Dialectical Reason*, *Vol. 1. Theory of Practical Ensembles*, trans., Alan Sheridan Smith, ed., Jonathan Ree, Verso, 2004, pp. 120 - 121.

列群体及其共同实践，是沟通抽象的个体实践和具体的历史总体，沟通历史的本体和历史的现象的必经的环节或中介。

2. 作为可能性的总体化历史

萨特关注的对象是个体和群体，以及那个不断生成的历史的总体（totalité），整个《批判》的主旨就是证明一种总体化的历史是否可能，为总体化的历史确立存在的基础。他在《方法问题》中说道："如果真理能够存在于人类学之中，那么它一定是生成的真理，那么它一定将自身成为总体化（totalisation）"，这种既指向存在又指向认识的"总体化的真理"就是黑格尔所说的"辩证法"①。

第一，总体化历史的个体实践基础。萨特认为，人的存在始终是内在性和外在性的统一，在《存在与虚无》中，人一方面是意识之在，拥有虚无化能力的内在性，另一方面拥有外在性的惰性身体；在《批判》中，人一方面拥有筹谋、规划和总体化能力的内在性，另一方面背负着物质性的身体，以及与之相关联的物质环境。人的内在性和外在性之间的关系便构成了他的个体性的实践的否定关联，构成他作为整体与他自身的各部分之间的辩证关联，以及他作为既定的总体与面向可能性的未来总体的时间性或历史性关联，正是个体所具有的诸如此类的否定的、辩证的或时间性的、历时性的关联，构成了个体的总体化实践的本体论基础，也正是这种总体化的个体实践，构成了历史的总体化进程的辩证法基础。

第二，总体化历史的辩证否定环节。实践的惰性（inertie）—物质（matérialité）的实存，构成了历史总体化和具体化运动的否定环节。"实践—惰性"作为消极或否定的总体性或综合体，代表了历史的物质的条件，也构成了历史的消极的动力。在任何既定的社会领域，实践的惰性—物质实存都是一切特殊性的历史环境被历史的总体性所超越的唯一因素，同时，它也促使了历史实践的不断丰富和不断生成。所以实践的惰性实存或物性结构，是"为了人并通过人而成为历史的基本动力"②。综合起来看，由于不为

① ［法］萨特：《辩证理性批判：方法问题》，徐懋庸译，商务印书馆，1963 年，第 2 ~ 3 页。

② Jean-Paul Sartre, *Critique of Dialectical Reason*, *Vol. 1. Theory of Practical Ensembles*, trans., Alan Sheridan Smith, ed., Jonathan Ree, Verso, 2004, p. 183.

人知的自然属性、来自不同方面的实践汇聚到实践的惰性—物质结构之中，使得物质化的惰性实存拥有了自身的总体结构和“需要”，从而构成了历史的非人的或反人的历史必然性，构成了总体化历史中的反实践的消极动力。

第三，总体化历史的中介实践形式。历史中唯一的有机实践就是个体实践，个体具有彻底的可理解性，即个体的实践行为与其可理解性是一回事，而集体、团体或群体的共同实践必须从个体实践的完全透明性中获得自己的辩证的可理解性；同时，此类系列群体的共同的自由实践克服了透明的自由个体的实践与物质—惰性的反实践之间的对立和冲突，推动个体实践的总体化向总体化的历史的前进或进展。《批判》的主题之一就是将历史作为一个总体性的实践来揭示它的可理解性，而可理解性的终极基础却是完全透明的个体的自由实践，因而为了抵达总体化的历史的可理解性，或者说使得一种可理解的总体化的历史成为可能，唯有将人类的系列群体的共同实践作为沟通个体实践与历史总体的中介和桥梁。

所以萨特坚持认为总体性的历史是可能的，坚持认为抵达对历史的总体性的理解是可能的，只不过我们在申明萨特的这一观点时，千万不能遗忘他所持的一种独特的唯名论立场。按照萨特的思路，辩证的历史总体始终与当下个体和系列群体的具体实践相关联，并且有着开放的未来和可能性的向度，在这一点上他与黑格尔和卢卡奇区别开来；因而历史就表现为人们的实践活动的具体化和总体化，以及所生成的历史环境的惰性化和物质化，以及将周围的物质—惰性环境重新具体化和总体化的辩证过程；因为历史在本质上是实践的，因而它永远处于总体化的运动之中，而那种大写的既定的总体性的历史是永远缺席的。所以对于萨特来说，历史的总体化其实是一种没有总体化者的总体化。

五、从绝对自由的人学本体论到介入历史的人学辩证法

综观萨特的整体思想，主要经历了两个发展阶段：前期的绝对自由的人学本体论和后期的介入历史的人学辩证法。前期的代表作《存在与虚无》的

副标题是“论现象学的本体论”，其目标是把握人的在世—存在的生存论结构；后期的代表作《批判》的副标题是“实践总体论”，其主旨是从自由本体论出发，探索人的社会历史存在。尽管如此，萨特的前后期思想都贯穿着同一个主题，这就是对人的存在或生存现象的彻底理解，自为自由的生存论是社会历史的辩证法的本体论基础。对于萨特的前后期思想的差异、转换和一以贯之的主线，国内外学术界有着众多的论述、评判和反思。

（一）关于萨特的绝对自由的人学本体论的评价

1. 萨特自由本体论对人的生存论结构的揭示

萨特的重要思想来源之一是海德格尔，海德格尔的基础本体论对萨特的自由本体论产生了重大影响，但这并非意味着萨特思想是海德格尔思想的简单移植。萨特一方面继承了胡塞尔—海德格尔开启的现象学革命，另一方面通过对黑格尔和克尔凯郭尔的生存论综合而形成了他的绝对自由的人学本体论。所以萨特对海德格尔的修正是巨大的，正如 Joseph P. Fell 指出的：“这种修正之巨大足以提醒我们：《存在与虚无》不是《存在与时间》的回声。”[①]通过这一修正，萨特赋予了海德格尔思想以自己的结构和意义，并且将其重塑为一个完全不同的、属于萨特自己的思想体系。

一方面，萨特接受了海德格尔的此在现象学对于人作为此在和存在的关系的分析，但将这种关系修正为“存在的内在关系”，并将这种存在完全归属于“人的存在”，以此来凸显萨特的人类学立场；而海德格尔的思想就很难说是人类学的，因为海德格尔的此在与存在始终保持着一种无法取缔的超越性的本体论关联。

另一方面，海德格尔是通过此在对死亡这一最为本己的可能性的现行领会，来把握和呈现自身的能在，将自身的存在区分为“本真存在”和“非本真存在”，以此来阐明此在的在世—存在的生存论结构；萨特则将人的存在把握为自为对自在的内在否定关系即“存在的虚无”，以此来阐明人的整体性的存在或生存的本体论结构。

尽管如此，萨特思想和海德格尔思想还是基本一致的，即揭示人的在

① Joseph P. Fell, *Heidegger and Sartre: An Essay on Being and Place*, Columbia University Press, 1979, p. 71.

世一存在的生存论结构，为人的存在和现象奠定本体论基础。

2. 萨特自由本体论的抽象性和唯名论、个体主义

萨特认为，在人身上可以发现一种真正的、不可还原的东西，它是一种统一体，这种统一体就是人的存在，就是人作为个体的自为和自由存在的整体；而萨特前期的主要思想就是从人的存在这一基本现象出发，通过现象学的本体论来揭示人的存在或生存的生存论（existentialistic）结构。[①]

然而正如赫伯特·马尔库塞（Herbert Marcuse）所指出的，尽管《存在与虚无》的主旨在于呈现人的在世一存在的充分具体的结构，以此为本体论基础，用以解释人们生活于其中的整个现实世界，但是萨特是通过自为存在的必然性来理解人的经验存在，将自在存在贬黜为偶然性、荒诞和缺乏意义的存在，因而人的具体的经验存在并不能在这种生存论哲学中加以说明和展示，这是萨特的存在主义与其他一切存在主义所共有的内在矛盾。[②]

此外，尽管萨特试图寻求对人的存在或生存结构的本体论描述，但他不论是对于人性本身，还是对于社会历史，总是抱有根深蒂固的唯名论（nomilasme）和个体主义（individulisme）立场。所以萨特的自由本体论对于人本身的普遍性的认识，对于普遍性的社会历史的认识，都是外在的、抽象的和空洞的，即使他在本体论上将人的存在和本质界定为自由，但自由在他那里，用黑格尔的话来说，由于缺乏概念的规定性，无法展开为一个世界，只能以抽象性的否定和虚无形式与自在世界对立，因而萨特既无法让现实的社会历史和现实的人的经验实存进入萨特的“我思”哲学，也无法真正理解和把握“统一性的社会秩序”的本体论和人类学基础。

（二）关于萨特的介入历史的人学辩证法的评价

1. 对萨特人学辩证法的哲学进路的理解和评判

以《批判》为代表，萨特后期的思想试图在社会历史领域寻找辩证的可理解性，从而为人们创造历史和认识历史提供工具和基础，其目标就是证明历史的辩证法是以实践的辩证法、以实践辩证法所折射出来的自由哲学为

---

① See William L. Mc Bride eds., *Existentialist Ontology and Human Consciousness*, Purdue University, Garland Publishing, Inc., 1997, p. 25.

② Ibid., p. 5.

本体论基础的,因而萨特哲学试图从人的存在或生存的总体化的"实践理性出发,建立一种存在主义的历史哲学"[①]。从这个意义上说,萨特后期的哲学其实是一种存在主义的马克思主义,或者说是马克思主义的存在主义。

但是由于萨特的个体主义和唯名论立场,导致他从抽象的"我思"哲学或自由思想来把握历史的辩证运动过程。然而正如列维·施特劳斯所指出的,我思并不具有自明的真理性,萨特的辩证法的实质只不过是将笛卡尔—胡塞尔的我思从个体的特殊性拓展到社会的普遍性层面罢了,"只不过是把'我思'社会化,用一座牢狱代替另一座牢狱"[②]。

总的说来,萨特后期思想尽管试图向马克思主义靠拢,但他在一定程度上矫正了对马克思主义的认识:强调存在对于认识、实践经验对于思想之间的优先性和它们之间的差异性;反对某种既定的、先在的或预定的历史总体,认为历史的总体化是基于动态的实践关系,在不同层次的差异和重叠结构中不断生成的。

然而萨特对马克思主义的诸如辩证法、异化和实践的阐述更多地带有黑格尔和克尔凯郭尔的色彩。如雷蒙·阿隆就指出,《批判》关于自由实践与实践—惰性的辩证法的论述,关于个体、系列群体与总体之间关系的辩证关系的阐明,试图追求一种"多视角的开放的辩证总体",但却更多地用"概念的推理来代替对事实和原因的研究"。[③]

2. 对萨特人学辩证法的哲学构建的评判和评价

萨特终其一生,关心的主要问题是个体的自由问题,但个体的存在如何与社会的整体存在相一致,这是《批判》所要解决的问题。《批判》所作的一个卓越尝试,就是试图将马克思的作为社会存在的人的概念与萨特前期的作为存在之虚无的自由概念综合在一起,在自由本体论的实践基础上构建能够抵达总体性历史的辩证法的脚手架,通过辩证理性的前进—回溯方法,

---

① Thomas R. Flynn, *Sartre*, *Foucault and historical reason*, The University of Chicago Press, Chicago, 1997, pp. ix – xii.

② [法]列维·斯特劳斯:《野性的思维》,李幼蒸译,中国人民大学出版社,2006 年,第 270 ~ 279 页。

③ [法]雷蒙·阿隆:《想象的马克思主义:从一个神圣家族到另一个神圣家族》,姜志辉译,上海译文出版社,2007 年,第 6 ~ 7 页。

为社会历史奠定个体实践的本体论基础，试图为马克思主义填补"人学的空场"。

所以在萨特那里，主观性、意识、实践活动，或者具有主观能动性的人，是奠基性的或本体性的，而客观性、存在、历史总体，或者客观实在性的社会，是派生性的或构成性的。对于自由个体来说，社会存在问题在生存论的语境中只是生存境遇问题，是主观性的实践可以回溯或还原的物质—惰性场域。

对于萨特在《批判》中所展现的实践的、历史的人学辩证法，梅洛·庞蒂有一段经典的评判。他说："萨特一直设定存在着历史的总体化，——这是他的'虚无'的反映，——因为对于'在世的存在'来说，完全不需要依赖于'整体'"，因而萨特的历史哲学或实践哲学"最终是一种'个人实践'的哲学，在这种哲学中，历史是这种实践与'人造物'惰性的相遇，是真正的时间性与凝固它的东西的相遇"。[①]

其实，作为社会历史之本体论基础的个体实践，即在萨特那里"构成辩证法的东西"，"与存在和虚无的自为之间，没有本质性的区别"，萨特在《批判》中的全部努力"都集中在仅仅与马克思思想中的黑格尔成分联系在一起的现象学—本体论分析"。[②]

---

① ［法］梅洛·庞蒂：《可见的与不可见的》，罗国祥译，商务印书馆，2008 年，第 324 页、330 页。

② ［法］雷蒙·阿隆：《想象的马克思主义：从一个神圣家族到另一个神圣家族》，姜志辉译，上海译文出版社，2007 年，第 89 ~ 94 页。

第十章　我们需要重新占有“共同性”

——内格里对作为人的存在方式的“非物质劳动”的论述

当资本主义实现全球化,我们看到的世界就是一个资本的世界。资本为自己创造了一个适合它存在和发展的世界。言下之意就是说,这个世界并非是适合人存在和发展的世界。这意味着当代人的存在方式是有问题的,需要我们进行反思和作出改变,才能实现人的自由而全面的发展,而不是实现资本的增殖。

然而当代人存在方式的改变和“人”的存在方式的形成,不是个人进行头脑风暴就可以做到的,也不是一朝一夕就可以实现的,而是需要大力推进生产力的发展,逐步改变和完善整个社会的现实生产关系才可以真正实现。如今人们已经不再对资本主义抱有幻想,而是把希望寄托在社会主义。中国特色社会主义的创建让人们看到了希望。因此,中国正在创造历史,创建新的文明。

中国社会主义社会的建立和发展还没有多长时间,它在许多方面,如人的存在方式方面,还具有一些传统社会的痕迹,如人身依附性。同时,虽然我国社会主义现代化建设取得了巨大的成就,但是现实生活中人的存在方式还没有发展到自由而全面的发展,仍然是以物的依赖性为主。因此,中国现存的人的存在方式具有多层次的特点。造成这一现状的原因是,生产力的不够发达和社会主义初级阶段的经济制度还不够完善。由于生产力的不够发达,中国人的存在方式还是带有人身依附的痕迹。而由于社会主义市场经济体制,尤其是强调市场在资源配置中发挥决定性的作用,中国人的存在方式是以物的依赖性为主。中国人现今的存在方式,相对于传统社会而言，是进步的，但是相对于人的自由而全面发展来说，它又是有待完善的。我们就处于这样的过渡期。不过，当人们还没有意识到人的现存存在方式的作用和历史地位时，人的新的存在方式是难以出现的。由此可见，关于人的存在方式课题的重要性就显现出来了。学界需要研究当下中国人的现存存在方式的作用和历史地位，思考人未来理想的存在方式，为中国特色社会主义的创建提供启示和指导。

一、非物质劳动成为人的主要存在方式

关于人的现存存在方式的思考，意大利马克思主义学者安东尼奥·内格里的“非物质劳动”理论给予了我们诸多启示。内格里认为，如今，非物质劳动成为人的主要存在方式，它规定着人的本质。但是人通过非物质劳动并没有成其为人和表现为人，没有因此获得更好的生存和发展，相反，人却成为生产的主体性，最终实现的是资本的增殖和发展。

在《帝国》中，内格里指出，当社会发展进入到“帝国”时期，即资本主义的最新发展阶段，非物质劳动成为社会生产劳动的主要形式。内格里的“非物质劳动”理论深受拉扎拉托“非物质劳动”思想的影响。拉扎拉托认为，当今劳动形式发生了变化，非物质劳动开始成为社会的主要劳动。他不仅给出了非物质劳动的定义，即非物质劳动是生产商品的信息内容和文化内容的劳动，[①]而且还分析了非物质劳动的影响，即非物质劳动除了生产经济价值之外，而且还生产与资本的价值生产相一致的劳动主体。“要求‘成为沟通主体’的管理预示着要比早前的精神和体力劳动之间的严格分工更具有极权主义的特点，因为资本主义甚至要在价值的生产中寻求控制劳动者的个性和主体性。”[②]拉扎拉托在非物质劳动中只看到了资本的统治，没有看到劳动的地位和历史作用。内格里在肯定劳动的地位和作用的基础上，继承

---

① See Maurizio Lazzarato, *Immaterial Labor*. in P. Virno and M. Hardt, eds., *Radical Thought in Italy: A Potential Politics*, University of Minnesota Press, 1996, pp. 133－147.

② Maurizio Lazzarato, *Immaterial Labor*. in P. Virno and M. Hardt, eds., *Radical Thought in Italy: A Potential Politics*, University of Minnesota Press, 1996, pp. 133－147.

和发展了拉扎拉托的“非物质劳动”思想，指出从生命政治视角来看，非物质劳动中的情感性劳动更为关键。“当他们把生产置入生命政治环境中时，他们几乎仅仅把它放到语言和交往的视野中加以展示。因此，这批作者最严重的缺陷之一就是在处理生命政治社会中的新生产实践时，趋向于仅仅触及它在智力和非物质方面的表现。然而，身体的生产力和情感的价值在这个环境中无论如何也是具有核心重要性的。”①内格里的非物质劳动主要考察劳动形式的变化对主体性的影响，希望揭示资本新的剥削机制和挖掘革命的潜能。根据马克思从生产领域挖掘革命潜能的传统，内格里认为，非物质劳动在生产经济价值的同时，也生产反抗帝国的政治主体。

在《诸众》中，内格里的工作就是重建新的无产阶级政治主体。内格里借用福柯的生命政治框架，认为从生命政治视角来看，非物质劳动可以被置换为生命政治劳动。② 生命政治生产不再是商品的生产，而是主体性的生产。然而这一主体性是与资本的价值增殖机制相一致的主体性，而不是与无产阶级的自我价值增殖机制相一致的主体性。内格里还给出一个判断：非物质性的生产正在对其他形式的生产构成一种霸权，它已经取代了以前的工业生产的霸权。“在二十世纪后十年，工业劳动失去了霸权地位，代之而起出现了‘非物质性劳动’。”③非物质劳动霸权会创造共同的社会关系和共同的社会地位。这些共同方面是新无产阶级政治主体形成的生命政治条件。于是，内格里不断强调非物质劳动或生命政治劳动成为当今资本剥削劳动者的主要形式，所有非物质劳动者都是新无产阶级（诸众）的一分子，呼吁大家团结起来实行“出走”和“自治”策略，企图打破资本的价值增殖机制，实行无产阶级的自我价值增殖机制，建立新型社会。

二、非物质劳动与共同性

在《大同世界》中，内格里的任务是为诸众筹划一个新的世界。这个新世

---

① Antonio Negri and Michael Hardt, *Empire*, Harvard University Press, 2000, p. 29.

② See Antonio Negri and Michael Hardt, *Multitude*: *War and Democracy in the Age of Empire*, The Penguin Press, 2004, p. 109.

③ Antonio Negri and Michael Hardt, *Multitude*: *War and Democracy in the Age of Empire*, The Penguin Press, 2004, p. 108.

界是一个人人可以共享共同性的民主世界。内格里认为，共同性概念蕴含着新的政治空间和可能，为新社会的构建奠定基础。内格里指出，如今，共同性已经成为社会斗争的核心概念。它是理解各种社会运动的钥匙，反过来，这些运动也在不断强化共同性的核心地位。关于共同性，内格里从消极和积极两方面进行了定义。从消极方面来看，共同性既不是私有财产，也不同于公有财产。因为它无论是“私有化还是公有化，都是让它们臣服于资本家所有者（或国家管理者）的控制之下，都会破坏财富使用者的生产力”①。从积极方面来看，共同性是一种开放的、需要民主方式进行管理的财富形式。虽然过去发生过“公地悲剧”的情况，即无主的公共土地被滥用和侵占，但是内格里“坚持认为，共同性能够且必须以公开、民主的方式得到组织和管理”②。这里的关键是需要发明这种自治的形式。一系列的社会运动给内格里的启示是：在市场和国家之外，还有集体自治的选择。“共同性的每一项筹划必须发明出集体自治的形式，足以胜任我们对共同财富和资源的管理。”③

“所谓‘共同性’，首先指的是物质世界的共同财富——如空气、水、大地产出的果实以及大自然。在欧洲经典的政治文本中，共同财富总是被视为全人类的全体遗产，需要共同分享。另外，更为重要的是，我们将共同性视为社会生产的结果，这是社会交往以及再生产的前提，如知识、语言、符码、信息、感受等。”④内格里无论是对物质共同性的解读，还是对非物质共同性的认识，都缺乏社会性的维度。关于物质共同性的问题，这类似马克思在《莱茵报》工作时期遭遇的物质利益难题。由于当时马克思的认识还没有深入到资本主义的社会生产关系层面，因此他无法解释自然资源为什么突然会变成了资本家私人占有的东西。关于非物质共同性的问题，如同科技劳动所增加的自由时间。马克思认为，在资本主义社会生产关系中，自由时间并不是被用来实现人的发展，而是被用来实现资本的增殖。非物质的共同性亦是如此。因此，共同性不存在有利的、生成性形式和有害的、腐化形式的区分，只有处于什么样的社会生产关系中的共同性。当共同性处于资本的

①②④　[美]哈特、[意]奈格里：《大同世界》，王行坤译，中国人民大学出版社，2015 年，第 2 页。（奈格里即内格里，只是译法不同。）

③　同上，第 3 页。

社会生产关系中时,共同性实现的就是资本的增殖,它相对于人的发展来说就是外在的、有害的、腐化的。而当共同性处于人的社会生产关系中时,共同性实现的就是人的发展,那它就是有利的、生成性的。我们一旦脱离社会生产关系来谈论共同性,我们就难以找到实现无产阶级解放的条件和出路。

但是内格里却认为,在全球化时代,共同性的生产和管理具有关键意义。不过,由于受财产私有、公有划分观念的束缚,我们并没有发现共同性的存在。因此,我们“需要帮助读者重拾洞见,认识到共同性的存在和潜能”①。内格里指出,我们需要抛弃传统私有和公有以及与之相对应的资本主义和社会主义的虚假对立,开辟出新的政治空间。内格里发现,资本主义在实现资本的价值增殖的过程中,共同性的部分也得到了发展。人们生产和分享共同性,希望共同性可以被自由地使用。这“开启了新的可能,为基于共同性的社会和经济秩序奠定了基础”②。

而内格里政治筹划的出发点是主体性的生产。他认为,在生命政治的理论框架下,当代资本主义的生产表现为生命政治生产,其核心不再是商品生产,而是主体性生产。主体性生产虽然内在于资本,为资本增殖所服务,但是同时它又与资本处于对抗关系中。因此,内格里指出,“逃离崛起的帝国中的规训和管控,逃向某个外部空间,甚至是诉诸某些超验的或超越的原则和价值,来引导我们的生活并指导我们的政治行动”③,是行不通的,是要抛弃的。我们必须认识到,我们无法逃离这个世界,无法超脱这个世界,只能在帝国内部进行对抗。然而如何在帝国内部进行对抗?内格里认为,我们不应该把自己理解为生产的主体性,而应该解读为他者的生成。“伦理基础就需从同一转向生成。关键‘不在于我们是什么,而在于我们在生成的过程中是什么——这就是他者,我们是生成——他者’。从这个视角来看,今天政治行动的关键就在于对主体性生产的控制或自治。诸众在构筑共同性的过程中,将其自身构建为奇异性的主体性。”④因此,当资本主义的生产发展到生命政治生产时,政治行动的关键不再是阶级的对抗,而是对主体性生产

① [美]哈特、[意]奈格里:《大同世界》,王行坤译,中国人民大学出版社,2015 年,第 3 页。
②④ 同上,第 4 页。
③ 同上,第 1 ~ 2 页。

的控制或自治。人们在生产共同性的过程中，将自身建构为自为的主体或奇异性主体，来对抗资本的价值增殖机制。内格里相信，在他者生成的过程中，"诸众学习自我统治的技术，并发明社会组织所能采取的有效民主形式"①。

内格里指出，如今的社会生产已经进入了这样的阶段——"资本主义生产的产品就是社会关系和生命形式。也就是说，资本主义生产正在变成生命政治生产。"②内格里之所以得出这样的判断，是基于社会生产发展的三种主要趋势。一是生产的非物质化，"第一个趋势就是在资本主义价值增殖的过程中非物质生产的霸权或者主导地位"③；二是生产的女性化，"第二个主要趋势，就是工作的女性化"④；三是生产的移民化，"第三个主要趋势，源自移民与社会和种族混合过程的新模式"⑤。这三种主要趋势对马克思主义政治经济学的传统概念形成了挑战。内格里认为，这种新情况表明，我们需要发明新的认识工具去抓住社会生产的本质。内格里从生命政治视角揭示，是"因为生命政治生产将经济的重心从物质商品的生产转移到了社会关系的生产"⑥，才出现了上述三种主要趋势。生命政治生产让我们看到，生产不是物质商品的生产和再生产，而是社会关系的生产和再生产。这种理解所产生的积极意义是，它使人们发现，"生命政治过程不仅限于作为社会关系的资本的再生产中，同时也为自主的过程提供了潜能，这个过程可以摧毁资本，并且创造出全新的未来"⑦。

当社会生产发展到生命政治生产时，内格里认为，资本主义的剥削机制发生了改变。"当下的资本主义积累更多地在劳动过程之外实现，如剥削就以剥夺共同性的形式得以实现。"⑧如资本通过占有知识、信息、图像、感受和社会关系等共同性，来生产剩余价值。而过去，资本是通过占有劳动产品来生产剩余价值的。此时，内格里意识到，"当我们分析生命政治生产的时候，

---

① ［美］哈特、［意］奈格里：《大同世界》，王行坤译，中国人民大学出版社，2015年，第2页。
②③　同上，第105页。
④　同上，第106页。
⑤　同上，第107页。
⑥　同上，第108页。
⑦　同上，第109页。
⑧　同上，第110页。

我们的注意力又从剥削回到了异化,正好和马克思的思想轨迹相反——但是,又没有回到他青年时的人本主义。生命政治生产以新且特别的方式昭示了异化的特征。例如,考虑到认知和情感性劳动,资本不仅异化了工人的劳动产品,同时也异化了劳动过程本身,以至于工人在工作的时候,都无法感觉到他们进行思考、爱和关心的能力”①。内格里认为,生命政治生产体现了资本主义社会生产异化的发展和深化,资本不仅剥夺劳动产品,而且还剥夺劳动过程本身,如剥夺协作,这是剥夺生命政治劳动力的核心要素。因为生命政治生产日益具有的自主性,使得资本日益外化。资本为了剥夺生命政治劳动之间的协作,就对生命政治劳动自主生产出来的共同性进行占有。当共同性被占有后,生命政治生产就会受到控制,甚至阻碍。而且,资本的控制策略日益成为生命政治劳动生产力的障碍。生命政治生产创造共同性,并以共同性为基础,不断扩大共同性。如科学知识的生产,“若要生产新的科学知识,过去科学行为所生产出的相关信息、方法和观念就必须对广大的科学共同体开放。同时,在不同的实验室和研究者之间,应该通过期刊、会议等中介,建立高度发达的合作和交流机制。当新知识产生的时候,它必须成为共同的财富,将来的科学生产可以将其作为起点。生命政治生产必须以这种方式确立一种良性循环,从已有的共同性走向新的共同性,从而成为扩大生产的基础。”②但是资本却控制生命政治劳动并占有共同性,这最终成为生命政治生产的阻碍。内格里认为,在生命政治生产的语境下,马克思所揭示的资本主义生产的社会化与资本主义的私人积累之间的矛盾加剧了,而且似乎达到了更高的阶段。

不过,内格里指出,生命政治生产虽然受到资本的控制,但是生命政治劳动的自主性打开了资本的社会关系,创造了一个豁口。因此,“在生命政治生产的语境下,我们认识到,资本不应该仅仅简单地被理解为一种社会关系,更应该是一种开放的社会关系”③。在开放的社会关系下,生命政治劳动不断地逾越资本的界限和控制。内格里基于此提出:“生命政治语境下的阶

① [美]哈特、[意]奈格里:《大同世界》,王行坤译,中国人民大学出版社,2015 年,第 112 页。
② 同上,第 116 页。
③ 同上,第 119 页。

级斗争采取出走的形式。我们所谓的出走，是通过实现劳动力潜在自主性的方式从与资本的关系中退出的过程。因此，出走不是拒绝生命政治劳动力的生产力，而是拒绝资本对生产能力日益强加的制约因素。”[①]而要使出走成为可能，我们必须把出走建基于共同性之上。因为如果没有共同性，出走的要求是不明确的。因此，资本主义希望通过私有化来清除和掩盖共同性。但是共同性如同共产主义幽灵一样，已经在资本主义社会出现了。内格里认为，大都市就是共同性存在的空间，是生命政治生产的场所。“大都市就是生产共同性的工厂。相比机器大工业，这种生命政治生产的循环越来越脱离资本，越来越具有自主性，因为其协作图式乃是内在于劳动过程而生成，所以任何外在强加的命令都成为生产力的障碍。”[②]

那么出走筹划的核心在哪儿？内格里认为是在社会制度。“任何社会制度都依赖共同性，并且实际上通过其所利用、组织和创造的共同性而得到规定。社会制度因此成为出走筹划的核心资源。”[③]然而在出走过程中，我们需要挑选共同性。因为共同性有积极的，也有消极的。积极的共同性可以有利于生产力的发展和诸众的生成，而消极的共同性是共同性腐化的形式，它会破坏协作，阻碍共同性的生产。因此，出走就需要对抗腐化。在资本主义社会中，家庭、企业和国家是共同性出现腐化的三个主要机构。诸众需要在这些机构中对抗腐化。虽然“这三者都会动员共同性，提供通往后者的途径，但同时又制约并扭曲共同性”[④]。如在家庭中，利益关系取代了亲情关系；在企业中，社会协作被资本所控制；在国家里，想象共同体被极权所利用。因此，“诸众必须逃离家庭、企业和国家，但同时又要在他们所激发的共同性承诺的基础上重新建造”[⑤]。这就是内格里所讲的出走和自治的策略。“既对抗统治权力及其腐化形式，也要确立新的集体性习惯和实践。”[⑥]

内格里认为，共同性和奇异性还不足以实现世界的改变，还需要贫穷和

① ［美］哈特、［意］奈格里：《大同世界》，王行坤译，中国人民大学出版社，2015 年，第 121 页。
② 同上，第 194 页。
③ 同上，第 126 页。
④ 同上，第 127 页。
⑤ 同上，第 130 页。
⑥ 同上，第 285 页。

爱的协助。内格里将它们进行了政治性的解读，将它们转换为政治概念，如贫穷是指可能性，爱是指创造性。内格里希望借助它们将穷人的生产力和可能性转化为力量，“去征服统治权力并捣毁其腐化的机构”①，创造一个新的大同世界。

关于贫穷的政治意义，内格里是这样论述的，他认为，马基雅维利揭示了贫穷的反抗性，将穷人视为反抗的力量。斯宾诺莎推进了马基雅维利的思路，将贫穷与力量联系起来，认为穷人是实现民主可能性的首要力量。而马克思的研究也是从贫穷开始的，将无产阶级的贫穷与力量结合起来，这是私有财产的终极威胁。因此，内格里指出：“共和国的主导形式为财产所规定，而诸众由于为贫穷所规定，所以与共和国处于对立状态。这种冲突，不仅应该以财富或者贫穷的概念来理解，更为重要的是，还要以生产主体性形式来理解。私有财产创造出的主体性，既是个体性的（彼此间互相竞争），也可以联合成一个阶级，从而去保护他们的财产（对抗穷人）。现代资产阶级共和国的宪法在个人主义和财产的阶级利益间维系着这种平衡。从这个角度来看，诸众的贫穷并不意味着苦难、剥夺或者匮乏，而是确立社会主体性的生产，结果就是彻底多元且开放的政治体，这个政治体既反对个人主义又反对排他性的、联合起来的拥有财产的社会团体。换句话说，穷人指的不是那些一无所有的人，而是那些无视社会秩序或财产、内嵌在社会生产中的广泛的杂多性。这样一个概念对立其实也是政治冲突。其生产性就在于，让穷人的诸众成为财产共和国真正且有效的威胁力量。”②

内格里的这番论述遭到了许多学者的批评，他们认为内格里“在依赖贫穷和诸众这些概念时，完全不可救药地混淆了马克思的概念，比如说，分不清因为暴力性的剥夺而导致的‘前资本主义’的苦难和因为雇佣劳动和剥削而导致的资本主义的苦难之间的差别……背离了马克思的唯物主义方法，也模糊了马克思主义分析的阶级特征”③。内格里之所以会“试图激活那些过时的、陈旧的政治概念”，是因为他觉得，它们有助于“打破我们对当下世

① ［美］哈特、［意］奈格里：《大同世界》，王行坤译，中国人民大学出版社，2015年，第6页。

② 同上，第31页。

③ 同上，第44页。

界的一般理解","帮助我们去质疑传统的阶级划分,并迫使我们以全新的视角去考察阶级的构成"。[①] 这是其一。其二,内格里的判断是,当今劳动和剥削的性质已经发生了改变,所以马克思的雇佣劳动和剥削思想已经无法分析当代资本主义的剥削机制。虽然内格里的初衷是好的,但是由于缺乏马克思的洞见,他对当代资本主义的解读是贫乏的。

关于爱的解读,内格里是这样讨论的,他认为:"爱对哲学和政治来说是一个核心概念,没有考察并发展这个概念是当代思想虚弱的一个关键原因。"[②]因为爱可以将各种反抗的理论要素统合起来。爱是我们一直在发展的政治筹划的活灵魂,"没有爱,其他一切都是无生命的堆积"[③]。因此,内格里指出:"为了将爱理解为哲学与政治的概念,有必要从穷人、社会团结的无穷形式,以及我们在穷人中随处可见的社会生产的视角开始。团结、对他人的关怀、共同体的创造,以及在共同筹划中的协作,对穷人来说是赖以存活的核心机制。这就将我们带回了我们早先所强调的贫困要素。尽管穷人是因为物质匮乏而被定义,但人却不可能被化约为赤裸生命,相反,他们被赋予发明和生产的能力。实际上,穷人的核心本质不在于他们的贫乏,而在于他们的力量。当我们团结起来,形成一个比任何单一个体都强大的社会体时,我们就是在建构一个新的、共同的主体性。于是,穷人的视角帮助我们发现了我们的出发点:爱是共同性生产和主体性生产的过程。这个过程不只是生产物质性商品和其他必需品的手段,而且其自身就是生产的目的。"[④]

如果我们把充满争议的"贫穷"和"爱"的抽象概念"作为无产阶级解放运动的理论范畴来使用,就势必会在客观上掩盖无产阶级与资产阶级的对立,就会动摇无产阶级政党的政治立场,就会模糊科学社会主义与各种机会主义、改良主义和乌托邦主义的原则界限,就会引起思想混乱"[⑤]。

内格里认为,随着社会的发展,非物质劳动开始取代工业劳动,具有霸权地位,成为主导性的生产劳动。非物质劳动创造了共同性,增加了人的自

① [美]哈特、[意]奈格里:《大同世界》,王行坤译,中国人民大学出版社,2015年,第4~5页。

②③ 同上,第141页。

④ 同上,第142页。

⑤ 周仲秋:《马克思恩格斯为何拒绝将平等作为理论范畴使用》,《求索》,2004年第2期。

主性，但是共同性被资本所占有，实现资本的增殖。内格里指出，如今，马克思的财产批判已经无法适用当今社会的分析，不能激发革命的潜能，需要用新的理论框架，即身体批判来分析。从生命政治视角来看，非物质劳动开始呈现为生命政治劳动，生命政治劳动在不断建构生产主体性的同时，也是身体进行生命政治反抗的过程，这是构建民主制度的关键。

可以说，内格里抛弃了历史唯物主义的视角，运用生命政治视角去考察资本主义生产过程。内格里在阿尔都塞和法兰克福学派的理论中看到了马克思主义批判的转向，即“从超越性向内在性的转变”①。他认为，马克思主义理论考察的重点不再是私有财产，而是身体的维度。而这一转变的真正发展是在激进主义或行动主义传统里。如“法国的《社会主义还是野蛮》与意大利的《红色笔记》是20世纪60年代最早在马克思主义传统中认识到身体维度的理论——实践意义的重要杂志”②。20世纪70年代的情境主义文本最早预见了这一转变。“当非物质生产取代其他增殖方式，成为居统治地位的生产方式时，劳动力就可以摆脱资本的控制。情境主义的工人考察以某种不可思议的方式预见了21世纪的社会转型。以生产非物质产品为目标的活劳动，如认知或智识劳动，总是会突破加诸自身的限制，并发展出无法被磨灭的欲望和不断改善的生命形式。当非物质生产成为居统治地位的生产方式时，资本主义生产过程的所有要素都要在新的视角下被审视，甚至要完全摆脱历史唯物主义的传统分析方法。如‘资本主义向社会主义的过渡’将会被改写为实践的解放和新世界的构建过程。”③因此，内格里指出，我们需要对马克思主义传统展开批判，将这种批判建基在激进行动的经验上，通过对工厂和社会斗争的解读，揭示身体的秘密。“只有身体的视角及其力量才能够去挑战财产共和国所编织的规训和管控。”④“最根本的谱系当然是去追踪工厂内外工人斗争的发展，从工资要求到社会要求，从而将斗争的分析范围扩大到社会生活的方方面面。斗争的机制不仅是对抗性的，也是建构

① ［美］哈特、［意］奈格里：《大同世界》，王行坤译，中国人民大学出版社，2015年，第18页。
② 同上，第19页。
③ 同上，第19～20页。
④ 同上，第21页。

性的，或更进一步说，是构成性的——去解读政治经济学的新时代，同时提出新的替代方案。”①

关于身体的秘密，内格里是通过对现象学和福柯的生命权力理论考察来揭示的。他指出：“通过梅洛-庞蒂的著作去追踪现象学的谱系，为我们考察福柯提供的视角具有特别的启发意义。在其对权力的分析中，我们已经可以看到福柯采纳并推进了这些核心要素，他不是将存在放在抽象或者先验的框架中，而是放在诸身体及它们的他异性的具体现实之中。当他坚持认为，权力并不存在中心的、先验的焦点，有的只是在日常实践和规训政权中以毛细血管形式得以运作的微观权力群族时，很多论者都反对说，福柯背叛了马克思主义的传统。但是在我们看来，福柯这个阶段的作品对身体和权力的分析，跟随的是梅洛—庞蒂的思路，而且的确发展了青年马克思没有完全把握的直觉，即要把对财产以及资本主义社会的先验结构的批判带回到身体现象学之中。”②现象学使我们看到了福柯生命政治视角的重要意义。福柯的生命权力思想回归了对身体的考察，发展了青年马克思的批判思想。根据福柯的生命权力理论，内格里认为：“身体是存在的生命政治结构的构成性要素。”③当权力在规训和控制身体时，身体也是处于反抗过程中并形成新的政治主体，而且历史就是由生命政治反抗所塑造的。这“不仅对于颠覆现存权力形式，而且对构建另类解放制度，都是至为关键的”④。

因此，内格里对当今人的存在方式的分析是这样的：非物质劳动者在创造共同性的过程中获得了部分自主性，但是共同性却被资本所占有，被社会制度所腐化。我们需要重新占有共同性，实现无产阶级的自我价值增殖，而不是资本的价值增殖。内格里的上述思想用马克思的话语表述就是：人们在创造知识、信息等过程中实现了自身的发展，但是在资本的社会生产关系下，知识、信息等都外化为资本与人相对立而存在，它们不再为人的发展所服务，而是为资本的增殖所服务。因此，我们需要推翻资本的社会生产关系，建立和完善人的社会生产关系，实现人的自由而全面发展。内格里用了

① [美]哈特、[意]奈格里：《大同世界》，王行坤译，中国人民大学出版社，2015年，第20页。
②③ 同上，第24页。
④ 同上，第25页。

一系列抽象的概念，如共同性、自主性等，创建了一个虚幻的理论体系，希望达到批判资本主义的目的，但是事与愿违，这样的研究却掩盖了资本主义社会的生产关系，无法抓住资本主义社会的内在矛盾。内格里还没有真正将知识等共同性和共同性的资本主义应用区别开来，没有把自己的攻击从共同性本身转向共同性的社会使用形式，即社会生产关系。内格里把攻击的对象放在了家庭、企业和国家等社会制度上，没有深入到这些社会制度背后所蕴藏的社会生产关系上。正是由于内格里没有深化到社会生产关系层面，没有认识到社会生产关系的重要性，因此他希望从资本抽身，采取"出走"和"自治"的斗争策略是有待商榷的。

三、对理想的人的存在方式的展望与描述

通过对内格里"非物质劳动"理论讨论，我们发现，它与弗洛姆的健全社会思想惊人地相似。关于人类未来的选择，弗洛姆认为："今天，人类面临着最根本的抉择；并不是要在资本主义与共产主义之间，而是要在（资本主义的或共产主义的）人的机器化与人本主义的公有制社会主义之间作出选择。"①内格里与弗洛姆一样，抛弃了马克思历史唯物主义的视角。关于理论研究的出发点，弗洛姆认为："能使我们免于沦为机器人的唯一途径是实行人本主义的公有制。这个问题首先并不是财产权这个法律问题，也不是共享利润的问题，而是共享工作、共享经验的问题。"②内格里与弗洛姆一样，也抛弃了马克思历史唯物主义的洞见。而关于人类实现自身解放的途径，都是一样的。弗洛姆认为，人是通过理性和爱实现自己的自由的。"如果一个人还没有发展自己的理性及爱的能力，他便无力承担自由和个性的负担。"③"所有这些事实并不足以摧毁我们对人的理性、善意与健全心智所抱的信心。"④这样的观点脱离了社会性，无法揭示人是如何存在和发展的。这就是为什么弗洛姆认为，工作的关键不在于占有生产资料，而是参与管理和决

①④ ［美］弗洛姆：《健全的社会》，孙凯祥译，上海译文出版社，2011 年，第 311 页。
② 同上，第 309 ~ 310 页。
③ 同上，第 58 页。

策。不从社会生产关系方面，只从生产力方面思考问题，显然是舍本逐末。这当然与资产阶级指控马克思主义鼓吹暴力和革命有关，希望借此掩盖资本主义生产关系的不合理性。如弗洛姆认为：“工人阶级并没有掉在整个社会的经济发展后面，而是越来越多地分享国家的财富，我们完全有理由设想，在今后一两代人之内，假使没有什么大的灾难发生，美国将不会再有明显的贫穷存在。与经济苦难的日益消除密切相关的是，工人的人权及政治处境发生了剧烈的变化。工人主要是通过工会成了经营管理的社会‘合伙人’，再也没有人会像三十年前那样盛气凌人地命令、开除或侮辱他了。”①工人阶级处境的改善不是资本实现的，而是工人阶级自身争取的结果。如果工人阶级满足于眼前的利益，放弃抗争，那么工人阶级已经取得的利益就会被资本不断侵蚀。因此，用工人阶级自身处境的改善来证明资本主义的合法性，是荒谬和无耻的。资本主义社会所标榜的科技革命和科技创新，实际上只是表明了生产率的飞速增长，但并没有改变资本主义社会的性质。在资本主义社会中，生产率的提高并非有利于人的解放和发展，而只会加剧资本对无产阶级的剥削。因此，资本主义社会的无产阶级指望从当代的生产率增长中得到好处和自由发展，简直是异想天开。无产阶级要想实现解放和发展，唯有革命夺取政权，建立社会主义制度。只有在社会主义制度下，生产率的提高才会有利于无产阶级，实现人的自由而全面的发展。因此，在社会主义社会条件下的科技发展和进步，才是有利于人的解放和发展的。

如今，人们对于马克思主义的认识还是停留于阶级斗争理论。殊不知，这样的认识已经具有了强烈的年代感，如同我们在新时期唱着一首老歌给人的感觉。这说明，我们关于马克思主义的认识已经落后于时代的发展了。阶级斗争理论是马克思主义时代化的表现形式，而不是马克思主义理论本身。马克思主义理论的最终目的是为了实现人的自由而全面发展。阶级斗争是近代中国人实现自由的历史性方式，而如今中国人实现发展的历史性方式是经济建设。之所以不同时期马克思主义实现自身目的的方式不同，是因为不同时期的社会性质和所肩负的历史任务是不同的。近代中国的社

① ［美］弗洛姆：《健全的社会》，孙凯祥译，上海译文出版社，2011 年，第 81 页。

会性质是半殖民地半封建社会，人们所肩负的历史任务是要颠覆旧的阻碍生产力发展的生产关系，因而需要用革命的方式；而现当代中国社会的性质是社会主义社会，尤其是1956年社会主义改造完成之后，人们所肩负的历史任务是大力发展生产力和完善现存的生产关系，因而需要用经济建设的方式。因此，马克思主义在近代中国表现为阶级斗争理论，而在现当代中国则表现为经济建设思想。这就是为什么中国会有以阶级斗争为纲的时期，而后，随着历史的发展，中国社会发展的重心又转移到经济建设上来。表面上看，这两个时期有着根本性的断裂，而实质上，它们具有逻辑上的连续性。历史和逻辑在这里实现了真正的统一。无论是阶级斗争，还是经济建设，最终的目的都是为了实现人的自由而全面的发展，改变人现存的存在方式，创造新型的、理想的存在方式。

如今中国人的存在方式主要表现为这样的状态，其思维方式是功利的，其生活方式是世俗的，其世界图景是物化的。该存在方式的积极意义是使人摆脱了人的依附，实现了经济上的独立。但是随着这种存在方式的展开和盛行，人们慢慢意识到它的问题和危害。当我们按照这样的存在方式生存时，我们变成了我们曾经鄙视的俗人。成功者被唤作土豪，不成功者被称为市侩。这是我们不愿意看到的。更为重要的是，这样的存在方式会对社会和个人带来不利的影响。如它会消解一切社会规范，使人变得狭隘和短视，这不利于社会和个人的长远发展。因此，中国人现存存在方式的作用，一是人通过“物的依赖”实现了一定程度的独立性和自主性，二是为“人的自由而全面发展”创造社会生活条件。这两个作用表明，中国人现存存在方式的历史地位是过渡性质的，它不是人最终的存在方式。我们需要改变我们的存在方式，形成以人为本的存在方式，使人摆脱物的依赖，消除经济考虑，实现人的自由而全面的发展。

作为资本主义发展的最新劳动形式并具备了霸权地位的非物质劳动，成为资本主义经济发展的主要驱动力。从生命政治视角来看，非物质劳动也是生命政治劳动，它是主体性的生产。然而主体性的生产与资本的价值增殖机制相一致。这意味着人的发展是由资本所规定的，那么社会塑造出来的全新的主体，即社会个人就具有了资本属性，而当社会个人表现为财富创造的宏大基石时，社会个人就取代了机器，表现为新固定资本的形式。此时，人本身已成为新的固定资本，在物质上同直接劳动相对立而存在。用马克思的话说，固定资本就是人本身。

如今，人们是按照资本的意志，以与资本相适应的方式生活。如果我们告诉人们：你们就是以这样的方式生活的，那么人们肯定会怀疑这样的生活方式。然而现实是，人们并不认为自身生活方式有什么问题，而且还认为这样的生活方式是合乎常理的。这恰恰反映了问题的普遍性和潜在性。没有意识到不能否认它的存在，问题被提出已经表明它的客观存在，时间最终会让它进入公众的视野。第一，与发达国家相比，中国的现代化建设还处于初级阶段；第二，传统的文化习俗和思想对当前社会的发展仍然有着相当大的影响。这两点决定了现代化社会人的存在方式还没有完全建立起来，人们也还没有意识到这种存在方式的作用和地位。

资本主义的生产方式可以促进财富的增加，但却最终阻碍人的发展。有关工作动力的讨论就与这一点有关。常识认为，金钱是刺激工作的主要因素。实际上，希望多挣钱的想法不是人活着的动力，而是资本赋予人的动机。一方面，资本主义社会提供微薄的工资，迫使人们努力挣钱，才能活得体面和有保障。另一方面，资本主义通过灌输自己的价值观，引导人们主动挣钱，才能实现世俗的成功。因此，有什么样的生产方式，就会有什么样的生活方式和价值体系。资本主义生产方式所塑造的生活方式和价值体系，最终是为实现资本增殖的。“这便是他体验自己的方式，他体验到自己不是一个有爱、恐惧、信仰和疑虑的人，而是与自己本性相分离的、在社会制度中起着某种作用的抽象的东西。他的价值感取决于他的成功：他能否把自己卖个好价钱，是否使自己增值，他是否获得了成功。他的肉体、头脑、灵魂就是他的资本，他人生的任务便是成功投资，用自己获利。人的品质，诸如友好、礼貌、仁爱，都被变成了商品，成了‘人格包裹’中的资产，这些资产使他有望在人格市场上卖个好价钱。一个人把自己作为资本投出去，如果他未获得利润，他就会感到自己失败了；如果他赚了，他便成功了。”①

① ［美］弗洛姆：《健全的社会》，孙凯祥译，上海译文出版社，2011 年，第 116 页。

因此,脱离资本主义社会生产关系来讨论人的发展是具有空想性质的。如弗洛姆的社会性是理想的人的社会关系,资本主义的社会性则是资本的社会关系。弗洛姆关于工作技术性和社会性区分的重要意义在于,它让人们看到了资本主义社会生产关系的实质,而不是使工作变得有趣和吸引人。工作的社会性不是指一般的人与人之间的交往关系,而是特殊的社会生产关系。在资本主义社会中,能够实现资本增殖的工作是工作,具有社会性,而相反则不是。如妇女的家务劳动和女佣人的工作都不具有社会性,因为它们不能实现资本增殖,只是消耗资本。如果她们作为一个家政公司的员工所进行的劳动和工作则具有社会性,因为她们为公司带来利润了。弗洛姆将印第安人的交易活动和商店女售货员的工作进行比较是有问题的,因为它们的社会性是不同的。弗洛姆妄图将资本主义的社会性与原始社会的社会性等同起来,希望掩盖资本主义生产方式的内在矛盾。

不过,在理想性的社会关系中进行的实验,可以让人们看到,人的自由而全面的发展才是最大的生产力。理想性的社会关系,不仅可以使人获得健全的发展,而且还可以提高劳动生产率。如弗洛姆对工作公社进行考察发现,"他们渴望自己教育自己。他们认为,从生产中节省出来的时间可用于教育。在三个月中他们的生产量增加了许多,乃至一周四十八小时的工作时间可节省九小时出来。他们干些什么呢?他们用这九小时来接受教育,而且得到与正常上工时间一样的报酬。首先,他们想一起唱歌,接着是提高法语语法水平,然后是学习怎样看商业账目"①。他们甚至还学习其他各种课程。人们的目的不再是生产率的提高或工资的增加,而是希望过一种新的生活方式,即一种自由全面发展的生活方式。

马克思在机器大工业时代已经清醒地指出:虽然财富的创造不再取决于直接劳动和劳动时间,但也不取决于机器,而是取决于对人本身一般生产力的占有,即社会个人的发展。如"在这个转变中(机器的使用,使得工人不再是生产过程的主要作用者,而是成为了生产过程的旁观者),表现为生产和财富的宏大基石的,既不是人本身完成的直接劳动,也不是人从事劳动的

① [美]弗洛姆:《健全的社会》,孙凯祥译,上海译文出版社,2011 年,第 263 页。

时间,而是对人本身的一般生产力的占有,是人对自然界的了解和通过人作为社会体的存在来对自然界的统治,总之,是社会个人的发展”[①]。马克思之所以得出这样的判断,是因为马克思认为,机器大工业生产,一方面使得现实财富的创造较少取决于直接劳动时间的量,另一方面使得“直接的物质生产过程本身也就摆脱了贫困和对立的形式”[②]。这样,劳动者就在一定程度上获得了解放,他们不仅拥有了更多可以自由支配的时间,而且还从困苦的直接劳动中解脱出来,为个人生产力的充分发展创造了可能和空间。马克思由此认为,劳动者的“个性得到自由发展,因此,并不是为了获得剩余劳动而缩减必要劳动时间,而是直接把社会必要劳动缩减到最低限度,那时,与此相适应,由于给所有的人腾出了时间和创造了手段,个人会在艺术、科学等等方面得到发展”[③]。而获得了充分发展的社会个人,就会作为最大的生产力又加入直接生产过程,成为生产和财富的宏大基石。在未来社会中,财富不再表现为商品的巨大堆积,也不再表现为固定资本的宏大规模,而是表现为个性得到自由发展的所有社会个人。因此,马克思认为:“真正的经济——节约——是劳动时间的节约(生产费用的最终限度—和降到最低限度)。而这种节约就等于发展生产力……发展生产力,发展生产的能力,因而既是发展消费的能力,又是发展消费的资料。消费的能力是消费的条件,因而是消费的首要手段,而这种能力是一种个人才能的发展,生产力的发展。”[④]节约劳动时间最终要实现的不是劳动生产率的提高,而是社会个人的发展。这是生产力的核心。这也解释了为什么劳动时间的节约就等于发展生产力。

马克思在这里非常明确地指出,人们利用自由时间将自己塑造为另一主体或新的主体,这样的主体作为更大的生产力又加入直接生产过程,促进生产的发展。现实的发展确实也证实了马克思的这一判断,劳动者作为新的主体加入了生产过程,极大地推动了生产力的发展,但不同的是,这一新的主体不是劳动者自由发展的结果,而是由资本规定进行塑造的结果。内

---

① 《马克思恩格斯全集》(第 31 卷),人民出版社,1998 年,第 100 ~ 101 页。

②③ 同上,第 101 页。

④ 同上,第 107 页。

格里的“非物质劳动”理论印证了这一点。生命政治生产所产生的主体是生产性的主体。在资本主义的直接生产过程中，由于对劳动者的使用是从属于资本的社会关系的，那么劳动者在自由时间里所实现的发展必然是由资本所规定的，而处于这样社会关系中的人本身，即社会个人也就成为与资本相适应的存在，即新固定资本。

依赖物的存在方式虽然有问题，但相对于依赖人的存在方式来说是进步的，它使人摆脱了人身依附，获得了一定程度的独立。这是目前中国现代化进程中需要建构的存在方式。但是我们不能因为中国目前的任务是建构依赖物的存在方式，而忽略这种存在方式本身所具有的问题以及未来发展的方向。如果我们真的忽略了，我们就步了资本主义的后尘，难以创造新的存在方式和文明。“人要真正依靠自己的努力奋斗而存在，需要一个历史过程。在奴隶社会和封建社会，人在很大程度上依赖于自己先天给定的血缘、血统、家庭、出身、身份和门第而存在。在资本主义社会，商品（市场）经济一方面极力打破上述人身依附关系，促进人格独立，培植人的努力奋斗精神，从而第一次使人明确认识到自己应该是一个‘独立人’，并把人依靠自己努力奋斗而存在作为一种人的存在方式提了出来，但另一方面又把人置于对‘物’或金钱的依附之中，从而使人格未能达到真正彻底的独立。社会主义市场经济应尽力克服资本主义市场经济的历史局限，把人对物或金钱的依赖控制在一定范围和限度之内，把人依靠自己后天努力奋斗而存在这一存在方式真正确立起来。”①当今中国人的存在方式虽然还有许多人身依附和金钱依附的特点，但是我们也感受到独立自主的存在方式，而且这一趋势正在逐步扩大。这是因为我们的社会生活条件已经被创造出来了。我们有条件按照自己的想法去生活。

然而在现实直接生产过程当中，社会个人是如何发展的？社会个人的发展为了什么样的存在？马克思曾经指出：“生产力和社会关系——这二者是社会个人的发展的不同方面——对于资本来说仅仅表现为手段，仅仅是资本用来从它的有限的基础出发进行生产的手段。但是，实际上它们是炸

① 韩庆祥：《市场经济与人的存在方式》，《天津社会科学》，2001 年第 2 期。

毁这个基础的物质条件。”[①]由此可知，社会个人通过两个方面实现发展：一是生产力的发展促进着社会个人的发展，二是社会关系的发展规定着社会个人的发展。这决定了中国社会主义初级阶段基本经济制度是公有制为主体、多种所有制经济共同发展。中国毫不动摇地巩固和发展公有制经济，就是在坚持社会主义的生产关系。因为社会主义的生产关系可以保证和实现人的自由而全面发展。这规定着社会和人发展的方向。这就是为什么我国要坚持公有制的主导地位。而中国毫不动摇地鼓励、支持、引导非公有制经济发展，就是在不断发展生产力，促进人的发展。虽然在非公有制经济中，人的发展不是全面的发展，会受到资本的规训和塑造，但是在公有制经济的主导之下，资本会受到约束，人的发展可以实现自由而全面的发展。这就是为什么目前非公有制经济组织，在数量上可以占到市场主体的90%，就业贡献率超过80%。这也是为什么中共十八届三中全会提出要使市场在资源配置中起决定性作用的原因。国家希望通过市场不断促进生产力的发展，促进人新的存在方式的形成和发展。

从属于资本的社会关系，虽然使得劳动者的生产力获得了发展，创造了新的存在方式，但这对于劳动者的自由而全面发展来说，永远不是最适合的和最好的社会关系。如果从经济的角度来讲的话，最大的生产力就是全面发展的人，也就是我们经常讲的人才。因此，追求人的全面发展，而不是追求资本的增殖，才是社会发展的最终要义。这既可以促进经济的发展，也可以实现人的解放和自由。中国深化改革的意义，不在于创造更多的物质财富，而是在于创造新的社会生产方式。新的社会生产方式会创造新的主体和新的存在方式，这就是新文明所应有的重要内容。中国特色社会主义的创建，不仅具有中国特色的特殊性，而且还具有世界意义的普遍性。它创造了新的生产方式和存在方式。

① 《马克思恩格斯全集》(第31卷)，人民出版社，1998年，第101页。

第十一章　空间的资本化是导致人的存在危机的主因

——哈维借以"空间生产"理论对人的存在方式的反思

城市空间是一种独特的历史文本，它的变革也就是彰显人类文明的发展。它是社会生产力发展和社会分工的必然产物，随着社会生产力的提升和人的存在境遇的改变而变革，这个过程也在间接地塑造着人的存在方式。无可否认，由于生产力水平的制约，农业时代的城市主要是政治活动中心和少部分人从事非农业活动的聚集场所，城市空间的变革和数量增长相对缓慢。这种格局只有进入到了工业资本阶段才真正开始改变，"工业革命使得都市化的浪潮几乎触及了世界的各个角落，都市化以一种爆炸性现象呈现出来"①。而且这种现象一直在全球持续，特别是自20世纪下半叶以来，地方性演变为普遍的大规模城市化浪潮，大多数人卷入其中而转变为城市居民，人们进入到了城市化的世纪。城市生活已成为多数人的本质生活，城市的生活质量和空间构造将决定人的存在境遇和人类文明的质量。

不过，从当前城市化状态来看，生活于其中的人们多受困于城市问题：财富的两极化与精神虚无达到了一个前所未有的新高度。"因此，对多数人来说，谈论21世纪的城市就是一种歹托邦噩梦，在其中，人类致命缺陷中几乎所有最糟糕的东西都在绝望的深渊中集中起来了。"②那么如何克服这种困境，创造公平、自由的物质生活与恢复人自身的神圣性是当今时代的迫切

① 包亚明主编：《现代性与都市文化理论》，上海社会科学院出版社，2008年，第1页。

② ［美］戴维·哈维：《正义、自然和差异地理学》，胡大平译，上海人民出版社，2015年，第463页。

性问题。正是在这样的背景下，哈维认为，当今资本借助"空间修复"所实施的那种新自由主义在城市化中的浸淫，是造就现代人的生存困境的主源。本质上讲，资本借助载体创新来实现无限积累和奴役人类的主题从未变化，只不过，资本最大化逐利的动机已驱使资本积累场域从工业领域转向了都市社会。城市成为资本最好的名利场，造就了一种新的物化的存在方式，即居住于其中的人们被资本消解了否定性精神和超越性思维，成为抽象符号，堕入了虚无主义深渊。基于此，哈维指出，"城市生病"是人的存在困境的真实映现，要阻止这种城市化所造就的存在悲剧继续上演，必须从根本上超越资本逻辑，唤醒人们的城市权利与城市意识，真正构思和重建一种充满自由和人性的城市。可见，哈维从人的存在层面探究城市问题，对于已跨入城市时代的人们避免资本的城市化横行所造成的可怕困境，建构更为理想与自由的城市生活，实现自身的自由全面发展具有重要的现实性启示。

一、资本化的城市空间与人的存在困境

人的存在方式与城市空间变革之间是双向互动的关系，人们在构造城市空间的过程中也在间接地塑造着自己。哈维指出，21 世纪的城市成为维系人们生存的主要场所，以及人类生活方式和质量的空间表征。在我们回答生活在一个怎么样的城市空间时，也就是在回答我们处在怎样的社会关系之中，自我的生存状态是什么样的。然而在资本化时代，资本拜物教笼罩着整个社会场域，城市空间的变革也必然被资本逻辑所操纵，城市所追求的是利润的最大化和财富的无限增殖，这必将造就资本化的城市空间景观和都市生活。这种都市环境对大多数人来说，自然是一种"歹托邦"的噩梦，而临着越来越严重的贫富分化与精神虚无的生存困境。

（一）贫富分化的加剧与城市权利的丧失

20 世纪七八十年代以来，资本在财富产出和收入中的作用日益增加，甚至起到决定性作用，呈现出私人资本的强劲回归态势，财富收入不平等风险不断增大。在 21 世纪的未来几十年，这一趋势仍将不断加剧。其中，皮凯蒂借助英、法、美、德、日五个发达国家的收入申报与国民账户，及其"世界顶级

收入数据库”中对中国与印度的统计数据就得出了这样一个结论:贫富差距在21世纪达到了一个前所未有的程度,陷入贫困人口的数量不断攀升,贫富差距成为当代社会的主要问题。即“最富裕的10%人群占有总财富的60%,他们平均拥有社会平均财富的6倍……财富分配最上层的10%人群内部也极不平等,甚至比工资分配最上层的10%还不平等……最上层1%人群的财富比重一般约25%,其余9%的人占比约35%。因此,第一集团成员的富裕程度是社会成员平均值的25倍,而第二集团的成员是全社会平均值的4倍”[①]。在哈维看来,这是一百多年来资本加快城市化步伐和规模所带来的必然后果,财富的集聚借助于资本的城市化得以实现。在资本主导的时代,城市化就是资本积累的具体运行样态,也就是少数富人通过城市改造与重建将大多数人的财富转移到自身手中的过程。“几乎在世界上的每一个城市都可以看到因有钱人而产生的建设高潮——而有钱人通常具有类似的令人沮丧的性格。与之相伴的是农民在农业工业化和商业化中变得一无所有,洪水般地涌向城市,沦落为贫困的城市移民。”[②]在《希望的空间》中哈维具体描述道,巴尔的摩这座城,30万个单元的住宅内大约有4万个空置的房屋,但是这座城市中却有大量低收入人群,甚至是失业者和无家可归的人员。

毋庸置疑,21世纪资本化的城市空间变成了有钱人聚集财富的“游戏”,以及支撑着资本扩大再生产和利润最大化,造就出了“富裕状态下饥饿”的奇特都市景观,整个都市社会的财富在不断增长,贫穷却无所不在。糟糕的是,资本的城市化造就的贫富分化不单单指人们的财富收益不平衡的加剧,更表现为人们的居住形态与城市权益分配的不平等的扩大化。无可否认,居住于城市的每个人应享有表达构造和规划城市空间结构的权利,以及创造美好生活的诉求,也就是哈维所说的“城市权利”。“城市权利是一种按照我们的期望改变和改造城市的权利。另外,改变城市不可避免地依赖于城市化过程中集体力量的运用,所以,城市权利是一种集体的权利,而非个人的权利。”[③]

① [法]皮凯蒂:《21世纪资本论》,巴曙松等译,中信出版社,2015年,第263页。

② [美]戴维·哈维:《叛逆的城市:从城市权利到城市革命》,叶齐茂、倪晓晖译,商务印书馆,2014年,第13页。

③ 同上,第4页。

遗憾的是,在资本化的社会,城市权利成为资本权利,资本以城市空间变革的合法外衣来对人的生存权和财富实施剥夺。哈维指出:"投机性的土地和地产开发(为了获得土地租金,以及有利可图地、迅速地和廉价地进行修建)成了开发和建设行业中的主导力量,它是资本积累的一个主要部门。甚至当企业资本被纳入计划调节或者以公共投资为方向之时,它依然具有很大的力量。"①其结果是,城市财富和城市权利变得日益狭窄,落入到少数政治精英和少数富裕群体之手,他们的利益凌驾于整个国民的生活方式、政治文化价值利益之上,城市空间成为个人财富的显现与身份的象征。整个城市的建筑与设计完全迎合少数富人阶层的需求,建构属于该群体的居住空间和生活方式,大多数人在城市化中则被排挤到了边缘地带,别无选择地被持续剥夺和为富人生活埋单,生活水准日趋下降。

对于这种现象,鲍德里亚指出,居住空间的分离并非新鲜事物,而且现在正变得日趋无法抗拒。根源在于当今的空间具有了身份与财富象征的功效,这样,"与空间以及空间的社会符号相比,今天,物的重要性很小。因而居住形式能构成与其他消费品功能相反的功能。在空间与地点的关系上,能构成一种一部分人趋于一致而另一部人被歧视的功能"②。也就是在公共资源分配与占有方面,富人依赖掌控的经济和政治等权利要比穷人拥有更大的选择权,城市空间优质的资源不可避免地聚集到他们手中,在居住空间形态上也相应地实现了集聚效应。随着这种居住空间的彼此隔离,人们之间享有的社会权益在日益分割,社会群体也在日趋分层,越来越多的人被排挤出享有城市权利的行列。谁富有,谁就可以优先享有和选择优质的公共服务和配套公共设施,而对于大多数低收入人群,甚至他们的子女连优质的公共教育资源都难以享受。哈维明确地指出:"富人建立了国内最好的私立学校、大学和医疗设施体系,而同时大量被排斥的人口却淹没在公共部门的泥沼中,这个公共部门如此忙于对富人资助以至于不能为主要的人口实现哪怕是基

① ［美］戴维·哈维:《后现代的状况:对文化变迁之缘起的探究》,阎嘉译,商务印书馆,2013年,第98页。

② ［法］让·鲍德里亚:《消费社会》,刘成富、全志刚译,南京大学出版社,2014年,第38页。

本的功能标准。”[①]概言之，城市空间的非均衡地享有已成为当今时代贫富分化的典型表征。拥有财富的少数人可以凭借自身的社会财富来掌控越来越多的社会、政治、经济和自然等资源，可以自由任意地选择生产、消费和居住模式，甚至是政治体系，但对大多数公民来说，则是别无选择，除了服从。

（二）病态的获取欲与精神的无根性

可见，城市成为有钱人生财与获权的最佳场域。城市的空间形态和特殊风格完全受资本驱动而创造，大量代表最新现代化的建筑不断高耸于青天之下也仅是金钱欲望的使然，都市生活走向了商业化与金钱化，成为有钱人的商品。由此，产生了一种特殊的城市生活形态：城市生活充满着病态的获取欲。“空间对于金钱和资本的从属，让一种量化，从对每一个单元的金钱的衡量和商业化，向整个空间扩展了。”[②]

哈维分析道，这是资本拜物教侵蚀到整个城市景观的必然后果，甚至作为城市根脉象征的古老建筑、风俗民情等传统历史文化能够得以留存，也仅是因其具有垄断地租的性质，能够在商业化中产生巨大利润，即被改造为供人欣赏和消遣的文化商品，其历史意义与文化价值则被遮蔽和消解。就像列斐伏尔所言：“资本主义夺取了这些城市，它根据自己在经济、政治和‘文化’方面的要求而让这些城市保留了下来。”[③]这样，城市逐利而动，具有地方性的、历史性的独特城市空间变为“符号资本”的力量，“一个地方有别于其他地方的特殊标志的力量，同时也是吸引更广泛资金流入的重要力量”[④]。所谓对传统、历史、地方性和文化的唤起，本质上都是围绕着实现资本利润最大化的目的来加以实施。芒福德尖锐地指出：“大型博物馆可以承担一种理性的功能，但通常对博物馆的兴趣主要在于追求金钱收益的副产品，在这个金钱导向的大都市文化中，即使在最偏远的地区也以追求金钱收益为特征。”[⑤]

---

① [美]大卫·哈维：《希望的空间》，胡大平译，南京大学出版社，2006年，第271页。

② [法]亨利·列斐伏尔：《空间与政治》，李春译，上海人民出版社，2015年，第103页。

③ 同上，第105页。

④ [美]戴维·哈维：《叛逆的城市：从城市权利到城市革命》，叶齐茂、倪晓晖译，商务印书馆，2014年，第104页。

⑤ [美]刘易斯·芒福德：《城市文化》，宋俊玲、李翔宇、周鸣浩译，中国建筑工业出版社，2009年，第303页。

见微知著，城市作为一个品牌力量和文化象征就在于能够为资本增殖贡献自身的力量，整个城市景观的变革与历史文化彻底被纳入到资本增殖的逻辑中，金钱成为衡量与支配都市社会的唯一标准和最高表现。其实，这种现象早在19世纪的资本主义国家的城市改造中就已凸显，哈维在描述19世纪的奥斯曼对巴黎城市改造时指出："巴黎变成了'不夜城'，成为消费、旅游和休闲中心。咖啡店、百货公司，时装业、盛大的博览会等等，都将城市生活转变为一种以低俗消费来吸收庞大盈余的方式（不仅与传统相悖，同时也将工人排除在外）。"①

这样，在普遍商品化与金钱化的面前，城市的历史文化遭受了毁灭，本应是独特生活方式和精神文化的空间表征，如今被资本以商品化为基础还原为均质性的空间结构和都市景象，造就了时尚化的消费场域。具有民族特色的文化、日常生活也被都市的标准化、商业化、系统化所取代，与传统存在方式发生了质的区别。因此，居住于这种都市之中的人们，体验到的生活方式不再是地方特质和独特文化的差异性，而是文化和情感的快速创造与改变。对于这种都市景观，哈维用"时空压缩"来特指，即"资本主义的历史具有在生活步伐方面加速的特征，而同时又克服了空间上的各种障碍，以致世界有时显得是内在地朝着我们崩溃了"②。简单来说，随着网络与交通的便捷，商品生产的时间日益加快，流动的空间障碍逐步被消解，地球成为一个同质性的"村落"，每一个地方都像一个集世界万物于一体的主题公园，世界各地都可以见到相似风格的高楼城市群和迪尼斯乐园，任何一个都市都可以买到其他地区的特色产品。换言之，"时空压缩"改变了人们的生活方式和生活体验，在一座城市之中，如同梦幻般地体验着世界各地的风俗人情与时尚生活。人们一日三餐的食物和烹饪习惯、供娱乐消遣之用的音乐与电影，以及风俗习惯等也都越来越国际化与均质性，同时也正在日益减少对具有特殊身份标识的地方、国家、种族群体或宗教文化等依附。显然，人们

① [美]戴维·哈维：《叛逆的城市：从城市权利到城市革命》，叶齐茂、倪晓晖译，商务印书馆，2014年，第8页。

② [美]戴维·哈维：《后现代的状况：对文化变迁之缘起的探究》，阎嘉译，商务印书馆，2013年，第300页。

陷入了标准化的都市景观之中，徘徊于异化的、迷幻的和令人沮丧的大都市繁荣，真实的城市感日渐淡薄，如同浮萍漂浮于城市各角落，难以找到其所生活城市的灵魂根脉，再也无法感受到家园感和归属感。由此，人们离独特"灵魂"的城市人格越来越远，自身的一种身份危机日益加剧。不断追问，我是谁？我在哪里？但却无法回答！给自身的精神和肉体造成毁灭性的影响，整个人陷入了史无前例的虚无境遇，造就了病态的城市感。

（三）逃避现实困境与沉迷于时尚化的消费生活

面对这种现实的生存困境，人们又该通过何种途径来消除呢？从本质上讲，人们克服这种困境有两条路径。一条是积极的途径：超越资本，建立一个健全与合理的社会环境，为人们的自我完善和理想存在方式提供现实条件。然而资本走到哪里，拜物教必紧随其后。在资本仍是推进现代化的强有力杠杆的境况下，都市社会必然被资本所操纵，人们也"别无选择"地走了第二条消极途径，即通过完全放弃个性与自我向现实世界妥协，居住在资本化的城市空间所营造的幻象世界来找寻短暂的心灵慰藉。

事实上，这种逃避现实生活的方式在早期的工业资本主义阶段就已存在，恩格斯在《英国工人阶级状况》中指出，居住于城市的大批工人由于处于贫困线，生活难以得到保障，且居住的环境极其恶劣。工人为了使自己感到未来还有希望，忍受这种境遇而继续生活与工作，酗酒就成为获得快乐和慰藉的源泉。他们依赖酗酒来麻痹自己，相信喝酒能缓解这种郁闷心情和忘却生活的贫苦与压力。于是，"酗酒成了一种现象，成了一定条件作用于一个没有意志的、至少是面对这些条件时变得毫无意志的对象所必然产生的、不可避免的后果"[①]。只不过随着一百多年的城市化进程，与恩格斯时代的城市生活相比，当今的城市空间和居住条件得到巨大改善，都市生活也更具有了迷幻性，人们所要忍受的不再是物质生活匮乏所造就的肉体痛苦，而是"时空压缩"所导致的精神无根性，这种痛苦日趋严重，而且更加难以释怀，人们面临更大的文化焦虑与精神危机。哈维指出："整个一代人的全部才能都渐渐枯竭，陷于异化和失范、愤怒和绝望及无动于衷的冷漠这些痛苦的深渊。"[②]

① 《马克思恩格斯文集》（第一卷），人民出版社，2009 年，第 416 页。

② ［美］大卫·哈维：《希望的空间》，胡大平译，南京大学出版社，2006 年，第 249 页。

那又该如何办呢？在繁华的都市生活，人们的唯一出路就是通过追求象征地位与时尚的符号化商品或个人怪癖的标记来满足自身虚假的个人主义。也就是，在毫无抵抗之力的状态下，人们选择了主导信服与追随资本所建构的这种城市图景，否定性精神走向了肯定性向度，沉溺于时尚化的娱乐消费生活。

哈维指出，在资本化的都市社会，一切坚固的都烟消云散，包括人类自身的内在精神都成为资本化意识，人们沦为了资本增殖的附属物，更加沉醉于物化的“幸福”生活。在日常生活中，流连于各种大型都市商场和娱乐消遣场所，迷误于象征性、符号化的消费生活，形成了消费主义的生活方式。普通大众自由地在商业化的、各式的符号消费快餐中寻求如意的娱乐产品，主动运用各种光怪陆离的时尚体系来构建自我的身份象征，满足内心的虚无幻境。这意味着，“在每个人内心向往的深处，都有一种出生地位，一种恩赐和完美地位的思想目的。同样，它也困扰着物的环境……这些小玩意个个都想表示一种价值的永恒，都想在无法通过恩赐拯救的情况下通过自身的努力来拯救”[①]。至此，人们的消费目的所追求的不再是商品的实际价值，而是它所具有的身份象征，“一种形象的获得（靠购买一种符号系统，如设计师的服装和合适的汽车）成了在劳动力市场上表现自我的一个奇特的重要因素，通过扩展，也成了追求个人身份、自我实现和意义所必需的。对这种给人娱乐却令人悲哀的符号的追求到处都是”[②]。这样，人们习以为常地获得了知识和品位，懂得欣赏文化和艺术作品，但却并没有一点像艺术家或者创造者那样拥有第一手的经验，只因其能够象征自身的社会身份。正是在这种情况下，人们所享受的一切消遣娱乐和文学艺术形式都是以“标准化”和“机械复制”为特征生产的都市产品，丧失了其本真的内在指向性和超越维度，具有了同质性和欺骗性的符号话语特质，形式上为人们消除疲倦心情，实质上成为资本操纵和塑造大众的工具。因而人们在日常生活中逐渐失去了洞察力和超越性精神，在孤立无助的境遇下享受虚假个性化风格的

---

① ［法］让·鲍德里亚：《消费社会》，刘成富、全志刚译，南京大学出版社，2014 年，第 40 页。

② ［美］戴维·哈维：《后现代的状况：对文化变迁之缘起的探究》，阎嘉译，商务印书馆，2013 年，第 360 ~ 361 页。

大众商品,凝视着并不存在的自我存在,自主性被拜物教神话所蒙蔽而变成虚假化、空洞化的社会生活共识,忘我地固守在现存秩序,获得虚幻的存在意义和行动动力。

总的来说,城市化为少数人制造了财富与权力,而为多数人制造了幻灭、压抑、痛苦和堕落。大多数人越来越感受到自身财富不断被削减而又无能为力,"别无选择"地把自己的一切生存境遇交由资本逻辑来设定,沉醉于大都市所营造的"美好时光",而忘却了创造性和超越性,成为具有生命的"石头"。借用芒福德的话语来讲,就是当今城市是"一个没有根基的世界,远离生命的源泉;一个火成岩般的世界,生命形式都被凝结成了金属;城市无目的地扩张,切断了一切本土存在的联系、糟蹋自己的家园,犹如水中捞月;纸面上利润越来越多,生活越来越被间接的代用品所替换。在这种制度下,越来越多的权力集中到了越来越少的人手中,离真实越来越远"[①]。

二、空间生产与新自由主义:人的存在困境产生的主源

城市空间作为人们生产、消费、生活和交往等各"层次"存在的聚合体,是物质世界与意义世界的映现,深深打上了社会属性的烙印。那么对城市空间变革之所以能够强化社会空间不平等,与价值虚无等人的存在困境的主源进行追究,也应置于具体的社会关系之中。从这个角度出发,哈维将城市的空间变革置于资本积累机制与资本创新逻辑的现代境遇下,揭示出城市化已成为资本依赖空间扩张解决资本危机的最新方法。城市空间也就是资本实现无限积累所创造的内在空间,新自由主义思潮与人的理性资本化则是这种空间扩张所采用的具体手段。

(一)资本主义的空间修复

综观城市发展历程,自资本诞生以来,城市化实质上一直具有为资本增殖利润的功效,只不过随着资本创新的空间转向,城市化变为资本掠夺性积累的快捷方式。哈维把它称之为"空间修复",即是资本通过内在的空间重

---

① [美]刘易斯·芒福德:《城市文化》,宋俊玲、李翔宇、周鸣浩译,中国建筑工业出版社,2009年,第294页。

组和地理扩展来吸收过剩资本,解决资本主义危机而得以生存下来的特殊方法。他鲜明地指出:“如果没有内在于地理扩张、空间重组和不平衡地理发展的多种可能性,资本主义很早以前就不能发挥其政治经济系统的功能了。”①这意味着,城市空间与资本实现了相互依存,城市空间的变革与资本创新逻辑走上了同一轨道,整个城市空间的设计与创造完全以市场为导向,以追求最大利润为目的,造就了“城市空间的资本化,资本的城市空间化”。

资本之所以能“腐而不朽、垂而不死”,持续主导现代化的建设,就在于其自身具有强大的创新机制,能够不断否定自身的载体并创造新的载体。“所谓资本创新,就是指资本为了摆脱危机、获取更多的利润,不断地、拼命地发明创造新技术、新管理、新产品、新销售、新市场、新空间、新产业,最终实现资本形态和功能的创新发展。”②资本创新的根本驱动力就是摆脱阻碍资本积累的一切障碍,并将一切事物彻底纳入资本增殖领域,实现利润的最大化和自身存在的永恒性。那么当 1973 年至 1975 年期间发生全球性经济衰退的震荡,资本主义陷入大规模的全球性危机时;当资本在具体的工业生产领域难以依赖“创造性破坏”的生产方式来有效化解“经济剩余”,造就了整个资本主义生产体系共同面临“过剩”危机时,资本将何去何从? 如何化解这种过度积累困难,保持资本的持久生命力成为资本创新的聚焦点。这样,资本创新的本能必然会促使资本的关注点从单纯的具体物质生产转向作为生产场域的空间结构,形成资本的空间生产,即原本作为具体物质生产的场所直接成为资本对社会财富的掠夺性积累的载体。正如哈维所指:“我们经历了 20 世纪 70 年代那些黑暗的日子……我们的问题是,如何从资本主义自身的矛盾中拯救资本主义。如果历史真是一面镜子,在这种情况下,城市发展必然会在拯救资本主义的过程中发挥重要作用。”③

这说明,在资本创新逻辑下,城市作为人们交往实践的主要场域,必然会受到资本的青睐,成为其无休止追逐利润和榨取社会财富的载体,也就成

① [美]大卫·哈维:《希望的空间》,胡大平译,南京大学出版社,2006 年,第 23 页。

② 任平:《论资本创新逻辑批判与马克思主义出场学的当代视域》,《哲学研究》,2014 年第 10 期。

③ [美]戴维·哈维:《叛逆的城市:从城市权利到城市革命》,叶齐茂、倪晓晖译,商务印书馆,2014 年,第 11 页。

为资本主义“空间修复”的核心工具。城市不仅是一个具体的生活场所，而且是一个资本增殖的空间，具有生产性的功能。因而，资本利用城市化对社会财富发动了以合法抢劫为特点的剥夺行为，造就了社会财富与城市权利不断被剥夺的新的时代图景。

具体而言，资本是城市景观天然而不安静的始作俑者，它对城市空间的创造与破坏，带动着空间结构的日新月异。城市空间的变革依旧通过“创造性破坏”的方式或曰“建设性摧毁”来实现，即不断强化城市空间的反复性重构与创造，引发了地理景观的无限演绎与革新。事实上，城市化的历时周期长，建筑环境中的大多投资使用寿命也都较长，难以短期内实现资本的快速循环。同时，城市化事关大众的切实利益，一旦改造城市空间或实施空间扩张与大众的福祉发生冲突，极易导致人们与这种城市化相抗争。面对这种主客观双重因素的制约，单靠某个开发商或少数富裕群体的力量根本无法有效应对，这就需要与国家权力之间建立同盟，依赖合法的公共权力，按照他们的利益和需要对城市空间进行改造与设计。结果很明显，国家不仅没能消除城市化的弊端，反而成为资本积累的帮凶，利用公共权力迫使人们接受城市化改造的安排，多数人，尤其是穷人、弱势群体的利益首当其冲受到影响。如同恩格斯所指：“现代的国家不能够也不愿意消除住房灾难。国家无非是有财产者阶级即土地所有者和资本家用来反对剥削阶级即农民和工人的有组织的总权力。”①

无可否认，一百多年过去了，资本主义国家的这种功能不但没有任何改观，反而变本加厉。哈维阐释道，“作为领土政治实体存在的国家和帝国重新要求在资本的无限积累和过度积累的连续剧中扮演领导性的角色”②。即是说，当今城市化是资本与国家联盟来实现社会财富掠夺与侵占公共权益的一个真实写照。“国家背景下的各种金融力量推动着对贫民窟实施强制性拆除，有时会粗暴地剥夺贫民窟居民整整一代人占据的土地。在那里，房地产开发所使用的土地几乎是没有成本的，而后通过房地产开发活动实现

---

① 《马克思恩格斯选集》(第三卷)，人民出版社，1995年，第191页。

② [美]大卫·哈维：《新帝国主义》，初立忠、沈晓雷译，社会科学文献出版社，2009年，第108页。

资本积累。”[①]换句话说，开发商通过主导国家政策和获得公共权力，以低廉的价格强制性占有大量原属于中低收入人群的住宅区或公共的共享资源，并以改善城市环境、创造美好生活的名义来将其构造成豪华商务区和商品公寓，从而以高于建造成本几倍的高价将住房商品再抛售给普通大众，以此将大众手中的财富收归自己的囊中。正如苏贾所指出的：“势力强大的公司利益集团再次显示实力，粉碎了原先打着‘与社会主义作斗争’（帕森，1982）这面大旗而承诺实施的这一国家最大的公益住房建设计划。‘公共利益’和公益支出只得让位于各主要的复兴计划。这些计划旨在复兴城市的中央商务区，并有选择地使中产阶级向周围住房业已破败的广泛地区移居。”[②]

（二）新自由主义

诚然，资本与国家权力的结合使整个社会财富和城市构造的权利落入到少数富人阶层之手，对于大多数人来说，根本得不到现实利益，反而被牢牢地禁锢在资本流通和积累的链条之中。哈维指出：“大规模剥夺的政治经济行为，尤其是在光天化日之下，针对穷人、弱势群体、没有经验的和法律上不受保护的人们而开展的掠夺，已经成为我们这个时代的规则。”[③]对于所发生的这一切而言，它不仅需要资本家掌控国家权力，还需要相应的思想理论来指导国家机器在社会场域中的具体运行。在这样的背景下，新自由主义理论走到了舞台中心，充当了资本掠夺性积累与开辟积累新领域的利刃。

哈维断言，新自由主义以政治经济理论的面貌出现可以追溯到 20 世纪 30 年代末期，但只有到了“20 世纪 70 年代过度积累的普遍危机变得非常明显之后，各国在制定政策的时候，才将新自由主义作为凯恩斯主义和其他更加强调国家干预的理论的替代者”[④]。自此以后，新自由主义理论在许多国家或地区得到采用，在政策制定中扮演主角。新自由主义理论以市场的私

---

① ［美］戴维·哈维：《叛逆的城市：从城市权利到城市革命》，叶齐茂、倪晓晖译，商务印书馆，2014 年，第 19 页。

② ［美］爱德华·W. 苏贾：《后现代地理学：重申批判社会理论中的空间》，王文斌译，商务印书馆，2004 年，第 298 页。

③ ［美］戴维·哈维：《叛逆的城市：从城市权利到城市革命》，叶齐茂、倪晓晖译，商务印书馆，2014 年，第 158 页。

④ ［美］大卫·哈维：《新帝国主义》，初立忠、沈晓雷译，社会科学文献出版社，2009 年，第 127 页。

有化和自由化为核心,主张政府松绑对土地和房地产市场等任何经济活动的干预与约束;并以自由和平等的名义,倡导对地区或城市空间规划的最小化干预。哈维指出:"新自由主义国家的典型做法是设法圈占公有财产,进行私有化,并且构建一个开放的商品和资本市场架构。"①本质上讲,它是一种资本积累的思想载体,其一再公开宣扬的非垄断性竞争,公平和自由的贸易全都是在市场崇拜掩盖之下迷人的谎言,是为富人利益服务,为财富积累创造方便。一旦新自由主义化得以运转,它就要强化市场和自由竞争制度,将一切领域私有化和商品化,土地、住宅,甚至日常生活所不可或缺的公共空间等都被投入到了买卖之中,纳入到了资本的生产和消费领域,成为资产私有化的目标和资本扩张的新领域。也就是将居住空间彻底的商品化和市场化,使其成为具有交换性的流动财富,金钱成为对其价值衡量的唯一标准,从而将整个城市空间卷入到金钱和资本的洪流之中,开启了房地产大肆投机的新模式。

进一步讲,为了这种新模式的有效运转,新自由主义运动虽强调国家权力对市场的少干预,实质却操控国家机器来刺激市场与金融创新的有机结合,创建了维持城市化所需的信贷体系。"存货促销、庞氏骗局、借助通货膨胀进行的结构性资产破产、通过合并与收购进行的资产倒卖、债务责任等级提升(甚至在发达资本主义国家也致使全体人民变成债务奴隶),更别提通过信贷和证券操纵所进行的企业欺骗和资产掠夺了(借助证券和企业破产来掠夺和撤销养老基金)——所有这些都是资本主义金融体系的核心特征。"②

应当说,这种体系正在房地产市场强劲运行,投机性和欺骗性是它惯用的操纵手段,对普通大众财富的侵占与掠夺呈现出全方位、立体式的姿态。它借助公共政策刺激和大肆虚假宣传来夸大住房价值和增殖空间,并通过次贷机构和银行抵押贷款的方式为人们提供了充足的资金,从而使金融资本和货币市场中大量的虚拟资本持续流入城市建设与房地产市场,抬高了住房价格,造就了房地产的虚假繁荣,在整个社会掀起"炒房"与"抢购"的热潮,诱使人们感到有利可图,从而积极参与到房地产市场的投机活动中。于

① [美]大卫·哈维:《新帝国主义》,初立忠、沈晓雷译,社会科学文献出版社,2009年,第149页。
② [美]大卫·哈维:《新自由主义简史》,王钦译,上海译文出版社,2016年,第168页。

是，在看似自由、公平的市场环境中，资本家凭借财富和权力产生了垄断性竞争，与普通大众之间在市场中形成了“非对称性”的交换关系，“主要表现在不公平和不平等交换，在空间上连为一体的垄断力量，限制资本流动等不合理行为，以及榨取垄断租金等”。[①] 富裕阶层借助拥有更多的市场信息和权力在城市化过程中进行各种投机性活动，通过信息诱骗抑或垄断性竞争等方式介入房地产供需市场，以达到提高房价榨取最大利润的目的，致使大多数中低收入者日夜为房子而奔波，沦为了物质上的“房奴”，实现了少数人对多数人的财富剥夺。

与此同时，“房地产市场的繁荣和破产与投机性资金流不可分割地交织在一起”[②]。事实上，这种依赖房贷而造就的投机性繁荣存在巨大的金融风险。受利益驱动，为了进一步刺激房地产市场而带来利润的最大化，新自由主义国家放松了对金融市场必要的监管与风险评估机制，甚至使不具有偿还能力的人们也能够获得信贷，导致社会中存在大量的不良资产，使整个房地产抵押贷款市场极易出现失控，爆发次贷和住房资产价值危机。从更深层看，这种危机的爆发实质是新自由理论操控金融体系进行财富转移的过程。“世界范围内的危机制造、危机管理、危机操控，已经发展成为一场精心的再分配表演，将财富从贫穷国家转移到富裕国家。”[③]国家之间的财富转移是这样，一个国家范围内的少数富人对普通大众的财富掠夺更是如此。危机带来的财富贬值、收入降低和信贷体系运转困难等势必会导致许多人难以继续保持自己的资产和承担房贷重负，只能被迫以极低的价格转让给少数资本家，以及寻找生活成本更低的地区来维持生存，而被资本所侵占的住宅空间则被构建为贵族化的中心地带或者商业住宅区，再次抛售到社会中为富人带来财富积累。2008 年爆发的次贷和住房资产价值危机就佐证了这一点。无怪乎，哈维会尖锐地评判道：“这场危机是一场对社会再生产和环境共享资源的全面攻击。全球大约 20 亿以上生活在不足 2 美元一天状态下

---

① ［美］大卫·哈维：《新帝国主义》，初立忠、沈晓雷译，社会科学文献出版社，2009 年，第 28 页。

② ［美］戴维·哈维：《叛逆的城市：从城市权利到城市革命》，叶齐茂、倪晓晖译，商务印书馆，2014 年，第 35 页。

③ ［美］大卫·哈维：《新自由主义简史》，王钦译，上海译文出版社，2016 年，第 169 页。

的人口，被卷入‘所有次贷形式的次贷’的小额信贷——搜刮走他们的财富（如同美国的住宅市场，通过掠夺性的次级贷款，最终让借贷丧失其抵押品），为富人的华丽别墅贴金。”①所以说，无论是在市场繁荣还是充满危机的背景下，少数富裕精英阶层都能够通过操纵市场和金融体制在城市变革的过程中为自身增加财富，而对于广大普通居民来说，则是日益贫困，生产与再生产导致了财富的两极化。即“自从20世纪80年代末向新自由转向以来，墨西哥已经出现了14个亿万富翁……而另一边，穷人的收入却陷入停滞增长或是减少”②。

随着这种财富分化的加剧，也势必会带来城市空间的重构和断裂化，整个社会的居住环境被分割和碎片化，出现了堡垒式分割、封闭型社区，彼此之间的联结通道被隔断。越来越多的富人聚集居住在高档的住宅区，享用现代主义城市化带来的高端的购物商场和休闲娱乐场所等便利生活设施，以及构筑了属于他们的“上流文化”与“私托帮”，而这一切美好的生活方式对大多数中低收入者来说是永远无法企及的，他们被排挤到了狭小的生活空间之中，为维持生活而艰难地挣扎着。在《叛逆的城市》一书中，哈维描述纽约市就是“一边按照开发商、华尔街和跨国资产阶级的心愿重新建设这座城市，一边继续把这座城市叫卖为可产生高附加价值的商务机构的首先位置，以及游客们的最佳场所。这样，曼哈顿实际上成为一个巨大的富人们的封闭社区”③。所以说，城市的命运和多数人的存在境况几乎是由少数富人阶层摆布与操纵。“多数已经实现的项目是为富人开发的‘绿地’……他们帮助制造了郊区的或远郊的更好的居住地，但他们很少或根本不帮助恢复那些正在衰退的城市中心地带。”④

（三）都市日常生活空间的资本化

城市空间的重建与营造绚丽的都市生活都是资本驾驭人类意识，实现利润最大化的过程。即资本不仅简单地将先在的城市空间纳入自身的扩张

① ［美］戴维·哈维：《叛逆的城市：从城市权利到城市革命》，叶齐茂、倪晓晖译，商务印书馆，2014年，第87页。

② 同上，第16页。

③ 同上，第24页。

④ ［美］大卫·哈维：《希望的空间》，胡大平译，南京大学出版社，2006年，第165页。

领域,而且还在扩张过程中建构了一些用于增殖的新部门。这些新部门主要聚集于人们的日常生活领域(如一些娱乐消遣行业),存在的功效就是进一步掩盖资本城市化所带来的社会贫富分化现象,消解人们内在的辨别性与反抗性,并被塑造为膜拜抽象符号的可以被任意替代的存在。

从过程看,城市是人们生活的世界,人们的生活方式与城市化密不可分,城市空间变革就是"规划"日常生活的过程。哈维指出,20 世纪 70 年代以后,随着资本生产方式从福特主义向灵活积累的转变,都市消费习惯和生活方式也随之更迅速地变化。"调动大众(与精英相对)市场的时尚,提供了加快消费速度的一种手段,不仅在服装、装饰品和装潢方面,而且也在整个生活风格和娱乐消遣活动的广泛领域中(休闲和运动习惯,流行音乐风格,录像和儿童游戏以及类似的东西)。第二种趋势是一种脱离商品消费、向着服务消费的转变——不仅是个人、企业、教育和健康服务,而且也进入娱乐、表演、即兴表演和消遣。"①于是,城市空间创造了自身特有的效果,到处充斥着意象性的、即可性的和符号化的消费景观,人们被各种眼花缭乱的商品所围绕,被各种文化噱头所刺激,所享受的一个个瞬间安逸变成了个体的存在方式。哈维断言:"这意味着不止是扔掉生产出来的商品(造成巨大的一次性废品的问题),而且也意味着可以扔掉价值观、生活方式、稳定的关系、对事物的依恋、建筑物、场所、民族、已接受的行为和存在方式。这些都是即刻的和有形的方式,'更大的社会里加速的推进'以这些方式去冲击'个人普遍的日常体验'。"②

不仅如此,城市空间生产的中心也不再是商品的实用性和永恒性,而是聚焦于创造商品的符号意义与象征意义来激发人们内在的欲望,将一切具有价值的现实物完全用商品化的抽象符号所取代,并不断生产满足这些欲望的抽象物,使符号体系建构的价值贯穿社会生活,其所创造的虚假物成为满足人们虚幻欲望和联结社会生活的纽带。也就是说,资本精心创造出了各种意象性消费和伪节日来刺激人们的虚假需求欲,使人们受困于生活方

① [美]戴维·哈维:《后现代的状况:对文化变迁之缘起的探究》,阎嘉译,商务印书馆,2013 年,第 356 页。

② 同上,第 357 页。

式、消费者习惯和欲望这样的符号体系之中，从而轻而易举地在都市社会获得了顺从，并为自己的扩张活动赢得了独特的、扩散的新空间。这表示，真实的生产结构和社会关系被掩盖为符号价值体系而凌驾于意义世界之上，现代都市生活进入了消费时代，普通大众想当然地沉醉于这种虚构的、被提高了的生存状态的幻象之中。更糟糕的是，资本通过宣传、广告等大众媒介创造出意象来操纵人们的消费欲望和生活趣味，使其不断追赶这些被制造和控制的时尚潮流体系，从而将自我在消费过程中被重新建构。实质上，这个自我“不再是‘主体’意义上的自主个体，而是沦为了消费社会的‘客体’或附庸。人们对这种处境毫无知觉，却沾沾自喜地认为自己就是这个社会的主人”①。因此，人们的心理、生理和内在精神被全面控制，不再具有辨别真实历史图景和本真生活状态的能力，无意识地认同了这种都市生活方式，形成了特定的都市消费文化形式。人们被资本所塑造的各种意象符号所吸引，并通过不断的感官刺激与新奇物的变更来获取，这已成为都市生活的核心。当人们卷入这种都市生活，就必然会按照它所创造的标准来设计自身的生活方式和消费习惯，以及衡量事业成功与否、生活幸福与否。

可见，资本与人的欲望从根本上是一个事情，只不过欲望是内在动力，资本是表现形式，两者互相促进与激发，其结果是一切社会事物与人自身都沦为资本的派生物。在都市社会，人们的日常生活完全被资本所操纵，符号价值体系的指向内化为人们的价值准则和行为准则，人的主体性和社会关系等具体的事物被剥离为抽象的物，主体的意志被资本消解成为消费性客体，依赖对物的占有和消费来满足虚幻的欲望，在华丽外表掩饰的物化社会中做着陈腐不堪的白日梦。

总而言之，当今时代，“城市化样态和特殊风格变化很大，它们取决于人们计划、反对以及最终实现这些资本主义可能性的方式”②。资本在城市化过程中能够以多种载体实现与延续无限积累，人们成为消化永无止境的资本积累的受害者。这种肆虐的城市疯长彻底摧毁了“诗意的栖居”，人们生活在一种日益被分割与散碎的环境之中，越来越多的人被排挤到城市的边

① 张一兵主编：《资本主义理解史》（第五卷），江苏人民出版社，2009 年，第 180 页。
② ［美］戴维·哈维：《正义、自然和差异地理学》，胡大平译，上海人民出版社，2015 年，第 474 页。

缘，且被其导向时尚化的都市消费生活，日益追求新奇令人厌倦，层出不穷的各种消费噱头的刺激令人麻木，身份感和归属感几乎荡然无存，城市权利与人性中的神圣性几乎丧失殆尽。在这样一种境况下，我们如果想创造一种城市未来的诗学，那么恢复人的完整性是最根本与紧迫的问题。

三、希望的空间：走向自由全面发展的可能

从根本上看，以资本积累为原则的城市空间重组与再造的过程，就是资本主义生产关系再生产的过程，“就是作为一个整体的资本主义制度借此有能力通过维系自己的规定结构延长自己的存在的诸过程”①。这预示着，要想建构一个充满希望的、理想的城市空间，实现人的自由全面发展，首要前提是超越资本逻辑。为此，我们须以历史性与实现性相统一的眼光来审视资本的发展趋势，唤醒人们的城市权利意识，从根源上对抗城市空间的资本化过程，摆脱被资本奴役的命运，恢复人自身的完整性在城市空间中的位置。

（一）城市生产的内在矛盾：城市空间的有限性与资本逐利的无限性

马克思早就指出，资本最终将成为自己的“掘墓人”，毁灭资本的将是资本本身，城市空间资本作为资本的当代形态，也必然符合这一规律。就是说，资本虽以城市空间的形态进行最大化生产和交换，作为绝对统治力量渗透到全球各个角落和人类生活的各方面，但资本无论如何变化空间景观，都无法克服自身无限逐利本性与城市空间有限性的内在矛盾。也就是，这种方式只是转移过度积累危机的方式，而不能真正有效地化解资本的内在矛盾。哈维指出：“每一波创新都带来了一种彻底的转换，空间以此得以组织，并因此为城市过程打开了全新的可能性，打破对相对有限的生物区的依赖，这为城市增长打开了完全新的可能性图景。”②简言之，资本依赖“空间修复”，既为资本积累开辟了空间道路，也为替代资本创造了条件。

本质上讲，“空间修复”就是资本在空间进行的“破坏性生产”，资本化的

---

① ［美］爱德华·W. 苏贾：《后现代地理学：重申批判社会理论中的空间》，王文斌译，商务印书馆，2004 年，第 139 页。

② ［美］戴维·哈维：《正义、自然和差异地理学》，胡大平译，上海人民出版社，2015 年，第 473 页。

城市空间变革就是不断地对固有城市景观的破坏与重建,它不仅完全忽视社会的真实需求,而且具有破坏性和发展的不稳定性。“资本主义总有这样的冲动:消除所有的空间障碍,如马克思所述的‘通过时间消灭空间’,但只有通过一个固定空间的生产才能如此。资本主义由此制造了一个(空间关系的、领土组织的、连接在‘全球性’劳动分工和功能分工中的地方体系的)地理景观,与它自己在其特定历史时刻上的积累动态相称,但那个地理景观最终却还要被摧毁并改造以适应稍后时期内的积累。”①那么伴随这种城市化在全球范围内的持续推进,资本通过城市空间更新难度必将越来越大,地理空间扩张的范围也将越来越小,整个世界范围内的城市空间扩张在一定阶段终究会达到极限。

具体来说,资本主义国家在无限逐利的驱使下,首先会在国家范围内抑或一定区域内推进城市化,但由于城市化中的大多投资都有较长的使用寿命,且城市空间本身内含的有限性,因此在一定时间内,城市空间变革会达到“饱和”状态。诚然,在该区域范围内达到极限时,为了转移国内过度积累危机与获得稳定性,先发国家会借助地理发展的不平衡性来开拓国家以外的新领域,但原来属于资本地理扩张的新区域,通过借助资本的促进作用,经过一定时期的长足发展,城市空间也将达到饱和。为了解决这种过剩危机,必然开启“空间修复”模式来侵占其他新区域,由此周而复始,一个接一个的“空间修复”不断开启,使剩余资本得到暂时性吸收,全球范围内的城市空间也将逐渐达到极限,再无空间可以利用。那么大量城市空间中的固定资本就会因不断僵滞而加剧积累危机,导致国家间和社会内部阶层之间矛盾越发尖锐与对立日益严重,从而动摇资本主义统治方式的根基,为新的社会形态在这种沉重的危机中孕育出来创造了现实性条件。

这表明,当今时代的资本问题要比马克思所处的时代更为严重和复杂,也更临近马克思的预言,当社会几乎无法容纳资本的生产力而成为这种生产方式的桎梏时,资本终将毁灭自身。事实上,在资本主义的范围内试图控制与消灭资本内在矛盾是一个无法实现的悖论,当前失控疯狂的城市化已

① [美]大卫·哈维:《希望的空间》,胡大平译,南京大学出版社,2006年,第57~58页。

为反抗资本的城市化运动提供了现实性契机。哈维指出，资本终究会达到极限，再也无法通过自我创新来化解这种危机，届时，“资产阶级已经在世界舞台上制造了这样一个矛盾的大漩涡，以至于它无意中打开了某种在全球规模上通往进步和普遍化的政治道路”①。

（二）城市权利意识的觉醒：开拓反资本主义的城市运动

这种普通化的道路就是人们的城市权利意识觉醒，共同反抗资本的城市化导致的可怕困境。然而现阶段由于地理空间发展水平的不平衡性，资本主义仍旧能够通过“空间修复”的方式，构建一种具有包容性、工具性和从社会角度加以神秘化的城市空间结构，并将其隐匿于幻想和意识形态的面纱之中来躲避批判与延续生命力。“从根本上讲，我们生活在私人物权和追求利润要高于所有其他权利的世界里。”②即资本的城市化仍具有强劲的生命力，人们仍被资本拜物教所迷误，沉沦于纸醉金迷的都市消费生活。不过，这并不表示人们对它的控制毫无反抗之力。哈维认为：“既然城市化在资本积累的历史中如此关键，既然资本和它无数盟友必须坚持不懈地动员起来周期性地改变城市生活，那么无论人们是否清晰地意识到，某种类型的阶级斗争一定会不可避免地发生。”③也就是在这个世界上，由于“空间修复”所采用的“破坏性生产”对城市景观和日常生活所造就的巨大冲击，人们已经感受到资本化城市空间的粗暴与压抑，已经进行反资本化的抗争，城市权利意识开始觉醒，反资本的替代性方案在这个过程中也已经存在，希望与光明依稀可见。

人是社会生产、生活的主体，社会自主意识是把握未来发展的关键。人类社会的发展途径永远存在两极：继续以往的沉重生活或创造有希望的未来。虽然当今资本化的城市生活仍具有一定的生命力，一些人选择与之同流合污，但它所带来的野蛮的掠夺性世界场景，以及一个千变万化却充满虚无迷茫的日常生活境况已经引起了另外一些人的厌倦，触动到了内心尚存

① ［美］大卫·哈维：《希望的空间》，胡大平译，南京大学出版社，2006 年，第 89 页。

② ［美］戴维·哈维：《叛逆的城市：从城市权利到城市革命》，叶齐茂、倪晓晖译，商务印书馆，2014 年，第 3 页。

③ 同上，第 117 页。

的一丝对希望的向往,并努力试图改变这种命运。“不平衡地理发展的暴力和创造性破坏(例如,通过生产的地理重组)可能广泛地在丰裕和挥霍性消费的特殊技术中表现出来,那种技术作为一种潜在的渴望瞬间就能传播世界。在发达资本主义中组织反资本主义的政治地形似乎比以前更肥沃了。”[①]从社会现实层面看,就是世界各地的反资本主义的城市运动竞相迸发,“目前由青年领导的运动风潮遍布整个世界,从开罗到马德里和圣地亚哥——不用说发生在伦敦街头的对抗,以及随后发生的‘占领华尔街’运动(‘占领华尔街’首先发生在纽约,然后蔓延到美国无数的城市,现在已经传遍全世界)”[②]。可见,人们的城市权利意识已经开始觉醒,认识到对城市的改造也就是对自身的改造,资本的城市化带来的只能是掠夺性的欺骗与价值的虚无。所以别无选择,只能为了自身的权利与未来而抗争。正如芒福德所言:“人类在大都市文明当中的失败,带来了一些补偿性的反应;在生活和思想上发生的深刻变化会改变那些虚幻的想法,而我们的文明正是来自这些虚幻的想法。”[③]更关键的是,这种方式并非是个人的单独行为,而是具有集体性,是受资本奴役的当事人的共同诉求与对未来的期许。哈维阐述道:“强化迅速加快的并常常失控的城市化过程的矛盾,这一做法创造了各种缝隙的空间,在其中,各种自主和解放的可能性都能够繁荣茁壮成长。”[④]这就是说,现代人共同遭遇着城市的资本化所带来的社会财富的剥夺和权力的压迫,以及“文化失乡”状态或曰精神上一种无家可归等生存困境。因此,人们对资本的城市化的反抗也就具有了潜在的集体性意识,不再局限于工人阶级对资产阶级的抗争,而转换成了多数人反抗少数富人的奴役。这也为在实践中跨越国家、地区抑或民族的限制,超越一切社会差异,整合一切当事人共同来完成这项革命任务提供了可能。

---

① [美]戴维·哈维:《正义、自然和差异地理学》,胡大平译,上海人民出版社,2015年,第494页。

② [美]戴维·哈维:《叛逆的城市:从城市权利到城市革命》,叶齐茂、倪晓晖译,商务印书馆,2014年,第118~119页。

③ [美]刘易斯·芒福德:《城市文化》,宋俊玲、李翔宇、周鸣浩译,中国建筑工业出版社,2009年,第339页。

④ [美]戴维·哈维:《正义、自然和差异地理学》,胡大平译,上海人民出版社,2015年,第481页。

（三）建构希望的城市空间：恢复人的完整性

应当说，城市空间资本化既是资本破坏性逻辑罪恶最生动的映现，也是社会进步力量充分发展的发源地。哈维认为，在资本化的城市空间，每个人虽存在利益和认知等方面的差异，却都被纳入到了资本空间生产的逻辑，面临着相似的生存困境，因而成为要求变革社会困境的当事人，具有一致的反资本的城市化的意识，能够团结起来成为统一的反资本化的阶级力量。“社会变革的当事人是谁，他们又在何方呢？再一次地，最简单的答案是任何人，任何地方。生活、行动和交谈着的每一个人都牵扯其中。”①只不过，由于城市发展的不平衡性，凸显的矛盾也具有差异，以及个人利益和认知也不尽相同。我们需要从历史唯物主义原则出发，更加注重反资本化的策略性，将这些反资本主义的社会运动真正地整合起来，形成一种更加普遍的、一致性的反资本主义力量。“历史唯物主义的任务便是确定主要矛盾在特殊的历史地理情境中的所在之处，以及它们可能如何相互联结。”②一句话，“以当前的原材料来建构一种理解城市化世界的必要诗学、一种文明的章程、一种我们物种的轨迹，这就需要想象力、政治勇气、高涨的革命热情和革命性变革（在思想以及政治方面）”③。

这预示着，反资本的城市化并非简单的空间结构的颠倒或设计的矫正，它涉及从城市化过程所创造的张力中寻求未来新的可能性。应该说，当今反城市资本化的社会运动虽在各地不断爆发，但仍旧处于自发阶段，更多的是对城市化所直接导致的生活困境的反抗，也就是表层层次的反抗，“通过剥夺、租赁占有、货币和利润的敲诈所维系的积累成为许多不满的核心，这些不满与大众的日常生活品质紧紧相连。城市社会运动一般围绕这些问题发起，起源于围绕着生活、工作的阶级权力的构成方式”④。显然，这没有触碰到问题的实质，即资本的空间生产逻辑，也就难以回答我们该走向何处，又该如何重新开始，自然难以在超越资本逻辑上有所作为。正如哈维所评

①② ［美］戴维·哈维：《正义、自然和差异地理学》，胡大平译，上海人民出版社，2015 年，第 122 页。

③ 同上，第 501 页。

④ ［美］戴维·哈维：《叛逆的城市：从城市权利到城市革命》，叶齐茂、倪晓晖译，商务印书馆，2014 年，第 130 ~ 131 页。

价的,迄今为止人们被城市转型的假象遮蔽了双眼,对城市空间的资本化缺乏清醒的认识,没能对城市问题作出系统批判。"任何自发的另类的梦幻时刻都是转瞬即逝的;如果在这个大潮中没有捕捉到这个梦幻,梦幻即成为过去。"①尤其是资本拜物教贯穿城市化的始终,我们在驾驭资本的同时,资本也在利用我们的自主意识,将资本化的社会意识嵌入到心灵深处,激发起人们内心的占有欲望,使具有主体性的人成为被资本所统治而非反抗资本的对象,从而牢牢统治着人们的都市建构和交往活动。由此,要反对资本化的城市空间,建构未来理想之城市,必须要追本溯源,清晰地认识到社会现实条件与阻碍未来可能性的根源。

也就是,我们必须要展开对资本空间扩张逻辑的批判,揭露其在城市化中所造就的种种破坏性图景,强化社会价值观念的引导,唤醒人们的城市权利意识,唤起人对于完美与善的期待,从内心深处认识到自我追求的价值所在,形成具有自为性的反抗资本化城市空间的集体意识,从根本上回答我们要做一个什么样的人,以及希望过怎样的生活。这也是哈维建构希望的城市空间的基石。他认为,建构一种希望的城市空间首先必须要基于现实而绘制出空间结构。即要以空间想象性为基础,创造栖居生活的诗学语言抑或理想的都市景观,"想象(思想、幻想和欲望)是各种可能的空间世界的肥沃资源,那些世界能够预示——尽管没有条理——形形色色的话语、权力关系、社会关系、制度结构和物质实践。在研究社会过程及其结果的替代性绘制时,空间性想象具有至关重要的意义"②。从实践层面看,思想是行动的先导,任何思想出场的目标并不在于"描述性",而是为了"解决问题"。我们既然形成了反抗资本城市的意识,为建构健全的城市空间打下坚实的思想基础,那么这就需要引导人们积极采取行之有效的方法将资本驱除出城市化过程。

换言之,空间想象不仅仅局限于认知的维度,改变人们对社会现实境况的认知,并借此思考在资本的城市化世界之中建构一种新文明的城市模式

---

① [美]戴维·哈维:《叛逆的城市:从城市权利到城市革命》,叶齐茂、倪晓晖译,商务印书馆,2014 年,前言 第Ⅺ页。

② [美]戴维·哈维:《正义、自然和差异地理学》,胡大平译,上海人民出版社,2015 年,第 130 页。

的可能性，更关键的是它可与其他社会因素相融合从而产生一个整体效应，由理论转变为现实性的社会实践活动，以此来营造积极向上的社会价值环境。就像恩格斯所指出的："实际的社会主义则是对资本主义生产方式各个方面的一种正确的认识。对于具有这种认识的工人阶级说来，要知道在每个具体场合下应该反对哪些社会制度并以何种方式发动主要攻击，这是永远不会有困难的。"[1]也就是，"如何把社会过程中的这种纯粹话语要素转化成力量、物质实践、制度、信仰和社会关系的领域，这才是实际政治开始和话语反思终结的地方"[2]。在哈维看来，这就需要在唤醒人们的城市权利意识的前提下，以反资本城市化为共同目标，将一切反抗力量真正整合起来形成反资本的合力，实现反资本剥夺的物质实践，与反资本统治的政治道路有机结合，从而组织一种完全不同的反资本的城市化斗争。

关键是利用城市化的不平衡发展，注重各地城市矛盾的特殊性，"认真对待时空、地方和环境的生产，认真对待不平衡地理发展的条件，那种条件孕育着特别不同的和广泛的反抗资本主义的运动，也孕育着转型行动的多种可能性"[3]。这样，就可以根植于具体的历史和城市矛盾之中，适时适宜地在城市空间开展多层次的抗争运动，使反城市资本化的各种力量在各层次齐头并进，并借助城市网络将这些力量推进到更高层次、更大规模的全球协调方向，形成具有目标一致的全球化的反资本主义力量，"在此之上，它深入地参与到反资本主义斗争之中——削弱和推翻资本主义价值规律在世界市场上主宰我们工作和生活社会关系的力量"[4]。基于此，人们就能够开辟出一条没有阶级统治和商品市场制约的康庄大道，彻底颠覆资本积累逻辑，获得城市空间改造与设计的"控制权"，从而形成一个充满公平正义的时空生产过程格局。与此同时，城市空间具有社会性，社会关系存在于空间之中。这个过程的实现需要空间的政治解放与之同步。也就是，强化顶层制度设计，消除政治对资本的跟从性，使资本回到其自身应有的位置，保障制度与

① 《马克思恩格斯选集》（第三卷），人民出版社，1995 年，第 223 页。

② ［美］戴维·哈维：《正义、自然和差异地理学》，胡大平译，上海人民出版社，2015 年，第 501 页。

③ 同上，第 497 页。

④ ［美］戴维·哈维：《叛逆的城市：从城市权利到城市革命》，叶齐茂、倪晓晖译，商务印书馆，2014 年，第 156 页。

权力设计以实现人的自由全面发展为目的。由此,人们就能够在文化生活、经济生活和政治生活三维度上实现解放,摆脱资本奴役的状态,建构出一个真正自由的、诗意的城市空间来取代资本化的城市空间,实现人的完整性与整体性。

概言之,城市空间的资本化是造就人的生存困境的根源,与之对抗的核心自然是超越资本。超越资本不仅仅是超越资本主义,而是要超越资本所统治的制度,消除资本对整个社会机体的侵蚀,形成新的不以积累为目的,而是以全球生产力的发展来满足普通大众需求的和谐普遍的时空生产形态。也就是超越资本笼罩下的城市发展模式,摆脱资本借助城市化对人类自身的奴役命运,构建一个新的诗意的都市空间,彻底根除社会不平等,治愈人们精神的虚无性,让人们真正感到自由与希望。

四、“空间生产”理论对构建人的新的存在方式的启示

总体上看,哈维从历史唯物主义的基本原则发出,将抽象的资本与人的存在方式之间的相关性,具体再现为资本是如何以城市化塑造空间结构,导致人的生存困境的。正是在资本积累逻辑中,城市具有空间生产与规划日常生活的效能,使人们受困于财富分化与精神迷茫之中。因此,唯有超越资本积累逻辑,真正赢得城市权利,形成健全的社会空间,才能从根本上恢复人的完整性。可以说,哈维与马克思本人都是从资本积累的视角来探寻造成人的存在困境的根源所在,并提出超越资本,实现人的自由全面发展的解放路径。不过,哈维并未止步于此,而是在此基础上将马克思主义与城市空间范畴巧妙地结合,把城市空间作为资本积累的要素整合进马克思主义理论,比较完整地建构出城市空间变革与人的生存方式研究的理论框架,赋予了马克思主义理论的时代意蕴。

(一)在方法论上与马克思的一致性

从研究方法看,哈维与马克思都坚持历史唯物主义原则,从人的一般存在方式出发,揭示了由资本积累所造就的人的存在困境,表达了对人的生存遭遇的深切关怀,以及对现实问题的批判性,两者具有方法论的一致性。然

而从严格意义上讲，历史唯物主义有广义与狭义两种理论语境。所谓广义历史唯物主义是指对一般人类社会历史的解说，而狭义历史唯物主义则是马克思在《资本论》研究中所具体使用的，就是仅限于对资本主义社会进行详细的剖析，核心在于科学地说明资本与劳动的关系。从这个语境出发可以看到，在对人的存在方式研究中，哈维所秉承的是狭义历史唯物主义的理论话语，立足于当代资本主义社会，集中分析了资本积累机制如何造就现代人的生存困境。

具体而言，任何理论对社会问题的分析与解答，唯有清晰地认识到导致这些问题的根源所在，并将理论分析置于具体的社会境况之中，才能寻找到真正的答案。应该说，这就是马克思所运用的从抽象到具体的研究方法。恩格斯赞扬道，“没有人比马克思在《资本论》中更加‘接近一定的具体的社会状况’了。他用了25年功夫从各方面研究社会状况，而且他的批判工作的结果总是包含有一些现今一般可能实现的所谓解决办法的萌芽”[①]。从哈维的分析中可以看到，哈维延续了马克思在《资本论》中关于接近具体社会状况进行问题研究与找寻答案的方法。他致力于运用马克思的批判方法，以抽象的资本积累逻辑为起点，并将之立足于城市空间变革与人的生存方式的具体研究之中，揭示了人类的存在境遇的变化与资本具有内在的相关性。哈维明确指出，当今城市是资本积累的最新场域，城市空间变革就是资本获利与造就人的存在困境的过程，同样这个过程也为超越资本的城市化提供了潜在的可能与方案。“超越却不是简单地颠倒或矫正。它涉及从建构未来可能性的力量向大量新可能性的转变，因此前者在我们理解歹托邦的同时一如既往地使城市成为乌托邦欲望和兴奋的一个形象，后者是这种城市过程所创造的。”[②]也就是说，他通过对资本主义条件下的人的生存方式的考察与分析，得出了与马克思一样的答案，资本积累机制是造成人们生存困境的根源所在，而且资本的内在矛盾决定了资本积累总会达到极限而被超越，从而走向新的社会形态，实现人的自由全面发展。即“资本不可遏止

① 《马克思恩格斯选集》(第三卷)，人民出版社，1995年，第222页。

② [美]戴维·哈维：《正义、自然和差异地理学》，胡大平译，上海人民出版社，2015年，第470～471页。

地追求的普遍性，在资本本身的性质上遇到了限制，这些限制在资本发展到一定阶段时，会使人们认识到资本本身就是这种趋势的最大限制，因而驱使人们利用资本本身来消灭资本”①。

（二）在理论目标上与马克思的共同性

就此而言，马克思与哈维理论旨趣具有共同性，即通过对资本的剖析与批判来探寻人的自由和解放的机理。他们认为，资本并不是一个固定的量，它在本质上是一种社会关系，是生产力发展到一定阶段的历史产物，在疯狂的增殖中必然会遭遇到它自身的极限与危机而走向消亡。然而由于资本无限逐利的本性，自身并不会主动选择退场，并试图将一切社会因素资本化来延续生命力，不断造就人们的生存困境。面对这种境况，人们的任务就是要根据资本运行中存在的可能性确定一种替代性方案，并积极地付诸实践，从而将充满希望的方案真正变为社会现实，到达消除人的生存困境的彼岸。

“正如马克思在《资本论》中揭示资本主义的内在矛盾与危机，为促进资本主义向社会主义的过渡提供理论依据一样，哈维的乌托邦理想试图从资本主义社会内部‘解放那些由旧的正在崩溃的资本主义社会本身孕育着的新社会因素’。”②即是说，资本一再通过变换载体来获得生命力，似乎看不到毁灭尽头，但并不意味着不会灭亡，这种载体变化表明资本统治的社会形态所容纳的生产力还未完全释放出来，是资本获取利润最大化的本性使然。也就是，“发展社会劳动的生产力，是资本的历史任务和存在理由。资本正是以此不自觉地创造着一种更高级的生产形式的物质条件”③。实际上，资本主义生产方式包含着绝对发展生产力的趋势，新的社会形态的生产力已在资本主义生产方式下孕育和发展。这样一来，尽管资本不会主动选择终结，只能不断通过载体的创新来将人们的社会意识转化为资本化的意识，以及变化生产形式和消费关系来延缓崩溃时间，但随着社会生产力的发展，以及资本主义生产的特有限制决定了资本终将毁灭的历史必然性。换言之，当资本主义社会不仅在生产、消费和流通三维度充满矛盾与危机，而且资本

① 《马克思恩格斯文集》（第八卷），人民出版社，2009 年，第 91 页。
② 张一兵主编：《当代国外马克思主义哲学思潮》（下卷），江苏人民出版社，2011 年，第 402 页。
③ 《资本论》（第三卷），人民出版社，2004 年，第 288 页。

主义制度自身也充满了危机，且无法通过载体创新、制度调整、暴力压制和意识形态强化来维护资本所统治的世界存在的合法性时，整个资本统治制度存在的历史合法性和理由就会不断消解，人们从资本统治中解放出来的现实可能性也随之增强。哈维指出："在社会过程中，任何环节都不缺乏改造行动力——一种新的想象；一种同其他话语特别结合而产生的新话语；新的仪式或制度构型；新的社会关联方式；新的物质实践以及身体经验；源自其内在矛盾的新政治权力关系。每一环节都充满了变革潜力。"①即资本普遍化程度越高也就越接近资本的界限——资本生产将被资本自身所限制和解体，被新的生产关系所替代。无可否认，马克思与哈维也同样清楚地认识到，由于物质生产发展水平的不平衡性，资本仍具有强劲的生命力与抵抗力，摆脱资本统治的历史阶段只是显现，但还未最终达到那个阶段。就是说，超越资本不是自然而生的过程，这个目标的实现更不是一蹴而就的，必须要充分利用资本所造就的具体的现存条件，团结一切可以团结的力量来变革社会结构和社会关系，才能够实现。

（三）历史地理唯物主义的建构：对马克思主义的当代发展

通过上面对哈维关于人的存在方式研究的具体考察和分析，可知他在思想依据、历史动因等方面与马克思的理论具有一致性，遵循了资本批判逻辑，形成了共同的价值取向与理论定位。应当承认，在整个理论研究过程中，哈维并非简单地套用马克思主义理论对问题进行分析与综述，而是在坚持历史唯物主义原则的基础上，依据资本创新逻辑与当今社会现实境况，进一步系统化与完整化了马克思主义。面对空间生产成为资本增殖的新来源，他从城市空间的视角分析资本积累机制所导致的人的生存困境，谋划人们自由全面发展的可能性，建构具有当代话语的历史地理唯物主义。

与马克思在《资本论》中对资本的剖析相比，当前资本的剥夺性更强，侵蚀范围更广，一切因素都正在被资本所吞噬，当前空间成为资本积累的最新载体，使其得以延续新生命力，并不断加剧人们的生存困境。这是哈维认为历史唯物主义发生空间转向的根本依据。那么这一过程是如何形成的呢？

① ［美］戴维·哈维：《正义、自然和差异地理学》，胡大平译，上海人民出版社，2015 年，第 121 页。

哈维认为,资本和城市化不是单个的物,而是同一个过程。由此,他把资本积累的机制理解为城市空间构造的过程,试图从城市空间变革的维度寻求恢复人的完整性的潜在方案。即"哈维重新把空间(即地理)作为马克思主义理论发展和阶级斗争的地形,不仅重新唤起人们对全部马克思主义史中有关空间问题的兴趣,而且实际上为当代全球资本主义批判提供了一种重要的维度"①。也就是说,哈维积极践行了马克思所倡导的哲学的任务不是解释世界,而是从根本上改造世界。他首先确立了对一些基本概念(如空间修复、时空压缩等)的理解,且以此为基础,运用一种新视角分析了马克思时代不曾凸显的问题,即城市空间变革的现实境况与未来走向,较为精致地解答了当代资本的城市化与人的生产困境的必然性,人的生存困境就是城市空间资本化的必然后果。就是说,哈维实现了方法论上的自觉,从根本上遵循了生产逻辑与资本逻辑,并从空间的角度进一步揭示了资本的当代秘密,推动了对人的存在方式的研究。

换言之,相对于历史唯物主义主要聚焦于经济场域和政治视野,展开对资本给人们带来的生存困境的分析和批判的理论特征而言,哈维把空间批判融合到历史唯物主义的核心理念之中,以空间问题作为历史唯物主义的落脚点,使历史唯物主义具有了明显的空间属性,形成了具有当代特色的理论语境——历史地理唯物主义,以此对新时代的历史问题和生存境遇进行了解答。其中在《正义、自然和差异地理学》和《后现代的状况》两部著作中,哈维对历史地理唯物主义的内涵及其旨趣进行了详细阐述。他提出,"历史地理唯物主义是一种形式的话语,并且它在社会过程中也具有自己的位置性。它以一种完全有别于传统社会和文学理论的方式帮助我们理解世界"②。即"它是一种社会—空间的动态批判原则,含四重方法论原则:差异性原则、象征性原则、内在性原则与开放性原则"③。实质上,它就是坚持马克思主义学说中的生产的基础性地位与社会形态的理论,以空间为切入点来探究资本在当今时代的最新变化,指出了空间资本化的内在悖论预示着

① 张一兵主编:《资本主义理解史》(第五卷),江苏人民出版社,2009 年,第 395 页。
② [美]戴维·哈维:《正义、自然和差异地理学》,胡大平译,上海人民出版社,2015 年,第 130 页。
③ 乔瑞金:《英国的新马克思主义》,人民出版社,2013 年,第 543 页。

资本的总体性危机的到来，从而使空间批判与人的解放直接相连。从这个角度可以说明，马克思主义具有强劲生命力的根源在于，能够随着历史的发展和时代的前行不断地发展着自身的理论形式。哈维就是基于资本创新逻辑所造就的当代人的存在困境，在遵循马克思主义理论基本形态的基础上，建构了具有当代马克思主义话语形态的历史地理唯物主义，进一步开拓和扩展了马克思主义的视野和维度，推动了马克思主义的建设性发展与理论的自我更新。

21 世纪的最大特征之一就是城市化，而且也没有比当前的城市化所造成的人的存在困境更让人揪心的问题了。若不思考它，就是逃避人类社会当前面临的最为严峻的困境。作为一位西方马克思主义者，哈维站在马克思主义立场上，从历史地理唯物主义原则出发提出了资本的城市空间批判理论，深入剖析了人的生存困境产生的根源、逻辑，以及超越困境的可能性。这种困境本质上是资本积累机制运行的条件和后果。资本以城市空间为载体不断自我更新的过程，也更加深入地塑造着它所需要的条件，造成着财富分化与精神焦虑。对此，必须从根本上超越资本的城市化过程，恢复人的城市权利，建构一种充满希望的城市空间，才能真正实现人的解放。应当承认，在资本全球化的今天，处于城市化大潮中的中国也难以避免被资本侵蚀的命运，城市化过程中必然会在一定程度上出现财富分化与精神焦虑等人的生存困境问题。准确认识哈维以城市空间变革反观人的存在困境的研究，对中国在城市化进程中避免重蹈资本化与促进人的自由全面发展，具有重要的现实意义。

第十二章　建立在符号基础之上的消费对人的统治

——鲍德里亚对消费成了主导逻辑后人的生存境遇的分析

从生产社会到消费社会的转变，这是鲍德里亚对现代资本主义社会的一个新诊断。他认为，资本主义社会发展到现阶段，已经发生了重大的改变——由以生产为主导的社会进入到了以消费为主导的社会，表现为：不是生产，而是"'消费'控制着整个生活的境地"①，消费成为社会的主导逻辑，带来了一系列的新问题，并由此导致了现代人生存命运的深刻变革。伴随着现代社会生活的这一变化，消费社会或消费理论也成为当代西方哲学研究的一个热点课题之一。在鲍德里亚之前，就已经有很多的哲学家对消费社会进行过研究。

法兰克福学派最早洞察到消费悄然地在我们的生活中发挥着越来越重要的作用。其代表人物马尔库塞和弗洛姆都曾对"消费"进行过研究。马尔库塞认为，现代科技的进步使得人们丧失了批判和否定意识，成为单向度的人。在消费领域就表现为，资产阶级通过大量制造"虚假消费"，实现对人的牢牢控制。而弗洛姆认为，在现代社会，资本主义的异化不仅没有得到遏制，反而已经从生产领域渗透到了消费领域。"今天的人被那种买到更多、更好和更新的物品的可能性迷惑。他对消费如饥似渴，因为消费成了目的本身，因为消费不再是为了使用或享受买来的消费物品，所以购买和消费的行为

---

① ［法］鲍德里亚：《消费社会》，刘成富等译，南京大学出版社，2000 年，第 5 页。

成了强迫性的和非理性的目的。"[①]弗洛姆认为,消费的异化就表现在,消费从手段变成了目的。大量的虚假消费被制造出来用以满足人们消费的需要。他们的普遍共识就是,把消费看作生产领域的一个展开。在他们看来,现代社会消费之所以发生异化,就在于资本主义的生产方式发生了异化。不同于法兰克福学派,"存在主义的马克思主义"大师列斐伏尔将消费社会定义为"消费受控制的官僚社会"。他认为,我们的日常生活已经被消费体系而不再是生产体系所牢固掌控。在"消费受控制的官僚社会里",人们消费的不再是物及其使用价值,而是意象。列斐伏尔的这一思想对鲍德里亚建构自己的消费社会理论具有重大的启发意义。而凡勃伦则在《有闲阶级论》中对一种特殊的消费——炫耀性消费进行了专门研究。凡勃伦认为,消费的目的不再是为了满足自己的某种使用需要,而是为了炫耀自己的身份和地位。他们的奢侈和他们的游手好闲,一起证明了他们的财富和地位。

自 20 世纪 50 年代以来,西方就掀起了对消费社会或消费理论研究的一个高潮。除了上面列举的这些哲学家之外,还有很多的现代或后现代的哲学家都对此进行过批判性研究。但是对消费社会研究得最系统、最深刻的哲学家还是鲍德里亚,他通过《物体系》《生产之镜》《消费社会》《符号政治经济学批判》《象征交换与死亡》等一系列著作,系统地建构了"消费社会"理论,将西方学界对消费社会的研究推进到了一个新的高度和阶段。

一、消费逻辑的在场:现代社会的主导性逻辑

消费社会或消费时代的全面到来,这是鲍德里亚对资本主义社会的新诊断。此处鲍德里亚提到的"消费",已经完全不同于生产社会里的"消费"。在生产社会,消费还是作为生产和再生产的环节之一而存在,生产决定着消费。因为在资本主义社会早期,由于受生产技术和生产水平的限制,商品相对匮乏。因而当时的消费主要还是受生产引导,人们消费多少和怎样消费都受制于生产。但是到了消费社会,与生产社会里的产品分配不足相比,到

① [美]弗洛姆:《健全的社会》,欧阳谦译,中国文联出版公司,1988 年,第 135 ~ 136 页。

处堆积着显然易见的过剩产品。现代社会中,人们生产出来的产品已经变得极其“丰盛”,甚至就连弗洛伊德提到的自然性欲在今天都沦为了被消费的对象。鲍德里亚说,消费社会中生产出来的商品是如此丰富,以至于当我们去超市采购的时候,“看起来你带走了摇摇欲坠的盒装牡蛎、肉、梨子或芦苇,其实你只是购买了其中的一小部分”①。此时,富裕的人们“不再像过去那样受到人的包围,而是受到物的包围”②。但鲍德里亚又指出这种丰盛不能用来定义消费,“财富的数量和需要的满足,皆不足以定义消费的概念:他们只是一种事先的必要条件”③。

那么究竟什么是消费呢?鲍德里亚认为,在回答消费之前,首先要对“需要”这一概念进行澄清。这是我们理解现代“消费”真实含义的一个非常重要的前提。受政治经济学的影响,人们往往将消费视作对某种需要的满足。在他们看来,“需要”是由主体自发产生的,个人的需要都是自己进行选择的,因为你清楚知道自己需要什么。鲍德里亚将这种把“需要”理解为“已经存在于人的内心之中”的认知,看作一种基于人类学的神话。“我们相信一种真实的主体,被需求所驱动,将真实的物作为其需求获得满足的源泉。这完全是一种拙劣的形而上学”④,在他看来,正是这种神奇的人类学偏见,对需要和满足进行了合法性的华丽包装,从而掩盖了“需要”得以产生的现实的社会、政治根源。鲍德里亚认为,这是人类理性的僭越和狡计。他认为如此来解释需要,就像用传统医学去诊治精神生理上的歇斯底里症状一样,天真而无助。那么理性为什么会犯如此的错误呢?在他看来,人类之所以将需要理解为自发产生的,就在于人们没有区分开基本需要和次级需要。经济学家所理解的需要都是基本需要,而且把这种需要直接理解为社会性的需要,从而忽视了人们的次级需要,也就是社会—文化方面的需要。但是鲍德里亚也指出,事实上基本需要是很难进行确定的。因为无论是在所谓的稀缺社会,还是丰盛社会,生存的底线在任何时候都不是由社会底层,而

① [法]鲍德里亚:《消费社会》,刘成富等译,南京大学出版社,2000年,第2页。
② 同上,第1页。
③ 同上,第222~223页。
④ [法]鲍德里亚:《符号政治经济学批判》,夏莹译,南京大学出版社,2009年,第60页。

是由社会高层来决定的,所以他认为很难确定出一个明确的“基本需要”或人们生活的最低限度。“需要——正如它所是的那样——不能再从自然主义—理想主义的视域下被完整地界定了,即作为一种内在的、直觉的力量,一种自然的欲望,一种人类学的潜能。相反,需要最好应被界定为一种通过个人的内在逻辑体系推理得出的功能:更为确切地说,并不是作为被丰盛社会所解放了的消费的力量,而是作为体系自身的功能运演,即幸存以及再生产的过程所必需的生产力。换言之,需要的存在只是因为体系本身必须存在。”①鲍德里亚指出,和享受不同,需要体现出来的不再是单独的个体与单独的物之间的关系,而是作为体系的成分而存在。他否认存在着那种可以进行自由选择的需要,认为那些都是幻象。正如他指出的,在消费社会里,单个的需要并不存在,所有的需要都被抽象为一个体系,以适应消费的需要,也就是说,“需要”是被体系作为一种生产力而再生产出来的。在消费社会里,需求不再是对某一物品的需求,而是对差异性的需求,它被一般等价原则和一般的整合所操纵。所有的本能在需求中都被合理化了、被赋予了某种目的。就像奴隶被喂饱肚子,不是因为奴隶填饱肚子的生存需要,而是因为那个体系需要奴隶劳动。如果体系可以不供养人,人们可能连面包也不会生产了。鲍德里亚认为,如果我们不捋清楚“需要”这一概念,我们也就没有办法真正地理解消费。那种把消费仅仅看作是产生欲望和需求得到满足的过程,显然是错误的。

这也就意味着与生产社会不同,消费的对象不再是物质性的产品,它们只是被用来享受或花费的,以满足人的某种需要,而不是真正的“消费”。在他看来,原始的节庆、封建领主的浪费、19世纪布尔乔亚的豪华,都不是消费。“消费并不是一种物质性的实践,也不是‘丰产’的现象学,它的定义,不在于我们所消耗的食品、不在于我们身上穿的衣服、不在于我们使用的汽车,也不在于影像和信息的口腔或视觉实质,而是在于,把所有以上这些[元素]组织为有表达意义功能的实质,它是一个虚拟的全体……它便是一种符号的系统化操控活动。”②鲍德里亚认为,在现代社会,产品的丰盛和需要的

① [法]鲍德里亚:《符号政治经济学批判》,夏莹译,南京大学出版社,2009年,第88页。
② [法]鲍德里亚:《物体系》,林志明译,上海人民出版社,2001年,第222~223页。

满足都不能拿来定义消费,它们都不是作为消费的对象而存在。因为在消费社会里,消费的不再是物的物质性,而是它的差异,而这种差异性通过符号呈现出来。"要成为消费的对象,物品必须成为符号,也就是外在于一个它只作意义指涉的关系。因此它和这个具体关系之间,存在着一种任意偶然和不一致的关系,而它的合理一致性,也就是它的意义,来自于它和所有其他的符号—物之间,抽象而系统的关系。"①可以看到,和生产社会中的"消费"不同,此时消费的不再是物,而是关系,所有的关系。这里不仅仅是人和物的关系、个人间的关系,而是延展到各个层面的关系都被抽象为物和符号,从而被消费了。正是在对关系的消费之中,也实现了人和人的关系的转化——不再是生产关系和交换关系,而是转化为消费关系。

在现代消费社会中,消费是没有止境的,它置身于一个庞大的系统之中。在生产社会中,消费往往被看作对某种需要的满足,满足人的内心需求。那么当这一需要被满足的时候,也就意味着消费的结束。但是在消费社会里,因为消费是系统性的,所以消费也是没有止境的。人们总是渴望更多的消费,克制消费几乎是不可能的,是天真和荒谬的。因此,鲍德里亚认为,不同于生产社会,此时消费不再是生产的一个被动环节,更不只是满足需要的一个程序,而是取代生产的位置,成为在我们的日常生活中占据着主导地位的一种逻辑。"消费并不是这种和主动生产相对的被动的吸收和占有……消费是一种(建立)关系的主动模式[而且这不只是(人)和物品间的关系,也是(人)和集体与和世界间的关系],它是一种系统性活动的模式,也是一种全面性的回应,在它之上,建立了我们文化体系的整体。"②在消费社会里,人们要面临的不是如何组织生产的问题,而是如何进行消费的问题。

那么在现代社会中,为什么"消费"能够从生产体系中挣脱而出,成为现代社会的主导力量和逻辑呢?这离不开现代技术的发展,以及由此导致的社会大众传媒的产生和运用。尤其是广告,鲍德里亚认为,它是我们这个时代最出色的大众媒介,也是大众传播的最重要的方式。广告的微妙之处在于,它虽然在物品的生产和使用过程中并不发生作用,但是它却建立起了和

① [法]鲍德里亚:《物体系》,林志明译,上海人民出版社,2001年,第223页。

② 同上,第222页。

物体的关系——消费关系,并因此也使自己成为消费品——文化消费品。“它是一项针对物品所作的论述,同时它本身也是一个物品。而且也正是因为它是一种没有用途、无关紧要的论述,它才会成为一种可以消费的文化用品。”[①]广告最开始产生的时候,它的功能主要是“告知”,告知我们某一产品的特性并为它进行促销。后来就演变为“说服”,引导我们进行消费。可以说广告在我们的生活中,发挥着越来越重要的制约和引导作用。但是鲍德里亚认为,这种作用并不是直接通过制约和反射的逻辑发挥作用,而是采用了另外一个同样严谨,但却更容易被我们接受的逻辑——信仰和心理退化的逻辑(我们可能不相信它,但我们在乎它)。鲍德里亚举了圣诞老人的例子。在现实生活中,圣诞老人是不存在的,更不可能给孩子送去礼物。这样一种现实中不存在的关系,却被孩子们普遍当作一个信仰相信了。这是父母帮孩子们建造起来的圣诞老人的信仰,体现着父母对孩子的关心和所付出的心血。

鲍德里亚认为,在广告中也存在着这种保护和恩赏的隐藏主题,“‘人们’为了对他提出要求和想要说服他时,所付出的心血”[②]。在关怀的包装之下,当人们对广告中的产品进行判断的时候,就无法再理性客观地评价商品的内在品质,而完全感性地被广告中所传递的心血和关怀所打动。所有呈现在广告中的物品,似乎都是为我们每个人量身定制的,所有的技术、所花费的全部心血,最终不过是为了更好地满足和适应作为消费者的“你”的需求,其目的在于让“你”可以生活得更加美好和幸福。为了更好地满足“你”的需要,原本坚硬的钢铁都可以变得柔软、圆润和舒适。通过广告,原本纯粹、紧张、冷漠的商业关系,就变成了一种热情、充满母性关怀的、温情脉脉的人与人的关系。鲍德里亚认为,广告能够说服和打动我们,从而制造出消费神话的原因,就得益于广告所传递出的这种“关怀”。它让我们在消费的时候感到温暖,感到个性被肯定,也感到幸福,从而主动地去进行消费。这就是现代社会广告的魅力所在。而这些美好的感觉,都是广告带给我们的。对于现代人来说,广告中的产品比实际的产品更加真实和值得信赖。正是

---

①② [法]鲍德里亚:《物体系》,林志明译,上海人民出版社,2001年,第187页。

通过广告,消费被极大地刺激和激发。

鲍德里亚指出,通过大众媒体树立起并被广泛运用的明星效应,也有效地创造、推动和引导了消费。在广告中,除了越来越质感和精美的画面与情景设计,明星也发挥着越来越强大的引导作用。在现代的综艺、电影和电视中,大量的广告被植入,也正是看到了明星对于消费的引领作用。尤其是我们这个时代,甚至有了一门新兴的产业类型——粉丝经济。对于粉丝来说,产品是什么,具有何种功能,已经不是最值得在意的了。而现代社会"信用贷款"的产生和推行,也在很大程度上推动了从生产社会向消费社会的转变。以前社会产权优先于使用,但是在现代社会信用贷款推动了一种新的消费态度和模式的产生,"它们的消费比它们的生产先行"①,分期付款也在很大程度上推动了消费的发展。

正是在这些因素的综合作用下,现代社会发生了深刻的变革,从生产社会进入到了消费社会,并最终使得消费逻辑成为现代社会的主导性逻辑。

二、消费逻辑的现实运作:符号/价值对人的抽象统治

消费社会的最大特征在于,消费不再是建立在需求和享受基础之上的,而是建立在符号和编码的基础之上的。在消费社会中,"被消费的东西,永远不是物品,而是关系本身"②。这是鲍德里亚对消费社会带来所谓"现代性后果"的基本判断。

鲍德里亚举了"库拉"和凡勃伦的例子。鲍德里亚将"库拉"定义为"基于流通中创建的一种象征交换体系,诸如手镯、项链、衣服等等的顺次赠送,这些东西建构了一个价值与地位的社会体系"③。在"库拉"那里,人们进行消费并不是为了满足某种使用需要,而是通过消费来散播声望和彰显等级。物品的生产和交换,都是为了显现社会等级。因而,此时的物品不再是经济意义上的物品,而变成了政治意义上的,更确切地说是价值意义上的物品。

---

① [法]鲍德里亚:《物体系》,林志明译,上海人民出版社,2001 年,第 187 页。

② 同上,第 224 页。

③ [法]鲍德里亚:《符号政治经济学批判》,夏莹译,南京大学出版社,2009 年,第 9 页。

鲍德里亚认为,虽然在现代社会中“库拉”已经消失,但是它说明了“消费”并不是“与需求有关的使用价值,而是象征交换价值、社会回馈的价值、竞争的价值以及阶级区分的价值”①。消费不再是个人的满足,与个人的享乐无关,而变成了一种社会的命运,一种受限的社会制度。紧接着鲍德里亚举了凡勃伦《有闲阶级》里边的例子。在凡勃伦看来,在父权社会中,女性之所以打扮得十分奢华,“并不是为了让她漂亮,而是为了用她的奢华来证明她的主人的世袭荣耀及其社会特权”②。正是在此基础上,鲍德里亚指出,在物品的这种功能性背后,真实发生的是物品进行社会区分的功能。但是物品的这种象征功能,在不同的社会历史时期也有很大的不同。在早期阶段,人们往往是将物品自身或物品的总和看作社会成员身份的象征,因而那时候似乎社会阶层就可以简简单单地通过一张购物清单界定出来。但是到了现代社会,物品已经极大的丰盛,也就意味着统治阶层通过拥有商品数量的总和来象征自身地位的效果已经不明显。在消费社会中,物品的区分功能已经从简单而又单纯的拥有,转变为物的组织及其社会应用,也就是要从社会组织及其整体中来研究物品所代表的价值。这里就需要引入关于环境和经济的符号学。于是物成为符号——差异性的符号。鲍德里亚认为,只有当物自发地成为差异性的符号,并构建起体系的时候,我们才能具体地谈论消费和消费的物。“物成为符号,从而就不再从两个人的具体关系中显现它的意义。它的意义来自与其他符号的差异性关系之中”③,符号和差异的逻辑,就是我们现代社会的消费逻辑。消费就是对符号的差异性的消费。这样,在资本主义社会里,早期对物或资本的崇拜,就转变成了对符号的崇拜。

既然消费不再是物的某种功能性的获取,那么物品的存在形式在消费中势必会发生变化。它不再是以单独的形式存在,而是以“全套”或“整套”的形式组成,从而形成某种意义。“很少有物会在其没有反映背景的情况下单独地提供出来。消费者和物的关系因而出现了变化:他不会再从特别用

---

① [法]鲍德里亚:《符号政治经济学批判》,夏莹译,南京大学出版社,2009 年,第 9 页。

② 同上,第 11 页。

③ 同上,第 64 页。

途上去看这个物,而是从它的全部意义上去看全套的物。"①它代表的不再是某种功能或需求,而是"另一种完全不同的东西——可以是社会逻辑,也可以是欲望逻辑——那些逻辑把它们当成了既无意识且变幻莫定的含义范畴"②。这代表着,当我们拥有这个物的时候,就等于拥有了这个物品所代表着的整体,拥有了物品背后的某种特殊的符号价值,比如社会地位、品位等。"人们从来不消费物的本身(使用价值)——人们总是把物(从广义的角度)用来当作能够突出你的符号,或让你加入视为理想的团体,或参考一个地位更高的团体来摆脱本团体"③,消费的深层逻辑是符号和编码,其最终实现的是标识人们的社会差异。在消费社会里,人们可能通过某一种消费,比如对奢侈的设备、食物,舒适的居住环境,高档的家具设备、女士专用化妆品、清洁用品以及求知欲等的消费,尤其是对奢侈的设备(包括奢侈品)和求知欲的消费,将自己确定为A群体(上层阶级),这也意味着同时完成了自己与非A群体的分割,实现了社会阶层的划分。此时,如果仅仅通过日常食物或普通设备等的消费,可能在阶层划分上所起的作用就没有如此明显。"这种优越性确切地说来并不是一种物质层面上的优越性,而是一种绝对的特权,与之相连的紧密事实在于,这种特权的凸显并非建立在声望和财富的符号之中,而是在其他地方,在决策、指导以及政治的和经济权力所建构的真实的领域之中,符号和人都在这一领域中被掌控。"④消费的魅力与功效就在于"不仅在心理上保障了主人对某种东西的拥有,而且还发挥了一种社会学的功能,将拥有者纳入到一个以相同的方式来拥有个人所组成的阶级之中去,个人行为的符号成为了社会凝聚的符号"⑤,人们通过消费符号,来完成对自己身份、地位的界定,实现对社会的编码。

这种编码的本质特征就是差异性,社会通过符号来编码,并最终根据消费的差异将社会划分为不同的社会等级。"物并不存在于对需要的满足之中,而是存在于象征性的劳动之中,存在于一种'生产'之中。这种生产包含

① [法]鲍德里亚:《消费社会》,刘成富等译,南京大学出版社,2000年,第3~4页。
② 同上,前言,第2页。
③ 同上,第47页。
④ [法]鲍德里亚:《符号政治经济学批判》,夏莹译,南京大学出版社,2009年,第58页。
⑤ 同上,第28页。

了证明与生产的双重含义——物不仅被生产出来，同时还作为证明被生产出来"[①]，在符号的作用下，物质提供的不是某种功能性，而是"社会价值持续而有形的证明"。鲍德里亚在这里提到了中产阶级。在他看来，这个阶级的地位特别微妙，与无产阶级相比，这个阶层的人拥有优越性，他们所拥有的物品在某种程度上可以说是过剩的。但是对另外一个阶级，即上层阶级来说，它又是匮乏的。中产阶级正是通过消费、通过符号，一方面确定了自己的位置，但另一方面也明确了自己的限度——能够拥有的就仅此而已。因此，他们既感到得意，又不得不常常焦虑。可以看出，人们正是在消费而不是在生产中完成了对资本主义社会关系的建构和强化。在生产社会中，人的本质和人的现实关系都被商品或货币所掩盖。那么到了消费社会，人的现实性和合理性，则只能存在于符号的编码之中，受符号/价值所控制。

马克思认为，在消费社会起作用的是符号/价值，而不再是生产社会的交换价值。为了更好地区别符号/价值和交换价值，鲍德里亚举了绘画和拍卖的例子。他认为和一般的消费不同，在进行绘画拍卖的时候，"货币不是作为可分割的交换价值而被花费，而是作为不可分割的奢侈性价值被花费，从而使其发生质的变化"[②]。此时，实现的并不是交换价值向使用价值的转换，而是一种被马克思的政治经济学所忽视的大写的"花费"——符号/价值的消费。在拍卖中，这种奢侈性的花费，指向的就不再是绘画的使用价值，而是这幅画背后隐喻的地位、财富等。于是绘画成为一种"声望符号"，它"从一个继承者到另一个继承者的传承使其具有了某种贵族的头衔，在它被传承的历史中获得了声望"[③]。而在符号的流通中，又产生了一种新的价值——剩余价值，和经济学上的剩余价值不同的是，它并不带来利润，而是带来一种合法性。绘画的拍卖体现出来的消费，不再是一种满足需要的经济行为，而成为一个充满竞争的、激动人心的游戏。在绘画拍卖这场游戏中，一方面存在着竞争，大家都想通过拍卖获得这幅绘画。但更重要的一个方面是，在绘画拍卖的竞争中，也帮助大家建构起了一个特权共同体，并将

---

① ［法］鲍德里亚：《符号政治经济学批判》，夏莹译，南京大学出版社，2009 年，第 13 页。

② 同上，第 135 页。

③ 同上，第 141 页。

这个特权共同体和其他阶层的人相互区别。在鲍德里亚看来,正是作为贵族象征的绘画作品,建构起了日常生活中人们真实的社会关系和社会地位,清晰地划分并巩固了社会阶层。购买绘画的人,是急切需要显示特权的人,而原本被人们认为绘画所该具有的那种审美功能和艺术与文化特性,只能存在于并不希望显示特权的人们那里。在这里,经济价值遭到了破坏,货币和绘画之间并不存在一种等价关系,而是一种与贵族等同的关系,并建立了一种新的价值——符号/价值。

在进行消费的时候,人的理性选择能力完全被符码的控制和诱导所替代,不仅仅是物品,包括人的现实性与人的价值,都被湮没在符号/价值之下,人被消费所奴役,并最终丧失了自己的主体性地位。因为消费社会最大的特征就是把真实的东西当作不真实的东西,而把不真实的东西当作真实的东西看待。现实的人被消费的幻觉所掩盖,人与人的现实关系被消费社会的符号编码所掩盖,"我们重新进入了那种贪恋不舍的预言性的话语之中,陷入了物品及其表面富裕的陷阱之中。不过,我们知道物品什么也不是,在其背后滋长着人际关系的空虚、滋长着物化社会生产力的巨大流通的空洞轮廓"①。

在鲍德里亚看来,"今天消费的差异性是被工业化生产出来的,他们被机械地灌注到一些共同的模型当中。它们不再源于个人化的相互挑战和交换。只有通过大众媒介的拟像,这样竞争才能再现"②。大众媒介就是一个符号世界,是一个只见符号或拟像,而不见真实的世界。现代社会,电影、电视等大众传媒的兴起与兴盛为符号/价值的抽象统治提供了有利的技术支持,它们充当着现实社会的拟真工具,不断地生产和制造符号,摹写出一个超真实的符号王国,并导致这个拟真的符号王国比真实的世界看起来还要真实,于是"真实"死亡了。"砸烂这个如果算得上是猥亵的,但物品丰盛的并由大众传媒尤其是电视竭力支持着的恶魔般的世界,这个时时威胁着我们每一位的世界。"③在消费社会里,人们往往通过媒介来感受物品。造成的

① [法]鲍德里亚:《消费社会》,刘成富等译,南京大学出版社,2000年,第231页。
② [法]鲍德里亚:《符号政治经济学批判》,夏莹译,南京大学出版社,2009年,第110页。
③ [法]鲍德里亚:《消费社会》,刘成富等译,南京大学出版社,2000年,前言,第2页。

印象是媒介里的物品才是真实的。在媒介里，商品被包装，它们被优美的语言、精美的画面、精心编织的故事所包裹，带给了人们超越于现实生活中真实的物品所带来的体验，并最终导致真实物品被符号和影像所遮蔽。例如，通过大众媒介的编码，汽车已经不再仅仅是满足代步的工具，而与财富、社会地位画上了等号。购买不同价位、不同层次的汽车，也导致了社会阶层的分化。汽车的级别越高、越珍贵，越代表着社会地位之高。鲍德里亚认为，大众媒体就是使社会向消费社会全面驯化的最有效的手段。"符码中隐藏了严谨的社会逻辑，虽然它从来不说出来，但却可以根据每种社会地位的特殊逻辑来重建和操控。"①可以看到，在现代社会的消费之中，隐藏着权力的机制。符号/价值也就构成了社会控制与整合的有力手段，牢牢地统治着消费社会里的人，使人的一切关系和人的一切现实性都必须通过借助符号和编码得以呈现。

但是作为最受欢迎的大众媒介，广告吊诡的地方就在于，它一方面具有同一性，告诉你：买这件东西吧，大家都在用它；另一方面又具有差异性，告诉你：买这件东西吧，因为它与众不同。原因就在于"它不能结构个性，只是将它指定和分级。它不能结构社会关系：它将它分割为一个等级分明的目录。它将自己形式化，成为社会身份标位的普遍体系：'地位'的符码"②。因此，通过广告所实现的不是对物的消费，从深层来讲更是对社会阶层的划分和强化。表面看来，购物似乎是个体的自由活动，你可以根据自己的需要选择购买某个产品，也可以选择不购买某个产品。但事实上，当我们进行购物的时候，我们就已经被广告中的符号所深深控制和左右了。此时的物品，提供给我们的就不再是功能性的需要，而是一种满足差异性的需要，一种身份、地位的划分和巩固的需要。"物品在过去一直都构成一种识别的体系，但是，经常只是和其他体系平行的配件（比如手势、仪式、仪礼、语言、出身、道德价值符号等）。我们社会的特点在于，所有其他定位体系都被逐步地吸收，只有'地位'符码一枝独秀。"③这里的社会地位的划分，依据的不再是传统社会中出身的划分，而是经济程度和我们的消费水平。在消费社会中，这

① ［法］鲍德里亚：《符号政治经济学批判》，夏莹译，南京大学出版社，2009 年，第 13 页。

②③ ［法］鲍德里亚：《物体系》，林志明译，上海人民出版社，2001 年，第 214 页。

种新型的地位符码通过广告被普遍化，从而变得更加无法让人挣脱，并最终使符号/价值在消费社会中完成和实现了社会化与客观化。至此，人与人的现实关系完全被商品中所体现的符号/价值关系所掩盖。符号代表差异性的关系，在消费社会，我们看到的人都只能是某一个阶层或等级的人。

在大众媒介的作用下，可以看到消费社会的最大特点就是："在空洞地、大量地了解符号基础上，否定真相。"①符号否定了我们生活的真相，我们却沉浸般地活在符号的世界之中，借由着符号所提供给我们的虽然我们并不在场的世界印象，而感受到我们和世界、和外界的密切联系。通过媒体和符号的作用，世界和我们的关系也变得无比微妙。鲍德里亚举了越南战争的例子，战争本来代表着血腥、武力、死亡，因此会让人觉得不舒服。但是当我们并没有参与到战争之中去，而只是通过电视来观看战争的时候，感觉到的却是带着某种邪恶的亲切和热烈。比起亲历真实的战争场面，人们更愿意与现实的世界保持距离，因为距离有时候意味着安全和安逸。鲍德里亚指出，大众传媒的玄妙之处就在于，在大众传媒中存在的东西是实际不存在但却又偏偏存在的事实。我们在大众传媒里获得的不是现实，而是对现实产生了眩晕。

这就是消费社会对人的抽象统治的秘密。鲍德里亚正是借助于索绪尔和巴特的语言学，将经济交换背后的符号/价值对人的抽象统治揭示出来。在消费社会里，不是交换价值，而是符号/价值，对人进行着全面的操控和统治。

需要注意的是，与生产社会的阶级对立相比，似乎消费社会的阶层划分看起来不再是界限分明、严格对抗的两极，甚至它允诺社会成员有从中产阶级成为上层阶级的可能。"在消费的发展过程中，群体将指向一种方向，其他群体的人则随着其收入的提高而朝着这个方向努力。"②阶层重组随时都有可能，鲍德里亚认为这只是消费社会制造出来的"消费的普遍化"的幻象。但事实上，这种跨越是很难实现的，所以鲍德里亚称之为"民主的借口"。鲍德里亚举了一个事例：一位商务代表购买了一辆和自己老板一模一样的车，

---

① ［法］鲍德里亚：《消费社会》，刘成富等译，南京大学出版社，2000 年，第 9 页。

② ［法］鲍德里亚：《符号政治经济学批判》，夏莹译，南京大学出版社，2009 年，第 52 页。

然后立刻就被解雇了。后来他虽然赢得诉讼获得补偿，但是却永远失去了这份工作。从中可以窥探到这种建立在符号/价值基础之上的差异性的社会关系，根深蒂固地存在于上层阶级的意识里，难以再突破。鲍德里亚认为，要想打破消费社会中符号/价值对人的抽象统治，重新建立人和人之间的真实关系，就必须完成符号政治经济学的批判。

三、人的存在方式的变革何以可能：从价值体系走向象征交换

在鲍德里亚看来，随着资本主义社会由原来的生产社会过渡到现在的消费社会，人类社会也就由原来的商品、资本的抽象统治，变成了符号对人的统治。所以他认为，要想解决现代人的生存困境，必须由对政治经济学的批判转向符号政治经济学的批判，从对价值的商品规律的批判转向对价值的结构规律的批判，并最终瓦解一切价值体系。

鲍德里亚将使用价值看作马克思政治经济学的一个核心范畴，并进行了批判。在他看来，"使用价值是政治经济学的真正秘密，它是人类中心论和一切人本主义意识形态的本质"。鲍德里亚指出，和政治经济学假设的相反，使用价值并非是对交换价值的超越，而恰恰是从交换价值体系产生和发展起来的。他认为，马克思的政治经济学批判，并不能真正实现解放人的目的。原因就在于马克思仅仅看到了资本主义社会中交换价值对人的压制，而没有意识到使用价值也是资产阶级意识形态的产物。

根据政治经济学的解释，使用价值是具体的、独特的、不可计算的，因而是现实的、无规定性的，是交换价值得以存在的现实载体。与交换价值的抽象和一般特性相对，我们往往将使用价值理解为：以物自身的属性为条件的，是具体的和特殊的，因为"人总是根据自己的需要来吃东西"。所以棉花就是棉花，猪油就是猪油，二者不能相互替代。根据这种理解，人们就会设定可能存在着没有交换价值的使用价值，也就是说人们认为可能存在着没有被卷入到市场经济的使用价值，它依靠的是物的功能性来满足人或社会的需要。这样使用价值就被政治经济学寄托了"超越市场经济、货币以及交

换价值而获得重生的期许”[①]。和交换价值被理解为抽象与一般不同，使用价值被视为是客观的、具有终极内在的目的。使用价值被人的理性不加怀疑地默认为是自然人的需要和物的有用性的神圣契合，所以使用价值被寄予如此的厚望——“如果个人在交换价值体系中被异化了，那么他至少还可以在他的需要中，在使用价值中回到他自身，成为他自己”[②]。鲍德里亚将这种理解视为政治经济学的唯心主义与人类学的幻象，问题在于这些政治经济学的信奉者将使用价值仅仅看作是自然人的需要与物的有用性之间的关系，而没有看到使用价值本身就是一种社会关系。鲍德里亚指出，人们倾向于将物品的功能性看作是物品的本质属性，但事实上物品的功能性价值是受到人们的社会道德制约的。而人们为了不让物品变成空洞的、没有用的物品，于是将所有的物品都投入到“劳动”之中，从而证明物是有用的、有价值的。所以使用价值指向的物的功能性，也是被人们的劳动创造出来的，因此它所呈现出来的关系是一种经济学意义上的关系。“使用价值，即有用性自身，也可以被拜物教化为一种社会关系，就如同商品的抽象等同一样，使用价值也是一种抽象。它是需求体系的抽象……正如社会劳动的抽象，它作为等价逻辑（交换价值）的基础，隐藏在商品的‘内在’价值之中。”[③]鲍德里亚认为，和交换价值一样，使用价值也是资本主义社会的产物，因而具有同样的抽象逻辑。

所以使用价值并不像政治经济学理解的那样，代表着现实的人的具体需求。使用价值并不是客观、本真的存在，而是被抽象出来的社会需求。“需求是抽象的社会劳动的等价物：在需求之上，构建了使用价值的体系，就如同抽象劳动是交换价值体系的基础一样。”他认为正如交换价值是劳动的抽象一样，使用价值也不是物自身所固有的，使用价值是社会需求的抽象，因而和交换价值一样就具有了可比拟性。在他看来，这仍然是符码的结果，在使用价值中，仍然可以窥探到价值规律的身影。

使用价值作为“一种社会规定”，也就使得物品丢掉了原来的客观性，而

① ［法］鲍德里亚：《符号政治经济学批判》，夏莹译，南京大学出版社，2009 年，第 155 页。

② 同上，第 161 页。

③ 同上，第 156 页。

成为一种世俗化、功能化的物。因而,使用价值所指向的人的需要并不是个体对自己需要的如实展示,而是一种被经济体系所引导和掌握的需要。在使用价值之中,体现出来的并不是物的有用性和人的需要之间的关系,而是社会关系。“使用价值本身就是一种社会关系,正如同在交换价值的意义上,生产者从来不是作为创造者而存在,而总是作为抽象的社会劳动力而存在。同样,在使用价值的体系中,消费者从来不是作为欲望和享乐的主体存在,而总是作为抽象的社会需求力而存在”①,因而回到使用价值之初的人,并不是政治经济学指认的那种真正独立自由的人,而是被经济秩序构造的人,作为抽象的社会个体而存在。人的一切现实的关系,都是在经济秩序之下展开和完成的。人也因此完全沦落为一个经济视域中的人,从而彻底丧失了人的完整性与丰富性。“人也不再是自己,而成为了这些功能性的和服务性的物中最美丽的一个”②,人也不再是真正的人,也成为商品。人的现实性和人的一切现实关系,都必须通过可计算的经济关系得以存在和被理解。

所以鲍德里亚认为,在政治经济学那里,不仅存在着交换价值的拜物教,还存在着使用价值的拜物教。不是一种,而是两种拜物教一起构成了商品拜物教。“正是因为使用价值能够作为一个体系,并不是作为一种操持的运作,它才能够被‘拜物教化’,正是体系的抽象才导致了拜物教化的过程”③,因为被视作使用价值基础的需要,与作为交换价值基础的社会劳动一样,也是一个抽象的社会体系,因而贯穿着等价的原则,因此和交换价值一样,使用价值也存在着拜物教。他认为,甚至使用价值的拜物教比交换价值的拜物教更为深刻和神秘。事实上,不仅交换价值是有价值维度、可计算的,使用价值也是有价值维度的,只是被隐藏了,在一开始的时候就被隐藏了。因而,使用价值所禀赋的资本主义的“价值”属性更加隐蔽和不被注意。但事实上,使用价值不仅和交换价值一样是存在着等价原则的抽象体系,而且使用价值体系延伸、加深了交换价值体系,并且为交换价值提供保障,是交换价值得以存在的基础,所以鲍德里亚将交换价值称为“政治经济学的皇

---

① ［法］鲍德里亚:《符号政治经济学批判》,夏莹译,南京大学出版社,2009年,第157页。

② 同上,第163页。

③ 同上,第156页。

冠和王权”,这就意味着使用价值绝不仅仅是作为交换价值的替身或补充而存在的。但是在事实中却是相反的,人们用各种各样的幻象掩盖了使用价值,并将其作为与交换对立的理想状态。

因此,在鲍德里亚看来,对解构交换价值之后的使用价值的期待,只不过是“政治经济学对某种美好理想的承诺”①。使用价值遵循的也是抽象等价的原则,使用价值中的人并不是人们所设想的那样自由和无遮蔽,人依然受到价值和规定的限制。在这个意义上,鲍德里亚认为,马克思的政治经济学的本质,仍然是一种资产阶级的意识形态,因为他没有看到使用价值的本质,没有看到和交换价值一样,使用价值也是资本主义社会的产物。鲍德里亚指出,仅仅通过马克思的政治经济学批判是不够的,还需要延伸到意指关系领域,也就是进入到符号政治经济学的批判之中。

在鲍德里亚看来,无论是马克思政治经济学里的使用价值和交换价值,还是消费社会里的符号/价值,其共同点就在于都对物品进行了价值的规定,因而都是可计算的。正是在这样的价值符码的架构之下,人的真实的关系都被隐蔽,被依附于使用价值、交换价值和符号价值等价值编码的控制之下,现实的人和人的现实性都被价值抽象和规定。鲍德里亚指出,在象征交换时代,原本我们对美以及风格的定义可能是成千上万的,大家从来没有考虑过符号,没有刻意追求某种一致性与普遍性。但是在资本主义社会,美的这些定义和丰富的内容,最终都消弭于功能美学的体系面前,成为抽象的、观念化的符号。鲍德里亚认为,要想恢复被压制的美的具体内容,就必须消解美之外的一切形式束缚和价值规定。

在消费社会中,鲍德里亚在对使用价值和交换价值的理解中,引入了所指和能指的关系。在他看来,使用价值和交换价值描述的是经济领域,而能指和所指面向的是意义领域。二者具有相同的逻辑形式。所指,在使用价值那里表现为理性的解码和社会差异性的用途;而能指,在交换价值那里就体现为交流的话语。正是在二者的价值同构的基础上,产生了现代社会的意识形态。但是和马克思所理解的意识形态不同,鲍德里亚反对将其仅仅

① [法]鲍德里亚:《符号政治经济学批判》,夏莹译,南京大学出版社,2009年,第159页。

看作一种思想的内容，而是将其看作一种形式，一种和现代社会的商品一样，不再意指某种具体的内容，而是一种象征性物质载体被还原和抽象后的形式。但是很遗憾，在现代社会中，形式往往被遮蔽或隐藏于内容之下。正是基于这样的观点，鲍德里亚申明“意识形态由此不存在于这种任何分裂的一方之中，相反，它是一种也是唯一一种贯穿于所有社会生产领域中的形式”①。鲍德里亚反对将意识形态看作是与经济基础割裂而存在的上层建筑。意识形态作为一种形式，既和经济领域的使用价值和交换价值相关，又和符号的能指和所指相关。正是在此基础上，鲍德里亚构建起了符号，也就是能指和所指与使用价值和交换价值的关系，商品也才能够进行意指。其中，符码在商品和符号之间起着决定作用，在商品和符号之间建立起某种价值体系，使消费得以展开和进行。这也意味着，在现代社会，对于任何物来说，只有经过符码的作用，将其转化为符号，建构起物和符号的价值关系，才能够被生产和交换。“只能承认这样一个事实：今天除非能够被解码为一种符号，任何事物（物、服务、身体、性、文化、知识等等）都不能被生产和交换，同样这些事物也不能仅仅作为商品来加以评估。”②和交换价值的抽象一样，符号/价值也是一种抽象的体系，试图将一切都纳入到它的体系之中。鲍德里亚认为，此时的物，呈现为符号/价值体系的物，并不体现物的真实，而是被符号所稀释的物，是一种看似真实但却是真实之物的拟像。不仅是经济领域，所有领域和层面（社会的、政治的）都被符号牢牢掌握和操控。鲍德里亚承认，符号自身具有对它的抽象合理性和任意性的超越。但是当符号自身进行超越和批判的时候，无论是试图通过能指超越所指，还是借助所指超越能指，鲍德里亚认为都是不现实的，都依然存在于能指与所指的建构之中，不仅挣脱不出符号的囚笼，反而会进一步强化建构符号逻辑的分裂。理由就是所有的意指关系，都是一种在符号中的被言说，都带有价值的确定性。现实臣服于价值的确定性的“裙领”之下，符码和仿真戴着真实的面具在四处上演。

鲍德里亚认为，要想打破符号/价值的抽象统治，就必须消灭符号。在

---

① ［法］鲍德里亚：《符号政治经济学批判》，夏莹译，南京大学出版社，2009 年，第 177 页。

② 同上，第 179 页。

他看来，只有在符号之外，才能不被言说，才能重新回归到不定性。“只有不定性（作为价值的一种断裂，作为符号/价值的另一面，或者作为对符号/价值的超越，以及作为象征性的显现）能够让符号的明确性与透明性、使用价值（理性的解码）与交换价值（流通的话语方式）都陷入危机之中。”①

因此，要想将被遮蔽的真实性解放出来，就必须打破一切外在的价值编码——不仅包括使用价值、交换价值编码，也要打破符号/价值等全部价值的编码，重新回到前价值符码时期，回到那个在生产与教化的理性的、可计算的体制之下被终结了的象征交换时期，也就是莫斯—巴塔耶所说的原始社会时期。鲍德里亚认为，象征交换之中是不存在符号价值和交换价值的，也不存在使用价值，它立足于一种非经济的社会回馈系统，有的只是礼物馈赠和节日里的象征交换。“在原始的礼物交换中，流通物品的地位和语言一样。物品既不是作为价值生产出来，也不是作为价值被消灭掉。它们的作用在于使交换不断地进行下去。”②在象征交换中，人与人之间是一种交换关系，这也就意味着，在象征交换那里，是没有生产者、商品和使用者的，也是没有需要和使用价值的，更加没有交换价值。交换，是纯粹的转移。而此时的物，是纯粹作为转移中的物而存在的。交换礼物双方的地位是平等的。礼物的独特性在于“一方面，它具有（相对的）任意性：它并不在意究竟是什么物被卷入其中，基于它所被给予的，它完全能够指示一种关系。另一方面，一旦它被给予了什么东西——同时也正因如此——那么礼物就是这种物，而不能是任何其他”，换言之，“礼物是任意的，同时也是绝对独一无二的”。③交换、可逆和无定性成为象征交换的本质特征，它拒绝一切的意义和被言说。“象征交换是一种属人的交换，包含着不定性（肯定的与否定的）”④，因而它与一切价值对立，因为它不可衡量、不可计算或编码，它是不明确、不确定的，此时人类才能真正摆脱一切价值的束缚，回归到人的真实状态和人的真实关系之中去。在那里人们进行的就不再是任何和价值有关的交换，而

① ［法］鲍德里亚：《符号政治经济学批判》，夏莹译，南京大学出版社，2009年，第182页。
② ［法］鲍德里亚：《生产之镜》，仰海峰译，中央编译出版社，2005年，第82页。
③ ［法］鲍德里亚：《符号政治经济学批判》，夏莹译，南京大学出版社，2009年，第62页。
④ 同上，第150页。

是一种极具"独特性、个体化的行为"的象征交换。而在他看来，只有象征交换才是无定性的本真，才能真正实现与全部价值领域完全断裂。"并不存在象征'价值'，而只存在象征'交换'，它将自身界定为一种与价值和符码不同，并超越了它们的存在。"在这里所有的价值形式都被否定，价值幻觉都被毁灭，无论是使用价值、交换价值，还是符号价值。"只有在象征交换中，那些独特的、个性化的行为（赠与、礼物交换等）所涉及到的物以及商品才是真正不可比的。属人的关系（非经济交换）使它们成为独一无二的。"[①]鲍德里亚认为，只有在交互性的交换中，物品才能真正摆脱来自权力或抽象结构的控制，人和人的关系才能被真实地呈现出来，"在被价值的恐怖主义一统天下的今天恢复一种言说的交互性"[②]。

鲍德里亚抓住了资本主义社会的新变化，可以说他对消费社会的分析，对消费社会中的符号编码，对资本主义社会人的生存命运的控制，对人的现实关系的遮蔽与压抑的揭示，都是深刻而富有启示意义的，在某种程度上丰富和深化了马克思关于资本主义社会研究的理论，也为我们更好地理解和解决现代新兴的社会问题提供了有利的参考和借鉴。

但需要揭示的是，鲍德里亚的理论建构中存在着很多的问题，比如存在着对马克思学说的大量误读，从而直接导致了鲍德里亚将资本主义社会的生产与消费人为割裂，使得他不可能找到解决消费社会问题的现实力量。而且鲍德里亚对消费社会的研究，是建立在语言的能指、所指、意指、意识形态等的基础上，缺乏研究的客观基础。事实上，消费社会中物品背后所承载的这些符号与意义，并不是物品自身所具有的，而是由人所想象和制造出来的。它是主观的，也是抽象和虚拟的，因而必须借助物品这一具体形式呈现出来。电影、电视等大众媒介里的广告，还有明星效应，追根究底都是由生产厂家制造出来的，其最终目的还是为了控制和掌握消费者的需求，最大限度地刺激消费，维护自己的生产利益。因而从某种程度上说，消费仍然是由生产所主导的，是由资本家所主导的，其根源就在于资本家的趋利——最大可能地获取资本与剩余价值。因此，消费问题归根结底还是由生产问题所

① ［法］鲍德里亚：《符号政治经济学批判》，夏莹译，南京大学出版社，2009 年，第 156 页。
② 同上，第 268 页。

导致的。

尽管鲍德里亚提出了符号政治经济学的批判口号，但最终他只能将人的解放的理想，诉诸原始社会的象征交换，寄希望于借助象征交换来消解消费社会的符号/价值统治。在他看来，象征交换是“建立在非生产的、最后破坏的基础上，建立在人与人之间连续的、不受限制的相互性过程的基础上，建立在对商品交换严格限制的基础上”①，因而象征交换里发生和体现着的才是人的真实生存的样子，完成和实现的才是属于人之为人的真实关系——没有被任何外在的规定性所言说和界定的真实关系。而这样的时期，只能存在于前资本主义社会时期，是回不去的过去。“当真实不再是原来的样子，乡愁的意义便全然勃发”，在这种浪漫主义乡愁的指引下，鲍德里亚最终只能从象征交换走向死亡。

① ［法］鲍德里亚：《生产之镜》，仰海峰译，中央编译出版社，2005 年，第 64 页。

第十三章　用激进民主政治来创建人新的存在状态

——拉克劳、墨菲对人的存在方式的“后马克思主义”解析

尽管国内学界对于存在主义的谈论已非常鲜见,但存在主义作为现代哲学的主要形态之一确是一个不争的事实。现代哲学家尤其是现代西方哲学家不可能超越这一最早由叔本华、克尔凯廓尔、马克思、尼采等人所开创,后由萨特、海德格尔等人所推进的哲学形态。而拉克劳、墨菲作为当代西方马克思主义阵营中的重要人物,之所以能够在当代西方马克思主义的家族谱系中占有一席之地,无不得益于他们善于将存在主义、结构主义、后现代主义、葛兰西主义、马克思主义等思想熔于一炉,从而陶冶出自己的后马克思主义思想。因此,存在主义在拉克劳、墨菲的思想中是根深蒂固的,这一点毋庸置疑。然而我们始终要明白,虽然拉克劳、墨菲的存在主义分享了传统存在主义的一些范式和共性,但经过后结构主义、结构主义、葛兰西主义等思想洗礼之后的存在主义已经不再是传统意义上的存在主义,它一定具有不同的风格和变数。确切来讲,拉克劳、墨菲的存在主义思想是穿梭在后现代主义、后结构主义、葛兰西主义、马克思主义等思想之间的一场舞蹈,是在在场形而上学批判、现代性批判、资本逻辑批判等批判之间演奏的一支交响曲。故此,对拉克劳、墨菲关于人的存在方式的研究不能脱离上述语境。

一、对人的存在方式研究的前行性语境分析

我们都知道,拉克劳、墨菲是后马克思主义思潮的开创者,他们明确将

自己的思想称之为“后马克思主义”[1]。然而后马克思主义(post-Marxism)之“后”(post)究竟是什么意思？对“后”的准确理解直接关系到我们对拉克劳、墨菲关于人的存在方式的研究,因此必须对这一词进行前行性的语境分析。我们总体上认为,后马克思主义之后一词尽管包含很多维度,比如后工业主义、后葛兰西主义、后阿尔都塞主义、后拉康主义、后结构主义、后现代主义、解构主义等,但在拉克劳、墨菲那里,他们的“后”大致蕴含三个维度:结构主义、后结构主义以和后现代主义。

(一)拉克劳、墨菲思想中的结构主义因素

拉克劳、墨菲的思想中有着强烈的结构主义情结,在这个问题上,保罗·鲍曼看得最透彻。他曾经敏锐地向拉克劳问道:“在最近提交的一篇论文时,你把这样的说明置于文首:‘你喜欢从索绪尔谈起’,显然,作为开始分析的方式,它清楚地表明了你的起始位置。——如果你自己的著作的可理解性取决于对索绪尔的认知,这一‘事实’或关系距离思考(或接近)霸权的‘逻辑’有多远?”[2]而拉克劳的回答是:“在我理论思考的开端提及索绪尔具有非常大的启迪价值,而且,当我力图通过与结构主义和后结构主义传统的对话阐发我的后葛兰西主义观点时,这种语言的偏爱被大大加强了。”[3]

由此可见,结构主义已深入拉克劳、墨菲思想的骨髓,他们从索绪尔、斯特劳斯、拉康、巴特等结构主义思想家那里吸收了很多的思想资源。

1. 索绪尔的话语理论

现代哲学的语言学转向除了与分析哲学家如维特根斯坦等人的努力有关之外,菲尔德南·索绪尔的贡献同样不可抹杀,他的许多理论,如语言(language)和言语(parole)的区分、所指(signified)与能指(signifier)的区分等影响了后世的人们。如果要探讨索绪尔对拉克劳、墨菲的影响,他的两个主要思想必须引起重视:

第一,索绪尔在对语言和言语的区分中所隐含的话语本体论的思想影

---

① [英]恩斯特·拉克劳、[英]查特尔·墨菲:《领导权与社会主义的策略》,尹树广、鉴传今译,黑龙江人民出版社,2003年,第4页。

② 周凡等编译:《后马克思主义:批判与辩护》,中央编译出版社,2007年,第153~154页。

③ 同上,第154页。

响了拉克劳、墨菲的话语理论。尽管拉克劳、墨菲对索绪尔的话语理论总是不免指责之词，但在很多场合，拉克劳、墨菲总是要套用索绪尔的理论。索绪尔在自己的语言学中区分了言语和语言，而拉克劳、墨菲在对社会关系的分析时区分了领导权关系和阶级关系，为了说明领导权和阶级的关系，拉克劳就套用了索绪尔的言语和语言的区分，拉克劳这样写道："正是社会代表的同一性是由他们在第一叙事中的结构立场所决定的。因此两种叙事之间存在着不平等的关系：领导权关系增补阶级关系。用索绪尔所说的差别来看，我们只能说，领导权的关系永远是言语事实，而阶级关系是语言事实。"①

第二，索绪尔在对所指与能指的区分中提出的"音链"思想、在对句段关系和联想关系的区分中提出的"语链"思想、在对语言的分析中提出的语言是由具有差异的符号按照不同原则形成的、对等系统等思想同样是拉克劳、墨菲"接合"（articulation）理论、对等逻辑（equivalential logic）的最初启发。拉克劳、墨菲在打造自己的领导权概念时，提出了"接合"的概念，接合是通过关节点的中介作用把各种行动者（agent）要素铰合（hinges）在一起而形成联合的领导权，这样的领导权是按照对等链（equivalential chain）的逻辑而形成的，即各行动者要素之间是平等的，同时又是有差异的。拉克劳、墨菲的这些思想与索绪尔在语言思想中提出的"音链""语链"思想不谋而合。

2. 斯特劳斯的差异思想

通常人们对斯特劳斯的误解很深，有人认为斯特劳斯对结构的强调使其难以摆脱还原论的怀疑，因此总是会把斯特劳斯当作一位还原论者来看待。其实，这是我们对斯特劳斯的误判。不可否认，斯特劳斯的结构主义思想有还原论的倾向，但这不是斯特劳斯的主要思想，我们不可刻意夸大这种倾向，而应当看到斯特劳斯的主要贡献。

斯特劳斯是一位自觉反对西方中心主义的重要思想家，他出于对西方文明中心论的不满而转向了对原始文明的研究。在西方文明和原始文明之间，斯特劳斯认为，两者并没有高低贵贱之分。他主张在承认差异的基础上尊重文明的多样性，保持对不同文明的认同，反对某种文明尤其是西方文明

---

① ［英］恩斯特·拉克劳、［英］查特尔·墨菲：《领导权与社会主义的策略》，尹树广、鉴传今译，黑龙江人民出版社，2003 年，第 53 页。

对其他文明的支配和侵蚀。从斯特劳斯的所作所为中可以强烈地感受到他对多元性、差异性、多样性和异质性的强调，极力反对中心主义和单一主体论。尽管斯特劳斯主张认同，但是这种认同也是承认差异前提下的认同。从这些角度来讲，拉克劳、墨菲受斯特劳斯的影响是不可忽视的，因为后马克思主义也反对单一主体的优先性和中心性，认为不同的主体在推动社会发展的过程中都具有同等的重要性；而且拉克劳、墨菲主张的等同逻辑也是承认差异下的等同。

3. 阿尔都塞的反决定论思想

拉克劳在其著作中反复提及阿尔都塞对其思想的启发。而墨菲更不用说了，他本人就是阿尔都塞的学生，不可能不受阿尔都塞的影响。

阿尔都塞是结构主义马克思主义的代表人物，他之所以提出结构主义的马克思主义，是出于对存在主义马克思主义的反对。阿尔都塞认为，存在主义马克思主义把马克思主义解读成一种人道主义，这是对马克思主义的一种误读，是对马克思主义科学性的玷污。在阿尔都塞看来，马克思主义根本就不是一种人道主义，甚至是一种反人道主义。当存在主义的马克思主义把马克思主义看成一种人道主义的时候，将客观的社会关系简化为人的关系的时候，一种因果决定论或还原论的思想始终贯穿其中，而这是阿尔都塞对其严重不满的地方。

阿尔都塞严厉反对还原论思想，尤其是反对经济还原论或经济决定论思想，认为不能从经济基础出发来解释上层建筑，同时也不能用经济地位来解释人的权力地位，主张用多元论的立场来解释社会现象，这些思想对拉克劳、墨菲的启发很大，难怪拉克劳会说："我认为阿尔都塞的工作……有超越决定论的想法，这集中在关于马克思的书中，事实上，某种程度上允许了去结束经典的简化论，因为作为根本矛盾的阶级矛盾不再抵达。因此，这种超越矛盾决定的理念完全允许我们开始转向到非简化论的方向。"[①]拉克劳在这里的概括非常准确和精到，他确实是沿着阿尔都塞所开创的非还原论路向颠覆了教条马克思主义的许多概念。在某种意义上，拉克劳、墨菲的思想

① 周凡等编译：《后马克思主义：批判与辩护》，中央编译出版社，2007年，第178页。

是阿尔都塞主义的进一步激进化，是放大的阿尔都塞主义。因此，拉克劳在回顾自己的学术生涯转变时曾经说道："我与人本主义的马克思主义的冲突使我能够阐发出我自己的理论观点与方法——它一开始受到阿尔都塞的强烈影响。"①拉克劳的许多概念如召询（interpellation）等都是在阿尔都塞非决定论的意义上来进行理解的。②

（二）拉克劳、墨菲思想中的后结构主义因素

尽管拉克劳、墨菲受结构主义的影响很大，但从总体上来讲，拉克劳、墨菲对于结构主义显然不满。为什么拉克劳、墨菲对结构主义会有不满，原因很多，但归纳起来不外乎以下四个方面：

第一，拉克劳、墨菲认为，结构主义在语言问题上的不彻底性会走向实体主义、主体主义。在拉克劳看来，尽管结构主义者始终强调语言的重要性，尽管语言学理论看起来非常精致，但只要结构主义把语言当作形式而不是实质，把语言当作语言符号，把主体当作话语之外的存在，那么这样的语言观必然会使结构主义陷入诸多自相矛盾的境地。为了化解这些矛盾，结构主义者最后只好诉诸实体、主体的观念，从而使得结构主义仍然难以摆脱实体主义、主体主义的窘境。这种窘境在结构主义者索绪尔那里表现得尤为突出："语言学的形式主义的不断精致化却使人很快理解到：索绪尔的理论建立在种种歧义的基础上——这些歧义只是被基本原则所掩盖，但是，原则本身和它的基本假定是相互矛盾的。且以能指与所指的区分为例：如果语言是形式而不是实质，如果在能指序列和所指序列之间存在完整的同型关系，那么在二者之间如何可能建立差异呢？索绪尔只能诉诸实体的观念：某一情形下是语音实体；而在另一情形下是概念实体。至于语言和言语之间的区分（即作为集体'宝库'的语言与每一个言说者个体对其使用之间的区分），只有假设主体外在于语言系统，这种区分才是可以维持的。因此，这一体系内的基本对立中的每一个都需要从外部界定，如此一来，就把语言学的形式主义禁锢在新的局限之内。"③

---

① 周凡等编译：《后马克思主义：批判与辩护》，中央编译出版社，2007 年，第 167 页。

② See Nicos P. Mouzelis, *Post-marxist Alternatives*, 1999, Appendix.

③ 周凡等编译：《后马克思主义：批判与辩护》，中央编译出版社，2007 年，第 78 页。

而拉克劳认为,语言就是一切,一切都是话语,因此结构主义在语言问题上的不彻底立场必然会遭到拉克劳、墨菲的批评。

第二,拉克劳、墨菲指出,结构主义认为,能指序列和同指序列之间存在同型关系,这是同一性哲学的表现。尽管结构主义当初建立语言学时主张差异原则是语言学设立的两个基本原则之一,但在实际过程中,他们并没有很好地把握这一原则,而是坚持认为,能指序列和同指序列之间存在同构的关系或者是稳定的关系。在拉克劳、墨菲义看来,这是同一性哲学在语言问题上的表现。而拉克劳、墨菲认为,能指和所指之间并不存在固定的关系。

第三,拉克劳、墨菲认为,结构主义所主张的语言对象的先在性或自明性具有在场形而上学的意味。在场形而上学主张,对象或客体的存在是客观的、先在的、自明的,不以人的存在为转移,或者说在人之先就已经有了对象的存在。对象的存在是个先天的事实,不容有任何的怀疑,这是在场形而上学的显明特征。尽管结构主义有把一切研究对象归结为语言的倾向,但拉克劳、墨菲认为,结构主义在语言问题上仍然脱离不了旧哲学的残遗,这集中表现在它对语言对象问题的处理上。因为在结构主义看来,语言对象不是通过话语建构起来,而是先于话语建构而存在的客观对象,这种立场显然是在场形而上学在语言学中的再现。

第四,拉克劳、墨菲认为,结构主义坚守符号的固定性、词义的单一性和符号系统的封闭性等说法,具有本质主义的阴影。结构主义不仅认为语言对象是先在的,而且也认为构成语言的符号是固定的、语词的意义是单一的、符号系统是封闭的,这些主张在拉克劳、墨菲看来,都是结构主义所固有的本质主义立场作祟的结果。针对结构主义的这种本质主义特征,拉克劳批评道:"在索绪尔的分析中,把语言看成是没有绝对词项的差异系统,在此系统中,词项的意义纯粹是关系性的并且只被它与所有其他项的对立所决定,因此中心概念是价值。但是这告诉我们:呈现给我们的是封闭系统可能性的条件:只有在其中才可能以那样的方式固定每一个要素的意义,当语言学模式被引入到一般人文科学领域时,正是由于这个系统性作用的控制,结构主义才变成了新形式的本质主义:一种对构成了任何可能变化的内在规律的根本结构的需求。”①

总之，在拉克劳、墨菲看来，结构主义者由于或多或少存在以上理论上的现代性特征，因此他们总是不知不觉地陷入各种各样的现代性困境。比如阿尔都塞，因为太强调结构的首要性，从而陷入了另一种形式的决定论，即结构决定论，而这些都是拉克劳、墨菲所要反对和破除的东西，因此结构主义遭到拉克劳、墨菲的批评也就是情理之中的事情了。

拉克劳、墨菲因反对结构主义的各种弊端而走向对后结构主义的关注，因此拉康、巴特、福柯、德里达等人的思想成为拉克劳、墨菲关注的焦点。

1. 拉康的精神分析理论

虽然拉克劳这样说过：“尽管我本人自主得出的结论将我带到与拉康的主体性概念相距不远的位置，但我并不是从拉康的理论分析开始的。”②也许拉克劳的理论确实不是从拉康那里开始，但拉康的许多理论，如作为话语的精神分析理论、自我理论、象征理论等都对拉克劳、墨菲有重要的影响，这些影响归纳起来有以下内容：

第一，拉康在精神分析中所阐述的象征理论对拉克劳、墨菲的话语理论有一定启发。拉康的精神分析理论更强调弗洛伊德中期的理论，因为此时弗洛伊德关于梦、失语等现象的精神分析有一种话语化的倾向，而拉康在此基础上进一步将精神分析与话语分析勾连起来，认为通过对孩童与精神病人的语言进行分析，可以揭示出他们的语言背后的无意识结构，从而找到真实的心理动机和病根。出于这样的目的，拉康将人的心理状态划分为想象界、象征界、实在界三个发展阶段，在对不同阶段的关系进行考察的过程中，拉康始终强调话语分析，并把想象界、象征界、实在界的意义与语言的意义对应起来，这些对应为拉克劳、墨菲提供了很多理论上的启示，难怪拉克劳会说：“在我们的工作中，它是我们称之为‘话语’的东西，它同拉康理论中称之为‘象征’的东西高度吻合。”③

---

① ［英］恩斯特·拉克劳、［英］查特尔·墨菲：《领导权与社会主义的策略》，尹树广、鉴传今译，黑龙江人民出版社，2003 年，第 125 页。

② 周凡等编译：《后马克思主义：批判与辩护》，中央编译出版社，2007 年，第 158 ~ 159 页。

③ ［美］巴特勒、［英］拉克劳、［斯洛文尼亚］齐泽克：《偶然性、霸权和普遍性》，胡大平等译，江苏人民出版社，2004 年，第 74 页。

第二,拉康在精神分析中所强调的“突出点”理论是后马克思主义“关节点”概念的来源。后马克思主义在打造自己的“领导权”(hegemony)理论时,总是强调关节点的重要性,认为领导权的构造是通过诸多“关节点”而铰合或缝合起来的。这样一种理论,拉克劳明确指出是受拉康的启发而提出来的,在《领导权与社会主义的策略》中拉克劳说:“我们把被赋予特权的局部固定性的话语点称为关节点。[拉康一直通过他的缝迹间的突出点(points de caption)这个概念——固定表意链意义的被赋予特权的能指——强调这些局部的固定。这个表意链生产力的限度建立起使得预言成为可能的出发点——不能产生任何固定意义的话语是关于精神病的话语。]”①

2. 巴特的符号学理论

拉克劳在著作中很少谈到巴特,但这并不说明巴特对拉克劳的影响就很少,相反,在拉克劳的思想深处,始终盘踞着巴特思想的阴影,这表现在以下几个方面:

第一,拉克劳在自己的论著中经常谈到“空洞的能指”(empty signifier)这一概念。这一概念显然不是拉克劳生造的,而明显是受了巴特“零度写作”概念的启发而提出来的。巴特在《写作的零度》中提出了“零度”概念,零度是没有特定所指的能指。尽管这一能指没有特定的所指,这一能指看起来是空洞的和形式的,但同时又是完满的和富有意义的。所有的完满和意义就来源于能指的空洞,正因为它是空洞的,所以它能够有无限的可能,这就是空洞能指的魅力所在。这就好比中国人所讲的最高境界“无”,“无”并不是一无所有,而是应有尽有,是一切有的来源、一切意义的所在、一切可能性的集散地。拉克劳的“空洞的能指”是在深入体会巴特“零度”概念魅力基础上的进一步凝练。

第二,巴特神话学中所隐含的政治意识形态指向对拉克劳、墨菲也有一定的影响。巴特从对写作的零度状态的考察转向对神话的考察,在这种转变中,巴特认为,任何话语系统、符码、符号背后,始终隐含着意识形态等扭曲的、压制人的东西。巴特对神话的分析就是保留神话背后这些阴暗的东

① [英]恩斯特·拉克劳、[英]查特尔·墨菲:《领导权与社会主义的策略》,尹树广、鉴传今译,黑龙江人民出版社,2003年,第124~125页。

西。从这个角度来讲，巴特的神话学根本不是纯粹的、与世事无涉的死学问，而是对传统或现实的意识形态统治的颠覆，它始终透出巴特对现实政治的关注。巴特的这种立场与拉克劳、墨菲对政治优先性的强调、对各种新社会运动的意识形态颠覆性力量的重视一脉相承。

第三，巴特所主张的符号系统是开放的而不是封闭的、所指和能指并不存在固定的关系，文本的意义由读者决定而非由作者决定，对“个体”身体等概念的强调等理论都是对传统哲学的颠覆。这些思想都或多或少影响了拉克劳和墨菲。

3. 福柯的权力话语理论

福柯对于现代思想来讲是一个不可跨越的蓄水池，现代思想家不管对福柯持怎样的态度，在精神上总是无法绕过福柯的影响。拉克劳、墨菲在这个问题上同样如此，尽管表示与福柯的思想有距离，但精神上始终以福柯的思想为依归。

福柯对拉克劳、墨菲的影响可以说是全方位的，但最主要的影响恐怕还是福柯在对知识和权力的关系分析中所透露出来的思想。

福柯是一位天才式的思想家，这位思想家对后代最重要的贡献莫过于他在对监狱、疯癫、性等分析中所揭示出来的无所不在的文明的压制。在福柯看来，社会就是一个大监狱，人们时时刻刻都处在一种受监视、控制、规训的状态，无论是他的知识考古学还是他的系谱学，都是要揭示现代社会的压制性。

福柯认为，疯人院的形成、现代监狱制度的兴起、性观念的转变等，都与近代知识观逐渐占主导地位有关，近代知识话语建构了现代社会，而将前现代的一切东西都打入冷宫，或宣布前现代的东西都是非法的、非理性的。从这个角度来讲，知识不仅仅是一种真理，更是一种权力，知识和权力之间有一种共谋。貌似追求真理的知识其实为权力所左右，而知识又为权力的巩固提供了智力支撑。

福柯通过自己的智力努力，揭示了权力和压迫的无所不在性，但这种揭示同时也意味着反抗、对抗的无所不在性，因为哪里有压迫哪里就有反抗，这是确定无疑的事情。在这一点，福柯对拉克劳、墨菲有较深刻的影响，拉克劳、墨菲对各种“新社会运动”力量的首肯，对对抗性不可根除的信念等，都是福柯影响的现实体现。

当然，福柯对话语理论的强调所具有的意义还不止这些，它同时还意味着对近代主体性哲学的消解，因为在福柯看来，不是主体构造了话语，而是话语建构了主体。这也就是福柯的“人之死”宣告的题中应有之义。福柯这种对主体性哲学消解的努力同样对拉克劳、墨菲有着深远的影响，拉克劳、墨菲对阶级主体的否定、对工人阶级概念的解构，都是福柯的思想在拉克劳、墨菲思想中的继续。

4. 德里达的解构主义

在众多对拉克劳、墨菲有着重大影响的思想家中，德里达是为数不多的与拉克劳、墨菲有过直接交锋的人物，如果说其他思想家对拉克劳、墨菲的影响是间接的话，那么德里达对拉克劳、墨菲的影响却是直接的、当下的。

对于德里达这样一个伟大的思想家，拉克劳、墨菲对之始终肃然起敬，尽管德里达对拉克劳、墨菲有过批评，尽管有人认为拉克劳、墨菲与德里达之间有龃龉，但拉克劳、墨菲却并不认为自己的思想与德里达有什么冲突，而是认为两者的思想是一致的。因此，针对德里达对后马克思主义的批评，拉克劳总是这样申辩：“我认为德里达所宣称的东西完全不是针对我的话（即你引用的关于强制与说服的话）提出质疑。德里达关于男权制（fratriarchy）所说的话指的是一个与强制/说服所提出的问题截然不同的问题。至于你对德里达的其他引用，我以为他是指向一个对我的分析加以补充的维度。”①

拉克劳、墨菲在思想上唯德里达马首是瞻，绝不是偶然的，而确实像拉克劳、墨菲所宣称的那样，两者在思想取向上存在一致性。

用解构主义来定义德里达的思想恐怕并不为过，因为德里达确实是以解构的姿态出现在西方思想史的舞台上。而如果说拉克劳、墨菲对德里达思想有什么继承的话，也在于德里达的这种解构主义立场。

德里达解构主义的目的是要解构从古希腊以来的逻各斯中心主义或者

① 周凡等编译：《后马克思主义：批判与辩护》，中央编译出版社，2007 年，第 153 页。

说在场形而上学，这种逻各斯中心主义是西方各种现代性思维如基础主义、主体主义、二元论等存在的最根本的思想根源。在德里达看来，这种逻各斯中心主义最集中体现在西方文明对声音的褒扬及对文字的贬斥这一现象当中，即所谓的语音中心主义当中。因此，要解构逻各斯中心主义，德里达认为，必须从颠覆语音中心主义开始，而他的《声音与现象》的主要目的就是对语音优先性的消解、对文字重要性的强调。但是这并不意味着德里达从语音中心主义走向了另一种中心主义即文字中心主义，这不符合德里达解构主义的精神，解构就是要反对一切中心。德里达对文字的强调其实是要继续彰显解构的真义。因为在德里达看来，文字的字符是流动的、文本的意义是开放的，他用“延异”（différance）一词来概括文本的特征。延异一词较鲜明地体现了德里达的解构主义精髓，因为延异是对差异、区分、多样、流动的强调。这意味着，在场形而上学所固守的同一性、确定性、单一性、主体性、本质性、普遍性等东西在德里达的延异面前都烟消云散了。这就是解构主义的魅力。

如果说拉克劳、墨菲对福柯等其他后结构主义者还稍有微词的话，那么对于德里达，拉克劳、墨菲则没有任何不恭之处，并且将德里达解构主义的精神在马克思主义研究领域发挥到了极致。德里达是对传统西方文明的全面解构，拉克劳、墨菲是对教条马克思主义的全面解构，并且从拉克劳、墨菲的解构手法上来看，无不透露着德里达解构主义的气息。可见，拉克劳、墨菲对德里达的认同并不是无由头的，因为拉克劳、墨菲的后马克思主义在某种程度上来讲是另一种形式的德里达主义。

（三）拉克劳、墨菲思想中的后现代主义因素

尽管后结构主义在某种程度上打破了结构主义在语言问题上的本质主义、主体主义等现代性的东西，但拉克劳、墨菲对于一些后结构主义者，比如福柯还是颇有微词。因为拉克劳、墨菲认为，虽然福柯强调了话语的重要性，但没有把话语进行彻底化。也就是说，在拉克劳、墨菲看来，福柯只是把话语当作众多对象当中的一种，而不是把所有的对象都看作是话语的建构物。这是拉克劳、墨菲对福柯等后结构主义不满的地方，因为拉克劳、墨菲拒绝话语和非话语的区分，认为一切都是话语的构造，就像拉克劳所说的那样：“我们的分析拒绝话语和非话语实践之间的差别，而肯定了(1)每个对象被构造为话语对象,只要对象不是在每一个出现的话语条件之外给定的;(2)通常被叫做语言与社会实践行为方面之间的任何差别,或者是错误的差别,或者应该在意义的社会生产中发现它是一话语总体形式被结构化的区别。"[①]福柯要么在话语和非话语之间进行区分,要么把话语实践只限制在临床医学的范围,这种对待话语的不彻底性引起了拉克劳、墨菲的不满,或许是因为这种不满,使得拉克劳、墨菲对后现代主义理论流连忘返。

拉克劳曾说:"后现代性这一主题肇始于美学,而后日渐扩展,以至于成为我们文化、哲学和政治经验的新视域。特别在后一领域(在此我仅将我的分析限定在这一领域内),后现代性借助于两种日渐趋同的运思方式获得了发展。"[②]由此可见,拉克劳对于后现代主义在政治领域中的拓展有着较为密切的关注和认可,拉克劳、墨菲与后现代主义的关联并不是我们空穴来风的牵强附会。

那么拉克劳、墨菲究竟对于后现代主义有着怎样的看法?或者说它从后现代主义那里吸收了什么东西?这些有待我们仔细的考察后才能得出明确的结论。

通常人们总是认为,后现代主义是对现代性的全面质疑、批判和颠覆,假如认同了后现代性的话,那么意味着对现代性的全盘拒斥。但拉克劳、墨菲在后现代主义与现代性的关系问题上,却并不持如此简单的看法,而是有着更为复杂的情绪。后马克思主义并不一味地认同后现代主义的所有东西,也不是一味地抵制现代性。在拉克劳、墨菲看来,后现代性固然意味着对"基础""本质"等现代性东西的消解,但后现代主义对于现代性的东西又有某种保留,"如果说存在某一意义上的后现代性——即在各种不同的表现形式中建立某种'家族类似'的前一理论的关联的集合体,那么这种意义上的后现代性仅仅意味着诸如'基础'、'全新'、'同一性'、'前卫'这样的范畴的瓦解与销蚀过程。'后现代状况'要质疑的东西,与其说是各种社会文化认同的抉择及不公平对待,还不如说是建构这些认同的逻辑原则及地位。

---

① [英]恩斯特·拉克劳、[英]查特尔·墨菲:《领导权与社会主义的策略》,尹树广、鉴传今译,黑龙江人民出版社,2003年,第116~117页。

② 周凡等编译:《后马克思主义:批判与辩护》,中央编译出版社,2007年,第74页。

因此，廓清现代性的局限比淡淡划定界线更为复杂，也更待进一步展开的事项。后现代性不可能是对现代性的简单拒绝，它包括对现代性主题及其范畴作出各种各样的调整，也需要现代性语言游戏的扩散增殖”①。

拉克劳、墨菲认为，如果要把后现代性与现代性完全割裂开来，要以一种新的话语终结或抛弃现代性的叙事，这是不可能的，仅仅是一种无谓的宣称而已，不仅如此，“甚至更为糟糕的是，为了用有效‘制造终结’来取代仅仅是被宣称的或被假设的‘终结’（这种‘终结’简直可以看作是唯意志主义的透明画）而不加鉴别地把‘终结’这一范畴引进话语，因为这无异于把刚刚抛弃的东西又偷偷地拿了回来。这种偷运可能以两种方式进行。首先，在某一事物终结的限度内，根本不同的事物出现了，在此情形下，就不可能避免‘新’的范畴和革新性的前卫观念，而这恰恰是后现代性话语意欲放弃的东西。另一方面，要求废弃元叙事（而不考虑其他叙事所发生的东西）就是在追求的目标上达到一种颇为节制的思想收益。同一性逻辑依然完全在场，只不过是从总体性领域完好无损地转移到了多种多样的原子化的叙事领域而已”②。

因此，与其说拉克劳、墨菲是对现代性的批判，不如说是对现代性的某些观念的调整，这是拉克劳、墨菲在对待现代性问题上与后现代主义不相一致的地方，尽管拉克劳、墨菲与后现代主义有某种思想上的关联。正因为拉克劳、墨菲对于现代性有着特殊的解读，因此它对后现代主义也有着不同的理解。

首先，后现代主义是对现代性所具有的绝对主义特征的削弱，而不是对现代性内容的否定。正如拉克劳所说：“后现代性并不意味着启蒙运动所开启的种种现代性价值的改变，而是对它们绝对主义品格的特别弱化。”③拉克劳认为，绝对主义是现代性的重要特征，这种特征形成的思想前提是“直接性”思维，即认为存在“自在之物”的思维。他认为，20世纪的三个主要思想派别——分析哲学、现象学和结构主义都有绝对主义的特征，而这又与三种思潮的直接性思维有关，“20世纪的思想史乃是建立在直接性的三种幻相（指涉物、现象和符号）的基础之上，三种幻相导致了三种思想传统：分析哲

---

①② 周凡等编译：《后马克思主义：批判与辩护》，中央编译出版社，2007年，第75页。

③ 同上，第77页。

学、现象学和结构主义”①。

自从笛卡尔提出“我思故我在”的命题以为哲学确立一个稳固的阿基米德点以来，哲学在绝对主义的道路上越陷越深，认为存在一个确定不移的哲学基点这一信念在几乎所有的近代和现代思想家身上都有所体现，只不过每一个思想家对这一哲学基点究竟是什么各持己见。尽管现代哲学，如分析哲学、现象学和结构主义对近代哲学存在某种程度上的反拨，但在拉克劳看来，当这几派哲学都只执着于认定存在某种诸如语言、现象、结构等最终的东西的时候，它们都具有不彻底性，都是现代性思维的继续延伸。

其次，后现代主义立足于多变的语境背景来重新界定现代性的内容，并将一种模糊性话语植入现代性。“如果说某某东西具有现代话语的特色，无非就是这样：它声称从思想上支配社会的基础，并自命为总体的历史观念设定了一个理性主义的背景，并且，它把后者作为全球范围人类解放规划的思想根据。照此看来，它们是一种关于本质的话语、是一种关于完全在场的同一性的话语，这种话语以这种或那种方式把自身建立在透明社会这一神话的基础上。相反，当这种完全在场的同一性被不可理解的外在因素——这种外在因素把不透明性这一维度和实用主义引进了现代性话语一味妄称的范畴之直接性和透明性——所威胁，后现代性就开始了。”②因此，与现代性对确定性、同一性、直接性、本质性、精确性、透明性等的强调不一样，后现代性重视的是模糊性、偶然性、复杂性、差异性、不确定性。

最后，拉克劳、墨菲对后现代主义的阐述以及对现代性的批判始终落实到对教条马克思主义的批判上来。“我试图从马克思主义传统与后现代性的关系角度来追溯后现代性的起源，因为在我看来，马克思主义既把现代性解放叙事推向了极点，同时又构成了现代性解放叙事最初呈现的诸多危机中的一种。从后马克思主义或后现代的马克思主义得以浮出历史地表的缘起而论，古典马克思主义的诸范畴所陷入的有关新语境是促成其形成的因由。”③拉克劳、墨菲借用后现代主义的思想不是其最终目的，其最终目的是

---

① 周凡等编译：《后马克思主义：批判与辩护》，中央编译出版社，2007 年，第 77 页。

② 同上，第 81 页。

③ 同上，第 82 页。

援用后现代主义的某些观点来有效地批判教条马克思主义。后现代主义在现代性与后现代性之间划界,并用后现代性的立场来反对现代性。同样,拉克劳、墨菲也要在教条马克思主义与后现代主义的马克思主义之间划界,并把教条马克思主义划归现代性的阵营,从而为自己用后现代主义的手法来批判教条马克思主义提供了理论依据。

总之,拉克劳、墨菲并不完全认同后现代主义,而是与后现代主义保持一定距离。它对后现代主义既有批评,但同时又吸收了后现代主义对确定性、精确性、统一性等进行解构的批判精神,以及后现代主义注重语境分析的立场。这些后现代主义因素时时隐现在拉克劳、墨菲的具体阐述之中。

二、对人的存在方式研究的主旨依归

从笛卡尔将人还原和简化成抽象的思维主体性以来,西方哲学在人的研究上可谓误入歧途,这条歧途在海德格尔等人看来在苏格拉底、亚里士多德等人的哲学那里就已经露出了端倪,以至于海德格尔等人的存在主义汲汲致力于扭转这一路径,试图将人拉回到其存在的背景中予以考察,并将历史性、具体性、社会性重新赋予了人。拉克劳、墨菲关于人的存在方式的理解固然不能脱离这一现代哲学语境而存在,但他们关于人的理解始终有其特殊的、具体的时代背景,即在新社会运动的时代背景下如何将各种运动的力量联合起来,这就涉及一个领导权(hegemony)的问题。因此,领导权问题始终是拉克劳、墨菲理论的致思依归和最终指向,不能脱离这一依归或指向而对拉克劳、墨菲的人的存在方式理论作孤立理解,否则就是断章取义。

20 世纪 60 年代以来,西方资本主义国家和一些第三世界国家都爆发了范围广泛的群众运动,而且群众运动的名目非常繁多,有学生起义、女权主义运动、生态运动、黑人民权运动、同性恋运动、反战运动等。斗争的形式也非常多样,如占领课堂、袭击警察、街头静坐、实施爆炸、抵制兵役、断路、暗杀、吸毒、性滥交等。这些运动或斗争形式,就是当代资本主义社会中所谓的"新社会运动"。在拉克劳、墨菲看来,所有这些斗争现象在马克思主义的设想中都是不可思议的,或者说被马克思主义排除在自己的社会主义斗争策略之外。因为马克思主义主张,在资本主义社会,随着剥削的加重,社会最终分裂成两大敌对阶级:资产阶级和无产阶级,这两大阶级的矛盾是无法调和的,必然会发生对抗。因此,马克思主义认为,无产阶级是推翻资本主义社会的主体力量,阶级斗争是无产阶级的主要斗争形式。言下之意就是,马克思主义不认为无产阶级之外的其他群体有资格承担推翻资产阶级的历史使命,也不认为阶级斗争之外的其他斗争形式会有重要的历史效果。

拉克劳、墨菲对于马克思主义的这些主张是根本不认同的。他们认为,马克思主义的这些想法是对社会复杂性的简化处理,它忽视了真实的社会现实,看不到工人阶级之外群体的真实利益和真实想法,更看不到这些群体抗争所具有的重要意义。因此,拉克劳、墨菲基于20世纪60年代所出现的上述新社会运动现象,对马克思主义进行了尖锐批判。对于拉克劳、墨菲从新社会运动的角度对马克思主义的质疑,道格拉斯·凯尔纳等学者曾经指出:"拉克劳与墨菲认为,战后新的商品化、科层化和同质化的过程使社会关系日益政治化,并且取消了旧有的社团形式和社团的亲密关系。这些过程起源于资本主义关系向个人生活领域和社会生活领域的延伸,起源于凯恩斯的福利国家的出现以及大众文化和媒体的骤增。它们产生了新的抵制与对抗形式,表现为许许多多新的社会运动(包括女权主义、同性恋自由、和平与生态团体等)。这些运动表明了社会领域及其对抗形式的复杂性,并指出了存在着不能被还原为阶级立场和生产主义逻辑的新的政治认同。为了开创对激进政治的重新思考,拉克劳与墨菲毅然抛弃了马克思主义的主要教义。"①

道格拉斯·凯尔纳的概括是非常准确的,拉克劳、墨菲确实是从新社会运动所呈现的新现象中找到批判马克思主义的把柄的。

拉克劳、墨菲为什么要对马克思主义进行解构,用他们自己的话来说就是,"当代资本主义现实与马克思主义理论范畴能够合法包容的东西之间存在日渐扩大的裂痕","马克思主义的理论化已经陷入僵局"。② 拉克劳、墨菲之所以要提出后马克思主义理论来补充或取代马克思主义对当代社会的分

① [美]道格拉斯·凯尔纳等:《后现代理论》,张志斌译,中央编译出版社,2004年,第254页。

② [英]恩斯特·拉克劳、[英]查特尔·墨菲:《领导权与社会主义的策略》,尹树广、鉴传今译,黑龙江人民出版社,2003年,序言第2页。

析，是因为他们认为，资本主义经过一百多年的发展，已经不再是马克思所描述的资本主义。也就是说，马克思对资本主义的分析已经不能够再有效地解读当代资本主义的现状，因而必须要有新的理论出现。

在马克思主义的思想体系当中，关于社会主义的设想是其整个理论体系的核心，但在拉克劳、墨菲看来，马克思主义的社会主义思想却是最成问题的，“现在正处于危机之中的是整个社会主义的概念，它停留在作为大写革命角色的无产阶级本体论中心之上，作为从一种社会类型到另一种社会类型转变的基本因素，依赖于会导致要素空洞化的完美整体和同质化集体意志的幻想前景。当代社会的复杂性和多样化特征不可改变地消解了那种政治虚构的最后基础。充满普遍主体和围绕单数形式概念化的虚构，一直把社会假定为能够在某种阶级立场上被理智掌握和重构的概念结构，即假定通过缔造性政治实践可以确立的合理化和透明秩序。今天，左翼正在目睹雅各宾派幻想最终瓦解的一幕”①。

马克思主义的社会主义是一种科学社会主义，它是对空想社会主义的取代，但在拉克劳、墨菲的眼中，马克思主义的社会主义同样是一种幻想。之所以是一种幻想，是因为马克思主义的社会主义设想建立在一些陈旧概念或话语的基础上，而这些概念或话语与现实是格格不入的，或者说是远离现实的。在拉克劳、墨菲看来，像马克思主义的一些概念，如阶级、经济基础和上层建筑、生产力和生产关系、消除了阶级对抗的共产主义社会等，背后都浸染着现代性的因子，都是本体论、必然性、单一性、主体性等现代性思维在社会主义问题上的具体反映。这些现代性特征导致了马克思主义的社会主义思想必然是一种脱离实际的幻想。

尽管像卢卡奇、葛兰西、阿尔都塞等西方马克思主义者对正统的马克思主义的现代性作了某种程度上的修正，对新的历史趋向进行了补充性的描述，但在拉克劳、墨菲看来，这些西方马克思主义者并没有脱离现代性的窠臼，卢卡奇是如此，“卢卡奇对于理论和政治结合起来有不可否认的判断力，

---

① ［英］恩斯特·拉克劳、［英］查特尔·墨菲：《领导权与社会主义的策略》，尹树广、鉴传今译，黑龙江人民出版社，2003 年，第 2 页。

但是那没有超出整个第三国际的陈旧话语领域”[①]。葛兰西、阿尔都塞同样是如此,他们在社会主义的问题上都陷入阶级还原论等现代性的陷阱。

如果说连最激进的西方马克思主义对于马克思主义的概念还是有所保留的话,那么拉克劳、墨菲对待马克思主义则是另一番态度,正如拉克劳、墨菲所说:“我们对待马克思主义传统的方法是完全不同的,也许可以用胡塞尔的‘沉积’和‘再激活’之间的差别这种形式来表示。被沉积的理论范畴遮蔽了它们原初的创造活动,而再激活因素使它们的行动再显现出来。对我们来说,与胡塞尔不同,再激活应该显示综合的原初偶然性。马克思主义的范畴试图建立这样的综合。与‘阶级’、三个层面(经济、政治和意识形态)或者作为被沉积下来的盲目崇拜对象的生产力与生产关系之间的矛盾关系这些方面无关,我们要复活使它们的话语运作得以可能的前提条件,并且自问那个关于它们在当代资本主义之中的偶然性和断裂的问题。结果是马克思的理论化领域更加不明确和多样化了,而不是马克思列宁主义描述的那种马克思主义的历史所具有的整体化怪癖。”[②]

拉克劳、墨菲说要“再激活”马克思主义,其实这种再激活是打了引号的,它其实是要对马克思主义的一些核心概念如“阶级”“经济基础与上层建筑”“生产力与生产关系”等概念进行拆解,说到底,就是要对马克思主义的整个话语系统进行颠覆,而进行颠覆的理论依据则是将马克思主义归为现代性的传统,因而对马克思的概念进行终结也就顺理成章了。因此,拉克劳、墨菲说:“在打了折扣的马克思主义理论正确性的资格和范围内,我们正在终结深深内在于理论中的一些东西,即凭借一元论的范畴寻求获取本质或深层历史意义。答案只能是肯定的,只要我们拒绝优先化的普遍阶级本体论立场基础上的任何认识论特权,就可能真正讨论马克思主义范畴的现实有效性程度。在这一点上我们明确地指出,现在我们正处在后马克思主义领域,不再可能去主张马克思主义阐述的主体性和阶级概念,也不可能继续那种关于资本主义发展历史过程的幻象,当然也不能再继续没有对抗的共产主义透明社会这个概念,如果本书的认识主题是后马克思主义(post-

---

①② [英]恩斯特·拉克劳、[英]查特尔·墨菲:《领导权与社会主义的策略》,尹树广、鉴传今译,黑龙江人民出版社,2003年,序言第3页。

Marxist)的,它显然也是后马克思主义(post-Marxist)的。在马克思主义之内,正是通过某种直觉和话语形式的发展,以及禁止和消除其他的话语形式,我们才构造了按照我们的观点看可能是激进、自由和多元的民主斗争形式有用工具的领导权概念。”①

总之,在拉克劳、墨菲看来,马克思主义的所有话语和概念都是失效的,它不仅无助于现代民主斗争,反而阻碍了民主斗争的推进,因而用一套新式的话语系统来取代马克思主义的话语系统也就势所必然了。“领导权”概念的提出和倡导就是这种新式话语系统建构的最鲜明表现。

在将马克思主义的所有范畴和概念抛诸脑后之际,拉克劳、墨菲同时提出了自己的一整套新的概念,在这套新的概念系统中,“领导权”(hegemony)概念是一个最核心的概念,可以说是拉克劳、墨菲的后马克思主义思想得以建立的基石。要理解拉克劳、墨菲的后马克思主义思想,首先要了解的是他们提出的“领导权”概念,可以说,“领导权”概念是贯穿拉克劳、墨菲思想的一条红线,在拉克劳、墨菲的话语体系中具有举足轻重的地位。关于“领导权”概念的地位,拉克劳、墨菲说得很明确:“我们进行分析的线索一直是领导权概念的变化,这一概念被视为马克思主义政治理论化的话语层面和关节点。我们的主要结论是在‘领导权’概念背后隐藏着比增补马克思主义理论基本范畴的政治关系类型更多的东西,事实上它提出了与那些范畴相反性质的社会逻辑。面对那种把社会历史当成理智上可以把握的、围绕概念化规律可以解释的总体这一经典马克思主义理性主义,领导权的逻辑从一开始就扮演了补充和偶然作用的角色,要求在本质和形态学有效性不受任何怀疑的进化典型中引进事态的不平衡(本书的中心任务之一是确定这一特殊的偶然性逻辑)。”②

从这段话中可以看出,对“领导权”概念的理解确实是切进拉克劳、墨菲后马克思主义思想核心的最佳入口。拉克劳、墨菲也确实是想用“领导权”的概念来对抗马克思主义在社会主义问题上的所有概念。难怪拉克劳与墨

① [英]恩斯特·拉克劳、[英]查特尔·墨菲:《领导权与社会主义的策略》,尹树广、鉴传今译,黑龙江人民出版社,2003年,序言第4~5页。

② 同上,导论第3页。

非会在《领导权与社会主义的策略》中将领导权与社会主义的问题直接对接起来。

然而拉克劳、墨菲为什么要提出“领导权”的概念以用作他们的社会主义战略或激进民主政治的重要工具？为什么他们会对马克思主义的所有概念严重不满？为什么总是企图用新的话语系统来取代马克思主义的话语系统？原因是多方面的，但以下几点原因是确凿无疑的：

第一，拉克劳、墨菲认为，马克思主义是一种同一性政治，这种政治因其对必然性、总体性的强调，而忽视了对偶然事件的关注，因而使得马克思主义在现实政治面前显得非常僵化，不能对突发的事实和危机作出反应，并调整相应的斗争策略。而领导权概念对同一性政治的破除，是将偶然性逻辑引入政治斗争的重大尝试，“领导权的概念并没有界定新型关系的详细特性，它不过是要填充历史必然性中被打开的裂缝。‘领导权’将暗示缺席的总体，并暗示重组或重新连接的不同尝试，这些尝试在克服本源缺席中使斗争有可能被赋予意义，使历史力量被赋予充分积极性。这一概念出现于其中的语境会有断层（在地质学意义上）、有不得不被弥补的裂缝和必须被克服的偶然性，‘领导权’不会是对同一性的宏伟阐释，而是对危机的反应”①。领导权倾向于关注政治斗争中的偶然现象、边缘力量、突发事件这样一些微观事实，因而它能够因地制宜地对发生的危机作出有效的应对，从而在现实政治斗争中显得更加有效。

第二，领导权的重铸是对西方左翼运动走向中立政治的反拨，是对强调对抗性的激进民主政治的维护。在世界共产主义失势的情形下，西方左翼人士逐渐背离了原先的政治立场，逐渐投靠右翼势力，不再强调政治中的对抗性，转而主张温和政治、中间政治，将政治变成没有硝烟的、一团和气的纯粹领域。因此，拉克劳、墨菲指出：“在最近十年里，我们一直目睹的是新自由主义的胜利，而不是社会主义计划的重新铸造，新自由主义的领导权已经变得那样普遍深入，以至于对左翼的同一性产生了深刻影响，甚至被证明的是，今天左翼的计划比我们80年代初写作此书时陷入了更深的危机之中。

① ［英］恩斯特·拉克劳、［英］查特尔·墨菲：《领导权与社会主义的策略》，尹树广、鉴传今译，黑龙江人民出版社，2003年，第1页。

在‘现代化’的借口下，越来越多的社会民主党已经放弃了他们的左翼同一性，委婉地把他们自己重新定义为‘中间—左翼’。他们声称，左翼和右派的概念已经过时了，现在所需要的是‘激进中间派’的政治。‘第三条道路’的根本宗旨在于：随着共产主义的失败，社会经济与信息社会、全球化联系起来，对抗消失了，没有边界的政治将成为可能，‘双赢的政治’将使社会之中的每个人都满意。这意味着，政治不再围绕着社会划分被结构化，而且政治问题已经变成了纯粹技术性的了。”①

政治成了中立性的纯粹技术操作的场域，不再是权力关系之间的对抗，不再是不同的力量围绕领导权而进行的斗争。这在拉克劳、墨菲看来，并不是一件好事，而是真正政治的消失，以及自由民主精神的终结。因此，拉克劳、墨菲要反其道而行之，“对我们来说，目标是建立新的领导权，这需要创造新的政治边界，而不是使它们消失。当然，左翼最终接受了自由民主制度和多元主义的重要性是件好事，但是问题在于，这伴随着错误的信条：以为它意味着放弃任何改变现存领导权秩序的努力。因此，才有舆论的神圣化、左翼与右派之间边界的混乱以及走向中间派。但是，这是从东欧共产主义崩溃中得出的错误结论”②。拉克劳、墨菲的领导权概念恰恰是要终结左翼这种没有立场的、主张消除对抗的中立政治，对他们来讲，政治的前提是差异和对抗，“如果不确定新的对手，就不可能有激进政治。这就是说，需要接受对抗的不可根除性”③。

第三，对领导权的强调同时也是出于与右翼势力争夺文化话语权斗争的需要。左翼之所以投靠右翼势力，一是在反叛共产主义的敌我政治时走向了另一个极端，二来也是右翼势力尤其是新自由主义意识形态不断渗透的结果。全球化观念的深入人心就是这种意识形态渗透最成功的例子，左翼就是在这种潜移默化的渗透中自动向右翼势力缴械的。当前有许多左翼人士要求放弃意识形态的斗争，放弃与右翼争夺文化权的斗争，主张回到阶

---

① ［英］恩斯特·拉克劳、［英］查特尔·墨菲：《领导权与社会主义的策略》，尹树广、鉴传今译，黑龙江人民出版社，2003年，序言第10页。

② 同上，序言第11页。

③ 同上，序言第12页。

级斗争,这些主张在拉克劳、墨菲看来是不切实际的。左翼在文化和政治领域的斗争不是显得过多,而是显得极其不够,这是导致右翼势力的地盘不断扩张的根本原因。鉴于此,拉克劳、墨菲指出,左翼目前要做的重要工作不是放弃文化斗争而回到阶级斗争,而是要继续加强文化斗争。而拉克劳、墨菲的领导权斗争则是这种文化斗争的努力。拉克劳、墨菲提醒到,一旦左翼放弃领导权斗争,那么想改变右翼势力占据意识形态统治地位的局面就不可能了,"只要左翼放弃领导权斗争并坚持占据核心领域,这种局势就很少有希望能被扭转"①。正是意识到左翼在政治斗争中的迷误,因此拉克劳、墨菲强调:"处在危险中的是新领导权的大厦,因此我们的座右铭是:'回到领导权斗争中去'。"②

正因为领导权问题在政治斗争中具有至关重要性,因此对领导权概念谱系的追溯自然成了拉克劳、墨菲的思考重心。领导权概念的提出和发展可以追溯至普列汉诺夫、列宁等人,但将领导权概念提升到本体论地位的则显然是葛兰西。以至于领导权成为贯穿葛兰西思想的核心,因此有人说"霸权概念是葛兰西《狱中札记》的统一主线,也是其全部政治经历的逻辑结论"③。

尽管葛兰西说他的领导权概念很大程度上来源于列宁的启发,但有学者指出,"在霸权概念上,葛兰西从列宁那里得到的并不像他自己声称的那么多"④。葛兰西的霸权概念在很大程度上是葛兰西根据自己特殊的经历、意大利共产主义斗争的具体性和特殊性所提出来的一个重要概念,一方面,"它起源于对'正统'马克思主义或实证主义马克思主义的反叛"⑤,是对意大利马克思主义者对马克思主义和列宁主义教条化的反拨。另一方面,它也是葛兰西所接受的克罗齐伦理—政治概念在现实生活中的应用。尽管葛兰西拼命地攻击克罗齐,"但是,有人怀疑葛兰西激烈批评克罗齐的潜在动机在于他自己从这位大师那里学到了很多东西"⑥。

葛兰西的领导权概念经历过不同的阶段变换,早年他是在列宁的阶级

---

①② [英]恩斯特·拉克劳、[英]查特尔·墨菲:《领导权与社会主义的策略》,尹树广、鉴传今译,黑龙江人民出版社,2003 年,序言第 15 页。

③ 李惠斌等主编:《西方马克思主义研究前沿报告》,华东师范大学出版社,2007 年,第 72 页。

④⑤ 同上,第 73 页。

⑥ 同上,第 75 ~ 76 页。

联盟的意义上来理解领导权的，但意大利共产主义的失败，使得他意识到西欧国家不顾自己的现实而照搬苏联社会主义革命的模式必然会遭受重创，正是残酷的现实使得葛兰西走上了一条独特的沉思领导权的路径。

如果说西欧无产阶级革命的失败在于西欧的马克思主义者对马克思主义和列宁主义机械理解和照搬的话，那么葛兰西则想跳出这种正统的马克思主义理解方式。与卢森堡等人不一样，葛兰西反对从经济决定论的角度来看待革命的爆发，将革命理解为危机的反应尤其是经济危机的反应。这是欧洲革命失败的真正理论根源，“因为这个原因，葛兰西反对卢森堡的下述命题：经济危机是革命成功的必要和充足的催化剂。葛兰西把这个命题称为一种‘铁的经济决定论’形式和‘历史神秘主义’。他承认，这个命题在1917年的俄罗斯的状况中可能有效，但那是特殊情况。由于沙皇政府缺少足以平息愤怒和饥饿的人们的那些文化堡垒，因此即使没有经过长期准备的‘阵地战’或‘围攻战’，闪电般的‘运动战’也取得了成功。同样，在有时间建立新文化堡垒的基础之前，温和的克伦斯基政权就垮台了。葛兰西把托洛茨基的‘永久革命’论归因于俄国的这些特殊条件，并且认为这个理论不再适用于欧洲。1848年革命和1871年巴黎公社的失败已经表明‘运动战’在欧洲的终结”①。

在葛兰西看来，欧洲国家与俄罗斯有着大相径庭的国情，这注定了俄罗斯的经验不一定在欧洲灵验。在俄罗斯，国家的专制性压抑了市民社会的发育，国家的统治形式和运作机制大都依靠暴力和极权，因而推翻这样的暴力机关只能依靠暴力。而欧洲国家则是一种截然不同的情形，市民社会和国家并驾齐驱，在某些时候，市民社会的地位和作用甚至要远远大于国家。成熟的市民社会的存在使得国家和个人之间的冲突明显缓和。也就是说，市民社会是革命的缓冲剂，它的存在能够将激烈的社会矛盾进行化解，从而使得革命很难在欧洲发生。因此，试图将暴力革命引进欧洲社会以图进行社会变革，这是完全行不通的。

欧洲社会的日常运作依靠的是强大的市民社会，而市民社会并不是一

---

① 李惠斌等主编：《西方马克思主义研究前沿报告》，华东师范大学出版社，2007年，第79～80页。

个经济领域,相反,它是一个纯粹观念的领域,“市民社会由所有私人组织构成——学校、教会、俱乐部、杂志和政党,它们以分子的形式推动了社会和政治意识的形成”。在这个强大的观念领域里,渗透着统治阶级的世界观,而统治阶级世界观的推行依靠的是他们的知识分子。如果知识分子成功地向被统治者推行了统治阶级的世界观,使得被统治者自觉接受了统治阶级的统治,那么国家无须动用暴力,社会依然运转良好。因此,与其说西欧国家是通过国家来进行统治,不如说是通过市民社会来进行统治。所以至关重要的是,革命者与其说是要抢夺暴力机关的控制权,不如说是要争夺文化或意识形态领域中的领导权。19 世纪末和 20 世纪初欧洲革命的实践表明,即使革命者暂时在政权的层面抢班夺权了,但革命最终会失败。因为革命者依然没有办法在市民社会领域赢得民心,以往接受的世界观使得人们对于革命始终保持冷漠甚至抵制。正是欧洲社会的特殊性使得葛兰西看到了意识形态领域中领导权的重要性,也看到了知识分子的重要性。革命首先要有革命的意识,而群众要获得革命意识,首先要打破旧有的意识形态限制,所有这些工作,都有待知识分子对其进行教育。“对于葛兰西来说,群众对革命者呼吁的漠然与冷漠所表达的是服从(subordination)的事实,不仅服从国家的暴力,而且服从统治阶级的世界观。要获得革命的意识,工人首先必须摆脱统治阶级文化组织强加给它们的意识形态束缚。”①

因此,葛兰西的领导权概念是对列宁领导权概念的一种转变,如果说列宁的领导权侧重的是政治领导权,那么葛兰西的领导权侧重的是文化领导权。正如美国学者纳迪娅·乌尔比诺蒂所正确指出的那样,“安东尼奥·葛兰西的霸权理论,从根本上来讲就是一种贯彻于整个文化工作的权力策略”②。葛兰西时代的意大利一直处于分裂状态,尤其是意大利的南方和北方存在着很大的矛盾甚至对立,在这样的一个国家,人心涣散,仅仅靠一场革命是无法完成国家统一的,因此意大利的统一不仅仅是一个武力能够解决的问题,在更深层次上它是一种文化问题或意识形态问题,必须在意大利民众中树立起共同的政治认同和文化认同,才有可能实现社会的和国家的

---

① 李惠斌等主编:《西方马克思主义研究前沿报告》,华东师范大学出版社,2007 年,第 77 页。

② 同上,第 82 页。

变革。在普通大众中树立文化认同感和共同的阶级意识，这恰恰是知识分子的工作，而以往的革命者却忽视这一更根本性的工作，所以“葛兰西把形成意大利国家的霸权的失败理解为它的知识分子的失败，知识分子没有能够把武力的支配转变为政治和文化认同。无论是失败者还是胜利者都已经失败了。民主主义者的失败是因为他们的激进共和主义和人道主义。像马基雅维利一样，卡洛·卡塔尼奥（Carlo Cattaneo）（复兴运动最著名的民主联邦主义者）认为，社会的统一通过动员一支国家的军队就能够简单地实现。朱塞佩·马兹尼（Giuseppe Mazzini）已经认识到最大的错误是混淆了‘文化的统一与政治和领土的统一’，把意识形态的作用降低到只是一些‘格言警句’和‘空谈’”①。正因为意大利的问题更多的是一种文化统一的问题，所以葛兰西对于革命、政变甚至选举等夺取权力的经典方式统统不感兴趣，而是专注于谈论有机知识分子的地位、公共舆论的重要性、上层建筑的独立性等文化问题。这些对于打造一个统一的意大利民族来讲是必不可少的，同时也是首要的，“对于葛兰西，也像对于维柯一样，共识和文化是民族所依赖的坚实基础。没有这些基础，理论与实践就会脱节，社会就会一盘散沙，人们的行为就会因为行为失范而难以预测，闻所未闻之事就会与约定俗成之行分庭抗礼。然而，对于葛兰西来说，‘文化’和‘共识’不单构成了对于无序状态的抗拒，也构成了被葛兰西视作统治阶级对整个社会所拥有的‘霸权’的一个主要因素，一个用以保护社会免受对手批评性解析的‘上层建筑’的因素。对于此一霸权，葛兰西不是嗤之以鼻，而是赞赏有加，因为霸权不仅是中产阶级的防御性武器，也可以作为榜样和模型为无产阶级所仿制，从而锻造出自己的进攻性武器。从文化霸权的观念中，葛兰西看到了道德政治氛围的巨大力量，这一氛围原本只服务于某一阶级的利益，但最终还是日益成为整个社会的共识”②。

总之，葛兰西的领导权概念是从文化领导权的角度来理解的，而有机知识分子则是文化领导权的主角。有机知识分子不是脱离群众的高高在上的学院派文人或御用文人，而是贴近百姓生活、有着强烈同情心和责任感、道

① 李惠斌等主编：《西方马克思主义研究前沿报告》，华东师范大学出版社，2007 年，第 85 页。
② 同上，第 91 页。

德高尚的大众知识分子,这些知识分子应当对于最普通的民众生活有一种真切的感受,他们不是从外部将枯燥干瘪的脱离真实生活的所谓知识或真理灌输给民众,而是"必须激活人民的意志本能,帮助他们'从混乱中摆脱出来',并且成为他们自己自由解放的主体"[①]。因为意大利是市民社会充分发育的社会,资产阶级的世界观和意识形态早已渗透进普通大众的观念之中,并且成为他们日常生活的一种常识,因此意大利的革命"不仅仅是一种为了生存的斗争或者为了经济进步的斗争,而是把它自身从它的'巨大的'激情中解放出来的斗争"[②]。既然资产阶级的世界观盘踞着意大利人的大脑,而且这种世界观根深蒂固,因此指望通过一场类似俄国革命的游击战或闪电战是不可能解决意大利的根本问题的。葛兰西指出,在意大利,革命必须通过"阵地战"的方式来推进。也就是说,革命者必须在意识形态领域不断与资产阶级或封建阶级进行斗争,通过稳扎稳打地争夺话语权地盘而逐渐赢得群众。这种斗争方式决定了意大利的革命是一项长期而艰巨的任务,也决定了知识分子必须要做好打持久战的准备,同时也要求知识分子必须要在人格和道德上高出其他阶级,否则革命最终也会落空,即使建立起另一种类型的社会,这样的社会也并不会比之前的社会高明到哪里去。

葛兰西的领导权理论蕴含着丰富的内容,这对拉克劳等人的启示非常大,具体主要体现在以下四个方面:第一,葛兰西主要是从文化的角度来理解领导权,打破了领导权解释上的经济决定论路径,这一点为拉克劳所欣赏和继承。拉克劳从来不认为经济基础和阶级地位之间有必然联系,当然也并不认为领导权是由经济地位决定的。拉克劳同样是从文化的维度来解读领导权。第二,葛兰西把个人的解放当作政治行动的先决条件,这与拉克劳主张激进、自由和多元的领导权概念有着内在的吻合。拉克劳的激进民主恰恰是把个人的自由和解放放在首位,反对以总体性的解放诉求掩盖个人的声音。因此,拉克劳说:"葛兰西的观点也明确标志着在索列尔基础上的发展,因为他的领导权理论留下了民主的多元性这个遗产,而索列尔的神话

① 李惠斌等主编:《西方马克思主义研究前沿报告》,华东师范大学出版社,2007年,第88页。
② 同上,第89页。

注定要去再造阶级的统一。”[①]第三，葛兰西的“阵地战”策略是对特定危机的反应，它是对历史决定论的否定，同时也是对偶然性的强调。这也是为拉克劳所推崇的，正如拉克劳分析的那样，“阵地战以领导权的概念为先决条件，这一概念正如我们将看到的，它是不能与单线论、预定的发展以及考茨基的预先构成的主体概念相比较的”[②]。第四，葛兰西的领导权中隐含着一种对对抗性(Antagonism)因素的强调，而在拉克劳看来，这一点对于民主社会来讲是最重要的因素，因为在拉克劳看来，每个行动者都是一个独立的要素，这些独立的要素之间存在对抗性，而这种对抗性恰恰是民主社会得以存在的必要前提。

正是在葛兰西的领导权概念的基础上，拉克劳、墨菲提出了自己的领导权思想。而他们之所以要提出自己的领导权概念，是因为他们认为葛兰西的领导权还存在很多缺憾，这些缺憾就在于葛兰西的领导权理论中依然具有本质主义的残余，因为葛兰西的领导权依然想寻求一个统一的阶级，[③]而这是拉克劳、墨菲的后马克思主义所不能容忍的。因此，拉克劳、墨菲认为，葛兰西的“领导权的逻辑并没有显露出它对正统马克思主义的所有解构作用”[④]。与葛兰西不一样，拉克劳、墨菲的工作就是要对正统的马克思主义进行全面的解构，并在这一解构的基础上重新思考如何斗争的可能性，再用领导权缝合各种社会力量。

三、对人的存在方式研究的致思向度

拉克劳、墨菲的思想工作如果用一句话来概括的话，就是试图打造激进民主政治。而打造激进民主政治的过程也就是领导权构造的过程，即在社

① [英]恩斯特·拉克劳、[英]查特尔·墨菲:《领导权与社会主义的策略》，尹树广、鉴传今译，黑龙江人民出版社，2003年，第78页。

② 同上，第22页。

③ 参见[英]恩斯特·拉克劳、[英]查特尔·墨菲:《领导权与社会主义的策略》，尹树广、鉴传今译，黑龙江人民出版社，2003年，第120页。

④ [英]恩斯特·拉克劳、[英]查特尔·墨菲:《领导权与社会主义的策略》，尹树广、鉴传今译，黑龙江人民出版社，2003年，第96页。

会要求(demands)多元化(或新社会运动)的背景下如何将大众政治身份(popular political identities)进行接合(articulation),以进行多元化的民主斗争。这一斗争既与传统马克思主义的斗争方式不一样,也与社会民主主义的斗争方式有别,因此拉克劳、墨菲说:“我们正在进行的理论和政治的实践不仅与马克思主义和共产主义存在一定的差距,而且与社会民主的经典方式也有差距。”①

激进民主就是民主的激进化和彻底化,这种激进化和彻底化在社会主义进程中显得尤其必要。拉克劳、墨菲为什么要提出这样的政治目标?因为在他们看来,社会主义与民主是相互分离的,以往的社会主义革命都不是在民主革命的道路上进行,而是离民主越来越远,因此最终走向了极权主义。拉克劳、墨菲认为,必须对这样的状况进行改观,重新将社会主义纳入到民主斗争的轨道上来。他们认为,社会主义不是实现民主的前提,相反,社会主义是民主社会的一个环节,即使社会主义实现了,但并不意味着民主社会也同时实现了,社会主义不等于民主,民主是一个无止境的过程,它永远都不会结束。而如何来实现激进民主这一目标,拉克劳、墨菲又提出了领导权的构建这一途径。为了建构自己的理想社会的大厦,拉克劳、墨菲首先对马克思主义所有的社会主义思想及其概念进行了消解。异化、无产阶级、阶级斗争、生产力与生产关系的矛盾、经济基础与上层建筑的矛盾、历史规律的客观存在性、消除了阶级对抗的共产主义社会等思想和概念在拉克劳看来都是站不住脚的。对此,拉克劳曾经说过一大段话:

> 其中心定位于阶级斗争和分析资本主义经济矛盾的传统马克思主义话语已很难适应纷纭而现的各种新矛盾,如今正是这些新矛盾深刻地改变了社会主义政治斗争生发作用的场域。为了能够处置具有反资本主义性质而其同一性又不是围绕特有的“阶级利益”建构起来的新政治主体(妇女,民族,种族,性偏好反核及反体制运动等),修正阶级斗争的观念在何种程度上已成为必要?在跨国公司的时代,当资本主义的再

① [英]恩斯特·拉克劳:《我们时代革命的新反思》,孔明安、刘振怡译,黑龙江人民出版社,2006年,英文版序言第3页。

组织日益依赖于对传统上被看作“基础结构”的东西的“运动规律”产生影响的各种政治接合形式的时候，一个人如何还能够继续谈论基础和上层建筑之间的二分法呢？既然议会斗争和个人自由的组织构架的维持及延伸现在越来越明显地依赖于工人阶级运动和大众斗争的干预，如何可能继续将它们界定于“资产阶级”之内呢？这类问题正是当今发达资本主义国家的社会主义斗士所面临的。陈旧的确定性，著名的“历史担保”统统大成问题；政治的不确定性伴生着日益增加的理论困惑。这就是人们越来越多地听到所谓“马克思主义危机”的原因所在。①

在拉克劳、墨菲看来，马克思主义的危机根源在于教条马克思主义理论自身的现代性痼疾，教条马克思主义的还原论、功能主义、本质主义、普遍主义等顽疾导致了它在现实政治面前的失语，从而用一种新型的政治来替换教条马克思主义政治就势所必然了。这种替换具体表现在以下几个方面：

（一）用话语政治替换本质主义政治

在对“政治”和“社会”的书写方式上，拉克劳、墨菲特意要独出机杼，将“政治”书写成“the political”而不写成“politics”，将“社会”书写成“the social”而不写成“society”。拉克劳和墨菲对政治和社会书写方式的改变就是要与传统马克思主义对“政治”和“社会”的理解方式拉开距离。在他们看来，传统马克思主义是在“society”的意义上来理解“社会”，在“politics”的意义上来理解政治，这是用一种本质主义②的态度来看待“社会”和“政治”，把社会和政治看作一种固定存在的东西、无须再去建构的东西，从而政治成了一种封闭的政治，而社会也成了一种封闭的社会。因此，在拉克劳、墨菲那里，书写不仅仅是一种纯粹的书写，而是表明了人们的某种立场。

拉克劳、墨菲认为，“社会”和“政治”并不是先天存在的自然物，人们的

① 周凡等编译：《后马克思主义：批判与辩护》，中央编译出版社，2007 年，第 384 页。

② 对此，道格拉斯·拉米斯、安娜·玛丽·史密斯等学者持一致看法。前者在《激进民主》中指出，拉克劳和墨菲试图将自己的民主理论从政治理论的“本质主义”神话中摆脱出来（参见《激进民主》，刘元琪译，中国人民大学出版社，2008 年，第 35 页）。后者同样指认了拉克劳和墨菲对马克思主义本质主义的批评。See Anna Marie Smith, *Laclau and Mouffe: The Radical Democratic Imaginary*, Routledge, 1998, p. 1。

政治行动就在这样一个固定的空间中运作。相反,“社会”空间和“政治”空间是后天建构起来的。这就好比萨特“存在先于本质”的命题:存在者并不存在先天的本质,而是后天塑造的结果,存在者在世界中存在,与世界打交道,它的一切都是由它后天存在的历史所赋予的,只要它一息尚存,就谈不上有什么本质,而始终是一种敞开性的存在。在拉克劳、墨菲那里,“社会”和“政治”同样具有这样的意思,不是“社会”和“政治”的“本质先于存在”,而是相反。只不过拉克劳、墨菲将“社会”和“政治”的分析转向了话语分析而已。

在拉克劳、墨菲看来,传统马克思主义从来就认为“社会”和“政治”是客观存在的,这种本质主义的立场封闭了政治的可能性,“因为传统的马克思主义预设了‘普遍’主体的存在,并将社会概念化为一种‘理性的、显而易见的秩序’,因而它不能够充分地捕捉到新社会运动对差异的复杂协调”①。“社会”和“政治”不是一个封闭的空间,它们不可能被缝合(suture),而始终是开放性的,它们都是由行动者的行动及其话语所建构起来的场域,这一场域始终向未来无限开放,它在“本质上是不可还原的复杂和多元的”②。也就是说,在拉克劳、墨菲那里,“社会”和“政治”是话语建构的产物,或者说,“社会”和“政治”就是话语(discourse)空间,“他们认为话语实践组成了所有的社会实践”③,正如诺曼·格拉斯所指出的那样,拉克劳、墨菲用“话语理论的华丽外衣来检验一切”④。显然,拉克劳、墨菲的话语理论在很大程度上与维特根斯坦的语言哲学,尤其是他的“语言游戏”理论有着非常密切的理论渊源,分析哲学特别是“后分析哲学”为拉克劳、墨菲提供了不尽的思想灵感。⑤

与维特根斯坦相似,拉克劳、墨菲认为,一切对象(不管是社会对象还是自然对象)都是在一套社会关系中被构造起来,都是社会关系的构形(configuration)。某物之所以为某物,不是因为它的物理事实或组成它的物质要素,

---

①② Anna Marie Smith, *Laclau and Mouffe: The Radical Democratic Imaginary*, Routledge, 1998, p. 3.

③ Ase Hedemark, Speaking of the Users: On User Dicourses in the Field of Public Libraries, *Information Research*, Vol. 10. No. 2, January, 2005, p. 1.

④ Norman Geras, *Discourses of extremity: Radical Ethics and Post-Marxist Extravagances*, Verso, 1990, p. 56.

⑤ See Anna Marie Smith, *Laclau and Mouffe: The Radical Democratic Imaginary*, Routledge, 1998, p. 3.

而是因为它的社会关系。原因在于，只有在一套社会关系中，一事物与它事物的区别才会体现出来，从而某物才能被指认为某物。因此，事物是被确认的、是被构建的，这套确认和构建事物的社会关系体系就是拉克劳、墨菲所说的“话语”。为了说清楚“话语”一词的意思，拉克劳举了一个非常直观的例子，他说：“假如我在大街上踢一个球形物体，或假如我在一场足球赛中踢一个球，物理事实都是一样的，但它的意义却有别。只是在这样的情形中，这一物体才是一个足球，即它与其他物体建立了一套关系，并且这些关系不是由与物体有关的纯粹物质性所给予的，相反，它是社会建构的。这套系统关系就是我们所说的话语。”①是一套社会关系也就是话语让一个球体成为足球，一切都是话语的建构物，离开话语而存在的东西是不可能的，没有什么自然存在的东西。因此，拉克劳说：“即使我们假定社会与话语之间存在一个严格的等式，但对于自然界、物理学、生物学或天文学的事实，这些明显不能够被整合进有意义的为人类所建构的总体的东西，我们能够说些什么呢？答案是，自然事实同样是话语事实。它们之所以如此，原因很简单，自然观念并不是已经存在在那的东西，可以从事物的外表觉察它，其实它本身是缓慢而复杂的历史和社会建构的结果。称某物为一个自然对象就是一种构思这一对象的方式，这一方式依赖于一种分类系统。同样，这并不是要质疑这一事实：我们称石头存在的这一实体，在当下在场的意义上，独立于我的意志；然而，它是一块石头的事实依赖于一种对事物进行分类的方式，这种方式是历史的和偶然的。假如地球上没有人类，尽管我们叫作石头的物体也会存在，但它们不可能是‘石头’，因为不存在可以将它们分类并将它们与其他物体区分开来的矿物学或语言。”②拉克劳的这段话颇有点贝克莱“物是观念的集合”的味道，目的无非想告诉我们一个道理：一切都是话语。

但我们要清楚的是，拉克劳、墨菲的话语不仅仅是言语，而是一套社会关系，言语只是话语的一部分，因此拉克劳强调：“一开始我们必须明确的是，就话语而言，我们并不是指言语与书写的结合，毋宁说，言语与书写本身

---

① Ernesto Laclau&Chantal Mouffe, Post-Marxism Without Apologies, *New Left Review*, No. 166, p. 83.

② Ibid., p. 85.

是话语总体的内在成分。”①

既然一切都是话语的建构物,因此就没有什么东西落在话语领域之外,从而从一个先于话语或前话语的东西出发来进行社会和政治分析是不合常理,也是没有意义的,所以拉克劳说:“出于同样的原因,正是话语构建了社会行动者的主体地位,而非相反,社会行动者成了话语的源泉——使球形物体成为一个足球的相同规则体系使我成为一个运动员。物体的存在不依赖话语接合到这样的一个点,以至于我们可以制造纯粹的存在——也就是与任何意义都不相关的存在——这个点离开了所有的社会分析。这正是行为主义的做法,它是我们的方法的对立面。”②而在拉克劳、墨菲看来,传统马克思主义恰恰犯了这样的错误,这种错误最集中体现在传统马克思主义的一系列社会主义思想上。

按照传统马克思主义的设想,人类社会必然经历五种社会发展形态,资本主义只是其中的一种形态。尽管资本主义社会在生产力的创造上超过了以往时代的总和,代表着资本主义的进步,但资本主义制度的性质决定了生产力与生产关系、经济基础与上层建筑的基本矛盾在资本主义制度内部不可能得到化解。资本主义的基本矛盾必然导致无产阶级的贫困化,这为资本主义的灭亡孕育了革命的主体。而无产阶级通过有着高度觉悟的无产阶级先锋队即共产党的领导,通过革命的手段会建立起一个崭新的社会即共产主义社会。传统马克思主义的这些社会主义设想,在后马克思主义看来都是不切实际的,都是一种行为主义或自然主义的想法。

首先,传统马克思主义把共产主义的来临建立在一种客观的历史规律之上,即生产力与生产关系、经济基础与上层建筑的矛盾之上,这就陷入了一种“纯粹的存在(纯有)”的分析路径。认为存在一种不以人的意志为转移的客观历史规律,并用这样一种规律来担保共产主义的实现,这在拉克劳、墨菲看来是天方夜谭。它既忽略了社会和政治斗争的复杂性,用一种还原论和经济主义的思维来解释人类社会的发展,而且还忽视了新社会的产生是政治行动者不断努力建构的结果。

---

① Ernesto Laclau&Chantal Mouffe, Post-Marxism Without Apologies, *New Left Review*, No. 166, p. 82.
② Ibid., p. 84.

其次，传统马克思主义认为，在资本主义社会必然会形成一个有着共同利益基础的无产阶级革命主体，这也是一种不切实际的想法，这同样是传统马克思主义的本质主义、主体主义思想作祟的结果。在拉克劳、墨菲看来，在资本主义社会尤其是当代资本主义社会，人的需求(demand)是多元的，而且资本家也会有意去制造这种多元的需求，因此不可能存在单一、共同的利益，这也就决定了围绕着“共同利益”而形成一个固定阶级的不可能性。共同利益、无产阶级等概念都是马克思主义一厢情愿的想法，它远远脱离了资本主义的实际。

最后，资本主义灭亡之后，随之而来的是共产主义社会，这是人类社会发展的最高阶段，这在拉克劳、墨菲看来同样是用一种“缝合”的观点来看待社会的发展。社会和政治的发展不存在一个最终事态，认为存在一个终点的想法是一种违背社会特性的确定性想法，因而无助于解释社会。

总而言之，传统马克思主义之所以认为存在历史规律、客观利益、无产阶级等事实，是传统马克思主义用现代性思维来理解社会和政治的结果。这些观念在拉克劳、墨菲的话语理论的观照下没有一个可以站得住脚。在拉克劳、墨菲的视野当中，一切都是话语的产物，“事物只有在某种话语构形或维特根斯坦所说的‘语言游戏’之内才拥有存在(being)——换句话说，关于物体存在的‘真理’，无论真实与否，是在一种理论的和话语的语境中建构起来的，脱离一切语境的真理观念简直是胡扯”①。

因此，政治也无非是话语。从这样的立场出发，拉克劳、墨菲对政治进行了话语性的解读。

首先，政治空间是一个话语空间。不是说先存在某种政治，然后才有政治行动，政治就是政治行动，而政治行动是一种话语活动。政治空间是随着话语活动展开而不断拓展的，它是一个无限开放的过程。政治在某种程度上就是一种对话、商谈、交流，随着交流的深入，政治的意义也次第展开。拉克劳、墨菲对政治的理解有一点苏格拉底政治的味道，也有一点哈贝马斯商谈伦理学的意味。其实拉克劳、墨菲确实是与哈贝马斯有着共通之处：他们

---

① Ernesto Laclau&Chantal Mouffe, Post-Marxism Without Apologies, *New Left Review*, No. 166, p. 88.

都是站在话语的层面上来理解政治的，而且这也是当代西方政治学的主要倾向。返回到古希腊政治，这是海德格尔、阿伦特、洛维特、施特劳斯等人的共同路向，拉克劳、墨菲不可能不受这些人的影响。

其次，政治行动者同样是话语建构的产物。政治空间中的行动者都是原子式的个人，他们围绕着某种目标聚合在一起不是基于共同的阶级利益，而是一种偶然的聚合。这种聚合当然有一个目标，但这个目标是众多需求的松散结合。这些需求能够结合在一起，首先是因为话语的接合（articulation）的原因，是话语的成功阐述使得不同的需求认为它们有着共同点，从而结合在一起。因此，是话语把原子式的个人集合在一起，使他们达成共识，并形成不同的政治群体。因为不存在先于话语而存在的所谓的共同利益，所以传统马克思主义所设想的围绕共同利益而存在的阶级主体也就是一句空话，至于社会阶级最终会分化成两极的说法更是不靠谱的虚构。一句话，拉克劳、墨菲认为，在资本主义社会，斗争的主体是多元的，这些主体的形成绝对不是因为先天的利益，而是因为话语的召询（interpellation）。

最后，政治行动的领导权的归属取决于主体话语召询的力量。正因为政治是一种话语，话语建构政治主体，因此在资本主义社会，哪一个主体能够充当政治行动的领导者，就在于这一主体能否用话语成功地召询其他主体到自己的阵营里面，从而领导权取决于话语的成功召询。在拉克劳、墨菲看来，谁有资格担当政治行动的主角，绝对不是先天命运注定的，也不是由经济地位决定的，更不是什么历史的选择。任何一类主体都有资格成为政治行动的领导者，在这个问题上不存在哪一类主体比另一类主体优越的“阶级优越性”问题，所有主体都是对等的或等同的，历史不会特别青睐于哪个阶级。而且某类主体的领导者角色的地位也不是永恒的，而是暂时的，有点“皇帝轮流做，明年到我家”的意味——他们因某场运动而成为主角，随着运动的结束，他们的主导角色自然消失。而在传统马克思主义那里，恰恰犯了“阶级优越性”的错误，认为只有无产阶级及其先锋队才有资格充当社会变革的领导力量，忽视了其他主体的重要性。在拉克劳、墨菲看来，这是一种典型的独断论，用先在的历史使命、历史规律、阶级优越性等因素来“钦点”某类主体为历史的主人，这不仅与话语精神是背道而驰的，而且与现实政治运动的需要也是格格不入的。

(二)用文化政治替换革命政治

马克思主义对政治的理解始终贯穿了一种现实斗争精神,即马克思在《关于费尔巴哈的提纲》中所说的:以往的哲学家只是用不同的方式解释世界,而关键在于改造世界。[①] 在现实政治中,马克思从来就反对政治斗争只停留在文化斗争或意识形态斗争的层面。因为马克思深刻地体会到,文化和意识形态的抗争在强大的政治机器面前力量非常渺小,就像堂·吉诃德与风车的作战,它对于推翻不合理的旧制度几乎起不到什么作用,因此马克思说批判的武器不能代替武器的批判,物质的东西只能用物质来摧毁。出于讨伐资本主义这一罪恶制度的目的,马克思主义的政治斗争直接指向现实,马克思主义就是一种火热的政治实践。马克思逝世之后,西方马克思主义者与马克思的精神渐行渐远,他们逐渐把马克思主义变成一种脱离实践的单纯理论,并对现实政治失去了兴趣,只热衷于在精神的领域中从事一种文化或意识形态的批判。后马克思主义者如拉克劳、墨菲就延续了这种情绪。尽管他们始终强调政治的优先性,认为政治不是经济基础的附属物,不属于上层建筑的范畴,而是有着独立性的领域,但是仅仅宣称政治的独立性并不就意味着现实会因之而有所改变,拉克劳、墨菲的政治依然是停留在精神领域、从事精神斗争的文化政治而已。这种精神政治是马克思所批判过的前马克思主义思想家的做派,但拉克劳、墨菲却依然乐此不疲,他们毫不忌讳地说:当前西方左翼人士所要做的"不是抛弃'文化的'斗争以回归'真实的'政治"[②],而是要继续进行远远不够的文化斗争。

从现实政治撤退到精神领域的虚构是当前西方左翼人士的普遍做法,拉克劳、墨菲只不过是这一"策略大转移"中的一个具体例子而已。西方左翼的这种后退从直接原因来讲是1968年革命失败后的必然结果,像拉克劳、墨菲一样的左翼人士是带着对革命希望的破灭而投入了文化反思。20世纪

① See David E. Ingersoll, Richard K. Matthews, Andrew Davsion, *The Philosophic Roots of Modern Ideology*, Prentice Hall, 2001, p. 113.

② Ernesto Laclau&Chantal Mouffe, *Hegemoy and and Socialist Strategy*: *Towards a Radical Democratic Politics*, Verso, 2001, Preface to the Second Edition, p. xviii.

60年代，西方学生运动风起云涌，社会革命箭在弦上、一触即发，人们都以为社会会发生大的变革，但结果所有人的预料都落空了，学生运动在集中的爆发、短暂的结束之后，一切都归于沉寂，好像什么都没有发生，资本主义的法则照旧运行。反而当年的革命学生大多失去了方向，他们或沉迷，或堕落，或毁灭。拉克劳、墨菲正是从这场运动中获得了启示，他们认为，在资本主义社会，左翼人士更重要的工作或许不是通过暴力去改变资本主义社会，他们其实认为这是改变不了的，而只能在文化或意识形态领域做一点对资本主义的"批判"工作。因此，拉克劳、墨菲好像是提出了一种不同于马克思主义之外的"社会主义战略和策略"，但是这种战略和策略背后却隐含着深深的悲观主义，所以这样一套不同的战略和策略只不过是形同虚设的说辞而已。当然，拉克劳、墨菲本人并不这样认为，他们认为文化斗争比现实斗争更重要。他们更是信心十足地以为，其他左翼在斗争中都迷失了方向，而只有他们才找到了正确的道路。

当然，对于大多数左翼来说，在全球化、信息一体化面前，他们认为政治已经成为中性的领域，资本主义和社会主义不存在对抗，右翼与左翼的区分已经没有必要，所有的派别都应当携起手来。所幸的是，拉克劳、墨菲与这些擦除政治边界的人始终保持着一段距离，因此他们对后者批评道："在'现代化'的借口下，越来越多的社会民主党丢弃了他们的左翼身份，委婉地把他们自己重新界定为'中间—左翼'。他们声称，左翼和右翼的概念变得过时了，而所需要的是'激进中间'的政治。"①拉克劳、墨菲认为，其他左翼尽管也提倡激进政治，他们的说法也不无美妙，但这种放弃自己政治立场的做法其实是对政治的消解，它不是拉克劳、墨菲意义上的激进政治。拉克劳、墨菲说："今天关于'民主的民主化'有很多谈论。原则上，这样的一种观点并没有什么错，乍一看，它似乎与我们的'激进和多元的民主'观点很合拍。然而，这里存在一个关键的区别，因为我们从来没有把我们所拥护民主激进化过程设想成在一个其结构不会受到影响的中立地带发生，而是把它看成是现存权力关系的深刻转变。对于我们来说，目标是建立新的领导权，这需要

---

① Ernesto Laclau&Chantal Mouffe, *Hegemoy and and Socialist Strategy: Towards a Radical Democratic Politics*, Verso, 2001, Preface to the Second Edition, p. XIV.

创造新的政治边界,而不是它们的消失。”[①]东欧共产主义的失败并不意味着世界就走向了大同,也并不代表着资本主义是一种尽善尽美的制度,因此尽管拉克劳、墨菲坚持文化斗争策略的首要性,但这种策略中毕竟保留了反资本主义的因素,这是难能可贵的地方。

拉克劳、墨菲的反资本主义的文化政治不仅仅是停留在对资本主义剥削、异化、不公等现象的外在批判上,而是延续了西方马克思主义对资本主义的文化批判传统,深入到资本主义的文化机理、文明机理、制度机理等核心处,对其展开某种程度上的针砭。当然,这种针砭与先前的西方马克思主义者如霍克海默、阿多诺、马尔库塞、弗洛姆等人相比,要逊色得多、温和得多,也更少原创性的思想。这些文化批判如果归纳起来的话大致有以下三个方面:

第一,由通常对资本主义生产关系的批判转移到对资本主义生产力模式的批判。以往人们对资本主义的批判仅仅停留在生产关系上,认为资本主义的生产关系是不合理的、有问题的,但对资本主义的生产力模式、资本主义的经济模式、工业发展模式,我们通常认为这是中性的,甚至是完全合理的,因而是值得借鉴的。因此,传统政治认为,经济领域中不存在政治和政治斗争。拉克劳认为,这种对政治和政治斗争的理解是非常肤浅的。他主张,必须将经济领域纳入政治斗争的范围,同时,也必须将单纯地对资本主义生产关系的批判扩展到对资本主义生产力的批判。在拉克劳看来,生产力或资本主义的生产力再也不是一个中性的、中立的概念,或者套用哈贝马斯的话来说就是,生产力也是一种意识形态,它成了控制人类、恶化自然、破坏文明的东西,正如拉克劳所说的那样:“今天越发清楚的是,在资本主义的合理性之下的生产力的发展恰恰导致了自然资源甚至是文明本身的破坏。”[②]拉克劳认为,经济领域或生产力领域根本不是由利润最大化这一简单的逻辑所支配的同质性领域,它本身其实灌注了统治阶级的价值观,不是生产力支配统治阶级的合理性,恰恰相反,生产力屈从于统治阶级的合理性及

---

① Ernesto Laclau&Chantal Mouffe, *Hegemoy and and Socialist Strategy*: *Towards a Radical Democratic Politics*, Verso, 2001, Preface to the Second Edition, p. xv.

② 周凡等编译:《后马克思主义:批判与辩护》,中央编译出版社,2007 年,第 64 页。

其意识形态,因此对生产力进行批判就显得尤为必要。这种批判不仅是对以往资本主义生产关系批判的补充,更是增强反资本主义斗争力量的需要,难怪拉克劳说:“对资本主义合理性庇护下的工业发展模式的批判(它对于大多数新运动是共同的)由此就把这一极有价值的要素添加到一直是工人阶级的特权领域的对资本主义生产关系结构的批判之中,并且反资本主义的斗争能够仅仅因为这些新的斗争领域的加入而增强。”①

第二,从要求改善工资等传统斗争方式转向对资本主义权力体制的批判,即转向对工作组织方式和与之相关的技术统治与官僚统治的批判。传统的斗争方式如罢工在拉克劳看来只是非常表层化的斗争,工人根本没有明白或找到自己受剥削的不平等根源,因而这样的斗争方式看似激烈但却是非常温和和无效的,因为它根本不会触动资本主义的整个体制。拉克劳认为,必须将斗争的方式向纵深推进,不能仅仅停留在只要求增加工资、缩短工作时间等斗争方式的层面上,必须要将批判的触角深入到支撑传统剥削体制的更为根本的组织方式和权力模式上。人们只有在这样的层面上进行持续不断的斗争,才可以根本地改变社会的面貌。可喜的是,人们开始向这样的斗争方式迈进,所以拉克劳说:“资本主义生产方式,不能归结为一个居于阶级矛盾之根基处的生产关系的特定结构。它也包括某一生产力发展的模式:工业主义。这导致了在每一社会层面都带来其影响与作用的技术统治及官僚统治过程的不断发展,正是在这里,新出现的大部分对抗作用的起源将被找到。比之于工人阶级为了现存社会体制的民主化而进行的传统方式的斗争,这些新的主体的斗争与要求看来要激进得多,因为他们对工业发展模式本身以及与之密切相关的价值总和,甚至每一种权力体制都提出了质疑。注意到这一点是重要的:这些斗争的新形式也在工人阶级中发现了自己的表达,并且一种新型的工人诞生了,它是零碎化的和非技术性工作的产物,因而与无产阶级的经典观念丝毫没有共同之处。这些新工人的要求通常以工会结构之外的非正式的罢工来表达,它超越了为工资和工作时间而进行的俗套的谈判,它直接攻击工作本身的组织化。”②

---

① 周凡等编译:《后马克思主义:批判与辩护》,中央编译出版社,2007 年,第 64 页。

② 同上,第 62 页。

在拉克劳看来,资本主义的生产力模式与资本主义的权力模式是相互依存的,资本主义的生产力模式即工业主义必然导致资本主义权力模式上的技术统治和官僚统治,而资本主义的权力模式必然会强化工业主义的扩张性。由此,既要批判资本主义的生产力模式,更要批判因之而产生的技术统治与官僚统治,技术统治和官僚政治不去除,资本主义生产方式不可能改变,社会不可能走向进一步的民主化,激进民主的愿望只是一句空话。

第三,从对资本主义体制内的批判转向对全球资本主义的批判,即转向对全球化的批判。全球化是一股大潮流,在这股潮流面前,许多的西方马克思主义思想家对之歌之颂之,俨然认为全球化意味着世界大同。拉克劳在这个问题上的态度与很多思想家有别,他对于全球化始终保持一种警惕甚至批判的态度。在拉克劳看来,全球化并不像人们通常说的那样,只是全球信息的共享、全球经济的合作,全球化并非普适的福音,而是资本主义推行其意识形态的工具,或者说,是新自由主义控制人们并推行其政治领导权的工具。全球化向世界各地的渗透其实就意味着资本主义意识形态的胜利,当所有民族国家自动纳入全球化的浪潮时,就表明资本主义世界观的一统天下,所以拉克劳说:"通常为'没有选择余地这一教条'进行证明的理由是全球化,而且通常拒绝重新分配社会民主政策的理由是:各国政府所面对的严格财政限制是当今世界唯一的现实可能性,在这一世界中,全球市场不允许任何对新自由主义正统的背离。"①拉克劳认为,全球化绝对不是一个美妙的神话,不是像许多人所说的是不可摆脱的历史必然性,而是新自由主义秩序的布展,它不仅导致资本主义制度对民族国家的侵蚀,而且全球一体化的最终后果是导致政治的彻底消失,因而拉克劳的后马克思主义主张自觉抵制这种世界全球化的势态,并强调自己"按照领导权方式进行思考就是要打破这些谬论"②。

(三)用身份政治替换阶级政治

拉克劳、墨菲认为,传统政治学对政治的理解,尤其是传统马克思主义对政治的理解总是把政治看作是不同阶级争夺政权统治的场所,阶级是政

---

①② Ernesto Laclau&Chantal Mouffe, *Hegemoy and and Socialist Strategy*: *Towards a Radical Democratic Politics*, Verso, 2001, Preface to the Second Edition, p. xvi.

治领域的主体,政治从而成了一种阶级政治。也就是说,在传统政治学看来,未有政治之前先已存在各个阶级,因阶级的冲突才有政治。而阶级又是围绕不同的利益而形成的,言下之意就是,先有阶级之前已存在利益,因有不同的利益,才形成不同的阶级。利益、阶级先在性的路向一目了然。

在传统马克思主义关于政治的阶级解读中,拉克劳认为存在几个方面的维度:一是按照人们在生产关系中的经济地位或客观利益来定义不同的阶级,认为经济地位或客观利益与阶级地位是一体的,经济地位或客观利益决定不同群体的阶级归属;二是认为资本主义在社会结构的划分上最终会走向一个同质化的过程,即所有阶级最终都会分化成资产阶级和无产阶级两个阵营;三是商品和资本的逻辑必然导致无产阶级的极端贫困化,而经济上极端贫困化的无产阶级必然滋生反抗意识,从而使得无产阶级天生就是推翻资本主义制度最坚定和最强大的力量。

拉克劳认为,传统马克思主义的这几个主张都是有问题的,尤其是对照当今资本主义的发展态势,这几个观点的纰漏表现得尤其明显。因此,拉克劳对这样的一些主张都进行了激烈批判:

首先,拉克劳认为,并不存在客观的利益,利益是社会建构的产物,同理,所谓的"阶级"也是建构的产物。因此,拉克劳说:"我们的著作并不是要批判'利益'观念,而是批判它们假定的客观性,也就是说,批判这样的观念:社会行动者拥有他们意识不到的利益。建构一种'利益'是一个漫长的历史过程,它要通过复杂的意识形态的、话语的和制度的实践才能产生。'利益'是社会的产物,它并非独立于利益承担者的行动者的意识而存在。相反,'客观利益'的观念却假定,社会行动者不是利益建构过程的一部分,而仅仅是去识别利益——那些作为来自天堂的礼物镌刻在它们的自然中。——存在利益,但这些利益是不稳定的历史的产物,它们总是受消解与重新定义的过程的影响。"①既然利益、经济地位并不是客观存在的,那么传统马克思主义所认为的与客观利益、经济地位相称的阶级也不是客观存在的,因此以人们在生产过程中的客观经济地位来作为划分阶级的标准就不可能行得通。

---

① Ernesto Laclau&Chantal Mouffe, Post-Marxism Without Apologies, *New Left Review*, No. 166, p. 102.

也就是说,固定的阶级和阶级地位不可能存在,当传统马克思主义认为阶级是由客观经济利益和经济地位所决定的时候,它就自觉不自觉地把阶级的形成当作一个自然而然的过程。而在拉克劳看来,这是一种独断论的宣称。因此,拉克劳坚决反对使用“阶级”这个术语,而代之以行动者(Agent)。如果“阶级”是一种独断论的宣称的话,那么“行动者”概念则摆脱了独断论的阴影。因为“行动者”的形成并不是建立在先天的客观利益之上,它是社会和历史的建构产物,它的形成更多的是基于认同、身份(identity),没有认同感,不可能会天然形成某类行动者。也就是说,个人要先具备身份认同感,才可以集合成某类行动者。而认同感的形成又与意识形态的打造、话语的协商等密不可分。

其次,随着资本主义的发展,社会并没有朝着传统马克思主义所设想的无产阶级贫困化的道路运行,资本主义各阶级并没有经历同质化的过程,相反,群体之间的分化愈加明显,群体的异质化现象更加凸显,尤其是在全球化背景下,这一异质化现象增生的进程不断加快,因此拉克劳指出:

> 我认为可以思考作为一种势力(force)的全球化资本主义(globalized capitalism),它正在边缘化一些人但不一定是按照他们在生产过程中的地位。例如全球化资本主义制造了生态问题,因此有由于污染的后果而抵制在某些地方建工厂的人们;有由于国际资金所造成的不同经济部门之间的不平衡。因此你处于这样的一种社会当中,它通过全球化的进程制造越来越多的脱位(dislocations)。马克思主义的理论最终是一种关于在资本主义制度下社会结构不断同质化的理论。它说,作为资本主义发展的一种结果,中产阶级和小农阶级将会消失,历史斗争的结果将是一个同质化的工人阶级和资产阶级之间的一次简单的摊牌。但这绝不是已经发生的事情。已经发生的是社会结构中不断增长的异质性,但是这一异质性并没有引发社会斗争的扩散。引发的是资本主义社会中断裂点的增生,结果使得通过政治手段(经典马克思主义认为它是经济力量发展的自动结果)创造一种统一的这种需要不断涌现。因此看一看今天的反全球化运动和修正全球化运动(alter - global-

ization movement)，你可以看到这方面的增生。在波尔图阿雷格里港的会议上，你可以看到各类特殊的团体：妇女赋权(women's empowerment)、加利福利亚同性恋、反体制化团体等，每一个都有它们特殊的组织和个别的问题。另一方面，有一种制造贯穿在所有这些不同团体中的主题的尝试，即制造某类全球性意识。就国际化来说，这是完全不一样的，它不再是19世纪或20世纪的正统国际，后者建基于通过工会和政党建立的工人的共同身份。现在，你有一个非常异质的社会基础，当然，也存在一些普遍化(universalization)的努力。①

当今资本主义的发展没有导致最终的两个阶级阵营的大对决，激烈的革命由此不可能爆发，但资本主义却制造了越来越多的矛盾，这些矛盾使得抗议资本主义的力量不断增生、此起彼伏，这些矛盾是资本主义发展断裂的"内爆点"，它们正是政治得以展开的舞台，拉克劳认为，后马克思主义就必须在这样的舞台上施展自己的能力。

最后，绝对的贫困和绝对的专制并不自然导致绝对的反抗，在很多情况下，在绝对的贫困和压迫之下，只是更多的顺从与沉默，因此传统马克思主义把无产阶级的极端贫困和压迫与无产阶级的绝对反抗对应起来，以及由此而赋予无产阶级这一群体以革命的优越性，并最终把这一切都归结为资本主义的商品逻辑和资本逻辑的结果，这是大有问题的。鉴于这样的考虑，拉克劳以不无批评的语气说：

我认为马克思在阐述商品生产的逻辑上比任何一个人都清晰，比如比古典政治经济学家斯密和李嘉图都更好得多。另一方面，我们必须清楚地看到，由商品形式所制造的对抗(antagonism)到底存在在哪里？我同意商品形式，特别是由资本主义所表现的商品形式，是强大的对抗性潜力的源泉。但是对抗的契机在哪里？有两种可能性，我已经试图在我的著作中分析过。第一种可能性是，商品形式是对抗的源泉，

① Ernesto Laclau &Ashleigh Campi, Interview with Ernesto Laclau, *The Platypus Review*, Volume 2, Feb. 2, 2008.

或者是另一种可能性,即商品形式与外在于它的东西不调和。让我解释清楚我想要说的:在某种意义上,马克思的分析导致这样的观念,认为工人和资本主义之间的矛盾来源于资本的逻辑。假如它来源于资本的逻辑的话,你就必须把社会行动者化约为这一逻辑。例如,资本主义不被认为是有着特殊心理结构的资产家,而只是作为劳动力的购买者。而且工人也被化约成劳动力出卖者的范畴——假如对抗内在于经济形式:工人和无产阶级。但是问题又来了,假如你把那一关系化约为经济形式,那么就根本不存在对抗。为什么?因为你也许可以说,是的——有对抗存在是因为资本家从工人那里抽取剩余价值。但那丝毫不是对对抗的描述;那只是一种组织生产的技术手段。对抗只是当工人抵制资本家抽取剩余价值时才发生。但是只要你愿意,你可以从逻辑上分析劳动力的出卖者这一范畴,而且你在任何一点上都看不到抵制概念是一个逻辑结果。因此,假如你引进某些外在于生产关系的东西,抵制就会出现。例如,假如你说,我不希望工资降到某种水平以下,因为工人不能维持生存、不能够把他的小孩送去读书,等等,诸如此类。但是在那样的场合,对抗不是内在于劳动力的买者—卖者关系中,而是存在于生存关系与生存关系之外工人被构建的方式之间。在那样的场合,两种后果随之而来:首先,抵制不是生产关系的自动结果,而且实际上,不同的环境和工资水平上的变化,工人都会以不同的方式做出反应。其次,并且这是最重要的一点,假如我们正在处理的是资本主义的生产关系,处理资本主义逻辑和它之外的某些东西,就像是从工人的视角来看那样——没有理由认为,对资本主义的抵制只是来自工人,因为正如我们在前面说过的那样,它[资本主义]会制造生态问题,会在经济领域之间制造不平衡,中心或外围,等等。在那样的意义上,你处理的是更异质性的对资本主义的对抗,那必须通过政治接合来制造,并且领导权理论就是关于这一制造的逻辑。①

---

①　Ernesto Laclau &Ashleigh Campi, Interview with Ernesto Laclau, *The Platypus Review*, Volume 2, Feb. 2, 2008.

商品和资本的逻辑当然会制造剥削和压迫,但这并不意味着反抗剥削和压迫意识的自然产生,两者之间没有必然的逻辑联系。斗争意识是一个通过政治不断制造的过程,它来自政治的外在建构。既然绝对的贫穷并不意味着绝对的反抗,那么无产阶级的优越性也自然被剥除,任何一个群体都可能成为反抗资本主义的力量。

出于上述种种考虑,拉克劳认为,传统马克思主义将政治建立在阶级的前提下是行不通的,面对资本主义的新情况,必须转变对政治斗争的重新理解。与传统马克思主义对阶级的强调相左,拉克劳、墨菲重视的是身份。如果传统马克思主义的政治学是阶级政治学的话,那么拉克劳、墨菲的政治学就是身份政治学。然而身份政治学存在什么样的表征?它与传统的阶级政治学到底有着怎样的差异?概括起来,身份政治大致有着以下三个方面的特质:

第一,身份政治的出发点是行动者(Agent),而不是抽象的"主体"(Subject)。主体是一个现代性的概念,它是剥离了一切社会性、历史性的抽象的"主体性"(Subjectivity),这一主体除了"理性""知性"或者"感性"之外什么都没有,是一具无血无肉、无情无欲,没有历史、当下和未来的空壳。拉克劳、墨菲很少用到"主体"这个概念,大概就是出于对它的抽象性的反感,毕竟"每一个人都从属于无数重叠的群体和多个交叉的身份"①,单一的主体概念从而就不可能成立。因此,拉克劳、墨菲等后马克思主义者更愿意使用另外一个词,即"行动者"。当然,翻译成"行动者"只是权宜之计,这在某种程度上或许不恰当。因为拉克劳、墨菲之所以选择 Agent 这个词,是想在与"主体"相对立的意义上使用它,而翻译成"行动者"并没有很好地体现出拉克劳、墨菲的深层含义。"主体"是将人从一种生存境遇、历史境遇、社会境遇中孤立出来作抽象考察,那么拉克劳、墨菲的"行动者"则是要将这些东西重新赋予人,重新将人拉回到特殊的场景和具体的情境中去。所以在拉克劳、墨菲那里,每一"行动者"都是丰富的、生动的、异质性的个体,他们有血有肉,生活在不同的场景当中,来自不同的社群,承载着不同的历史,有着不同

① David Trend, *Radical democracy*: *Identity*, *Citizenship*, *and the State*, Routledge, 1996, p.15.

的诉求(demand)。这些个体之间不可能重叠,更不可能被化约为原子式的均质的东西,他们始终是差异性的存在。身份政治就是以这种差异性的存在为出发点。不管政治斗争出于什么样的目标考虑,但必须始终尊重个体的差异性,不能以集体、全体的名义湮没甚至抹杀个体性,否则,政治就失去了它本真的意思而走样了。拉克劳、墨菲的这种政治学思路不无意义,它更多的是当代哲学所开启的存在主义等路向在政治学中的反映,无不充斥着海德格尔、福柯等人对个体关照的影子。

第二,身份政治认为从事政治斗争的力量是“身份”,而不是“阶级”。社会是由差异性的个体所组成的社会,这种差异性在任何时候都不可以兼并、融合。差异就是一种“身份”,这种身份是不可以替代的,也不可以替代别人。在资本主义社会,人们是以“身份”相区别,而不是以“阶级”相区别。“身份”是一种个性化的东西,是后天形成的东西,而“阶级”则不是。人们因为身份而有别,同时也因为身份而走到一起。随着资本主义的发展,人们的身份越来越多样化,因而一个人可以归属于不同的群体,也就是他兼具多重身份,从而他就有着多重诉求,这就意味着他可以在不同的阵线上作战。今天资本主义的各种运动,如生态运动、反核运动、和平运动、女权运动、民权运动、反全球化运动、性偏好运动、反体制化运动等,并不是由清一色的、有着严格阶级归属的工人阶级或其他阶级发起的,其实都是由有着不同身份的人所发起的。而不同身份的人能够走在一起,又是因为他们有着对斗争目标的认同。他们是出于认同而聚合在一起。但这种认同并不具有传统马克思主义的阶级利益所固有的恒在性、稳定性和同一性,它仅仅是一种外在的聚合。

身份政治就是要尽量包容不同的声音,但又必须从中打造出一种统一的目标。因为拉克劳意识到,一味强调个体之间的差异性诉求而不寻求统一的解放目标是会出问题的。对此,拉克劳举例说:“我记得三十年前在旧金山,每一个人都说我们具备一个大型解放运动(如民粹运动等)的所有条件,因为我们有墨西哥裔美国人的诉求,有黑人的诉求,有棕色人种的诉求,但是到了最后,所有这些诉求与其他群体的诉求相冲撞,结果什么都没有发生。当时有许多的尝试,如杰西·杰克逊的彩虹联盟,想把这些诉求的多元性整合起来,但事情没这么简单;彩虹联盟并没有一个好归宿。”①在当今资本主义社会,人们反对资本主义的呼声越来越多样化,但如何将这些不同的要求聚合成一个统一的目标是一件非常困难和复杂的事情,所以拉克劳指出:“因此我认为当代政治的困境在于如何从多样性中创造出一种统一。这就是今天我们所面对的政治挑战。”②所以在反对资本主义这个问题上,拉克劳、墨菲反对绝对的特殊主义、个人主义,与哈贝马斯的普遍主义主张有相似之处。拉克劳认为,个体之间必须联合,必须走普遍化(universalization)的道路。但这种普遍化并不是用一种高高在上的东西来抹平差异,也不是为了一团和气或同一性捐弃个性,而哈贝马斯的协商民主(deliberative democracy)却有一点这样的味道,正是在这一点上,拉克劳、墨菲强调自己的激进民主和哈贝马斯的协商民主存在距离,“我们的观点与他们的观点之间存在着理论框架上的重大分歧点,而不同的理论框架形成了我们各自的概念。在我们的工作中扮演核心角色的对抗概念排除了最终调和、任一类型的理性共识及充分包容性的‘我们’的任何可能性。对于我们来讲,一个非排他性的、理性辩论的公共领域是一种概念上的不可能性”③。

毋宁说,身份政治是差异性的聚合,在这种聚合中,对抗和分化始终存在,同时又有着共同的目标,但这种目标不是统一的整体,而是有内在紧张的中心能指。拉克劳认为,既有紧张,又有共同的所指,这是政治得以可能的前提,因此他说:“我认为一个民主体系的构造依靠两个维度,在某种程度上每个人是互相争执的,在某种程度上每个人又是互相恭维的。一方面,民主涉及断裂(rupture)点的延伸,通过这些断裂点,被压迫者能够表达自己。这是横向的维度,它是由吁求的横向扩张所赋予的:对等物的链条。另一方面,你还有纵向的一极,它是围绕着某个中心能指的这一链条的统一。现在这两种趋势不是被某类方的圆所集合在一起:虽然两者之间存在紧张,但两者对于构造民主政治都是必不可少的。”④

①②④ Ernesto Laclau &Ashleigh Campi, Interview with Ernesto Laclau, *The Platypus Review*, Vol. 2, Feb. 2, 2008.

③ Ernesto Laclau&Chantal Mouffe, *Hegemoy and and Socialist Strategy*: *Towards a Radical Democratic Politics*, Verso, 2001, Preface to the Second Edition, p. xvii.

第三，身份政治注重的是话语接合（Articulation），而非铁板一块的必然性。身份政治中的每一种行动力量都是异质性的，如何将这种异质性的要素整合成一个统一的整体，拉克劳、墨菲提出了接合理论。接合这个词的意义非常微妙，按照英国后马克思主义者斯图亚特·霍尔的解读大致有这么两层意思：①接合有着用话语清晰阐述和表达自己意愿的意思。因为接合的词根是 Articulate，而 Articulate 有发声（to utter）、说出来（to speak forth）、发音清晰（to be articulate）等含义，因此就带有具有用语言表达（languaging）、表述（expressing）等方面的含义。②接合同时具有将两个不同的部件连接起来的联动装置的效应。这来源于英语当中经常说到的"铰链式"卡车。铰链式卡车是由各个构件组合而成的，这些构件并非整体一块，而是可以拆卸的，它们之所以组合在一起，是通过其中的联动装置连接起来的，没有联动装置，它们就是零散的。[①] 综合这两层意思，我们可以清楚，接合其实是一种话语连接，它试图通过话语的形式把不同的要素统一在一个相同的目标之下。如果说铰链式卡车是通过质料性的联动装置来组合不同的构建，那么在拉克劳、墨菲的身份政治那里，这种联动装置被置换成了话语。不同社会力量是通过话语而接合在一起，但这种接合不是一种必然的联系，而是一种偶然的结合。只是各种社会力量是在特定的事态下被某种话语的阐述所打动，并达成共识和理解，从而聚合在一起共同行动以达到一项社会目标。但要清楚的是，各要素之间仅仅是一种基于话语阐释或意识形态理解的连接，彼此之间并没有必然、本质的归属，因此这种连接也只能是偶然的、暂时的。目标达成后，各要素之间又要进行分解、重新组合，就像铰链式卡车完成某项使命之后，各个构件也要分开一样。因此，斯图亚特·霍尔指出，拉克劳接合理论的要旨是："意识形态的组成成分的政治涵义并没有必然的归属，因此我们需要思考不同的实践之间（在意识形态和社会力量之间、在意识形态内不同成分之间以及组成一项社会运动的不同的社会团体之间）的偶然的、非必然的联结。他使用接合概念的目的就在于同困扰马克思主义意识

---

① 参见李惠斌等主编：《西方马克思主义研究前沿报告》，华东师范大学出版社，2007 年，第 219 页。

形态理论的必然性逻辑和还原论逻辑决裂。"①

接合通过话语的力量把不同的行动者集合在一起,这在很大程度上是通过一种召询的方式来实现的。"召询"既有召集的意思,也有询问的意思。"召询"是通过询问的方式让不同的行动者意识到自己行动的共同性,从而有可能被召集在一起。正如斯图亚特·霍尔所分析的那样:"一种接合理论既是一种理解方式即理解意识形态的组成成分何以在一定条件下通过一种话语聚合在一起;同时也是一种询问方式,即询问意识形态的组成成分何以在特定的事态下接合成或没有接合成某一政治主体。换言之,接合理论询问的是一种意识形态何以发现其主体,而非询问主体如何去思考那些必然地、不可避免地属于它自己的思想;接合理论使我们能够去思索:一种意识形态如何赋予人民以权力,使人民开始去理解或领悟他们自身的历史境遇,而不是把这些理解形式还原为他们的社会经济或阶级地位或社会位置。"②

拉克劳、墨菲的激进民主政治基于当今资本主义的变化提出了不同的实现社会主义的"新策略",这些"新策略"因其概念的新颖性颇能吸引人们的眼球。但我们要清楚的是,辞藻的华丽和新颖并不就意味着现实的生命力,它或许只是如人们所说的"精神社会主义"。正是鉴于后马克思主义理论的贫乏及其对马克思主义的贫困化及简单丑化,著名马克思主义学者诺曼·杰拉斯对拉克劳、墨菲的后马克思主义这样痛斥道:"我的观点是,在这个后马克思主义的核心地带,存在着一个学术真空,这是我经过慎重考虑才选用的一个词语:既是一个理论的真空,也是一个标准的真空,围绕它的不过是一些非常陈旧的论点、偏见和漫画般的扭曲。"③

正因为拉克劳、墨菲对马克思主义的认识总是充斥着解构的味道,所以它对马克思主义性质给出的诊断书总是充斥着这样的术语:本质主义、功能主义、普遍主义、基础主义、自然主义、总体主义、极权主义、阶级主义、中心主义、经济主义、形而上学、宏大叙事、还原论、一元论、决定论、二元论、目的论、先验论、机械论、实体论、实在论、封闭性、凝固性,等等。与之相反,拉克

① 李惠斌等主编:《西方马克思主义研究前沿报告》,华东师范大学出版社,2007年,第220页。
② 同上,第219~220页。
③ Norman Geras, Post-Marxism?, *New Left Review*, No. 153, May/June, 1987.

劳、墨菲认为自己的理论秉承了以下原则和精神：多元主义、非目的论、非确定性、对等逻辑、非决定论、非还原论、语境主义、话语性、差异性、异质性、开放性、模糊性、复杂性、非锁合，等等。因此，难怪拉克劳会反复强调，“通过表明所有价值及其客观性的彻底偶然性（所以还包括所有的客观性），偶然性已扩展到了自由和创造性的领域。一个自由的社会并不是一个社会次序已建立起来的社会，不是一个更好地适应人的本质的社会，而是一个更多地意识到任何次序的偶然性和历史性的社会”①。仅仅是因为要解构马克思主义的所有概念，从而生造出一套与马克思主义相对立的范畴和概念，尽管拉克劳、墨菲这套术语看似天花乱坠，但可能真的如格拉斯所说，其中也许没有太多的东西。

而且拉克劳、墨菲认为自己的激进民主摆脱了现代性的困境，可是在其他后马克思主义者如安东尼·内格里和迈克·哈特等人看来未必如此，因为拉克劳、墨菲坚持认为，在政治或社会运动中，“必须存在组织这一运动的领导权力量或立场（比如像政党这样的东西，以便充当一种空指 empty signifier 的功能）”②。对某种领导权中心力量的认可甚至倡导，这又何尝不是一种现代性路径呢！出于对拉克劳、墨菲后马克思主义激进民主思想的不满，安东尼·内格里和迈克·哈特则提出了更激进的“大众”（the multitude）概念，在“大众”理念的指导下，他们认为运动可以以水平面的、网络的形式来组织，而无须一个自上而下的领导者或政党。“大众”思想是区别于拉克劳、墨菲“领导权”思想的另一种类型的后马克思主义激进民主，这进一步提示我们，在后马克思主义思想的研究中，应当始终重视后马克思主义的异质性特征。

---

① ［英］恩斯特·拉克劳：《我们时代革命的新反思》，孔明安、刘振怡译，黑龙江人民出版社，2006 年，第 254 页。

② Correspondence with Michael Hardt, Feb. 21, 2011.

第十四章　追求承认、拒绝蔑视

——霍耐特的“承认理论”所蕴含的对人的存在方式的探讨

霍耐特(Axel Honneth,1949—　),德国当代著名哲学家、社会理论家,法兰克福大学社会研究所现任所长。学界一般把他看作哈贝马斯的嫡传弟子,并视为法兰克福学派第三代核心人物,批判理论第三期发展的关键人物。20 世纪 80 年代中期,霍耐特在德国学术界崭露头角,《权力的批判:批判社会理论反思的几个阶段》(1986)奠定了其学术基础;90 年代的一系列著作,如《破碎的社会世界:社会哲学文集》(1990)、《一体化的瓦解:社会时代诊断的碎片》(1994),尤其是《为承认而斗争:社会冲突的道德语法》(1992,以下简称《为承认而斗争》)确立了他在国际学术界的地位;近年来,霍耐特出版的著作和文集,如《正义的他者:实践哲学文集》(2000)、《不确定性的痛苦:黑格尔法哲学的再现实化》(2001)、《再分配或承认? 哲学—政治论争》(2003,以下简称《再分配或承认?》)、《不可见性:主体间性学说发展阶段》(2003)、《物化:一个承认理论的研究》(2005)等,标志着其承认理论的完善与进一步拓展。此外,霍耐特还发表了百余篇论文,大量编著和报刊文章。在这些论著中,始终贯穿着承认理论这条主线。因而,承认理论成为霍耐特政治哲学、道德哲学的核心。

霍耐特承认理论是围绕着四个问题展开的:①霍耐特承认理论与批判理论的关系,即为什么说批判理论的“承认理论转向”是必要的? ②霍耐特承认理论与黑格尔承认学说,以及米德社会心理学的关系,即批判理论的“承认理论转向”是如何可能的? ③主体间的承认形式,以及个体认同所遭遇的蔑视形式有哪些? 为什么说蔑视体验是社会反抗的道德动机? ④承认与再分配、承认与正义、承认与道德的关系是怎样的？其中，第三个问题构成霍耐特承认关系结构论。在这里，他不仅系统阐发了主体间性承认形式，以及个体认同所遭遇的蔑视形式，而且试图论证蔑视体验是社会反抗的道德动机。从表面看来，霍耐特并没有直接论述人的生存方式，但实际上，关于承认与蔑视关系问题的论述可以视为他对人的生存方式的论述。就是说，霍耐特关于人的生存方式的论述是以"承认"为核心展开的，他以承认与蔑视关系、蔑视与反抗关系为主线，不仅系统阐发了主体间性承认形式，以及个体认同所遭遇的蔑视形式，而且试图论证蔑视体验是社会反抗的道德动机。霍耐特试图从马克思等人的社会哲学中寻找思想资源，揭示社会冲突的道德逻辑，进而提出承认斗争的主要目标之一是个体的自我实现，最终改善人的生存方式。"哪里有蔑视，哪里就有反抗"就是人类关切自身存在的呐喊。

一、承认的三种形式

在对批判理论的"承认理论转向"必要性与可能性进行阐发之后，霍耐特描述了社会承认关系结构，并在此基础上建构了承认理论基本框架。通过对青年黑格尔承认学说与米德社会心理学的比较，以及通过对 M. 舍勒、普莱斯纳（Helmuth Plessner）相关观点的考察，霍耐特得出结论说，相互承认关系三分法具有相当程度的可靠性。不过，为避免独断之嫌，他试图借助三种相互承认形式的阐述寻找经验依据。实际上，相互承认关系问题，至少应该包括既相互联系又有所区别的三个层面：一是承认领域，二是承认形式，三是承认原则。在《为承认而斗争》中，霍耐特本人并不是很明确，往往是将三者混用，而且直接借用黑格尔的爱、法权、团结三分法。到《再分配或承认?》中，霍耐特才对之进行了详细区分：相互承认领域（爱、法权、成就）；相互承认形式（情感关怀、法律承认、社会尊重）；相互承认原则（需要原则、平等原则、贡献原则）。在这里，他甚至谈到文化承认作为第四种承认形式的可能性。因而，根据霍耐特最新描述模式，相互承认关系就是以爱与关怀（需要原则）为主导观念的私密关系；以平等的权利义务（平等原则）为规范的法权关系；以个人成就（贡献原则）为社会等级规范标准的社会尊重关系。[①] 不过，为了尊重霍耐特的用法，下面还是用爱、法权、团结来描述三种相互承认形式（当然是在情感关怀、法律承认、社会尊重的含义上使用的）。

霍耐特认为，爱、法权、团结三种主体间性承认形式，分别对应着自信、自尊、自豪三种实践自我关系。亦即，自信存在于爱的体验中，自尊存在于法律承认的体验中，自豪存在于团结的体验中。

（一）作为第一种主体间性承认形式，爱或情感关怀使人拥有自信

霍耐特明白，不能把爱仅仅理解为一种狭隘的性亲密关系，而必须理解为一种根据两性之间的性关系、友谊关系、父母子女关系模式，由少数人之间强烈的情感纽带构成的原始关系。关于爱，霍耐特与黑格尔的看法并没有什么本质不同，当然也有差异。在黑格尔那里，爱不仅是指男女之间的性满足关系，而且包括家庭内部父母与子女之间的情感关系。就是说，黑格尔的“爱”主要包括性爱关系和亲情关系，尽管他也对友谊进行了阐释，并为友谊的重要意义留有空间，但他关于友谊的问题并没有独特看法。

相反，在霍耐特那里，除了性爱关系和亲情关系之外，爱还包括友谊关系，甚至包括同情关系。在“爱”的问题上，霍耐特的创造性在于：一是运用心理分析的对象关系理论对爱的问题佐以经验论证，二是详细阐发爱与道德的关系。限于篇幅和本书主题，这里只略谈第一方面。

依霍耐特之见，黑格尔关于爱的分析与心理分析的对象关系理论是一致的。于是，霍耐特借用温尼柯特（Donald W. Winnicott）通过幼儿成熟过程的分析得出的结论：交往结构使爱成为一种特殊的相互承认关系，所有爱的关系都是由原始相融体验的无意识回忆驱动的，这种体验给母子最初几个月的生活打上了烙印。这样，被黑格尔描述为“在他者之中存在的自我存在”的爱的承认形式，与其说是主体间性状态，毋宁说是介于持续的独处能力与相融体验之间的交往张力曲线。霍耐特认为，如果考虑到 J. 本雅明（Jessica Benjamin）关于爱的关系病理学研究，这个结论就失去了某些思辨特征。如果说温尼柯特的自我心理学洞见使青年黑格尔的中心意图得到了确

---

① See Nancy Fraser、Axel Honneth, *Umverteilung oder Anerkennung? Eine politisch-philosophische Kontroverse*, Suhrkamp, 2003, p. 168.

认,那么J.本雅明基于对象关系理论的经验研究就给青年黑格尔"为承认而斗争"学说提供了一个富有启发性的解释模式。因为在他看来,承认平衡扭曲的共同原因,无疑是母子分离过程缺乏发展而导致的心理紊乱。由此可见,与温尼柯特相比,J.本雅明关于爱的承认理论构想的优越性就在于她揭示了这样一种可能性:承认的失败形式被理解为承认两极平衡中沿着一个方向单极化发展。这样,在病理学中,主体间性张力结构的交互性就遭到了破坏。"可是在这里,我的兴趣不在于具体内容的发生学推论,而只在于应该在相互承认范畴中评价承认关系紊乱现象。就是说,如果根据这个标准必须把那些从失败的交互性观念中引出的情感关系视为对主体间性张力状态的偏离,那么反过来就可以证明,承认理论所理解的爱的概念的经验有效性。"[①]霍耐特断定,爱的关系,不仅在逻辑学上而且在发生学上都优于其他相互承认关系。因此,每个爱的关系,无论是父母与子女之间的关系,还是友谊关系或私密关系,都通过同情和爱慕与个体不能支配的承认前提联系在一起。这样,情感安全的基础方面不仅在自身需要与感受体验中,而且在自身需要与感受的表达中,都有助于形成爱的主体间性体验——自信,从而形成所有自尊态度进一步发展的心理前提。

(二)作为第二种主体间性承认形式,法权或法律承认使人拥有自尊

霍耐特强调,相互承认的法权形式与爱的形式是不一样的。在米德那里,法律承认首先是指这样一种关系,即他人与自我之所以相互视为法权主体,是因为他们知道,通过社会规范能够合法地分享共同体的权利与义务。这样,法律秩序非常适合揭示传统社会中法律承认的一般特征:只要个体的合法诉求尚未与后传统道德的普遍原则结合起来,那么它原则上就只能由借助具体的共同体成员地位赋予的权限所构成。由于在"普遍化的他人"概念中,第一次涉及权利与义务协调的基本秩序,因而米德有充足的理由只赋予法律承认以有限的规范内涵。在这里,个体主体之所以被主体间性承认,仅仅在于他是按社会劳动分工组织起来的共同体的合法成员。当然,即使这种传统的法律承认形式,也为主体作为人的尊严的社会保护打开了空间,作为个

---

① Axel Honneth, *Kampf um Anerkennung. Zur moralischen Grammatik sozialer Konflikte*, Suhrkamp, 2003, p. 172.

体的主体,又与权利义务普遍不平等分工框架赋予他的社会角色融为一体。与米德不同,在黑格尔的视野中,只有当从传统伦理权威中分化出来并转变为普遍主义合法性原则时,法律体系才会出现。霍耐特指出,从这个区分出发,就产生了关涉现代法权关系条件下法律承认结构特征的两个问题:一是需要澄清,法律承认的这种类型的尊重是如何获得的?二是必须回答,在现代法权关系条件下,主体之间相互承认对方的道德责任能力意味着什么?

"尽管经验研究学科的回溯不足以解释这两个问题……但我还是借助经验保证的概念分析对之进行粗略回答。"①霍耐特如是说,对于第一个问题,是否可以这样解释:随着向现代性的过渡,个体法权与具体的角色期待发生了分离,因为从这时起,个体法权原则上赋予每个人以自由平等权利,这样就间接指出了法律承认的新特征。对于传统法权关系来说,人们当然可以假定,承认某个个体的法权人格就以某种方式与社会尊重融合在一起,而社会尊重则是根据社会地位赋予社会成员的。因此,法律承认仍然是直接按照个体作为社会角色承担者所享受的尊重程度来划分等级的。这种等级关系只有在法权关系服从于后传统道德要求的历史过程中才能消解。由于在现代法权关系条件下,法律承认结构被普遍主义地理解,所以特殊情况法律适用的任务就是它所不能把握的。不过,在经验描述的情况下,法权的普遍有效性总是被质疑:人类主体应该在什么范围内适用法律?因为它们是由不同类型的个人道德责任能力决定的。人们看到,在法律适用状况解释的范围内,"为承认而斗争"出现在法权关系的定位中。霍耐特认为第二个问题更加重要,因为它的解决提供了后传统条件下法律承认分析的钥匙。这个问题意味着,如果主体的法权人格被承认,那就必须能够承认他们相互尊重的能力。因为从表面上看,当法律承认从地位归属中摆脱出来以后,它的任务就不仅要保护财产,还要保护普遍能力的实现,并且使人作为个体成为可能。但实际上,应该保护具有法律行为能力的主体的哪些一般特征,只有通过与现代法权结构相联系的新的合法性形式才能确定。如果法律秩序在某种程度上被视为是合法的,并因此期待个体原则上能够自由地认同所

① Axel Honneth, *Kampf um Anerkennung. Zur moralischen Grammatik sozialer Konflikte*, Suhrkamp, 2003, p. 190.

有与之相关的个体,那么法权主体至少应该具有合理地自主决断道德问题的能力。如果没有这种归属能力,就不能想象主体如何能够一致认同法律秩序?由于现代法权共同体的合法性依赖于权利平等主体之间的合理共识观念,所以它就奠基于所有成员相互承认他们的道德责任能力这个预设之上。如此一来,说一个主体能够出于理性洞察而自主处理某些事情,就仅仅意味着,他能够运用合理共识程序对之作出某些规定。

在现代社会里,个体法权诉求的不断扩大之所以能被理解为道德责任能力一般特性范围的逐步扩大,是由于在"为承认而斗争"的推动下,必须合理地考虑参与意志形成的新前提。在黑格尔的思辨概念中遇到了类似主题:罪犯迫使资产阶级法律秩序为了实质的机会均等维度而扩大法律规范。霍耐特借助现代法权理论与现代民权运动来说明这个问题。在现代法权理论中,主体法权一般被划分为三类:一是自由的自由权,即保障个体自由、生命、财产免受非国家授权干预的人权;二是政治参与权,即保障个体参与公共意志形成过程的政治权利;三是社会福利权,即保障个体以公平方式占有基本产品分配的社会权利。第一类是消极法权,后两类是积极法权。为了阐释法律承认与自尊之间的关系,霍耐特引用了马歇尔(Thomas H. Marshall)的公民身份与社会阶级理论。

在《公民身份与社会阶级》中,马歇尔以历史重构形式对现代法律承认内涵是如何逐步扩大的这个命题进行了论证,把主体的所有法权诉求系统地划分为三类,并给予这种三分法以历史意义。粗略地说,公民基本权利发展于18世纪,政治权利发展于19世纪,社会权利发展于20世纪。他指出,正是随着个体法权诉求与社会地位归属的断裂,才形成了普遍平等原则。从此以后,每个法律秩序都假定,原则上不允许有特例与特权的存在。霍耐特认为,马歇尔的重要性就在于证明了每一种基本法权的实现,在历史上都要受到隐含政治共同体合格成员要求论证的强力推动。因为从他的分析中不难看出,个体基本法权是以何种方式逐步扩大为从一开始就作为主导观念而存在的规范原则的。在马歇尔的基础上,霍耐特引申到,个体法权的每一次扩大,都应该被理解为道德观念的逐步兑现。实际上,资产阶级人权制度化开启了不断革新的过程,它至少产生了两种新的主体法权,即政治参与权与社会福利权。在过去的几百年里,随着个体法律地位的不断提高,把所有人从结构上视为人的能力也应该逐步扩大,尤其是主体基于理性洞察而自主行动的能力,其中内含着最低限度的文化教育与经济稳定。就此而言,"现在,主体相互承认法权人格,其意义要比现代法律发展之初大得多:不仅以道德规范为取向的抽象能力,而且服务于社会生活水平必要措施的具体特性,都得到了尊重"[①]。总之,按照马歇尔的说法:沿着既定道路向前推进,就是向更高的平等推进;构成社会地位的财富增长,就是被赋予社会地位的个体数量的增多。霍耐特进一步发挥说,第一种情况意味着法权实质内容的增加;第二种情况意味着法权关系的普遍化。所以平等原则进入现代法律体系的结果必然是,法权人格地位不仅在事实层面(通过新的法权累积)逐步提高,而且在社会层面(通过社会成员数量增多)逐步扩大。

为了进一步说明法律承认与自尊之间的关系,霍耐特分析了费恩贝格(Joel Feinberg)的思想实验。在费恩贝格看来,对具体的社会成员来说,没有个体法权而生活,就意味着他没有形成自尊的机会:"有了法权,我们才能'像人一样站立',才能注视他人,并能根本感受到人人平等。认为自己是拥有法权的人,并为此感到骄傲,这个想法不是过分的而是合适的;同时拥有为赢得他人的爱与尊重所不可或缺的最低限度的自尊。可是,尊重个体……可能仅仅是尊重他的法权,因此,没有他人就不可能有个体的存在。所谓'人的尊严',也许不过是可承认的各种主动要求的能力而已。"[②]霍耐特指出,尽管这个思想实验难免模糊矛盾,但还是可以得出一种论证,为米德的猜测提供较好的基础:因为个体主体拥有法权就意味着他能够提出为社会所接受的要求,这样社会就给予他以合法的创造机会。借此,个体主体就可以明确承认自己已经享受到所有他人的尊重。在法律承认的体验中,个体主体被视为属于一个与其他所有成员共同享有的共同体之中的、能够参与公共意志形成过程的人。这样,人们就可以把这种积极地关涉自我的可能性称为自尊。正如霍耐特所说,自尊之于法权关系,就像自信之于爱的关

---

① Joel Feinberg, *Rights, Justice, and the Bounds of Liberty*, princeton N. J. 1980, p. 151.

② Axel Honneth, *Kampf um Anerkennung. Zur moralischen Grammatik sozialer Konflikte*, Suhrkamp, 2003, p. 202.

系。但这个结论只是理论断言，尚缺乏经验支持。即使20世纪五六十年代美国关于黑人的民权运动的讨论，也仅仅使被排斥群体自尊的法律承认的心理意义体现在语言层面上，并没有落到实处。

（三）作为第三种主体间性承认形式，团结或社会尊重使人感到自豪

众所周知，自从康德、席勒以来，在尊重他人概念的讨论中，下述命题一再出现：随着法律承认与社会尊重的分离，在历史上第一次出现了两种不同尊重含义明确划界的趋向。在法权语境中，主要使用第一种含义；在价值共同体承认形式的解释中，主要对第二种含义感兴趣。霍耐特分析说，只要人们接受价值共同体的承认形式，就能对——在人的社会尊重形式中，道德尊重的特殊形式起什么作用？——这个问题进行研究，并可以得出这样的结论：法律承认关涉人之为人的一般特征，关键是如何确定人作为人的结构特征？社会尊重关涉人区别于他人的特征，关键是如何建立一种评价体系来衡量个体性格特征的价值？换言之，现代法律是一种承认媒介，它以差异方式表达人类主体的一般特征；社会尊重是一种社会媒介，它以一般方式表达人类主体的个性差异。因此，个体的社会价值只能通过他对社会目标的实现做出的贡献大小来衡量。

借助于M.韦伯的思想，霍耐特对不同社会形态中社会尊重的不同特征进行了论述。他认为，随着从传统社会向现代社会过渡，社会结构发生了历史转型；与此同时，社会尊重从等级社会框架条件中超拔出来，从概念史看，这就是从荣誉观念向声誉或威望范畴的转变。在等级社会中，一个人如果能够经常满足习惯上与社会地位相联系的集体行为期待，那么他就能够获得用荣誉表征的某种程度的社会声誉。就是说，地位荣誉一般可以表述为每个人都想归属这个圈子的某种特殊生活方式的表现。因此，在等级社会中，社会尊重是按照等级模型组织起来的。于是，与之相联系的社会承认形式就具有这样的特征：在文化等级相同的社会成员之间，从地位群体内部看是对等的，从地位群体之间看是不对等的。正如M.韦伯所看到的，随着向现代性过渡，不仅法律承认关系从社会尊重的等级秩序中分离出来，而且秩序本身也服从于社会冲突转型过程。因为在文化革新过程中，社会伦理目标的有效性条件发生了变化。霍耐特说，如果迄今为止社会价值秩序还作

为评价的参照系而起作用的话,那么它就主要依赖于某种类型的认知给予性:其社会有效性归功于未断裂的宗教信仰力量或形而上学传统,因此归功于文化自我理解的元社会参照物。然而只要在相当范围内超越了认知的门槛,即把伦理义务视为内部世界决定的结果,那就像法律有效性前提一样,社会价值秩序的传统理解也需要改变。这样,在人的尊严概念中,新的形式化的法权关系就获得了普遍有效性。不过,法权对于保障社会地位平等到底具有哪些实际效果,至今还是不清楚的。当然,"在现代性门槛上开始的市民阶层反对封建贵族荣誉观念的斗争……第一次出现了这样一种倾向:一个人的社会声誉是否应该主要由他所属的那个群体的一定特性的价值来衡量?从此以后,主体作为生命历史的个体存在,就出现在为社会尊重而斗争的领域里"①。这样,社会尊重就不再以集体特性为取向,而是以个体生命历史发展能力为取向。于是,与成就的个体化联系在一起的,就是向个体自我实现方式开放的社会价值观念。从此以后,由特殊阶层、特殊性别规定的价值多元主义,就构成以个人成就标准确定其社会文化价值取向的参照系。

依霍耐特的看法,这种个体实践自我关系所获得的承认体验,就是群体自豪感或社会荣誉感。"我们能够把这种实践自我关系称为'自豪'(通常表述为'自我价值感'),与迄今使用的'自信''自尊'这两个概念相并列。"②在这里,个体能够认识到自己是为之做出了共同贡献的社会群体的一员,其自身价值为社会群体其他所有成员所承认。这样,团结就可以被理解为主体相互对等尊重而又相互参与不同生活方式的互动关系;反过来说,在现代社会条件下,团结以自主的个体主体之间对等尊重的社会关系为前提。对等尊重就意味着,在价值之光普照下,他们相互把他人的能力和品性视为对共同实践有意义的。迄今为止,团结概念首先被用于共同反抗政治压迫体验中出现的群体关系。不过,随着承认形式的个体化,实践自我关系也发生了变化。现在,个体必然享受按文化程度给予其成就的社会尊重,不必长期归属于群体而是能够积极地返归自身。因此,社会尊重的范围与标准,一方面

---

① Axel Honneth, *Kampf um Anerkennung*, *Zur moralischen Grammatik sozialer Konflikte*, Suhrkamp, 2003, p. 209.

② Ibid., p. 212.

依赖于社会价值视阈的多元化,另一方面依赖于出色的个性观念。这样,根据团结概念所理解的社会关系就第一次开启了这个视阈:个体为社会尊重而斗争采取的是非常痛苦的、摆脱蔑视体验的形态。

二、蔑视的三种形式

如果说,关于主体间性承认形式的分析是霍耐特对黑格尔、米德的批判继承与进一步发展,那么关于社会蔑视形式的描述则是霍耐特对黑格尔、米德的创造性发挥。因为尽管黑格尔试图把犯罪动机追溯到社会蔑视体验,但无论黑格尔还是米德都没有系统考虑社会蔑视形式,更没有触及蔑视与反抗的关系;霍耐特则不仅描述了作为社会蔑视体验的不公正现象,划分了个体认同所遭遇的蔑视形式,而且分析了蔑视体验是如何出现的,并试图论证蔑视体验是社会反抗的道德动机。

在霍耐特看来,蔑视就是拒绝承认,就是承认的否定与剥夺。因而自身完整性、荣誉或尊严的被伤害是不公正感的规范内核。因为迄今为止,在那些自以为受到他人不公正对待的自我描述中,道德范畴仍然起着支配性作用。霍耐特说,之所以将这些否定性概念指称的行为描述为不公正,与其说是因为在行为中伤害或限制了主体自由,毋宁说通过这些行为伤害了个人以主体间性方式获得的肯定性的自我理解。"如果不参照主体对他人的承认反应提出的诉求,那么'蔑视'或'伤害'这些概念就根本不能被富有意义地使用。所以,我们日常语言中包含着人的本质的不可侵犯性、完整性与通过他人认同之间存在不可消解关系的经验提示。这就是黑格尔和米德所解释的个体化与承认之间的内在交织,由此产生出用'蔑视'概念指称的人的本质的不可忽视性。"[①]显然,蔑视的含义中包含对主体不同程度的心理伤害:在对基本人权否定的侮辱与伴随个人失败而来的羞辱暗示之间的概念差异,通过蔑视概念的使用而消失。相反,关于蔑视具体形式之间的内在差异,人们能够从对承认形式的系统划分中得知。这样,三种承认形式的区分

① Axel Honneth, *Kampf um Anerkennung. Zur moralischen Grammatik sozialer Konflikte*, Suhrkamp, 2003, p. 248.

就为以同样方式将蔑视形式系统区分开来提供了钥匙。就是说,蔑视的差异必须根据它们伤害个体实践自我关系的程度来确定。由此出发,人们才能回答黑格尔和米德未曾回答的问题:蔑视体验如何根植于主体情感经历之中,以致能够成为社会反抗与冲突,即"为承认而斗争"的道德动机?

霍耐特将强暴、剥夺权利、侮辱视为个体认同所遭遇的三种蔑视形式:强暴根植于虐待体验中,它摧毁了个体的基本自信;剥夺权利根植于贬低体验中,它伤害了个体的道德自尊;侮辱根植于羞辱体验中,它剥夺了个体的自豪感。

第一,作为个体认同所遭遇的第一种蔑视形式,强暴主要包括虐待和强奸,它使人的身体完整性受到伤害,并剥夺人自由支配自己身体的所有可能。霍耐特说,之所以把这种蔑视形式描述为个体被蔑视的最基本形式,原因在于,每一个违背个体意志而强行剥夺他人身体自由的尝试,不论其意图如何,它对个体造成的羞辱要比其他蔑视形式的破坏性深刻得多。如在虐待和强奸中所看到的,这种身体伤害方式的特殊性在于,它不纯粹是肉体痛苦,而是在其他主体淫威之下的无助感与现实幻灭感。在这里,个体自信心被持续打击,结果是:与社会羞耻感相联系,个体在身体层面与他人进行实践交往的自信心,以及对世界的信任完全丧失。因而这种蔑视形式剥夺的是对个体自主支配自己身体的理所当然的尊重,这种尊重是通过社会化过程中的情感关怀体验获得的。这样,肉体行为与灵魂行为的成功统一,在某种程度上就被从外部摧毁了。从而实践自我关系的最基本形式,即自信本身也就崩溃了。总之,与虐待和强奸的痛苦体验联系在一起的,总是对社会的信赖感以及自身安全感的突然崩溃。

第二,作为个体认同所遭遇的第二种蔑视形式,剥夺权利主要包括剥夺权利和社会排斥,它使个体作为共同体完全成员的资格被剥夺或被限制。本来,个体作为共同体完全成员能够平等地、合法地参与制度秩序,从而能够合法地期待社会满足自身的要求。但是正如在个体权利被剥夺和社会排斥中那样,这种权利被剥夺或被限制了。因而这种蔑视形式的特殊性,不仅在于个体自主被强行限制,而且在于这种感受:他不再拥有其他互动伙伴那样完全合格的、道德平等的地位。对个体而言,其有效权利诉求之被社会拒绝,就意味着个体作为具有道德判断能力的主体被主体间性承认的期待所伤害。所以说,这种蔑视形式剥夺了在社会互动过程中艰难获得的道德责任能力的认知性尊重。

第三,作为个体认同所遭遇的第三种蔑视形式,侮辱包括人格侮辱和心灵伤害,它使个体的社会价值被否定性对待。本来,荣誉、尊严、声誉意味着在社会文化传统中个体自我实现方式被社会尊重的程度,正如在人格侮辱和心灵伤害中所看到的,这些个体的社会价值统统被贬低。所以这种蔑视形式剥夺了社会对个体自我实现方式的认同,而这种认同是个体借助群体团结的激励十分艰难地获得的。不过,只有把制度确立的社会尊重形式历史地个体化,即社会尊重不再涉及群体性质而只涉及个体能力时,主体才把这种文化贬低指向自身。

霍耐特总结到,对于这些蔑视体验来说,可以根据人的身体衰败状况来隐喻地描述其后果:对强暴事件中个体后果进行心理分析时,可以用心理死亡来表征;在研究剥夺权利的集体处理方式时,可以用社会死亡来表征;在涉及生活方式的文化贬低时,可以用心灵伤害来表征。这些生理痛苦与死亡隐喻暗示着这样的表述:对于人的身体完整性蔑视的各种不同形式的否定作用,就如同传染病在人的机体再生关系中所起的作用一样;在人的认同中,通过社会侮辱和羞辱体验对人的存在的威胁,就如同通过疾病痛苦给人的身体、生命带来的威胁一样。如果说通过这些话语实践所作的解释不完全可靠的话,那么对于所追寻的目的来说,它包含着两个提示:一是与生理疾病引起的痛苦症状相适应,社会蔑视引起的痛苦症状是一种消极情感反应,如在社会羞耻感中所表现的那样;二是通过各种不同蔑视形式的概述也给出了解决——究竟是什么促进人的心理健康?保证人的存在完整性?——问题的钥匙。

由是观之,与疾病预防相适应,承认关系的社会保障能够最大限度地保护主体免受蔑视的痛苦。那么消极情感反应,如羞耻或愤怒、伤害或轻视,其功能是如何实现的呢?应该说,人对承认体验有结构性依赖:为了获得成功的自我关系,他必须依赖社会对其能力与成就的主体间性承认。如果在某个发展阶段上缺乏社会承认,那么在其人格中就会出现心理裂痕。这时,像羞耻或愤怒这些消极情感反应就出现了。主体借助于由这些心理症状构成的消极情感反应，就能够认识到他被非法剥夺了社会承认。因此，在羞耻这种情感反应中，蔑视体验能够变成"为承认而斗争"的动机。但是这个重新开启的实践是否可以采取政治抵抗形式？社会羞耻感与伤害侮辱感是否内含着政治道德潜能？这主要依赖于被伤害主体的政治文化环境是如何构成的。就是说，只有存在社会运动的表达手段，蔑视体验才能成为政治抵抗行为的动机源泉。

三、蔑视体验是社会反抗的道德动机

霍耐特认为，只有对产生于社会冲突的道德体验动力学进行分析，才能够解释抵抗性社会运动的逻辑，从而论证蔑视体验是社会反抗的道德动机。他自认没有完成这个任务，于是就把目光转向了马克思、索雷尔、萨特。他认为，马克思始终徘徊于道德冲突模式与利益冲突模式之间，从来没有系统地把社会阶级斗争理解为具有道德动机的冲突形式；索雷尔以法权概念为基础的阶级斗争道德理论模型，最终完全停留在政治权力斗争之中；后期萨特的哲学著作中一再出现规范的承认理论构想的暗示，但也不能为资产阶级法权形式的道德价值留有空间。所以说，尽管他们为青年黑格尔提出的道德冲突模式增加了新的洞见，但却没有对"为承认而斗争"构想的系统发展做出贡献。

霍耐特认为，索雷尔的理论贡献是在"为承认而斗争"视角中触及了社会变化过程，并批判庸俗马克思主义传统中的功利主义倾向。这样，他的理论研究就必然走向社会斗争道德构想的道路。然而尽管索雷尔以法权概念为基础的阶级斗争道德理论模型使"为承认而斗争"的观念流传下来，并用道德情感的经验材料进行武装，但又把它引向了马基雅维利主义。这样，在索雷尔的结论中，"就缺乏一个用来区分道德规范正当与不正当的法律体系标准，以致最后其内心情绪完全停留在政治权力斗争中"①。他又说，后期萨

① Axel Honneth, *Kampf um Anerkennung. Zur moralischen Grammatik sozialer Konflikte*, Suhrkamp, 2003, p. 211.

特的哲学著作离开了早期否定的主体间性学说,并一再出现规范承认理论构想的暗示,但从未达到解释水平的规范承认理论构想。因此,萨特在后期哲学著作中最终也只提供了一个深受索雷尔政治理论影响的混乱概念,而且像索雷尔一样,也不能为资产阶级法权形式主义的道德价值留有空间。当然,马克思、索雷尔、萨特为青年黑格尔提出的道德冲突模式增加了新的洞见。他们关于日常政治见解的本质要素应该是社会冲突能够追溯到对相互承认内在规定的伤害;反过来说,根植于承认期待伤害的蔑视体验是社会反抗的道德动机,社会冲突的道德逻辑体现着社会进步的现实动力源泉。不过,霍耐特这样得出的结论总是显得有些勉强。

撇开霍耐特对索雷尔、萨特的看法不谈,他对马克思思想的理解也不是那么客观公允。他将马克思主义、历史唯物主义与狭隘经济主义即庸俗马克思主义混为一谈,这反映出他的马克思主义观是有问题的。在他看来,早期马克思把黑格尔那种"为承认而斗争"模式的生产美学狭隘化,从而割裂了主体间承认的所有方面;[①]在马克思之后,出现了告别马克思方法的理论转向:劳动既不能被理解为内在本质力量的对象化过程,即便它作为生产美学的手工劳动或艺术活动;又不能被理解为主体间性承认的完全实现过程。而马克思早期著作中就已经具有了这种成问题的趋向:承认诉求的多样性被还原为劳动中自我的实现维度。尽管在马克思的成熟著作中一直并存着两种社会冲突模式,一是经济理论中功利主义利益冲突模式,二是政治历史研究中表现主义文化冲突模式(接近道德冲突模式)。但是马克思本人不能在它们之间建立起系统的联系。如此一来,在马克思的阶级斗争学说中,从青年黑格尔而来的道德理论意图就是一个用功利主义理解的最矛盾综合的张力域。就是说,马克思始终徘徊于道德冲突模式与利益冲突模式之间,"从来没有系统地把构成自己理论核心的社会阶级斗争理解为具有道德动机的冲突形式"[②]。

鉴于此,霍耐特试图阐发蔑视与反抗的关系,以论证蔑视体验是社会反

---

① See Axel Honneth, *Kampf um Anerkennung. Zur moralischen Grammatik sozialer Konflikte*, Suhrkamp, 2003, p. 235.

② Ibid., p. 241.

抗的道德动机，从而揭示社会冲突的道德逻辑。概括起来，霍耐特承认关系结构论可以用下列图表表示。

“承认关系结构”霍耐特图表

承认方式	情感关怀	认知性尊重	社会尊重
个性维度	需要本能、情感本能	道德责任能力	能力和品性
承认形式	原始关系(爱、友谊)	法权关系(法权)	价值共同体(团结)
发展潜能	——	普遍化、实质化	个体化、平等化
实践自我关系	自信	自尊	自豪
蔑视形式	虐待、强奸 身体完整性伤害	剥夺权利、被排斥 社会完整性伤害	侮辱、心理伤害 荣誉、尊严伤害

霍耐特把上述内容安排在《为承认而斗争》一书的第五章之后，[①]笔者认为这样做不太合适。因为到第六章中，他才谈到了社会蔑视的形式问题。从总体上看，霍耐特图表是比较粗糙的，某些方面还有些混乱。鉴于此，笔者试图对之进行修正、完善。

“承认关系结构”王凤才图表

承认领域	爱	法权	成就
承认形式	情感关怀(爱)	法律承认(法权)	社会尊重(团结)
承认原则	需要原则	平等原则	贡献原则
个性维度	情感需要	道德责任能力	能力和品性
实践自我关系	自信	自尊	自豪
蔑视形式	强暴	剥夺权利	侮辱
蔑视对象	身体完整性	完全成员资格	自我实现方式
蔑视后果	摧毁自信、“心理死亡”	伤害自尊、“社会死亡”	剥夺自豪、“心灵伤害”

毋庸讳言，霍耐特承认关系结构论存在着某些不足之处。例如，在《为承认而斗争》中，霍耐特用爱、法权、团结来表征三种相互承认形式并不太恰

① See A. Honneth, *Kampf um Anerkennung. Zur moralischen Grammatik sozialer Konflikte*, Suhrkamp, 2003, p. 211.

当;退一步说,即使前两种形式用爱、法权来命名还说得过去,但第三种承认形式却不应该用团结、而应该用社会尊重名之。因为在不足 300 页的《为承认而斗争》中(不包括后来作为附录的《承认的理由:对批评性质疑的答复》一文),有 20 页的篇幅论述爱;有 23 页的篇幅论述法律承认;在论述团结的 15 页中,有 11 页其实是在论述社会尊重。所以关于相互承认形式较好的表述应该是《再分配或承认?》中的说法,即情感关怀、法律承认、社会尊重。再如,关于蔑视形式问题,霍耐特一直没有找到合适的范畴来表征,往往是用描述代替范畴界定。如对第一种蔑视形式,从来没有用一个准确的概念来定义:身体完整性伤害、剥夺身体自由、虐待等;不仅如此,他也没有考虑到自杀、自残、自虐等特例,而只是一味强调个体自主支配自己身体的权利。对于第二、三种蔑视形式,情况大致如此,也往往是用描述代替范畴界定。

总之,霍耐特关于承认与蔑视的关系处理得不甚理想,至于为什么蔑视体验是社会反抗的道德动机,更是没有很好地阐明,霍耐特本人也意识到这个断言缺乏经验支持。在笔者看来,所谓蔑视体验是社会反抗的道德动机,其实是指"为承认而斗争",即反抗各种蔑视形式,反抗强暴、反抗剥夺权利、反抗侮辱;追求各种形式的承认,捍卫自信心、自尊心、自豪感。诚然,社会反抗动机是分层次的:最基本的动机是为了经济利益,首先是满足生存需求,其次是为了政治权利或权力诉求,最高的动机是"为承认而斗争"的社会道德诉求。霍耐特没有细分这些不同的层次,从而在一定程度上夸大了"为承认而斗争"的作用。不过,应当肯定,这个问题的阐发与论证是非常重要的。尤其在今天,霍耐特对"为承认而斗争"的强调,不仅具有重要的理论价值,而且具有相当大的现实意义。因为一方面,人权问题受到普遍重视,人的尊严诉求越来越强烈;但另一方面,又不时出现蔑视人权、践踏人的尊严的情况。再就是,这些不同层次的反抗动机并非是决然对立的,而是相互联系在一起的,尽管有时经济需求更迫切一些,有时政治权利诉求更重要一些,而有时承认要求更突出一些。换言之,不论发达国家的上层人士,还是不发达国家的下层群众,都有被承认的诉求,都想得到爱的关怀,都想有尊严地活着,都想得到社会尊重;对于各种形式的蔑视,不论是强暴、剥夺权利,还是侮辱,定会激起某些反抗,尽管有时可能激烈一些,有时可能和缓一些。

毫无疑问，对于那些已经解决了生存问题，物质生活没有任何后顾之忧，达到了小康水平乃至富裕的阶层来说，情感关怀、法律承认、社会尊重等承认形式是非常重要的；对于那些连基本生存问题还没有解决的人来说，物质需求可能更重要一些，但尊严并非不重要，相反，他们的承认诉求也许更强烈一些。这样说来，霍耐特承认关系结构论虽然具有理想主义乃至精英主义倾向，但从一定意义上说却是从现实主义出发的。况且，霍耐特似乎也意识到了经济利益的重要性。他说，实际上，社会冲突的可能性或多或少服从于集体利益追求的逻辑。许多历史事件表明，大众抗议与暴乱的动机纯粹是为了保障经济生活。鉴于此，霍耐特主动改变了自己的思路，强调道德冲突模式与利益冲突模式的相互补充。依他之见，利益冲突模式分析的是为产品匮乏而斗争，道德冲突模式分析的是为人格完整的主体间性条件而斗争。然而由于功利主义利益冲突模式看不到社会冲突的道德语法，以致承认理论冲突模式超越了补充功能而出现了纠正功能。可见，霍耐特最终还是倾向于“为承认而斗争”模式。

四、个体自我实现是承认的目标之一

承认斗争的主要目标之一是个体的自我实现，这也是霍耐特政治伦理学构想的目标之一。霍耐特认为，在个体自我的实现过程中，“非强制性”(Ungezwungenheit)或“自由”(Freiheit)并非仅仅意味着外部强制或影响的不在场，而必须同时意味着心理封闭、压抑与内心恐惧的缺席。当然，这两种意义上的自由不能仅仅理解为通过他人尊重而获得的与自身能力和特质相对应的信任。霍耐特指出，如果第一种意义上的自由是消极自由，那第二种意义上的自由就是积极自由，它被理解为内心自信的一种形式，不仅给予个体在需要表达中以安全感，而且使个体能够运用自己的能力。在这个意义上，自由的自我实现前提就依赖于主体自身不能控制的共同体，因为主体只有依靠互动伙伴的帮助才能获得这个前提。这样不难看出，爱、法权、团结这三种承认形式，就构成保障外部自由与内部自由实现的主体间性条件。但是这个构想的困难在于，不仅法权关系而且价值共同体都隐藏着规范发展的潜能，它们向普遍化或平等化增大的方向敞开着。随着这些内在发展潜能进入自我实现的规范条件中，就出现了形式伦理构想必须限制的诉求：能够成为成功生活主体间性条件的东西，取决于为承认形式的现实发展水平所规定的历史可变量。如此，形式伦理构想就失去了永恒性，陷入对不可逾越的当代性的依赖中。

应该承认，后传统的形式伦理观念是黑格尔第一次阐发的，但米德在后形而上学框架下作了进一步阐述。尽管黑格尔、米德有许多差异，但其社会理想是一致的：按照个人的普遍平等来建构交往模式——在这里，所有主体都被承认是自律的、平等的特殊个体。此外，黑格尔、米德还在由不同交往关系构成的网络中，思考社会互动的现代特殊模式——在这里，个体能够知道他们自我实现的维度。当然，尽管黑格尔、米德都把作为自我实现核心的承认关系描述为后传统的形式伦理的主体间性条件，但都没有把团结形式列入到经验证据的寻找中，而是给予重要的规范转向。黑格尔、米德对现代社会的未来设想是：产生一个新的开放的价值体系——在这里，主体学会相互尊重自己自由选择的生活目标。这样，黑格尔、米德就走到了描述社会团结概念的门槛上。不过，对于"如何给予团结概念填充现代内容"这个问题，他们的回答尽管是不同的但却都是失败的。[①] 因为耶拿时期黑格尔试图用作为交往形式的公民团结填充这个位置，而米德则接近杜尔凯姆，把社会劳动分工理解为社会化目标，认为从中应该能够产生使所有主体学会相互尊重的团结力量。所以无论是黑格尔还是米德，都缺乏从伦理价值视阈出发对自我目标设置的抽象规定。如此说来，尽管霍耐特的形式伦理构想与黑格尔、米德有着历史联系，但如果试图直接回到他们的模型则是不可能的，因为他们的历史成见已经以可疑的方式汇入到他们的模型中。当然，尽管霍耐特后传统的形式伦理构想能够从黑格尔、米德失败的方案中摆脱出来，但同时也遇到了不可克服的张力。"这些实质价值是否能够为政治共和主义、生态禁欲主义或社群存在主义指明方向？它是否以社会经济现实变化为前提或是否与资本主义社会条件相一致？这不再是理论的事情，而是社

① See A. Honneth, *Kampf um Anerkennung. Zur moralischen Grammatik sozialer Konflikte*, Suhrkamp, 2003, p. 285.

会斗争的未来问题。”①

在《去中心化的自主:现代主体性批判的道德哲学结论》一文中,霍耐特在区分个体自主三层含义——意志自由、行为自决、人格自主——基础上,提出了人格自主的主体间性构想。为了避免陷入心理分析或者语言哲学的唯心主义方案中去,霍耐特试图在人格自主的主体间性构想框架中,逐步改变个体主体的心理前提。他认为,允许表达人格自主观念的人类主体构想,根植于“主体间性主义”(Intersubjektivismus)传统中;在自我认同的主体间性结构中,与上述洞见交织在一起的是这个认识:人的意识经历总是部分地抽走构成其心理本能的力量和动机。因此,将人类主体理解为社会互动过程的产物,而不否定自发的无意识存在这个构想,就是米德社会心理学或温尼柯特(Donald W. Winnicott)自我心理学的出发点。在霍耐特看来,米德的“主我—客我”理论已经表明,个体主体能够达到有意识的认同是不成问题的。我们知道,米德几乎是在早期浪漫派意义上,将主我描述为内心情感的突然涌动体验。尽管这种体验是否是从前社会的本能、自身创造性的想象力,或自身道德感受性中产生出来的,米德是不清楚的。但很明显,在主我的自发活动中,它不仅仅从作为互动伙伴的主体意识出发,而且总是涉及在客我中意识到的具有准交往内容的行为表达。就是说,主我与客我之间的巨大张力推动了个体化的发展。对米德来说,如果自我在理想化道路上总是能够得到拓展的交往共同体的承认,那么他(她)就能够根据内在的行为本能而个体化。而在温尼柯特那里,主我与无意识没有什么两样,从主我中可以流溢出巨大的心理能量。在人格模型中,无意识或语言学上有意义事件的不可控制力量被理解为主体中的两极,从这个对立的张力域中产生出导致人类个体化的压力。于是,就像在现代主体性批判中经常看到的,从意识控制中摆脱出来的权力不能被理解为自我认同发展的深层障碍,而应该被描述为自我认同发展的构成条件。

因而,所谓人格自主,实际上是指一种非强制的、自由的自决能力与特质,它关涉个体对内部自然的关系、对自身整个生命的关系、对社会世界的

---

① A. Honneth, *Kampf um Anerkennung*, *Zur moralischen Grammatik sozialer Konflikte*, Suhrkamp, 2003, p. 287.

关系。这样,人格自主的主体间性模型就有三个要素:①康德的“人格自主”观念:对人们的重要决定发生影响的行为动机,被视为自己生活自主规定性的前提。②社群主义的“生活方式自主”观念:麦金泰尔、泰勒强调,只有在下述意义上:把不同生活阶段描述为强评价链条构成上的不同能力,这个规范标准才能被理解;但很清楚的是,在较弱意义上谈论的只是没有涉及外部道德诉求的人格自主。③“道德自律”观念:鉴于生活方式自主的提高,就立即产生了一个近似的问题:道德独立的程度是否不在个体自我关系中留下消极痕迹?对社会成员的持续伤害必然导致道德负罪感,并由此导致第二种强迫机制。这样,规范表达的主动需要观念,就迫使关注道德自律感受性维度的实践语境进一步丰富和拓展。因此,规范的生活方式自主观念需要转变,道德自律需要重新规定。现在不应该说个体自主的三个轴之间存在准和谐或根本的丰富关系;因为不同能力并不必然相互建构,而是相互处于直接的张力或冲突中。这就接近了这个结论:在完全意义上,也许只能谈论个体的人格自主,如果出现所谓三种能力的话。因为“在严格意义上,只有人格才能被视为自主的”①。人格自主属于浪漫主义的个人主义的精神遗产。

综上所述,霍耐特试图围绕平等对待与道德关怀的关系,阐发以正义与关怀为核心的政治伦理学构想,以期改善人的生存方式。在这里,①他对利奥塔、怀特等人的后现代伦理学与哈贝马斯、阿佩尔等人的话语伦理学进行了诠释和重构,强调“后现代伦理学与话语伦理学基本一致”,这就是霍耐特政治伦理学构想的立足点。②他论证了“平等对待与道德关怀存在相互包容关系”,这就是霍耐特政治伦理学构想的核心。③他把康德传统的道德理论与亚里士多德或黑格尔传统的伦理学进行融合,认为“承认道德介于康德传统与亚里士多德传统之间”,这就是霍耐特政治伦理学构想的定位。④他借助米德的社会心理学对青年黑格尔的形式伦理观念进行重构,断言“形式伦理是人格完整的主体间性条件”,这就是霍耐特政治伦理学构想的目标。总之,霍耐特试图对康德传统的道德理论、哈贝马斯话语伦理学、后现代伦理学、亚里士多德或黑格尔传统、社群主义伦理学,以及女性主义关怀伦理

---

① A. Honneth, *Kampf um Anerkennung. Zur moralischen Grammatik sozialer Konflikte*, Suhrkamp, 2003, p. 247.

进行重构,并试图在正义与关怀之间寻找一个平衡点。

然而问题的关键在于,霍耐特以正义与关怀为核心的政治伦理学构想是否已经建成?甚或说,是否能够建立起来?这是研究霍耐特政治伦理学构想不容忽视的问题。我们认为,如果说,霍耐特以承认与蔑视关系、蔑视与反抗关系为核心的承认理论,已经建成了一个比较完整的体系,尽管在许多方面还需要进一步完善,[①]那么霍耐特以一元道德为基础的多元正义构想,只能说还处于初创阶段,既不能与罗尔斯正义理论相比肩,甚至连沃尔泽多元正义理论也不如。[②] 至于以正义与关怀为核心的政治伦理学构想,至今恐怕尚未完全建成。即便如此,在霍耐特广义的政治伦理学中,至少有四点值得称道:一是将黑格尔法哲学诠释和重构为一种规范正义理论;二是阐发承认与再分配的关系,将分配冲突视为承认斗争的特殊形式,并考虑到文化承认作为第四种承认形式的可能性;三是反驳弗雷泽"文化主义一元论"指责,进一步讨论承认与正义的关系,试图建构以一元道德为基础的多元正义构想;四是试图阐发以正义与关怀为核心的政治伦理学构想。

宽泛一些说,霍耐特不仅在政治哲学视域中阐述了自由、民主、人权、共同体等问题,而且在道德哲学视域中阐发了平等对待与道德关怀、承认道德与形式伦理等问题。这样一来,他就不仅进一步丰富了以承认理论为基础的多元正义构想,而且进一步完善了承认道德理论,并初步提出了政治伦理学构想。所以应当承认,霍耐特承认理论与多元正义构想已经基本建成,从而其政治哲学、道德哲学框架也已经基本建成。在这里,尽管霍耐特总是借用他人的学说来论证自己的观点,但也提出了一些正确的看法,并流露出自己的独到见解。

例如,对伯林的政治自由主义的定位,表明他对消极自由与积极自由关系有独特的看法。消极自由与积极自由是自贡斯当以来自由主义关注的核心问题之一,由于伯林的两种自由概念而备受关注。霍耐特将消极自由阐释为文化多元主义的可能性条件,认为积极自由实质上关涉社会群体的文

---

① 参见王凤才:《论霍耐特的承认关系结构说》,《哲学研究》,2008 年第 3 期。

② 参见王凤才:《蔑视与反抗——霍耐特承认理论与法兰克福学派批判理论的"政治伦理转向"》,重庆出版社,2008 年,第 385 页。

化归属,并将伯林的政治自由主义定位在“介于消极自由与文化归属之间”。无疑,这是霍耐特试图融合自由主义与社群主义的一个明证——这也体现了当代政治哲学的发展趋向。霍耐特不仅关注自由问题,而且还关注民主(平等)问题,他把程序主义与共和主义视为当代民主理论的两种范式,并将杜威的合作民主模式视为当代民主理论的“第三条道路”。显然,这与哈氏的阐释是不同的:哈氏将自由主义、共和主义视为民主法治国家理论中两种占支配地位的范式,并把自己的程序主义当作第三种范式。实际上,在霍耐特政治伦理学构想中,不唯注重理论问题的阐发,而且关注现实问题的思考,这在他关于人权政治的分析中表现得十分突出。按照霍耐特的看法,在人权政治解释问题上,历来存在两种相互对立的模式:一是霍布斯范式,即战争范式;一是康德范式,即和平范式。在国际人权领域,霍布斯范式长期占据统治地位,但随着苏联解体和东西方对抗结束,康德永久和平学说似乎又具有了某种生命力。就是说,康德范式不仅在某种程度上与某些现实政治相符合,而且在当代条件下,康德的国际关系合法化理想已经成为最值得人们追寻的选择,根本没有其他可能比康德国际关系合法化理想更值得人们追随的。因为承认理论应用与拓展了到国际政治问题上,因此就可以得出这样的结论:人权政治在某种程度上就是人权承认。① 当然,在霍耐特政治伦理学构想中,最值得关注的还是平等对待与道德关怀,即正义与关怀的关系问题,以及承认道德与形式伦理问题的阐述。

总之,霍耐特通过对伯林的政治哲学、杜威的民主理论、人权政治、后传统共同体的诠释和重构,阐发了他对自由、民主、人权、共同体的看法,②在此,他试图融合自由主义与社群主义,这体现了当代政治哲学的主流趋向;而且试图通过平等对待与道德关怀的分析,阐发以正义与关怀为核心的政治伦理学构想。

---

① See A. Honneth, *Das Andere der Gerechtigkeit. Aufsaetze zur praktischen Philosophie*, Suhrkamp, 2000, p.277.

② 参见王凤才:《蔑视与反抗——霍耐特承认理论与法兰克福学派批判理论的“政治伦理转向”》,重庆出版社,2008 年,第 235 ~257 页。

第十五章　共产主义设想是人的真正的存在方式

——巴迪欧的激进政治哲学关于人的存在方式的研究

自20世纪三四十年代以来,当代西方马克思主义一直以激进的面貌活跃于思想界的舞台。他们保持了两方面的传统,一是用抽象的哲学思维方式保留哲学的本来样态;二是以一种积极的心态介入到当今现实社会变革之中,以改造社会为己任。在处理理论与实践的关系当中,他们力图用激进的姿态来证明哲学的合法性,并使得理论再次成为解释世界的一种方式。在很多哲学家把哲学的实用性作为一个强烈的信念以及对政治哲学产生怀疑的今天,法国激进左翼哲学代表阿兰·巴迪欧却大胆地喊出只有哲学能对这个世纪的政治负责,他所做的这个工作对政治哲学的思考方式产生了深刻影响。从更深层次来讲,哲学的危机就是人的存在方式的危机。从古至今,关于主体问题的探讨一直处于哲学战争的前线,到了20世纪50年代以后,哲学战争尤其是法国哲学的论战从本质上讲仍然是人的主体问题。比如,存在主义的代表萨特和梅洛-庞蒂赋予了主体以绝对中心的地位;拉康在精神分析的基础上创造了一个新的主体概念,后来的巴迪欧深受其影响;结构主义的代表阿尔都塞把历史定义为无主体参与的过程,将主体划归于意识形态范畴而不是实践范畴;德里达也通过解读海德格尔的方式,最终把主体引入形而上学领域。当然,要继续追本溯源的话,我们还可以回到更早的时期即笛卡尔时期。巴迪欧的事件—主体—真理哲学也由此问题起步。对于他来说,在现代社会中如何重塑主体,让主体成为积极的创造者是解决现代性问题的关键。简言之,对主体性的探寻就是恢复被断裂所割裂开来的整体性。所以尼克-休利特主张把巴迪欧的政治哲学定位于"人的解放”这一政治传统中，认为他的巨大贡献就是在后现代语境下再次复兴了人的主体地位。当然，他的哲学思想中蕴含的解放内涵是与批判资本主义关联在一起的，它只有与真理、主体和事件联系在一起才能得到理解。

一、消除身份差别

巴迪欧的政治哲学与当前主流的政治哲学有着鲜明的区别。作为1968年五月风暴的继承者，他一开始就举着视资本主义议会制民主为贬义词的旗帜对抗新自由主义政治哲学家们。在他眼里，新自由主义政治哲学家们大喊民主和自由，而民主却成了忽视人的存在方式和主体地位的代名词，充其量不过是腐化的“代表”与“选举”的民主，这也使得这种所谓的民主和自由构成了我们这个时代的抽象总体，人也成为抽象的原子个体。所以他断言这个时代是政治匮乏的时代，这跟马克思在《共产党宣言》中提到的资本主义“解域化”的力量能够消解一切社会形式有着异曲同工之妙。

（一）资本主义民主的虚伪面纱

第二次世界大战以后，资本主义的逻辑轨迹已经形成。“资本那令人生畏的力量，在‘自私自利的算计的坚冰中’，销毁了最神圣的契约，也让最不朽的联盟四分五裂。”[①]其中，最重要的特征是民主成为赤裸权力的象征。“当前时代的象征，其崇拜物，那个用虚假图像去涵盖无图像赤裸权力的东西，就是‘民主’这个词。”[②]在民主极度膨胀的同时，它的狭隘性也渐渐彰显，一是我们这里所说的民主通常指的是资本主义民主，它是在国家框架下讨论的；二是相对于公平正义这些政治公理来说，民主本身并无真理，达成的是一种虚无主义共识。

民主作为一种原则上的一致意见的组织形式，涉及巴迪欧所说的权威意见。基于此，民主可以被当作集体组织或政治意愿的正常状态。这也是“法治国家”的形式，即所有所谓的西方大国所标榜的政体，正如在这些大国庇护下生存的那些国家所宣称的那样，民主所要达到的是一种人人都满意

① ［法］阿兰·巴迪欧：《世纪》，蓝江译，南京大学出版社，2011年，第103页。

② ［法］阿兰·巴迪欧：《当前时代的色情》，张璐译，河南大学出版社，2015年，第22页、10页。

的结果。所以“代表制民主及其宪法组织如今明显组成了我们政治生活的绝对服从(l’inconditionné)”①。在这里,民主显现为某一政治的范畴,担当着国家的特有标准。它通过建构出国家关系的三个主观标准(经济、民族、民主)使得某种特殊的政治得以独特化,这种特殊的政治就被命名为“资本—议会制”。当然,这种民主只能作为某一政治(即资本—议会制国家)的范畴,而不是一般性的政治。换句话说,在资产阶级的民主设计中,涉及的只是子集问题,而这些子集不可能去处理巴迪欧在《元政治学概述》中所提到的不平等陈述中不可能谈论的东西。② 基于此,民主可以这样定义,在政治意愿的普遍性法则之下,赋予某种特殊性以合法性。具体来说,就是以某种特定的方式命名了特殊情势与某一政治之间连接的政治形象。更甚的是,人们对于民主总是毫无抵抗力地顺从和接受。针对资本主义代议制下的民主打着普遍性的幌子而言,真正的政治应该是政治本身功能的实现。

需要明白的是,政治的最终目标并非是具体标准与国家形象的结合,而是作为自我终结的过程,这个过程的观念最终会通过民主原则的终结而导致国家形象的消亡。因为在列宁那里,真正的民主必须是建立一个无阶级的社会,最后所有的国家都会消失——即作为征服性权力和表达特定社会组织利益的政治都会烟消云散。如果政治的最终目标是让国家消亡,那就是采取一种真正自由的联合体,即马克思所说的类的共产主义,这也意味着集体性的真正的自我实现或没有特殊化权力的实现,最终所有与民主有关的东西也终将被终结。所以在巴迪欧看来,唯有民主不限于国家形式这一狭隘时,它才可能算作是一个哲学范畴。回到更广泛的政治定义上,巴迪欧界定政治的概念不是一种理解社会权力一般性质,也不是个体或集体在组织或更少的组织方式下的斗争方式。事实上,国家与政治无关。这里涉及的一个核心问题便是连接问题,即民主同国家之外的某种东西进行连接。具体的操作就是:第一,实现民主同大众的政治活动的连接。民主所连接的

---

① [法]阿兰·巴迪欧:《当前时代的色情》,张璐译,河南大学出版社,2015年,第22页、10页。

② 在哲学意义上使用“民主”一词,其所思考的政治反映的是解放政治过程的影响,即在某一情势中,走向所有涉及这种情势的所有不平等陈述所不可能呈现的东西。通过这种政治行动,这些陈述不再是禁止的陈述,而是不可能的陈述,这一事实正是《元政治学概述》一书的源泉所在。因为禁止往往是一种国家体制,而不可能才是真正的政治体制。

东西恰好是最反对国家的东西。第二,实现民主同知性的描述本身的连接。在这种情况下,民主既不是一种国家形象,也不仅仅是大众的政治运动,而是指一种原初的政治描述。只有这样,民主才能成为那种可以被称为政治影响的东西,用这种方式理解政治就不会让政治屈从于国家之下。

在《世界的逻辑》一开始,巴迪欧对比了所谓的“民主唯物主义”与他所认同的“唯物主义辩证法”。根据“自然的信仰”,今天的“民主唯物主义”就是基于这个公理:“这里只有身体和语言。”[①]这样的信仰可以说是一种物质主义的,也可以说是民主的,因为在某种程度上说,它是以协商一致的资本主义代议制为基础。而“唯物辩证法”是基于这样一个公理:“除了真理之外,这里只有身体和语言。”[②]正是这个“除了”,巴迪欧将其作为失踪的存在——政治的真正形态。这种基于唯物主义辩证法基础上的政治观念为他的激进民主思想铺平了道路。因为真理只存在于例外的地方,这样看来,民主可以说是没有真理或民主不是真理。在当代法国哲学的背景下,他的主要观点是认为当代世界的基本存在方式不应是对资本主义的批判,而应是对民主的批判。因为在当前时代,民主作为真正的主观原则,成为自由资本主义的凝聚点和依靠点。所以他不只是批评当代资本主义自由民主的捍卫者,更多的是走向民主概念的批判之路,其中最重要的观点就是民主与虚无主义倾向如影随形,相依相伴。

巴迪欧在《好民主,坏民主》中指出民主在当代社会成为一个强有力的徽章,人们习惯于以民主的名义评价政治甚至这个社会,致使民主的东西就是合理的。在民主的名义下,涉及两个方面:一是民主本身起着社会稳定剂的作用,二是民主制下的人们成为民主主义者。但是在民主笼罩下的社会具有虚无主义倾向,只有打破这种幻想,才能触及真实界,从而扬弃民主及其衍生品。所以巴迪欧才一度强调只有一个世界,但世界并不是所有人的世界,而是一部分人受益,一部分人受苦。民主名义下思考的不是民主的权利等客观问题,而是民主的主体即民主主义者如何避免沦为利己主义者。在他看来,享乐是他们在民主世界的最大欲望。在民主世界会面临两个困

①② Alain Badiou, *Logics of Worlds*, trans. by Alberto Toscano, Continuum, 2009, p. 1, p. 4.

境,一个是走向民主的反面即催生一种新的共产主义类型,另一个是重新回到法西斯主义的野蛮境遇。在此,巴迪欧引用柏拉图对民主所作的两个精彩表述,一是“民主的世界并非真正的世界”①,二是“民主制下的个体只为享乐而生”②。所以这里讨论的重点就是民主制下的个人,要明确的是这里所能够实现的民主不是所有人的民主,民主制下的个体只是享乐的个体,主要表现为一种类似于酒神式的狂热和一种贪得无厌的享乐。其中,人与人之间的差异似乎消失了,因为平等赋予了人们一切。尤其是现代社会中的“金钱这一平等的普遍原则取消了所有世纪差异的可能性,即某种异质性,例如追求真理与意见自由之间的差异”③。在此,金钱成为一个普世原则,这也是民主国家所强调的民主人的真正法则是物与物的可交换性而不是真理的实现。由此,柏拉图嘲讽道:“民主人仅存在于纯粹的当下,仅为稍纵即逝的欲望立法。”④这种将满足自我欲望作为人的存在方式在巴迪欧这里是要扬弃的,因为这种欲望机制下的代议制民主为了保卫自己的领地迟早会暴露出专制主义倾向。而且民主制忽视时间原则,这在一定程度上与虚无主义的无时间性不谋而合,存在某种隐性关联。

今天的社会不过是一个面向市场的机构。市场是谁?这是一个必然的虚无的身影,并在此背景下营造虚无的快乐。基于这种矛盾和混乱的民主原则所构成的复杂结构,那些众多的没有明确规定性的制度,没有一个在本质上是开放的,将最终不可避免地跌入无政府主义的深渊。巴迪欧还认为真正的精神活动应该有两大形式:一是意见,二是真理。这里应该让真理(思想)成为主流,而不是意见,但在资本主义代议制下却犯了这个错误,并将意见作为一种共识。举个鲜明的例子就是资本主义代议制下的选举制。选举机器与其说是一种政治手段,不如说是一种国家手段。这里存在一种悖论,即大众虽然拥有投票权,但却在深层次暴露出政治或意识形态所固有的无主体对象,也就是选举中并无人的参与,更别提保证人的合法地位了。

①② [意]吉奥乔·阿甘本、[法]阿兰·巴迪欧等:《好民主,坏民主》,王文菲译,上海社会科学院出版社,2014年,第18页。

③ 同上,第20页。

④ 同上,第23页。

正如齐泽克所说的："在拉康所定义的民主里，社会政治家的原则将是人们不存在——在独特的代议制下不作为整体而存在。"①

基于此，巴迪欧认为当今世界已经不再是那个属于原本真正创造它的并栖息于其中的人们的了，而是成了一个被部分人的欲望和意见所支配的世界。所以他才批评阿伦特的政治哲学是一种从部分出发的计数为一的再现，而不是对集合的全部再现。因为显然一些个体如纳粹主义和原教旨主义是不被纳入到代议制之中的。这样的国家不是真正的普遍性，它只是某一部分的计数为一。所以对所有人来说，真正实现每个人的全面发展是共产主义的最高定义，也是巴迪欧所说的那种所有人的雅典式的贵族主义。正如黑格尔所言："共产主义吸收并且超越了局限的、民主的形式主义。"②换言之，民主的反面不是专制，而是共产主义。那么在这种情况下，政治与人民是融为一体的，所以这个目标实现的那天，也是民主和国家消亡的那天。

（二）反抗身份政治，提倡一种真理政治学

在这个推崇差异伦理学的时代，巴迪欧倡导向"同"回归。当然，这个观点基于列维纳斯"同"（The Same）与"异"（The Other）辩证关系的论述。他在《哲学宣言》中重新讨论"普遍性"与"特殊性"的关系，在批判文化多元主义时，明确反对身份政治。在《伦理学》一书中更进一步提到一种所谓的伦理学转向，这种转向包含了两种相互对立的思潮：一是以人权为基础的普遍主义，借人权的名义进行人道主义干涉；二是以差异为基础的关于他者的思想，这就是现在普遍流行的社群主义和身份政治。

什么是身份？最简单的定义是，身份是通过一系列的特征和属性使得一个个体或一个群体承认它自己作为它的自我的方式。这个"自我"是在所有的特性中，保持或多或少不变的差异和变化。例如，一个艺术家的身份是通过他或她的风格的不变性来被确认的；一个国家的外国人的身份是可以通过肤色、语言、手势、服饰、饮食习惯等区分开来的。用这种方法定义的身份具有双重相关的差异。首先，身份是不同于静态识别的。其次，身份是不

---

① Bruno Bosteels, *Badiou and politics*, Duke University Press, 2011.

② ［意］吉奥乔·阿甘本、［法］阿兰·巴迪欧等：《好民主，坏民主》，王文菲译，上海社会科学院出版社，2014 年，第 28 页。

同于动态识别的。在这种背景中,我们是“相同”和“他者”的哲学辩证法。比如,我们都生活在一个世界上,那么这可以断言人们是相同的,以此维持和发展一个人的身份。但如果我作为中国人在外国存在,我会保存中国人那些不变的属性,比如母语、娱乐和家庭生活形式等。这也就是说,这种身份的说法有两个完全不同的方面即“相同”和“他者”的辩证法。再比如,与身份问题紧密相关的移民问题。在世界全球化背景下,大量移民不断拥入欧洲,在价格和无休止的经济斗争的基础上,很多国家却纷纷设置移民壁垒。这在巴迪欧看来是不好的征兆,因为这是针对特定的少数人的身份而设定的。这些移民也讨厌欧洲人(包括法国人)所赐予他们的狭隘的身份话语。

巴迪欧的激进政治哲学有很强的反对身份政治的倾向,目的是倡导一种真理政治的回归。真正理想的真理政治形式应该是不受任何历史限制,没有任何实体或共同体,也不受传统的羁绊,不是任何一种单性政治学视野下的如民族、文化、种族、宗教的共同结合。在此,真理政治是与身份政治截然相反的,这里的真理不是简单地推翻一切;它必须和它所发现的世界联系起来。而且真理不否认我们对于事物的了解不可能是全面的。那怎么发现一种真理,并诉诸一种普遍主义形式呢?巴迪欧提出了一个标准,就是在这个世界上真理是普遍的,对任何人来说都是有效的和适用的。但这里的真理具有某种超验意义,它不能用现存事物去比拟,也不能被再现,它就是潜在地、普遍地存在着。

接下来就是新的普遍性思想究竟是如何产生的。一般来说,在事件爆发和主体的介入下,真理才会得以出现。这里涉及关于圣保罗的地方。巴迪欧认为保罗的出场意味着基督的复活。在这里,保罗既是一名传道者,也是一名实践斗士。正是保罗的出现,才找到了真理与主体的关联性,使其从属于多元的纯粹偶然性,并最终符合真理的主旨。这里的侧重点是在普遍性的条件下,将真理的姿态展现出来,在其创建过程中把握主体。所以保罗要指导我们的正是实现一种真理从意见中的剥离,用巴迪欧的话说就是“把每一个真理程序从文化的‘历史性’——在其中意见企图消解真理——中断然后剥离出来，正是保罗指导我们要操作的事情。”①在这里，保罗所具有的普遍意义就在于它潜在地包容了所有人。在这里，不存在犹太人与希腊人之分，也没有男人与女人之分。上帝对于每一个人都是平等的。或者用政治话语来说，要打破现有的固定身份，发明一种新的、具有更大普遍价值的身份。这就像用“公民”“工人”等政治话语来超越国家、语言、宗教信仰等的区别是一样的。这种普遍的真理学说就是巴迪欧批判身份政治的理论根据。当然，在政治哲学的视域内，我们也要考虑在现实中什么是社会真正需要的，如何在政治上实现公民的主体性或其最大的存在。这一要求的内部后果是政治如何巩固普遍的身份。所以我们断言：即使保持不同的身份，我们也都存在于同一个世界。在这个集体的轨迹中，我们以“身份”作为政治的一个试验床并坚持它的普遍性。在这个世界上，我们存在于平等的基础上，只要我们从事共同的政治行动，身份就可以构成一个有用的经验交流的物质。因此，断言“只有一个世界”是一个行动的原则，一个政治上的命令，这也是真理政治学能够在现实中得以成立的重要条件。

二、从现实的旁观者转化为创造者

在此，巴迪欧代表的法国左翼群体显而易见地包含着两个关键词：现实和主体。它们共同构筑了当代西方马克思主义的激进性维度。尽管当代西方马克思主义尤其是法国激进左翼的思路是彻底而激进的，但究其本质，它们与早期西方马克思主义并无本质上的差异。早期西方马克思主义代表人物卢卡奇所说的第二自然，主要也是指出人如何由旁观者转为行动者。可以说，人的主体能动性能够改变世界。此时，巴迪欧重提西方哲学史上的“事件-主体-真理”问题，无疑具有鲜明的时代特色。真理充当其普遍主义理论的目标指向，事件则是巴迪欧政治哲学的独特性特征，正是事件对情势的打破，才导致真理和主体的出现，并对社会产生现实效果。当然，主体才是巴迪欧的理论武器，事件发生后真理的实现需要主体的参与。

① [法]阿兰·巴迪欧：《圣保罗》，董斌孜孜译，林草何校，漓江出版社，2015年，第3页。

(一)主体作为事件的积极参与者而不是旁观者

从笛卡尔到黑格尔,从马克思到弗洛伊德,从胡塞尔到萨特,主体的合法地位逐渐确立,但此时的主体是空洞的、分裂的、实体性的和非反身的,并不是历史上的任何一种主体形态,其主体形象与拉康对他者外在镜像的空无的碎片的描述有着异曲同工之妙。如果追溯到卢卡奇的《历史与阶级意识》,其实从费希特那里就已经产生了主体的分裂,“连主体也被分裂为现象和本体,而且自由和必然的未被解决的、不可解决的、因此永恒化了的分裂进入到了主体最内在的结构之中”①。那怎么解决主体分裂这一问题呢？在卢卡奇看来,“只有当主体(意识、思维)同时既是辩证过程的创造者又是产物,只有当主体因此在一个由它自己创造的、它本身就是其意识形态的世界中运动,而且这个世界同时以完全客观的形式把自己强加给它的时候,辩证法的问题及随之而来的主体与客体、思维和存在、自由和必然等等对立的扬弃的问题才可以被看做是解决了”②。巴迪欧也认为主体是有内部分裂的,主体既是社会的产物,也是创造者。但是他最终将主体定格为一种新形势下的真理程序,当然这种扬弃了主客体二元对立的具有同一性的主体显然有着浓厚的黑格尔色彩。

所以巴迪欧与其他20世纪末的许多法国理论家的哲学之间最显著的差异是对待主体的态度。阿尔都塞对巴迪欧的影响是巨大的。在他看来,“阿尔都塞传统极为重要,我的许多著述都献给了阿尔都塞……”③当然,“开端即是对其初始点的否定”④,谢林的这句话用在巴迪欧身上再合适不过了。他起初是一名坚定的阿尔都塞主义者,后来通过与阿尔都塞主要观点的疏离而明确了自己的立场。作为1968年五月风暴的继承者,巴迪欧认为将资本主义代议制去除干净的关键在于小心翼翼地解放大众。正如我们已经看

---

① [匈牙利]卢卡奇:《历史与阶级意识:关于马克思主义辩证法的研究》,杜章智等译,商务印书馆,1999年,第199页。

② 同上,第223~224页。

③ 朱羽、张耀宗:《当代政治与否定的危机——阿兰·巴迪乌访谈》,《国外理论动态》,2010年第6期。

④ [斯洛文尼亚]齐泽克:《敏感的主体:政治本体论的缺席中心》,应奇等译,江苏人民出版社,2006年,第145页。

到的，他指责自己的导师阿尔都塞没有发展出一种主体理论，因为阿尔都塞只处理过程，将主体完全从《保卫马克思》中排除出去，将主体的作用只与资本主义联系起来。因此在他看来，阿尔都塞的主体只能是资产阶级的主体。巴迪欧的主体则是与此相反的，当个人或团体成为主体的时候，他在最广泛的意义上来说就是革命家，当他们投入到特殊的事件时，将从根本上改变现状。当然他的主体观念也深受萨特影响，认为每个个体都自由地掌握自己的命运，并承担这一行动的后果。对他来说，主体在重大变革过程中起着至关重要的作用。

当然，作为"事件—主体—真理"三部分过程的一部分：主体是例外的、杰出的和不规则的，或者说，这个主体肯定不是任何人、每个人、一个普通的人，或任何真理都是一个经验可以验证的。然而任何个人都可以在特定的过程中或因一个特定的原因成为一个真理过程的主体。在这里，主体、真理和事件都是相互创造彼此的。因此，在事件发生之前，主体还不作为一个主体存在，他们只有在事件发生后才存在。一旦事件发生，主体才成为事件的关键。所以主体绝不是深陷于日常生活中的常人，而是在偶然事件中生成的主体，这种打破意味着新秩序的开启，通过对其保持绝对的忠诚，主体地位才能得以确立。例如，伟大革命家列宁通过对十月革命事件的忠诚而成为革命的主体。主体对于真理的忠诚实际上代表着一种政治实践。这时的主体不再受控于客体（例如法律规范、社会等级、道德禁忌）的限制，而成为主动的主体。巴迪欧1982年发表的 *Théorie du sujet* 指出，"所有的诸如此类的存在都无一例外是实践……只有在那里，人们才能成为主体"[①]。需要注意的是，这里的主体不是我们通常所理解的那样会自动生成，而是具有两种特性。一是主体是稀有的，只有在事件发生的前提下才出现。"只有当事件的出现打破了原有的常规，迫使一些人不得不对于新的事件采取某种态度，也唯有在这种情况下，主体才能浮现出来（se relever）。"[②]二是主体是集体性的个体联合，此时个体融入集体当中也是有条件的。"即一旦个体忠实于原始陈述，那么个体就会被联合到作为主体的真理的身体之中……在那个真

---

① Alain Badiou, *Théorie du sujet*, Seuil, 1982, p. 38.

② ［法］阿兰·巴迪欧：《第二哲学宣言》，蓝江译，南京大学出版社，2014年，第22页。

理的身体之中,所有的个体都被联合为大写的主体(Subject)。”[①]基于此,政治建构了自己的新原则,而这个原则就是主体介入。很显然,巴迪欧的主体理论不从任何先在性的主体范畴来介入到社会政治运动之中,而是在行动中生成的。在这个过程中,人人都应该在政治中努力成为有限行动的战士,成为将行动永恒化的人。因此,巴迪欧的主体观念在某些方面让人们回想起19世纪到20世纪期间马克思等革命家们,虽然实质性的变化发生在一个似乎不重要的阶段,但主体却随着事件的发生产生了巨大的影响。可以说,主体行为是促进事件进一步改变现状的重要途径,特别是建立新的根基或者创造一个新的情境。

(二)真理以主体的方式在世界上浮现

通达真理是巴迪欧“事件—主体—真理”学说的理论意旨,也是人类能够达到的最高认识。归根结底,真理是由人生产出来的,最终以主体的方式在世界中出现。在那个真理的身体之中,真理的存在以主体的存在为前提。主体通过捕捉事件导致的既定情势和新的情势之间的断裂,赋予了事件一个名称并由此介入到了既定情势之中,从而产生了真理。这里的主体是一种此时此地的具体行为者,他没有某种超验性的先天能力,但具有一种主动性和积极性,他能在空无的缝隙中激发出真理所蕴含的生产性力量。

在现有的情况下,一个真理是如何出现的?这就需要使政治的实在界——它的暴露意味着真理的彰显——也通过个体联合的形式暴露出来,或者说个体要经由事件完成主体化,从而成为真理身体的一部分。巴迪欧借用拉康的三界说对此作了具体阐述,在实在界、想象界和象征界中,事件代表一种社会正常秩序的断裂,这种断裂产生于新情势与旧情势的交界处,其本质就是实在界内核的迸发,这种迸发往往会导致主体和真理的出现。但真理的出现不是那么容易的,它会受到国家的限制。国家属于象征界这一范畴,它是对事件爆发可能性的限制。所以在当前全球资本主义的普遍统治下,西方左翼学者普遍主张要和国家保持距离,只有在与国家保持距离的前提下,真实的碎片和真实的观念才能显现出来,以此证明真理的存在。

---

① [法]阿兰·巴迪欧:《第二哲学宣言》,蓝江译,南京大学出版社,2014年,第23页。

那么主体这一角色将由谁承担呢？巴迪欧跟其他左翼学者一样，似乎对无产阶级在新时期承担革命角色表现出了担忧。在他看来，主体这一范畴应该进一步扩大化，不应仅仅局限于无产阶级，而且当代资本主义的发展已经跃出了阶级对抗的逻辑，呈现出一个纷繁复杂的景象。在这种情形下，主体已经不再是自动生成的，而是潜在的。从这个意义来说，主体属于拉康三界说中的象征界，它有一个潜能转化为现实的过程，这个过程需要我们做的就是透过象征界去发掘个体的潜在性，这时的个体必须表现出决断和对事件的绝对忠诚，只有当事件中的个体决意成为真理身体的一部分时，它才成为巴迪欧所说的真正意义上的主体，这里的主体类似于阿尔都塞的意识形态对主体的询唤，但具有更多的积极性和实践性。

巴迪欧曾经在《元政治学概述》这本书的一章节专门讨论过他的老师阿尔都塞的主体理论，并将其称为“无主体的主体性”。但他与阿尔都塞的主体理论在本质上是一样的，他们眼里的主体归根结底都是纯粹抽象的，不具有现实的可操作性。我们所能确认的也只是主体在事件过后所留下的轨迹并对其进行命名，所以巴迪欧也知道他所谓的主体最终还是要有所为，还是要降临到具体化层面上的，这也是他后来面临的难题。在随后的两部著作《世界的逻辑》和《第二哲学宣言》中，巴迪欧吸收胡塞尔现象学的方法，从具体的实事出发，试图让真理以某种具体的方式——身体（即对象）——在这个世界上浮现，但这种浮现是一种超越时空的普遍性的浮现，而不是一种此时此地的特殊对象的浮现。这里也保证了真理的普遍意义。在20世纪80年代末发表的《存在与事件》中，巴迪欧曾将这个过程称为类性真理，并认为类性真理本身具有普遍的多样性。但在随后的《世界的逻辑》和《第二哲学宣言》中，他已经暂时放弃了这个术语，因为在他看来，真理在世界上的呈现并不是简单的直接显现，而是需要借助主体化的身体再现出真理。这种论述的具体阐述是在《第二哲学宣言》中，在这本书中巴迪欧将事件过后剩下的那个痕迹称为原始陈述，这里的原始陈述证明了事件的曾经来过。

这种原始陈述需要一个新的载体来表现，这个载体就是主体。也就是说，在事件中这个世界与真理的相遇是有迹可循的，这种痕迹就是原始陈述。这种原始陈述代表了真理的曾在，要想让真理在这个世界再次显现出来，就需要以一种新的方式来激活，这种方式就是主体化。具体来说，就是我们要追溯事件的痕迹，重塑一个真理的身体或主体化的身体。此时这个主体化的身体越忠实于原始陈述，它就越成为真理过程的一部分。所以对于事件的稍纵即逝来说，把握真理的最佳方式就是通过原始陈述再现真理，这里的再现就是真理依附于一个主体化的身体在世界上浮现。在这里，对于真理的再现，我们需要对作为事件遗留痕迹的原始陈述有一种忠实的态度或者立场。事实上，巴迪欧在此指出三种立场即忠实的、保守的和蒙昧的。当然，他是主张我们用忠诚立场来证明事件的曾在。"忠实的立场是对事件遗留的痕迹的忠实，也就是说，忠实立场坚信事件曾发生。通过忠实的主体化过程，真理可以找到一个世界上的身体，即真理的具现化。"①所以对于主体而言，真正的主体是那个真理的身体，这种身体的主体化实现了将所有的个体联合成为大写的主体的目的，而且他"谋划的身体的当下时刻就是一个真理的新时代"②。在此，主体保留了两方面的属性，一是个体的自由属性，二是通过个体的联合成为真理的身体，具有了行动的意义。

相比新自由主义政治哲学来说，巴迪欧的政治思想具有更多的实践特征，他的思想更多的是通过个人的集体行动实现一种联合，在实践的发生过程中，通过采取行动来实现一定的使命。作为《存在与事件》的序曲《世界的逻辑》，我们可以看出除了存在与事件这两个关键词之外，主体也是一个重要范畴。在《世界的逻辑》一开始，正是主体的出现才让巴迪欧将民主唯物主义与辩证唯物主义区分开来。在某种意义上，他的"事件—主体—真理"学说中真理与主体是不可分开的。事件在发生之后就已经消失了，而事实上它不会出现。这意味着，在最后，真理不仅创造了全新的可能性，实现了主体隐藏的潜力，也将不可能实现的东西再现，实现了不可能性中的可能性。或者说，正是基于对事件和真理的忠诚，主体投身于其中，为不可能和不合法的事物创造了可能性和合法性。正如在《柏拉图的理想国》中提到的："最优秀的是那些能够推动政治进程的人。在投身政治的大量个体中出现这样的人，他们在权衡利弊之后，终其一生都会表现出无与伦比的热情来

①② [法]阿兰·巴迪欧：《第二哲学宣言》，蓝江译，南京大学出版社，2014年，第21页。

加快政治进程，同时坚决拒绝成为妨碍政治变化的人。这个主体选择可以归结为：做最能保证政治进程连续性的事。走入歧途、远离真理显然是件可恶的事，而融入真理显然是件可贵的事。”①

三、共产主义设想是人的真正的存在方式

霍布斯鲍姆曾经在英国《卫报》上发表《社会主义失败了，资本主义破产了，接下来怎么办?》一文，指明一种趋势：G. A. 柯亨也在《为什么不是社会主义》一文中指出社会主义这一路径。以巴迪欧为代表的西方左翼则主张重回共产主义，这也成为左翼标榜自己激进性的政治话语。需要承认的是，共产主义如今面临危机，这种危机不仅与资本主义社会紧密联系在一起，也与西方马克思主义者所说的人的存在方式联系在一起。

（一）共产主义历史和它的现状：三个序列

巴迪欧将共产主义的设想规定为三个序列，第一个序列开始于 1789 年法国大革命，结束于 1871 年巴黎公社，这一阶段主要确立了共产主义观念和平等思想；第二个序列是从 1917 年俄国十月革命到 1966 年中国的“文化大革命”，这一阶段主要是寻找实现共产主义设想的实践策略。苏联式的社会主义正是这一阶段的产物。我们现在正处于第三个阶段，就是要重新发明共产主义，重新复活共产主义理念，将共产主义看作是柏拉图的理念来恢复其名誉，也就是齐泽克所说的“从头开始”。

第一个序列从法国大革命到巴黎公社，它持续了八十多年。在第一个序列中，共产主义设想与推翻现行秩序的群体运动和起义相联系，革命的目的是消灭旧的社会形式，建立平等的共同体。这一序列在巴黎公社起义中达到顶峰，并以实际行动确立了共产主义设想，但最终没有找到实现途径。不可否认的是，该序列所展现的各种全新的政治现象引起了马克思的兴趣和广泛讨论。在马克思那里，他的哲学基础可以归结为德国的古典哲学（黑格尔辩证法）、英国的政治经济学和法国的工人运动。所以在该序列中，在

---

① ［法］阿兰·巴迪欧：《柏拉图的理想国》，曹丹红、胡蝶译，河南大学出版社，2015 年，第 208 ~ 209 页。

共产主义的标志下,大众运动成为主题,其目标是组织群众运动,通过多种形式的游行、罢工、暴动、武装行动等来抑制社会的形式(私有财产、继承、人性化的国家、劳动分工等)和建立共产主义意义上的平等观念。即使最终很难做到,但此时工人运动的重要价值就是要保证旧的社会秩序瓦解,新的社会秩序在革命中展开。公社作为这个运动的最高形式,至今仍显示出了一种非凡的生命力:仅仅存在了两个多月,但在欧洲伟大首都城市之一的巴黎,它仍践行了一种新型的权力。同时,它也显示了自身的局限性,那就是无法给革命一个国家范围和合法性,在组织建立政权时也往往是脆弱不堪的。公社也缺乏作决定的能力,所以当时作的决定也是不合适的。这也证明了政治上的创新不是那么容易和一蹴而就的。但在巴迪欧看来,巴黎公社在某种意义上也是一种政治宣言。

第二序列从俄国革命到中国的“文化大革命”。第二个序列只存在了半个多世纪,这一序列面临的核心任务是如何实现共产主义设想并使得胜利成果固定下来,因而组织和斗争策略问题成了共产主义设想的核心问题。在俄国革命中,列宁主义政党成了共产主义假设的物质载体,他们面对的问题是非常复杂的,不再是一个受欢迎的工人运动要在共产主义设想的基础上存在,也不再是其起义的形式,不再是一个制定共产主义设想的问题,而是如何实现它的问题。那就是革命取得胜利后怎么办?如何组织新的权力和新的国家?列宁这一伟大的革命家试图回答这些问题。在他看来,此时首要的就是专注于组织和纪律问题,并在此基础上践行真正的共产主义设想,这时党的领导问题成为核心。因为政治和社会秩序的彻底革命是在党的领导下,通过起义或持久的人民战争完成的,这些形成过程都在所谓的社会主义国家经历过。如果说第一序列就是共产主义设想与现实结合下的一种运动,那么第二序列就是在其纪律和军事组织的标志下,如何实现局部胜利的持续时间问题。在中国,毛泽东坚称没有共产党就没有共产主义运动。但为什么“文化大革命”会迅速发展为混乱和暴力,其主要原因是因为敌人的定义是不确定的,这也致使党的内部出现意见分歧。当然,毛泽东主张的“没有毁灭,就没有重建”(新与旧的斗争)也是巴迪欧所极为欣赏的。在法国,1968 年五月风暴的主题是有组织的集体行动,创造新的政治空间,而不是重现国家的集中管理。然而即使这个实验以新的形式继续了下去，但从20世纪70年代末以来，在全球范围内，这种形式并没有维持下去，资本主义代议制通过民主等原则仍然统治着人们的思想。所以列宁说20世纪的问题是怎么做的问题，虽然党国模式最后发展成为一种新形式的权威主义。“文化大革命”表明我们在重新思考党与国家的关系问题，如同马克思所说的国家机器只能被摧毁，而不是被占用。这也是巴迪欧从第二序列中所得到的经验教训。

第三个序列所要做的就是重构共产主义设想，重新表述劳动隶属于统治阶级并不是必然的。所以我们要做的就是找到一个支点，使其出于资本主义秩序之外，就像拉康说的“财富仪式”之外，这种支点还能通达真理，表达一种普遍性诉求。巴迪欧曾下过论断即“只有一个世界”，所以这个占统治地位的资本主义秩序只是一种由货币符号和物构成的世界，这只是马克思预见的世界市场，而不是真正的世界。巴迪欧的共产主义假设理论试图把自己的本体论运用到当下的激进政治，他明确拒斥经济主义并不是否认经济的作用，而是在他看来，革命的基础不是客观必然性，而是主观的意志。共产主义假设不是建立在客观规律基础上的，而是建立在主体对“真理—事件”的忠诚基础上的。比较有意思的是，他还提出过必须由“共产主义理论来指挥枪支”①这一有趣的说法。所以以巴迪欧为代表的一批左翼学者认为，20世纪共产主义实践的失败就是探索一种超越国家的新的社会治理形式的失败，是一种走向国家消亡的政治实践的失败，这种失败直接导致了国家的回归和强化。在他们看来，共产主义观念本身是和国家相抵牾的。如前所述，共产主义观念也是与民主相对立的。在 *The Meaning of Sarkozy* 的一章“共产主义设想应被抛弃吗?”中，巴迪欧提出共产主义设想是完全正确的，如果放弃了这一设想就意味着你进入了资本主义议会制和民主的魔掌。所以在某种意义上，共产主义设想假定了政治的现代性，但没有被捆绑到那些民主的政治形式上，没有成为资产阶级追求权力的工具。在巴迪欧看来这一点是至关重要的，因为这就意味着从一开始共产主义设想就是正好与

① [法]阿兰·巴迪欧:《柏拉图的理想国》，曹丹红、胡蝶译，河南大学出版社，2015年，第215页。

民主的假设和今天的资本主义议会制截然不同的。所以21世纪共产主义的任务就是在主观意志的基础上重新复活共产主义设想。马克思在1848年的《共产党宣言》中指出,共产主义是关于人类命运的一个想法。作为一个纯粹的平等观念,共产主义设想自国家存在的开端以来,毫无疑问地存在着一个实践的状态。其实这种共产主义设想不仅在三个序列中出现过,也曾以片段的形式出现过,比如以斯巴达克斯为首的奴隶,或是由托马斯·闵采尔领导的德国农民。这种思想不仅有理论意义,还有很大的实践意义。正如巴迪欧在 *Philosophy and the Idea of Communism——Alain Badiou in Conversation with Peter Engelmann* 中指出共产主义思想是一种思想的使用,更是一种真正的运动形式。

(二)共产主义设想下人的存在方式是真正属人的

巴迪欧强调"共产主义设想"能够在哲学的帮助之下形成一种新的存在形态,从而能够产生新的政治实验,其批判对象就是当下的资本主义秩序。进一步来说,他想借此设想恢复人的主体地位并试图改变集体行动的秩序。因为在巴迪欧眼里,共产主义原则是永恒的,它不是人们所想象的乌托邦,也不是空洞的说教,而是各种社会反抗形式中体现出来的观念模式。共产主义假设需要做的是与民主决裂,但实质上要实现的就是真正意义上的人的自由平等。当巴迪欧以变革和批判的方式评价资本主义下人的生产方式时,也表明了他想借共产主义这一设想恢复人的主体地位。

巴迪欧认为首要的任务是将共产主义作为一种思想与它的各种形容词形式(共产党、共产主义国家等)作出重要区分。尽管他认为共产主义思想可以在其历史形式(苏联、法共)和可识别的政治序列(巴黎公社、"文化大革命",1968年五月风暴)中发现,但它不应该也不能降低为仅仅只有这些。更具体地说,共产主义设想不是指的如此之多被视为共产主义的形式和序列,而是作为"一般的知识表示法":"共产主义设想认为不同的集体组织是可行的,这将会消除财富的不平等甚至分工;私有财产的巨大财富和他们享有的继承权将消失;从市民社会中分离出来的一种强制性国家,其军事和警察,将不再有一种不言而喻的必要性。到那时候,马克思在《共产党宣言》中告诉我们,无产阶级将摧毁旧世界的残余,在自由联合的基础上实现每个人自由而全面的发展,并最终使国家消亡。”[①]在此,共产主义设想可以理解为康德意义上的智性模式,这种智性模式最终是要通过某种不同的方式得以现实化,达到改造世界的目的。

其次,需要注意的是,共产主义一词在马克思主义产生之前就存在,所以要将共产主义与马克思主义区分开来。何谓共产主义?在巴迪欧看来,共产主义指明了某种具有普遍性的东西,在这里,在这个世界上占据主导地位的平等原则将是真正意义上的平等,那就是“这个世界不再由经典社会关系所建构——即财富、劳动分工、种族隔离,以及由政府施加的迫害、性差异等”[②]。他还在在平等原则的基础上激烈批判劳动分工,由于工作性质不同,人们享受到的待遇和社会尊重程度是不一样的,这一切差别待遇都是要终结的。因为只有终结了劳动分工这一范畴,才能“找到从权力及财富关系的重负中‘解放’出来的方式,因而指向另一种人类活动分配的生存原则”。

最后,共产主义与共产主义设想是要严格区分开来的。在他看来,虽然共产主义在全世界的失败已经结束,共产主义设想不能再被作为乌托邦幻想,被迫让位于人类权利的文化氛围下,但其中包含了所谓的对自由的狂热。虽然共产主义设想在社会主义者中逐渐演化为一种抽象的形式,在20世纪遭遇了彻底的失败,那个马克思眼里的共产主义幽灵只徘徊在革命家的想象中,但21世纪在巴迪欧看来是共产主义复活的绝佳时机。可以说,共产主义既不是一个分析的观念,也不是一个辩证的观念,它的作用是对现实运动的形式化和具体化。“正是这个观念,可以让你们去判断具体情势或真实运动的政治价值,并判断他的一般方向是否与观念相一致。”[③]所以在马克思的文本中,共产主义这一设想并不是从外部而来,而是一种内在与问题的观念。他作为一个政治观念,有着双重功能,一是可以运用辩证的观点转向辩证法,二是可以分析任何具体的现实状况。在这里,共产主义观念是与资本主义社会中的种种理念截然不同的,它既不是一个意识形态的观念,也不

---

① Hollis Phelps, *Alain Badiou—Between Theology and Anti-theology*, Acumen Publishing Limited, 2014, p.106.

② 朱羽、张耀宗:《当代政治与否定的危机——阿兰·巴迪乌访谈》,《国外理论动态》,2010年第6期。

③ 《巴迪欧论马克思与共产主义》,来源于微信公众号《实践与文本》,九月飏译。

是一个国家意义上的观念，而是真正的政治观念。在此，复活共产主义观念有着很强的现实批判意义。

对于共产主义设想下实行何种政治形式，巴迪欧也给出了自己的独到理解。在他看来，共有政治是共产主义设想下的理想政治形式，因为这种政治形式下的每个人都实现了真正意义上的平等。在那里，首先是取消私有制，实行人人共享的集体所有制。“政治决定只能是绝对激进的。必须取消私有制。一切都将属于集体。朋友之间一切共享。我们这一政治共同体的任何成员都不能私自拥有住房，更不必说工作室或储藏商品的仓库了。一切都将属于集体。朋友之间一切共享。劳动者——包括男女——同时也是集体主义的拥护者，有时甚至是响应号召起来保卫集体主义的战士，他们需要的粮食将会按一周之量平均分配给他们。”①

其次是生活在其中的人们都不再沾染金钱的铜臭，而是成为具有主体意识的真正意义上有主观能动性的人。他们“拥有与他者相同的能力，能够在人世间参与某些永恒真理的构建。因此我们组织物质生活的方式，应该能够促使资本流通渐渐受限，促使操纵金钱的机会越来越少，无论金钱是以黄金的直接形式出现，以硬币或纸币的媒介形式出现，还是以汇票、期票及其他信息化媒介的非物质形式出现”②。最重要的是，这里强调的是一种整个共同体的无差别的幸福。“在这种情况下，领导人的数量是一个或几个并没有任何关系，因为所有人都可能被召唤去担任任意的职务。另外，在这个意义上说，这样的政治仿佛是一种普遍的贵族制。说它是贵族制，因为一切都是由最高雅、最开阔的思想引导的。说它是普遍的，因为任何人都能够并且应该成为这种思想的拥有者。”③当然，这里对于共产主义设想的表述更多的是从主体角度而非经济角度。正是基于主体角度而言，共产主义设想下的领导人是要经过严格审查的，这里领导人的主要职责绝对不是为了保障部分人的利益，而是要消除贫富分化，实现整个国家的所有人的幸福与平

① ［法］阿兰·巴迪欧：《柏拉图的理想国》，曹丹红、胡蝶译，河南大学出版社，2015年，第208～209页、215页、216～217页。

② 同上，第216～217页。

③ 同上，第283～284页。

等。这里的每个人都是积极参与政治的,都将参与政治的能力作为所有人应该具备的能力和美德。而且这里的"正义即意味着每个人都能完善他在自己身上看到的特殊才能,同时以同样的强度将自己打造成马克思所说的'全能的劳动者'"①。

最后,身份政治的差别会消失于共产主义中。举一个马克思的例子,如果你的哲学和政治类别把你锁进一个非常狭隘的问题,那唯一解决的办法是全球资本主义或法国民族主义。所以如今的问题是要找到一个办法,既不涉及资本和民主的繁文缛节,也不破坏我们的身份地位。在这方面,巴迪欧主张一种国际主义革命传统。因为马克思曾经清楚地解释说,政治是阶级斗争的组织,共产主义是政治的终结。所以当谈到"共产主义"这个词时,我们需要回到它的真正含义,它的一般意义,即人类社会不需要被私人利益原则所支配的假设。这里共产主义作为一种思想,涉及一个解放的政治。解放的政治就是实现一种社会和历史意义上的真实,将客观机构转换为主体权利,赋予主体参与者以充分的参与性。"它是在政治情景中发生的,真理的政治程序同个体之间的关联,即一种真正无限的人的联合,每一个个体都通过共产主义的观念,在生成之中的真理的政治身体中,去实现自己的无限。"②

在某种意义上,共产主义就是以正义平等的名义去推倒资本主义的枷锁和障碍,实现一种最大程度的人的自由。在巴迪欧看来,资本主义下的生活是一种没有理念的生活,这种理念的核心就是人以何种形式存在的问题。他认为真正的生活一定是为了自己在世界上拥有更美好的生活,而不仅仅是维护世界上的合理化的生产而存在。这里如何生活的意义大于生产的意义。因为在资本主义代议制下,人们的口号是拯救银行、拯救民主,但21世纪更重要的是恢复一种对于观念的激情,保持这种观念不向资本主义屈服。只有在这种前提下,人才有积极的意义,此时他们的创造才是主动的和具有创造性的。所以何谓人的存在方式？什么是真正的生活？在巴迪欧看来,

---

① [法]阿兰·巴迪欧:《柏拉图的理想国》,曹丹红、胡蝶译,河南大学出版社,2015年,第249页。

② [法]阿兰·巴迪欧:《第二哲学宣言》,蓝江译,南京大学出版社,2014年,第26页。

就是“自个体融入主体后，他就应该走向一个场所，即本质之中赋予个体根本幸福的部分”①。也只有这样，人的主动性和创造性才在真正意义上属于自己。

① ［法］阿兰·巴迪欧：《柏拉图的理想国》，曹丹红、胡蝶译，河南大学出版社，2015 年，第 440 页。

第十六章　我们应当如何活着：马克思关于人的存在方式的主张

一、马克思论人的存在方式

在马克思看来，人不仅是对象性的双重存在物，即自然存在物和社会存在物，而且是自我存在物。自我存在，表明人能够把对象性存在扩展到自身，进而在对象世界中消除主客二元分立。这就不仅超越了过去的一切知识论和形而上学，而且超越了一切宗教和美学，把存在论推进到一个前所未有的高度。作为历史过程，人与自然的同一、人与人的同一和人与自身的同一成为同一过程的不同侧面。这一过程的关键环节是无产阶级的自我解放。它开辟了通向自由人联合体和个性自由的道路。

本部分将首先考察一下马克思超越宗教和哲学的过程，然后集中考察马克思对人的对象性存在的研究，最后考察一下马克思对现代人的存在的研究。

（一）对宗教与哲学的超越

早在中学时代，当马克思还是一位基督徒的时候，他就从社会关系的角度理解人的存在。在马克思看来，神要求个人把自己与人类利益一致起来，而不是对立起来。马克思试图通过寻找一种合适的职业达到个人与社会一致的目标。进入大学以后，马克思认识到这种设想的虚妄，开始向一种康德和费希特式的法哲学世界观转变。在他看来，“应当如何”是一个形而上学的理性原则,必须通过法律得到保障。在从波恩大学转入柏林大学以后,马克思又通过对法哲学的扬弃,走向了黑格尔式的理性现实主义。他赞同黑格尔的观点:理性绝不仅仅是一种应当,而更是一种现实。大学毕业以后,马克思在费尔巴哈的人本主义影响下,形成了无神论世界观。在他看来,只有感性的对象化才是真正的对象化,人与人、人与自然的一致不能仅是一种理性现实,更应该是一种感性现实。以后,马克思又通过对"国民经济学"和费尔巴哈哲学的批判超越了哲学,形成了生活世界观。他认为,人与人、人与自然的一致只有通过对象性的感性活动才能达到。为此,就需要寻找一种实践力量。他找到了,这就是无产阶级。最终,在探讨无产阶级解放与人类解放的一致性的过程中,马克思研究了当代人的存在状况,研究了作为当代人存在基础的资本与雇佣劳动关系。

由此可见,无论是攻击马克思主义是一种宗教,或者是对马克思作康德式、黑格尔式解读,抑或把马克思理解为费尔巴哈式的人本主义者,都错解了马克思的存在论。马克思不仅在历史唯物主义或实践唯物主义中就已经超越了这些形形色色的观点,在他的政治经济学批判中更是直指当代人类存在的根基。

1. 宗教世界观:世界统一于爱

马克思出身于犹太人家庭。马克思的父亲、母亲都是犹太人。1817 年,马克思的父亲为了从事律师业,改宗基督教路德教派。马克思在6岁的时候接受基督教的洗礼。在中学时代他写了《根据〈约翰福音〉第十五章第一至十四节论信徒同基督结合为一体,这种结合的原因和实质,它的绝对必要性和作用》(以下简称"关于宗教的作文")。从这篇作文中,我们可以窥视到马克思少年时代对世界的统一性的认识。

《约翰福音》是新约圣经"四福音书"的最后一部。其核心是通过强调上帝对自己的独子耶稣基督的爱,以及耶稣基督对世人的爱,揭示人类得救的道路。约翰福音揭示,在太初,道和天父上帝之间存有奇妙的关系。按照上帝的安排:"道成了肉身,住在我们中间,充充满满地有恩典有真理。我们也见过他的荣光,正是父独生子的荣光。"(《约翰福音》第一章第十四节)接着,在约翰的整个记载里,耶稣自始至终强调他与圣父的关系,在于他对天父的旨意所表现的全无怀疑的服从。耶稣是上帝用来祝福门徒和人唯一的渠道。在约翰福音中,他的这个角色一直受到强调。福音将他称为"上帝的羔羊""生命的粮""世界的光""好牧人""复活和生命""道路、真理、生命"和"真葡萄藤"。在"真葡萄藤"的比喻中,耶稣透露,团结并非局限于他与真正跟从者之间,更存在于他们与天父之间。借着多结果子,他们得以荣耀天父。耶稣劝勉说:"我爱你们,正如父爱我一样;你们要常在我的爱里。"(《约翰福音》第十五章第九节)马克思"论宗教问题的作文"就是根据《约翰福音》第十五章第一至十四节,研究三个问题:即"信徒同基督结合为一体"的问题、"这种结合的原因和实质"以及"这种结合的绝对必要性和作用"。

众所周知,路德派主张信徒通过《圣经》与上帝直接沟通。少年马克思正是这样做的。在他看来,从耶稣基督之"道"意味着人类的得救这一意义,基督代表着整个人类。所谓"信徒同基督结合为一体",实际表现了个人与人类的一致;正如作为上帝独子的基督同上帝的一致,表现的实际上是人类与自然的一模一样。由此,马克思认为,在基督教中,有一种关于个人与人类一致、人类与自然一致的终极关怀思想。这种统一是通过"爱"实现的。在这一意义上,约翰福音表现的是一种"爱"的本体论,即世界统一于爱。这一点,对于少年马克思来说是不言而喻的。

在"关于宗教的作文"的开始,马克思先论证了信徒同基督结合为一体的必要性。他把研究的目光投向各民族的历史,认为不管一个民族的文明如何昌盛,不管出现了多么伟大的人物,不管科技的水平多么发达,人始终摆脱不了迷信的禁锢。根据上下文,这里的"迷信"并不是认识论意义上的,而是依赖感即情感论意义上的,因为马克思明确地把"迷信"与"关于自己"和"关于神""没有形成……概念"联系在一起:"无论关于自己,还是关于神,它都没有形成有价值的、真正的概念;就连伦理、道德在它那里也永远脱离不了外来的补充,脱离不了不高尚的限制;甚至它的德行,与其说是出于对真正完美的追求,还不如说是出于粗野的力量、无约束的利己主义、对荣誉的渴求和勇敢的行为。"①马克思试图表明,正是"爱",而不是本能,使人同

① 《马克思恩格斯全集》(第1卷),人民出版社,1995年,第449页。

神联系在一起，从而排除孤独感和依赖感，而尚未达到这种意识的野蛮民族在神的面前深信自己是卑贱的，对神充满不安和恐惧，终日生活在黑暗之中，就连像柏拉图那样的人物也表达了对一种更高的存在物的渴望，认为这种存在物的出现可以实现对光明和真理的追求。在这个意义上，信徒只有同基督结合为一体，通过神来获得自我意识，通过神来意识到自身的存在，通过神来找到生活的光芒。这意味着，宗教对尚未获得自我意识的人类来说，才是一种真正意义的“启蒙”。相对于科学对世界的认识来说，它让人通过神而意识到自身。通过马克思的这种解释，我们可以看到文艺复兴运动对少年马克思的影响。

考察完各民族的历史，马克思又考察了个人的历史及人的本性。人不是凭本能存活的，人是内心交战的双重存在物。在对金钱、权利等现实需要的贪欲的驱使下，善良的本性会被吞噬，罪恶会诱使人走向歧路。这就决定了人是不能单纯依靠自己的力量来实现自己高尚的目的，只能通过上帝以基督为媒介所传达的“道”来实现灵魂的超越，来实现作为人存在的真正的价值。马克思引用了基督的两句话来表明这一点：“现在你们因我讲给你们的道，已经干净了。”（《约翰福音》第十五章第三节）“你们要常在我里面，我也常在你们里面。”（《约翰福音》第十五章第四节）

马克思重点分析了“真葡萄藤”的比喻。基督教把他同信徒的关系形象地用葡萄藤和枝蔓来表示，“这里他把自己比作葡萄藤，而把我们比作枝蔓”[①]，枝蔓通过附着在葡萄藤上，吸取来自葡萄藤的营养才能存活，而上帝就是照料葡萄藤，给葡萄藤浇水、施肥、除草的园丁。通过这种方式，人从上帝那里感受到了爱，与上帝建立了一种情感关系。枝蔓通过对园丁的爱、对葡萄藤的爱，也会产生对其他枝蔓的爱，因为他们是受同一个园丁的照料，吸收同一个葡萄藤的营养。这样一种感情就不仅仅是神性之爱了，而是通过神性之爱实现的枝蔓相互间的人性之爱。同基督结合为一体，能使我们爱其他的同基督结合的兄弟姐妹，这种爱不是世俗的爱，也不是有限的爱。这种爱会使人的存在进入一个更高的境界，这种爱的扩散和传播使对整个

① 《马克思恩格斯全集》（第1卷），人民出版社，1995年，第450～451页。

人类的终极关怀在基督教中得到了实现。宗教在这个黑暗的世界里打开了一扇窗户，照耀人的灵魂，教导我们如何去爱这个世界以及如何被爱，使人和这个社会都趋于高尚。

这里可以看到情感世界观与知识论世界观的差别。科技的发展可以为人类提供形形色色的物质产品，满足人的肉体需要，也可以满足人对物欲的不断追求，但不能满足人对感情的追求，不能满足爱的需要。宗教所满足的恰恰是这样一种需要，所以宗教是一种情感论的世界观，而不是知识论的世界观。单凭科学不可能驳倒宗教。科学只能帮助人战胜外力，不能帮助人超越自我。人类的所有关系都要求人的自我超越。人不仅是一种本能的存在，而且是一种能超越自我的存在。在宗教中，这种超越的能力被赋予神，人则通过神的帮助而实现自我超越；在无神论中，这种超越的力量不是表现在外在的神当中，而是转移到自己的内心里面。在宗教中，人通过神来意识到自身，宗教成了一种自我意识和自我感觉；在无神论中，人则直接通过自己的生命活动来认识自身。只不过这时候马克思尚未认识到宗教是通过肯定神来肯定人，而无神论则是通过否定神来肯定人而已。在这一意义上，少年马克思已经意识到情感论世界观同知识论、世界观的差别，但尚未意识到同为情感论世界观的宗教世界观与无神论世界观的差别。

在最后部分，马克思指出了同基督结合为一体的重要作用。首先，同基督结合为一体，能使我们出于对基督的爱而做一个有德行的人。马克思认为，从理性和感性出发的德行都不如从神性出发的德行，出于爱的德行才是真正的德行，“正因为出于这种纯洁的根源，德行才摆脱了一切世俗的东西而成为真正神性的东西。任何令人讨厌的方面都隐匿不见了，一切世俗的东西都沉没了，所有粗野的东西都消失了，德行变得更加超凡脱俗，同时也变得更加温和、更近人情”①。马克思拿基督教的德行与斯多亚派所要求那种德行作了对比，认为斯多亚派的那种禁欲主义是一种“阴暗的讽刺画”。马克思同时批判了“一切信奉异教的民族那里所遇到的那种关于义务的严峻学说”②。

---

①② 《马克思恩格斯全集》（第1卷），人民出版社，1995年，第453页。

其次,同基督结合为一体"会使人得到一种快乐",这种快乐是从神性得到的、来自上帝之爱的快乐,它甚至超越了柏拉图式的爱。年少的马克思已经不单纯满足于个人的肉体快乐,而是要探索怎样能让身边的人都互相友爱。他认为同基督结合为一体,通过上帝的引导作用,就能实现全人类的幸福;就个人来说,"同基督结合为一体可使人内心变得高尚,在苦难中得到安慰,有镇定的信心和一颗不是出于爱好虚荣,也不是出于渴求名望,而只是为了基督而向博爱和一切高尚而伟大的事物敞开的心"①。马克思拿这种"快乐"与伊壁鸠鲁主义的"快乐"进行比较,认为那是一种"肤浅"的快乐。马克思同时指出,这种快乐是"比较深刻的思想家在知识的极其隐秘的深处企图获得而又无法获得的","这种快乐只有同基督并且通过基督同上帝结合在一起的天真无邪的童心,才能体会得到,这种快乐会使生活变得更加美好和崇高"。②

少年马克思意识到,上帝用爱统一世界,这只是一种原理性的论证。如何寻找走向终极关怀的具体道路,仍然是每一个人必须回答的问题。马克思中学时代的另一篇作文《青年在选择职业时的考虑》回答了这一问题。在他看来,人类社会与动物界不同:本能为动物划定了活动的范围,而人类社会则是通过分工协作联系在一起的。职业是分工的表现形式,任何人都必须选择一个职业才能过活。多数人意识不到这一点,仅仅把职业视为谋生的工具。马克思认为这是由于他们没有了解职业的本质。马克思主张选择"一种建立在我们深信其正确的思想上的职业",也就是把个人与人类一致起来的职业。用马克思的话说,这是"一种能给我们提供最广阔的场所来为人类工作,并使我们自己不断接近共同目标即臻于完美境界的职业"③。马克思批判了那种把个人与人类对立起来的观点,既反对个人主义,也反对集体主义。他认为前者片面强调个人,后者片面强调人类,其实质都是把个人与人类对立起来,因而都是错误的。我们选择职业时既不应单纯从个人出发,也不应单纯从集体出发,而应该遵循人类社会分工协作的原理,从两者

---

① 《马克思恩格斯全集》(第1卷),人民出版社,1995年,第453页。

② 同上,第453~454页。

③ 同上,第458页。

的一致性出发。“在选择职业时，我们应该遵循的主要指针是人类的幸福和我们自身的完美。不应认为，这两种利益会彼此敌对、互相冲突，一种利益必定消灭另一种利益；相反，人的本性是这样的：人只有为同时代人的完美、为他们的幸福而工作，自己才能达到完美。”①马克思并不否认，单纯为自己工作的人也“能够成为著名的学者、伟大的哲人、卓越的诗人”，但这样的人缺乏担当意识，容易计较个人得失，得点儿好处就手舞足蹈，受点儿挫折就垂头丧气。这同那些把个人与人类一致起来的人形成鲜明对比。与人类一致的人由于志向远大，一开始就准备经受更多的磨难，对于苦难和挫折有充分的思想准备，他们也许不如前一类人智商高，但容易形成更高的情商。同前一类人患得患失的心境相比，后一类人甚至不惧怕死亡，因为他们的精神将永存于他们为之服务的人心中。于是，马克思得出结论说：“如果我们选择了最能为人类工作的职业，那么，重担就不能把我们压倒，因为这是为大家作出的牺牲；那时我们所享受的就不是可怜的、有限的、自私的乐趣，我们的幸福将属于千百万人，我们的事业将悄然无声地存在下去，但是它会永远发挥作用，而面对我们的骨灰，高尚的人们将洒下热泪。”②

基督教世界观对爱的强调给少年马克思留下了深刻的印象，尤其是认为爱可以把人与自然、人与人统一起来。这种浪漫的想象犹如童话，满足了少年马克思求善求美的愿望。由此我们也能够理解，为什么当今还有那么多人相信宗教，甚至有人试图善意或恶意地把马克思主义与宗教作对比。这些人误把马克思主义与宗教浪漫主义相混淆。然而关于“通过选择合适的职业实现个人与人类一致”的理想，表明少年马克思虽然不失浪漫气质，但并非浪漫主义者；他后来也没有像他同时代的某些德国学者那样，走向浪漫主义。马克思不满足于求善求美，进入大学以后，他走向了求真之路。马克思先是通过康德和费希特，由浪漫的理想主义走向了理性的理想主义；然后通过黑格尔，他又走向了理性的现实主义。由此，马克思形成了一种哲学世界观。他终于认识到，基督教不能真正使我们达到自由，它似乎为我们铺了一条通往天国的路，可惜天国只是幻想，这条路只是一种通往幻觉的道

① 《马克思恩格斯全集》(第1卷)，人民出版社，1995年，第459页。

② 同上，第459～460页。

路,我们需要找到一条建构人类共同体的现实道路。这将是马克思走向无神论的生活世界观的第一步。

2. 哲学世界观:世界统一于理念

通过选择合适的职业走向终极关怀,对于少数不需要考虑谋生的人来说或许不失为一种可行的人生选择,但显然不可能让所有人都通过这一途径达到目的;多数人选择职业都是为了谋生,因此通常考虑的是那些容易赚钱的行业,而不是容易实现个人与人类一致的行业——对于一个连自己的生存都成问题的人来说,谈论什么个人与人类的一致,显然是不切实际的。马克思进入大学以后认识到这一点,观点发生了改变。他在康德和费希特的影响下,试图创建一种法哲学,来解决个人与人类、人类与自然一致的问题。

众所周知,康德并不认为终极关怀是理论理性能够解决的问题。在他看来,理论科学涉及的是向人类显现的世界(现象世界),只有实践科学才能涉及实在或现实(本体世界)。他批判了三种证明上帝存在的方式,即本体论的、宇宙论的和自然神学的证明,但在实践科学中,又在实践实在性的意义上设定了上帝的存在。这样就出现了理性范围内的宗教。在康德看来,宗教不是别的,就是神学在道德方面的应用。由此,康德把基督教看作道德神学在历史上应用的典型,[①]基督教的教义也应是来自实践理性的自律法则的,所以,"这一信仰实际上没有神秘可言,因为它只是表达上帝与人之间的道德关系"。正是从道德自律从而高扬人的自由的立场出发,康德认为,基督教"在人类所从未有过的这次最伟大的启蒙时代里,却始终显示出一种只是格外辉煌的光亮来"[②]。

费希特的"知识学"把知识的范围由理性科学扩展到实践科学。他认为一切事物只有在我们的精神中才有其实在性,上帝也正是在这一意义上获得它的实在性的。费希特在他那篇受到控告的论文《论我们信仰上帝的世界统治的根据》里写道:"活生生的、作用着的道德秩序就是上帝;我们不需

① 参见郭大为:《嵌合完整人性的钉子——从康德关于上帝存在的证明看有神论信仰的根据》,《锦州师范学院学报》(哲学社会科学版),1999年第1期。

② [德]康德:《历史理性批判文集》,何兆武译,商务印书馆,1996年,第95页。

要任何其他的上帝，也不能理解任何其他的上帝。”①

康德和费希特都是从人类生活需要的角度来看待宗教的。在他们看来，宗教并不是自然现象，而是社会现象。既然人既是自然存在物，又是社会存在物，因此在社会意义上的自然界必定存在“非社会的社会性”。自然法就是这种非社会的社会性的表现。根据康德道德哲学的原则，“要只按照你同时也能成为普遍规律的准则去行动”，在自然法中，这实际上是一种“可普遍化”准则，因为只有善的行为才是可普遍化的，恶的行为会导致自我取消。这样，在道德哲学中对个体来说“应该”的行为在自然法中也就体现为对整体来说必然的行为，比如在两个群体的竞争中，一个群体中的个体按照善的原则行动，由于普遍化原则会使群体力量有所增强，另一个群体中的个体按照恶的原则行动，由于恶行的不可普遍化而削弱了群体力量，在两个群体的竞争中，前者就会战胜后者。于是，社会原则就在类似于自然选择的环境中获得了实现，从而使“非社会的社会性”表现为一种类似自然法的规律。法律就是沟通“应该”与“必然”的中介。

正是这一原因，使马克思受康德和费希特影响，试图通过创建一个法哲学体系找到一条实现个人与人类一致的道路。从“应当”的道德观念出发，按照理性普遍性设计法律，然后通过法律来实现个人与人类的一致。这体现的不再是少年人的浪漫想象，而是一种基于理性论证的理想。这从他给父亲的信中所谈论的《法哲学》著作的纲目可以看出。马克思的法哲学著作的第一部分是法的形而上学原理，第二部分是法哲学原理，第三部分是这些原理在罗马法中的体现。法的形而上学原理集中阐发的正是康德的可普遍化原理，即善可以被普遍化，而恶不能被普遍化，因为恶只有特殊性，没有普遍性，把恶普遍化会导致恶的自我取消。由此，法哲学和罗马法都可以按照这种肯定、否定、否定之否定的原则展开，形成一个完整的人类行为原则的体系。

显然，同《青年在选择职业时的考虑》相比，这种从“应该”出发的思路仍然是一种理想主义的思路，只不过同马克思中学时代浪漫的理想主义不同，这是一种理性的理想主义。按照这样的思路，人与自然的同一、人与人的同

---

① 转引自［德］海涅：《论德国宗教和哲学的历史》，海安译，商务印书馆，2000 年，第 130 页。

一就不是作为结果，而是作为出发点，由这一出发点来规定人应该怎样行动，并把它作为法律确定下来。因此，这样的法哲学体现了“法律万能”的思想。

问题是，从“应该”出发的理性理想实际上仍然是行不通的。在通常情况下，人们的行动并不是从“应该”出发，而是从“事实”出发的。这样就出现了事实与价值的对立。这就是著名的“休谟两歧”（Hume' s Fork）。即使是从肯定、否定、否定之否定的费希特三段式出发，也不可能从应然推出实然。如果善只是应该而不是事实，那么恶的不可普遍化和自我取消导致的有可能是人类的共同灭亡，而不是在善恶斗争中幸存的人类的繁荣。

为了解决事实与价值的对立，马克思走向了黑格尔的理性现实主义。黑格尔明确指出：

> 如果将理智所提出的“应当”，用来反对外表的琐屑的变幻事物、社会状况、典章制度等等，那么在某一时期，在特殊范围内，倒还可以有相当大的重要性，甚至还可以是正确的。而且在这种情形下，他们不难发现许多不正当不合理想的现状。因为谁没有一些聪明去发现在他们周围的事物中，有许多东西事实上没有达到应该如此的地步呢？但是，如果把能够指出周围琐屑事物的不满处与应当处的这一点聪明，便当成在讨论哲学这门科学上的问题，那就错了。哲学所研究的对象是理念，而理念并不会软弱无力到永远只是应当如此，而不是真实如此的程度。所以哲学研究的对象就是现实性，而前面所说的那些事物、社会状况、典章制度等等，只不过是现实性的浅显外在的方面而已。①

一旦把事实界定为“现实性的浅显外在的方面”，那么它与“应当”的对立就不过是特定的现实性内部的对立，而现实性无非是理念的展开。正是在这一意义上，黑格尔提出了“凡是现实的都是合乎理性的，凡是合乎理性的都是现实的”这一著名命题。

---

① ［德］黑格尔：《小逻辑》，贺麟译，商务印书馆，1980 年，第 43 ~ 45 页。

从“理性”与“现实”相统一的原则来看，恶是不能被回避的。相反，黑格尔认为，恶是历史发展的动力。历史并不是在善的自我肯定或恶的自我否定中展开的，而是在善与恶的斗争中展开的。之所以如此，是由于在善和恶之上还有更高的力量，这就是“绝对精神”的力量。“绝对精神”不仅包括费希特的作为主体的“自我”，而且包括斯宾诺莎的“实体”。用黑格尔的话说，实体即主体。这是“绝对即精神”的另一种说法。由于斯宾诺莎的实体就是整个宇宙，它是唯一的，它之外没有东西，一切都在它之内，所以对于我们来说的外因，对于它来说却是内因，即它的某一部分与另一部分的相互作用。人类所谓善或恶，只是相对于人类来说的。对于实体来说无所谓善恶，或者说，实体有超出人类善恶的另外一套善恶标准，人类的善或恶都只不过构成绝对善恶的一个环节。从“实体即主体”的立场来看，人与人的对立、人与自然的对立，不过是“绝对精神”自我否定、自我扬弃的环节而已。这样，黑格尔就通过理性辩证法实现了个人与人类、人类与自然的一致。众所周知，亚当·斯密提出了“看不见的手”的理论，这是经济领域中解决个人与整体关系的一种重要假设。相比之下，黑格尔的理论可称为“看不见的脑”的理论。按照这种理论，并不是像少年马克思所想的那样，仿佛个人的私欲或利己主义都是要不得的。相反，所有个人都按照自己的意愿行动，出现的却并不是每个人自己所预料到的结果。他们的结果相互抵销，出现的实际上是一个可能出乎所有人意料的结果。但这个结果正是“绝对精神”所期望的。换言之，绝对精神实际上把每个人都当成了达到自己目的的工具。这就是所谓“理性的狡计”。可见，黑格尔所理解的“理性”不仅与康德不同，而且与费希特不同。他把费希特的肯定、否定、否定之否定改造成了一种思辨的逻辑。对于黑格尔来说，人与自然的同一、人与人的同一不是作为起点，而是作为思辨理性运动的结果出现的。

这样，马克思就从康德和费希特式的理性理想主义转变成为一个理性现实主义者。他在他的博士论文中通过考察伊壁鸠鲁和德谟克利特的自然哲学的差别，完成了对个性自由的论证。很多人不理解德国古典哲学的背景，对马克思的博士论文为什么试图从自然哲学出发论证人的自由感到困惑。一旦把博士论文的背景置于黑格尔关于人与自然、人与人相统一的语境中,就可以看到,人们通常把人和自然、人和人对立起来,但对于黑格尔来说,这不过是“绝对精神”的自在与自为、为我与为他的自身矛盾的外在表现而已。马克思从来没有把人与自然、人与人对立起来,因此不存在所谓事实与价值的二元对立。既然如此,从原子论的相关观点,比如原子偏斜运动得出自由意志的结论,对于马克思来说,体现的就不过是理性自我展开的必然性。马克思在博士论文中指出:德谟克利特和伊壁鸠鲁“两个人在每一步骤上都是互相对立。一个是怀疑论者,另一个是独断论者”。怀疑论者德谟克利特注重经验科学和实证知识,投向经验知识的怀抱,是“哲学家中的科学家”;而独断论者伊壁鸠鲁的目的不在于自然知识本身,他想寻求自我意识的宁静,因此他轻视经验知识,安于从内在原则上汲取自己的知识,用感觉判断一切。这说明伊壁鸠鲁和德谟克利特的差别不仅限于理论范围,而且表现在实践领域。从康德那种把理论理性与实践理性对立起来,并因而把自然必然性与人类自由对立起来的观点,当然无法理解马克思的博士论文,但马克思的博士论文并不是从康德哲学出发,而是从黑格尔哲学出发的。

参加工作以后,马克思试图运用这种论证来改造现实生活,直到他在《莱茵报》时期遇到要对“物质利益”发表意见的难事为止。

3. 生活世界观:世界统一于感性活动

在《莱茵报》工作期间,马克思发现主宰人们行为的并不是理性,而是物质利益。物质利益是现实的,却不是合乎理性的。这就打破了黑格尔关于把对象、现实和理性混淆起来的错觉。相反,费尔巴哈把对象、现实与感性相提并论的做法启发了马克思,使马克思不得不怀疑黑格尔在《法哲学原理》中关于市民社会和政治国家关系的理性论观点。在费尔巴哈的影响下,马克思开始对黑格尔的法哲学展开了批判。在他看来,必须像费尔巴哈那样,颠倒市民社会和国家的关系:并不是国家和法决定市民社会,而是市民社会决定国家和法。这是马克思对黑格尔的第一次批判。费尔巴哈的感性现实主义为马克思对黑格尔的批判提供了哲学根据,使马克思意识到:并不是绝对精神主宰着个人的行动,而是个人的行动所形成的集体力量主宰着每一个人。这种集体力量采取了市民社会和政治国家二元对立和互补的形式,因此只有通过这种力量的自我扬弃,才能实现个人与人类、人类与自然相统一的终极关怀。马克思就这样从一个哲学家变成了无神论者。对马克思来说，世界的理性统一性被物质利益的统一性所取代。

费尔巴哈不仅用自然和人代替了黑格尔的实体和主体，而且用人的精神与肉体的关系取代了黑格尔的思维与存在的关系。在费尔巴哈看来，是作为精神与肉体相统一的人与自然界发生关系，而不是思维与存在相统一的绝对精神与其自身发生关系。费尔巴哈批判黑格尔，说他的哲学不过是以思想的方式表达出来的基督教。应当用理性、意志和爱的原则扬弃传统的哲学、伦理和宗教。为此，费尔巴哈把他的哲学称为“作为非哲学的哲学”，即生活哲学。

受到费尔巴哈的影响，马克思同样对宗教、哲学和传统的伦理学进行了批判。但是与一般的费尔巴哈主义者不同，由于马克思是从黑格尔走向费尔巴哈的，因此黑格尔的辩证法在马克思批判宗教的过程中发挥了重要作用，并最终把马克思的终极关怀思想引向了国民经济学批判。

在马克思看来，费尔巴哈的最大贡献在于，把宗教归结为它的世俗基础。按照费尔巴哈的观点，神不过是人的理想——真、善、美——的无限化和对象化，而这种无限化和对象化的人的本质却反过来统治了人。马克思认为宗教的本质首先是特定的人的自我意识，其次是这些人的世界意识：“宗教是还没有获得自身或已经再度丧失自身的人的自我意识和自我感觉。但是，人不是抽象的蛰居于世界之外的存在物。人就是人的世界，就是国家，社会。这个国家、这个社会产生了宗教，一种颠倒的世界意识，因为它们就是颠倒的世界。”[①]正如哲学无非是自然界和人类社会的理性展开，是一种知识论世界观，伦理学是一种意志论世界观一样，宗教是无情世界的感情，是一种情感世界观。因此，马克思要求对颠倒的世界本身进行分析，以找出世界意识被颠倒的原因，并以此为基础以无神论扬弃宗教。

在《论犹太人问题》中，马克思对“人的世界”即国家和社会的关系进行了分析，试图说明为什么现实世界会产生宗教这种观念补充。在他看来，市民社会与国家的二元分立构成了宗教的现实基础。按照黑格尔的看法，市

① 《马克思恩格斯选集》(第一卷)，人民出版社，1995 年，第 1 页。

民社会是相互满足需要的体系，马克思则认为狭义的市民社会是以交换为基础形成的物质生活关系的总和。作为交换关系的表现，货币由此获得了其相应的生活地位。对于失去了家园的商业民族——犹太民族来说，货币具有特别的意义。货币是犹太人在世俗生活中的神，"在他面前，一切神都要退位"。正是马克思后来所说的货币拜物教和商品拜物教，是犹太人在精神生活中的犹太教的世俗基础："金钱是一切事物的普遍的、独立自在的价值。因此它剥夺了整个世界——人的世界和自然界——固有的价值。金钱是人的劳动和人的存在的同人相异化的本质；这种异己的本质统治了人，而人则向它顶礼膜拜。"①犹太教之所以是一神教，与货币通约一切的特征是联系在一起的。因此，废除犹太教的关键在于对犹太教的世俗基础的革命改造。只有废除了现有的市民社会才能废除犹太教，因为犹太人的精神，用钱赚钱，正是现代市民社会即资本主义社会的本质。

不仅如此，马克思还把宗教的基础归结于世俗基础的自我分裂。在马克思看来，市民社会与政治国家和法的对立，实际上是人自身的经济方面与政治方面的二元对立的外在表现。如同在市民社会中，人表现为经济人、私人一样，在政治国家中人表现为政治人、"公人"，即普遍性的个人。由此人权也被分裂为作为市民社会成员的私人的权利和作为国家成员的公人的权利。前者即所谓基本人权，包括生命权和财产权；后者即作为政治权利的人权。在私有制下，基本人权表现为把人与人分隔开、对立起来的权利，而不是把人们联系起来、结合起来的权利，因为私有制本来就意味着你的就不是我的、我的就不是你的。而政治权利，虽然表面上具有普遍性，但由于它是为维护市民社会而存在的，因此政治权利并不是保障人们的联系或结合，而是保障人们的分离和对立。在这种冷冰冰的生活条件下，个人只有逃到宗教中才能寻求把人们联系起来、结合起来的精神安慰。

马克思对哲学的批判，正在于马克思不满足对宗教的神的批判，而要求对它背后的世俗的神——商品、货币和资本进行批判，并试图通过这种批判寻找通向终极关怀的现实道路。这种批判从《1844 年经济学哲学手稿》（以

---

① 《马克思恩格斯全集》（第 3 卷），人民出版社，2002 年，第 194 页。"货币"中译本原文译为"金钱"。

下简称《巴黎手稿》）开始，到《资本论》论商品拜物教、货币拜物教和资本拜物教成熟。

在《巴黎手稿》中，马克思为资本主义社会建立了“异化劳动”本体论。在他看来，整个国民经济学都认可了资本主义社会的现实前提：私有制和劳动。但国民经济学家眼中的劳动是一个自相矛盾的概念，即资本主义生产条件下的劳动实际上并不是作为人的本质的“劳动”本身，而是“异化劳动”或劳动的自我否定的形态。整个现代市民社会即资本主义社会都建立在资本私有制的基础上，而私有制又建立在异化劳动的基础上。这就意味着，私有制和异化劳动的扬弃将改变人类的全部存在状态，并从而扬弃由此派生的一切矛盾。马克思列举了人和自然的矛盾、人和人的矛盾、存在和本质的矛盾、对象化和自我确证的矛盾、自由和必然的矛盾、个体和类的矛盾等，说明它们实际上都是由私有制产生的，因此随着劳动异化或人的自我异化的扬弃，所有这些矛盾都将自然消失。①

《巴黎手稿》的笔记本Ⅰ包括四个部分，其中前三部分分别是工资、资本的利润和地租，第四部分由编者加了“异化劳动和私有财产”的概念。在第四部分中，马克思明确了工资、利润和地租三种收入都来自异化劳动。国民经济学家由于没有追问国民经济学的前提，忽略了作为国民经济学研究对象的“劳动”实际上并不是“劳动一般”而是“异化劳动”。在这里，马克思强调了“劳动”总是在特定历史条件下的劳动，比如，国民经济学所认可的那种劳动就以劳动和资本的分离为前提，这表明国民经济学家站在私有财产的立场上。

《巴黎手稿》的笔记本Ⅱ讨论的是“私有财产的关系”。在马克思看来，“私有财产的关系”本质上是“劳动、资本以及二者的关系”。马克思研究了二者从统一走向对立的过程，认为其他所有对立都是从这种对立中派生出来的。②

除了被编者加了“分工”和“货币”两个标题的片断外，《巴黎手稿》的笔记本Ⅲ主要是对笔记本Ⅱ的扩展。编者分别加了“私有财产和劳动”“私有

---

① 参见《马克思恩格斯全集》（第3卷），人民出版社，2002年，第297页。

② 同上，第288页。

财产和共产主义”“对黑格尔辩证法和整个哲学的批判”“私有财产和需要”等标题。从标题上不难看出,除了“对黑格尔辩证法和整个哲学的批判”是阐发马克思批判国民经济学的方法论以外,其余内容都与“私有财产”联系在一起。从具体内容来看,马克思在“私有财产与劳动”一节中,阐发了异化劳动是“私有财产的主体本质”的思想,并把“那些认为私有财产对人来说仅仅是对象性的本质的货币主义体系和重商主义体系的拥护者”称为“拜物教徒”。[①] 这表明,马克思不仅把私有财产看作资本主义社会的前提,而且把异化劳动看作私有财产的前提。马克思批判国民经济学把异化劳动混同于劳动本身,必然会认同私有财产而否定劳动:“以劳动为原则的国民经济学表面上承认人,毋宁说,不过是彻底实现对人的否定而已,因为人本身已不再同私有财产的外在本质处于外部的紧张关系中,而是人本身成了私有财产的这种紧张的本质。”[②]在马克思看来,国民经济学家之所以在理论上把异化劳动混同于劳动本身,恰恰是由于在现实生活中,劳动以异化的形式表现出来。或者说,异化劳动是劳动的现实形态:“因为他们使具有活动形式的私有财产成为主体,就是说,既使人成为本质,又同时使作为某种非存在物的人成为本质,所以现实中的矛盾就完全符合他们视为原则的那个充满矛盾的本质。”[③]马克思要求从主体与客体的关系来看待异化劳动和私有财产,意味着他对黑格尔辩证法的“实体即主体”原则的认可。所不同的是,马克思不是把“主体”理解为“绝对精神”,而是理解为劳动——在资本主义条件下则是异化劳动。

在以上所有分析中,马克思都把对人的世俗生活的批判同对宗教的批判联系在一起,认为后者只是前者的观念表现,比如在讨论异化劳动的四个“规定”时,马克思把每一个规定都与基督教的相应表现联系在一起:异化劳动的第一个规定是“工人对自己的劳动的产品的关系就是对一个异己的对象的关系”,具体说来,工人在劳动中耗费的力量越多,他亲手创造出来反对自身的、异己的对象世界的力量就越强大,他自身、他的内部世界就越贫乏,

---

① 《马克思恩格斯全集》(第3卷),人民出版社,2002年,第289页。

② 同上,第290页。

③ 同上,第291页。

归他所有的东西就越少。“宗教方面的情况也是如此。人奉献给上帝的越多，他留给自身的东西就越少。”①异化劳动的第二个规定是劳动过程的异化：对工人来说，劳动不是他自己的，而是别人的。劳动不属于他，他在劳动中也不属于他自己，而是属于别人。“在宗教中，人的幻想、人的头脑和人的心灵的自主活动对个人发生作用不取决于他个人，就是说，是作为某种异己的活动，神灵的或魔鬼的活动发生作用，同样，工人的活动也不是他的自主活动。他的活动属于别人，这种活动是他自身的丧失。”②异化劳动的第三个规定是：人的类本质即自由自觉的活动同人相异化。正是在改造对象世界中，人才真正地证明自己是类存在物。这种生产是人的能动的类生活。异化劳动不仅从人那里夺去了他生产的对象，从而夺取了他的类生活，而且把自主活动、自由活动贬低为手段，从而把人的类生活变成维持人的肉体生存的手段，“因此，人具有的关于自己的类的意识，由于异化而改变，以致类生活对他来说竟成了手段”③。异化劳动的第四个规定是人同人相异化。“人同自身和自然界的任何自我异化，都表现在他使自身和自然界跟另一些与他不同的人所发生的关系上。因此，宗教的自我异化也必然表现在世俗人对僧侣或者世俗人对耶稣基督——因为这里涉及精神世界——等等的关系上。”④

既然如此，异化劳动和私有财产的扬弃就必然表现为两个方面，即实践的方面和理论的方面。因此，在谈论共产主义作为完成了的自然主义等于人道主义，作为完成了的人道主义等于自然主义时，它是人和自然界之间、人和人之间的矛盾的真正解决；是在存在和本质、对象化和自我确证、自由和必然、个体和类之间的斗争真正解决之后，马克思总结，作为私有财产或异化劳动的否定之否定的共产主义是历史之谜的解答，而且知道自己就是这种解答：“因此，历史的全部运动，既是它的现实的产生活动——它的经验存在的诞生活动，——同时，对它的思维着的意识来说，又是它的被理解和被认识到的生成运动。”⑤“不难看到，整个革命运动必然在私有财产的运动

① 《马克思恩格斯全集》（第3卷），人民出版社，2002年，第268页。
② 同上，第271页。
③ 同上，第274页。
④ 同上，第276页。
⑤ 同上，第297页。

中，即在经济的运动中，为自己既找到经验的基础，也找到理论的基础。"这就意味着，"对异化的扬弃包括两个方面"：在实践方面是共产主义，在理论方面是无神论，"无神论的博爱最初还只是哲学的、抽象的博爱，而共产主义的博爱则径直是现实的或直接追求实效的"。①

这样，对于马克思来说，终极关怀就不再只是精神层面的关系，而是同时在人的肉体和精神各个层面实现的关系了。它必然要求在人的社会存在方面发生相应的改变。马克思通过"私有财产和需要"一节研究了人性的改变，认为随着异化劳动和私有制的扬弃，人的需要也将失去其狭隘性，由动物需要变为真正人的需要；在"分工"一节中，马克思研究了通过交换形成的社会，即市民社会的特征，认为它同资本主义的政治国家一道，构成由异化劳动决定的人的存在的两个相互独立的领域，其中市民权被当作"人权"，而公民权则被与政治权利联系在一起；在"货币"一节中，马克思集中分析了人与人的关系在货币拜物教中的表现以及扬弃之后的表现，认为在前一种情况下，货币是无所不能的神，它"能把任何特性和任何对象同其他任何即使与它相矛盾的特性和对象相交换"，在后一种情况下，则"只能用爱来交换爱，只能用信任来交换信任，等等"。②

在《巴黎手稿》中，马克思的这种观念仍然是一种逻辑的分析，而不是历史的分析。他运用黑格尔关于主体与对象关系的辩证法，特别是他所谓"否定的辩证法"，来分析个人与人类、人类与自然的关系。为此，就需要对黑格尔辩证法的适用性进行批判。这是马克思思想成长历程中对黑格尔的第二次批判。如果说第一次批判是对市民社会和政治国家关系的颠倒，那么对黑格尔辩证法的批判就是对神和人的关系的颠倒。马克思注意到，费尔巴哈把黑格尔的绝对精神看成上帝在思维中的表现，按照费尔巴哈提出的神是人的异化的思路，马克思把绝对精神自我否定的辩证法改造成人的活动的辩证法。马克思在分析共产主义从肯定到否定再到否定之否定发展的过程时，就应用了异化劳动的自我扬弃的辩证法。

严格说来，这还是一种哲学，虽然可以称为费尔巴哈式的"作为非哲学"

---

① 《马克思恩格斯全集》(第3卷)，人民出版社，2002年，第298页。

② 同上，第364页。

的哲学，即生活哲学。直到《神圣家族》中，马克思仍然从生活哲学角度对黑格尔哲学进行批判，其中，关于黑格尔哲学的三个因素，即斯宾诺莎的实体、费希特的自我意识和黑格尔作为两者统一的绝对精神的分析，就来自《神圣家族》。自从在《〈黑格尔法哲学批判〉导言》中提出终结"作为哲学"的哲学，建立"为历史服务的哲学"，到《巴黎手稿》和《神圣家族》研究人的现实生活的异化，一直到《关于费尔巴哈的提纲》，延续的都是"作为非哲学"的哲学的思路。但在《德意志意识形态》中，马克思和恩格斯一道，试图超越哲学，创建"历史科学"。正是在"历史科学"中，在《巴黎手稿》中酝酿的关于人的对象性存在的观点终于发育成熟。

（二）需要与人的对象性存在

早在《巴黎手稿》中，马克思就指出，近代哲学的主客二元分立及其扬弃的基础是劳动与资本的对立："作为对财产的排除的劳动，即私有财产的主体本质，和作为对劳动的排除的资本，即客体化的劳动，——这就是作为发展了的矛盾关系，因而也就是作为促使矛盾得到解决的能动关系的私有财产。"①既然异化劳动是私有财产即资本的主体本质，而资本是客体化了的异化劳动，那么资本（私有财产）和异化劳动的扬弃就是同一个问题的两个方面。然而与人们通常认为的不同，资本和异化劳动的扬弃并不意味着一切财产和所有劳动的扬弃。马克思区分了作为属人财富的真正的财产与作为资本的私有财产，区分了异化劳动和对象化劳动。在他看来，作为对象性存在物，人需要对象，离开对象就无法生存；同样，离开对象性活动，人就不再是对象性的主体。异化的扬弃不意味着对象性的扬弃，而意味着对象性的完成。因而只有在需要和对象性的关系中，我们才能理解人的存在，理解人与自然、人与人的对立统一如何同人与自身的对立统一联系在一起。黑格尔的缺点就在于混淆了异化和对象化，从而把扬弃异化同扬弃对象化混淆起来，甚至把扬弃对象化当成了扬弃异化的主要含义。费尔巴哈虽然明确了对象化的感性含义，从而把对象化和异化区分开来，但由于他不理解"对象性活动"的含义，从而找不到从异化走向对象化的道路。马克思从黑格尔

---

① 《马克思恩格斯文集》（第一卷），人民出版社，2009 年，第 182 页。

那里继承了作为“活动”的对象性，从费尔巴哈那里吸收了作为“对象性”的感性，从而确立了感性活动作为“对象性活动”的地位。在这一意义上，人的存在的本质就是对象性活动，即环境的改变和人的自我改变的一致。

1. 对象化与异化的区别

马克思认为，黑格尔谈到肯定、否定、否定之否定的时候，认为自己谈论的是绝对精神自我产生和自我认识的过程，而不是劳动如何走向异化又扬弃异化的过程。这样，黑格尔所谈论的对象性活动就不是人的感性活动的异化和扬弃，而只是思维活动的异化和扬弃：“因为黑格尔根据否定的否定所包含的肯定方面把否定的否定看成真正的和唯一的肯定的东西，而根据它所包含的否定方面把它看成一切存在的唯一真正的活动和自我实现的活动，所以他只是为历史的运动找到抽象的、逻辑的、思辨的表达，这种历史还不是作为既定的主体的人的现实历史，而只是人的产生的活动、人的形成的历史。”[①]所谓“作为既定的主体的人的现实历史”，在马克思看来，是指劳动本身的异化和异化劳动的扬弃的历史；而对于黑格尔来说的“人的产生的活动、人的形成的历史”，在马克思看来则不过是“历史的抽象的、逻辑的、思辨的表达”。对于马克思来说，只有感性活动才是对象性活动，感性活动既可能是异化的，也可能是不异化的，因此对象化不等于异化，它还包括了并非异化的对象性活动。对于黑格尔来说，由于他把思维活动当成真正人的活动，因此对象化的感性活动本身就是异化，需要被扬弃，以便重新回归思维。

这在黑格尔“哲学科学全书”中表现得特别明显。马克思指出：“黑格尔的《哲学全书》以逻辑学，以纯粹的思辨的思想开始，而以绝对知识，以自我意识的、理解自身的哲学的或绝对的即超人的抽象精神结束”，其中“逻辑学是精神的货币，是人和自然界的思辨的、思想的价值”，“自然界对抽象思维来说是外在的，是抽象思维的自我丧失”，“最后，精神，这个回到自己的诞生地的思维，在它终于发现自己和肯定自己是绝对知识因而是绝对的即抽象的精神之前，在它获得自己的自觉的、与自身相符合的存在之前，它作为人类学的、现象学的、心理学的、伦理的、艺术的、宗教的精神，总还不是自身”。[②]

---

① 《马克思恩格斯文集》(第一卷)，人民出版社，2009 年，第 201 页。

② 同上，第 202 ~ 203 页。

与《资本论》的结构进行比较,我们可以看到,这段论述是非常有意思的。资本作为能够带来剩余价值的价值,正是从其货币形态开始的。《资本论》第一卷的第一篇,阐发的正是劳动产品转化为货币的过程,第二篇则是"货币转化为资本",第三篇以后才是资本的生产过程。换言之,正如在黑格尔那里,"精神的货币"通过一个肯定、否定和否定之否定的过程实现自我扬弃一样,资本作为自我增殖的货币,同样经历了一个肯定、否定和否定之否定的过程。这说明,资本与以黑格尔哲学作为完成形态的近代形而上学有着同样的逻辑结构。看起来,主体性哲学不过是主体性资本在精神领域里的表现而已。

资本本身不过是劳动异化的结果,同样,"哲学精神不过是在它的自我异化内部通过思维方式即通过抽象方式来理解自身的、异化的世界精神"。正如费尔巴哈的讲法,哲学精神不过是人的精神异化的表现,即颠倒过来的人的精神一样,对马克思来说,主体资本必须通过共产主义重新颠倒为作为真正主体的人的劳动。遗憾的是,黑格尔并没有打算像费尔巴哈那样,把绝对精神与人的精神的关系重新颠倒过来。后来马克思意识到,费尔巴哈也没有研究资本与人的劳动的颠倒关系,因而同样不可能考虑如何把这二者的关系颠倒过来。

关于精神的货币如何成为精神的资本这种思维辩证法,马克思在《1857—1858 年经济学手稿》和《资本论》中谈到研究方法时还有进一步的批判。在《巴黎手稿》中,马克思尚未达到后来的"政治经济学批判"的高度,但他已经从哲学的"原则高度"对黑格尔哲学进行了批判,由此出发对"异化"和"对象化"的区分。对于黑格尔来说,由于绝对精神以自身为对象,因此"异化……是自在和自为之间、意识和自我意识之间、客体和主体之间的对立,就是说,是抽象的思维同感性的现实或现实的感性在思想本身范围内的对立。其他一切对立及其运动,不过是这些唯一有意义的对立的外观、外壳、公开形式,这些唯一有意义的对立构成其他世俗对立的含义。在这里,不是人的本质以非人的方式在同自身的对立中的对象化,而是人的本质以不同于抽象思维的方式在同抽象思维的对立中的对象化,被当做异化的被设定的和应该扬弃的本质”①。

这其中有两点非常重要:第一,对于黑格尔来说,异化是思维同感性在思想范围内的对立,扬弃异化并不是扬弃思维本身,到达感性现实,而是扬弃感性现实,到达绝对的思维。现实运动被当作观念运动的外在表现,观念运动则被当作现实运动的本质和意义。第二,被当作“异化”的被设定的和应该扬弃的本质,也不是现实生活的异化,而是感性现实在同抽象思维的对立中的对象化。马克思评论说,对于黑格尔来说,扬弃异化也就是扬弃对象化,“重新占有在异化规定内作为异己的东西产生的人的对象性本质,不仅具有扬弃异化的意义,而且具有扬弃对象性的意义,就是说,因此,人被看成非对象性的、唯灵论的存在物”②。马克思的看法同黑格尔正好相反。在他看来,并不是绝对精神与自身发生关系,而是人同自身之外的自然或社会发生关系。单纯与自身发生关系,等于本身不是对象,也没有对象。“假定一种存在物本身既不是对象,又没有对象。这样的存在物首先将是一个唯一的存在物,在它之外没有任何存在物存在,它孤零零地独自存在着。”黑格尔的绝对精神就是这样的一个怪物,马克思对它进行了分析:“只要有对象存在于我之外,只要我不是独自存在着,那么我就是和在我之外存在的对象不同的他物、另一个现实。因此,对这个第三对象来说,我是和它不同的另一个现实,也就是说,我是它的对象。这样,一个存在物如果不是另一个存在物的对象,那么就要以没有任何一个对象性的存在物存在为前提。”③

对象性包括两个方面的特征:一是互为对象,“只要我有一个对象,这个对象就以我作为对象”;二是感性,“非对象性的存在物是一种非现实的、非感性的、只是思想上的即只是想象出来的存在物,是抽象的东西。说一个东西是感性的即现实的,是说它是感觉的对象,是感性的对象,也就是说在自身之外有感性的对象,有自己的感性的对象”。④ 在这一意义上,第一,人必须为自己创造感性对象;第二,人必须拥有这一对象。只有这两点都得到实

① 《马克思恩格斯文集》(第一卷),人民出版社,2009年,第203页。
② 同上,第206页。
③ 同上,第210页。
④ 同上,第210~211页。

现，人才能实现自己的对象性本质。如果创造的不是感性对象，那就不是真正的对象性活动；如果不能拥有对象，而是被对象所支配，那就是异化。

人的对象性存在表明，人需要对象。对对象的需要是人的对象性存在的集中表现。

2. 需要与对象性

人是感性存在物，人的活动是感性活动。但是在马克思看来，说一个东西是感性的，是说它是受动的，即它需要对象。因此，对象性活动表明了人的能动性，需要则表明了人的受动性。马克思明确指出："人直接地是自然存在物。人作为自然存在物，而且作为有生命的自然存在物，一方面具有自然力、生命力，是能动的自然存在物；这些力量作为天赋和才能、作为欲望存在于人身上；另一方面，人作为自然的、肉体的、感性的、对象性的存在物，同动植物一样，是受动的、受制约的和受限制的存在物，就是说，他的欲望的对象是作为不依赖于他的对象而存在于他之外的。"①说对象不依赖于人而存在于人之外，等于说这些对象是他的需要的对象，是表现和确证他的本质力量所不可缺少的、重要的对象。马克思举例说："饥饿是自然的需要；因此，为了使自身得到满足，使自身解除饥饿，它需要自身之外的自然界、自身之外的对象。饥饿是我的身体对某一对象的公认的需要，这个对象存在于我的身体之外，是使我的身体得以充实并使本质得以表现所不可缺少的。"②说人是肉体的、有自然力的、有生命的、现实的、感性的、对象性的存在物，这就等于说，人有现实的、感性的对象作为自己本质的即自己生命表现的对象；或者说，人只有凭借现实的、感性的对象才能表现自己的生命。而说"一个东西是对象性的、自然的、感性的"，同说"在这个东西自身之外有对象、自然界、感觉"，或者同说"它自身对于第三者来说是对象、自然界、感觉"，这都是同一个意思。③

需要与对象性的关系是一种普遍的关系，它不仅存在于人与环境之间，而且存在于所有自然生命与其对象之间。马克思以植物为例说明了这一点："太阳是植物的对象，是植物所不可缺少的、确证它的生命的对象，正像

---

① 《马克思恩格斯文集》（第一卷），人民出版社，2009 年，第 209 页。

②③ 同上，第 210 页。

植物是太阳的对象,是太阳的唤醒生命的力量的表现,是太阳的对象性的本质力量的表现一样。”“一个存在物如果在自身之外没有自己的自然界,就不是自然存在物,就不能参加自然界的生活。一个存在物如果在自身之外没有对象,就不是对象性的存在物。”①这进一步表明,对象性关系是一种双向关系:不仅主体需要对象,对象也需要主体。在对象需要主体的意义上,主体就成为对象的对象,成为一个“第三者”。因此,马克思说:“一个存在物如果本身不是第三存在物的对象,就没有任何存在物作为自己的对象,就是说,它没有对象性的关系,它的存在就不是对象性的存在。”②

那么人与对象的关系同其他自然物与对象的关系的区别表现在哪里呢?人的对象性存在与其他自然存在物的对象性存在有何不同呢?马克思的回答是:其他自然存在物只是自在地存在着,而人则同时有一种自为的存在。用马克思本人的话说:“人不仅仅是自然存在物,而且是人的自然存在物,就是说,是自为地存在着的存在物”,“他必须既在自己的存在中也在自己的知识中确证并表现自身”,“因此,正像人的对象不是直接呈现出来的自然对象一样,直接地存在着的、客观地存在着的人的感觉,也不是人的感性、人的对象性。自然界,无论是客观的还是主观的,都不是直接同人的存在物相适合地存在着”③。相反,人与环境的关系同动物与环境的关系的区别就在于:人改变环境,同时环境也改变人。马克思在《关于费尔巴哈的提纲》中用“革命的实践”这一概念表达了这一意思:“环境的改变和人的活动或自我改变的一致,只能被看做是并合理地理解为革命的实践。”④这样,需要与对象性的关系就表现为“相互改变”的关系。当人改变环境的时候,人是主体,环境是对象;当环境改变人的时候,环境又成了事实上的主体,而人则成为环境的对象。如果说作为主体的人是第一者,作为对象的环境是第二者,那么作为环境的对象的人就成了相互关系中的“第三者”。

在《巴黎手稿》中,马克思研究“环境的改变”和“人的自我改变”,主要还是通过黑格尔辩证法所作的哲学推断。他指出:“正像一切自然物必须形

---

①② 《马克思恩格斯文集》(第一卷),人民出版社,2009年,第210页。
③ 同上,第211页。
④ 同上,第500页。

成一样,人也有自己的形成过程即历史,但历史对人来说是被认识到的历史,因而它作为形成过程是一种有意识地扬弃自身的形成过程。"[①]在"私有财产和共产主义"一节的最后,马克思通过把共产主义视为私有财产的否定之否定,研究了"自然界对人来说的生成"和"人的通过劳动的诞生"。但对于"历史是人的真正的自然史",仅仅通过辩证法进行推断是不够的,还必须通过《德意志意识形态》中所说的"历史科学",即经验的、实证的研究,才能在科学层面上对人的对象性存在进行研究。马克思和恩格斯在研究人类历史的第一个前提时,区分了四个环节或四个要素。首先,人们为了能够创造历史,必须能够维持自己的肉体存在,而为了维持自己的肉体存在,就必须生产满足吃喝住穿等需要的资料,即生产物质生活本身。其次,"已经得到满足的第一个需要本身、满足需要的活动和已经获得的为满足需要而用的工具又引起新的需要,而这种新的需要的产生是第一个历史活动"[②]。再次,人自身的再生产即家庭关系构成第三个环节即社会关系的环节,"这种家庭起初是唯一的社会关系,后来当需要的增长产生了新的社会关系而人口的增多又产生了新的需要的时候,这种家庭便成为从属的关系了"。最后,第四个环节表现为,人既是自然存在也是社会存在,由此形成社会生产力与生产方式的关系。

马克思和恩格斯接着指出,只有在考察了人的存在这四个环节、四个方面之后,"我们才发现:人还具有'意识'"[③]。马克思在这里加了一个边注:"人们之所以有历史,是因为他们必须生产自己的生命,而且必须用一定的方式来进行:这是受他们的肉体组织制约的,人们的意识也是这样受制约的。"[④]需要与对象性的关系,对于考察意识的发展过程正像对于考察人的存在过程一样,是一个关键。由此决定了,考察意识也必须从人与自然的关系、人与自身的关系、人与社会的关系以及这些关系的结合出发。最初,由于这些关系的狭隘性,在人的意识中它们表现为一种纯粹的畜群意识、一种

① 《马克思恩格斯文集》(第一卷),人民出版社,2009年,第211页。
② 同上,第531~532页。
③ 同上,第533页。
④ 同上,第533页脚注①。

绵羊式的意识。

> 这里,人和绵羊不同的地方只是在于:他的意识代替了他的本能,或者说他的本能是被意识到了的本能。由于生产效率的提高,需要的增长以及作为二者基础的人口的增多,这种绵羊意识或部落意识获得了进一步的发展和提高。与此同时分工也发展起来……分工只是从物质劳动和精神劳动分离的时候起才真正成为分工。从这时候起意识才能现实地想象:它是和现存实践的意识不同的某种东西;它不用想象某种现实的东西就能现实地想象某种东西。从这时候起,意识才能摆脱世界而去构造"纯粹的"理论、神学、哲学、道德等等。但是,如果这种理论、神学、哲学、道德等等同现存的关系发生矛盾,那么,这仅仅是因为现存的社会关系同现存的生产力发生了矛盾。[①]

这样,需要与对象性的关系就在两个层面上发生:一是人的存在层次,即生活层次;二是人的意识层次。根据马克思和恩格斯的看法,生活决定意识,而不是意识决定生活。生活本身有其历史,决定了意识也有其历史。从"历史科学"的角度看,生活本身的历史分为两个阶段:一是经济人或经济的社会形态的历史,二是社会人或人类社会的历史。相对于后者来说,前者可称为"人类社会的史前时期"[②]。既然"新的需要的产生"属于人类第一个历史活动的第二个环节,那么人的生成过程同时就是需要生产的历史,而人类社会的史前时期,无非是"物质生活的生产方式制约着整个社会生活、政治生活和精神生活的过程"[③]时期的历史,也就是马克思在《巴黎手稿》中所说的"异化及其扬弃"的历史。相应地,这一历史时期的意识必然也是异化现实的生成和扬弃的反映,因而必然同这个时期的社会存在一样,带有异化的性质。这就是说,无论是需要和对象性,还是反映它们的价值观和世界观,必然都带有异化的性质。

---

① 《马克思恩格斯文集》(第一卷),人民出版社,2009 年,第 534 ~ 535 页。

② 《马克思恩格斯文集》(第二卷),人民出版社,2009 年,第 592 页。

③ 同上,第 591 页。

3. 需要的异化

既然需要是对象性的主体表现,对象是需要的客体表现,那么人的存在的异化就不仅表现在劳动的异化中,而且表现在需要的异化中。

关于劳动的异化,人们关注得较多,但马克思对于需要的异化的论述,尚未引起中国学者足够的重视。

首先,需要不仅表现为人对自然的需要,即物质需要,而且表现为人对人的需要,即社会需要,以及人对自身的需要特别是精神需要,由此形成了马克思的需要结构理论。这有点儿类似于马斯洛的需要层次理论。马斯洛认为,人的需要从低到高,可以分为生存需要、安全需要、归属与爱的需要、尊重的需要、自我实现和自我超越的需要,只有低级需要满足了,高级需要才会显现出来,成为行为的主要动力;如果低级需要得不到满足,它就会把人的注意力吸引过来,从而使人忽视高级需要。马克思虽然没有明确地划分需要的层次,但确实认为"物质生活的生产方式制约着整个社会生活、政治生活和精神生活的过程",从而认为,在事实上,需要是有一个优先次序的:人首先必须生存,然后才能从事其他活动。这样一来,物质需要自然也就居于优先地位。

其次,如同对象性活动有其历史一样,需要也有其历史的生成过程。既然人首先必须满足物质需要,那么物质需要就会在需要结构中居于基础的,甚至核心的地位,而使社会需要和精神需要居于从属地位。相反,到物质需要的满足已经不成问题的时候,社会需要和精神需要的满足就会被提上日程。前一社会阶段是"市民社会",后一阶段是"人类社会"。

如同国民经济学来自英国古典经济学一样,黑格尔的"市民社会"概念来自18世纪的英国和法国学者。"在国民经济学家看来,社会是市民社会,在这里任何个人都是各种需要的整体,并且就人人互为手段而言,个人只为别人而存在,别人也只为他而存在。正像政治家议论人权时那样,国民经济学家把一切都归结为人,即归结为个人,从个人那里他抽去一切规定性,把个人确定为资本家或工人。"①黑格尔也把市民社会界定为相互满足需要的

① 《马克思恩格斯文集》(第一卷),人民出版社,2009年,第236页。

体系。市民社会就是由经济人，即资本家和工人构成的社会；而人类社会则是由社会人，即全面发展和自由发展的人构成的社会。在《巴黎手稿》中，马克思把后一种社会称为“社会主义”社会，正如他后来把前一种社会称为“资本主义”社会一样。在“私有财产和共产主义”一节论共产主义第三个阶段即私有财产的否定之否定阶段时，马克思特意研究了社会的人与经济人的区别，以及在社会的人的状态下完成了的自然主义与完成了的人道主义的统一。显然，这样的存在状态使人既不依赖于自然，也不依赖于他人，从而为人与自身的统一奠定了坚实的基础，因此马克思随后研究了人的全面发展和自由发展，后者（人的自由发展）就意味着人的完全独立，因为“任何一个存在物只有当它用自己的双脚站立的时候，才认为自己是独立的，而且只有当它依靠自己而存在的时候，它才是用自己的双脚站立的”①。马克思在《1857—1858 年经济学手稿》中把这种观点发展为三大社会形态，即人的依赖性社会、以物的依赖性为基础的人的独立性社会和自由个性社会。

在《巴黎手稿》中，马克思指出：在社会主义社会里，“富有的人和人的丰富的需要代替了国民经济学上的富有和贫困”，国民经济学的贫困就是货币占有量的大小，钱的多少表明一个人富有和贫困的程度；而在社会主义社会里，“富有的人同时就是需要有人的生命表现的完整性的人，在这样的人的身上，他自己的实现作为内在的必然性、作为需要而存在”。在这里，马克思强调人的自我实现的需要如何超越单纯的物质需要，从而阐发了用社会人取代经济人的意义：“不仅人的富有，而且人的贫困，——在社会主义的前提下——同样具有人的因而是社会的意义。贫困是被动的纽带，它使人感觉到自己需要的最大财富是他人。”②而在资本主义的前提下，“在私有制范围内，这一切却具有相反的意义”，表现在，“每个人都指望使别人产生某种新的需要，以便迫使他作出新的牺牲，以便使他处于一种新的依赖地位并且诱使他追求一种新的享受，从而陷入一种新的经济破产。每个人都力图创造出一种支配他人的、异己的本质力量，以便从这里面获得他自己的利己需要的满足。因此，随着对象的数量的增长，奴役人的异己存在物王国也在扩

① 《马克思恩格斯文集》（第一卷），人民出版社，2009 年，第 195 页。

② 同上，第 194 ~ 195 页。

展，而每一种新产品都是产生相互欺骗和相互掠夺的新的潜在力量”。[①] 他人不是被视为自己的财富，而是被视为妨碍自己或者便利自己获得财富的手段。换言之，只有物质财富才被视为财富，社会财富则不被视为财富，而只被视为实现“获得物质财富”这一人生目的的手段。物质财富的增长被视为唯一的目的。马克思把超过需要的限度而人为制造出来的物质需要称为欲望：“产品和需要的范围的扩大，要机敏地而且总是精打细算地屈从于非人的、精致的、非自然的和幻想出来的欲望。私有制不懂得要把粗陋的需要变为人的需要。”[②]后来，马尔库塞所提出的虚假需要理论，就可以在《巴黎手稿》中找到它的源头。

正是由于在资本主义时代，一切需要都异化为对货币和资本的需要，才为主客二元分立的哲学奠定了基础。马克思在《巴黎手稿》中作了生动的描绘：“依靠货币而对我存在的东西，我能为之付钱的东西，即货币能购买的东西，那是我——货币占有者本身。货币的力量多大，我的力量就多大。货币的特性就是我的——货币占有者的——特性和本质力量。因此，我是什么和我能够做什么，决不是由我的个人特征决定的。我是丑的，但我能给我买到最美的女人。可见，我并不丑，因为丑的作用，丑的吓人的力量，被货币化为乌有了。”[③]这样一来，货币就成为个人的社会力量、一种社会权力。马克思接着说：“我——就我的个人特征而言——是个跛子，可是货币使我获得二十四只脚；可见，我并不是跛子。我是一个邪恶的、不诚实的、没有良心的、没有头脑的人，可是货币是受尊敬的，因此，它的占有者也受尊敬。货币是最高的善，因此，它的占有者也是善的。此外，货币使我不用费力就能进行欺诈，因为我事先就被认定是诚实的。我是没有头脑的，但货币是万物的实际的头脑，货币占有者又怎么会没有头脑呢？再说他可以给自己买到颇有头脑的人，而能够支配颇有头脑者的人，他不是比颇有头脑者更有头脑吗？既然我有能力凭借货币得到人心所渴望的一切，那我不是具有人的一切能

---

① 《马克思恩格斯文集》（第一卷），人民出版社，2009 年，第 223 ~ 224 页。

② 同上，第 224 页。

③ 同上，第 244 页。

力了吗？这样，我的货币不是就把我的种种无能变成它们的对立物了吗?”① 由此，货币不仅成为异化了的主体性的表现，而且成为万能的神灵，它“使一切人的和自然的性质颠倒和混淆，使冰炭化为胶漆”②。货币的这种神奇力量包含在它的本质中，即包含在人的异化的、外化的本质中：“它是人类的外化的能力”，“凡是我作为人所不能做到的，也就是我个人的一切本质力量所不能做到的，我凭借货币都能做到。因此，货币把这些本质力量的每一种都变成它本来不是的那个东西，即变成它的对立物”。③

主客二元分立和主客颠倒的结果是，主体成为客体，而客体成为主体：“国民经济学家把从你的生命和人性中夺去的一切，全用货币和财富补偿给你。你自己不能办到的一切，你的货币都能办到：它能吃，能喝，能赴舞会，能去剧院，它能获得艺术、学识、历史珍品、政治权力，它能旅行，它能为你占有这一切；它能购买这一切；它是真正的能力。”④不仅如此，货币还使人的存在和思维之间的差别具有了另外的含义。在货币面前，人的需要不再是客观的需要，而成为纯粹主观的、纯粹观念的东西，要借助货币才能得到实现。经济学家们喜欢谈论需求，但是没有货币的需求“是纯粹观念的东西，它对我、对第三者、对[其他人]是不起任何作用的，是不存在的，因而对于我本人依然是非现实的，无对象的”，“以货币为基础的有效需求和以我的需要、我的激情、我的愿望等等为基础的无效需求之间的差别，是存在和思维之间的差别，是只在我心中存在的观念和那作为现实对象在我之外对我而存在的观念之间的差别”。⑤由此，需要和对象性之间的关系成为一种物化的关系，一种以物的依赖性为基础的人的独立性，从而与人的全面发展和自由发展、与人的个性背道而驰，用马克思的话说：“货币是一种外在的、并非同作为人的人和作为社会的人类社会产生的、能够把观念变成现实而把现实变成纯观念的普遍手段和能力”⑥，货币能够通约的仅仅是能够普遍化的东西，因而对自由个性处于完全对立的地位，它无法用来衡量友情、爱情等个性品质。相

① 《马克思恩格斯文集》（第一卷），人民出版社，2009 年，第 244 ~ 245 页。
② 同上，第 245 页。
③⑤⑥ 同上，第 246 页。
④ 同上，第 227 页。

反，在人类社会中，“你只能用爱来交换爱，只能用信任来交换信任……如果你在恋爱，但没有引起对方的爱，也就是说，如果你的爱作为爱，没有使对方产生相应的爱，如果你作为恋爱者通过你的生命表现没有使你成为被爱的人，那么你的爱就是无力的，就是不幸”①，同市民社会中不同，你无法用货币来弥补自己个性的不足，因为那时候人们不会为了货币而牺牲自己的爱情。

当然，事情并非看起来这样简单。如果说在《1844 年经济学哲学手稿》中，马克思还是从哲学角度，即从异化劳动的扬弃和私有财产的否定之否定的角度，来论证从市民社会到人类社会的过渡，那么在他创立唯物史观和建立剩余价值理论之后，他则从资本自我否定和无产阶级解放的角度论证了需要的人化。

（三）资本主义社会中人的存在

我们常常谈到逻辑与历史的一致，但很少有人注意到，这里的“逻辑”是指辩证法，这里的“历史”是指人的活动。《1844 年经济学哲学手稿》中对共产主义从肯定到否定再到否定之否定的阐述就是一种逻辑展开，《德意志意识形态》中对共产主义的阐述则是一种历史论证。这两部著作中间的《神圣家族》和《关于费尔巴哈的提纲》试图实现从逻辑到历史的过渡。需要的异化与需要的人化的逻辑由此表现为从人的依赖性到物的依赖性再到自由个性的历史发展过程。对于马克思来说，更为重要的是从物的依赖性到自由个性或经济人向社会人的过渡。对资本和劳动关系的研究，就是为了找到过渡的条件。马克思的“政治经济学批判”就是这种研究的成果。它向我们展现了资本主义社会中人的存在状况，以及由这种存在状况所决定的共产主义革命的性质。

1. 从唯物史观到剩余价值理论

人不仅生活在自然界中，而且生活在社会中，但是在马克思看来，正如自然界不是永恒不变的一样，市民社会也有其发展的历史。在《巴黎手稿》中他对历史的研究主要还是一种根据用唯物主义改造过的辩证法进行的推断，随着马克思大量地阅读历史学著作，他开始强调“实证”意义上的历史，

---

① 《马克思恩格斯文集》（第一卷），人民出版社，2009 年，第 247 ~ 248 页。

并由此出发对黑格尔那种思辨的历史进行批判。这种批判在《神圣家族》中进一步得到发挥。众所周知,黑格尔的名言是“实体即主体”。在这部著作中,马克思针对青年黑格尔派关于实体与自我意识的争论指出:“在黑格尔的体系中有三个要素:斯宾诺莎的实体,费希特的自我意识以及前两个要素在黑格尔那里的必然充满矛盾的统一,即绝对精神。第一个要素是形而上学地改了装的、同人分离的自然。第二个要素是形而上学地改了装的、同自然分离的精神。第三个要素是形而上学地改了装的以上两个要素的统一,即现实的人和现实的人类。”①按照马克思的看法,把自我意识(抽象的人)与实体(抽象的自然界)、精神和自然界对立起来,本身就是违背辩证法的。黑格尔的高明之处在于,他把两个抽象的因素统一起来,以绝对精神的自我生成作为唯一的现实。正是由于黑格尔哲学把实体和主体这样统一为“一”,他的哲学才具有最大的包容性。按照黑格尔的看法,所有的哲学形态都只是同一个哲学,即绝对精神哲学的构成环节。而按照马克思的看法,统治世界的并不是绝对精神,而是货币和资本。所谓“实体即主体”,不能从绝对精神的意义上来理解,因为绝对精神并不是主体;对它应当从资本的意义上来理解,因为在现实生活中,资本才是主体。然而正如《巴黎手稿》中已经指出的那样,资本不过是异化了的劳动,因此是异化了的主体,必须把它颠倒过来。在《神圣家族》中,马克思和恩格斯强调,无产阶级是资本主义社会的否定方面,因而成为资本主义自我否定的主体。这样,马克思就把辩证法推入“新唯物主义”阶段。与旧唯物主义仅仅在“市民社会”的意义上理解“社会”不同,马克思把“社会”理解为自我生成的过程。

马克思在《关于费尔巴哈的提纲》第一条和第三条中,阐发了他自己的辩证法。在第一条中,马克思要求对“对象、现实、感性”,要“当作感性的人的活动,当作实践去理解”,即“从主体方面”去理解。在第三条中,马克思则把“实践”确定为“环境的改变”和“人的活动或自我改变”的一致。② 显然,同黑格尔哲学一样,这里也有三个因素,即对象、主体和人的活动,或者说,周围世界(环境)、自我和实践。三个因素的统一(环境的改变、人的自我改

① 《马克思恩格斯文集》(第一卷),人民出版社,2009 年,第 341 ~ 342 页。
② 参见《马克思恩格斯选集》(第一卷),人民出版社,1995 年,第 54 ~ 55 页。

变、人的活动）构成了马克思世界观的总体性，用《德意志意识形态》的话说："这是一些现实的个人，是他们的活动和他们的物质生活条件，包括他们已有的和由他们自己的活动创造出来的物质生活条件。"[①]在马克思看来，唯一现实的，是一些人在特定的物质生活条件下展开自己的生命活动。

按照费尔巴哈的标准，这显然是一种生活哲学。费尔巴哈已经试图用作为"非哲学"的哲学，即生活哲学来代替黑格尔的思辨哲学，但由于他没有把人与动物的生命活动的区别理解为生产活动，因此他的生活哲学仍然是作为"哲学"的哲学，只有马克思才把人的生命活动理解为在改变环境的同时改变自身的活动，即理解为实践，从而才真正以人的现实的生命活动代替了绝对精神的思辨性思维活动，形成了真正意义的生活哲学。马克思对资本的研究就是奠定在生活哲学的基础上的。

生活哲学与以往哲学的最大区别在于它强调生活。以往哲学则强调"知识"。因此，生活哲学是相对于知识论哲学而言的。正由于如此，恩格斯才指出："全部哲学，特别是近代哲学的重大的基本问题，是思维和存在的关系问题。"恩格斯也把"思维对存在、精神对自然界的关系问题"，称作"全部哲学的最高问题"，并且把它与宗教相并列。[②] 从黑格尔用"绝对精神"扬弃思维和存在、精神和自然界的对立来说，黑格尔代表"作为哲学"的哲学的顶峰。而黑格尔之所以能够把实体（抽象自然界）作为主体（抽象的人），是由于他赋予"绝对精神"以理性生命，即绝对精神是自我生成，并在自我生成中自我认识的。费尔巴哈不仅在批判宗教时指出神是人的本质的对象化、外化和异化，而且在批判黑格尔哲学时，指出绝对精神无非是人的理性思维能力的对象化、外化和异化。在费尔巴哈看来，人不仅有理性，而且有意志和情感（人心）。认识并不是"生活"的全部内容，因而并不体现人的全部本质。人的本质体现在人的全部生命活动中，表现为理性、意志和情感（人心）。就此而言，费尔巴哈把生活哲学的范围扩展到了以往的哲学、伦理学和宗教学，因为它们分别涉及理性、意志和情感（人心）三个领域。

费尔巴哈强调，是人在同自然界发生关系，而不是思维在同存在发生关

---

① 《马克思恩格斯选集》（第一卷），人民出版社，1995 年，第 67 页。

② 参见《马克思恩格斯选集》（第四卷），人民出版社，1995 年。第 223 ~ 224 页。

系。如果说思维与存在的关系表现为人如何认识世界,那么人与自然界的关系就表现为人如何生活。在费尔巴哈看来,人不仅在思维意义上、在理性意义上表现出自己的类本质,因为人不仅认识个别,而且认识一般,而对于动物来说由于不存在“一般”,所以并没有个别和一般之分;人还在情感意义上、意志意义上表现出自己的类本质,因为与动物的本能情感、本能意志不同,人还有类情感、类意志,这就是“爱”和“责任”的能力。

我们以往在研究马克思的世界观时,过于强调其知识论的一面,后来才注意到马克思对知识论采取的是扬弃的态度。但迄今为止,人们对于马克思世界观中通过扬弃宗教世界观而形成的无神论世界观重视不够。多数人甚至仍然把马克思的无神论世界观当作知识论意义上的“科学世界观”,没有注意到马克思的无神论其实属于情感世界观、意志世界观。这种忽略产生了严重的后果,因为扬弃私有财产的共产主义作为一种实践世界观,如果它对应的理论世界观主要是扬弃宗教的无神论,那么我们对无神论认识的偏差就属于信仰层面的偏差,它使人们把共产主义当作一种类似于自然科学和技术科学那样的知识论目标。这严重背离了马克思主义。

马克思虽然赞同费尔巴哈的人本主义,但对他把生活仅仅理解为人与自然的关系不以为然,他一开始就对朋友说,费尔巴哈只有一点使他不满意,这就是费尔巴哈过于强调自然而过于忽视政治。政治是人与人之间的关系。马克思在思想的起点处就把人与人的关系同人与自然的关系当作不可分离的两种关系,并在终极关怀中得到统一,因此对于费尔巴哈过分强调人与自然的关系,相对忽略人与社会的关系,必然感到不满足。在研究了私有财产和异化劳动的关系之后,马克思认识到政治国家对于市民社会的依赖作用,从而把政治生活与物质生活、社会生活的关系都奠定在实践的基础上。

因此,对于马克思来说,生活哲学的基本问题不是思维与存在的关系问题,或精神与自然界的关系问题,而是人与世界的关系问题,或人与环境的关系问题,即“在这个世界里,作为人,我们怎么活”的问题。人与世界或人与环境的关系包括两个方面:一是人与人的关系问题,因为对于个人来说,他首先面对的是社会环境,即由其他个人组成的环境;二是人与自然的关系问题，因为生活在共同体中的人、社会、人类，面对的是自然环境。人与世界的关系包括两个层面：一是生活层面，即人与环境的改变与被改变的关系问题，这是一个实践问题；二是观念层面，即人与环境的认识、情感和意志关系，这是一个理论问题。人的存在决定人的意识，观念层面受到生活层面的制约。

单就生活层面来说，马克思把生活分成四个层次，即物质生活、社会生活、政治生活和精神生活。在他看来，"物质生活的生产方式制约着整个社会生活、政治生活和精神生活的过程"。其中，物质生活、社会生活和政治生活属于人的"存在"的层面，而精神生活则属于人的"意识"的层面。马克思指出："不是人们的意识决定人们的存在，相反，是人们的社会存在决定人们的意识。"①因此，研究人的存在的结构，就成为生活哲学的核心。众所周知，马克思使用生产力、生产关系、经济基础、上层建筑等概念，对人的存在的动态结构作了剖析，并在此基础上研究了它与人的意识的关系。马克思特别关心"经济的社会形态"，即生产方式的核心作用。在他看来，以此为基础形成的市民社会将随着生产方式演进到共产主义，而被"人类社会"所取代。

显然，当马克思谈到通过巴黎时期的研究"所得到的、并且一经得到就用于指导我的研究工作的总的结果"，恰恰是生活哲学。由于忽略这一点，人们在谈到生产力与生产关系的作用时，往往注意不到马克思所说的"生产"并不是国民经济学或政治经济学，更不要说当代西方经济学意义上的"生产"，即它并不单纯是物质产品的生产，而是"物质生活的生产"。既然如此，马克思所谈论的就不是"生产一般"，而是特定生产方式下的生产。早在1847年批判蒲鲁东的著作《哲学的贫困》中，马克思就表明了这一点。以后在《资本论》及其手稿中，他又反复了申明这一点。其中，在《资本论》德文第一版的序言中，马克思明确指出："我要在本书研究的，是资本主义生产方式以及和它相适应的生产关系和交换关系。"②

这种关系就是"资本"关系。马克思不满意蒲鲁东所创立的"政治经济学的形而上学"，他在《哲学的贫困》中以政治经济学批判的哲学代替了它。

---

① 《马克思恩格斯选集》（第二卷），人民出版社，1995年，第32页。

② 同上，第100页。

而在《资本论》及其手稿中,马克思则建立了一种崭新的哲学:资本哲学。

资本哲学有着极其丰富的内容。首先是资本的背景。马克思指出:"资本来到世间,从头到脚,每个毛孔都滴着血和肮脏的东西。"其次是资本的文明面。资本增殖自身的本性极大地解放了生产力,促进了社会、政治和文化的发展。再次是资本的本体论和形而上学。资本是资本主义时代的基石,其余一切都是从资本派生出来的。最后是资本的界限和资本的前途。物极必反,资本也逃脱不了这一命运,一旦资本不再能获得剩余价值,它的死期就到了。代替资本统治的,将是一个人类自己控制自己命运的时代。

2. 资本的历史背景

既然马克思所讨论的是资本主义时代的资本,而不是通常意义的"资本",那就必须首先澄清"资本"的概念。

资本不是从来就有的,它是一定历史阶段的产物。原始部落的人根本不知资本为何物。以物易物的人也不知道资本为何物。只有当商业发展到一定程度,人们通过贱买贵卖以从中谋利的时候,"资本"概念才开始形成。在西方历史上,背井离乡的犹太人显然最适合于充当商人,进而充当资本家的角色。这正是马克思在《论犹太人问题》中谈到犹太人的世俗的神,即货币和宗教的神耶和华之间的关系的原因。

显然,这种意义上的资本只能是能够带来余额的货币。在自然经济时代,人们之所以厌恶犹太人,把他们看作唯利是图的剥削者,是由于不理解分工和交换对于促进生产力发展的意义。人们只看到犹太人的商业活动在当时似乎并没有促进使用价值量的增多,就认定犹太人窃取了同他们做生意的人的使用价值。这表明人们看不到使用价值和交换价值,从而看不到使用价值和价值的关系。实际上,虽然对犹太人本身来说是贱买贵卖,但对于最初卖给他们和最终买他们的商品的客户来说,仍然可以是等价交换,这里的差价并不是使用价值,因为使用价值的量并没有改变。差价的实质是交换价值或价值,也就是蕴含在商品中的个别劳动时间的差额。

这里存在着关于价值形式的一系列抽象:从简单的、个别的或偶然的价值形式,到总和的或扩大的价值形式,再到一般价值形式,最后到货币形式。由于在以自然经济为基础的时代,人们不理解商品的二重性和劳动的二重性，对价值形式的分析一直没有取得什么进展。只是到资本主义时代，特别是在人们仅仅为工资而劳动并且工作又可以随意变换，从而具体劳动的形式不再迷惑人们的时候，抽象劳动的事实才能为经济学家所把握。在这之前，人们只能生活在货币拜物教和商品拜物教之中。

因此，资本主义时代是一个转折点。随着工业资本家代替商业资本家占据统治地位，资本不再与邪恶的犹太人的贱买贵卖行为联系在一起。在历史上，人们第一次认为，资本具有了“生产性”。古典经济学戳穿了这一幻觉。它指出，资本的生产性并不是来自资本本身，而是来自积累起来的劳动或来自分工、协作。但古典经济学由于没有明确地把生产关系与生产力分离开来，从而未对生产方式本身形成历史自觉。他们没有研究为什么分工和协作不费资本家分文，其收益却要归资本家独占。他们把资本主义的生产条件当成了生产的自然条件。

后来的庸俗经济学家则是有意无意地混淆生产力与生产关系的界限。众所周知，即使没有资本，生产效率仍然可以提高。换言之，在付出同样多的具体劳动的情况下，有可能获得更多的使用价值量。这显然与“资本”没有任何关系。在资本主义生产条件下，资本家付出的并不是具体劳动或具体的物质产品，而是代表交换价值的货币；资本家最终收回的也不是生产资料或劳动本身，而是增加了的货币（当然，从个别资本家的角度来说，经营不善，资本家也可能破产，但这并不适用于作为整个资产阶级成员的标本的某一资本家）。离开交换，货币就没有任何意义。因此，资本本身作为货币的转化物，首先是一种生产关系。资本为了增殖自身，也需要生产使用价值，但与自然经济不同，它不是把使用价值的生产当作目的，而是当作手段。资本追求的并不是使用价值，而是货币，而且是增殖了的货币。

因此，在《资本论》中，马克思不仅从理论上考察了货币形式的产生，而且研究了货币转化为资本的条件；从实践上，则研究了创造这种条件的历史活动。货币转化为资本的历史条件是生产资料和劳动力的分离，而资本的原始积累，恰恰就是这两者分离的历史过程。所谓“资本来到世间，从头到脚，每个毛孔都滴着血和肮脏的东西”，就是这一过程的写照。

当然，资本出身不好，不意味着资本本身在历史上没有积极意义。正如

《共产党宣言》充分肯定了资产阶级的伟大历史作用一样，马克思充分肯定了资本的文明面。

3. 资本的文明面

近年来，国内学者研究“资本的文明面”的成果开始出现。有的学者主要从发展生产力的角度研究“资本的文明面”或“资本的伟大文明作用”[①]，有的则把对“资本的文明面”的研究同资本的本质和起源、资本的发展趋势、资本的生产性、资本的内在矛盾和资本的权力等方面的研究结合起来，试图对资本有一个全面的把握。[②] 这些都属于“资本的文明面”在经济或物质生活中的表现。根据马克思“物质生活的生产方式制约着整个社会生活、政治生活和精神生活的过程”的原理，还可以对“资本的文明面”在社会、政治和文化方面的表现进行研究。可惜的是，目前还没有见到这方面的研究成果。

马克思认为：“资本的文明面之一是，它榨取剩余劳动的方式和条件，同以前的奴隶制、农奴制等形式相比，都更有利于生产力的发展，有利于社会关系的发展，有利于更高级的新形态的各种要素的创造。”[③]在古代，“在埃及、在厄里特里亚、印度等地，人们用暴力手段把人民集合起来去从事强制的建筑和强制的公共工程。资本则用另一种办法，通过它同自由劳动相交换的方法，来达到这种联合。”[④]“资本同（资本主义前的）统治关系的区别恰恰在于：工人是作为消费者和交换价值实现者与资本相对立，是作为货币所有者，作为货币，作为简单的流通中心与资本相对立。”[⑤]以交换的方式榨取剩余劳动，同以暴力的方式榨取剩余劳动相比，当然是具有世界历史意义的大事，是历史的巨大进步。这其中，最重要的一点是劳动力成为商品。

劳动力成为商品是资本原始积累，即劳动者和生产资料被暴力分离的必然结果。前面分析资本的出身时我们揭露了这一面。现在就让我们看一

---

① 王峰明：《“一个活生生的矛盾”——马克思论资本的文明面及其悖论》，《天津社会科学》，2010 年第 6 期。

② 参见孙承叔：《关于资本的哲学思考——读〈1857—1858 年经济学手稿〉》，《东南学术》，2005 年第 2 期。

③ 《马克思恩格斯全集》（第 25 卷）（下），人民出版社，1974 年，第 925 ~ 926 页。

④ 《马克思恩格斯全集》（第 46 卷）（下），人民出版社，1980 年，第 21 页。

⑤ 《马克思恩格斯全集》（第 46 卷）（上），人民出版社，1979 年，第 407 页。

看事情的另一面,即劳动力成为商品的积极意义。

首先,暴力盘剥和暴力掠夺被自由交换所取代,这对于劳动力的所有者即工人来说,本身就具有积极的意义。尽管这种自由对工人来说只是一种形式的自由,即他只有选择这个资本家和那个资本家的自由,但只要他不想饿死,就没有不选择任何资本家的自由。尽管如此,这种选择毕竟是一种真实的自由,这与没有选择的权利(比如在奴隶制和农奴制下)相比,毕竟是一个巨大的进步。对整个工人阶级来说,只要工人能够团结起来,形式自由甚至有可能转化为实质自由,比如集体谈判,就能起到这样的作用。

其次,资本可以导致普遍勤劳,从而大大提高生产力。对于资本家来说,既然他不能采取赤裸裸的掠夺手段,而只能采取形式平等的交换手段,那么他要发财致富就必须在生产过程中想办法,通过改进劳动力和生产资料的结合方式,或改进管理等手段来提高劳动生产效率,从而促进生产力的增长。马克思在《资本论》中对绝对剩余价值和相对剩余价值的剥削手段的研究,就属于这种内容。以相对剩余价值的剥削为例,马克思分析了协作、分工以及大机器生产,等等。这些“不花费资本家分文”的科技和管理方式,在资本家只能通过平等交换来获利的情况下,就成为资本家提高劳动效率的主要手段。科学之所以在资本主义社会中得到巨大发展,原因就在这里。对于工人来说,对货币的追求同样是勤劳的动力。由于工人的劳动不是以使用价值的形式,而是以货币的形式支付的,因此勤劳就成为工人的工作教条。“很清楚,在以雇佣劳动为基础的地方,货币不起瓦解作用,而是起生产作用……只有当每种劳动所生产的都是一般财富而不是特定形式的财富,从而个人的工资也都是货币时,普遍勤劳才是可能的”,并且“个人的勤劳是没有止境的……勤劳是富有发明才能的”。

最后,资本打开了财富的源泉,改变了人们的存在状态和相应的社会意识。按照马克思的看法,在没有货币之前,人类只有贪欲而没有致富的欲望。“贪欲在没有货币的情况下也是可能的;致富欲望本身是一定社会发展的产物,而不是与历史产物相对立的自然产物。”货币使致富欲望成为可能,资本使致富欲望成为必然。在没有货币的自然经济条件下,贪欲的对象是使用价值而不是价值,而相对于人的需要来说,使用价值有其量的客观限度。在自然经济条件下,人们同样嫌贫爱富,但由于穷与富以使用价值的量作为衡量标准,因此其富裕也是有限的,而不是无限的。这是因为,生产的产品如果超过了需要,又不能出卖,其数量就必须以保管的成本低于生产的成本为限,否则过度生产就成了费力不讨好的愚蠢之举。在这种情况下,人类的生产能力有一个"高平衡陷阱",也可以称为"小康陷阱",指的是一旦达到衣食富足的程度,人们就不再把注意力放在发展生产上,而放在提高生活上。致富欲望和贪欲不同,它是随着货币的产生而产生的,因为货币作为价值代表,不同于使用价值,它几乎不需要保存成本。而且由于货币可以购买的东西是没有限度的,因此货币作为财富的代表,其数量也是没有限制的。在这种情况下,穷和富就只有相对的意义,没有绝对的界限。"没有最有钱,只有更有钱。"正是随着货币的产生,致富欲望才成为文明社会发展的一大杠杆。尤其是在商品经济、市场经济充分发展的资本主义社会,任何人都必须凭借货币才能生活,货币成为人与人之间关系的唯一纽带,成为物质财富的唯一代表,成为致富欲望的唯一对象。同时,由于"资本是能够带来剩余价值的价值",或者说,是能够自我增殖的货币,剩余价值成为资本主义生产的唯一目的,成为占有他人劳动的权力象征和唯一条件,货币的历史作用也就越发凸显。

4.资本的本体论与资本的形而上学

资本的文明面之二是它的生产性。由此产生了资本的本体论[①]和资本的形而上学。

这里讲的"资本的生产性"同上文讲到的"劳动力成为商品的积极意义"的第二点是不同的,那里着眼于生产力的角度进行研究。实际上,在资本主义生产条件下,生产力的发展恰恰采取了"资本"这种特定的生产关系形式。资本在客观上必然推动生产力的发展,但在主观上,资本首先是一种社会关系的再生产。

资本是能够带来剩余价值的价值,因此作为资本的文明面之二的生产

① 这里讲的"本体论"不是 Ontology 或"是(存在)论",而是取它的中文含义。本、体即树根、树干,本体即事物的本原。同样,这里的"形上"也是取其中文含义,指"看不见、摸不着",或超出感觉的东西。

性就是剩余价值的生产性。“资本的伟大的历史方面就是创造这种剩余劳动,即从单纯使用价值的观点,从单纯生存的观点来看的多余劳动”,其结果则是产生了一个伟大的时代:资本主义时代。资本主义时代的一切都是从资本产生的,或者至少表面上看来是如此。

众所周知,《资本论》第一卷研究的是资本的生产过程。其中第一篇研究的是商品和货币,第二篇研究的是货币转化为资本。在第一篇中,马克思不仅研究了商品的两种属性,即使用价值和价值,而且研究了生产商品的使用价值和价值的两种劳动:具体劳动和抽象劳动。在第二篇中,马克思研究了货币转化为资本的条件,即劳动力成为商品,并通过这一条件把读者引入资本的生产过程。第一卷的第三篇是绝对剩余价值的生产,第四篇是相对剩余价值的生产,第五篇是绝对剩余价值和相对剩余价值的生产,这是对剩余价值的生产过程的考察。第六篇是工资,第七篇是资本的积累过程,从中可以看到工资只是劳动创造的价值的一部分,因此它从属于资本主义生产即剩余价值生产的总过程,劳动创造的价值,除了工资和资本家的必要消费之外,其余的则被转化为追加的资本,包括追加的劳动力和追加的生产资料。显然,《资本论》的第一卷虽名为“资本的生产过程”,实质上是剩余价值的生产过程。在《资本论》第一卷中,马克思虽然探讨了生产使用价值的具体劳动,但却没有去研究“剩余使用价值”及生产“剩余使用价值”的“剩余具体劳动”,尽管马克思在讨论“剩余劳动”的历史形式时不可避免地涉及它。

《资本论》第二卷的标题是“资本的流通过程”,它所研究的实质是剩余价值的实现过程,包括三篇,即第一篇,资本形态变化及其循环;第二篇,资本周转;第三篇,社会总资本的再生产和流通。在《资本论》第一卷的第一篇中已经把“价值”独立出来,在第二篇中则把“剩余价值”独立出来,作为《资本论》的研究对象。其中,“资本”是由“货币”转化来的,从资本的定义即“能够带来剩余价值的价值”可以推出,资本又可以被称为“能够带来余额货币的货币”。研究“资本的流通过程”就从这里开始。其中第一篇中的“资本形态变化”,是指资本不断从货币形态转化为生产形态,再转化为商品形态,最后又转化回货币形态。这里就出现了资本的三种形态的循环。第二篇“资本周转”,是把资本循环当作一个圆圈式的整体,考察资本的再生产过程。在这里,马克思没有回避资本的实物形态的区别,即固定资本和流动资本的区别,但他只是把这当作生产力方面的区别。他的研究目标要求他更关注不变资本和可变资本的区别。这就是我们刚谈到的两种不同的"生产性",即生产力或使用价值意义上的生产性与生产关系或价值意义上的生产性,或者说,涉及两类不同性质的劳动:具体劳动和抽象劳动。马克思强调的是:不能把两种"生产性"混淆起来。从价值的生产来说,虽然资本总体上是生产性的,但不变资本对价值的生产并不做出贡献,只有可变资本才做出贡献。但从使用价值的生产来说,不变资本显然构成特定的生产条件。既然如此,在第三篇"社会总资本的再生产和流通"中,马克思必然首先说明:他考察社会总资本的再生产,既包括对实物补偿的考察,也包括对价值补偿的考察。

到此为止,资本的本体论还只是完成了一半,即剩余价值的生产过程和实现过程。整个资本主义的社会有机体还没有显露出来。在第三卷中,马克思的工作正是要考察剩余价值如何成为各种收入的来源。因此,除了第三卷的第七篇,即"各种收入及其源泉"之外,其余各篇的联系是一目了然的:第一篇,剩余价值转化为利润和剩余价值率转化为利润率;第二篇,利润转化为平均利润;第三篇,利润率趋向下降的规律;第四篇,商人资本;第五篇,生息资本;第六篇,超额利润转化为地租。从中可以看到,整个资本主义社会各阶层的收入都来自剩余价值及其转化物。这就是说,资本是本原,它派生了整个资本主义社会。

读《资本论》到这一步,算是掌握了它的表面结构。对任何不带偏见的经济学家来说,这个结构的科学性都是无可置疑的。如果记得马克思自己对《资本论》的研究方法,即否定的辩证法的说明,我们就不难发现:在它的表面结构之下,还有一个内在的结构。这一结构揭示了资本的形而上学。同这种形而上学相比,其他经济学家对资本的研究充其量只能算资本的实证科学。

只要回到劳动价值论,其他经济学的实证科学性质就立刻昭然若揭了。在马克思看来,在资本主义生产条件下(不是指资本原始积累时期),资本无非是积累起来的劳动。因此,所谓资本是资本主义世界的本原,实际上是积累起来的劳动是资本主义世界的本原。当然,这里的“劳动”是劳动的特定历史形式,即抽象劳动。这种抽象最初是与交换联系在一起的。交换本身就是一个抽象的过程,交换价值本身就是抽象过程的结果。交换价值一旦固定化在货币中,劳动的抽象就成为一种社会现实。从此,具体劳动只有通过抽象劳动,才能由私人劳动化为社会劳动,从而变为既有用的又有价值的劳动。换言之,只要交换过程没有完成,尽管具体劳动已经完成,但劳动本身尚未完成,因为抽象化尚未完成。这样一来,劳动的抽象性就成为其社会性的表现形态。货币的拜物教就隐藏在其中。

如果抽象劳动本身是形而上的,那么剩余的抽象劳动和对这种劳动的剥削就更是形而上的了。有的学者把剩余抽象劳动同自然经济条件下的剩余劳动相混淆,表明他们没有识破资本主义生产条件下劳动和资本的这种形而上的性质。他们发自内心地把资本当成了物,把劳动力当成了具体劳动的能力。从前一误解中产生了生产要素分配论,从后一误解中产生了人力资本理论。这表现了资本拜物教的威力。

“剩余抽象劳动”与“剩余具体劳动”“剩余交换价值”与“剩余使用价值”这些概念,当然不是《资本论》的规范概念。但它们有助于我们理解资本主义世界的形而上性质。为什么资本批判对应形而上学批判,而资本批判比形而上批判更为根本?原因就在于:资本批判是生活本身的批判,形而上学批判则只是资本批判的意识形态表现。马克思的资本哲学同时包含这两个方面。

5. 资本的界限

一旦把资本视为一种特定的生产关系,就可以看到资本有其界限。资本是能够带来剩余价值的价值。一旦不能带来剩余价值,资本就不再是资本,而被还原为货币。因此,资本的界限是剩余价值为零。

由于剩余价值只是与抽象劳动联系在一起,而生活中人们看到的都是具体劳动,因此剩余价值本身也是人们看不到的,人们看到的只是利润或平均利润。相应地,作为一种整体研究,马克思关注的也是利润率或平均利润率。资本的界限就表现在平均利润率下降的规律中。

对这一规律存在种种误解。有许多人由于不理解资本的形而上学,误把使用价值的生产、劳动生产率的提高与利润的增长相混淆。在“转形问题”上的误解,绝大多数来自误把劳动生产率的界限与资本的界限相混淆。然而在马克思看来,劳动生产率总要提高,资本却有一个产生、发展、灭亡的过程。只要理解马克思所谈的所有概念,如资本、利润、利润率、平均利润率等都是生产关系概念,“转形问题”就主要是一个数学问题。使困难增加的,只是当代经济形式的发展,如虚拟经济的出现,等等。这已经超出了马克思“虚拟资本”的范畴,因此需要在理论方面有所推进。

从生产关系方面理解平均利润率下降的规律可以从反证法入手。假定平均利润率拒绝降低,那么正如《资本论》第二卷所指出的那样,其结论是资本主义必然灭亡。因为既然价值是与社会必要劳动时间联系在一起的,那么社会的价值总量在不增加社会必要劳动时间的情况下,只能降低而不可能提高。这与使用价值量的增加并不矛盾,而是完全相容的。价值量的减少和剩余价值的增加之间的矛盾,主要表现为单位商品价格的不断降低,而这又是通过同一行业的不同企业之间的竞争实现的。在这一过程中,如果没有工人阶级的斗争,或者工人阶级的斗争没有取得任何效果,那么工人工资的相对额必然不断降低,利润的相对额则不断提高,从而导致两个后果:一是相对剩余价值率提高,二是工人相对购买力降低。短期来看,相对剩余价值率提高,意味着利润率和平均利润率提高,这当然使平均利润率下降的规律成为“笑柄”;但工人工资的相对降低或购买力的相对降低,意味着有效需求不足,从而使剩余价值实现的实物补偿受到阻碍,乃至成为不可能。这就是所谓的“产品相对过剩”:从所谓“刚性需求”的立场来看,产品并没有过剩,因为大量的人口消费不足;但从购买力的角度来看,这些“刚性需求”在没有购买手段的情况下,只是无效需求。产品相对过剩的结果就是商业危机:供给大量超过需求,使得产品在市场供求机制的作用下,被迫降价销售,最终甚至是亏本销售;由于资本主义生产是社会化大生产,所有生产部门之间存在联动机制,因此第二部类产品,即工人阶级消费品的需求不足将导致整个资本主义生产如多米诺骨牌一样倒塌,从第二部类部门产品向第一部类部门产品蔓延,最后使整个链条停止运转。其具体表现是大量企业破产、工人失业、经济萧条,极端情况下会导致爆发革命。

由此可以看出,从反证法的角度看,无论工人阶级的斗争是否成功,效果都是一样的:要么资产阶级逐步提高工人的工资,从而不断降低平均利润率,要么自取灭亡。在这种情况下,资本家只有一个办法可想:降低雇佣工人数量,以比相对剩余价值的剥削要求更大的程度提高资本的有机构成。这就落入了马克思的论证:平均利润率的降低。在雇佣工人数量减少的情况下,一方面出现了失业大军,这就是马克思所说的“资本主义的人口规律”;另一方面从超额剩余价值转化为相对剩余价值的劳动力成本约束边界失效,使价格大战趋向恶性竞争,从而导致平均利润率趋近于零。

从资本主义发展的现实来看,几种情况都曾经出现过。首先,工人收入的相对降低造成的有效需求不足曾导致多次经济危机;其次,在工人阶级的有效抗争下,工资曾经回升到一定水平,从而在一定程度上抑制了危机的发生;再次,资产阶级曾经努力通过提高资本的有机构成,从而导致失业增加;最后,失业增加反过来降低有效需求,从而增加了危机发生的概率。正是这种复杂性,使得“转形问题”让忽视生产关系的经济学家感到困惑。

尽管如此,危机还是一次比一次更加猛烈,使得历史不断朝马克思和恩格斯所揭示的两个必然性即“资本主义必然灭亡、共产主义必然胜利”迈进。1929 年的世界性经济危机使这种可能性到达顶点。如果不是罗斯福新政挽救了资本主义制度,资本主义可能在那场危机中就已经灭亡了。

罗斯福新政创立了“宏观经济”,在“看不见的手”之外,创造出政府调控这只“看得见的手”;与此同时,作为社会民主主义运动的成果,欧洲逐步形成了“福利国家”政策。所有这一切彻底改变了马克思经济学的初始条件:自由竞争。这使得“转形问题”更加复杂。它要求对《资本论》第三卷的结论作出修改。尤其是作为对这种改良资本主义的实践的理论纲领,凯恩斯实现了“经济学的革命”之后,马克思主义者更加有必要对资本主义的新变化作出回应。表现在平均利润率下降规律上,一个尖锐的问题是:随着经济学的初始条件由自由竞争转为垄断竞争,平均利润率降低的规律还能不能成立?难道不是二战后的滞胀现象宣告了平均利润率降低规律的“破产”吗?

作为未完成作品,《资本论》只是设想了一个典型的资本主义社会。正如罗莎·卢森堡所指出的那样,马克思没有把一个置身于非资本主义经济体系环境中的资本主义作为自己的研究对象。当然,按照马克思当初的计划,资本主义国家与非资本主义(主要是前资本主义国家)的“世界贸易”是应当包括在内的,只是由于精力有限,马克思未能完成他的计划而已。包括卢森堡、希法亭、列宁在内的马克思主义者后来不断扩充和发展马克思的理论,从而部分地推进了马克思原来的计划。如果把这些研究成果考虑在内,我们就可以看到:在经济全球化的今天,我们必须把全球作为一个单一的经济有机体,才能正确地考察平均利润率下降规律是否仍然有效。毫无疑问,从生活必需品的角度来看,平均利润率的下降规律如果没有外部的非资本主义环境,尤其是如果没有发展中国家(不管是社会主义发展中国家,还是资本主义发展中国家)吸收包括第二部类在内的初级产品生产的剩余资本,平均利润率下降为零在发达资本主义国家早就实现了。正是由于不合理的国际分工和经济布局,特别是由于发展中国家的劳动力成本同发达国家相比存在一个势差,才使得初级产品的平均利润率维持在一定水平上;而包含第一部类在内的“高附加值”产品,以及金融产品等虚拟经济由于主要落户于发达国家,构成对发展中国家的剥削,从而维持了较高的超额剩余价值率或平均利润率。可以想象,随着发展中国家的兴起以及这些国家工资水平的提高,初级产品平均利润率的降低仍然表现为不可抗拒的规律。

因此,问题就只在所谓高附加值产业尤其是虚拟经济的超额利润。对此进行分析,不能满足于谴责“资本主义的腐朽性”(尽管这也是必要的),必须联系“消费社会”的后果。只要试图避免这种后果,就必须承认平均利润率降低规律的有效性。

从资本主义的腐朽性来说,所谓“高附加值产业”,实际上与对知识产权的过度保护联系在一起,与虚拟经济的所谓“金融创新”联系在一起。这显然是与私有制保护所有者、压榨劳动者的特点联系在一起的。初级产品都是劳动者生产的,而所谓高附加值产品、金融产品都是与所有者联系在一起的。如果说高附加值产品表现了知识垄断的倾向,因此主要是一种试图把本属于全人类的知识私有化的话,那么金融产品的创新实际上是对所有权本身的买卖,同金融产品创立之初不同,它已经异化为地地道道的凭所有权榨取劳动者抽象劳动的工具。

更加严重的是与此相关的“消费社会”的后果。众所周知，马克思为共产主义的实现所确定的物质条件是“生产力高度发达”、能满足所有人的需要。当代西方主流学者无法理解这一条件的真实含义，反驳说资源有限、欲望无穷，因而生产力永远不能达到满足所有人的需要。这显然是把需要和欲望，即贪婪的人为需要当成了一回事。与此不同，甘地明确把两者区别开来。他指出：地球上的资源足以满足人类的需要，但不足以满足人类的贪婪。前面我们谈到了西方的“福利国家”政策。这固然能缓解，甚至在一定程度上消除发达国家的经济危机特别是商业危机，但带来的后果是所谓消费社会。传统的美德是节俭，这种美德在不同环境下、不同国家中采取了不同形式，比如在新教国家主要表现为禁欲的“新教伦理”。但福利国家既然是为了解决商业危机而被迫想出的应对之策，其目标是“拉动内需”，因此节俭不再被视为美德，消费才被视为利国利己的美德。但由于需要的满足是有限度的，在生产力高度发达的情况下，生产仍然会达到饱和状态。这显然是不符合资本的逐利需要的。为了维持资本逐利需要的满足，就必须人为制造需要。这必然把整个社会变为“消费社会”。

高附加值产业、金融产业已经不再是为满足从业者的基本需要而存在的了，它的存在更多地是为满足从业者的“成功”需要。在这里，资本的占有成为“成功”与否的唯一标准。它表明，资本主义在物质条件方面已经达到自己的极限。原因是众所周知的：无限的欲望确实需要无限的资源，而地球上的资源是有限的。资本在满足人的需要之后的扩张必然导致生态灾难，最终则是人类的毁灭。

要资本还是要人类？这是到达自己界限的资本迫使我们回答的尖锐问题。

6. 市民社会与人类社会

从确立无神论观点开始，马克思就始终把“人”放在关注的焦点上。恩格斯曾经把马克思的观点概括为“关于现实的人及其历史发展的科学”①。相对黑格尔哲学来说，这与其说颠倒了物质与意识的关系，不如说颠倒了人

---

① 《马克思恩格斯选集》（第四卷），人民出版社，1995 年，第 241 页。

与绝对精神(哲学上的上帝)的关系。黑格尔看到绝对精神的自我生成和自我理解的地方,马克思看到的则是现实的个人和现实的人类的自我生成和自我理解。这一生成包括两个方面:一是主体的方面,二是对象的方面。主体的方面即人自身的生成,对象的方面即人的世界的生成。对人来说,世界的生成和人的自我生成是同一个过程的两个方面。劳动的异化和异化劳动的扬弃,或抽象劳动和抽象劳动的扬弃,则是这一过程的两个环节。其中,异化劳动的对象方面即私有财产,或抽象劳动的对象方面即资本;私有财产的扬弃即共产主义,资本的扬弃则是自由自觉的人类活动。

对整个这一过程的理解,即马克思和恩格斯所说的"历史科学",相对黑格尔的唯心主义,它需要一种唯物主义的眼光。马克思把这种唯物主义称为"新唯物主义",以区别于费尔巴哈和费尔巴哈以前的旧唯物主义。在马克思看来,旧唯物主义有两个派别,即自然唯物主义或自然科学唯物主义,及社会的、人的唯物主义或社会主义的唯物主义。比如,18 世纪法国唯物主义就有两个派别,其中自然唯物主义来自笛卡尔的"物理学",社会的唯物主义来自洛克的哲学。这两派均反对旧的形而上学。但在黑格尔哲学中,形而上学成功地实现了复辟。费尔巴哈在推翻黑格尔的形而上学之后,试图建立以人为本的唯物主义。① 对此,马克思和恩格斯高度肯定。他们不满的是,费尔巴哈把人和人的世界抽象对立起来,只是从直观的或感觉的角度看待它们之间的关系,而不是从相互生成的活动角度看待它们之间的关系,不是把人理解为他的物质生活条件。② 由此,马克思明确指出了新旧唯物主义的区别:"旧唯物主义的立脚点是市民社会,新唯物主义的立脚点则是人类社会或社会的人类。"③市民社会在广义上就是以交换为基础的社会,在狭义上则指资产阶级社会,对此没有多少人表示疑问。困难的是对"人类社会"的理解。很多人把"人类社会或社会的人类"理解成共产主义社会,这当然有一定的道理,但过于模糊。实际上,研究一下《1844 年经济学哲学手稿》的"私有财产和共产主义"一节,我们会发现,共产主义共有五个阶段,即作为

① 参见《神圣家族》中"对法国唯物主义的批判战斗"一节。

② 参见《马克思恩格斯选集》(第二卷),人民出版社,1995 年,第 77 ~ 78 页。

③ 《马克思恩格斯选集》(第一卷),人民出版社,1995 年,第 57 页。

“私有财产的普遍化和完成”的共产主义，作为“私有财产的否定”的共产主义，作为“私有财产的扬弃”的共产主义，作为“人的全面发展”的共产主义，作为“人的完全独立”的共产主义。只有最后一个阶段，才被马克思当作“人的社会的形式”。在这一阶段，不仅私有财产将成为不可能，甚至公有财产，也不再作为感性对象，公私的对立已经完全扬弃，以至于在感性生活中，人与人已经无须通过交换联系在一起，而是实现直接的感性联系了。因此，马克思把这种共产主义称作“社会主义”，认为它本质上已经超越了作为私有财产的积极扬弃（包括私有财产的肯定、否定和否定之否定三个环节）的共产主义。马克思明确指出：“对社会主义的人来说，整个所谓世界历史不外是人通过人的劳动而诞生的过程，是自然界对人来说的生成过程，所以关于他通过自身而诞生、关于他的形成过程，他有直观的、无可辩驳的证明。”①

至此为止，马克思给出的还主要是一种生活哲学的证明。资本哲学给出的则是一种严格意义上的科学证明。马克思在《哲学的贫困》中已经创立了劳动价值论和剩余价值理论，在《共产党宣言》第二章则从劳动与资本的对立出发，从理论上分析了无产阶级和资产阶级不同的社会存在状况。这就使《共产党宣言》第一章主要从历史唯物主义出发对资本主义必然灭亡、共产主义必然胜利的论证提供了剩余价值理论的科学依据。根据历史唯物主义和剩余价值理论，马克思和恩格斯在《共产党宣言》第二章中提出，共产党人的目标是消灭资产阶级的所有制，即“建立在阶级对立上面、建立在一些人对另一些人的剥削上面的产品生产和占有的最后而又最完备的表现”②，建立共产主义所有制。另一方面，马克思和恩格斯认为，资产阶级所有制是对个人所有制的一种否定。共产主义所有制不过是对个人所有制和资产阶级所有制的扬弃，也就是个人所有制的否定之否定，因此“共产主义革命就是同传统的所有制关系实行最彻底的决裂”③。在第二章结尾，马克思和恩格斯不仅结合当时的现实提出了从资本主义向共产主义过渡的十条革命措施，而且对未来共产主义社会的特征进行了展望：“代替那存在着阶

① 《马克思恩格斯全集》（第3卷），人民出版社，2002年，第310页。
② 《马克思恩格斯选集》（第一卷），人民出版社，1995年，第286页。
③ 同上，第293页。

级和阶级对立的资产阶级旧社会的,将是这样一个联合体,在那里,每个人的自由发展是一切人的自由发展的条件。"①在《资本论》及其手稿中,马克思不仅揭露了资本主义的基本矛盾,尤其是资本的界限和它的自我否定的性质,而且一开始就拿资本主义的生产方式与前资本主义、共产主义的生产方式作了比较。马克思在《1857—1858 年经济学手稿》中指出,前资本主义生产方式、资本主义生产方式、共产主义生产方式构成人类生产方式的三大序列,并因而决定了人的存在的三种状态,即人对人的依赖、以物的依赖性为基础的人的独立性、建立在个人全面发展和他们共同的社会生产能力成为他们的社会财富这一基础上的自由个性。这就是著名的"三大社会形态理论"。第三种社会形态显然也是对前两种社会形态即公有制和私有制的扬弃,而不是回到古代的公有制。在《资本论》中,马克思指出:

> 让我们……设想有一个自由人联合体,他们用公共的生产资料进行劳动,并且自觉地把他们许多个人劳动力当作一个社会劳动力来使用……这个联合体的总产品是一个社会产品。这个产品的一部分重新用作生产资料。这一部分依旧是社会的。而另一部分则作为生活资料由联合体成员消费。因此,这一部分要在他们之间进行分配。这种分配的方式会随着社会生产有机体本身的特殊方式和随着生产者的相应的历史发展程度而改变。仅仅为了同商品生产进行对比,我们假定,每个生产者在生活资料中得到的份额是由他的劳动时间决定的。这样,劳动时间就会起双重作用。劳动时间的社会的有计划的分配,调节着各种劳动职能同各种需要的适当的比例。另一方面,劳动时间又是计量生产者在共同劳动中所占个人份额的尺度,因而也是计量生产者在共同产品的个人可消费部分中所占份额的尺度。在那里,人们同他们的劳动和劳动产品的社会关系,无论在生产上还是在分配上,都是简单明了的。②

---

① 《马克思恩格斯选集》(第一卷),人民出版社,1995 年,第 294 页。

② 《马克思恩格斯选集》(第二卷),人民出版社,1995 年,第 141 ~ 142 页。

这段话有两个问题需要注意。首先，“自由人联合体”是一种怎样的所有制形式？马克思认为这个联合体的社会总产品划分为两个部分，即生产资料和消费资料，生产资料实行公有制，因此无须分配；消费资料分配的方式则“会随着社会生产有机体本身的特殊方式和随着生产者的相应的历史发展程度而改变”。这也就是马克思所说的“在协作和对土地及靠劳动本身生产的生产资料的共同占有的基础上，重新建立个人所有制”①。由此可见，马克思认为自由人联合体同时扬弃了私有制和公有制。其次，马克思为什么会认为，在自由人联合体的初级阶段，即劳动时间仍然作为生产和分配的尺度的地方，人们同他们的劳动和劳动产品的社会关系是“简单明了”的？因为这里的劳动时间仅仅是一种个别劳动、具体劳动的时间，而不是社会劳动、抽象劳动的时间。既然劳动时间没有被抽象，也无须被平均，它所涉及的生产和分配关系当然是简单明了的。后面这种关系就是马克思在《哥达纲领批判》中所描述的过渡时期的分配方式，即“各尽所能，按劳分配”。

如果了解马克思全部论述的含义，我们就会看到，中国的社会主义初级阶段并不是马克思意义上的过渡阶段，而是为这个过渡阶段作准备的阶段，是向过渡阶段过渡的阶段。

二、中国道路与人的存在方式的改变

德国诗人海涅说过：每一时代都有它的重大课题，解决了它，人类社会就向前推进一步。那么进入21世纪，人类面临的重大课题是什么呢？许多人认为，是发展问题，即我们的世界究竟如何发展。我不太同意这种看法。我认为，还有比发展更迫切、更重要、更本质的问题，这就是如何生活的问题。只有解决了人类究竟如何生活的问题，才能真正明确我们这个世界究竟如何发展。发展道路的选择实际上是生活方式的选择，一定的生活方式决定了一定的发展模式。

（一）当今人类处于什么样的存在状态？

20世纪后半叶以来，整个世界的存在状态开始趋同，大家都过着一种生

① 《马克思恩格斯选集》（第二卷），人民出版社，1995年，第269页。

活，我把它概括为五方面的主义：消费主义、个人主义、现实主义、享乐主义、科学主义。人类在这五个主义的价值观念下生活。

消费主义——把最大限度地进行消费作为生活的宗旨，不是商品为了满足人的需要而生产，而是人类为了消费商品而存在；

个人主义——强调个人利益的最大化，为了满足个人利益不惜损人利己以邻为壑；

现实主义——只关注眼前的切身利益，告别崇高和理想；

享乐主义——追求通过感官刺激及时行乐，声色犬马，醉生梦死；

科学主义——把人类的命运寄托在科学的发展上，凡是“符合”科学的人类都必须去做，在科学面前完全放弃人类的主动权。

或者可以这样说，消费主义、个人主义、现实主义、享乐主义和科学主义是当今人类存在方式的主要特征。现在的问题是，人类跨入 21 世纪以后是否应当继续在这五种价值观念的支配下生活下去？是否应当继续坚持这种特征的生活方式？

（二）如此的存在方式能不能继续下去？

要正确地回答这个问题完全取决于对以下两点能否作出正确的判断：其一，以消费主义等为主要内容的生活方式究竟给人类带来了什么？人类在消费主义等支配下生活得真的十分幸福吗？如果回答是肯定的，那么我们没有理由放弃这种生活方式，但倘若不能作出肯定的回答，那就得思考一下是否需要对这种生活方式加以某种改变了；其二，退一步说，即使以消费主义等为主要内容的生活方式确实给人类带来了无穷的幸福，确实是我们人类所需要的那种理想生活，那么目前我们人类所居住的家园地球有条件允许我们继续这样过下去吗？地球能提供足够多的能源和资源让我们继续像现在这样活下去吗？如果回答是肯定的，那么我们可以高枕无忧地坚持目前的生活方式，但倘若我们只能作出否定的回答，那么这种生活方式即使非常美好且具有莫大的吸引力，我们也得加以改变。

对一个研究哲学，特别是研究马克思主义哲学的人来说，对此是不难作出判断的。

第一个判断是，这种生活并不是人真正应当具有的生活。综观中外思想史，很少有人强调人就是经济动物，也很少有人把人的幸福直接等同于人的物欲的无止境的满足。整个西方马克思主义的理论就是对这种生活的批判。

第二个判断是，即使这样的生活很好，但由于资源、能源的短缺，也不允许我们这样生活下去。我们已经快达到地球生态容量的底线了。

如果我的这两个判断都正确的话，那么我下面就合乎逻辑地推出一个结论：人们必须要改变我们现有的生活方式，必须要换一种活法。

人类可能并没有完全意识到，当今在世界上普遍崇尚的以消费主义为导向的生活方式，正在把我们人类引向一种可怕的境地。人类如果不换一种“活法”，即不改变消费主义的生活方式，前景堪忧。我在这里所谈论的可能显得十分肤浅，甚至还带有某种片面性，但只要能使大家对本来是“熟视无睹”和“见怪不怪”的东西加以关注和思考，我也就达到了自己的目的。

（三）美国的金融危机告诉了我们什么？

为了说明目前人类的存在方式究竟会把人类带到哪里去，为了说明目前人类的存在方式的不可持续性，这里有必要分析一下美国金融危机的根源与实质。

自 20 世纪 90 年代以来，美国人就进入了一个过度消费的时代，全美国的信用体系和文化体系都在引导人们消费，把人对物的欲望高度地、无节制地加以刺激。许多美国人都在贪得无厌地享受一直处在攀升之中的物质生活，大家都往这个道路上奔。

如何来满足这种贪得无厌呢？要有资本、财富、金钱。这些东西哪里来？消费文化又引导我们走两条道路。第一条是“赌”，想方设法把别人口袋里的钱变成自己的钱。为了满足这个“贪”就去赌，美国的资本主义变成了“赌场资本主义”。但是在赌场里，不是每个人都能够实现自己的愿望，总是赢少输多。怎么办？还有第二条路，叫“借”。向银行借，跟他人借，今天用明天的钱——寅吃卯粮。至于明天的钱我是不是能够挣到，不知道，用了再说。

所以我用三个字来概括当今美国的主流的生活方式：贪、赌、借。这就是当今美国乃至整个西方世界主导的生活方式。美国的金融危机不仅是如一些管理学家所说的只是管理贷款的方式出现了问题，也不仅是一些经济学家所说的只是金融政策上出现了偏差。美国的危机是人的存在状态的危机。

关键在于,这样的生活方式在悄悄地向中国走来。在我看来,如果当今的世界坚持走这样的生活道路,那么次贷危机、金融危机、经济危机,乃至更大的危机都是不可避免的。如果中国坚持美国人怎么生活我们也怎么生活,我们的生活一心向美国看齐,那么这样的危机也在等待着我们。

所以危机就在我们身边,它的根源是人的生活方式。如果说我们人的生活方式不改变,那么人类就没有希望、地球没有希望、世界没有希望。

(四)为什么我们应当重温马克思为我们确立的“意义世界”?

那么我们究竟如何改变目前的生活方式,构建自己新的存在状态呢?这需要借助于已有的思想资源。当然,我们需要吸收以传统儒学为核心的中国优秀传统文化和以新老自由主义为核心的西方文化中一切有益的东西,但最主要的是必须老老实实地回到马克思主义那里去。马克思主义在当今世界的一个重大现实意义就是为我们确立了一个“意义世界”,正是这个“意义世界”可以告诉我们究竟如何创建出自己新的存在状态。

人们经常说,马克思主义在当代世界上已成了“他者”。实际上,这一说法只是在下述意义上才是正确的:在当代世界的绝大部分地区,统治者、精英们正把马克思主义作为“异端邪说”加以围剿、打击,不断地宣布马克思主义业已死亡而加以埋葬,从而马克思主义只能在“边缘”艰难地生存着;而在当代世界的另一些地区,尽管马克思主义仍被奉为主流意识形态,但实际上它也正遭受一些人肆意地曲解而被“掏空”或变质。所以从马克思主义的现实遭遇和处境这一意义上,把马克思主义说成是当代世界的“他者”并没有什么不对。

但是一种学说是不是仅作为当今人类的“他者”而存在,关键不是看其现实的遭遇和处境,不是看其在形式上是否占支配地位,而是主要看其对当今世界的实际价值。具体地说就是,主要看其能否揭示出当今人类生存的真正意义所在,能否为当今人类的发展指明一条正确的道路,能否为当今人类构建一个“意义世界”。如果能做到这一点,那就说明这种学说与当今人类有着本质性的联系,它不是“外在于”而是“内生于”这个世界,也就是说,它并不是我们当下这个世界的“他者”。马克思主义正是这样一种学说。当代世界无数的有识之士一再指出，马克思主义虽然在当代世界上不断地被边缘化，但唯有它才能为处于困惑和迷惘中的当代人指出正确的前进方向，唯有它才能真正满足当代人对精神向导的需求。21 世纪的人类离不开马克思主义，没有马克思主义，就没有人类的将来。正如德国学者罗伯特·库尔茨（Robert Kurz）在其《资本主义黑皮书——自由市场经济的终曲》一书中所说：“马克思的理论并没有被驳倒，它现在才获得了其历史的真理内涵。”[①]马克思主义实际上并没有沦为当代世界的“他者”，而是越来越显示出了其“主体”的角色，尽管这种“主体”的角色在很大的程度上还是潜在的，但确实已有“非它莫属”的意味。

对于把自己的生活活动作为自己意识和意志的对象的人来说，确立自己在宇宙中的位置，探索自己能够也应当通往的方向，比什么都重要。人是一种追求普遍性的类存在物，他必然要把活动的实际目的提升，普遍化出生存的“绝对目的”。这种人的活动的“绝对目的”，就是人类活动的终极依据或全部生存的意义。如果没有这种“绝对目的”，人就成了无意义的破碎的非人。因此海德格尔说，意义是在人领会着自身并展开自己的生活活动中加以关联的东西。没有意义，人的生存就失去方向，人不知道自己从哪里来，又要走向何处，人就不能展开自己的生命活动，就不能获得自己本质的现实规定性。显然，生存的意义便是人生存的理由与依据，是人安身立命之本。确实，马克思曾反对“人的意义”的提法，但马克思反对的不是对人与意义的关系的探讨，而是要说明：意义除了是人的，难道还有其他什么东西的意义吗？他说：“好像人除了是人之外还有什么其他的意义似的！”[②]所以马克思把对人类本质，对人的生存的意义的研究作为自己理论创造活动的宗旨，他对人类的最大的贡献就是为人类构建了一个“意义世界”。

考察马克思对资本主义的全部批判，我们可以深刻地领悟到，马克思之所以对资本主义不满，不仅是因为这种社会形态无法使资本主义社会中的

① ［美］罗伯特·库尔茨：《资本主义黑皮书——自由市场经济的终曲》（下），钱敏汝译，社会科学文献出版社，2003 年，第 870 页。

② 《马克思恩格斯全集》（第 2 卷），人民出版社，1972 年，第 118 页。

人的那种以对物的依赖为特征，即以“占有”为特征的存在方式得到充分实现，从而要建立一种新的社会形态，即创建社会主义来使之得以实现，而主要是出于对资本主义社会中的人的那种存在方式的强烈不满。他对资本主义的批判归根到底是对资本主义社会中的人的存在方式的批判，他把对资本主义生产方式的批判与对资本主义社会中的那种人的存在方式的否定紧紧地联系在一起的，批判前者是为了否定后者而不是为了维护和实现后者，这样，他要建立一种新的社会形态的根本目的实际上就是为了构建一种与资本主义社会中的那种人的存在方式截然不同的新的存在方式。

（五）马克思教我们如何生活？——建立使人的生存具有意义的新的人际关系

在马克思所构建的“意义世界”中包含着十分丰富的内容，这里且列举若干。

人都是经济人，人都是在追求自己个人利益的最大化，人都是自私自利的，这正在成为一个“公理”广泛流传。随着市场经济的普遍推行，信奉这个“公理”的人与日俱增。而实际上，正是在这样一个“公理”的影响下，社会变得越来越尔虞我诈、善自为谋、唯利是图。如果社会一直这样发展下去的话，总有一天会因无法承受内在的冲突而走向毁灭。

看来，我们确实需要一种能正确地揭示人与人之间应该具有的关系的理论，来矫正目前的人际关系以及指引人们去建立符合人的本性的、能使人的生存真正具有意义的新的人际关系。在这一问题上我们只能求助于马克思，因为在马克思所构建的“意义世界”中包含着如何正确处理人际关系的基本准则，而唯有这些准则才能使我们建立起真正使我们的人生具有意义和价值的人际关系。

在马克思那里，共产主义既表征一种合乎人性的，即使人的生命真正获得意义的存在模式，又是为保证这种存在模式得以实现而设想的一种特定社会制度安排。对这种存在模式和社会制度安排，马克思称之为“自由人联合体”：“在那里，每个人的自由发展是一切人的自由发展的条件。”①可见，

① 《马克思恩格斯选集》（第一卷），人民出版社，1972 年，第 273 页。

“自由人联合”“每个人的自由发展是一切人的自由发展的条件”是马克思所构建的“意义世界”中处理个人与个人之间,特别是个人与集体之间关系的基本准则。马克思在这里起码告诉我们两层意思:其一,在作为一种真正理想的存在模式的“自由人联合体”中,不可能把个人吞没,不可能把个人的利益完全排除掉了,而恰恰相反,其出发点是“现实中的、有生命的、从事实际活动的个人”。在“自由人联合体”中联合起来的是“个人”,“在这个集体中个人是作为个人参加的”。这意味着自由发展的个人是这一联合体的宗旨。对此,马克思讲得十分清楚明白:“共产主义所建立的制度排除一切不依赖于个人而存在的东西。”[①]其二,在这个“自由人联合体”中,尽管个人的全面发展是宗旨,但个人只有在集体中通过“自由的联合”才能实现这种发展。马克思说:“只有在集体中,个人才能够获得全面发展其才能的手段,也就是说,只有在集体中才可能有个人自由。”[②]

马克思在这里所说的“个人”与“集体”的关系,在一定意义上也就是所谓“利己主义”与“自我牺牲”的关系问题。而对“利己主义”和“自我牺牲”的关系,马克思和恩格斯在《德意志意识形态》一书中有一段非常精辟的论述:

> 对我们这位圣者来说,共产主义简直是不能理解的,因为共产主义既不拿利己主义来反对自我牺牲,也不拿自我牺牲来反对利己主义,理论上既不是从那情感的形式,也不是从那夸张的思想形式去领会这个对立,而是在于揭示这个对立的物质根源,随着物质根源的消失,这种对立自然而然也就消灭。共产主义者根本不进行任何道德说教,施蒂纳却大量地进行道德说教。共产主义者不向人们提出道德上的要求,例如你们应该彼此互爱呀,不要做利己主义者呀等等;相反,他们清楚地知道,无论利己主义还是自我牺牲,都是一定条件下个人自我实现的一种必要形式。[③]

① 《马克思恩格斯选集》(第一卷),人民出版社,1972年,第78页。
② 同上,第82页。
③ 《马克思恩格斯全集》(第3卷),人民出版社,1960年,第275页。

马克思和恩格斯在这里所说的这位“圣者”就是19世纪的德国哲学家约翰·施米特。施蒂纳·麦克斯是他的笔名。施蒂纳出版过《唯一者及其所有物》一书，他在书中从作为“自我”“唯一者”的个人出发，宣扬绝对自由的极端利己主义和唯我主义，并用虚构和夸张的宣传把“利己主义”和“自我牺牲”对立起来。马克思和恩格斯上述这段话，以及《德意志意识形态》整部著作，一方面解开了施蒂纳布下的利己主义的迷魂阵，另一方面又深刻地阐明了“利己主义”和“自我牺牲”、个人利益和普遍利益之间的关系，这又成为他所构建的“意义世界”中的一项不可或缺的重要内容。

从马克思和恩格斯的这段话中，我们起码可以获得以下三点启发：其一，无论是“利己主义”还是“自我牺牲”，都是一定历史条件下自我实现的一种必要形式；其二，既不能拿“利己主义”来反对“自我牺牲”，也不能拿“自我牺牲”来反对“利己主义”；其三，努力揭示“利己主义”和“自我牺牲”对立的物质根源，必须明确只有随着物质根源的消失，这种对立自然而然也就消失。不能把克服“利己主义”和“自我牺牲”的对立以及反对“利己主义”的道德要求建立在想象的、幻想的基础上，而是要把它建立在现实的基础上。

千万不能把马克思和恩格斯的这段话理解成马克思主义者不要批判“利己主义”，更不要宣扬“自我牺牲”。马克思和恩格斯在这里之所以希望人们不要从情感的形式或单纯的思想的形式去理解“利己主义”和“自我牺牲”之间的对立，之所以强调在现实的社会中这两者都是自我实现的形式，而不能简单地用其中的一个去反对另一个，之所以要求人们通过消除两者对立的物质根源来最终消除两者对立，就是为了使人们自觉地从“利己主义”的个人成为社会化的、高尚的人。马克思和恩格斯强调要注意人们不能不追求的个人利益，但这并不意味着在应当反对“利己主义”的时候也不加以反对，应当提供公共利益的时候也不加以提倡。施蒂纳提出“在我们能够为某件事情做些什么以前，我们必须首先把它变成自己的事，利己的事”，就像吃饭必须首先为了自己的胃一样，马克思和恩格斯认为，施蒂纳的这一思想并没有什么错，要加以吸收，但他们同时又强调，不要因此而陷于“利己主义”的个人中，而是要把“利己主义”的个人引向一种社会化的、高尚的人。恩格斯就曾经说过他和马克思也是“从利己主义走上共产主义的”。

马克思当然看到在资本主义社会中,占统治地位的倾向不是对“自我牺牲”和公共利益的强调,而是突出“利己主义”和个人利益。问题在于,马克思并没有把这种“追求个人利益最大化”的倾向视为人生来就具有的品格,即并没有把“经济人”视为是天经地义和永恒不变的,而是把这种倾向与资本主义生产关系联系在一起。这是马克思坚持“不是原则创造出经验生活,而是生活创造了原则”的历史唯物主义观点的必然结果。我们可以看到,马克思对资本主义社会的剖析是在两个方面同时展开的:一方面,分析资产阶级社会条件下的社会关系如何形成了资本主义时期的人那种追求自身私利的本性;另一方面,又分析这种作为资产阶级普遍人性的追求自身私利的本性又如何在维护和扩展资本主义中起着作用。马克思既然看到人的那种追求自身私利的本性是资本主义生产关系的产物,既然是历史地看待这种追求私利的人的本性的,从而他深信这种人性占统治地位也会历史地改变的,即只要资本主义的生产关系被历史地改变了,如变为社会主义生产关系,那么占统治地位的有可能是注重公共利益和“自我牺牲”的人性。问题在于必须明确,按照马克思主义的观点,即使公共利益至上、集体主义占了统治地位,也并不意味着集体主义成了否定个人存在与阻滞个人发展的障碍,而只是意味着集体主义为促进个人的发展提供了最好的条件。由此看来,在马克思为人类构建的“意义世界”中,“自我牺牲”、普遍利益和集体主义占有中心的利益,马克思在“自我牺牲”、普遍利益和集体主义与“利己主义”、个人利益两者之间,认为尽管两者都是自我实现的形式,但前者比后者要高尚,从而前者更应成为人类所追求的目标。但由于这里所说的“自我牺牲”、普遍利益和集体主义并不是与“利己主义”、个人利益完全对立的,“自我牺牲”、普遍利益和集体主义占统治地位只是说明人已实现了从“利己主义”的个人向社会化的、高尚的人的转换,只是说明集体主义已为个人的全面发展提供了最好的条件,所以在这一意义上,又可以认为在马克思所构建的“意义世界”中,个人与集体、“利己主义”和“自我牺牲”是统一的。我们只有这样完整地理解马克思所构建的“意义世界”中关于个人利益与公共利益相互关系的内容,并坚持把此付诸行动,才能有效地反对当前那种一味地把“经济人”神圣化、永恒化和普遍化的倾向,即才能有效地用大公无私、先人后己的价值取向稀释和校正损人利己、唯利是图的价值取向。

(六)马克思教我们如何生活?——努力实现人的全面发展

20世纪60年代初,西方马克思主义的著名代表人物马尔库塞出版了《单向度的人》一书,对现代社会中人的片面发展提出了尖锐的批评。可惜虽然这一著作一出版就引起了整个世界的轰动,引起了世界上许多人对自己成为"单面人"的警觉,但时至今日人的片面发展越演越烈。人的生存意义是仅在物质领域就能全部实现,还是必须从各个方面满足自己,在追求全面满足中来实现自己的意义,这一问题越来越尖锐地摆在人们面前。

显然,在马克思为人类所构建的"意义世界"中,人应当是全面发展的,只有全面发展的人才是真正有意义的人。

马克思是通过对人的本质的各种精辟的阐述,引出人的生存意义就在于全面发展的结论的。马克思所说的人的发展的基本内涵就在"全面"两个字上。不管你从什么样的角度去规定人的本质,所看到的人都是具有无限丰富性的总体的人。从而不管你从什么样的角度去探讨人的发展,所得出的结论只能是:人的发展的第一个要求就是它的全面性,即使人的各个方面、各个层次兼容并包地、铢两悉称地、相互协调地得以发展。

马克思关于人的生存意义在于全面发展这一点已越来越引起人们的重视。人们注意到,苏东剧变后,西方的一批马克思主义研究者,特别推崇马克思的人的全面发展理论,他们对马克思主义现实性的论证,主要是对马克思的人的全面发展理论的现实性的论证。这里仅以法国共产党的两个理论家的观点来加以说明。法共理论家吕西安·塞夫指出,要通过向人民提出反对金钱至上和金钱统治社会的资本主义,提出人的全面发展等社会目标来赢得人民的信任和支持;马克思有一个论点,资本主义的发展是建立在多数人的痛苦之上的,当今世界依然是这样一种状况,人文科学的目的就是要研究怎样才能使人得到共同全面的发展。① 法共另一位理论家拉扎尔也指出,如果仅仅从以经济的发展和人民的物质生活来看,马克思主义和社会主义对人民的吸引力确实大不如以前,但如果从人的全面发展,尤其是从整个

① 参见中国社会科学院访欧代表团:《访欧纪要之二:欧洲学者谈马克思主义和社会主义》,《马克思主义研究》,1996年第2期。

社会的精神方面来看,马克思主义和社会主义要做的事情很多,资本主义存在的问题也很多;法国共产党人的任务就是要把人的全面发展与经济发展结合起来,用马克思主义关于共产主义和人的全面发展的理论来逐步改变资本主义的统治状况,吸引人民,求得法国社会的发展。[①] 显然,这些国外的马克思主义研究者极其重视马克思的人的全面发展理论在当代西方社会中的现实意义,认为这个现实意义主要表现为:可以用它来评判现代资本主义,提醒人们对所处境遇的认识;可以用它作为社会发展目标来赢得人民的支持。

真正掌握了马克思主义人的全面发展理论的人都会深切地感受到,无论资产阶级怎样炫耀自己的价值观念,它们所拥有的精神遗产无论如何不能代表人类文明的最高目标和追求方向。没有两极分化,生活有保障,在物质生活资料相对充裕的同时,精神生活也非常充实的社会状况,与根源于资本主义制度的两极分化,尽管物质生活充裕,但精神上极端空虚,用精神上的堕落换取相对丰富的物质生活的社会状况相比,无论如何要崇高得多,永恒得多。

(七)马克思教我们如何生活?——朝着“劳动解放”的方向前进

当代社会有一个社会现象正在引起人们深深的忧虑,这就是:通过微电子生产力而大大增多的社会时间储蓄并没有等量地转换为所有人都能享受到的闲暇,而是一方面制造了大规模失业,另一方面却又加剧了劳动的紧张程度。第二次工业革命使人转变成一个“机器人”,人当然不可能获得幸福和解放,而人原以为通过第三次工业革命让人被机器人代替时,人可以真正获得幸福和解放了。但客观存在的现实把人们的这一幻想辗得粉碎。人们所看到的残酷现实是:现代社会在不断地抛弃“过剩者”,使之陷于贫困的境地的同时,其成本核算机器又昼夜不停地驱赶那个最后剩下的工人去干活。看来人如何在劳动中实现人生的意义和相应获得享受的问题,在第三次工业革命的背景下,反而变得更加尖锐和紧迫。

在这个时候,只有求助于马克思的劳动解放理论才能索解这一时代

① 参见中国社会科学院访欧代表团:《访欧纪要之二:欧洲学者谈马克思主义和社会主义》,《马克思主义研究》,1996 年第 2 期。

难题。

马克思主要是从批判资本主义异化劳动入手，来阐述人的生存意义之所在的。马克思认为，资本主义制度最大的罪恶就是把人的劳动变成异化劳动。具体地说，资本主义社会的异化劳动造成了三个分裂：一是使劳动的主客体相分裂，即工人从主体变成了客体，在精神和肉体上被贬为机器或附件，使劳动失去了人的自主性；二是造成了人的目的和手段的相分裂，劳动成了劳动者纯粹谋生的手段，劳动者把劳动看成是一种机械的沉重负担；三是使人的劳动和享受相分裂，人的劳动过程是个强迫的痛苦的过程，只要劳动的强迫性一解除，人们会像逃避瘟疫一样逃避劳动。马克思对此作了生动的描述："人（工人）只有在运用自己的动物机能——吃、喝、性行为，至多还有居住、修饰等等的时候，才觉得自己是自由活动，而在运用人的机能时，却觉得自己不过是动物。动物的东西成为人的东西，而人的东西成为动物的东西。"[①]在马克思看来，资本主义社会的罪恶在于造成了这样的颠倒：吃、喝等明明是动物的功能，可人却完全专心致志地享受，把此当作人的独有的功能来对待，而劳动明明是只属于人的功能，可人却偏偏不加重视，只是把其作为一种手段，实际上已把其视为动物的功能了。

马克思批判资本主义社会中异化劳动的过程，也是阐述劳动是人的本质，阐述劳动对人的意义的过程。他不但从人与自然界的关系的角度，把人类劳动规定为改造世界的对象性活动，即认定人类劳动的过程是劳动者主体把自己的体力和脑力对象化到某个产品上的创造性过程，而且又从人与动物相区别的角度，把人类劳动规定为人的自由自觉的创造性活动。马克思说："动物不能把自己同自己的生命活动本身变成自己的意志和意识的对象"，"正是由于这一点，人才是类存在物"。[②] 马克思还说道："正是在改造对象世界中，人才真正地证明自己是类存在物。这种生产是人的能动的类生活，通过这种生产，自然界才表现为他的作品和他的现实。因此，劳动的对象是人的类生活的对象化：人不仅像在意识中那样理智地复现自己，而且能

① 《马克思恩格斯全集》（第42卷），人民出版社，1979年，第94页。

② 《1844年经济学哲学手稿》，人民出版社，1985年，第53页。

动地、现实地复现自己,从而在他所创造的世界中直观自身。”①按照马克思的说法,人在其对象化劳动实践中非但没有丧失自身,而且表现、实现和确证人的内在力量和主体性。马克思还非常明确地把劳动的意义概括为可以满足人的三个方面的基本需求,即生存的需求、发展的需求和享受的需求。正因为他对劳动的意义有如此深刻的认识,所以他对在当代资本主义社会中劳动失去其本真,成为劳动主体没有任何自主性的异化劳动深恶痛绝。

由此可见,劳动的解放,即把异化劳动变成真正自由自觉的人的活动,在马克思所构建的“意义世界”中具有核心的地位。马克思把作为人类理想的共产主义社会定义为“劳动复归”的社会。他认为,在那样的社会中,真正消灭了异化劳动,树立起了人类劳动的全新的观念,即劳动不再是强迫的而完全是自觉的,不再是痛苦的而完全是一种消遣和享受。他甚至把“人的自由自觉的劳动—异化劳动—劳动复归”的历史视为“人—非人—人的复归”的历史。这里的关键是实现人的劳动的自主性,因为在实现劳动的自主性的同时,人的才能可得以充分地发挥,即每个人都能够在他所喜欢的活动领域自由地发挥自己的才能,每个人都能自由全面地发展。因此,上面所说的人的全面发展的中心环节就是实现人的劳动的自主性。

不要认为马克思只是在《1844年经济学哲学手稿》等早期著作中才高扬人类劳动的旗帜,实际上,马克思对异化劳动的批判以及对劳动对人生意义的阐述贯穿于他一生的全部理论研究和斗争实践之中。《资本论》当然是论资本,但是论资本的实质就是论劳动,即论异化劳动和雇佣劳动。确实,马克思在中后期的著作中较多地关注的是现实的劳动,即现实的物质生产过程,但这并不意味着马克思就不关心人的自由自觉的活动的实现了。马克思在中后期根本没有抛弃实现自由自觉的劳动的理想,他只是要为实现这一理想建立一个新的理论平台。他在关注现实劳动的同时,他脑海中所要想的仍然是人的自由自觉活动的实现。他之所以一转到对现实的生产过程中的雇佣劳动,就是为了通过研究雇佣劳动所承载的资本主义生产关系的内在矛盾,不但要论证自由自觉的劳动实现的必然性,而且还要论证自由自

① 《马克思恩格斯全集》(第42卷),人民出版社,1979年,第97页。

觉的劳动实现的现实性。

人们总喜欢把马克思劳动解放的思想说成是一种“劳动乌托邦”。实际上，正如一些生态学的马克思主义者所指出的那样，正是马克思的所谓“劳动乌托邦”的思想显示出了极高的当代价值。我们当今虽然尚不能完全实现劳动的真正的解放，但必须朝着这一目标前进。我们必须牢记生态马克思主义者的这样一句话：人的最终满足不在于消费活动而在于生产活动。

（八）马克思教我们如何生活？——让人与自然和谐相处

20世纪60年代末，全世界都把目光投向罗马。在那里，几十名专家、学者成立了专门研究全球问题和人类困境的罗马俱乐部，写出了一份份足以使全体地球人驰魂夺魄的报告。这些报告告诉人们：人类在对自然界的开发与征服的同时，正在侵犯自己的生存领地，并且在掠夺子孙，人类借以生存的整个生命圈在缩小，自然灾害将空前地增多并趋向恶性，现代人和未来人的生存空间将被沙漠吞噬……

几十年过去了，罗马俱乐部的告诫与呼唤，以及随后联合国就环保问题所发表的一系列宣言，并没有使人类真正苏醒过来。综观整个世界，环境的污染、生态的破坏在继续，并且在有的地区还变本加厉。人类仍面临自然危机、生态危机的威胁。

为什么人们在环保方面如此举步维艰？关键在于人们对生态环境保护对人类生存之意义尚未真正认识。现实告诉人们，当今人类确实迫切需要用马克思所构建的“意义世界”中关于人与自然和谐相处的内容加以启蒙教育。

人与自然的和谐与统一，是马克思所要我们追求的崇高境界，也是马克思为人类所构建的“意义世界”的一项重要内容。马克思说道，这种共产主义，作为完成了的自然主义，等于人道主义，而作为完成了的人道主义，等于自然主义，它是人和自然界之间、人和人之间矛盾的真正解决。他还说道，共产主义社会是人同自然界的完成了的本质的统一，是自然界的复活，是人的实现了的自然主义和自然界实现了的人道主义。马克思在这里向人们所描述的这一共产主义的前景，正是他所构建的“意义世界”的人与自然完全和谐、高度统一的前景。

人与自然的关系问题是人类面临的一个永恒的主题,也是任何哲学都无法回避的重大理论课题。可惜在马克思之前的所有哲学都未能正确地解决这个问题。马克思基于他的感性活动原则和实践思维方式,用其毕生的心血,正确地解决了人与自然的关系,为人类正确地处理与自然界的关系奠定了理论基础和确立了基本原则,从人与自然界相互关系的角度为人类构建了一个“意义世界”。早在青年时期的《博士论文》中,马克思就通过考察德谟克利特和伊壁鸠鲁在自然哲学中的差别,来说明在人与自然的关系,人只有掌握自然界的客观理性才能达到“定在中的自由”,马克思在当时就已开始重视自我意识和现实世界、人和自然界内在的有机联系,马克思在《博士论文》中的思想孕育着马克思后来的关于人与自然理论的思想萌芽。马克思在《1844 年经济学哲学手稿》中则通过对黑格尔的辩证法和整个哲学的批判,一方面摒弃了“抽象的自然界”,另一方面又阐述了人与自然的对象性关系,提出了人与自然是在对象性的活动中自我生存的,从而初步形成了人与自然的理论。马克思在《关于费尔巴哈的提纲》中通过确立实践思维方式,超越了人与自然界截然相反的理论思维前提,从而克服了传统哲学在对待人与自然关系问题上的局限性。在《德意志意识形态》中,马克思更为深刻地阐述了“人和自然以及人与人之间在历史中形成的关系”。他站在感性活动的立场上,揭示了在“工业”这种感性活动中,向来就存在的人和自然的现实统一性。至此,马克思就基本确立了关于人与自然的理论。自此以后,马克思关于人与自然相互关系的理论经过一系列的重大历史事件和资本主义社会的发展的检验,不断得到补充、深化和展开,这一进程的最终成果都凝结在《资本论》中。马克思在《资本论》中把内含于思维方式中的革命、批判主旨进一步披露出来,从而寻找到消除人与自然的对立,摆脱生存环境危机的根本出路。

在马克思所构建的“意义世界”中明明包括了人与自然和谐相处的重要内容,马克思明明把消除人与自然的对立,实现自然主义与人道主义的统一作为实现人的生存的意义的一个必不可少的环节,但有些人却偏偏要否定在马克思的著作中包括人与自然相统一的理论,否定马克思是把实现人与自然的统一作为人生价值的重要内容。他们强调,马克思虽然看到了资本主义是以不断扩大作为利润源泉的商品生产为基础的,但是忽视或者根本不理解这种形式的浪费性过度生产对地球的生态系统所造成的后果,从而在马克思的思想中,只有关于资本主义经济危机的理论,而没有关于资本主义生态危机的理论。他们抓住马克思讴歌科学技术的发展对于改造自然的功能的有关词句大做文章,认为马克思也是一个鼓动人类利用知识去征服与伤害自然界从而带来人与自然严重对立的思想家。他们认为,马克思所论述的人类解放包括了人的政治解放和经济解放,但没有包括实现人与自然相统一的内容。这实际上是对马克思理论的一个重大误读,尽管在马克思的著作中确实可以找到与其实现人与自然相统一的宗旨不相一致的个别词句,但无疑贯穿于马克思的整个思想体系的核心观点是对人与自然相统一的强调。

(九)马克思教我们如何生活?——为实现事实上的平等而努力奋斗

人们一定会注意到,在当代世界上随着市场经济的全面实施,所谓的"平等"与"公正"原则被大肆操作并加以广泛地推行,可是大家并没有感觉到这个世界因此而真正变得平等与公正,而是恰恰相反,这个世界贫富之间的差距越来越大了,人与人之间也越来越不平等与不公正了。严酷的现实迫使人们去思索:目前实施的究竟是一种什么样的平等与公正?这种平等与公正究竟能否带来人们确实需要的平等与公正?

在马克思为人类所构建的"意义世界"中,实现人之人之间的平等与公正当然是一项重要内容,但显然马克思所说的平等与公正与目前被一些人所极力推崇的那种平等与公正不是一回事。为了使人类真正享受到平等与公正,就必须走进马克思为人类所构建的"意义世界"中,看一看他是究竟如何论述平等与公正的,然后在此基础上真正按照马克思所要求的去做。

资产阶级是打着自由、平等、博爱的旗号登上历史舞台的。资产阶级以天赋人权、人与人之间天然是平等的理论为思想武器,推翻了以封建等级制为主要标志的贵族统治。资产阶级所建立的资本主义社会是建立在以维护平等与公正为主要内容的资产阶级法权的基础上的。在资本主义社会中,实现了人们多少年来所梦寐以求的平等与公正,如买卖的平等、选举的公正等。在资本主义社会中有着无数的规则条文,这些规则条文就其形式而言都是平等与公正的。追求平等与公正是人的天性，资本主义社会从形式上讲确实在满足人的这一天性。从这一意义上说，把资本主义制度视为一种美好与进步的社会确实是有理由的。

资本主义是如此美好与进步，那为什么马克思还要对其不满呢？为什么马克思还要批判和推翻它呢？为什么马克思不把资产阶级的平等与公正观现存地拿过来纳入他的“意义世界”呢？关键就在于，在马克思看来，资产阶级所祈求与实施的那种平等与公正只是形式上的平等与公正，而不是实质上的平等与公正。这种平等与公正比起封建社会的等级制来说当然是一种进步，而且人们也确实借助于这种平等与公正获得了许多权利，但是倘若人们只是停留于这种平等与公正上，那么其结果不会是人类的普遍解放，而是出现严重两极分化，社会处于尖锐对立之中。对无产阶级和广大人民群众来说，不会因为有了这种平等与公正，生命就变得有意义了。

马克思深入阐述不是形式上的，而是实质上的平等与公正观，并把这种实质上的平等与公正作为他所构建的“意义世界”的重要内容的，是他的名著《哥达纲领批判》。

作为19世纪70年代即将合并的德国社会民主党的纲领草案的《哥达纲领》提出：劳动的解放要求把劳动资料提高为公共财产，要求集体调节总劳动并公平分配劳动所得。马克思一看到这里的“公平分配”的字眼，马上发问道：“难道资产者不是断言今天的分配是‘公平的’吗？难道它事实上不是在现今的生产方式基础上唯一‘公平的’分配吗？难道经济关系是由法的概念来调节，而不是相反，从经济关系中产生出法的关系吗？难道各种社会主义宗派分子关于‘公平的’分配不是也有各种极不相同的观念吗？”[1]马克思的意思是，《哥达纲领》所推崇的未来社会的“公平的”分配实际上正是当今资产阶级所实施的那种分配，资产阶级同样强调这种分配是“公平的”，而且这种分配原则是在现今的生产方式的基础上，是唯一能推行的“公平的”的分配原则。

马克思接着就对这种“公平的”分配进行了分析。他强调，在这里所说

---

① 《马克思恩格斯选集》（第三卷），人民出版社，1995年，第302页。

的平等权利按其原则是“资产阶级法权”，虽然这种平等的权利从历史发展的角度看是“进步的”，但“总还是被限制在一个资产阶级的框框里”。这里的关键是生产者的权利是同他们提供的劳动成比例的；所谓的平等就在于以同一尺度——劳动——来计量。但是一个人在体力或智力上胜过另一个人，因此在同一时间内提供较多地劳动，或者能够劳动较长地时间；而劳动，要当作尺度来用，就必须按照它的时间或强度来确定，不然它就不成其为尺度了。

马克思在这里强调，这种按照劳动者的劳动来相应地进行“平等的”分配，实际上只是一种形式上的“平等”，因为它的“平等”只在于使用同一尺度来对待本来不同等的个人。这种形式上的“平等”实际上就是不平等。在马克思看来，即使是这种形式上的“平等”，即“用同一尺度去对待天赋本来就有差异的个人”，在资本主义社会中也不可能真正做到，因为在资本主义社会中“原则与实践”是“互相矛盾”的。而在“经过长久阵痛刚刚从资本主义社会中产生出来的共产主义社会第一阶段”，不可避免地还要实施这种“用同一尺度去对待天赋本来就有差异的个人”的分配原则，从而也不可避免地要承受由这一原则所带来的弊端。它与资本主义社会的区别之处只在于，“原则和实践在这里已不再互相矛盾”。也就是说，在作为共产主义社会的第一阶段的社会主义社会，真正有可能实施按劳分配这一“公平分配”原则了。但从马克思的整个论述来看，马克思确实并不把这种形式上的“公平的”分配视为人类最高的精神境界，他所期望的是“事实上的平等”，即把个人体力与智力的差异以及个人家庭情况的差异也考虑在内的真正的平等。当然马克思深深地知道，即使在作为共产主义初级阶段的社会主义社会，也不可能完全做到这种事实上的平等，但是他提醒人们，在不可能完全做到事实上的平等而只能实施形式上的平等的情况下，人们一方面千万不能忘记这种形式上的平等的实质与弊端，另一方面又必须不断地创造条件向事实上的平等方向前进。

我们要真正向马克思所构建的“意义世界”中关于实现事实上平等的要求前进，得从两个方面同时作出努力：一方面，必须斩断权力参与分配的问题，必须不断地用生产资料的公有取代生产资料的私人占有，从而使按劳取酬这一形式上公平的分配原则与实践相一致;另一方面,必须看到按劳取酬这一形式上公平的分配原则“仍然是资产阶级权利”,从而不断地限制这种权利。我们必须充分考虑到个人的能力差异以及个人情况在其他方面的差异来进行分配,而不能在按劳分配的名义下实施完全无视个人差异的、满足于使用同一尺度来对待本来不同等的个人的分配方式。从表面上看,使用同一尺度来衡量当然是平等的,但由于把同一尺度使用在状况本来就完全不平等的个人身上,就显然不平等了。完全推行不计能力等差异的实际平等,那当然是很遥远的事,但这并不等于我们当今对此什么都不能做,仅仅是等待那一天的到来,我们必须从眼下开始一步一步地做起,哪怕是跨出很小的一步,也必须向那一个方面迈进。

(十)如何在一种新的意义上来认识“科学发展观”?

显然,科学发展观是中国特色社会主义理论体系的重要组成部分。但当今,对科学发展观存在着严重的误解。我们的基本观点是:我们不能把科学发展观的深远意义仅仅停留在使我们知道了我们的社会究竟应当如何发展以及发展成什么样子,而应当更加深入到使我们明确了我们人究竟应当怎样活着,应当选择什么样的存在方式。改变目前的那种以“占有”为宗旨的人的存在方式是当今人类为了使自己能进一步生存下去必须要解决的难题,而科学发展观正是为解决这一难题打开了思路,指明了方向。

我国通过改革开放逐渐走上了一条独具特色的社会主义建设道路,形成了中国特色社会主义理论体系,它是对传统社会主义和资本主义发展模式的双重扬弃。中共十七大确立的科学发展观,是这一理论体系的继承和发展,它不仅吸取了改革开放前我国社会主义建设的实践经验,理性的分析了资本主义生产方式的问题与局限,同时也全面反思了改革开放三十年建设实践中出现的各种问题。科学发展观在社会经济的发展中重新确立以人为本的核心理念,并在这一理念的指导下提出了全面发展和协调发展的基本思想,是马克思关于人的自由全面发展思想的贯彻和体现,是历史唯物主义关于发展思想在当代的继承和发展,是对人类发展道路的新探索。

科学发展观的核心以及基本要求都清楚地表明贯串于其中的正是对一种新的人的存在方式的创建。

由国家权力直接驱动的发展与由资本驱动的发展之间只是构成一种抽象的对立,它们没有超越以经济发展为唯一目标,从而导致人全面异化的现代发展主义模式。科学发展观吸取了资本主义和传统社会主义的发展成果和经验教训,同时也直面改革开放所积累的问题,克服片面的发展模式,以实现人的全面自由发展为核心,是对当今人类存在方式和文明发展形态的自觉改变。深入贯彻落实科学发展观是建设中国特色社会主义的必然要求,也是关于人类存在方式和发展道路的有益探索,体现了一种辩证的实践精神和强烈的历史担当意识,对于人类的生存与发展具有重要的现实意义和历史意义。

科学发展观深刻反思了人类冲突型发展道路带来的生存危机和困境,是对以征服和占有为取向的现代文明的扬弃,是对人类和谐发展道路的自觉探索。中共十七大报告指出,要通过贯彻落实科学发展观"实现各方面事业有机统一、社会成员团结和睦的和谐发展,实现既通过维护世界和平发展自己、又通过自身发展维护世界和平的和平发展。"这是一份和平发展的宣言,是对人类和谐的召唤,体现了一个泱泱大国对构建和谐世界的努力和期待,在并不太平的资本主义全球化背景中,来自社会主义中国的这一呼唤具有重要的社会历史意义,蕴含着对人类存在方式和发展方式的探索和改造,必将得到世界人民的理解和尊重。我们知道,以资本为原则的现代文明,在竞争理念的推动下占有和征服成为基本的存在关系和存在方式,不论从国家关系的宏观层面还是从个人生存的微观层面来说,现代本质上都是以对抗和冲突为根本特征的文明形态和文明发展模式,"贪欲和权势成了历史发展的杠杆",人成为"经济人",人的能力本身也成为资本,成为能够占有资本的资本。这一发展模式创造了"以物的依赖性为基础"的全面联系和全面发展,同时也导致了人与人、社会与自然、国家与国家之间的异化关系,触及到了可能导致人类毁灭的环境底线(资源的枯竭、生存环境的恶化)和社会底线(战争中的毁灭和其他人为的意外事件)。以科学发展观为指导,立足于现代文明的深刻反思,吸取现代发展成果,构建和谐社会,同时倡导建设和谐世界,是对人类未来发展道路的重大探索,是创建人类新型文明形态的实践努力,充分体现了一种深邃的历史眼光和历史担当意识。这一发展理念,熔铸了中国绵延几千年的和谐思想和马克思主义关于未来社会的理想,不论对于自我完善和自我发展的社会主义国家,对于正在追求现代化进程的第三世界国家,还是对于不断自我调整的资本主义国家都具有一定的借鉴意义。当然,主张和谐发展的中国不会将自己的模式强加于人,而会坚定踏实地走自己的路,为人类文明的发展、创建新的人类存在方式做出切实的贡献。对此,我们到目前为止还深信不疑。

(十一)为什么说中国道路的真正内涵和意义就在于创建新的人的存在状态?

如果我们真正能够按照马克思"意义世界"在中国的大地上构建出一种新的人的存在方式,那么我们就为人类文明做出了重大贡献。我们应当从这个角度来认识中国道路的内涵与意义。

当今中国人民把自己所选择的道路称为"中国特色社会主义道路"。这就是说,中国人民认为自己的发展道路是"社会主义的",而且这个"社会主义"是具有"中国特色的"。中国人民强调自己的道路是"中国特色的",而实际上这条道路的开创对整个人类的意义越来越明显地呈现于眼前。中国特色社会主义道路的开创,极大地改变了中国历史的发展进程,与此同时,对世界历史的进程也产生了重大影响。中国特色社会主义道路所注重的是"特色",但强调"民族特色"并不是走入"民族狭隘性",恰恰相反,是对"民族狭隘性"的否定与超越,"民族特色"只是意味着一个民族充分调动自己的内聚力,形成和发挥自己的优势。在这一意义上,中国特色社会主义道路产生世界性影响是必然的。中国特色社会主义道路的开创是一个具有世界历史意义的重大事件。中国特色社会主义道路既具有中国性,也具有世界性。

中国特色社会主义道路是否具有世界历史意义,主要取决于它是否为人类文明对所面临的人的存在方式的矛盾与危机做出了自己的贡献?它能否成为人类追求文明进步的一条新路?它能否为人类探索出一种新的存在状态?

如果把中国特色社会主义道路对人类文明的贡献,仅仅归结为使中国成为世界第二大经济体,那么对这种贡献的意义的认识肯定是肤浅的。当亚洲经济、世界经济出现危机之时,如此大体量的中国经济充当了一种稳定的“金锚”,这确实体现了中国特色社会主义道路对世界的贡献。然而中国特色社会主义道路对世界的贡献绝不仅于此。当今世界对中国的渴求不简单地是国内生产总值。中国的发展如果仅体现于国内生产总值的调整与增长,那对世界来说未必完全是好事。

全部的关键在于,如果当今中国人完全按照西方人的生活方式来过日子,也就是说,西方人怎么活我们也就怎么活,那么我们不可能创建出一条自己的实现现代化的道路,人选择什么样的存在方式决定了人选择什么样的实现现代化的道路。创建中国道路的前提就是我们中国人要有自己的活法。新的生活方式会促使我们走一条崭新的发展道路。如果我们的存在方式不改变,那么我们必然会在西方式的现代化道路上亦步亦趋。

客观现实是,中国特色社会主义道路给中国所带来的不仅是国内生产总值的高速增长,而是在中国古老的大地上,探索出了一种新的发展模式,而在这种新的发展模式背后,是中国人民正在创造一种新的存在方式,两者结合起来造就了一种新的文明样态。中国特色社会主义道路是以习近平新时代中国特色社会主义思想为引领的,正是在习近平新时代中国特色社会主义思想的引领下,中国追求的发展是一种和平的、全面的、协调的、可持续的发展。只要我们放眼看一看当今中国是如何在成为世界第二大经济体的同时,又力图使在西方工业文明发展过程中司空见惯的那种代价降到最低限度的;如何在努力把蛋糕做大的同时,又千方百计地使做大的蛋糕惠及所有人;如何在推崇经济发展的同时又注重民生、维护社会的稳定、实现人的全面发展;如何在强调经济建设的同时又先后提出了政治建设、文化建设、社会建设和生态文明建设;如何在致力于实现小康的同时又把推动文化大发展、大繁荣置于突出的位置;如何在满足人的物质需求的同时又通过建立社会主义核心价值来塑造新一代的人,就能深刻地领悟到在当今中国的土地上究竟发生了什么和即将发生什么,就可以知道中国特色社会主义道路的真正内涵之所在。虽然我们不能说一种新的发展模式和人的存在状态在当今中国已完全形成,但我们可以有把握地作出判断,我们正在朝着这一方向坚定而大步地迈进。说中国特色社会主义道路代表了对一种真正属人的生存状态的追求,说中国特色社会主义道路的开创是对正处于危机之中的西方文明支配下的那种人类存在方式的革命,并不算夸张。如果这样来认识中国特色社会主义道路,那么不论如何估计其对人类文明、对世界历史的意义都不会过分。

附录　国内学界关于人的存在方式的研究综述

从根本上说,人的存在方式就是人的生存方式,就是人的实际生活模式,是人的生产方式和生活方式的统一,生产方式决定了人的根本存在方式,而生活方式则是人的存在方式的多方面展现。存在方式主要是从人的存在状态对人的生命活动的意义而言,包括人们的活动方式、行为模式,还有生活态度和价值追求等精神层面的表现。从传统社会简单生产形成的一成不变的生活模式,到资本社会物质丰富带动的消费热潮,从艰难岁月的理想信念的心理支撑到资本时代的信仰迷失和金钱崇拜,人们的存在方式随着时代的变化发生着变化,大多数人被时代的潮流裹挟,被动地适应着社会的节奏。而哲学家应该对时代保持清醒,应该反思民众的存在方式,为社会和人的发展提供一种价值的反思和指引。改革开放四十多年来,中国生产方式的巨大变化,带动民众的生存方式发生了根本性变化,不仅表现在劳动方式、生活条件、生活模式、生活空间的变化,更表现为民众精神面貌的变化,民众的主体性意识大大增强,最突出的变化就是由于人们自由时间和休闲时间的增多,人们更多的不再是为生存而工作,而是在选择怎样生活。从生存意识到生活意识的变化,从追求物质的数量到追求生活的质量,从被动地接受生活到反思生命存在的质量和状态,这种现实的变化也反映到学者对人的存在方式的研究上。学界关于人的存在方式的研究,从改革开放之初关注民众生活的变化到逐渐反思现代性导致的人们消费模式以及生存方式的变化。对学界关于人的存在方式的研究进行梳理,总结人的存在方式的研究成果和存在的问题,对于深化关于人的存在方式的研究具有现实的意义。我们的分析包括研究主题和研究方法。

关于人的存在方式的研究主题，没有脱离民众现实的存在状态，随着国家社会生活的变化和民众现实存在状态的变化，学界关于人的存在方式的主题的研究是一个逐步深入的过程。研究的第一阶段是改革开放之初，这一时期的主要研究主题是对社会主义生活方式的研究。

一、关于"人的生活方式"主题研究

关于人的存在方式的研究，始于20世纪80年代初，但这个阶段的研究主题是"生活方式"。整个80年代掀起来研究生活方式的热潮，原因是时代的主题和氛围发生了变化，社会从"以阶级斗争为纲"转变为以经济建设为中心，人们生活的重心发生了变化，改善生活成为人们追求的梦想，学术领域也获得了解放，之前被禁锢的意识形态化的学术主题可以谈了。正是在这种社会背景下，"生活方式"议题作为人们对美好生活的向往被学术命题表达了出来。整个80年代，中国的经济开始复苏，但产品还不丰富，大部分农村人还是以务农为生，人们的收入也不高，很明显还不属于西方学者所描述的消费社会。这种现实反映到学者研究的主题上，对人的存在方式的反思还不是学者研究的显性主题，抱着对社会变化和美好生活的向往，对"生活方式"的研究成为一个热点。

80年代研究生活方式的学者，一是将社会主义生活方式作为社会发展的战略问题。如于光远先生在《社会主义建设与生活方式、价值观和人的成长》一文的后记中指出："生活方式、价值观和人的成长，是研究中国社会主义发展战略、研究中国式的现代化道路时必须重视的一些问题。"①二是对于"生活方式"的概念进行初步的阐释。如王雅林认为："生活方式体现为人的生活活动的社会条件的客观方面和人的生活活动方式的主观方面的辩证统一。""我们从生活活动的基本形式的角度可以把生活方式分为劳动活动方式、日常生活活动方式、社会政治活动方式、精神文化活动方式等类。"②刘宗

① 于光远：《社会主义建设与生活方式、价值观和人的成长》，《中国社会科学》，1981年第4期。

② 王稚林、贾稚岩：《社会主义的生活方式问题》，《江汉论坛》，1982年第10期。

范认为,社会主义生活方式是由生活的多层次、多要素构成的一个生活大系统,主要有五个层次的内容:第一个层次是物质生活资料的消费活动,第二个层次是政治生活,第三个层次是精神文化生活,第四个层次是其他社会关系方面的生活方式,包括民族生活、家庭婚姻生活、社交活动等,第五个层次是业余空闲生活。① 三是对社会主义生活方式的特征和原则进行初步探讨。如罗元铮认为,我们"所要建立的只能属于社会主义类型但又具有中国特点的生活方式",这种生活方式既要"符合人类先进文明的方向,又保证生活方式具有民族的、传统的、适合自己国情的特点"。② 王雅琳指出社会主义生活方式的本质与基本特征:指导社会生活活动的社会利益原则和个人利益原则的辩证统一,丰富的物质生活与高尚的精神生活的和谐统一,理想信念的一致性和个性发展多样性的协调统一,等等。这些基本特征从横断面上反映了新型生活方式的本质属性,并在实质上成为整个社会生活的指导原则。③ 这段时间还有对闲暇生活方式的论述。徐勇谈到,闲暇生活方式包括对闲暇时间这种财富的享有和对闲暇时间这种财富的消费。在资本主义社会,私有制限制了在闲暇时间全面发展个性,其闲暇生活方式往往表现为空耗型、变态型和价值萎缩型。在社会主义社会,劳动者的劳动时间和闲暇时间的对立状态得以消除,共同成为全面发展人的个性的条件和手段,其闲暇生活方式的一般模式表现为充实型、健康型和价值实现型。④ 80 年代末期,学界开始出现对商品经济与生活方式变化的研究。如李晏墅指出,我国社会主义商品经济的发展,引起了人民生活方式的变化,主要表现为:劳动方式的变化、消费方式的变化、交往方式的变化、家庭成员间行为方式的变化、时间支配方式的变化、精神生活方式的变化,等等。要引导人民的生活方式朝着先进、文明、健康、科学的方向发展。⑤

这段时间学者以理想的角度对社会主义生活方式有美好的描述和想

---

① 参见刘宗范:《论社会主义生活方式》,《河北师范大学学报》,1986 年第 3 期。

② 罗元铮:《建设有中国特点的社会主义生活方式》,《经济学周报》,1982 年 1 月 4 日。

③ 参见王雅琳:《社会主义生活方式的本质与基本特征》,《学习与探索》,1985 年第 4 期。

④ 参见徐勇:《论社会主义的闲暇生活方式》,《华中师范大学学报》(哲社版),1987 年第 3 期。

⑤ 参见李晏墅:《社会主义商品经济的发展与生活方式的变化》,《南京师大学报》(社会科学版),1988 年第 1 期。

象,认为社会主义生活方式是"文明、健康、科学"的生活方式,与以往人类历史上的生活方式相比,就其性质而言是先进的、水平较高的生活方式。但是学者对生活方式的研究,拘泥于意识形态和概念,比较抽象,对资本主义生活方式批判不具有具体性。这个时期也有一些对苏联和东欧学者关于社会主义生活方式特征的论述,同样是抽象的意识形态色彩浓厚。但生活方式的研究对于焕发"对于美好生活追求的文化启蒙"①方面起了积极作用。

20 世纪 90 年代关于人的生存方式的研究进入了冷静思考期,这也许与人们的生活重心转移到经济生活有关,几乎全民都在经商。学者们的研究逐渐抛开了抽象的意识形态的限制,面向中国转型社会的现实,研究内容主要集中在转型社会生活方式的继承和创新,以及人的生存模式的重塑方面。有的学者谈到转型社会生活方式的继承和创新问题。如黄传新、钱志群认为,西方那些与现代生产力发展有必然联系的生活方式内容,以及属于人们审美观念中共性因素所形成的生活情趣和习俗,不应当像过去那样被当作"资本主义生活方式"摒弃。社会主义文明健康科学的生活方式的形成,一方面要变革传统生活方式中那些陈旧落后的东西,另一方面要保留和继承其积极的、进步的成分,同时要创造新的内涵。现代生活方式是传统继承和时代创新的统一。② 王雅琳在谈到"21 世纪人类将怎样生活?"时指出,21 世纪人类的生活方式将呈现以下八个发展趋势:人类生活方式的世界化和民族化并行不悖地发展,寻求物质生活与精神生活的平衡,"健康第一"的生活观得以确立,倡导"生态优先型"的生活方式,终生学习将成为一种生活方式,家庭将走向"复兴",西方生活方式的影响日趋微弱,人类的生活方式面临诸多危难。③ 有关中国社会转型期的生存模式重塑的问题,衣俊卿认为,在当代历史条件下,人的现代化就意味着使人挣脱传统日常生活模式或图式的羁绊,真正走出日常生活的世界。其结果是双重的:一方面是人对传统的超越,另一方面是传统日常生活的改造与重建。④ 当前价值重建与文化转

① 王雅林:《生活方式研究的理论定位与当代意义——兼论马克思关于生活方式论述的当代价值》,《社会科学研究》,2004 年第 2 期。

② 参见黄传新、钱志群:《试论社会主义的生活方式》,《学术界》,1993 年第 2 期总第 39 期。

③ 参见王雅琳:《21 世纪人类将怎样生活?》,《社科广角》,1997 年 10 月。

④ 参见衣俊卿:《人的现代化:走出日常生活世界》,《社会科学研究》,1991 年第 1 期。

型的实质是中国民众生存方式的重塑。实现人的现代化,即用工业文明最本质的精神——技术理性和人本精神重塑中国民众的生存模式。①

二、关于人的存在方式的多元化研究

20 世纪末期到 21 世纪,中国社会的巨大变化使得民众的存在方式发生了前所未有的变化,这种生存现实反映在研究上就是人的生存方式主题的多元化。学者们的研究围绕着人的存在的元哲学问题与现代化过程中人的存在方式的变化,进入人的现实存在状态,文化、价值和生活态度等更深层次的内容,研究角度更现实、更全面、更深入,在虚拟生存、风险生存等领域形成了中国学者独特的话语体系。

(一)关于人的存在的元哲学问题

关于人的存在元哲学问题主要是关于人的存在本质和人的存在特点等本原性问题的研究,包括对人的存在方式本质的认识、人的存在方式特点的认识和人的存在方式意义的认识。

首先,学者们大都认同实践是人的存在方式。李文阁认为,劳动、实践是人的独特存在方式,人逐渐生成了实践性存在和精神性存在。人的生成意味着超越性内化为人的本质,说明人获得了根本不同于动物的超越的存在方式。在超越的存在本质上是自觉的、自主的、自由的存在。② 衣俊卿认为,人的存在从本质上讲是实践的存在。从总的演化趋势来看,人的存在是逐步由自在走向自觉,由异化受动走向自由与创造。但是人是一种开放性的存在,人永远处于创造的旅途。③ 杨耕认为,人是在实践活动中得以生存的,实践构成了人的存在方式或生存本体;构成人的本质的不是生物学上的类,而是社会关系;人生活在社会关系中,社会关系又生成于人的活动中。④

---

① 参见衣俊卿:《论社会转型时期的生存模式重塑——关于价值重建与文化转型的深层思考》,《北方论丛》,1995 年第 4 期。

② 参见李文阁:《生物性与人的存在方式》,《信阳师范学院学报》(哲学社会科学版),1998 年第 3 期。

③ 参见衣俊卿:《论人的存在——人学研究的前提性问题》,《学习与探索》,1999 年第 3 期。

④ 参见杨耕:《"人的问题"研究中的五个重大问题》,《江汉论坛》,2015 年第 5 期。

王万民、张雪萍认为，实践是人最基本的生存和发展方式，作为人类存在方式的实践的职责是：认识世界、解释世界、规范世界和改造世界。①

其次，人的存在方式不是固定不变的，而是历史地变化着。胡红生、张军认为，立足当代人类生存实践，并根据马克思人的发展三形态理论的基本思想，“人的依赖”“物的依赖”和“能力依赖”是人存在和发展的三种基本历史范式。它们的历史沿革，集中表征了人的存在方式的历史变革：它不仅标示着人的生存方式的变革，而且标示着人的价值实现方式的转变，还标示着人格的历史变迁。② 朱莉认为，人类生存方式是随着生产方式的变革而发展的一个动态的历史进程。处于转型时期的中国社会是自然经济的农业社会、工业化的工业社会和以知识经济为基础的后工业社会三种生存方式并存。③

最后，学者们认为，人的存在是现实的，要在现实社会中把握人的存在本质。万光侠认为，人的存在方式是指人的现实生活的表现样式，人的存在方式具有既成性与创造性、社会性与个体性、现实性与可能性等特征。④ 刘景钊认为，可以从关系的角度把握人的生存方式：一是人与自然的关系和人与文化的关系，二是人的现实关系和虚拟关系。人的自然生存方式和人的文化生存方式都是一种现实的生存方式。而数字化技术的出现和网络化趋势的扩张，使虚拟实在成为人的一种新型的生存方式。⑤ 赵毅衡认为，人为了肯定自身的存在，必须寻找存在的意义，因此符号就是人存在的本质条件。没有符号，人类无法表现或理解意义，从而不能作为人存在。⑥ 杨振闻认为，“根据”“意义”及其统一，是理解何谓生存的三个视角。透过这些视角，生存方式可以进行如下界定：生存方式就是人们在特定历史时期、特定生存背景下，依照特定生存“根据”而存在，并通过多种生存实践来实现生活

① 参见王万民、张雪萍：《实践及其职责》，《四川大学学报》（哲学社会科学版），2008 年第 5 期。

② 参见胡红生、张军：《从马克思人的发展三形态理论看人的存在方式的历史变革》，《学术界》，2003 年第 2 期。

③ 参见朱莉：《论人类生存方式的历史演变及其特征——兼论当代中国人的生存方式》，《淮阴师范学院学报》（哲学社会科学版），2011 年第 2 期。

④ 参见万光侠：《人的存在方式的哲学阐释》，《济南大学学报》，2005 年第 5 期。

⑤ 参见刘景钊：《“关系”与人的生存方式的哲学思考》，《山西大学学报》（哲学社会版），2005 年第 2 期。

⑥ 参见赵毅衡：《符号作为人的存在方式》，《学术月刊》，2012 年第 4 期。

"意义",彰显生存价值的方式。其实质就是关于人与自然、人与社会、人与他人、人与自身矛盾的解决方式。人类社会的生存方式主要有权力化生存、物化生存和能力化生存这三种形态。①

学者们也探讨了人的存在的特征和意义。朱德生认为,人的存在方式主要有两个特点:一是超越性,二是开放性。人的存在方式是二重化的存在,人生活在经验的现实世界中,却天天在追求超经验的理想世界,这就是人类不断进步的历史。人和外部环境作用和反作用的无止境循环,便形成了人们所说的"人的存在永远是其所不是,而不是其所是"②。陈伯海认为,人的存在方式显现为生存、实践、超越这几种基本的活动样式,它们共同组合成了一条生命活动之链。生存作为自然生命,是人的最基础的存在。在实践中求发展,体现着人的自觉生命的性能。超越性的精神追求又开启了人的终极关怀之维,昭示着自由生命的取向。努力求得三者之间的互补互动,或可视为当今时代人的生命意义之所在。③

学者们还谈到了人的其他存在样式,如黄正泉认为,文明模式是人的存在方式,是人的本质力量对象化的现象形态。④ 杨志明认为,理想乃是人的一种存在方式,它根源于和表现着人的能动本质,并以相对理想和绝对理想的形式在人们的生活和实践中起着不可或缺的作用。⑤ 左亚文、邓映辉认为,哲学是人的一种生命存在方式,哲学之思是人类的本性;人是思想的存在物,人以思想的方式而不是物质的方式存在着,提出人是思想的动物、哲学的存在,其目的就是要人学会智慧地生活。⑥

(二)关于人的存在方式的文本解读

关于人的存在方式的文本解读,主要包括马克思主义关于人的存在方式的文本解读、西方哲学家关于人的存在方式的文本解读和传统文化中关

---

① 参见杨振闻:《生存方式的哲学界定》,《吉首大学学报》(社会科学版),2013 年第 2 期。

② 朱德生:《对人的存在方式的反思》,《哲学研究》,2008 年第 3 期。

③ 参见陈伯海:《生存·实践·超越——人的生命活动之链》,《社会科学》,2008 年第 9 期。

④ 参见黄正泉:《伦文明模式的形成与变革》,《郑州大学学报》(哲学社会科学版),2003 年第 3 期。

⑤ 参见杨志明:《论理想与人的存在方式》,《云南师范大学学报》,2005 年第 3 期。

⑥ 参见左亚文、邓映辉:《哲学是人的存在方式》,《湖北社会科学》,2014 年第 4 期。

于人的存在方式的文本解读。对人的存在方式的文本解读为学者分析当代中国人的存在方式现状奠定了理论基础和方法论意义。

学者认识到马克思关于人的存在方式中的实践本质。衣俊卿认为，马克思的实践哲学是迄今为止最自觉地体现人的自由和超越本性的哲学，是人之存在的本质性文化精神的自觉显现。[①] 林峰认为，马克思哲学开辟了一条真正经验式的、以具体事物具体分析为鲜明旨趣的全新存在论思考路径，深入到对人的存在方式的经验分析，发现了人的两种基本的存在方式——人既是活动中的存在物，也是关系中的存在物，进而科学揭示了人的本质，实现了人学的根本转换。[②] 李凤莲认为，马克思不仅坚持从人的生存的整体维度去探讨人的本质，更从社会实践出发去把握人的本质。在马克思看来，实践成为人的存在方式，实践构成了人的全面性本质，人的存在是在实践基础上的具有目的性的生命活动。[③]

学者还对马克思的具体文本中关于人的存在方式进行分析。黄志军认为，货币是马克思在阐述关于人的思想过程中的重要概念，在《1844 年经济学哲学手稿》中，马克思认识到货币与人的有机结合关系，正确地看到了货币在人的存在方式及其演变中的作用，认为货币是打破人的依赖关系的“楔子”，是使建立在对物的依赖基础上的个体结合起来的黏合剂。在迈向个人的全面发展和自由个性的路途上，货币至少克服了两个困难：一是人与人交往的狭隘性，即所谓的空间界限；二是人与人交往的直接性，即所谓的时间界限。[④] 熊来平、晏兰萍认为，《1844 年经济学哲学手稿》中的劳动思想其核心要旨在于，马克思认为劳动是人改造自然界的活动与人的自我对象化、自我创造活动的统一，它表征了人的存在方式。[⑤]

西方马克思主义对人的存在方式的理论对于学者研究当代中国人的存

① 参见衣俊卿：《人之存在与哲学本体论范式——兼论马克思哲学的本体论意蕴》，《江海学刊》，2002 年第 4 期。

② 参见林峰：《从人学视角看马克思的存在论革命》，《学术研究》，2009 年第 3 期。

③ 参见李凤莲：《马克思的实践存在论及其本质蕴涵》，《求索》，2008 年第 4 期。

④ 参见黄志军：《论货币与人的存在方式：从赫斯到马克思》，《马克思主义与现实》，2016 年第 3 期。

⑤ 参见熊来平、晏兰萍：《人的存在方式的澄明与启示——〈1844 年经济学哲学手稿〉劳动思想再解读》，《河南社会科学》，2013 年第 5 期。

在方式具有现实的启示意义。陈学明、陈锐认为，综观进入市场经济时代以后当今人类的存在状态，会越发感到，卢卡奇的《历史与阶级意识》一书对在商品形式占支配地位的社会中人的存在方式的揭示的深刻性和尖锐性。卢卡奇关于这一论述的现实意义就在于，能使我们看清当今人的那种存在方式的实质与危害。① 陈学明、刘杨认为，莱斯以历史唯物主义视野基于人与自然关系考察现代工业社会人的生存方式，以消费异化补充劳动异化、以新的需求结构修补马克思的需求理论、用生态危机取代经济危机，试图对马克思历史唯物主义进行当代重建。② 刘杨认为，当今社会最重大的时代主题就是人之存在问题。莱斯是最早用马克思主义理论透视人之存在方式问题的生态学马克思主义者。他准确预言了高集约度市场布局下人的异化存在已经由生产领域转向消费领域，并判明主体存在方式由理性控制走向非理性狡计的历史趋势。③ 张一兵认为，鲍德里亚在《消费社会》一书中的新观点是提出了消费意识形态批判，而且他通过消费品之间存在的暗示性意义链，第一次说明了资本主义消费关系中的符码控制，特别是广告景观中的无动机驱动，由此揭露出资本主义消费社会更深层次的奴役和统治本质。④

很多学者也认识到，传统文化经典中包含着的人的存在方式的思想对于反思我们当代生存方式具有启示意义。魏建华认为，通过分析西方哲学家对具体的智慧形态的理解，可以看出他们认为智慧是人的怀疑精神，是人在意识之中的超越，智慧也是人的一种存在方式。⑤ 吴树勤认为，孔子以“仁”释礼，把礼理解为情文的统一，这样理解的“礼”是对理想人格的塑造，

① 参见陈学明、陈锐：《卢卡奇对商品形式占支配地位的社会中人的存在方式的批判》，《苏州大学学报》，2014 年第 1 期。

② 参见陈学明、刘杨：《论莱斯对人的生存方式批判与重构的理论特征——兼论其对马克思历史唯物主义的当代重建》，《广西大学学报》（哲学社会科学版），2016 年第 4 期。

③ 参见刘杨：《批判性重构：莱斯关于“人之存在方式”的研究》，《东北大学学报》（社会科学版），2015 年第 1 期。

④ 参见张一兵：《消费意识形态：符码操控中的真实之死——鲍德里亚的〈消费社会〉解读》，《江汉论坛》，2008 年第 9 期。

⑤ 参见魏建华：《怀疑、超越与人的存在方式——西方哲学家的智慧观》，《兰州学刊》，2007 年第 7 期。

礼仪是人的本质性的存在方式。[①] 常云平、陈丽认为，荀子认为人有三种存在方式：趋利避害的自然存在方式、礼仪道德的社会存在方式和君子圣人的理想存在方式。[②] 余仕麟认为，忠孝伦理是儒家伦理文化的核心观念之一，它不仅是中华民族的根源文化，也是中华民族独具的智慧生存方式。[③] 罗诗钿认为，孟子用“义”来架构人之“羞本心”，一方面使“羞”具备了客观性和现实性，另一方面强化了“羞”的道德情感，从而使“羞”不仅成为人之生存方式的确证，还是人之德性生存方式和主体自由能力的确证。[④]

（三）现代性与人的存在方式

随着全球化的发展和现代性的深入，中国人的存在方式也出现一些新的变化，这种变化更多地表现为人类在现代性过程中的一些共性，主要内容包括现代性条件下人的存在方式的特点，以及对现代性条件下人的生存方式的反思与批判。

首先，关于现代性条件下人的存在方式特点的研究。李馨认为，个性化、多元化、理性化是现代社会中人的存在方式的新特点。[⑤] 李娟、刘庆丰认为，当代人仍存在于“以物质依赖为基础的独立性”阶段，但人们普遍存在于由资本逻辑所开创的宏大的物质生产与交换体系之内，这又赋予了人的存在方式新的特征，即人普遍处于无尽“繁忙”与多重“风险”之中。[⑥] 罗贵榕以西方文明的演化为视角，分析了人类社会生存方式的三种形态。远古时期的人类处于诗性生存的状态，传统社会处于伦理的生存方式之下，而与现

---

① 参见吴树勤：《礼仪是人的本质性的存在方式——孔子礼论》，《重庆邮电学院学报》（社会科学版），2006 年第 3 期。

② 参见常云平、陈丽：《论荀子关于人的存在方式的思想》，《西南师范大学学报》（人文社会科学版），2003 年第 6 期。

③ 参见余仕麟：《忠孝伦理：中国人的一种智慧生存方式》，《西南民族大学学报》（人文社会科学版），2011 年第 12 期。

④ 参见罗诗钿：《羞何以能成为人之德性生存方式？——孟子之“羞”的“情—性”架构考察》，《学术论坛》，2010 年第 9 期。

⑤ 参见李馨：《现代社会中人的存在方式的理性思考》，《吉林省教育学院学报》，2008 年第 2 期。

⑥ 参见李娟、刘庆丰：《资本逻辑视野下人的物质依赖性的当代特征》，《学术界》，2014 年第 6 期。

代性相适应的是哲学的生存方式。[①] 徐贵权认为,主体性的生成和初步确立是最具进步意蕴的变化,是当代中国人生存方式变化的根本向度,主要表现为冲破迷信走向理性思考,摆脱依赖走向独立性和自主性,突破义务本位走向权利和尊严诉求,从身份生存走向能力生存等。[②]

其次,对现代性人的生存方式的反思与批判,揭示了当代中国人所面临的生存危机。李文阁认为,精神危机不仅仅是西方人的问题,也是当代中国人所遭遇的紧迫问题。随着中国社会逐渐步入消费社会,西方发达国家所出现的物欲化、个人主义和理性、技术对人的压制等现代性弊病也逐渐展露,空虚感、无意义感逐渐蔓延。对于现代人的困境,现代西方的哲学家们提出在审美、艺术活动中找寻人生的意义。马克思提出人的全面性人生价值,具有超越性、现实性和崇高性。[③] 高广旭认为,反思现代性的内在困境必须立足于人的存在方式,现代性批判的根本途径是对现代人的存在方式的批判。在现代性逻辑的统治下,人的存在方式表现为:现代自由生活的自我背反、工具理性生活的自我宰制和个体精神生活的自我失落。立足于现代人的存在方式,现代性的背反性表现为:自由的实现及其破灭、理性的创造及其破坏、个性的张扬及其失落。[④] 杨振闻认为,在当代中国,权力化生存方式、物化生存方式、能力化生存方式交织并存,共同构成了当代中国人生存方式的复杂图景。这一复杂图景的表象可以从三个媒体流行语的分析中得到揭示:"拼爹",折射的是权力化生存方式;"宁愿坐在宝马里面哭,不愿坐在单车后边笑",暴露的是物化生存方式;"给力",彰显的则是对能力化生存的强烈呼唤。[⑤] 当代人浮躁不定、心为物役的生存状态需要哲学的批判和人文关怀。由湖南人民出版社于 2013 年出版的,杨振闻的《当代中国人生存

① 参见罗贵榕:《"理论掌握群众"何以可能——从人类生存方式迁演之维度探析》,《内蒙古社会科学(汉文版)》,2011 年第 4 期。

② 参见徐贵权:《当代中国人生存方式嬗变的主体性向度》,《毛泽东邓小平理论研究》,2010 年第 9 期。

③ 参见李文阁:《精神家园:马克思哲学的当代意义》,《哲学动态》,2005 年第 10 期。

④ 参见高广旭:《自由及其背叛——从人的存在方式看现代性的背反性》,《吉首大学学报》(社会科学版),2008 年第 5 期。

⑤ 参见杨振闻:《当代中国人生存方式的复杂图景——基于三个流行语的分析》,《社科纵横》,2012 年第 6 期。

方式的变迁及其影响》一书,对当代中国人的生存方式进行了深入的批判与反思,以马克思主义实践哲学的视角,对人的生存境遇给予了现实关怀,是难得的对当代人的生存状态方式进行深度分析的作品。

(四)全球化与人的存在方式

早在19世纪中叶,马克思就在《共产党宣言》中谈到了全球化的表现,“资产阶级,由于开拓了世界市场,使一切国家的生产和消费都成为世界性的了”。“资产阶级,由于一切生产工具的迅速改进,由于交通的极其便利,把一切民族甚至最野蛮的民族都卷到文明中来了。”[①]20世纪中叶以后的科技革命使全球化成为现实。由于信息革命和网络技术的发展,全球化不仅仅表现为物理空间的全球链接,也表现在数字世界中虚拟链接。这种物理空间的拓展和虚拟空间的现实化,使得人的生存方式有了新的变化。贾英健教授提出了关于全球化与人的存在方式的一系列理论。最初,他从人的交往角度论述全球化中人的存在方式的表现。他认为,人在全球化进程中的存在方式主要通过以下四个方面体现出来:人是为追求和满足自身交往行为的社会化而存在,人依靠在交往实践中的不断创新而存在,人把追求共同利益作为价值取向而存在,人在由网络构成的虚拟空间中存在。[②] 之后他进一步谈到全球化中人的存在状态的转向。他认为,全球化蕴含人的一种崭新的生存方式,是人的存在方式变化的内在根据,人在全球化进程中的生存方式主要通过从现实生存到虚拟生存,从身份生存到能力生存,从群体生存到类生存等方面的转向得到体现。[③]

(五)市场经济与人的存在方式

市场经济的发展对中国人的存在方式变化的影响是根本性的。韩庆祥认为,市场经济的一般本质是理解人的存在方式的根据,市场经济社会中的人以利益、能力、理性、自立作为存在方式。人首先为追求和满足自我正当利益最大化而存在,主要依靠其能力而存在,人自觉按照理性的法则而存在,

---

① 《马克思恩格斯选集》(第一卷),人民出版社,1995年,第276页。

② 参见贾英健:《全球化与人的存在方式》,《理论学刊》,2002年第5期。

③ 参见贾英健:《从全球化视角看人的生存方式的当代转向》,《山东科技大学学报》(社会科学版),2005年9月第3期。

人必须依命自我努力奋斗而存在。[①] 李英认为,在市场经济条件下,人的生成和发展从自然经济阶段的“人的依赖关系”状态演进到“以物的依赖性为基础的人的独立性”状态。市场经济的本质凸显了人们追求自身正当利益、尊崇理性、强调自立和践行道德的生存方式,但市场经济本身具有的自发性和盲目性等局限性使人类在迈向自由自觉的人的发展中出现了新的问题。[②] 万光侠的《市场经济与人的存在方式》一书,从人学和价值学的交叉视角,对市场经济与人的存在方式的关系问题进行了深入、系统的研究。作者认为,只有从人的存在与发展出发,才能真正理解市场经济的生存论基础。从马克思主义人学视角研究市场经济与人的存在方式的关系问题,有利于深刻认识当代中华民族的历史方位和生存矛盾,寻求扬弃物化、实现人的全面发展的途径和方法,提高人选择健康有益、合乎人性的生存方式的自觉性,建立全新的价值取向,从而在我国社会转型中创造自己和中华民族的新存在。[③]

(六)消费社会与人的存在方式

消费社会的到来标志着人类告别物质匮乏时代,进入丰裕时代,也进入了符号消费时代,带来人的生存方式的变化。这种变化既有积极的方面,也有消极的作用。对消费社会带来的人的存在方式的变化的反思具有现实的意义。王雅林指出,“消费社会”作为一种“社会模式”的出现反映的是“资本逻辑支配社会”的资本主义生产关系的要求,消费社会向人民提供的主导价值观是以消费来定义幸福生活。但是“大众消费社会”模式并不能真正解决贫富差距过大、实现消费平等和消费民主等问题。在消费社会,浪费成为人们的一种理性生存方式的体现。“生活型社会”表征的是面向 21 世纪发展的新观念,即以人的潜能的发挥及其“美好生活”的实现为支配性观念,推动社会生产力的发展则为人的发展和“美好生活”提供手段和条件。[④] 王淑

① 参见韩庆祥:《市场经济与人的存在方式》,《天津社会科学》,2001 年第 2 期。

② 参见李英:《从市场经济透视人的生存方式》,《清华大学学报》(哲学社会科学版),2003 年第 1 期。

③ 转引自刘相:《独辟蹊径 独具见解——评〈市场经济与人的存在方式〉》,《发展论坛》,2003 年第 4 期。

④ 参见王雅林:《“生活型社会”的构建——中国为什么不能选择西方“消费社会”的发展模式》,《哈尔滨工业大学学报》(社会科学版),2012 年第 1 期。

梅认为，在消费社会，消费的功能由追求消费品使用价值的实现阶段进入到追求其符号价值实现的异化阶段。异化消费直接导致了以幸福感降低和价值虚无主义为主要表现形式的人的生命符号化现象。在全球经济一体化进程中，消费社会在当代中国已初现端倪，审慎思考西方消费社会的现实，积极探索克服异化消费的有效途径，是当代中国人的理性所为。[①]

（七）技术与人的存在方式

技术作为人的创造物从全面的意义上改变了人的存在状态。贾英健认为，技术不仅是人的实践活动的一种中介和手段，而且也负荷了特定社会中人的价值，技术所体现的是人的一种本质力量，表征着人的存在和人的发展。用这种观点反观当代技术发展中出现的生存危机，不难看出，当代人所面临的技术化生存问题，从一定意义上说是技术作为人的精神层面上的存在被遮蔽所造成的，也是自然主义技术化生存的后果。要想解决这些问题，既需要从对自然主义的技术化批判入手，又要从人的生存自身的分析入手，要在技术进步与技术世界的建构过程中，寻求人的自由、幸福、尊严与发展的理想之路。[②] 他还看到，以生产工具的创新为标志的技术革命，不仅推动了人类社会的不断发展，而且也带来了人类生存方式的革命性变革。在当代，伴随着虚拟技术的出现，人的生存方式也呈现出“非现实性存在”的虚拟化特征，这不仅表现于在计算机网络中，人以数字化的方式出现，而且也表现于人的现实角色及其关系在网络社会中发生虚拟变化，这预示了一种有别于现实生存的虚拟生存这一种新的生存方式的确立。虚拟生存，打破了以往人的生存活动总要受自然存在物的限制传统，这是一种超越物理时空限制的新的属人的文化世界，是人对自身存在的一种内在突破和超越。[③] 王能东认为，技术生存是人类生存发展史的一个基本环节和本质性跃升，又是因具有强烈自反性而需要被超越的生存方式。技术化的背反性生存事实是我们变革的生存方式，实现从技术生存走向审美生存的现实诉求。实现生

---

① 参见王淑梅：《消费社会与人的生命符号化》，《北方论丛》，2007 年第 2 期。

② 参见贾英健：《技术的生存论意蕴与技术化生存的当代境遇》，《中共福建省委党校学报》，2008 年第 6 期。

③ 参见贾英健：《当代技术革命与人类生存方式的变革——虚拟生存的出场逻辑及其对现实生存的虚拟性超越》，《中共浙江省委党校学报》，2010 年第 1 期。

存方式的超越需要在哲学世界观上变革我们对于世界和人与世界关系的理解方式。①

（八）数字化、网络化与人的存在方式

数字化、网络化的出现对人的存在状态的影响也是根本性的，它带来人们生存方式的重大变革，使得人类一直存在幻想中的世界成为现实。孙玉祥认为，时代的变革，从根本上说是变革人自身的存在方式，要从人的存在方式变革的视角去思考正在到来的“网络时代”。具体地说，网络是在为我们创造一个虚拟世界的意义上变革了我们的世界图景，“网上世界”是一个非线性的、动态性的、过程性的、互补性的世界，它改变了静止僵化不变的世界图景，打破了时空、层次和方式的传统界限。② 周若辉认为，人类的生存已进入“数字化时代”，除了物质存在、社会存在、精神存在以外，虚拟存在是人类的第四种存在方式。在此基础上，虚拟实践的兴起引发了人类生存方式的革命。数字化时代人的生存方式有超越性、虚拟性、创造性、个人性等主要特征。③ 王雅林、黄莺认为，在全球的信息化、数字化、网络化时代，我国发展数字化技术及其社会应用时要最大限度地避免发达国家出现的那种“生存困境”和“人文生态失衡”，实现科学文化与人文文化之间的协同发展，从而形成数字化条件下人的和谐生存状态。他们提出一个生活方式分析框架，认为生活方式在解决数字化高科技可能给人们的生存方式带来的意义缺失、“生活风险”等负面影响时，具有重要的建构功能。④ 贾英健认为，网络技术在当代的发展，使人类生存方式发生了无可比拟的革命变革，并引发了人的生存方式的二重性矛盾，进而把人类置于一种空前的生存悖论之中，具体表现为：现实生存与虚拟生存的对立，知识生存与智慧生存的困境，全球生存与民族生存的背离。它促使人们对造成这种现象的原因进行深刻反思，并积极寻求对生存二重性的合理性超越，达到虚拟生存与现实生存的统

---

① 参见王能东：《技术生存自反性与生存方式变革》，《华中科技大学学报》（社会科学版），2009 年第 6 期。

② 参见孙玉祥：《“网络时代”与人的存在方式变革》，《求是学刊》，2001 年第 1 期。

③ 参见周若辉：《数字化时代人的生存方式革命及特征》，《湖湘论坛》，2006 年第 3 期。

④ 参见王雅林、黄莺：《“数字化生存”挑战与生活方式的建构性调适》，《自然辩证法研究》，2013 年第 6 期。

一，理性与价值的统一，个体、群体与类的统一。[①] 贾英健认为，以数字化技术为基石的虚拟时空在当代的出现，将人的生存带进了一个虚拟性的时空形式中，实现了人类生存从现实时空向虚拟时空的重大飞跃。与现实时空相比，虚拟时空主要有三个方面的显著变化：一是时间的可逆化与空间的共享化，二是时间的即时化与空间的流动化，三是时间的弹性化与空间的压缩化。虚拟时空的出现，使时空的客观形态不断被压缩，与此同时，时空的人性化特征得到了彰显。[②]

（九）虚拟社会与人的生存

20 世纪末期之后，网络逐渐成为人们生活的重要组成部分，网络对人们生存方式的变革甚至是颠覆性的，它超越了人们长期生存模式的历史经验。如果说在语言文字的世界中也有虚拟生存的萌芽的话，数字化和网络化使人们的虚拟生存充分地现实化。更多的人享受着因为信息技术变化和网络化给人们带来的生活的便利和享受，却不知这种所谓的享受也在吞噬着人的能量，使人在享受现代科技成果的同时也使自己变得无能。这种因虚拟生存带来的困境也引起了学者关于人的生存方式的担忧，虚拟生存也成为哲学研究的热点。在这方面最有代表性的是山东省委党校的贾英健教授。贾英健于 2005 年获得了一项国家课题“人的虚拟生存研究”，以《虚拟生存论》专著结项。

在《论虚拟生存》一文中，贾英健对虚拟社会中人的生存方式进行了深入的研究。他认为，一种与人的现实生存不同的虚拟生存正在演化为人类在当代的一种崭新的生存方式。虚拟的“虚”，不是与“真实”相对，它完全是一种“实际”之“虚”，人在其中的生存成为一种经过对现实的人进行了符号化处理后的虚拟人的生存，即虚拟生存。一方面，我们不能把作为现实生存的虚拟替代物当作现实生存本身，它只是现实的人的虚拟实践活动的产物；另一方面，虚拟生存毕竟又是人的一种生存现实，与现实生存相比较，虚拟生存的出现是对人的现实生存的一种在广度和深度上的丰富和升华，拓展

① 参见贾英健：《人的生存方式的当代转向及其对生存二重性的合理性超越》，《中共济南市委党校学报》，2009 年第 4 期。

② 参见贾英健：《论虚拟时空》，《学习与探索》，2012 年第 12 期。

了人的生存的意义。但是虚拟生存的负面效应一样十分明显:鲜活个性淹没在数字代码的海洋中;在虚拟现实中理想的实现消解了现实理想的崇高性;虚拟生存使人承受生理和精神上的双重衰弱,导致人对真实社会的疏离;人类精神文化空间的生存危机。① 贾英健认为,虚拟生存作为当代信息网络技术高度发展的情况下从人类现实生存中分化出来的一种新的生存方式,既有发生学意义上的生成性前提,也有着赖以产生的技术支持,还有着深刻的马克思主义的人学基础。正是这三个方面构成决定虚拟生存作为人类当代一种新的生存形式"是否可能"这一前提性问题。② 虚拟生存正以空前的力度和速度改变着人们的思维方式、交往方式、认知方式,并浸透在人类日常生活的方方面面,日益成为人的一种新的生存方式。虚拟生存对人的发展的影响是全方面、多层次的,主要体现为:第一,人的劳动实践能力的拓展与消解。第二,人的社会关系的丰富与冷漠。第三,人的自由个性的张扬与消融。第四,人的生存意义的丰富与缺失。③ 陈联俊、金焱认为,虚拟社会中的虚拟实践深刻影响着人与社会的自由全面发展。虚拟实践是虚拟社会主体活动的基本形式,体现出交往数字化、双向对象化、领域扩大化的特征,主要表现为虚拟生产、虚拟交往、虚拟实验、虚拟体验等实践活动。④

贾英健的《虚拟生存论》从分析技术的历史性变革入手,揭示由于技术的革新导致网络时代到来进而引发人类生存方式的虚拟性变革,并通过对虚拟生存这一生存新形态进行发生学前提、人学基础、技术支持和哲学依据、存在形式等的全面分析,揭示了虚拟生存的现实基础及其对现实生存的超越性本质,探讨了虚拟生存的主体形态、内在矛盾,解答了虚拟生存与人类社会发展和人的自由全面发展的关系等问题。不仅透析了虚拟生存内在矛盾生成的深层原因,而且也通过在虚拟社会与现实社会、虚拟生存与人的自由全面发展的关系中把握虚拟生存,试图为人的发展提供一个健康文明、虚实相生的和谐的理想生存方式。应该说,贾英健教授的虚拟生存理论形

① 参见贾英健:《论虚拟生存》,《哲学动态》,2006 年第 7 期。
② 参见贾英健:《虚拟生存何以可能》,《理论学刊》,2012 年第 1 期。
③ 参见贾英健:《虚拟生存与人的发展》,《中国社会科学报》,2012 年 7 月 18 日。
④ 参见陈联俊、金焱:《虚拟实践:虚拟社会人的存在方式》,《学术论坛》,2014 年第 3 期。

成了这一研究领域的独特的话语体系,对于分析当代中国甚至世界人的存在方式是一大创造性贡献。

(十)风险社会与人的生存

风险社会是伴随着现代技术和市场经济出现的另一种社会存在状态,这种社会以人的存在的不确定性和风险性为标志。贾英健认为,风险生存是全球风险社会条件下出现的一种崭新的人类生存方式,它在给人的生存和发展带来消极影响的同时,也带来诸多积极影响。风险生存对人类生存和发展的双重影响,要求我们积极探寻扬弃风险生存历史之路,其目的是为了通过扬弃风险生存,走向人的自由全面发展这一人类生存的理想图景。①风险社会从根本上说是人造风险,它起源于人追求自身个性发展的过程之中,并成为人类生存和发展的当下环境,引起个性风险的发展困境。反思风险社会中人的个性发展的风险,要求我们将人的个性风险自觉地纳入人的发展追求之中,处理好超越个性风险的发展之路。在风险社会环境下,促进个性风险走向个性自由必须既立足于现实社会,又要力求实现对其的超越。② 风险生存的出现从根本上说与人的实践活动密切相关。现代生产的无限扩张使人类进入自身无法把握的"人为的不确定性"的"世界风险社会",资本、市场、科技等因素一起构成风险生存的发生学前提,具体表现为:人对自然过度的或不合时宜的改造、造成了自然界的生态风险;人与人的关系在全球化的进程中达到了异化的顶峰,形成了社会风险;人类精神世界的危机,如人的"存在性焦虑"、信任危机、信仰缺失和情感冷漠等构成精神风险;人对虚拟空间的过度依赖消解了人的现实实践,促使人产生孤僻、冷漠及其他心理问题,这属于虚拟风险。③ 当代越来越多的风险走进人的生活世界,使"风险社会"成为任何发展主体都必须面对的一种客观社会存在,它不仅使人类生存方式在当代呈现出风险性的特征,而且也预示着作为一种全新的实践形式和生存方式的"风险生存"的出现。风险生存意味着人类面临的危险和不确定性的增多。确立一种通过风险生存走向和谐生存的崭新的

---

① 参见贾英健:《风险生存及其历史扬弃》,《山东社会科学》,2009 年第 11 期。

② 参见贾英健:《风险社会与人的个性》,《福建论坛·人文社会科学版》,2011 年第 9 期。

③ 参见贾英健:《风险生存何以生成》,《山东社会科学》,2013 年第 12 期。

人本发展的新思维,并在追求和谐生存的过程中不断实现对风险生存的化解,是哲学反思的任务。①

此外,还有关于特别群体生存方式的研究,如关于农村老年人口生存方式分析,关于教师生存方式转型,关于当前大学生生存方式的现状,对于个别地区农民生存状况研究等,这种实证型的研究对于了解我国不同群体民众生存现状有一定意义,但是并不全面,还没有形成民众整体生存现状的分析,这也是关于人的存在方式欠缺的地方。

三、如何完善人的存在方式研究?

关于人的存在方式研究的第三个大主题是中国在现代化建设的过程中如何完善人的存在方式。很多学者认为,人类目前的生存危机是人类的生存方式导致的,在走出了一条具有中国特色的社会主义现代化之路后,如何避免现代化过程对人的发展的一些负面影响,形成具有中国特色的人的存在方式,成为对于人的存在方式研究中的热点问题。这一主题的研究内容包括生态存在方式构建、中国特色的生活方式构建、社会发展与文明生存方式构建、人的存在与价值观建设等。

(一)生存危机与生态生存方式的构建

叶文虎、邓文碧认为,人类目前的生存方式(环境社会系统运行的集中表现)是导致当前环境危机等诸多威胁人类生存和发展危机的根源,持续发展的根本是使人类生存方式朝着有利于环境社会系统和谐运行的方向转变,是人类塑造自己新的生存方式的过程。社会行为是生存方式改变的源泉,政府、企业、公众作为行为主体,要参与到生存方式的重建之中。②曾小五认为,当今人类面临的全球性生态环境危机主要是近代以来形成、发展并扩张开来的、以非伦理的生产方式为核心的人类非伦理的生存方式导致的。所以人类如欲走出当前的生态环境危机从而走出自己的生存危机,就必须克

① 参见贾英健:《风险生存与和谐生存》,《东岳论丛》,2014 年第 5 期。

② 参见叶文虎、邓文碧:《可持续发展的根本是塑建新的生存方式》,《中国人口·资源与环境》,2001 年第 4 期。

服自己非伦理的生存方式，即“异化”状态，恢复“伦理的生存方式”。[①] 方世南认为，全球生态危机导致人类生存危机。构建环境友好型社会需要绿色生存方式，只有端正人类生存方式的价值取向，变革传统生存方式，确立人与环境友好的绿色生存方式，才能顺利摆脱目前因生态危机而引起的严峻生存困境。[②] 丰子义认为，生态问题说到底是人的问题，既然生态文明是由人的问题引起的，并且最终指向人的生存和发展，那么要建设生态文明，就必须对人自身的观念、行为作出深刻的检视，增强“生态自觉”。[③] 蒋国保认为，技术化生存使人类的生存陷入了前所未有的危机与困境，表现为生态危机、人性危机和价值观危机，人类要从根本上解决这种危机与困境，就必须转向生态化生存。转向生态化生存的主要路径选择是：建立生态整体主义的自然观，为生态化生存提供价值支撑；全面建设循环经济，为生态化生存提供物质技术基础；构建以人为本的“人—技”关系，为生态化生存提供人性保障。[④]

（二）中国特色的生活方式构建

陈学明借上海世博会的到来，对上海人生活方式提出的期望，实际上是要探索创建一种具有中国特色的生活方式。他认为，一个民族在走向世界时不能脱离自己生活方式的根，生活方式的选定要符合民族的特定文化模式。我们的生活方式既要世界化，又要民族化。创建新的生活方式的具体要求是：劳动对人来说不仅仅是手段，主要是目的；最紧迫的是告别奢侈和“多多益善”的消费主义思维方式；倡导“健康消费”的新理念，实现从量的标准向质的标准的转换；人们之间存在着守望相助，相互信任、依存的良性互动关系；终生学习已成为人们生活的有机组成部分。[⑤] 陈学明在“2009 · 学术前沿论坛”上的发言“文化软实力和生活方式”中指出，隐藏在生活方式背后的生活境界、生活品位、生活质量直接显示着“文化软实力”。提升文化软

---

① 参见曾小五：《生存方式与生态环境的危机——兼评关于人类中心主义的争论》，《自然辩证法研究》，2003 年第 8 期。

② 参见方世南：《环境友好型社会呼唤绿色生存方式》，《哲学研究》，2006 年第 3 期。

③ 参见丰子义：《生态文明的人学思考》，《山东社会科学》，2010 年第 7 期。

④ 参见蒋国保：《从技术化生存到生态化生存——人的生存方式的当代转向》，《南昌大学学报》（人文社会科学版），2012 年第 3 期。

⑤ 参见陈学明：《我们要展示一种新的生活方式》，《文汇报》，2003 年 5 月 27 日。

实力,从根本上说,就是改变我们的生活方式,提升我们的生活方式和生活境界。创建新的生活方式,需要求助于中国优秀的传统文化,也需要借鉴西方文化的精华,更应当以马克思主义为指导。要构建新的生活状态,使劳动成为目的本身,不仅要追求物质方面的满足,更要追求文化和精神上的美感,休闲要有文化的含量。科学发展观要求发展本身要服从和服务于人的全面自由发展,其核心正是创造一种新的生活方式。①

(三)社会发展与文明生存方式构建

陈学明、罗骞认为,科学发展观重大战略思想的提出,体现了深邃的历史意识和对当代人类生存处境的理性自觉,在以人为本、推动实现人的自由全面发展过程中探索构建一种新型文明形态,实现人类存在方式的伟大转变。科学发展观的深远意义不仅在于使人们明确当代中国究竟应当如何发展以及发展的未来图景,而且其历史价值更加深刻地蕴含在人类应当选择何种存在方式这一思想高度之上。②

陈新夏认为,在社会现代化进程中推进人的发展,重要的问题在于超越消费主义误区,将发展并满足合理的拓展性需要作为人的发展的主要方向和领域。依据马克思主义人的发展理论,基于当代及未来社会的演进趋势和可持续发展的要求,人的发展应是创造性发展与合理的享受性发展的统一,人的发展的新路向应是创造能力的提升和实现、休闲生活的拓展以及精神生活的充分发展。③

陈学明在《西方马克思主义对当今中国所提供的理论启示》一文中谈到,西方马克思主义关于人的存在方式理论,能为我们解决人的单向度日益加剧的问题提供某些启示。我们必须建立一种不是以“占有”为特征,而是以“实现自身”为主要内容的新的生存方式。中国特色社会主义道路是否具有世界历史意义,主要取决于它是否为人类文明应对所面临的人的存在方式的矛盾与危机做出了自己的贡献,它能否为人类探索出一种新的存在状态。④

---

① 参见陈学明:《文化软实力和生活方式》,《光明日报》,2009 年 11 月 27 日。

② 参见陈学明、罗骞:《科学发展观与人类存在方式的改变》,《中国社会科学》,2008 年第 5 期。

③ 参见陈新夏:《人的发展的新路向》,《马克思主义与现实》,2010 年第 2 期。

④ 参见陈学明:《西方马克思主义对当今中国所提供的理论启示 》,《毛泽东邓小平理论研究》,2012 年 12 期。

陈学明还探讨了当代语境与人的存在方式的关系。他认为，马克思对资本主义的批判归根到底是对资本主义社会中人的存在方式的批判，根本目的是为了构建一种与资本主义社会截然不同的新的存在方式。在马克思构建的“意义世界”中，要建立使人的生存具有意义的新的人际关系，促进人的全面发展，实现人与人之间的平等，朝着“劳动解放”的方向前进，达到人与自然的和谐统一。中国道路的真正内涵和意义在于创建新的人的存在状态，代表了一种对真正的人的生存状态的追求，由此改变了中国历史的发展进程，也深刻影响着世界历史的进程。①

杨振闻认为，以马克思“人的发展三形态”理论来透视当代中国现实社会中人的生存方式，呈现的是一幅“人的依赖、物的依赖、能力依赖”混存的复杂生存图景。正确引领当代中国人的生存方式，必须倡导能力化生存，这实际上也是社会主义市场经济、社会主义本质、社会主义价值目标的必然要求。②

（四）人的存在与价值观建设

构建健康、和谐的人的存在方式，当然离不开价值观建设。韩庆祥认为，当今中国社会发生了广泛而深刻的变化，这种变化必然使人的生存方式和行为方式发生转变，这种转变对每个人的精神世界产生深刻的影响，当代中国人的精神世界在一定意义上出现了某种危机，如“价值虚无”“价值错位”“价值迷失”等乱象。社会主义核心价值体系应成为我们重建当代中国人精神世界的指导思想和立论基础，我们应当建立全民共同价值观，确立“能力本位”“和谐共生”“公共利益”“创造个性”的全民共同价值观。③ 张晓东认为，道德是人类实践精神地把握世界的特殊方式，它存在于现实生活中。道德集中体现着生存方式之“善”，要真正实现道德之“善”的生存方式，就必须在社会意义上实现生产生活方式的合理性变革，同时在个体意义上，每个社会成员都要自觉加强道德自律。④ 陈学明认为，一个人活在世界上，最重要

---

① 参见陈学明：《当代语境与人的存在方式》，《学术前沿》，2012 年第 8 期。

② 参见杨振闻：《能力化生存：当代中国人生存方式的新趋向》，《湖南社会科学》，2011 年第 2 期。

③ 参见韩庆祥：《重建当代中国人的精神世界》，《学习时报》，2010 年 10 月 4 日。

④ 参见张晓东：《道德：追寻生存方式之“善”》，《学术研究》，2013 年第 1 期。

的是要有自己的目的和生存指向,从一定意义上讲,也就是要有自己的信仰。一个人素质的高低首先取决于其有没有生存指向,有没有信仰,以及这种生存指向和信仰的坚定性如何。唯物史观是一种思维方式,理想主义是一种生活态度,共产主义是未来目标。在当今中国,提升人的素质关键是要确立共产主义的信仰。相对主义或实用主义对待理想的态度都是错误的。①

一些学校和学术组织在推进人的存在方式研究方面做出了积极贡献。2015 年 10 月 11 日,“技术 · 资本 · 正义——马克思主义论人的存在方式研讨会”在东华大学(松江校区)召开。陈学明表示,之所以要将“马克思主义论人的存在方式”作为会议主题,是因为“当代人该如何生活”已经不仅仅是中国而且也是西方社会共同面临的世界难题。人类社会何去何从,西方文明已经不可能给我们提供指引,只有马克思主义才是引导我们文明前行的指路明灯。周锦尉在“《共产党宣言》对未来世界预期的联想”的主题发言中认为,基于《共产党宣言》文本,可概括出当代社会的三种力量:一是技术的力量,二是资本的力量,三是正义的力量。陈学明主要讨论了卢卡奇对商品形式占支配地位的社会中人的生存方式的批判,并从理论和现实维度分析在社会主义市场经济下人们应当如何生存的问题。孔明安在题为“论人的存在及其生存悖论——从阿伦特的《人的境况》谈起”的发言中表示,阿伦特提出的人是一种“境况”的存在,是一种“悖论性”的存在,在科技发达的时代,人的这种“悖论性”存在尤为突出。王凤才以“我们应当如何生活?——兼论人的生存方式”为题发言,他从东西方哲学传统中总结出人理性、浪漫、出世、厌世和入世五种生存方式,认为这是活着的人应该认真严肃思考的问题。马拥军在题为“需要与对象性——‘巴黎手稿’论人的存在方式管窥”的发言中论述了马克思本人对人的存在方式的思考。毛勒堂教授从资本逻辑与分配正义角度来讨论生存问题,邵龙宝用马克思人的存在方式的理论观照儒学文化背景下的人,李霞从马克思主义生存论关系的角度把人的存在方式进行了梳理。② 这次会议是对人的存在方式研究的一个阶段性总结,与

① 参见陈学明:《人的素质与人的信仰》,《郑州大学学报》(哲学社会科学版),2015 年第 1 期。

② 转引自《技术 · 资本 · 正义——马克思主义论人的存在方式研讨会》,《中国社会科学报》,2016 年 1 月 15 日。

会专家分别从马克思和西方马克思主义文本方面、当代中国人生存现状方面以及在当代“人应该如何生活”等方面，围绕着“人的存在方式”主题进行深刻的交流，对于进一步推进“人的存在方式”研究有非常积极的意义。

四、关于人的存在方式研究的方法

改革开放四十多年来，学界对于人的存在方式的研究走过了一个从抽象到具体、从现象到本质、从单一到多元的过程，这一过程的进展始终没有离开过中国的社会现实和人们的存在现实。

首先，研究主题从单一到多元。在20世纪80年代初到90年代，我国的经济领域、文化领域和学术领域逐渐放开，渐渐复苏的学术界对于人的存在方式的研究开始起步，但是“人的存在方式”在最初阶段并没有成为学界研究的显性问题，或者说还没有进入研究者的视野，而是以“生活方式”为主题。为什么会呈现这样的状况呢？一个重要的原因是“人的存在方式”的研究的现实根据——人的“现实存在”还没有成为一个突出的问题。原因有二：第一是人们的传统生存模式还没有多少变化，既定的生活模式没有发生根本性的变化。国家刚刚改革开放，怎么改革、怎么开放都处于摸索的阶段。无论是从整个社会的发展环境来说还是从发展机遇来说，都还没有给大多数农民提供走出农村的条件，民众的生活水平比较低，社会民众的生活差距也不大，社会商品经济所占的比重也比较小，对于占人口主体的广大农民来说，自给自足的自然经济生活模式还没有发生太多改变。第二是人们的重心在于改善生活。民众刚刚从政治高压气氛中解放出来，之前被压抑的生产积极性因为个体经济的放开而释放出来，民众最希望的是改善自己的物质生活水平，西方消费社会呈现出来的人的存在被物遮蔽的现象在中国还不明显。作为对社会现实反映的社会科学研究超越不了现实的发展，因此这一时期关于人的生存方式研究的焦点也是集中在“生活方式”上，包括对生活方式概念的界定，社会主义生活方式的特征和原则，虽然对于社会主义生活方式的研究有一定的抽象性，但是也是反映了人们对于生活方式改善的美好愿望和反思。

20 世纪 90 年代后期，学界关于人的存在方式研究的主题逐渐变得多元。关于现代性与人存在方式、关于技术与人的存在方式、关于资本与人的存在方式、关于消费社会与人的存在方式，由于网络技术的发展，关于虚拟社会与人的存在、风险与人的存在等内容都成为研究的热点。这种研究方向多元化发展的原因也有两个：第一，从理论方面说，一是对马克思主义关于人的生存和发展的理论的挖掘，用马克思主义理论分析当代人的生存现实，使得研究者有了科学的理论基础和辩证方法；二是对西方学者关于现代性、消费社会、日常生活理论的一些专著的翻译，借鉴西方学者关于现代社会和消费社会人的存在异化的理论，来反思和批判当代中国人的生存方式，使得研究生存论的学者有了一定的理论视野和深度。第二，从现实方面说，随着中国现代化和市场经济的发展，中国已经和世界接轨，技术、信息、网络把人们带进了一个完全不同于传统社会的现代世界，人们生存时间和空间的变化使得人们的生存方式发生巨大的变化，生产力的发展使得人们有了更多的休闲时间和自由时间。另一方面，市场经济的发展没有避免资本统治、消费主宰的事实，人被物役，存在物化问题凸显，价值混乱、信仰缺失、人文关怀缺失，这些现实的人的生存问题真实地存在。哲学家的责任就是对人的存在方式进行反思，因此人的存在方式的作为哲学学者研究的显性问题，实际上是对人的生存现实的反映，学者对人的生存方式的多方面和多角度研究对这些问题有深刻的论述和反思。

进入 21 世纪之后，如何“改善当代人的生存方式”的主题成为研究的热点。这一主题的兴起，有它的理论根据和现实根据。从理论上说，一是借鉴西方马克思主义学者关于现代社会人的生存危机理论，反思当代中国人的生存危机；二是主要是运用马克思主义理论和辩证思维方法来，从中国的现实出发，根据中国人的生存现实来研究人的生存问题，探索生存危机的出路。另外，中国传统文化中包括西方传统经典中所包含的人的生存智慧对于解决现代人的生存问题有积极的启示意义。从现实方面看，一方面，中国现代化建设和市场经济的发展是一个工业化伴随着理性启蒙的过程，好处是促进了中国法治建设和民众规则意识和主体意识的发展。负面的作用是，人被物化、信仰迷失、价值混乱、诚信缺失，相比于物质的强大，人的精神世界变得虚弱、不堪一击。马克思所说的“人双重存在着,主观上作为他自身而存在着,客观上又存在于自己生存的这些自然无机条件中”①,“作为自身而存在”的人的自身已经被物掩盖,不知道人自身是什么,看得见动物的机能——“吃、喝、生殖、居住”成为目的,而真正的人的自由、能力的价值已经被巨大的物体系遮蔽。这样现实的人的存在状况,使得人与自然、人与人以及人与自身的关系变得很不和谐,生态危机、社会矛盾、心的迷失构成了人的生存危机。中国在现代化的过程中既没有完全形成现代性所需要的理性思维,也在丢失传统的文化之根。如何走出现代性的生存危机,改善当代人的生存方式,既是现实性的问题,也成为学者关心研究的问题。另一方面,中国经过四十多年的改革开放和社会主义现代化建设,已经走出了一条独具特色的发展道路,这条道路不仅对于中国,而且对于整个世界的发展都有积极的意义。而且中国传统文化的智慧和魅力,我们在现代化建设过程中创造的发展文明,也在为世界文明做着一份独特的贡献。在当代,在传承传统文化的文明和构建当代文明的同时,我们同样有智慧可以解决在现代化过程中出现的人的发展的负面影响。我国的哲学理论界在反思如何改善人的存在方式的问题上,在虚拟生存、中国特色生活方式、文明生存方式构建等方面正在形成自己独特的话语体系。当然,不能否认的是,在这个方面还有许多工作要做,还需要更有深度和厚度的理论作品出现。

从研究方法上看,关于人的存在方式的研究走过了从抽象到具体、从现象到本质、从理论到现实的发展路径,实际上这是一个过程的不同表现。人的存在方式不是一个抽象的问题,它在不同的境遇中都是现实的问题,但是它成为一个哲学研究的显性问题,取决于两个因素:一是现实社会中人的存在出现问题和危机,不改变则影响人的生存和发展;二是学者的自觉。从20实际80年代初开始,中国开始从传统社会向现代社会转型,但转型是一个逐渐的过程。生存方式的转换与经济发展、社会发展、制度变革、价值观念都有关系,其中,经济发展和经济制度是基础。在20世纪80年代初,对于生活方式的概念解读和特征概括开启了人的生存方式研究的课题,但是由于理

① 《马克思恩格斯全集》(第46卷),人民出版社,1992年,第441页。

论基础有限,经济生活还没有显著变化,民众大多还是在传统的生活模式中,使得人的存在方式还没有成为学者研究的主题。这一段时间,对于生活方式的研究主要是理论分析,对于社会主义生活方式特征和原则的描述也是基于对马克思主义理论比较抽象的理解。所以这一段时间对于生活方式的研究比较抽象。从90年代起,中国民众的生活开始有较大的变化,市场经济的发展带来了社会的活力,法治建设的发展也使得民众的规则意识和主体意识在提高。90年代末期网络的流行开启了民众的另一种生活模式。21世纪开始,网络逐渐大众化,交通、通信技术的发展,民众收入的提高,物质财富的增多,休闲时间的增长,这些变化都为民众生活方式的变化提供了条件。当然,金钱崇拜、人被物役也没有避免,民众生存方式的变化也蕴涵着生存的危机,物质生活的丰富和精神世界的贫乏形成鲜明对比。关于人的存在方式的文本解读,现代性对人的生存的影响、技术对人的影响、虚拟社会对人的影响等,学者对这些现象的研究构成了人的生存方式研究的不同主题。从借鉴西方学者的理论分析中国人的生存方式,到以马克思主义理论和方法分析中国的现实形成关于人的存在方式的独特理论,到对理想的人的存在方式的构建,对人的存在方式的研究越来越深刻,对这些现象的研究也逐渐深入到对人的生存本质和生存意义的思考。从人的存在现实出发,以马克思主义理论和方法关照现实、研究现实,创造独特的人的存在理论,应该成为我们关于人的存在方式研究的路径。

参考文献

一、中文文献

1.《马克思恩格斯全集》(第 31 卷),人民出版社,1998 年。

2.《马克思恩格斯全集》(第 42 卷),人民出版社,1979 年。

3.《马克思恩格斯全集》(第 23 卷),人民出版社,1972 年。

4.《马克思恩格斯文集》(第一卷),人民出版社,2009 年。

5.《马克思恩格斯选集》(第一至四卷),人民出版社,1995 年。

6.《毛泽东文集》(第八卷),人民出版社,1999 年。

7.《资本论》(第一卷),人民出版社,2004 年。

8. 包亚明主编:《现代性与都市文化理论》,上海社会科学院出版社,2008 年。

9. [法]鲍德里亚:《符号政治经济学批判》,夏莹译,南京大学出版社,2009 年。

10. [法]鲍德里亚:《物体系》,林志明译,上海人民出版社,2001 年。

11. [法]鲍德里亚:《消费社会》,刘成富等译,南京大学出版社,2000 年。

12. [加]本・阿格尔:《西方马克思主义概论》,慎之等译,中国人民大学出版社,1991 年。

13. [美]大卫・哈维:《希望的空间》,胡大平译,南京大学出版社,2006 年。

14. [美]戴维・哈维:《后现代的状况:对文化变迁之缘起的探究》,阎嘉译,商务印书馆,2013 年。

15. [美]弗雷德里克·詹姆逊:《语言的牢笼》,钱佼汝、李自修译,百花洲文艺出版社,1995 年。

16. [美]弗洛姆:《健全的社会》,孙凯祥译,上海译文出版社,2011 年。

17. [美]弗洛姆:《占有或存在》,杨慧译,国际文化出版公司,1989 年。

18. 复旦大学哲学系现代西方哲学研究室编译:《西方学者论〈1844 年经济学—哲学手稿〉》,复旦大学出版社,1983 年。

19. [法]高兹:《经济理性批判》,伦敦,1989 年。

20. [美]哈特、[意]奈格里:《大同世界》,王行坤译,中国人民大学出版社,2015 年。

21. [德]海德格尔:《存在与时间》,陈嘉映译,商务印书馆,1996 年。

22. [德]黑格尔:《逻辑学》(上卷),杨一之译,商务印书馆,1966 年。

23. [德]黑格尔:《法哲学原理》,范扬、张企泰译,商务印书馆,1961 年。

24. [法]亨利·勒菲弗:《空间与政治》,李春译,上海人民出版社,2008 年。

25. [法]雷蒙·阿隆:《想象的马克思主义:从一个神圣家族到另一个神圣家族》,姜志辉译,上海译文出版社,2007 年。

26. [法]列维·斯特劳斯:《野性的思维》,李幼蒸译,中国人民大学出版社,2006 年。

27. [美]刘易斯·芒福德:《城市文化》,宋俊玲、李翔宇、周鸣浩译,中国建筑工业出版社,2009 年。

28. 柳鸣九:《萨特研究·编选者序》,中国社会科学出版社,1983 年。

29. [匈]卢卡奇:《历史与阶级意识》,杜章智、任立、燕宏远译,商务印书馆,1992 年。

30. 陆俊:《理想的界限》,社会科学文献出版社,1998 年。

31. [法]罗兰·巴特:《神话——大众文化诠释》,许蔷蔷、许绮玲译,上海人民出版社,1999 年。

32. [法]洛朗·加涅宾:《认识萨特》,顾嘉琛译,生活·读书·新知三联书店,1988 年。

33. [美]马尔库塞:《爱欲与文明》,黄勇、薛民译,上海译文出版社,

1987 年。

34. [美]马尔库塞:《单向度的人》,刘继译,上海译文出版社,2014 年。

35. [美]H. 马尔库塞等著:《工业社会和新左派》,任立编译,商务印书馆,1982 年。

36. [美]马尔库塞、卡尔·帕泊尔:《革命与改良》(内部出版),外文出版局,1979 年。

37. [美]马歇尔·伯曼:《一切坚固的东西都烟消云散了——现代性体验》,徐大建、张辑等译,商务印书馆,2003。

38. [美]迈克尔·莱文森编:《现代主义》,田智译,辽宁教育出版社,2002 年。

39. [英]迈克·费瑟斯通:《消费文化与后现代主义》,刘精明译,译林出版社,2000 年。

40. [法]让·鲍德里亚:《消费社会》,刘成富、全志刚译,南京大学出版社,2014 年。

41. [法]萨特:《辩证理性批判:方法问题》,徐懋庸译,商务印书馆,1963 年。

42. [法]萨特:《存在与虚无》,陈宣良等译,生活·读书·新知三联书店,1997 年。

43. [美]斯蒂芬·贝斯特、道格拉斯·科尔纳:《后现代转向》,陈刚等译,南京大学出版社,2002 年

44. [美]苏贾:《后现代地理学:重申批判社会理论中的空间》,王文斌译,商务印书馆,2004 年。

45. 唐正东等:《资本主义理解史》(第四卷),江苏人民出版社,2009 年。

46. 涂成林:《现象学的使命——从胡塞尔、海德格尔到萨特》,广东人民出版社,1998 年。

47. [美]威廉·巴雷特:《非理性的人——存在主义哲学研究》,杨照明、艾平译,商务印书馆,1995 年。

48. [加]威廉·莱斯:《自然的控制》,岳长龄、李建华译,重庆出版社,1993 年。

49. [美]威廉·赖希:《性革命——走向自我调节的性格结构》,纽约,1962年。

50. [法]西蒙娜·德·波伏瓦:《萨特传》,黄中晶译,百花洲文艺出版社,1996年。

51. 夏光:《后结构主义思潮与后现代社会理论》,社会科学文献出版社,2003年。

52. [美]伊·库兹韦尔:《结构主义时代——从莱维斯特劳斯到福科》,尹大贻译,上海译文出版社,1988年。

53. [美]詹姆斯·奥康纳:《自然的理由:生态学马克思主义研究》,南京大学出版社,2003年。

54. 张一兵:《反鲍德里亚:一个后现代学术神话的祛序》,商务印书馆,2009年。

55. 周凡执行主编:《新马克思主义评论》(第1辑),中央编译出版社,2012年。

二、外文文献

1. André Gorz, *Capitalism*, *Socialism*, *Ecology*, London and New York: Verso Press, 1994.

2. André Gorz, *Critique of Economic Reason*, London and New York Verso, 1989.

3. André Gorz, *Strategy for Labour*: A radical proposal, Boston: Beacon Press, 1967.

4. Cf. Space, *Difference*, *Everyday Life*: *Reading Henri Lefebvre*, Edited by Kanishka Goonewardena, Stefan Kipfer, Richard Milgrom, Christian Schmid Routledge, New York and London, 2008.

5. Cf. Henri Lefebvre, *Critique of Everyday Life*, VolumeIII, Verso, London, New York, 2005.

6. Erich Fromm, *To Have Or To Be*? New York: The Continuum Publishing

Company,2008.

7. Habermas, Jiirgen, *Between Facts and Norms*, MIT Press, 1996.

8. Habermas, Jiirgen, *Communication and the Evolution of Society*, Boston: Beacon Press, 1979.

9. Habermas, Jiirgen, *Legitimationsprobleme im Spaetkapitalismus*, Suhrkamp Verlag, 1973.

10. Habermas, Jiirgen, *The Inclusion of the Other*, MIT Press, 1998.

11. Habermas, Jiirgen, *The Theory of Communicative Action*, Vol. 2, Beacon Press, 1987.

12. Henri Lefebvre, with Norbert Guterman, *La Conscience mystifiee*, Paris: Gallimard,1936;Le Sycomore,1979;Syllepse,1999.

13. Henri Lefebvre, *The Survival of Capitalism*, *Reproduction of the Relations of Production*, London: Allison & Busby, 1978.

14. Henri Lefebvre, *Elements de rhythmanalyse:Introduction a la connaissance des rythmes*, Paris:Editions Syllepse,1992.

15. Lefebvre, H., *Critique of Everyday Life*, Vol. I, trans. John Moore, Verso, London, New York, 1991.

16. Lefebvre, H., *Everyday Life in the Modern World*, trans. Sacha Rabinovitch, Transaction Publishers, New Brunswick(USA) and London(UK), 1994.

17. Leiss W., *The Limits to Satisfaction*, Toronto: University of Toronto Press,1976.

18. Mark Poster (ed.), *Harmonian Man*: *Selected Writings of C.*, New York: Fourier, 1971.

后　记

本书是教育部人文社会科学重点研究基地重大项目“西方马克思主义对人的存在方式的研究”(项目批准号:11JJD710001)的最终成果。

该项目由本人担任首席专家。在完成的过程中,得到了许多专家学者的支持。本书导论、附录及各章的撰写者分别是:

导论　陈学明

第一章　陈学明

第二章　陈学明

第三章　刘怀玉

第四章　陈悦

第五章　刘杨

第六章　温晓春

第七章　陈学明

第八章　姜国敏

第九章　陈祥勤

第十章　李春建

第十一章　刘庆申

第十二章　胡绪明

第十三章　王平

第十四章　王凤才、贺羡

第十五章　李健

第十六章　马拥军、陈学明

附录　李霞

全书由本人统稿。

感谢参与本书撰写的各位专家学者！感谢出版本书的天津人民出版社的相关领导和编辑！

欢迎读者对本书提出批评与建议！

陈学明

2018 年 11 月 17 日